KB132228

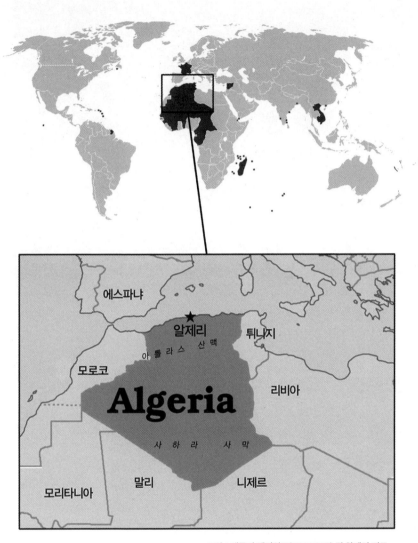

프랑스제국의 해외영토(1919-1939) 및 알제리 지도

1945년 5월 8일 세티프 봉기. 오른편에서 두번째 인물은 프랑스의 뒤발 장군. 상자는 투항하는 알제리인들.

카빌리 티지우주 근처의 제3윌라야 사령부의 민족군 부대원. 전쟁 후기에는 험준한 산악지대로 군장과 식품 같은 보급품이 제대로 공급되지 않았다.

『렉스프레스』지를 통해 프랑스에서 처음으로 공개된 알제리 민족군 마키자르(산악부대원)의 모습.

"당신이 공모자인가?"라는 자극적인 표제로 1955년 8월 20일의 유럽인 학살을 다룬 잡지.

'역사의 6인'으로 불리는 FLN 지도자 6인. 한자리에 모여 함께 찍은 단 한 장의 사진. 전쟁선언 일주일 전인 1954년 10월 24일 일요일이었다. 뒷줄 왼쪽부터 오른쪽으로 비타트, 벤 불라이드, 디두슈, 부디아프, 앞줄 왼쪽부터 벨카셈, 벤 미히디.

아래는 프랑스 경찰이 내건 '위험인물' 벤 벨라 수배전단.

FLN을 도왔던 장송망 조직원들이 만들어준 장송의 위조 신분증. 오른쪽은 FLN 요원 위조 신분증.

프랑시스 장송의 말년 모습.
당시 언론에 보도된 장송망 조직원 검거 소식.

L'AURORE

AUJOURD'HUI DEVANT LE TRIBUNAL MILITAIRE DE PARIS

LES ADEPTES DU "PROFESSEUR" JEANSON
(en fuite) chef du réseau de soutien F.L.N.

식민지 현실을 책으로 알린 프랑수아 마스페로의 서점 겸 출판사 '책 읽는 즐거움'의 전경.

알제리인 변호에 나섰던 프랑스 변호사. 오른쪽이 자크 베르제스 변호사.

카뮈와 페라운.
1951년 카뮈가 페라운에게 보낸 편지.

1957년 2월, 벤 미히디
체포 당시의 사진.

아래는 여성전투원들.
왼쪽에서 두번째, 세번째
자리에 조라 드리프와
자밀라 부히레드가 보인다.

아반 람단(왼쪽)과 페르하트 압바스(오른쪽).

알제리전쟁의 맹장으로 유명했던
산악부대 지도자 아미루슈와 그의 비서.

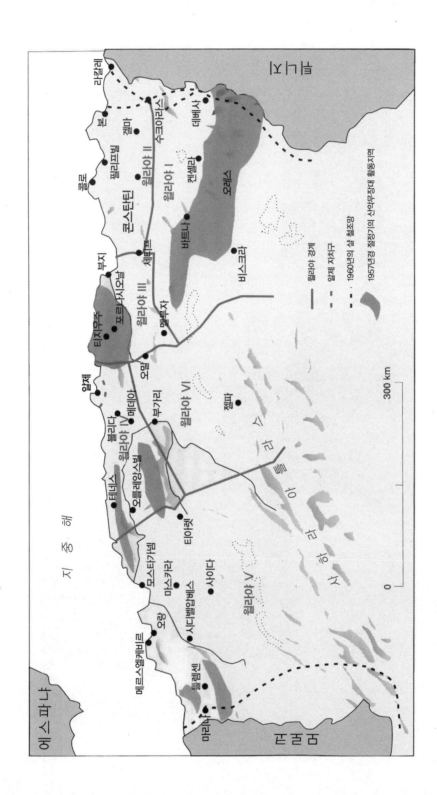

에스파냐

지 중 해

라캄레

본
겔마

필리프빌

콘스탄틴

부지

젤투

부지

알제

티지우주

포라사이암

메데아

부가리

불리다

오를레앙스빌

테니스

모스타가넴

메르스엘케비르

오랑

마스카라

시디벨압베스

사이다

틀렘센

메르스엘케비르

수크아라스

윌라야 II

윌라야 I

미벨라

켄셀라

바트나

비스크라

오레스

윌라야 III

윌라야 IV

윌라야 VI

젤파

윌라야 V

티아렛

사 하 라

아 틀 라 스 산 맥

마라마

튀니지

리비아

0   300 km

윌라야 경계

알제 자치구

1960년의 살 철조망

1957년경 절정기의 산악무장대 활동지역

알제리전쟁

1954-1962

생각하는 사람들의 식민지 항쟁

STUDIUM
스투디움 총서 08

알제리전쟁
1954-1962

생각하는 사람들의
식민지 항쟁

노서경

문학동네

이 책을 라르비 벤 미히디(1923-1957)에게

차례

머리말

　이름은 중요하다. 하나의 이름에는 말과 사물의 의미가 담겨 있기 때문이다. 그렇다면 알제리전쟁의 이름도 문제이다. 그 전쟁은 오랜 세월 식민지를 겪은 나라의 7년여 무력항쟁이었으니 책제목은 마땅히 알제리독립전쟁이 되어야 할 것 같다. 그러나 이 전쟁의 차원은 그보다 넓고 크다. 알제리 한 나라의 독립전쟁일 뿐 아니라, 군사력으로 보아 비교가 되지 않는 프랑스와 알제리 사이의 전쟁이었으며, 또 그 때문에 서구 제국주의에서 벗어나려는 반식민주의 투쟁의 표상이 되었다. 한편 제2차 세계대전 전까지 세계적인 강대국이던 프랑스의 입장에서도 이제 '제국' 없이 공화국을 견실하게 할 수 있다고 마음먹게 된 계기가 이 전쟁이었다. 많이 망설였지만 책제목을 '알제리전쟁'으로 하는 편이 그 함의를 살리는 길이라 생각했다. 물론 이런 생각도 은근히 프랑스적이라 비판받을 수 있다.

　아랍어를 모국어처럼 쓰는 알제리인의 문제를 서구 문헌에만 의존하고 게다가 서양 언어권이라도 이 전쟁을 예의주시했던 이탈리아나 독일의 해당 문헌은 대하지 못했으니, 그런 비판 앞에서도 열없는 마음일 뿐, 별로 할 말은 없다. 하지만 알제리전쟁을 말하는 프랑스어가 지배언어로만 그쳤던 것은 아니다. 1954년 11월 1일에 FLN, 즉 알제리민족해방전선의 전쟁선언문이 프랑스어로 공식 작성되었으며, 이후 전쟁기의 주요한 정치적 군사적 문헌들이 흔히 프랑스어로 작성되거나 옮겨졌고, 알제리전쟁기 FLN의 독보적인 신문 『엘무자히드』 또한 아랍어판과 프랑스어판이 동시에 발행되었다. 연구사로 보자면, 더구나 프랑스어 문헌들의 비중이 크며 알제리 역사가의 논저들도 프랑스어로 작성된 경우가 많다. 무엇보다도 알제리는 지금까지도 프랑스어를 교육과 기업을 위한 언어로 채택하고 있다. 역사학의 원천인 그 나라의 말을 모르는 것이 내내 걸렸지만, 감히 다루려는 문제의 핵심을 놓치지 않았기를 바란다.

감사의 말

작고하신 민석홍, 양병우, 이민호 서양사학과 선생님께, 안 계신지 이미 오래인 불문학과 이휘영 선생님께, 영면하신 정경희, 조순환 외 신부장께 깊이 사은의 인사를 드리고 싶다.

이 글은 실제로는 2002년에서 2004년까지 2년간 수행된 '역사와 기억―과거청산과 문화정체성 문제에 대한 국가별 사례연구팀'(책임연구 서양사학과 안병직 교수, 한국학술진흥재단 지원) 소속으로 일한 것에서 비롯되었기에, 연구팀의 이영목, 송충기 교수께 말할 수 없이 감사드린다. 아울러 비평으로 책의 마무리를 함께해주신 낙성대의 여성 서양사 연구자 동료들을 대표하여 최재인, 양희영 교수께도 마음속에서 우러난 동지애를 표한다.

알제리전쟁에 종군했던 프랑스인 F씨, 파리 제네리크 출판사, 낭테르의 국제현대사료도서관BDIC, 파리 알제리문화원CCA 도서관, 센 강변의 아랍세계연구원IMA, 그 근처 5구 끝의 작은 아랍어 책방들, 어느 해 여름의 알제 글리신, 노동사목, 티아렛, 블리다, 알제 교외의 알제리 국립문서고ANA, 엘비아르의 '민족운동과 54.11.1혁명 연구센터'

도서관, 알제 시내 케네디 광장의 서점, 압델카데르 광장의 서점, 그랑모스크 옆 책방, 벤 아크눈 책방, 그리고 알제 거리에서 스치고 부딪쳤던 이름 모를 얼굴들에게 진심 어린 고마움을 전한다.

마지막으로 젊은 날 반식민주의자였던 평생의 장 조레스 연구자 마들렌 르베리우 선생님을 애도한다. 이 연구를 지원해주신 한국연구재단(강릉원주대학교 산학재단 소속)과 책의 출간을 맡아주신 문학동네 출판사에도 깊이 감사드린다.

2017년 9월
노서경

서장

1954년 11월 1일 알제리 수도 알제와 동부 도시에는 알제리민족
해방전선FLN의 이름으로 작성된 전쟁선언문이 나붙었다.[1] 10월 31일
심야에 군과 경찰기지, 산업시설을 목표로 공격이 벌어졌고 그 범위
는 수도 알제와 그 외곽, 동부 카빌리, 더 동쪽으로 바트나, 켄셸라, 비
스크라 일대에 걸쳤다.[2] 하지만 누가 무슨 목적으로 공격을 감행했는
지 알제에서나 파리에서나 정확히 파악하기 어려웠다. 파리에서 발행
되는 중도좌파 일간지 『르몽드』가 11월 1일부터 상세한 보도를 했지

---

1. 이 전쟁선언문은 서울대인문학연구팀 '과거청산과 문화정체성 문제에 대한 국가별
사례연구' 웹사이트(http://past.snu.ac.kr)에서 한글로 읽을 수 있다.
2. 한 자료에 의하면 공격을 받은 곳은 53군데였다. 서양사학자 민석홍은 1960년 이
전쟁은 새 국제정세인 냉전의 산물만이 아니며, 완강한 제국주의 집착만이 아니며,
로마와 골, 게르만과 라틴으로 융합 형성된 인류적 문명 프랑스사에서 파생된 문제라
는 전제를 둔다. 閔錫泓, 「프랑스의 꿈, 프랑스의 悲劇—알제리아를 中心으로」, 『사상
계』, 제91호, 1961, 151–159쪽; Jean-Charles Jauffret, "The origins of the Algerian
War: The reaction of France and its army to the two emergencies of 8 May
1945 and 1 November 1954," trans. Christina Watkins and Maria Sparling, *The
Journal of Imperial and Commonwealth History*, vol.21, no.3, 1993, 22쪽.

만 사태는 석연치 않았다.[3] 알제에서는 총독부와 치안부서의 유럽인 지배자들이 각기 상대의 정보 부족을 탓하였다. 다만 카이로 방송이 알제리 사태를 보도하면서 정확한 공격 지점과 피해 상황을 열거했기 때문에 프랑스 국토감시국DST[4]은 처음부터 이 사태에 카이로가 개입해 있을 거라 추정하였다. 알제 총독부에서도 이집트를 지목하면서 알제리인은 전혀 호응하지 않는다고 보았다.[5] 어떻든 11월 1일 당일, 파리로부터 300명의 공화국치안대CRS[6]가 파견되고 곧이어 프랑스 공수부대가 알제리에 도착한다.

프랑스 정부는 11월 5일 알제리 민족운동의 중추인 알제리민중당 PPA-MTLD을 해산하고 당원을 검거하도록 지시했지만 사태의 전모를 정확히 파악하거나 향후 파장을 예측할 수 없었다.[7] 제4공화정의 주요 정치세력인 급진당, 기독교민주주의 성향의 민중공화운동MRP, 사회당, 공산당이 입장표명을 했지만 FLN을 알고 한 행동이라 볼 수는 없다. FLN을 알린 것은 11월 4일 『르몽드』가 처음이었으며, FLN이 그처럼 낯설었던 것은 이상한 일이 아니다. FLN은 공식 단체 알제리민중당에서 나와 비밀리에 거사를 결행한 지하조직이었다. 비록 비밀

---

3. 1944년 12월 창간된 중도좌파지 『르몽드』는 제2차 세계대전 후 알제리 같은 북아프리카에서도 널리 읽혔다.

4. 1934년 창설된 국토감시ST를 이은 내무부 소속 비밀 첩보기구.

5. 카이로와 알제리 FLN의 관계는 시간이 가면서 긴밀해지지만 이날의 거사를 이집트 정부가 지원했는지는 불확실하다. "Articles de presse Française ou Étrangère Concernant L'Algérie, 1 Décembre 1954," *Gouvernement général de l'Algérie. Service d'Information et de Documentation*, no.12, Alger: Imprimerie Officielle, 1954, 1, 10쪽.

6. Compagnies républicaines de sécurité en France의 약자.

7. 알제리는 프랑스의 해외 도Le département français d'Algérie였기에 프랑스 법이 적용되었다. 따라서 민족정당 탄압과 무관하게 정당 수립은 합법적이었다. 1937년 창설된 알제리민중당PPA은 1926년 창설된 알제리 최초의 민족정당 북아프리카의별ENA을 계승한 것이고 1946년 정당해산명령을 받자 민주자유승리운동MTLD으로 이름을 바꾼다.

조직이긴 했지만 소수만을 대변하지 않았다.

FLN의 전쟁선언문은 식민주의를 명백한 적敵으로 규정하고 적을 타도하리라는 결의를 민족의 이름으로 공언한다. 그들이 밝힌 목표는 국민의 내적 재건으로 식민지 지배자와 피지배자 간의 즉자관계를 넘는 원대한 것이었다. 지금의 민족적 퇴보는 부패와 수정주의에 원인이 있으니 그 잔재를 말끔히 청산할 것이고 그 식민 청산의 길은 오직 알제리 민중의 건실한 역량을 총집결하고 조직화하는 데 있다고 말한다. 선언문에 서명한 라바 비타트, 무라드 디두슈, 벤 블라이드, 모하메드 부디아프, 라르비 벤 미히디, 크림 벨카셈 등 이른바 '역사의 6인'으로 불리는 청년 지도자들은 온 인민이 해방되는 새날을 기약할 뿐 아니라 그날을 반드시 이룰 것이라고 맹세하고 있었다. 이집트 카이로에 거주하고 있던 벤 벨라, 호신 아이트아흐메드, 모하메드 키데르 세 사람은 해외에서 지원을 하기로 합의를 보았다. 알제리 역사가 모하메드 테기아가 평가한 것처럼 "FLN의 전쟁선언은 역사의 우연이 아니라, 20세기 알제리 민족운동사의 결정적인 전환점"이었다.[8] 그렇다면 알제리는 대체 어떤 곳이었을까.

마그레브

알제리는 1840년대에 법적으로 프랑스 영토가 되지만 그전부터 이미 여러 이질적인 문명을 맞이해왔던 광활한 땅이었다.[9] 튀니지와 함께 고대 누미디아 왕국(서기전 202-46)의 본바닥이었으며, 이 시기에 이미 수단 지역에서 출발하는 금, 상아, 노예 교역로가 사하라를

8. Mohamed Teguia, *L'Algérie en guerre*, Alger: OPU, 2007, 97쪽.
9. Charles-André Julien, *Histoire de l'Afrique du Nord: des origines à 1830*, Paris: Payot, 1994; 이브 라코스트 외, 『마그레브, 민족과 문명*Maghreb, peuples et civilisations*』, 김정숙 외 옮김, 파주: 한울, 2011.

통과하였다. 누미디아 왕국 이후 북아프리카 일대는 로마인의 후손, 페니키아인, 베르베르인으로 구성되었으나 로마와 카르타고의 대전에서 카르타고가 패배한 후 장기간 로마화되었다. 비옥한 해안지역의 곡물은 로마로 유입되고 카르타고, 히포, 팀바트, 서부 모리타니, 탕헤르는 로마의 속주 도시로 성장하였다. 로마 말기의 교부 성 아우구스티누스(354-430)는 지성의 중심지로서 초기 기독교에 기여한 북아프리카의 모습을 보여준다.[10]

로마제국 멸망 후는 반달족의 침입이 일어나고 서기 500년대에 비잔틴이 지중해 정복에 성공하자 이 일대에서 로마화의 흔적은 지워지고 페니키아어와 라틴어가 사라진다. 반면 지배세력의 혼란은 부족문화를 성장시켜서 산악이든 유목이든 평등주의를 지향하는 베르베르화가 진행되었다. 이 지역에 세계적인 이슬람화가 일어난 것은 서기 600년대부터이다. 이슬람은 칼리파의 지휘 아래 아랍반도, 팔레스타인, 시리아, 이집트, 비잔틴제국을 차례로 정복한 끝에 지중해 연안에 도래하여 지중해 아랍함대를 창설하고 사하라 이남의 상아무역과 노예무역을 주관한다.[11] 마그레브의 이슬람화와 아랍화에 뒤이어 분기한 베르베르 왕국들은 북아프리카 고유의 왕조시대(800-1500)를 열었고, 지금까지 알제리의 자부심이 된 베르베르 문명을 일구었으며, 알제리의 정치 엘리트를 계속하여 배출하는 베르베르 사회의 밑바탕을 이루었다.[12] 하지만 알모라비데 제국(1062-1147), 알모하데 제

10. 전쟁기에 알제리 민족주의자들을 돕는 프랑스의 가톨릭 학자 앙드레 망두즈(1916-2006)가 아우구스티누스 전공자였다. André Mandouze, *Saint Augustin: L'aventure de la raison et de la grâce*, Paris: Études Augustiniennes, 1968.

11. Susan T. Stevens and Jonathan P. Conant (eds.), *North Africa under Byzantium and Early Islam*, Washington, DC: Dumbarton Oaks Research Library and Collection, 2016.

12. William B. Quandt, "15 The Berbers in the Algerian Political Elite," Ernest

국(1130-1269), 이후 메리니데 왕조, 압드 엘 와디드 왕조, 하프시데 왕조는 내적으로 약화되어 모두 쇠퇴했다.[13] 북아프리카의 대학자 이븐 할둔(1332-1406)이 평생에 걸쳐 석명釋明하고자 한 것이 이들 제국의 성쇠 원인이었다.[14]

두 제국의 시대에 에스파냐반도로 들어갔던 북아프리카 이슬람 문명은 1492년 이베리아반도의 기독교 재정복 종료로 역전된다. 북아프리카 해안에는 에스파냐의 손길이 뻗쳤고 이단 심문으로 이베리아에서 추방된 수천 명의 유대인이 마그레브의 행정과 상업에 영향력을 미친다. 메르스엘케비르, 오랑, 틀렘센, 모스타가넴 등 알제 서쪽은 이때부터 에스파냐의 권역처럼 된다. 그러나 1500년이 지나 현재의 알제리 일대 지중해를 석권한 것은 동쪽으로 진출해온 오스만튀르크 세력이었다. 오스만제국은 시리아와 이집트의 정복에 이어, 1529년 합스부르크제국의 수도 빈을 포위하고 공격하여 헝가리를 병합하고 트란실바니아까지 장악한 후 북아프리카로 진출하였다. 오스만의 지배는 그리 체계적이지 않았으며, 알제의 데이Dey(오스만제국 점령기의

Gellner, Charles Micaud (eds.), *Arabs and Berbers from Tribe to Nation in North Africa*, Lexington, Mass: Lexington Books, 1972, 285-303쪽. 베르베르 문화는 황의갑, 「마그렙 지역의 베르베르족 문화와 이슬람」, 『한국이슬람학회논총』, 제8권 제1호, 1998, 183-207쪽.

13. 이븐 할둔의 역사해석에 대한 재론은 Ronald A. Messier, "Re-thinking the Almoravids, re-thinking Ibn Khaldun," Julia Clancy-Smith (ed.), *The Journal of North African Studies*, Vol.6, no.1, London: Frank Cass, 2001, 59-80쪽.

14. 14세기 후반 서부 이슬람 문명이 낳은 대사상가 이븐 할둔은 철학, 종교, 문예를 섭렵했으며 군인이자 외교관, 법학자였다. 권력투쟁 속에 추격당하고 이집트로까지 피신을 거듭하며 시대의 쇠락을 체험한 그는 문명 성쇠의 원인을 운명이 아니라 사회적 요인으로 규명한 근대 사회학의 비조로 인식된다. 그는 문명의 성장은 군사부족의 민주주의, 사회 상층의 건실한 생활방식(아사비야), 인민에 이익을 남겨주는 지배집단의 조세능력에 달려 있다고 헤아렸다. 이브 라코스트, 『이븐 할둔―역사의 탄생과 제3세계의 과거』, 노서경 옮김, 파주: 알마, 2009.[개정판 『역사를 보는 이슬람의 눈―이븐 할둔과 역사의 탄생, 그리고 제3세계의 과거』, 서울: 알마, 2015.]

지방행정 우두머리)가 오스만튀르크 세력에 의지하는 느슨한 지배가 1525년부터 1830년까지 300년을 지속했다. 오스만-북아프리카의 중심인 알제의 섭정은 비국가적인 해적들의 상업 활동으로 재정을 충당한 것으로 알려져 있다.[15] 이 상황에서 1770년대부터는 덴마크 함선, 1810년대에는 미국 선박이 알제 항에 나타나 포격을 가하고, 영국-네덜란드 함대도 알제의 취약한 해상력을 겨냥한다. 알제 일대는 지중해의 전략거점이었다.

프랑스의 침공과 정복

1830년 6월에 프랑스 복고왕정의 샤를 10세는 전함 103척을 포함한 500여 척 이상의 선박과 포대를 갖춘 3만 7,000명의 병력으로 알제리 침공을 개시한다. 이는 몇 해 전부터 밀 판매를 둘러싸고 알제 데이와의 분쟁으로 인기를 잃어가던 프랑스 복고왕정에서 대외정책으로 국민의 신망을 되찾고 지중해의 지위를 확고히 하고자 한 사업의 일환이었다.[16] 완전무장한 프랑스 원정군의 침공에 결국 알제 데이는 7월 5일에 알제를 보몽 장군의 군대에 넘기고 항복협정서에 서명을 한다. 유럽 최강 장군들의 지시를 받는 생시르 군사학교 출신 장교들은 치밀한 작전을 세우고 현지병력을 최대한 활용하면서 광대하고 낯선 땅으로 침투하였다. 비옥한 미티자 평원, 험준한 지세의 동부 요새, 오랑과 틀렘센 같은 서부 요지, 아틀라스산맥까지 도처에서 화염 전소작전, 학살 섬멸작전, 주민 선전공작이 전개되었다.[17]

---

15. Salvatore Bono, "La Maghreb dans l'histoire de la Méditerranée à l'époque Barbaresque (XVIe siècle-1830)," *Africa*, Anno 54, no.2, 1999, 182-192쪽.

16. Alfred Nettement, *Histoire de la conquête d'Alger: écrite sur des documents inédits et authentiques*, Paris: Librairie Jacques Lecoffre, 1867.

17. 알제리 작가 아시아 제바르의 소설 『사랑, 판타지아*L'Amour, la fantasia*』(김지현 옮김, 서울: 책세상, 2015)에 프랑스군의 화염 전소작전이 잘 나타나 있다.

군수물자를 얼마든 동원할 수 있는 인구 3,000만의 군사강국이 인구 300만에 현대식 병기도 없이 말을 타고 칼을 휘두르는 알제리 기마대를 정복하는 데 10년이 넘게 걸렸다. 1832년부터 1847년까지 젊은 에미르 압델카데르가 지휘하는 알제리 항쟁군은 프랑스 침공군과 치열한 공방전을 벌였다.[18] 알제리 전 부족이 일사불란하게 전투를 벌인 것은 아니나 동부 카빌리와 콘스탄티노이스, 서부와 중원의 항전은 거셌다. 해안에서 아틀라스산맥 남부 경사지까지 석권한 프랑스군 앞에서 에미르는 국가 전체의 역량이 문제라는 것을 인식하지만, 이미 때는 늦는다. 민족의 구심력, 외세를 물리칠 국가건설은 하루아침에 되지 않았다.[19] 정복을 끝낸 프랑스는 알제리를 발판으로 서쪽으로 대서양 연안, 동쪽으로 지중해 중앙까지 드넓은 북아프리카 영토를 손에 넣는다. 모로코 탕헤르에서 알제리를 경유하여 튀니지 비제르트 군항까지 1400킬로미터에 이르는 북아프리카철도는 두말할 여지가 없는 정복의 증거였다.[20]

---

18. 압델카데르는 19세에 부친을 따라간 이집트에서 알렉산드리아항의 근대적 면모에 감탄하고 카이로 사회의 높은 정치 수준을 체감한다. 나폴레옹 전쟁기부터 영국의 침공을 받아 각성한 19세기 초 이집트의 근대화는 낙후한 알제리 상황과 사뭇 달랐다. 그렇지만 20세기 초 카이로에서 온 종교지도자의 종교/정치 쇄신론은 알제리인의 지지를 얻지 못한다. 패장이 된 압델카데르는 항복 후 프랑스로 이송됐다가 후일 그의 뜻에 따라 시리아로 보내졌다. 오늘날까지 그는 알제리 항쟁의 시조로 존경받고 있다. 다음 책을 참조하라. Boualem Bessaïh, *De l'Emir Abdelkader à l'Imam Cahamyl*, Alger: ENA, 2001.

19. 1830년대 항전에 서부 압델카데르 군대에 동부 아흐메드 베이 군대도 합류했지만 해군력이 부재하고 모로코의 지원도 없었던 알제리는 전쟁물자(특히 포화) 부족, 군사기술 미흡으로 프랑스군에 패한다. Raphael Danziger, *Abd al-Qadir and the Algerian Resistance to the French and Internal Consolidation*, New York: Holmes and Meier, 1977.

20. 1951년 여름 모로코 카사블랑카에서 밤 9시에 기차를 타면 이튿날 정오쯤 알제리 서부 오랑에 닿았다. 알제에서 저녁 기차를 갈아탄 후 동부 콘스탄틴에 이튿날 새벽에 도착하고 저녁 6시가 되면 튀니스까지 갔다. 시속 30킬로로 북아프리카 관통에 총 45시간이 소요되는 이 철도가 세 나라를 잇는 '제국노선'이다. "철도는 로마의 도로,

알제리 - 유럽인

1837년 타프나협약으로 프랑스군과 카데르군의 대결이 일단락되자 1844년 프랑스군의 아랍 사무국이 알제리 통치를 맡고 뷔조 장군 휘하의 일선 장병이 사막까지 합치면 프랑스의 네 배인 광대한 땅을 통치하고 개간했다.[21] 그러나 군사력만으로 드넓은 정복지를 통치할 수 없었다. 1865년 개정된 '세나투스콘술테법'(제2제정기), 1875년 '바르니에법'(제3공화정기)은 알제리인의 토지 소유와 인신 지위를 새로이 규정한다.[22] 이들 법의 많은 조항이 무슬림과 유럽인의 평등을 말했지만 실제로는 알제리 부족들이 보유한 물적 기반을 허무는 결과를 가져왔다.[23] 인종의 차이를 인정하고 언어와 종교에는 손을 대려 하지 않던 나폴레옹 3세의 연합왕국안 같은 정책은 다시 제시되지 못했다.[24] 제3공화정은 알제리를 완전한 프랑스 소유로 인식한다. 게

말발굽으로 다져진 아랍인들의 길과 다름없이 침공, 전쟁, 행정에 중요한 것이었다. 교역은 부차적이었다." Benjamin E. Thomas, "The Railways of French North Africa," *Economic Geography*, vol.29, no.2, 1953, 105-106쪽.

21. H. d'Ideville, *Le maréchal Bugeaud, d'après sa correspondance intime et des documents inédits 1784-1849*, Paris: Firmin-Didot, 1881; X. Yacono, *Les Bureaux arabes et l'évolution des genres de vie indigène dans l'Ouest du Tell algérois: Dahra, Chélif, Quarensenis, Sersou*, Paris: Larose, 1953; J. Frémeaux, *Les bureaux arabes dans l'Algérie de la conquête*, Paris: Denoël, 1993.

22. 1850년대 초 시작되어 1863년에 개정된 세나투스콘술테법은 전통적인 부족의 토지소유권을 제한하고 국가에 귀속시켰다. 나폴레옹 3세 사망 후 콜롱은 사적 소유권 수립과 토지시장 개방을 위한 법 개정을 원했다. 페스트 치료차 오랑에 왔다가 아랍인을 사귄 오귀스트 바르니에가 알제 의원이 되어 콜롱을 대변했다. 바르니에법은 1887년법으로 더 정교해진다.

23. A. Sainte-Marie, "La Province d'Alger vers 1870: l'établissement du Douar Commun et la fixation de la nature de la propriété dans le cadre du Senatus Consulte du 22 avril 1863," *Revue de l'Occident Musulman et de la méditerranée*, no.9, 1971, 37-61쪽.

24. 19세기 나폴레옹 3세의 알제리 정책은 Annie Rey-Goldzeiger, *Le Royaume Arabe: La politique algérienne de Napoléon III, 1861-1870*, Alger: SNED, 1977.

다가 인구 정체가 확연한 시대였기 때문에, 프랑스로선 해외에서 인구를 확보할 필요성도 있었다.[25]

북아프리카는 다 비슷할 것 같지만 이 때문에 차이가 생긴다. 모로코와 튀니지는 프랑스 외무부가 관장했지만 알제리는 내무부가 통치하고 재정국이 관여했다.[26] 튀니지와 모로코도 프랑스 보호령이 되고 유럽인이 정착하여 자본주의적 경영을 했지만, 알제리처럼 전통사회가 무너지고 이슬람 기반이 파괴되지는 않았다. 알제리의 식민화 사업은 곧바로 프랑스공화국의 사업이었다. 아프리카대륙 남단의 유럽인도 긴 역사를 가졌지만 어느 한 나라가 백인을 대표하지 않았다. 그러나 1880년대에 30만 명, 1900년경 70만 명을 넘는 알제리 이주민은 세 갈래로 흩어졌다. 오랑, 시디벨압베스 같은 서부에는 에스파냐인, 안나바 같은 동북부 해안에는 아랍어를 구사하는 몰타 섬 사람과 남부 이탈리아인이 많았다. 반면 산세가 험준하고 이슬람 역사가 살아 있는 동부 콘스탄티노이스 지역에는 유럽인이 드물었으며 프랑스 남부 농민과 프로이센과의 전쟁(보불전쟁)으로 고향을 잃은 알자스 주민은 알제와 그 인근에서 토지를 구하였다.

알제리의 유럽인 정착민은 누구나 프랑스의 국민으로 규정되었다. 어디에서 살건 간에 유럽인은 유대인을 포함하여 모두 프랑스의 국적을 부여받았고 프랑스공화국의 법과 정책을 따랐으며,[27] 흔히 '콜

25. Margaret Cook Andersen, *Regeneration through Empire: French Pronatalists and Colonial Settlement in the Third Republic*, Lincoln & London: University of Nebraska Press, 2015, 25-60, 200-236쪽.

26. 19세기 프랑스의 식민지 행정은 일괄적이지 않았다. 1894년 식민지부 창설 전까지 해군부에서 식민지 침공과 교섭, 행정을 주관했고, 이후 외교부와 식민지부가 업무를 분담했다. 알제리는 내무부 소관이었지만 재정국도 관여했다.

27. 제3공화정은 프로이센과의 전쟁이 한창이던 1870년 10월 24일 알제리-유대인에게 프랑스 국적을 주는 크레미외Crémieux법을 공포한다. 이 법은 이후 알제리에 퍼지는 반유대주의의 계기가 되었다.

롱'으로 불렸던 이들 대개가 중소농민, 또는 상인들이었다. 그러나 대지주, 대농장 경영인 같은 유럽인 상류층이라는 의미에서의 콜롱이 전체 유럽인을 대표하게 되면서 이들은 프랑스 본국의 간섭에서 벗어나 실질적 힘을 행사한다. 유럽인들의 힘은 대개 세 개의 축으로 이루어져 있었다.[28] 알제리의 토지재산 확보, 이에 근거한 정치자율권 획득, 억압과 회유를 배합한 무슬림 조정정책이 그것이다. 1898년 수립된 준의회격의 재정대표단은 본국 통제를 받지 않는 재정권을 확보하여 전국시장연합체를 결성한 후 행정과 치안을 담당하였다. 알제리 토착민 토지수탈 방식은 세 가지가 있었다. 1870년 카빌리 항쟁 때처럼 집단책임을 물어 땅을 몰수하거나, 부족 소유의 토지를 분할 매입하거나, 무슬림 토지를 헐값에 사들이는 것이다.[29] '라틴-아프리카'의 개척에 단합한 콜롱들과 본국 정부의 통치력과 정치력은 막강했다. 1936년 인민전선 시기에 알제리 무슬림에게 확대 시민권을 제의한 블룸-비올레트법은 해당자가 2만 명가량에 불과했음에도 콜롱들의 로비에 가로막혀 의회 투표는 무산되었다.[30]

식민지에서 유럽인들은 건설자였다. 오해하지 않아야 할 것이 이들은 아무것도 모르는 무조건적인 착취자라는 인식일 것이다. 유럽인의 설계와 재정 덕분에 알제리 동서남북으로 철도가 놓였고, 수도 알제뿐만 아니라 동부의 본(안나바), 포르나시오날 같은 카빌리의 마을

28. Jennifer Sessions, *By sword and plow: France and the conquest of Algeria*, New York: Cornell University Press, 2011, 177-305쪽.

29. 알제리 토지정책은 John Ruedy, *Land policy in colonial Algeria: the origins of the rural public domain*, Berkeley: University of California Press, 1967.

30. 인민전선 정부 수반 레옹 블룸이 알제리 무슬림 2만 5,000명에게 시민권을 주는 법을 발의하고 알제리 총독 모리스 비올레트가 알제리 사회개혁의 일환으로 이에 합의했기 때문에 '블룸-비올레트Blum-Violette법'으로 불린다. 이 시기에 대해서는 Tony Chafer and Amanda Sackur (eds.), *French colonial empire and the Popular Front: hope and disillusion*, New York: St. Martin's Press, 1999.

들, 미티자 평원의 블리다, 서부 오랑에 근대적인 도시가 들어섰다. 농장과 대기업뿐만 아니라 모든 것이 유럽인들의 주도였지만, 도시마다 학교, 병원, 신문사가 세워졌다. 또한 콜롱들은 항상 무슬림 알제리인들을 의식해야 했기 때문에, 일부 무슬림들은 재정대표단에도 들어가게 되고 전국시장연합에도 참여할 수 있었다.

하지만 주권 수립은 가시적이어야 했고, 배타적 주권을 위해서는 하나의 종교, 하나의 언어만이 정당화되었다. 주권자의 언어가 아닌 언어, 주권자의 종교가 아닌 종교는 격하되었다. 제1차 세계대전 후 무슬림의 통행자유, 이슬람협회, 아랍어 학교가 허가되지만 토착민 무슬림은 하층민으로 취급되었다. 토지 소유와 통치권을 믿고 다수를 차별한 소수의 콜롱 집단은 결국 식민지 알제리의 제도개혁, 사회개선을 가로막는 암적인 존재가 되었다. 그것이 식민지배의 구조였겠지만 알제리는 광대한 프랑스제국 중에서도 알토란이었다. 1930년 알제리 정복 100주년 기념 만국박람회가 이를 웅변하였다.[31] 알제 공항 승객이 연간 40만 명에 이르고 의상, 가구, 건축, 유럽식 도시, 문학의 모든 면에서 1930년대 알제리-유럽인의 상류문화는 본국 프랑스 문화 못지않게 우아했다.[32] 그럼에도 라틴-아프리카의 부흥을 꿈꾸는 유럽인의 식민지배 정책은 과도하게 독점적이었고 소수 콜롱의 우아함은 대다수 알제리인의 거친 삶과 극명하게 대비되었다. 사람들은

---

31. 이에 관해서는 김용우, 「파리 식민지 박물관과 제국주의의 민족화」, 『중앙사론』(중앙대학교), 제36집, 2012, 331-337쪽.

32. 오랑, 알제, 본에서 각각 남향하는 대로와 세 축의 동서횡단로로 5만 마일의 도로망이 나 있었다. 철도는 총 2,800마일, 북쪽 21개 항구에 12개 조선소가 잇따랐고 모두 프랑스 소유였다. 항공로는 카사블랑카, 알제, 튀니스로 연결되고 파리, 마드리드와 직항로가 열려 있었다. Nevill Barbour, *A Survey of North West Africa: The Maghrib*, London: Oxford University Press, 1962, 2nd Edition, 202쪽.

답답해했다.[33] 1939년 1월 4일 튀니스에 온 급진 정부의 수반 에두아르 달라디에는 프랑스의 진정한 위대함은 북아프리카를 보면 안다고 자부했지만, 1930년대의 상황은 그렇게 단순하지 않았다.[34] 사회주의와 파시즘, 제국과 민족주의가 뒤엉켜 소용돌이쳤다. 그 무렵 알제리 무슬림들은 서구의 물결을 탔으며, 억압을 받긴 하였지만 고립되어 있는 것은 아니었다.

비폭력 민족운동에서 전쟁으로

1954년 11월 전쟁 전 알제리에는 98만 4,000명의 유럽인과 847만 5,000명의 알제리인이 살았다. 하지만 이들에게 같은 나라라는 동포 의식은 거의 없었다. '무슬림' '무함마드의 사람'으로 불린 알제리인은 법적 행정적으로 토착민으로 규정되었다. 차별은 법적 지위에 그치지 않았다. 알제리인 대다수가 하루하루 도시 빈민으로 전락하거나 척박해진 농촌에 남겨졌고, 물질적 빈곤은 곧 교육의 결핍으로 이어졌다. 유럽인은 지역과 계층, 출신이 어떻든 중등교육을 마쳤지만 알제리인은 대다수가 교육을 받지 못한 상태였다. 1954년 11월 이전에 알제리인 남성의 85퍼센트, 여성의 95퍼센트는 초등학교도 마치지 못했다. 전쟁이 나던 해, 알제대 부설 연구기관 알제리사회사무국은 빈곤과 무학 사이의 상관성을 밝히기도 했다.[35]

---

33. 유럽인 유력자들이 정착에 성공하자 표방한 이념이 '라틴-아프리카'다. 프랑스의 이슬람학자 자크 베르크는 이에 반대하여 다원적인 문명 이해를 촉구했다. Jacques Berque, *Une cause jamais perdue*, Paris: Albin Michel, 1998, 151-166쪽.
34. 정치사가 라울 지라르데의 다음 책 참조. Raoul Girardet, *L'idée coloniale en France de 1871 à 1962*, Paris: Hachette, 2005, 189, 191쪽.
35. *La lutte des Algériens contre la Faim. Compte rendu des Journées d'études des secrétariats sociaux d'Algérie, Alger 1954 (27-28-29-30, Mai)*, Alger: Éditions du Secrétarait Social d'Alger, 1955. 또한 이 책 68, 524쪽을 보라.

19세기의 항전 이후 오랫동안 비폭력을 지향해왔던 알제리의 민족운동이 어째서 전쟁으로 나아갔는가 하는 의문을 풀 가장 유력한 요인으로, 사회적 인간적 차별이 꼽힌다. 인종이 다르다는 이유 하나로 수모를 당해온 사람들의 인내가 한계에 다다랐다. 과도한 빈부격차, 질곡에 묶인 교육결핍은 개인과 사회에 오로지 경멸만을 불러왔을 뿐이다. 비록 초라하고 가난할지언정 심지만큼은 군세어 이슬람을 버리면 시민권을 주는 식민지법에 응한 무슬림 알제리인은 한줌도 되지 않는다.[36] "프랑스는 126년간 우리에게 '너희는 프랑스인'이라 가르쳤다. 하지만 우리 알제리인은 '아니다, 우리에게는 우리의 종교가 있고 우리의 언어가 있다!'고 말해왔다."[37] 이런 내적 저항은 1945년 5월 세티프 탄압으로 돌이킬 수 없는 전환을 맞는다. 제2차 세계대전 미영 연합군의 승전으로 유럽의 식민지배가 종식되리라 예측되면서 여기저기에서 식민지 해방운동이 조심스럽게 싹트는 분위기였지만 알제리의 깃발 아래 식민주의 반대를 외치던 세티프에서는 프랑스의 군과 경찰, 유럽인 민병대가 나서서 알제리인들을 무자비하게 진압했다. 제2차 세계대전 패전으로 수그러든 프랑스는 식민지마저 흔들려 제국의 위광이 타격을 입을까 두려워했다.

알제리 민족운동가들은 우선은 조용히 있었다. 2년 후 1947년 알제리의회 조작선거를 통해, 개혁은 허울뿐인 사기극임이 드러났을 때도 참았다. 방법을 정하고 요원을 모으고 훈련시키고 전국적 네트워크를 조직하고 사회 각층을 포섭하면서 준비에 만전을 기해야 했다.

---

36. 1866년에서 1934년까지 프랑스 시민이 된 알제리인은 2,500명이었다. 프랑스로 귀화한 무슬림은 1948년 1만 명 정도로 주로 카빌리 출신이었다. 유럽계와 무슬림 간 혼인도 아주 드물었다.

37. Muhammad H. el-Farra, "The Aspirations of the People of French North Africa," *Annals of the American Academy of Political and Social Science*, vol.306, Jul. 1956, 12쪽.

정치운동은 제1차 세계대전 후 북아프리카의별에서 민중당으로 승계되었고 이와 성격이 다른 온건파 식자층의 정당도 분발했지만 모두 확실히 비폭력운동을 지향했다. 19세기의 집요한 항전이 패배로 끝난 것은 무거운 교훈을 주었다. 셰이크 엘 모크라니가 이끈 카빌리의 봉기,[38] 오레스 산악과 서부 오랑의 투쟁, 1910년대까지 지속된 사하라 투아레그인의 항쟁처럼 패배를 되풀이할 수 없었다. 섣부른 무장투쟁은 틀림없이 지고 말 것이다.[39]

1954년 11월 1일, 전쟁선언은 뜻밖의 국면이었다. 전망도 어지간히 불투명했다. 그 불확실성이 언제 가셨는지 짚긴 어렵지만 1955년 8월 동북부 필리프빌 유럽인 살해사건으로 프랑스군을 유인할 때까지 사태는 모호했다. 그 아슬아슬한 시간을 끌고 간 것은 오레스, 콘스탄티노이스 같은 산악지대에서 구식 총을 들고 있던 무장대원들이었다. 이름 없는 이들은 요처를 공격하고 불을 지르고 어설픈 무기로 프랑스 정예부대에 맞서 교전과 투쟁을 지속해갔다.[40] 지금은 공공연히 이들을 전사라고 하지만 그때 그들은 소리도 내지 않았고 형체도 흐릿했다. 1955년 봄과 여름이 지나고, 1956년 4월 마침내 프랑스 정부가 비상사태를 선포할 때까지 프랑스는 이 상황이 본격 전쟁으로

38. Ch. Sicard, *La Kabylie en feu: Algérie 1871*, Paris: Georges SUD, 1998.

39. 그럼에도 이들의 항쟁은 1840년대는 물론 1860년대와 1870년대에도 계속되었다. Yahia Bouaziz, *Les insurrections en Algérie au cours des 19ᵉ & 20ᵉ siècle*, Alger: Houma, 2007; Julia A. Clancy-Smith, *Rebel and Saint: Muslim Notables, Popular Protest, Colonial Encounters (Algeria and Tunisia 1800-1904)*, Berkeley: University of California Press, 1994, 65-124쪽; Peter von Sivers, "Insurrection and Accommodation: Indigenous Leadership in Eastern Algeria 1840-1900," *International Journal of Middle East Studies*, vol.6, no.3, 1975, 259-275쪽. 19세기 항쟁의 정치적 의미에 관한 해석은 Tayeb Chenntouf, *L'Algérie politique (1830-1954)*, Alger: OPU, 2003, 9-94쪽.

40. Fanny Colonna (dir), *Aurès/Algérie 1954: Les fruits verts d'une révolution*, Paris: Autrement, 1994, 124-137쪽.

뒤바뀌리라고는 예상조차 하지 못했다. 알제 주요 일간지 『레코 달제』는 이들을 '무장반도武裝叛徒'로, 이들의 행위를 '테러terror'로 칭하면서 일반 사건사고인 양 다루었다. 오히려 파리의 일간지들이 사태의 추이에 더욱 예민한 촉각을 세웠지만 그들 역시 대서특필하지는 않았다. 프랑스는 이 사태를 '치안교란'이라고 불렀으며, 이 법적 표현은 이후 40년이 지난 1999년이 되어서야 프랑스 의회의 의결을 거쳐 '전쟁'으로 공식 수정된다.

그러나 그때 FLN이 선포한 것은 분명 전쟁이었다. 알제리라는 국가는 존재하지 않았기에 프랑스의 교전상대가 국가가 아닌 FLN으로 집약되었을 뿐이다.[41] 물론 이 전쟁은 불균등한 전쟁이었다. 프랑스 알제리 주둔군은 1954년 5만 명 정도였지만 이에 맞서는 FLN의 군사력은 비교가 안 되는 열세였다.[42] 제2차 세계대전 패전으로 위상이 대폭 축소되었어도 프랑스는 병력과 무기, 군사예산 모든 면에서 막강한 군사대국이었고 이 전쟁에 투입된 지휘관과 참모진의 역량도 최상이었다. 살랑, 샬, 주오, 마쉬 같은 장군들은 드골의 자유프랑스군을 이끈 기백과 경륜을 지닌 엘리트 군인이었다. 아프리카 프랑스군에서 잔뼈가 굵은 이들의 전술은 대담했고 최신이었다. 총 1,000킬로에 걸친 알제리 동서 국경선의 모리스 철조망과 샬 철조망에 가설된 고압전기선, 지뢰, 감시탑은 외부로부터 FLN의 무기 반입을 완벽히 차단했다. 프랑스의 식민지전쟁 수법은 교묘해서 알제리전쟁 때 상당

---

41. M. Alexander, "12. Seeking France's 'Lost Soldiers,' Reflections on the French Military Crisis in Algeria," K. Mouré et M. Alexander (eds.), *Crisis and Renewal in France 1918-1962*, New York: Berghahn Books, 2002, 243쪽.
42. 병력과 예산, 병기 관련 자료는 많으나 양측의 차이는 비교가 무의미할 정도다. 군사력에 대해서는 G. Pervillé, *Atlas de la guerre d'Algérie: De la conquête à l'indépendance*, Paris: Autrement, 2003, 16-25, 30-41쪽; 군사적 양상은 J.-C. Jauffret et M. Vaïsse (dir.), *Militaires et guérilla dans la guerre d'Algérie*, Bruxelles: Complexe, 2001.

수의 알제리인과 북아프리카인, 중서아프리카인이 정규군과 보조병에 충원되었다.[43] '국가 대 국가의 교전이 전쟁이다'라는 국제법 논리에서는 벗어났어도 치밀한 군사작전이 펼쳐지고 신예무기가 쓰이는 치열한 싸움이었다.

'지적인 힘'으로 전쟁 읽기

그렇다면 우리는 왜 그 험했던 전쟁사를 굳이 지적인 문제로 살펴보려 하는가? 선명하게 답하기가 쉽지 않다. 답은 그저 평범할 뿐이다. 이 전쟁이 식민지 전쟁이었다는 사실이 문제였다. 양차대전은 일부 예외가 있기는 해도 지식인이 직접 개입할 여지는 거의 없었다. 하지만 식민지 전쟁은 애당초 이념적인 성격을 지녔으며, 더구나 이 전쟁에서는 무장투쟁의 이유가 억압으로부터 벗어나기 위해서라는 선언이 있었다.[44] 그뿐만이 아니다. 전쟁선언문은 지금 민족의 퇴보가 일어난 원인은 부패에 있다고 명시했다. 따라서 이 글이 이 전쟁을 지적인 참여, 지적인 힘의 렌즈로 보려 하는 것이었다면 궁극적으로는 민족해방, 억압과 피억압, 식민주의와 반식민주의라는 주제에 천착했을 것이다.[45] 하지만 실상은 그렇지 않다.

정작 관심이 있었던 것은 고문의 문제였다. 1958년 2월 파리에서 출간된 앙리 알렉의 『라 케스치옹』을 알게 된 것은 1970년 즈음이고

---

43. 1945년부터 파견된 프랑스의 인도차이나 해외 원정군은 1954년 디엔비엔푸 패전으로 조금씩 철수하는 중이었다.

44. 식민지 전쟁이라 해도 영국군과 아프리카너의 보어전쟁, 에스파냐-프랑스 합동군과 모로코 해안 산악 리프족의 리프전쟁은 지식인이 개입할 여지가 거의 없었고 제1차 베트남전쟁에서도 널리 알려진 지식인 참여는 거의 없었다.

45. Ernest Gellner, *Nations and Nationalism*, Oxford: Blackwell, 1983[한국어판은 『민족과 민족주의』, 이재석 옮김, 서울: 예하, 1988]. 민족주의 일반은 김인중, 『민족주의와 역사』, 서울: 아카넷 대우학술총서, 2015.

피카소의 그림이 표지로 쓰인 자밀라 부파차의 책을 구매한 것도 그 무렵이다. 고문이 남 일 같지 않던 때라 그랬는지 제도적인 고문을 폐지한 나라에서 다시 고문을 행하게 된 사정을 자세히 알고 싶었다. 더구나 비상하게 고문을 일깨운 것은 2000년에 『르몽드』가 시작한 알제리전쟁 시기의 고문 보도였다. 40여 년 전의 이야기를, 다시 말을 꺼내면 시끄러울 뿐이라 여기기 십상인 역사를 재론하는 모습이 새삼스러웠다. 그리고 오늘이 어제를 소환하듯 1990년대 알제리에서 재연되었던 폭력이 이 문제를 재론하게 했으리란 점이 눈에 들어왔다. 1990년대 상황은 그만큼 의미심장했다. 프랑스는 긴장을 감추지 못했고, 알제리의 지하자원과 북아프리카의 지정학에 관심을 기울여야 하는 다른 나라들도 촉각을 곤두세웠다.[46] 기억이란 이름 아래 시간은 전쟁기로 돌아가는 것만 같았다.

식민지 문제는 지워진 만큼 되살아나는 고통의 악순환이었다. 그런데 프랑스는 아무리 신자가 줄고 교회가 권세를 잃었어도 가톨릭의 나라이다. 더구나 1950년대는 더 그랬다. 정신적 정치적 문제에 성직자는 발언해야 했다. 나치 치하에 들어가면서 리지외에서 세미나를 열고 헤겔과 마르크스를 읽던 프랑스 소명단의 태도가 이 식민지전쟁과 연관이 있다는 것을 느꼈고, 가톨릭 잡지 『에스프리』의 남다른 기여도 눈에 들어왔다. 파리 낭테르 대학 내에 있는 국제현대사료도서관BDIC[47]에서 북아프리카전쟁에 반대하는 바그람 대회 문건을 처음 접했을 때의 그 긴장감을 지금도 잊을 수 없다. 야심찬 1950년대 파리의 흑인 지식인들이 펼친 문학과 사상이 알제리전쟁과도 은연중에 연결된다는 점에도 생각이 이르렀다. 사르트르와 아롱이 대등

---

46. 1990년대 알제리의 내분에 대해서는 이병희, 「알제리 사태」, 『지역개발연구논총』 (공주대학교), 제3권 제1호, 1995, 93–101쪽.
47. Bibliothéque de documentation internationale contemporaine의 약자.

하게 중요하다는 뒤늦은 깨우침, 알제리인만의 식민지 독립에 동의하지 않았던 알제리-프랑스인 카뮈의 내면을 알고 싶다는 욕망, 젊은 부르디외가 전시 알제리에서 보고 듣고 결심한 것에 동반자로 따라다니고 싶다는 마음, 장벽을 넘는 듯한 부르디외의 초기 사회학, 비난과 몰수에도 개의하지 않고 이들의 비판적인 사상을 책으로 펴낸 출판사들, 또 그런 책을 읽은 독자들, 진정한 자유주의…… 제1부 프랑스편 첫 세 장은 그렇게 구성되었다.

넷째 장 '프랑시스 장송'은 장송의 『우리의 전쟁』을 재간행한 로베르 블로가 서울에 다녀가면서 남긴 인상이 한몫했다. 스스로 FLN의 자금책이 되었던 장송과 장송망을 알고 싶었다. 마지막으로 알제리전쟁 시기의 정치범과 변호사를 다루기로 한 것은 이 책의 원고를 일단 끝낸 후의 일이었다. 식민지 치하에서 감옥은 어떠했는지, 수형자들은 무엇을 먹고 어디서 잤는지, 신문이나 책을 읽을 수 있었는지, 변호사의 선임과 접견은 가능했는지, 분위기는 어땠는지, 민족항쟁에 투신했다지만 감방에서 고독하진 않았는지, 식민지배자들의 고문은 두렵지 않았는지 이것저것 묻고 답을 듣고 싶었다. 법은 역사의, 특히 식민지배의 장막이기도 하고, 그래서 법으로 이 장막을 찢어나가야 한다는 느낌이었다고 할까. 하지만 이런 주제 하나하나는 새로울 게 없으며 그간 알제리전쟁과 지식인 연구사에서 다루어졌다. 이 책이 새로운 점이 있다면 그 유형무형의 공간을 어떤 의미에서든 하나로 엮어 프랑스 지식인과 식민주의 비판의 관계망을 찾아보려 한 것이다.

이 비판적 언술과 '직접행동'에는 늘 프랑스공화국 문제가 걸린다. 프랑스공화국은 제국과 함께 갔으며 그 사이를 이은 것은 무엇보다 자본주의 체제였을 것이다. 프랑스가 해외팽창에 열을 올린 것이 세계자본주의 구조의 반영이었듯이 알제리 정복은 이슬람 문명에 비해 서구 산업자본주의가 우세하다는 표시였다.[48] 또 쇠락하는 오스만튀르크제국과, 서에스파냐, 모로코, 남이탈리아를 지배한 오스트리아제국 간, 흔들리는 세력판도를 반영하기도 했다.[49] 대대적인 알제리 정복은 1870년 프로이센과의 전쟁에서 참패한 것이 직접적인 동기였다. 1870년 9월 패전 속에 급히 세워진 공화정은 안으로는 제2제정기의 부패를 물리쳐 공화주의 제도를 정비하고, 밖으로는 통일 독일의 약진에 대비해야 했다. 제3공화국의 아버지 쥘 페리가 식민주의를 주도한 것은 그 때문이었고, 그 발판이 된 곳이 북아프리카였다.

만인의 자유, 평등, 우애를 기하려는 공화국이었지만 제국이 뒤에 딱 붙어 있다는 것은 공화국의 가치를 희석시키는 것 아닐까? 하지만 프랑스의 침공을 경험한 이탈리아 학자가 인정하는 것이 프랑스의 민주제도와 그것의 조직화이다. 역사가 굴리엘모 페레로는 식민지뿐 아니라 프랑스에 내재한 제국의 성질을 잘 알고 있었지만 그것 때문에 공화정의 가치가 부식되었다고는 보지 않는다. 프랑스공화국은 한 세기 이상을 지속한 끈질기고 때로는 무서운 노력으로 성취된 정치체이다.[50] 사실 프랑스라는 국가의 운영 원칙은 인본주의, 다원주의, 개혁주의의 통합이었다.[51] 프랑스와 북아프리카, 그중에서도 특히 알

48. Phillip Naylor, *North Africa: A History from Antiquity to the Present*, Austin: University of Texas Press, 2009, 138-139쪽.

49. 1830년 오스만튀르크를 둘러싼 동방 문제가 해소되어 영국과 프랑스 간의 긴장이 누그러지자 프랑스는 알제리전쟁에 인력과 자원을 총동원할 수 있었다. 기동대가 모든 것을 파괴하고 휩쓸었으며 1845년에 18개의 절멸파괴대가 가동되었다. Manssour Ahmad Abu-Khamseen, *The First French-Algerian War 1830-1848: A Reappraisal of the French Colonial Venture and the Algerian Resistance*, Berkeley: University of California Press, 1983. 박사학위 논문.

50. Guglielmo Ferrero, *The Ruin of the Ancient Civilization and the Triumph of Christianity: With Some Consideration of Conditions in the Europe of Today*, New York: G. P. Putnam's Sons, 1921, 204-205쪽.

51. François Châtelet et Évelyne Pisier-Kuchner, *Les conceptions politiques du XXᵉ siècle*, Paris: PUF, 1991, 98-244쪽.

제리는 제국과 공화국과 너무나 복잡하게 엉켜 있었고, 1954년 알제리전쟁은 수없는 마찰들의 폭발음과 같았다.

그러나 전쟁터가 된 알제리에는 구비된 것이 아주 많았다. 민족운동에 미친 문화융합은 전쟁 이전부터 있었다. 20세기 알제리 식자들이 나라가 결딴났어도 움츠리지 않았던 것은 이슬람 신앙과 베르베르 문명, 유목민과 정주민의 본성을 한데 품고 있었기 때문일 것이다. 고대 누미디아 왕국 이래로 지중해는 북아프리카의 바다였다. 기독교와 이슬람의 교차점인 시칠리아와 남이탈리아는 알제리 부지에서 뱃길로 몇 시간 거리였고 모로코, 튀니지, 리비아, 이집트는 20세기 초 북아프리카 청년들이 정치동맹을 꿈꿀 만큼 친밀했다. 그래서 북아프리카 서단 페스에서 지중해 동부 알렉산드리아까지, 또 아라비아 메카나 페르시아 바그다드, 그리고 동서 이슬람의 교차로 카이로가 알제리인에게는 낯설지 않았다. 티아렛 출생으로 모로코의 식민지 항쟁인 리프전쟁에 참가하고 프랑스에서 정치활동을 했던 알리 엘 함마미의 짧은 생애가 대표적인 사례이다. 그는 이슬람, 아랍 문화와 유럽의 역사에 통달한 빼어난 지식인이었다.

이렇게 알제리를 잇는 가늘지만 긴 끈을 읽게 한 것은 오레스 산지의 민족군이었고, 카스바의 신비로운 연락원 여성들이었다. 그들을 불러내어 당신들의 행동은 혁명적 낭만주의라고 규정한다면, 몰라도 한참 모르고 하는 소리라고 했을 것이다. 한 나라의 얼은 그 땅, 그 산하와 동떨어지지 않을 것이다. 알제리는 광대하다. 그러나 그것이 전부가 아니다. 지중해 해안가의 비옥한 경사지 텔 지대,[52] 협곡이 굽이치는 높은 아틀라스 고원지대, 지중해와 아프리카대륙 사이에 펼쳐진

---

52. 텔Tell은 아랍어로 '언덕'을 뜻한다. 라틴어 텔루스Tellus, 즉 '비옥한 대지'의 흔적일 것이다. N. Barbour, *A Survey of North West Africa: The Maghrib*, 201쪽.

드넓은 사하라 사막이 뒤섞인 땅이다. 지리학적 인류학적 성분은 장기지속성이기 때문에, 깊은 산지와 협곡은 부족들의 고립감도 키웠고 독립성도 보장하였다.[53] 더구나 이슬람-아랍의 알제리와 다른 베르베르인(아마지그인)은 고유한 언어와 오래된 문학의 전승을 자부하고 수많은 엘리트를 배출한 교육열로 유명하다.[54] 전쟁의 중심지가 된 카빌리는 베르베르의 터전이었고, 문화적 자주성과 감연한 여성성은 목마른 전쟁의 수맥과 같았다.[55]

이러한 상념 속에서 알제리 지식인을 이해해가는 데 섬광 같은 자극을 준 것이 『엘무자히드』라는 신문이었다. 종전 후 유고 베오그라드에서 프랑스어로 발행된 알제리전쟁기의 기사를 모은 『엘무자히드』 전권은 숨 막힐 만큼 압도적이었다. 이 신문에 실린 기사 하나하나가 문체, 사상 면에서 세련된 언론기법 면에서 급박한 전쟁에 대응하는 와중에 돌연히 나타난 것으로 보이지 않았다. 알제리전쟁은 1950년대의 국제정치를 휘감았고 1958년 이후 그 주체는 알제리공화국임시정부GPRA였다. 임시정부는 말 그대로 정상국가의 규범적 정부가 아니지만 엄연히 정부였다. 물론 임시정부 활동가들은 정규 공무원도 전문 외교관도 아니었다. 그런데 이들이 문필과 식견, 외국어에 정치적 의지를 기울여 국제무대에 나섰다면 왜 지식인이 아닐까?

53. Mohand Cherif Sahli, *Décoloniser l'histoire*, Alger: ANEP, 2007, 55-67쪽; 또한 18세기 알제 왕국의 역사는 Laugier de Tassy, *Histoire du royaume d'Alger: Un diplomate français d'Alger en 1724*, Paris: Éditions Loysel, 1992.

54. Georges-Henri Bousquet, *Les Berbères*, Paris: PUF, 1967. 베르베르인은 알제리와 모로코는 물론 모리타니아, 사하라, 리비아 일대에 흩어져 살고 있다.

55. Paul A. Silverstein, "Martyrs and Patriots: Ethnic, National and Transnational Dimensions of Kabyle Politics," James McDougall (ed.), *Nation, Society and Culture in North Africa*, London: Frank Cass, 2003, 87-92쪽; Camille Lacoste-Dujardin, *La vaillance des femmes: Les relations entre femmes et hommes berbères de Kabylie*, Paris: La Découverte, 2008, 69-129쪽.

젊은 지식인들 거의가 학생들이었다. 1909년 설립된 알제 대학교는 북아프리카의 일류 교육기관이었다. 수백 년간 명성을 쌓은 튀니스의 지투나 대학에도 알제리인이 많았다. 하지만 식민지 대학생은 희소했다. 더구나 이 청년들의 사상과 행동은 전쟁을 재성찰하게 만들었다. 식민지 정치범 문제는 늘 의식 안에 있었다. 당시 수감자가 지식인이어서가 아니다. 수감자 중에는 무학이 많았다. 학력과 경력을 따지는 통상의 지식인 규정은 식민지 현실에 맞지 않는 게 아닐까 되묻게 되었다. 제2부 알제리 편의 첫 장을 알제리민중당에 할애하여 당을 지식인의 대열에 세우기로 한 것은 『엘무자히드』, 임시정부, 정치범과 변호사, 알제 대학생이라는 네 개의 장을 끝마친 무렵이었다.

당은 당, 지식인은 지식인이란 이분법은 알제리에선 통하지 않았고 민중당 당원 하나하나가 넉넉히 지식인 노릇을 했다는 발견 같은 것이 스쳤다. 당원이 지식인이라는 가정은 이론의 힘을 빌려야 할 것 같았고 명료하지 않았다. 왜 민중이 지식인이고 지식인이 민중인가는 서술 자체로 답하고 싶었다. 기대와 희열만큼 우려와 공포, 분열과 소외가 공존한 7년여 식민지 전쟁에 대해 이 글은 난관 자체를 들여다보려 했지 가해와 피해의 논법으로 그 역사를 재단하려는 의도를 갖고 있지 않다. 작가 물루드 페라운은 전쟁의 정당성을 부정하지 않으면서도 전쟁 폭력의 악순환을 꿰뚫는 통찰력을 보였다.[56]

민중이라고 무조건 성스럽지는 않을 것이다. 그렇지만 수난에 처한 식민지 민중은 지적인 힘을 남몰래 비축하고 결국 혁명과 전쟁의 도가니에서 그 힘을 토해냈다. 그 민중의 숨은 힘을 인지하고 수긍하

---

56. 페라운(1913-1962)은 알제리전쟁기의 예리한 기록 『일기 Journal』 외에도 『대지와 피 La terre et Le sang』 『빈자의 자식 Le fils du pauvre』을 발표한 이름난 작가였다. 휴전을 사흘 앞둔 1962년 3월 15일 알제리 독립에 반대한 극우조직 OAS에 의해 알제의 고등학교에서 동료 다섯 명과 함께 살해되었다.

면서 연대하려 한 알제리 지식인들과 지중해 건너편 프랑스 본국 지식인들에 주목하여, 이 글은 다만 그 몇몇의 시선과 의지, 그들이 마주쳤던 시련과 시대의 거센 노도怒濤를 따라가고자 했지 식민지 해방사의 일반화를 시도한 것은 아니다. 그리고 인간애라든가 정체 모를 휴머니즘의 이름으로 식민지 문제의 질곡을 쉽게 덮으려 한 것도 아니다. 무딘 글이지만 그렇게 읽히는 것은 거부한다.

제1부

프랑스 지식인과 식민지 민중

제1장

|

프랑스 가톨릭

알제에는 미려한 이슬람 사원이 시내 곳곳에 있지만 서쪽 끝 해안 요지에 자리한 아프리카 노트르담 성당도 인상적이다. 소박한 생퇴젠 언덕 주택가에 솟은 이 가톨릭교회는 1846년 파비 주교 때에 시작하여 1872년 라비주리 주교가 완공한 유서 깊은 건축물이다.[1] 검소하지만 웅장한 교회 안으로 들어서면, 성 아우구스티누스가 히포네 출신이고 북아프리카가 로마제국 말 가톨릭의 주요 교구였음을 상기시키면서 기독교와 이슬람이 공존해온 역사를 서술한 장문의 안내판이 출입구 벽에 붙어 있다.

19세기 가톨릭교회는 프랑스 군대와 함께 알제에 들어왔다. 일찍이 1830년 프랑스군의 알제 상륙은 교황의 축성을 받으면서 신앙의 승리가 되었다.[2] 1845년까지 전쟁 때면 신부가 따랐고, 성 십자가의

1. 루이 파비 주교는 1846년에서 1866년까지, 샤를 라비주리 추기경은 1867년에서 1892년까지 알제 대주교였다.
2. 1830년 프랑스 캉브레 교구의 주교가 포고한 '알제리 원정의 성공을 비는 기도문 Prières pour le succès de l'expédition d'Alger' 참조.

개선일 6월 14일은 알제 교구 고유의 축일이 되었다. 교회는 정부와 나란히 움직였다. 1857년 알제리가 프랑스의 세 개 도道로 프랑스 행정구역에 직속 편입되자 점령지 전체가 알제 교구, 오랑 교구, 콘스탄틴-히포네 교구, 세 교구로 정비된다.[3] 가톨릭교회 신자는 모두 유럽인이었다.[4] 이렇듯 유럽 정착민은 어디서 왔든 기독교인이었다. 이들은 기후와 토양이 다른 이 광야에서 긴장했고 근면했으며 모험적이었다. 1870년 보불전쟁으로 고향을 잃게 된 알자스로렌 주민, 포도균 전염병으로 포도농사를 망친 남프랑스의 농민, 에스파냐, 이탈리아, 몰타 섬에서 땅을 찾아 건너온 유럽인은 1914년 75만에 달했고, 너른 토지와 농업의 주인이 되었다.[5] 19세기 교회가 유럽 정착민만 믿고 선교를 등한시한 것은 아니다. 교회는 교회대로 병을 치료하고 문자를 가르치고 식량을 나눠주며 낯선 이들에게 다가갔다.

그럼에도 무슬림은 교회에 나오지 않았다. 알제, 오랑, 콘스탄틴 교구의 대도시뿐 아니라 서부 틀렘센, 아틀라스산맥의 소도시 오말, 동부 미실라의 작은 교회에도 무슬림은 보이지 않았다. 기독교인으로 신앙을 바꾸면 프랑스 국적을 얻을 수 있는데도 이들이 개종에 무관심했던 이유는 무엇일까?[6] 이슬람교단이 붙잡고 있어서가 아니었다. 이슬람은 사회경제적 힘을 잃었다. 프랑스는 이슬람 전래의 집단 소

---

3. 가톨릭의 북아프리카 선교는 샤를 드 푸코 신부(1858-1916)의 활동에 힘입어 호가르산맥 남부 타만라세트 일대까지 확장되었다.

4. 사회활동 범위가 매우 넓고 지배권력이 없는 경우도 많았기에, 문맥에 따라 정착민, 식민지경영자, 콜롱을 혼용했다.

5. 19세기 중반 알제리-유럽인은 11만 명(프랑스인은 4만 5,000명)이었다. 1848년 혁명 후 1만 2,000명이 정부에 의해 알제리 농업지로 이송되었다. 보불전쟁 후에는 정치범이 알제리로 보내졌고 독일 시민권을 원치 않는 알자스로렌 주민도 알제리로 건너왔다. Douglas Johnson, "Algeria: Some Problems of Modern History," *The Journal of African History*, vol.5, 1964, 221-242, 특히 232-233쪽.

6. 식민지가 된 서아프리카에서 단기간에 많은 이가 기독교인이 된 것과 대조된다.

유 개념을 법으로 무효로 판정하여, 이슬람의 토지 소유는 1870년대 와 1880년대에 급감했다.[7] 1870년 카빌리 봉기에서 패배한 이후 비옥한 토지가 유럽인들에게 돌아갔다. 식민 정부는 카빌리만이 아니라 봉기가 일어나면 그곳이 어디든 집단적으로 책임을 묻고 그 지역의 토지를 몰수하는 징벌제를 택했다. 그렇게 탈취한 토지는 유럽인 정착민에게 무상으로 공급되거나 헐값에 판매되어 1910년경이면 알제리 토착민이 가졌던 땅의 40퍼센트는 유럽인 차지가 되었다. 이 시기에 가톨릭 역시 거대한 토지의 소유주가 되었다.[8] 당연히 교회를 보는 무슬림의 눈길이 고울 리 없었다. 하지만 역설적으로 시간이 지나고 나서 이 모순투성이의 식민지 상황에 누구보다 먼저 예리하게 반응하게 되는 것도 가톨릭이었다.

1. 『에스프리』

파리에서 나온 가톨릭계 잡지 『에스프리Esprit』는 1954년 12월부터 1962년 10월까지 알제리전쟁 전 기간에 걸쳐 총 211건의 기사를 실었다.[9] 1932년의 창간인 3인 가운데 에마뉘엘 무니에가 1949년 작고해, 이후 전쟁기에는 장마리 도므나크가 편집장이었다. 1930년대에

---

7. Chikh Bouamrane et Mohamed Djidjelli, *L'Algérie coloniale par les textes 1830-1962*, Alger: ANEP, 2008, 11-17쪽.

8. 콜롱들의 토지는 1850년부터 꾸준히 증가했지만 19세기 후반 급증한다. 1850년 11만 5,000헥타르에서 1880년 124만 5,000헥타르로, 1910년에는 184만 8,856헥타르로 뛴다. H. Halvorsen, "Colonial Transformation of Agrarian Society in Algeria," *Journal of Peace Research*, no.4, vol.15, 1978, 338쪽.

9. Anne Simonin, *Les Éditions de Minuit 1942-1955: le devoir d'insoumission*, Paris: IMEC, 1994, 475쪽.

금권만능의 사회풍조를 질타한 『에스프리』였지만 비시 정부가 들어 서자 폐간을 우려해 조심스러워했다. 그러나 무니에는 곧 비시 체제 의 성격을 깨닫고 저항의 논조를 지켜갔다.[10] 그 비판적 기조를 계승 한 『에스프리』의 알제리전쟁 논평은 매우 이른 때에 나왔다. FLN의 11월 선전포고 직후인 12월호에 실린 도므나크의 「이것이 북아프리 카 전쟁인가?」는 미리 알고 써둔 듯 예리한 감각을 드러냈다.[11] 아직 일반은 FLN의 선전포고문에 담긴 정치적 심각성을 읽어내지 못하던 때였다. 프랑스의 주류 언론이 움직인 것은 1945년 5월 세티프 봉기 와 1947년 알제리 무슬림 지위법 제정 때뿐이다.[12] 그렇다면 『에스프 리』는 전쟁이 일어날지 모른다는 불안감 속에서 이 전쟁의 낌새를 맡 고 있었던 것일까? 사실 『에스프리』는 알제리전쟁이 있기 8년 전인 1947년에 이미 「북아프리카 전쟁을 방지하자」는 자극적인 기사로 북 아프리카 정세에 혹독한 비판을 가했었다.[13] 그러한 선견지명이 가능

10. 무니에 전집은 쇠유에서 4권(1961-1963)으로 간행되었다. 비시 정부에 대한 입
장은 J. W. Hellman, "Emmanuel Mounier A Catholic Revolutionary at Vichy,"
Journal of Contemporary History, vol.8, no.4, Oct. 1973, 9-23쪽 참조. 무니에에
대한 학술적인 평가에 대해서는 M. H. Kelly, "The Fate of Emmanuel Mounier: A
Bibliographical Study," *Journal of European Studies*, vol.2, no.3, 1972, 256-267
쪽. 국내 연구로는 신진식, 『프랑스 인격주의 운동에 관한 기독교 사회윤리학적 연구:
Emmanuel Mounier를 중심으로』(감리교신학대학교), 석사학위 논문, 2013; 김현태,
「무우니에(E. Mounier)의 인격주의적 존재론」, 『가톨릭신학과 사상』(가톨릭대학교),
no.7, 1992, 141-164쪽.
11. 장마리 도므나크(1922-1997)는 제2차 세계대전 동안 리옹 대학 재학생으로 베르
코르 산악지대의 마키에 가담했고 문필활동을 했다. 공산주의에 반대하면서도 동유
럽 공산주의자를 도왔고, 드골을 지지하면서도 식민지 해방운동을 지원했다. Gilles
Candar, *Jean-Marie Domenach, Beaucoup de gueule et peu d'or: Journal d'un
réfractaire 1944-1977*, Paris: Seuil, 2001. 그의 사상에 대해서는 장마리 도므나크,
『세기말의 사상』, 김성택 옮김, 서울: 솔, 1995.
12. Laurent Theis et Philippe Ratte, *La guerre d'Algérie ou le temps des méprises*,
Tours: Maison Mame, 1974, 40쪽.
13. "Prévenons la guerre d'Afrique du Nord," *Esprit*, avril 1947.

했던 것은 1947년 동아프리카 마다가스카르 봉기 때부터 『에스프리』
가 경각심을 가지고 식민지 동향을 예의주시한 덕분이었다.

그런 면에서 1955년 11월의 『에스프리』 특집호 '알제리전쟁을 중단
하자—국내 문제다'는 지극히 당연한 결과였다.[14] 1955년과 1956년
『에스프리』에는 「북아프리카와 우리들의 운명」 「폭력과 수치를 넘
어」 「젊은 알제리-프랑스인에게 보내는 편지」 「우리 민족의 아침」 등
이 계속해서 카뮈의 친구인 알제리 문인 장 세낙, 그르노블의 젊은 정
치학 교수 조르주 라보의 이름으로 실렸고, 좌파 가톨릭 언론인 베르
나르 쿠타즈도 「파리의 무법자」라는 기사를 올렸다.[15] 여기서 『에스프
리』를 주목하는 이유는 이 잡지가 프랑스 가톨릭의 대표 언론이어서
가 아니다. 프랑스에서 가톨릭 언론은 많았고 그 성향도 무척 다양했
다.[16] 알제리전쟁에만 한정해도 주목해야 할 매체가 최소한 다섯은
된다.[17] 『에스프리』는 그들 중 하나로 지적인 잡지였을 뿐이다.[18] 물론
알제리와 북아프리카를 대하는 이 잡지의 원천이 가톨릭정신이라는

---

14. "Arrêtons la guerre d'Algérie: Une affaire intérieure," *Esprit*, novembre 1955.
15. 이들 기사의 원제는 다음과 같다. François Sarrazin, "L'Afrique du Nord et
notre destin"; Jean Sénac, "Matinales de mon peuple"; Oreste Rosenfeld, "Pour
une solution fédérale"; Georges Lavau, "Au delà de la violence et de la honte";
Bernard Coutaz, "Des hors-la-loi à Paris."
16. 당시 가톨릭 매체들은 대체로 반공산주의였다. 1925년 전국가톨릭연맹의 『펠랭
Pèlerin(순례자)』, 우익 『레코 드 파리 *L'Écho de Paris*(파리의 메아리)』가 그랬다. 반
대편에는 『로브 *L'Aube*(여명)』 『세트 *Sept*』 『라 비 앵텔렉튀엘르 *La Vie intellectuelle*
(지적인 삶)』가 있었다. William Bosworth, *Catholicism and Crisis in Modern
France: French Catholic Groups at the Threshold of the Fifth Republic*,
Princeton, NJ: Princeton, University Press, 1962, 188쪽.
17. Malika El Korso Boulatrous, *La guerre d'Algérie à travers cinq journaux
catholiques métropolitains 1954-1958*, Paris: EHESS, 1985.
18. 장마리 도므나크도 순수 종교인이라기보다는 지식인이었다. Georges V. Santoni,
"Les Intellectuels: entretien avec Jean-Marie Domenach," *The French Review*,
vol.47, no.4, Mar. 1974, 695-702쪽.

것은 분명하다.[19] 가톨릭정신을 기반으로 하기는 『에스프리』보다 대중적이고 현실적인 잡지 『테무아나주 크레티앵Témoignage chrétien(기독교인의 증언)』도 마찬가지였다.

그런데 좌파 가톨릭이 알제리전쟁에 적극적이었던 데는 제2차 세계대전기의 레지스탕스 체험이 있었다. 나치 시절 교회는 '프랑스의 영혼'을 염려했고 1945년 해방 후에도 큰 관심을 기울였다. 프랑스는 가톨릭 전통이 강하면서도 제2차 세계대전 전까지 공산주의에 매료된 나라였다. 더구나 전후 공산당은 레지스탕스 경험으로 득세하는 중이었고 냉전으로 위상이 높아진 소련도 그런 분위기를 부추겼다.[20] 1945년 10월 선거에서 공산당이 4분의 1, 민중공화운동이 4분의 1, 사회주의 계열 역시 4분의 1을 득표했다. 당시 정치판에서 막강한 힘을 가진 가톨릭과 공산당의 양대 세력은 지향점이 같은 데가 있었다. 식민지 문제였다. 특히 북아프리카는 카리브해에서 인도차이나, 서아프리카를 아우르는 전 식민지의 핵심이었다. 북아프리카는 오랫동안 여타 제국주의 국가가 손을 못 댈 만큼 프랑스만의 전권이 행사되는 곳으로 인식돼왔다. 그런데 언제부턴가 이 북아프리카가 흔들렸다. 1949년 이스나르 일데베르는 알제리 민족주의의 기원을 서술한 글에서 "카이로 중심의 중동세력이 북아프리카를 노린다"고까지 지적

---

19. MRP는 1950년대의 주요한 가톨릭 정파였다. 1789년 프랑스혁명 때부터 19세기까지 국가와 종교 간 갈등 탓에 가톨릭은 사회 세력화를 삼갔다. 제3공화정 라이시테 (세속화)의 목적은 사실 가톨릭의 정치화 방지를 의식했다. 그러나 국가가 가톨릭 분위기까지 제지하진 않았고 교권투쟁은 핍박과는 전혀 다르다. 이를 법적으로 설명한 글로는 전훈, 「종교적 중립성에 관한 고찰—프랑스 라이시테(laïcité) 원칙에 관한 꽁세이데타 판례를 중심으로」, 『법학논고』(경북대학교), 제41집, 2013, 533-556쪽: 또 프랑스 역사 전반에서 라이시테의 문제에 대해서는 김응종, 민유기 외, 『프랑스의 종교와 세속화의 역사』, 대전: 충남대학교출판문화원, 2013.
20. Gaston Fessard, "France prends garde de perdre ta liberté!," *Témoignage Chrétien*, 1946, 318쪽.

했다.[21] 이런 대외정세에 교회는 누구보다 민감하게 대응했다. 식민지 교회는 단순하지 않았기 때문이다.

알제리의 가톨릭 세력화는 라비주리 추기경에게 크게 힘입었다. 공화파이자 노예제 폐지론자인 라비주리는 시리아에서 이슬람과 베르베르의 언어, 관습, 의상을 연구하고 이슬람 문화를 존중하면서 아프리카의 선교에 기초를 다진 획기적 역량의 가톨릭이었다. 1867년부터 1892년까지 그가 알제 주교로 있던 시절 수많은 백인신부단과 백인수녀단이 세워졌으며 비신자도 같이 다닐 수 있는 가톨릭 교육기관도 늘어났다.[22] 1870년에서 1874년까지 알제리 동북부를 휩쓴 기근으로 길바닥에 빈민과 고아가 가득하자 가톨릭교회만이 이들을 돌보는 상황일 때도 있었다. 그러나 라비주리 주교가 세상을 뜨자 백인 신부선교단의 활동은 실패로 돌아갔음이 판명되었다. 이슬람교단이 영향력을 회복한 1937년경 가톨릭의 무슬림 개종 사업은 거의 포기상태에 있었고, 결국 가톨릭 지도부는 "북아프리카 선교에서는 이슬람과 카빌리, 아랍어 지식이 필수적이다"라는 교훈으로 대안적인 교육기구를 로마에 창설하게 된다.[23]

한편 프랑스 제3공화국의 대원칙인 반교권 정책이 한창이던 시기에 어떻게 교회가 해외에서 왕성하게 활동할 수 있었다는 것인지 어딘가 조리가 맞지 않는 것 아니냐 되물을지 모른다. 1905년 12월 9일

21. Isnard Hildebert, "Aux origines du nationalisme algérien," *Annales: Économies, Sociétés, Civilisations*, no.4, 1949, 463-474쪽.

22. René Vanlande, *Chez les pères blancs: Tunisie, Kabylie, Sahara*, Paris: J. Peyronnet, 1929.

23. 이 교훈은 튀니지에서 실현되었으며, 1964년 로마의 아랍이슬람연구 주교단학교 PISAI(Pontifical Institute for Arabic and Islamic Studies)를 낳는 씨앗이 되었다. D.-S. Karima, *Chrétiens de Kabylie 1873-1954*, Paris: Bouchène, 2004, 153쪽.

프랑스 제3공화국 하원에서 제정된 '정교분리법'[24]에 의거하여 가톨릭 수도원과 교단의 교육기관이 문을 닫고 교회재산이 정부에 등록되기는 했지만 해외 선교단은 다치지 않았다.[25] 제3공화국 정부는 국가적인 지원을 하지 않았을 뿐이지 해외 선교까지 막지는 않았다. 1789년 프랑스혁명 이래 정치적인 위축을 맛본 19세기 교회는 교회대로 해외에서 재도약의 기회를 찾았다.[26] 식민지 교회는 본국 관료가 식민지를 직접 체험할 수 있는 통로였다. 산업, 군사, 지리, 언어, 역사에서 식민지 연구가 심화됨에 따라 교회가 구비할 정보도 많아졌다. 20세기 초 식민지박람회는 그 정점에 있었다.

그러나 식민지에 대한 교회의 관심은 제2차 세계대전 이후 달라졌다. 세계대전기의 레지스탕스 전통은 식민지 비판으로 옮겨갔고 『에스프리』의 도므나크도 그 길을 따랐던 사람이다.[27] 나치 시절 가톨릭계에는 비시 정부의 페탱을 추종하는 고위 성직자도 있었고 나치에 패배한 것이 공화정이 경건심을 버린 후과라면서 정부를 비판한 성직자도 있었다. 그러나 항독운동에 가장 먼저 나서고 가장 적극적인 활동을 펼친 세력 또한 가톨릭이었다. 나치 의무노동제STO에 의해 끌려간 청년들을 따라 3,000명의 가톨릭 사제가 전쟁터에 들어갔다.[28] 유

---

24. 공식 명칭은 '교회와 국가의 분리에 관한 1905년 12월 9일 법'이다.

25. James Patrick Tudesco, *Missionaries and French imperialism: The role of catholic missionaries in French colonial expansion 1880-1905*, University of Connecticut, 1980. 박사학위 논문.

26. 1870년대까지 프랑스 교회는 1801년 나폴레옹 1세와 교황 비오 7세의 화약을 따라 성직자는 국가의 봉급을 받고 로마교회에 복속됐다. 2.8퍼센트와 0.22퍼센트였던 신교와 유대교도 국가의 봉급을 받았다. Guy Chapman, *The Third Republic of France: The First Phase 1871-1894*, New York: St. Martin's Press, 1962, 148쪽.

27. R. Bespaloff, "Le Monde du condamné à mort," *Esprit*, janvier 1950.

28. 의무노동제Service du travail obligatoire는 나치를 위한 강제 노동이었지만 독일의 법이 아닌 프랑스 법에 따른 제도였다. 1942년 6월부터 1944년 7월까지 대략 60만에서 65만 명의 노동자가 독일로 끌려갔다. Wm Smith, "8. The Church," Sheila

대인 학살이 절정에 달했을 때 교구마다 유대인 아이들을 숨겨준 것도 가톨릭이었다.[29] 1950년대 가톨릭은 그 옛 힘을 되찾았다. 많은 작가와 지식인이 가톨릭에 귀의한 데는 이런 배경이 있었으며, 무니에의 인격주의는 이 시대의 새로운 가톨릭 정신이 되었다. 인격주의 가톨릭 도므나크 역시 마르크스의 소외에 대응하여 전인적인 화해를 파고들었다.[30] 인격주의는 이념에 경도되기보다는 힘없고 가난한 이들의 요청을 먼저 생각하는 정의로운 세상을 꿈꾸었다.[31] 그렇다고 국가권력으로부터 도망치거나 은신하는 것이 인격주의는 아니었다. 이때의 인격은 세상에 대한 깊은 이해를 전제로 했다.

나치 항전기에 베르코르 산악지대 마키자르로 활약했던 도므나크에게 가톨릭 인격주의는 낯설지 않았다.[32] 1947년 4월, 그가 북아프

Perry (ed.), *Aspects of Contemporary France*, London: Routledge, 1997, 169쪽.

29. 1942년 12월 말 가렐망réseau Garel 사람들은 유대인 아동을 가톨릭 학교에 숨겨두었다. 1943년 1월 최초의 '노동사목勞動司牧'이 의무노동제에 의해 징용된 청년들과 함께 독일로 향했다. 의무노동제는 1942년 2월 16일 발표됐고『테무아나주 크레티앵』은 5월 9일 이를 맹비난했었다. 2차 대전 초기 가톨릭 저항자는 전통 우파나 기독교민주주의파에서 나왔다. 에드몽 미슐레는 수도권에서 페탱 정권에 맞선 최초의 인물이다. 민중민주당 조르주 비도와 드 망통은 1940년 11월『리베르테』를 창간하고 1941년 드 망통이 앙리 프레네와『콩바』를 창간해 지하운동을 했다. 1941년 병합지대 노동파업에도 가톨릭계 노조 CFTC의 활동이 두드러졌다. N. Atkin, "5. Ralliés and résistants: Catholics in Vichy France, 1940–1944," Kay Chadwick (ed.), *Catholicism, Politics, and Society in Twentieth-Century France*, Liverpool: Liverpool University Press, 2000, 109–114쪽.

30. 장마리 도므나크,『세기말의 사상』, 20쪽.

31. 나치 점령기의 프랑스 가톨릭에 대해서는 B. Comte, *L'Honneur et la conscience: catholiques français en résistance 1940-1944*, Paris: Éditions ouvrières, 1998; J. Duquesne, *Les Catholiques français sous l'occupation*, Paris: Grasset, 1966; E. Fouilloux, *Les Chrétiens français entre crise et libération 1937-1947*, Paris: Seuil, 1997; Mgr. Guerry, *L'Église catholique en France sous l'occupation*, Paris: Flammarion, 1947.

32. 비밀무장투쟁 단체를 마키Maquis, 그 대원을 마키자르Maquisards라고 불렀다. 비밀무장투쟁은 비시 정권 후반 의무노동제도로 독일 강제징용이 많아지자 가열되었다. 1943년 말 강제노동국이 설치되고 연합군의 북아프리카 상륙설이 나돌자 청년들

리카에서 전쟁을 막자는 글을 발표한 데는 이 같은 인격주의 철학이 작용했다. 『에스프리』 권두언인 이 글은 한 쪽 분량으로 논조도 간명했다. 제국이 식민지의 보호자, 후견인을 자처하는 것은 이제 철지난 일이 되었다고 전제하고 이를 직시하지 않고 역사의 필연을 거부한다면 미구에 크나큰 재앙이 닥칠 것이라고 진단했다. 식민지인에게 베푸는 온정주의의 의미가 실상은 무엇을 뜻하는지 잘 돌아보라는 질타였다. 온정주의는 식민경제를 지속적으로 약탈하는 수단에 불과했으며, 식민지의 잘못과 낭비는 바로 이 온정주의에서 나왔다. 후견인을 자처하는 프랑스는 그렇기에 식민지 민중은 열등하다며 교육과 계몽을 마다하면서 다른 한편으로는 자신의 옛 영광에만 집착해왔고 현재에도 자신의 이익에만 몰두해 있다. 만일 이런 상황이 더 오래 지속된다면 프랑스에게 돌아올 것은 결국 전쟁뿐이고 그들이 배태시킨 증오뿐이라고 결론지었다. 몇 달 뒤인 1947년 7월 『에스프리』에는, 식민지 문제라면 양측에 책임을 전가하던 상투적인 양비론을 걷어치운 또다른 논설이 실렸다.

「알제리의 불가능, 혹은 세 개의 도道라는 신화」라는 제목이 달린 앙드레 망두즈의 글이었다.[33] 불가능? 이는 알제리가 프랑스의 세 도라는 원칙이 실현 불가능한 신화라는 뜻이다. 망두즈는 파리고등사범학교를 마치고 1942년 나치 점령기에 『테무아나주 크레티앵』을 공동창간하여 초대 편집장을 지낸 레지스탕스 대원이었다. 1946년 라틴어 교수로 알제리에 부임한 후 알제리의 강렬한 풍광에 매료되었고 티파자 해변을 거닐며 제자들과 교분을 두텁게 쌓고 있었다. 알제리

은 산으로 피신했다. 이들의 활동에 관해서는 이학수, 「프랑스의 산악지대-저항과 대안의 장소」, 『역사학연구』, 제43집 제8호, 2011, 41-74쪽 참조.

33. 망두즈의 『에스프리』 기사는 다음과 같다. A. Mandouze, "Impossibilités Algérie ou le mythe des trois départements," *Esprit*, juillet 1947.

전쟁이 발발하자 FLN 편에서 싸운 유대계 피에르 숄레 또한 그의 제자였다.[34] 아우구스티누스를 전공한 망두즈는 과거나 현재나 알제리는 신앙의 나라이고 이슬람이 정치, 사회, 종교, 모든 것의 중심이라는 것을 깨닫고 있었다. 그런데 프랑스는 알제리의 정신과 생활이 이 이슬람이라는 것을 인정하려 하지 않고, 어렵게 이룬 국가와 교회의 분리라는 자국의 역사와 공화국의 원칙만 적용하려 하고 있다. 공화파의 정교분리는 프랑스에서 종교의 자유를 손상시키려 한 게 아니었건만 알제리인에게는 종교의 자유와 관용을 있는 대로 묵살하고 있다. 알제리가 정치, 군사, 종교가 혼연 일체된 사회임을 인정하지 않는 그런 태도는 공화주의 원칙에는 충실한 것인지 몰라도 타 종교에게는 매우 오만불손한 것이다. 알제리-유럽인은 이곳의 사법과 행정에서 종교를 떼어내라고 다그치는데, 이는 "이슬람에 반하는 것을 이슬람에 요구하는 것"과 같다며, 그는 이렇게 결론지었다.

주의하자. 화려한 시위와 공식 의례로 이슬람을 존중할 만큼 했다고 상상하지 말아야 한다. 종교 군사 퍼레이드는 군사 문제도 종교 문제도 해결하지 못하는 껍데기일 뿐이다. 관건은 다른 데 있는 게 아니라, 우리가 '무슬림 형제들'의 신념을 무조건 완전히, 아무 대가 없이, 일상적으로 존중하는 데 있다.

그는 또다른 대목에서는 "알제리-유럽인 대다수는 개혁을 가로막고 오랜 세월 동안 인종차별을 하는 봉건제후처럼 지내왔으며 인종주의는 바로 거기서 나왔다"고 했다. 프랑스인들 중 다른 민족과의 주

---

34. A. Mandouze, *Mémoires d'outre-tombe, 1. D'une résistance à l'autre*, Paris: Viviane Hamy, 1998, 208-210쪽.

인-노예 관계를 계속 유지할 수 있다고 여기는 이들이 아직 많은데 이제 그런 일은 있을 수 없다. 그런 생각을 버려야만 다른 나라들과 알찬 관계를 맺을 수 있다. "프랑스 국민은 한 시대가 끝나고 새 시대가 열리고 있다는 것, 그리고 그 시대는 열등한 민족을 동등하게 다루기를 요구한다는 것을 인식할 만큼 관용을 지니고 있는가? 공화파는 과거 식민지였던 나라에 동등성을 부여하고 그들에게 보호와 원조, 안정을 줄 만큼 역량을 지니고 있는가?" 망두즈는 제국의 심성에 기초한 나라를 버리고 프랑스다운 명료한 판단과 패기로 국민을 재창조하기 위해 '다같이' 해답을 찾자고 주장했다.[35] 『에스프리』가 요구한 것도 망두즈의 결론과 똑같이 프랑스나 알제리 어느 한쪽만의 소생이 아니라 양쪽 모두의 재생이었다.

전쟁 초기부터 『에스프리』는 전쟁터가 된 알제리에서 들려오는 생생한 육성들을 접하고 있었다.[36] 편집국으로 쇄도하는 병사들의 편지에서는 전쟁에 나간 젊은이의 번민, 불안감, 저급한 적개심까지 묻어나왔다. "이 편지들을 공개하면 절망만 더할 뿐인데, 우리가 무엇 때문에 풀겠는가?" "잔혹행위는 프랑스군과 알제리해방군 양측에서 똑같이 저질러지고 있지만 프랑스의 명분은 효력을 잃었으며 신뢰를 주지 않는다. 존재하는 것은 사물의 참혹함뿐이다. 전쟁을 불러온 억압적 구조가 근본적인 문제였다는 점을 필히 먼저 깨달아야 할 것이다." 젊은 군인들이 편지들을 전선에서 써서 보냈고, 그러한 편지가 수신지에 일일이 전달될 수 있었던 배경에는 프랑스군의 역사가 있

35. E. Fouilloux, "Intellectuels catholiques et guerre d'Algérie 1954-1962," Jean-Pierre Rioux et Jean-François Sirinelli (dir.), *La guerre d'Algérie et les intellectuels français*, Bruxelles: Complexe, 1991, 79-114쪽.
36. Claire Mauss-Copeaux, *Appelés en Algérie: La parole confisquée*, Paris: Hachette Littéraires, 1998.

었다. 19세기에도 군사우편은 발달했지만 제1차 세계대전 때부터는 업무가 확실히 더 체계화되었고 설령 검열이 있다 하더라도 그 내용까지 제지하지는 않았다. 병사들은 알제리전쟁에서 국가를 비난하기 위해서가 아니라 견딜 수 없는 심정을 토로하기 위해서 간간이 암울한 편지를 쓰고는 했는데 편지를 띄울 수신지로 어느 곳보다 먼저 가톨릭이 선택되고는 했다. 그런 편지들은 『에스프리』 외의 다른 가톨릭 기관에도 쏟아지고 있었다.

2. 가톨릭 기자 로베르 바라

1956년 말에 기자 로베르 바라는 '영혼의저항위원회'를 저자명으로 『소집병이 증언하다』라는 소책자를 출간한다.[37] 소집병, 신학생, 가톨릭행동 회원들이 알제리에서의 탄압과 고문을 전해온 71통의 전선 편지가 담겨 있었다. 장마리 도므나크의 서문에는 고전학자 앙리 마루, 레지스탕스 출신 변호사 앙드레 필리프, 좌파 드골주의자 르네 카피탕, 철학자 폴 리쾨르, 정치학자 르네 레몽이 서명을 했다. 프랑스 국방부는 조사 결과 사실무근이고, 과장되거나 왜곡된 내용이라고 언명했다.[38] 하지만 당시 국방부의 견해와 다른 내용을 전하는 병사들의 편지를 실은 자료들은 아직도 남아 있다.[39]

로베르 바라는 가톨릭으로서 1950년 초에 부상한 좌파 언론인이

---

37. 이 책은 1957년 초 처음 출간될 당시, 표지 어디에도 특정 저자의 이름이 나와 있지 않았다. 'Des rappelés témoignent'라는 제목만 적혀 있었고, 그 하단에 Comité résistance spirituelle(영혼의저항위원회)만 찍혀 있었다.

38. Patrick Rotman, *L'Ennemi intime*, Paris: Seuil, 2002, 156쪽.

39. Jean Martin, *Algérie 1956: pacifier, tuer, lettres d'un soldat à sa famille*, Paris: Syllepse, 2001.

다. 해방 직후 혼란이 가시고 신문과 출판에 들어갈 용지 공급이 가능해지자 1950년을 전후로 『르몽드』『프랑스 옵세르바퇴르』『렉스프레스』 같은 잡지 창간이 봇물을 이루었다. 『에스프리』가 다소 종교적이고 철학적이라면 다른 매체들은 포괄적이고 정치적이었다. 이들 언론에 종사하는 클로드 부르데, 장 다니엘, 샤를 파브로드 같은 레지스탕스 출신 기자들은 나치 항쟁 때 죽은 동지들을 항상 가슴에 품고 살았다.[40] 바라는 이들 선배보다는 젊었고 항독투쟁 기간도 짧았다. 하지만 특히 가톨릭 언론인으로서 정치에 관여한다는 입장이었다.[41] 일찍이 가톨릭중앙당Zentrumspartei이 창당되어 1870년대부터 정당 간 대립이 시끄러웠던 독일과 달리, 1930년대에도 프랑스 가톨릭은 정당을 멀리하고 그 대신에 영적이고 종교적인 좌파를 지향했었다. 그러나 바라는 그들과 다른 세대의 좌파였다. 1950년대 기독교민주 정치세력은 상당한 지지를 확보하고 있었다.[42]

바라는 아주 일찍 알제리를 알았다. 1937년 파리 고등사범학교 시절 알제리 총독부가 주선한 명문학교 학생들의 알제리 방문 프로그램에 참가했다. 그보다 앞서 1933년 14세 때 식민지가 망라된 파리 만국박람회를 보면서, 바라는 프랑스가 세계 최강국이라고 여겼었다.[43] 마르세유, 보르도, 스트라스부르에서 경쟁적으로 열린 당시의 식민지박람회는 멀리 해외까지 가지 않고도 가까이에서 식민지에 있

---

40. 20세기 프랑스에서 기자들이 갖는 정치적인 의미에 관해서는 다음을 보라. Christian Delporte, *Les journalistes en France 1880-1950: Naissance et construction d'une profession*, Paris: Seuil, 1997.

41. Robert Barrat, *Un journaliste au coeur de la guerre d'Algérie*, Paris: Aube, 2001/Éditions Témoignage chrétien, 1987.[알제판은 *Les maquis de la liberté*, Alger: Enterpise algérienne de presse, 2005.]

42. 자크 마리탱, 테야르 드 샤르댕, 가브리엘 마르셀이 각각 신학의 영역을 넓혔다.

43. 이재원, 「프랑스제국의 선전과 문화: 1931년 만국식민지 박람회를 중심으로」, 『프랑스사 연구』(한국프랑스사학회), 제15호, 2006, 115-138쪽.

는 것 같은 환상을 맛볼 수 있었다.[44] 거리마다 식민지풍의 그림엽서
와 포스터, 영화가 열풍이었다. 그러나 1938년 19세가 된 고등사범생
바라에게 식민지는 달리 보였다. 알제 시내에서 구걸하는 구두닦이
무슬림 아이를 보며 의아했다. '이 아이는 왜 학교에 가지 않고 구두
를 닦을까?' 1946년 『테무아나주 크레티앵』 부국장, 1950년 지식인
가톨릭센터의 총비서[45]를 맡은 그가 알제리를 다시 찾은 것은 전쟁이
발발하기 2년 전인 1952년이었다. 이번에는 샤를 드 푸코 신부에 관
한 책을 쓰기 위한 방문이었다. 푸코 신부는 생시르 군사학교 출신으
로 군인에서 사제가 되어 사하라 포교활동 도중 원주민에게 피살된
뒤 프랑스에서 '사막의 은자'로 숭배되고 있었다. 푸코 신부의 평전은
이미 1922년에 출간되어 베스트셀러가 되었지만, 바라는 다시금 푸
코 신부의 행적을 찾아서 깊은 사막까지 들어갔다.[46] 그런 계기로 알
제리의 현실을 깊이 보고 느낀 바라는 1954년 11월의 선전포고 소식
에도 크게 놀라지 않았다. 오히려 올 것이 왔다는 심정이었다.

　그 이후 바라가 쓴 수많은 알제리항쟁 관련 고발기사가 『프랑스 옵
세르바퇴르』에 계속 실렸다. 1950년 4월 13일, A4용지 크기에 24쪽
의 지면으로 등장한 『옵세르바퇴르』는 2만부가 팔렸다. 프랑스 국영
통신 AFP의 질 마르티네, 레지스탕스 잡지였던 『콩바』의 로제 스테
판, 클로드 부르데, 엑토르 드 갈라르가 창간 주역이었다.[47] 장폴 사르

44. "Cultiver l'illusion 1914-1938," Eric Deroo, Sandrine Lemaire, *L'illusion
coloniale*, Paris: Tallandier, 2005, 58-113쪽.

45. 이들은 종교와 정치 사이에서 움직였다. C. Guyot, "Entre morale et politique:
Le centre catholique des intellectuels français face à la décolonisation 1952-
1966," *Vingtième Siècle. Revue d'histoire*, no.63, 1999, 75-86쪽.

46. 오디오 자료. 〈Charles de Foucauld: Témoin de la Fraternité Universelle texte
de Denise et Robert Barrat〉(1960).

47. 공동 창간인은 Roger Stéphane, Claude Bourdet, Hector de Galard였으며, 원
래 제호는 '정치·경제·문예의 롭세르바퇴르*L'Observateur politique, économique*

트르도 협력한 이 시사주간지는 초기부터 식민지 문제에 주목하였다. 1954년에는 『프랑스 옵세르바퇴르』로 이름을 바꾸고 인도차이나전쟁 상황에 대해 군의 보도에 기대지 않고 독자적이고 참신한 기사로 독자층을 넓혀갔고, 알제리전쟁 기간에는 10만부까지 인쇄부수가 늘어났다. 이들은 식민지를 잃으면 강대국 프랑스가 마지막으로 재기할 발판도 허물어진다는 논리, 따라서 무조건 식민지를 유지해야 한다는 세간의 논법에 휩쓸리지 않았다. 반란자들은 날쌔고 재빨리 결정하는 데 파리 정계는 느리고 미적거렸고 콜롱들은 외부 사정에 둔감하고 물정에 어두웠다. 기자들은 무엇보다 프랑스 정치권이 너나없이 반란자로 치부하는 알제리인들을 알고자 했다. 이 진보적인 기자들은 프랑스가 알제리와 협상하도록 하는 것을 소임으로 여겼다. 『르몽드』의 조르주 팡슈니에르도 반란자들을 이해할 수 있도록 알리면서 프랑스 정부가 메살리 하즈를 중심으로 한 알제리측과 협상할 것을 권유했다.[48] 1956년 2월에 알제리 총독이 되는 인류학자 자크 수스텔은 『르몽드』 1955년 7월 12일자에 이러한 좌파 기자들이 전쟁을 망치고 있다고 원색적으로 비난했지만, 바라는 그에 개의치 않았다. 진보냐 아니냐는 중요하지 않았다. 그는 카스바 빈민촌에서 부모와 다섯 자녀의 일곱 식구가 5제곱미터의 방에서 뒤엉켜 잠을 자는 것을 보았다. 유럽 최고의 건축술로 지은 도시의 밑바닥에는 아이들이 악취 풍기는 미로의 골목들을 싸돌아다니고 있었고 그러한 모습은 바라의 마음에 내내 남아 있었다. 흉년든 남부 아드라르 사막에는 수십 명의 남

---

*et littéraire*였다가, 1954년 '프랑스 옵세르바퇴르*France Observateur*'로 바뀌었고, 그 이후 1964년 '라 누벨 옵세르바퇴르*Le Nouvel Observateur*'로 바뀌었으며, 현재는 '롭스*L'Obs*'로 약칭되고 있다.
48. 팡슈니에르는 유럽1과 RTF(프랑스라디오-텔레비전)의 대기자를 역임한 사람으로, 1955년 8월 콘스탄티노이스 유럽인 살해사건을 보도하여 정부와 마찰을 빚었다.

자와 여자가 길바닥에 방치된 채로 죽어가고 있었다.

바라는 알제리의 빈곤이 불가피한 것이라 생각지 않았다. 알제리의 정치계와 경제계는 언론사와 집요한 유착관계에 있었다. 조르주 블라셰트가 소유한 『레코 도랑』, 알랭 드 세리니가 경영하는 『레코 달제』를 통해서 알제리의 진실을 읽기란 사실상 불가능했다. 세리니의 편집은 품위 있고 정확하다는 평을 들었지만 그 역시 언론사 소유주에다 알제리 최대 기업의 경영자였다. 전쟁 후 오히려 정확해진 통계에 따르면, 수천 가구의 유럽인이 알제리 토지의 85퍼센트를 소유했다. 이들은 농업채권과 유통뿐만 아니라 언론사까지 장악하여 자신의 부를 빈틈없이 지켜나갔다. '알파alfa(종이 원료)의 왕'으로 불리는 블라셰트는 1951년에서 1955년까지 알제 의원이었다. 앙리 보르고도 여러 기업을 거느린 상원의원이었다. 이 유럽 세력의 거부권은 파리의 정계보다 막강한 편이었다. 유럽인으로 구성된 알제리 시장市長회의는 1936년 무슬림에게 시민권을 부여하려 한 '비올레트법'의 표결에서 두 명을 제외한 300명 전원의 반대를 이끌어냈고, 로비를 벌여 프랑스 의회의 표결도 저지했다.[49] 이러한 통제구조는 거의 불가항력적이었다. 1865년 '세나투스콘술테법'으로 무슬림을 프랑스 신민으로 강등하고 1866년 4월 22일 무슬림 재산 소유를 거의 봉쇄한 뒤로도 사회적인 차별은 완화되지 않았다. 1870년의 '크레미외법'은 소수 유대인에게 프랑스인의 지위를 허용했지만 무슬림 차별은 거의 공식

---

49. 1930년대 후반이면 영국, 미국, 프랑스 모두 해외 팽창은 시도하지 않게 된다. 프랑스 의회는 이 시기에 해외 식민지 상황을 정밀하게 조사한다. 그러나 인민전선 정부는 경제 문제, 에스파냐 내전, 유럽 상황 등 대처할 사안이 많았고 식민지에 열중할 때는 아니었다. J.-Y. le Branchu, "The French Colonial Empire and the Popular Front Government," *Pacific Affairs*, vol.10, no.2, 1937, 126-127, 130쪽. 프랑스 의회의 논의는 M.-R. Mouton, "L'Algérie devant le Parlement français, de 1935 à 1938," *Revue française de science politique*, no.1, 1962, 93-128쪽.

화되었다. 바라에겐 알제리-유럽인 세력은 지난 120년의 지배를 강화하고 공고히 하는 것 외에 다른 생각이 없어 보였다. 행정부, 경찰, 유지와 소농, 신문사 소유주와 재향군인회, 막강한 시장연합회가 합심한 세력이었다. 그사이 1921년부터 1960년까지 무슬림 인구는 두 배로 늘고, 수도 알제는 빈곤한 무슬림으로 채워지고 있었다.[50]

그런데 그 무렵 그의 눈에 무기력하게 당하기만 하지 않고 반항하는 숨은 알제리의 모습이 포착되었다. 차별과 가난에도 굴하지 않고 존엄한 인간의 심지로 투쟁의 불꽃을 지피는 펠라가Fellagha들이 눈에 들어왔고 이들을 직접 만나고 싶었다.[51] 프랑스와 알제리 양측 모두를 충격과 논란에 빠트린 펠라가들과의 회견 기사는 그렇게 시작되었다. 이 기사는 즉흥적인 발상에서 나오지 않았다.

바라는 1955년 초에 이 펠라가들을 취재했고, 8월에 다시 알제리 민족지도자들을 만나서 회견을 가졌다. 비상사태가 내려져 알제리 전역에 감시와 탄압의 그물이 조여지던 때였다.[52] 1955년 9월 2일 아침, 바라는 지하조직원 오마르를 만났다. 그는 바라에게 단도직입적으로 자기 조직의 일인자인 '아반 람단'을 만나보겠느냐는 제의를 했다. 오마르는 FLN 요원이었다. 바라는 이 제의를 수락했고 알제의 한 빌라에서 아반을 만났다. 눈빛을 보고 표정을 읽고 목소리를 듣고서 상황을 감지하는 것은 좋은 기사를 만들어줄 것이었다. 그렇게 성사된 아

---

50. 번영과 빈곤이 공존하는 식민지 수도 알제의 상황은 Jean-Jacques Jordi et Jean-Louis Planche, *Alger 1860-1939: Le modèle ambigü du triomphe colonial*, Paris: Autrement, 1999; Jean-Jacques Jordi, Guy Pervillé, *Alger 1940-1962: Une ville en guerres*, Paris: Autrement, 2005.

51. Fellagha는 아랍어로 '도적떼'란 뜻이며 FLN을 지칭한다. 로베르 바라의 심경 변화에 관해서는 Jules Roy, "Regard de Robert Barrat," Robert Barrat, *Un journaliste au coeur de la guerre d'Algérie*, 244-246쪽.

52. 1955년 4월에 시작된 국가비상사태는 8월 30일 알제리 전역(마르니아(현 마그니아), 밀라, 렐리장, 부이라, 아인베이다, 아인테무셴트, 포르나시오날 등)으로 확대된다.

반 람단, 또다른 마키 사령관 아마르 우암란과의 회견 기사 「알제리 '무법자들' 사이로 간 프랑스 기자」[53]는 1955년 9월 15일 『프랑스 옵세르바퇴르』에 게재되었다. 바라가 이들 펠라가를 만난 곳은 알제에서 한 시간 정도 걸리는 깊은 산악 팔레스트로 협곡이었다.[54] 이 기사가 세상에 전해진 직후에 바라는 곧 프랑스 DST 요원들의 방문을 받았고, 9월 26일에 체포되어 파리 남쪽에 있는 프렌 감옥에 두 주일 동안 수감되었다. 그러나 그 이상의 탄압은 없었다. 펠라가를 다루었던 당시 기사의 일부를 발췌하면 아래와 같다.

사흘 후 카빌리 사람이 약속 장소에서 나를 기다렸다. 알려준 대로 막대를 쥔 사람이었다. 우리는 15분가량 도보로 걸었다. 안내자가 장막을 걷자 무장대원 십여 명이 연단에 있었다. 카키색 군복에 37구경 권총과 기관총을 들고서. 무리의 우두머리가 자신을 소개하였다. "카빌리 마키 대장인 우암란 중사요." 그는 강건한 농부였다. 검게 그을린 얼굴에 단단한 턱. 사흘 전부터 아침마다 신문에서 그의 이름을 보았었다. 그가 바로 크림 벨카셈과 더불어 카빌리의 습격과 매복을 사주한 장본인이었다. 민간인 하나가 그의 곁에 있었는데, 정치위원으로 이름은 밝힐 수 없다고 했다.

강렬한 햇빛을 그대로 받으면서 우리는 바위에 둘러앉았다. 민간인이 말했다. "우리가 당신을 오도록 한 것은 기사를 보고 당신은 우리를 왜곡시키지 않을 것이라 믿었기 때문이오. 우리 대원들 중 누구한테든 직접 질문해도 좋습니다. 우리는 외부에, 특히 프랑스의 프랑스인, 알

---

53. R. Barrat, "Un journaliste français chez les 'hors-la-loi' algériens," *France-Observateur*, 15 septembre 1955.
54. R. Barrat, "Pourquoi j'ai interviewé les fellaghas," *Témoignage Chrétien*, 7 octobre 1955.

제리의 프랑스인들에게 우리가 싸우는 이유를 알리고 싶소. 언론은 우리를 항상 살인자, 산적, 교살자라고 하는데 우습고 가당치도 않지요. 우리는 이상을 위해 싸우는 애국자들이오." 이 낯선 대화 중간중간에 나는 주위사람들을 찬찬히 살폈다. 그들은 젊었다. 18세에서 35세 사이였다. 짧은 군인머리에 미제 군모나 베레모를 썼고, 군복은 낡았어도 단정했다. 그 각각은 조화롭지 않아도 외관상으로는 정규군처럼 보이겠다는 의지가 뚜렷이 감지되었다. 대부분 깨끗이 면도를 했는데, 근처 농가에서 자고 온 것처럼 보였다.[55]

바라가 만난 산악무장대 지도자는 "프랑스 정부는 무슬림의 궁핍과 가난, 학교 부족이 항상 문제라고 설명하기를 좋아하는 것 같은데 그 것은 사실이 아니며, 그보다 존엄과 명예, 정의의 요구가 근본적이다" 라고 잘라 말했다. 바라가 감상적인 인간이어서 정의니 존엄이니 하는 가치에 미혹된 것이 아니냐고 반문할지 모른다. 그렇지 않았다. 비판 적인 좌파 바라의 생각은 프랑스라는 국가가 왜 좀더 현명한 정치적 결정을 못 내리느냐였다. 1956년 2월 6일 알제리를 방문한 기 몰레 총리가 유럽인들로부터 토마토 세례를 받은 사건은 프랑스의 허약함 을 단적으로 보여주었다.[56] 의회에 기초한 공화정 체제로는 이 벽을 넘을 수 없다. 이를 잘 아는 알제리-유럽인들은 FLN을 격퇴할 방안 으로 군사화를 요구했다.[57] 이들에게는 1956년 3월의 모로코, 튀니지 독립은 알제리와 무관한 일이었고 반란자 토벌만이 유일한 길이었다.

---

55. "Un journaliste français chez les 'hors-la-loi' algériens," 같은 곳.
56. 유럽인들은 사회주의 정부 수반을 원하지 않았고 기 몰레의 정책에 대해서도 애당초 미심쩍어했다.
57. Jean-Marie Domenach, "The French Army in Politics," *Foreign Affairs*, vol.39, no.2, 1961, 185-195쪽.

바라는 그런 식으로 국가 이익을 수호하려는 특수한 계층에게 할 말이 많았다. 국가란 그런 단순한 이익에 머물지 않고 정치관계는 그런 물질적 셈법으로 끝나지 않는다. 예전에 1946년『테무아나주 크레티앵』의 인도차이나 기사 때문에 바라는 티에리 다르장리외 해군 제독의 방문을 받은 적이 있다.[58] 식민지 인도차이나의 고위층이었던 티에리 제독은 프랑스의 이름으로 그를 질책했다.[59] 그러나 서구 문화와 기독교를 지키는 것이 프랑스의 이익이라는 그의 판단은 바라에게는 너무 물질적으로 들렸다. 제독은 공산주의에 맞서 극동의 안전과 번영을 지키는 데 고무, 쌀, 군사기지가 필수라고 했다. 바라는 제독에게 경제적 수탈, 정치적 억압 없이 양측 모두를 살리는 방법은 없는지 물었다. 그러자 '우리의 국력'이 꺾였다는 것을 깨닫지 못한 듯 제독은 1940년의 패배는 일시적일 뿐, 이내 회복될 것이고 동양인은 백인과 다르다는 답을 했다. 이는 인도차이나 제독 한 사람의 사고체계가 아니라 당시 정치인의 공통된 인식이었다. 그들은 바라의 기사가 머릿속에서 꾸며진 상상이라며, 모로코는 인도차이나가 아니고, 알제리는 모로코가 아니라고 역설했다. 바라는 물질적으로만 정세를 분석하고 쇠락한 국력을 직시하지 않는 그들이 답답했다. 특히 상대를 인정하지 않는 것이 문제로 보았다. 알제리인은 "동화론, 통합론, 그 무엇이든 우리는 수용하지 않을 것이다. 아무리 박해한다 한들 소용없을 것이고 어떤 사회적 혜택을 베풀어도 우리를 프랑스인으로 만들지 못할 것"이라 외치고 있었다. "우리는 알제리인!"이라는 선언을, 그 생생한 눈빛과 또렷한 목소리를, 바라는 프랑스 본국에 똑바로

---

58. R. Barrat, *Un journaliste an coeur de la quenre d'Algérie*, 18-20쪽.
59. 티에리 다르장리외(1889-1964) 해군 제독은 카르멜 교단의 신부였고 대독항쟁 체험도 있는 인물이었다.

전해야 한다고 믿었다.[60]

바라의 기사는 비판을 위한 비판이 아니었다. 전쟁 초기부터 그는 프랑스와 FLN 양자 간을 중재하는 입장이었다. 1956년 4월에 『르뷜탱Le bulletin』에 기고한 「우리는 왜 싸우는가?」에서 FLN이 총을 들게 된 이유 11가지를 꼽으면서 더 늦지 않게 알제리 민족진영과 합의해야 한다고 결론지었다. 이 주장은 1956년 1월 20일 기 몰레 총리에게 띄운 서한에도 나타난다. '반란자'의 존재를 정당하게 인정해야 한다는 전제는 당시로선 매우 대담한 주장이었다. 제10사단 공수부대의 고문이 여론화되는 1957년 봄과 여름보다 앞선 시기에 로베르 바라는 이미 탄압의 정황을 파악하고 있었고 피해자들이 격분과 증오에 휩쓸릴 때까지 사태를 어리석게 방관하지 말라고 당부를 했던 것이다.[61] 그는 또한 1959년 하반기에, 즉 드골이 알제리 자치 결정을 표명하기 전인 시점에 "향후 100만 명에 달하는 알제리-유럽인들이 문제가 될 것"이라면서, 다음과 같이 예견하기도 했다. "머잖아 세워질 신생 프랑스-알제리 공화국을 유럽인이 과연 받아들일 것인가, 아니면 만족을 모르는 봉건영주와 비겁한 관리의 잘못으로 인해 수많은 알제리-프랑스인이 관을 들고 가방을 들 것인가, 이것이 문제일 것이며, 아직 시간은 남아 있다."[62]

여러 사람들이 이 기사를 반박하고 그를 비판했다. 그들의 눈에 바라는 이상과 감정, 그릇된 관대함으로 '프랑스-북아프리카'를 치워버

---

60. R. Barrat, 앞의 책, 같은 곳.
61. 바라가 아내 드니즈와 함께 펴낸 『알제리 1956. 탄압 백서』에는 고문과 식민지 법정, 집단 탄압과 검거, 약식 처형, 강간, 과도한 형량, 감옥과 수용소, 의문사, 언론 금지 문헌 등이 실려 있다. Denise et Robert Barrat, *Algérie 1956: Livre Blanc sur la répression*, Paris: Éditions de l'Aube, 2001/1956.
62. 알제리-프랑스인, 즉 피에누아르 문제는 사회학자 레몽 아롱도 일찍 문제의 심각성을 인식하고, 알제리전쟁 종결 전에 그 해법을 깊이 고민했다.

리려 했다. 바라는 그러한 반박과 비판 앞에서 무슬림은 프랑스인을 북아프리카에서 내쫓으려는 게 아니라고 썼다. 눈먼 식민지 경영자들과 달리 동등한 권리가 보장되면 협력할 마음이 있고 무슬림 산악무장대 대원들도 사실은 민주주의자라고 했다. 그들의 원한은 억압의 정치경제체제에 있지, 프랑스인이나 알제리-프랑스인에 있는 것이 아니라고 강조했다. 다만 한 가지 조건이 있었다. 지금껏 무슬림을 열등한 자, 농노serf로 다루어왔으니 이제부터는 관대하고 정의로운 정책으로 전환해야 한다는 것이었다. 그것이 가장 현실적인 정책이다. 프랑스가 진정으로 정신의 개종을 하게 된다면 필연적으로 특권과 인종적 편견을 버리게 될 것이다. 과오의 프랑스가 있고 인권선언의 프랑스가 있는 것이 아니라 그 둘이 함께 섞여 있으므로 정신의 개종은 가능하다고 했다. 바라는 이런 신념을 바탕으로 알제리전쟁기 내내 신문잡지에 수많은 글을 쓰고 숱한 강연에 나섰다.[63]

바라가 가톨릭이 아니었어도 알제리 산악무장대의 마키자르나 민족운동가들이 신뢰를 보냈을까? 바라와 알제리인 사이의 그 믿음의 다리를 확실히 답하기는 어렵다. 하지만 분명한 것은 그가 기자였고 가톨릭이었으며 더 중요하게는 믿음이 가는 기사를 썼다는 사실이다. 독자들은 바라의 알제리 반란자 탐방기사에 빠져들었다. 담백하면서도 현장감 넘치는 필치가 단번에 마음을 사로잡았다. 지식인은 대의뿐만 아니라 기량을 가지고 사회와 지식 사이에 다리를 놓는 일종의 공병工兵이다. 주변에는 자연히 그런 그를 따르고 같이하는 사람들이 많았다. 1955년 9월 25일 바라가 파리 교외 당피에르에서 체포되자 12곳의 신문잡지 언론인 70명이 그를 지지한다는 연대 표명을 내놓

---

63. 로베르 바라는 1960년 9월 '121인 지식인 선언'으로 불리는 '불복종 선언'을 이끌었고, 그 여파로 다시 투옥되는 고초를 겪는다.

왔고, 이틀 뒤인 9월 27일 그는 곧바로 석방되었다.[64] 프랑스 가톨릭은 알제리전쟁 시기에 큰 힘을 발휘하였다.[65] 해방 직후 공산당을 필두로 한 좌파 세력이 강했지만 1950년대는 더이상 기존 좌파의 독무대가 아니었다.[66] 좌파 가톨릭 세력은 파괴가 아닌 사회적 쇄신을 조용히 추구했다. 물론 『테무아나주 크레티앵』에 게재되는 바라의 기사를 찾아 읽고 알제리 민족주의자들의 행동에 공감했던 가톨릭은 아주 적은 수였다. 그러나 그 소수는 고립되지 않았고, 그 소수는 다른 소수에 의지했다. 그리고 그 중심에는 알제 주교구가 있었다.

3. 알제 주교구

1955년 1월 17일 알제 시내 언덕 대성당에서는 예배강론 도중 다음과 같은 구절이 낭독되었다.

> 아무런 책임도 없는 사람까지 자의적으로 체포되고 감옥에서 사라지는 상황은 용납될 수 없습니다. 사법부의 지침instruction juridique 아래 가해지는 물리적 심리적 고문, 마취분석narco-analyse을 제거해야 합니다.[67]

---

64. 12곳의 언론사는 렉스프레스, 뤼마니테, 르 두루아 드 비브르, 르몽드, 르자코뱅, 르 카나르 앵셰네, 르포퓔레르, 리베라시옹, 테무아나주 크레티앵, 프랑스수아르, 프랑스옵세르바퇴르, 프랑크티뢰르 등이다. Michael K. Clark, *Algeria in Turmoil: A History of the Rebellion*, New York: Frederick A. Praeger, 1959, 205쪽.

65. Wm Bosworth, *Catholicism and Crisis in Modern France*, 167-169쪽. CCIF 지도부에는 여러 가톨릭 지식인이 있었다.

66. 해방 이후의 프랑스 좌파에 대한 설명은 Sunil Khilnani, *Arguing Revolution: The Intellectual Left in Postwar France*, New Haven and London: Yale University Press, 1993, 3-16쪽.

이날 예배는 알제 교구 레옹 뒤발 대주교의 집전으로 행해졌고, 강론 역시 대주교가 직접 선택했으며, 강론을 듣던 신도들 대부분은 유럽인이었다. 아직 사태가 테러리스트의 단순한 폭거로, 그래서 진압이 크게 관심을 끌지도 않던 시기에 대주교가 쓴 어휘 속에 체포, 감옥, 고문, 게다가 '물리적 심리적 고문'이라는 구체적인 표현, 더 심한 '마취분석'이라는 군사용어까지 들어 있었다. 대주교는 어떻게 공개리에 그런 대담한 발언을 할 수 있었을까? 뒤발은 확실한 정보가 있었다. 심정적 억측으로 쉽게 말할 수 있는 사안이 아니었기 때문이다. 1954년 11월 1일 사건으로 여러 민족운동가가 체포되고 고문당한 이후 증거불충분으로 방면되었다. 이때 알제 대학생 피에르 숄레는 아마르 벤투미 변호사에게 부탁하여 자신들이 레옹 뒤발 주교를 만날 수 있게 주선해달라고 요청한다. 이들과의 만남은 1954년 12월 마지막 두 주 동안 이루어졌다. 숄레는 후일 뒤발 주교가 알제리인이 고문당한다는 사실을 아는 줄은 몰랐다고 회고한다.

하지만 뒤발 주교의 발언은 미사가 집전되는 예배시간에 하기에는 너무 자극적이고 정치적이지 않은가? 식민 본국에서 온 사제가 식민지 정부에 대해 해도 좋은 수위의 발언이었을까? 이날 예배강론은 뒤발의 자의적 결정으로 행한 것 같지 않다. 매우 중대한 발언이었으므로 뒤발은 교황 비오 12세의 교시를 문안 그대로 언급했던 것이다.[68] 알제 교구 전체에서 낭독된 이 메시지는 언론의 주의를 끌었으며 프랑스 의회에서도 회자되었다. 물론 식민지 상황에 대한 비판을 짊어

---

67. 이날 강론에서 사용된 것은 교황의 텍스트였다.
68. 교황 비오 12세는 식민지 선교에 관심이 많았으며, 아프리카 식민지의 주교들도 교황에게 편지를 보냈다. Robert Delavignette, *Christianiy and Colonialism*, New York: Hawthorn Books, 1964, 88-91쪽.

진 것은 뒤발 사제 한 사람에 그치지 않았다. 알제리 주교단은 그해 1955년 9월 15일 알제리 문제를 여러모로 검토한 후 무차별적으로 행해지는 살해와 폭력을 비난한다. 주교단이 수호한 것은 '공공의 정의' 개념이었다.[69] 하지만 교회는 프랑스인은 빼고 알제리인의 정의만 고려했던 것은 아니다. 프랑스 징집병이 겪는 고통은 교회가 아니면 돌볼 곳이 없었다. 1955년 9월 29일 파리에서는 300명의 병사, 징집병, 소집병, 연장복무병maintenus이 라탱 지구 생세브랭 교회에 모여 전쟁에 대한 비참한 심정을 호소하였다. 알제리에 있는 신부들도 프랑스 언론에 서한을 띄워 식민지 파견군의 실정을 알렸고 그것은 알제 교구의 원칙과도 통했다.

1947년 2월, 뒤발 주교는 교황 비오 12세로부터 알제리 북부 콘스탄틴-히포네 주교로 임명받아 알제리 땅에 당도했다.[70] 콘스탄틴을 중심으로 하는 콘스탄티노이스 도는 1955년 군 직할통치에 들어간 첫 지역이자 FLN의 발판이 된 곳이다. 바깥에선 속속들이 알기 힘든 험한 산악지형으로 1870년대 항쟁의 본거지로 유명한 고장이었다.[71] 그 유혈의 역사를 겪어낸 주민들은 가난했고 산간 농촌에는 보건, 주택, 교육이 부족했다. 제르멘 틸리옹의 복지활동이 이곳에서 펼쳐진 것이나 드골의 알제리 재건안이 '콘스탄틴 계획'으로 이곳에서 발표된 것도 그런 이유에서였다. 그전에 뒤발은 1924년과 1925년 군복무 때 만난 알제리인 군인들로부터 알제리를 알았다. 그의 첫번째 주교 부임지 리옹에도 알제리인이 많았다. 리옹은 1895년경 아시아 선교

---

69. 1959년 8월 10일 정부 대표단 단장에게 보내는 뒤발의 편지.
70. 뒤발은 오트사부아 농촌 출신으로 제1차 세계대전에서 전사한 형 때문에 일찍 사제의 길을 택했다.
71. P. von Sivers, "Insurrection and Accomodation: Indigenous Leadershio in Eastern Algeria 1840-1900," 259-275쪽.

단이 떠나는 제국주의 활동의 중심지였다. 또 오랜 견직물 도시로 아시아와 식민지와의 교역과 거래가 활발했다. 리옹이야말로 가장 식민주의적이라고 자랑스럽게 묘사할 만한 도시였다.[72] 게다가 알제리 민족주의자들이 연락망을 두고 있는 곳이 리옹이었다.[73]

귀동냥으로 알고 있었음에도 뒤발은 알제리를 직접 보고 적잖이 놀랐다. 1947년 주교 부임차 알제에서 콘스탄틴행 기차를 타고 갈 때 정차한 간이역마다 아이들이 적선을 빌며 손을 내밀었다. 극심한 기근으로 교회가 유일한 구휼기구였던 1870년대와 어떻게 이렇게 닮았는가.[74] 철도를 타고 도착한 콘스탄틴 교구는 지형도 험했지만 도무지 평안하지가 않았다. 콘스탄틴은 150킬로미터 남쪽에 바트나, 더 남쪽에 있는 비스크라로부터 인편과 소식이 모여들고, 튀니지 접경 동쪽 끝 테베사와도 바로 통했다. 1947년 알제리 비밀무장단체 OS가 발각된 후 대대적인 수색과 체포, 구금, 조사가 몰아쳐진 곳도 이곳이었다. 알제리 어느 곳보다 이슬람이 강한 지역에서 OS 사건으로 검거된 이들에게 가해진 고문은 모두에게 잘 알려져 있었다.[75] 약간의 유대인이 같이 거주할 뿐, 주민 다수가 이슬람이고 도시가 비유럽적이라는 것은 외관만으로도 금세 알 수 있었다. 뒤발 주교는 여기서 이슬람 신자를 직접 만나고 그들과 이야기 나누면서 걱정거리를 경청했

---

72. 현대적 의미에서 문명화는 구매, 소유, 교환을 할 수 있도록 일을 하게 만드는 것이다. H. L. Wesseling, *Imperialism and Colonialism: Essays on the History of European Expansion*, Westport, CT: Greenwood Press, 1997, 65쪽.

73. Paul-Marie Atger, "Le Mouvement national algérien à Lyon: vie, mort et renaissance pendant la guerre d'Algérie," *Vingtième Siècle. Revue d'histoire*, no.104, octobre-décembre 2009, 107-122쪽.

74. Bertrand Taithe, "Algerian Orphans and Colonial Christianity in Algeria 1866-1939," *French History*, vol.20, no.3, 2006, 240쪽.

75. Mahfoud Kaddache, *Histoire du nationalisme algérien: question nationale et politique algérienne 1919-1951*, t.1, Alger: SNED, 1980, 795쪽.

다. 더불어 콘스탄틴의 이슬람 지도자 라바 제나티의 도움도 받았다.

전쟁 발발 몇 개월 전, 알제로 부임지가 바뀌자 뒤발은 해안 서민동네인 카스바 가까이에 거처를 얻었다. 가난한 사람들은 그에게 무엇이었을까. 그는 콘스탄틴 시절에 이미 식민지 탄압의 후유증을 앓는 빈민들의 삶을 체감했었다.[76] 카스바와 알제 수도권 일대의 무슬림은 가난을 뒤집어쓰고 있었다. 8만에서 10만, 셋 중 하나, 아니면 둘 중 하나가 슬럼가에 살았다. 여러 곳에 하수구, 공용도로, 전기도 없었고, 수돗물 없이 수천 명이 샘물 하나에 지탱하여 살고 있었다. 약국, 학교, 경찰서, 우체국도 없었다.[77] 대규모 토지가 소수 유럽인에게 편중되어 생기는 횡포는 이념이 아니라 곧 현실이었다. 1954년 5월 27일에서 30일까지 알제리사회사무국 주최로 열린 학술대회에 뒤발은 사제들과 함께 직접 강연에 나섰다.[78] 알제 부임 이후 식민지의 보수층에서는 그를 '무하마드 뒤발'로 부를 정도였고, 그만큼 그는 아랍인에게 관심을 쏟는다는 인상을 주었다. 벤투미 변호사가 "알제리의 교회사는 뒤발 주교 이전과 이후로 나뉜다"라고 말한 바 있듯이, 유럽인들은 '오직 프랑스'만 읊어대던 전임자 레노 주교와 전혀 딴판인 주교가 부임한 것에 경악했고 당황스러워했다. 뒤발은 군대를 위한 예배를 열지 않았을 뿐 아니라 성호聖號도 긋지 않았다.

뒤발은 강론에서 농민의 노동을 강조했다. 농업에 애착을 지닌다면 물질과 자본의 위세에 휩쓸리지 않는 인격을 키울 수 있을 것이다.

76. D. Gonzalez, "Professeur Pierre Cholet," *Cardinal Léon Etienne Duval La voix d'un juste, 1903-1996*, Alger: ENAG, 2008, 178쪽.

77. Jean Lacouture, *Le témoignage est un combat: Une biographie de Germaine Tillion*, Paris: Seuil, 2000, 249-250쪽.

78. *La lutte des Algériens contre la faim*. 학술대회 전 기간을 기록한 보고서 참조. 이 '기아에 대한 알제리인의 투쟁' 학술대회에서는 공장의 급식 상태, 기아로 떠나는 이민자들의 문제, 알제리 전국의 상황을 사회학적으로 분석했다.

그는 프랑스 동북부 작은 마을에서 태어나 동알프스 안시 교구에서 신학교를 다니고 사제서품을 받은 사람이었다. 농민은 20세기 프랑스 가톨릭의 비상한 관심사였다. 1929년 가톨릭농민청년회JAC가 프랑스 농촌에서 기술농업을 돕고 종교적 심성을 풍요롭게 하는 운동을 펼쳤으며, 이들은 알제리와 북아프리카에도 진출했다. 식민지 농촌을 현대식으로 바꾼 JAC의 활동은 해외제국에 전망이 있음을 프랑스에 일깨워주었다.[79] 땅을 버려두거나 생산성 낮은 토착민을 대신하여 유럽의 농부가 황무지를 개간하고 기술농업을 증진시킬 수 있었다. JAC는 제2차 세계대전 발발 이전에 90개의 연맹에 1,485개의 지부를 두고 신문구독자 수는 6만 명에 이를 만큼 호응을 얻었다. 사제들이 흙속에서 일하는 것은, 보고 판단하고 행동하라는 가톨릭 운동의 기호였고 미래 사제의 바탕이었다.

가톨릭의 이런 분위기 탓에 뒤발이 통솔하는 알제 교구는 프랑스군의 의심을 샀다. 알제전투가 한창이던 1957년, 하루는 제10공수사단 자크 마쉬 장군이 사제 전원을 알제 변두리 후세인데이에 집결시킨 적이 있다. 뒤발은 이를 주교구 스코토 신부에게 알렸다. 공수부대는 신부들이 FLN에 등사기를 제공했다는 혐의가 사실임을 밝히려 했다. 장로회의 도중 돌연 세 명의 대령과 두 명의 장교, 다섯 명의 민간인이 등장했다. "장교들은 우리 손톱을 검사했다. 등사기 잉크자국이 남았는지 확인하려고." 스코토 신부는 특히 후세인데이에서뿐 아니라 밥엘우에드에서도 조사를 받았다.[80] 알제 진보주의자의 '음모'가 드러났고 자유주의자들은 쉬지니 고문센터까지 끌려갔다. 고문당하느냐

79. S. Nowinski, "French Catholic Activism in Algeria between Colonization and Development, 1930-1965," *French History*, vol.27, no.3, 2013, 371-393쪽.
80. 이 두 곳은 알제시 동서 외곽의 주택가로, 군부대와 경찰기관이 있었다.

마느냐는 순전히 요행수였다.[81]

그러면 이렇게 물의를 빚는 알제 주교구는 종교와 정치의 관계를 어떻게 보았을까. 식민지 상황이었기 때문에 국가에 반하는 행동일지라도 교회가 개입하고 후원할 수도 있다고 판단했을까. 20세기 후반 가톨릭철학에 기여한 에마뉘엘 무니에는 인격주의를 체제로 제시하지 않았다. 인격은 전체를 통합하는 체제가 될 수 없었다. 자유롭고 창의적인 인격체가 저마다 인격의 중심이었다.[82] 여기에는, 인간 존재는 궁극적으로 데카르트의 이성주의에 의해 고양된다는 지나친 추상화에 저항한 베르그송의 영향이 흘러들었다. 그러나 우리는 우리의 물리적 성질을 넘을 때에만 완전한 의미의 인격체가 되며, 그것은 근대 자유주의에서 포용한 개인이 되는 것과는 아주 달랐다. 자유주의적 개인주의는 인간은 본질적으로 각기 고립된 존재라고 간주하는 반면, 무니에가 내세운 인격주의의 기본은 다른 인격과의 대화였다. 가톨릭은 제2차 세계대전 후 프랑스 사회에 공명을 일으킨 사르트르의 실존주의에 대해 그것이 전부라고 물러서지 않았다. 가톨릭 철학자 가브리엘 마르셀은 지식을 넘는 사랑의 실존을 추구하면서도 북아프리카 전공자 루이 마시뇽과도 가까웠으며 특히 불가지론자인 메를로퐁티, 자크 라캉, 장 이폴리트에게 문을 열어두었다.[83] 하여튼 식민지 상황에 대처하는 가톨릭 철학은 빈약하지 않았다. 인간은 어딘가에 소용되고 공동의 사회를 지켜야 인격적이라는 개념은 얼굴과

---

81. Patrick Éveno et Jean Planchais, *La guerre d'Algéri: Dossier et témoignages réunis et présentés*, Paris: La Découverte-Le Monde, 1989, 200쪽. 이 책에는 에브노와 플랑셰에 의해 편집된, 알제리전쟁기의 『르몽드』의 주요 기사들이 수록되어 있다.

82. Eric Matthews, *Twentieth-Century French Philosophy*, Oxford: Oxford University Press, 1996, xvi쪽.

83. 다음 문헌을 보라. Anne Simonin et Hélène Clastres, *Les idées en France, 1945-1988: Une chronologie*, Paris: Gallimard, 1989, 25쪽.

인종, 언어, 종교가 다른 식민지에서도 적용이 가능했다.

1958년 5월 25일, 뒤발은 강론에서 아우구스티누스를 인용하면서 "진정한 문명은 박탈당하고, 빈곤하고, 고통당하는 가장 불행한 사람을 살피는 것"이라고 하였다. 총사령관 라울 살랑 장군이 참석한 유월절 미사 자리에서였다. 5월 13일 알제에서 알제리 수호를 결심한 공안위원회가 구성되었고, 알제와 파리의 관계가 끊긴 며칠 사이에 유럽인의 도시에서 알제리 부흥을 축하하는 성명서가 나도는 가운데, 마쉬 장군이 주재한 공안위원회가 대주교의 협력을 얻어내기 위해 문건을 배포했다. 라디오와 신문으로 알고 있었으면서도, 뒤발은 이를 거론하지 않았다. 뒤발은 아슬아슬한 정세나 드골이 전면에 나서게 된 상황, 그리고 새롭게 임명된 알제리 총대표 살랑을 전부 모른 체했다. 살랑 장군은 1917년 레반트 사령관, 1921년에서 1937년까지 인도차이나 사령관, 제2차 세계대전 후에는 북아프리카와 인도차이나 작전을 맡은 백전노장이었다. 하지만 드골 정부의 수립은 뒤발에게 상당한 안도감을 주었다. 1958년 6월 4일 드골의 알제 방문을 기념하는 환영만찬회에 뒤발은 군인이 아닌 신분으로 사하라 대주교 메르시에와 함께 초대를 받는가 하면, 12월 4일 알제 성당의 미사에 참석한 드골은 뒤발을 엘리제궁으로 초청하기도 하였다. 그러나 드골 정권이 수립된 이후에도 알제리전쟁은 수그러들지 않았다.

1959년과 1960년 정의의 불가침성을 요구하는 교회 문건들은 쌓여갔다. 1959년 6월 20일 신도들에게 보낸 편지에서 뒤발은 다시 이렇게 말하였다. "한 인간에게 모욕을 주는 것은 존엄하신 하느님을 모독하는 것과 같습니다…… 무고한 이에게 부당하게 가해지는 일체의 고통, 자연권에 반하는 일체의 행위는 평화의 구축을 더 어렵게 만드는 결과만 가져올 것입니다." 알제 주교구에서는 전쟁기 내내 자연권과 도덕성을 설교하였다. 공공의 무력일지라도 자연권과 도덕성이 근

본적으로 요구됨을 말했다고 뒤발 자신이 확인하였다. 그는 그런 뜻
을 미사강론에서만 전하게 한 것이 아니라 알제리 행정부, 프랑스 고
위당국자에게 편지로도 전했다.[84] 이런 사제들의 의견이 배신행위가
아니냐는 문제제기에 대해, 알제 주교구는 1958년 3월 성명서에서
'그렇지 않다'라며 아래와 같이 명백히 입장을 밝혔다.

비인도적인 방식을 비난하는 그리스도인이 군대와 나라의 사기를
떨어뜨리는 게 아니다. 그와 반대로 조국의 진정한 위대성을 높이려
애쓸 때 비로소 조국에 충실한 것이다. 우리는 어느 편이든 테러리즘
의 방식을 정당화하지 않는다. 그러나 알제리민족해방운동의 이 폭력
이 과거의 일들에 깊이 뿌리박고 있다는 것을 깨달아야 한다.

뒤발과 젊은 주교의 이런 해명은 단순한 수사修辭로만 읽히지는 않
는다. 프랑스 가톨릭은 제2차 세계대전과 비시 정부로 겪은 바가 많
았다. 대주교 쉬아르 추기경은 파리 노트르담 성당에서 비시 정부의
페탱 원수를 환영하였다. 교회를 박해한 부패한 제3공화정이 패배와
점령을 야기했다는 인식이 팽배해지면서 민족혁명 정부에 호응을 했
기 때문이다.[85] 하지만 나치 점령기에 교회의 모습은 그리 단순하지
않다. 가톨릭 사제들은 항독조직의 주요한 기둥이 되어 나치의 유대
인 박해와 강제 의무노동제STO에 맞섰다. 또 앞서 보았듯이, 의무노
동제로 동원된 청년들을 따라간 가톨릭 신학생 3,200명은 사목으로
서 노동을 하였다. 가톨릭 고위층 역시 저항을 했다. 비시 정부에 체
포되어 독일로 유배된 펭게 주교, 1944년의 오라두르 교회 학살사건

---

84. 1959년 8월 10일 정부 대표단장에게 보낸 편지.
85. Wm Smith, "8. The Church," *Aspects of Contemporary France*, 167쪽.

전날 수용소로 끌려간 테아 주교, 솔랑주 주교가 그런 이들이었다.[86] 그런가 하면 1945년 5월 8일, 독일이 항복한 직후에는 비시 정부에 협력한 것을 사죄하며 주교 일곱 명이 사직을 하기도 했다.

알제리전쟁에서는 단순했는가 하면 그렇지도 않았다. 도덕적으로 탄압자와 반란자의 구분이 아주 어려웠다. FLN 대원이 저지르는 잔혹행위도 알려졌기 때문이며, 뒤발의 입장도 단순할 수 없었다. 그럼에도 교회 안에서 알제리 독립에 대한 지지가 뚜렷이 증가한 것은 사실이다. 1956년 9월 『르몽드』에 진보적 가톨릭 조르주 우르댕의 기사가 실렸고, 몇 달 후인 11월 28일 같은 논지의 기사가 또다시 실렸다. 살리에주 주교나 펠탱 주교 같은 본국 교회의 주교가 조심스럽게 알제리전쟁에 관심을 보였다. 툴루즈의 살리에주 주교는 비시 정부 시절에 유대인의 수용소 이송을 공식 반대했다. 펠탱 주교는 비시 정부 때 민족혁명정책인 노동헌장을 지지하고 성직자의 강제징용을 권하기도 했지만 1954년에서 1959년 사이에는 로마 교황청의 반대를 무릅쓰고 노동사목을 옹호했고, 알제리전쟁 때는 프랑스 군부의 구국노선에 반기를 들었다. 고문과 살해가 가톨릭에 반하는 행위임을 묵과할 수 없었기 때문이었다.[87]

교회의 입장에서는 알제리 복음화만이 아니라 마다가스카르, 사하라 이남의 아프리카, 그 너머 아시아의 복음화까지 염두에 두고 있었을 것이다.[88] 기독교화가 크게 진전된 사하라 이남 중서아프리카에서

---

86. 오라두르 교회 학살사건이란 1944년 6월 10일 나치 친위대가 서프랑스 오라두르의 주민 662명을 교회에 몰아넣어 몰살하고 마을을 불태운 사건을 가리킨다.

87. Darcie Fontaine, "Treason or charity? Christian Missions on Trial and the Decolonization of Algeria," *International Journal of Middle East Studies*, vol.44, issue.4, Maghribi Histories in the Modern Era, 2012, 733-753쪽.

88. 1891년 교황 레오 13세가 내린 교서 '레룸 노바룸Rerum Novarum' 원칙에 따라 가톨릭들은 식민지 해방을 인정하고 인종주의에 반대하는 입장을 갖고 있었다. R.

교직자는 특히 갈등을 겪었다.[89] 식민주의가 몰락하고 민족주의가 떠오르는데 교회는 이 신진세력과 어떤 관계를 맺을지 고심했다. 더구나 식민지인 다수가 비기독교인이었다.[90] 하지만 그래서 뒤발이 정략적이었을 거라는 논리는 맞지 않는다.[91] 뒤발의 입장에서 우선 고려할 대상은 교구의 유럽인이었다. 알제리-유럽인이 알제리 민족주의자에게 유화적인 드골 정부를 거부할 수밖에 없었던 데는 무시하지못할 이유가 있었다. 알제리-유럽인들로선 '프랑스-알제리'가 기정사실인데, 교회나 진보파가 균열을 낸다면 이는 좌시할 수 없었다. 제2차 세계대전 때 자유프랑스군을 도운 것은 누구인가. 병력은 대부분무슬림으로 충당했다. 하지만 자금은 피에누아르가 조달했다. 알자스 탈환작전의 20만 명 병력에도 피에누아르의 기여가 매우 컸다.[92] 알제리-유럽인을 일방적으로 비난하는 것은 온당치 않았다. 정착민의기원을 생각해보면 더욱 그랬다. 알제리 최초의 정착민은 1848년 혁명 가담자들이었다. 프랑스 정부는 패배한 1848년 6월 봉기자들을지중해 건너로 보내어 알제리 땅을 개척하게 만들면서 향후 정부에부담을 주지 않기를 바랐다. 그러나 그런 의도와 달리, 알제리로 건너온 프랑스인 상당수는 죽거나 프랑스로 되돌아갔다. 이와 같이 알제리의 개발은 카리브해의 마르티니크 섬이나 과들루프 섬, 그리고 인도양의 레위니옹 섬과는 분명 다른 면이 있었다. 이런 역사적 특수성

Delavignette, *Christianity and Colonialism*, 88-95쪽.

89. 당시 가톨릭의 상황과 식민지 문제에 관한 가톨릭 내부의 증언은 몬시뇰 샤풀리 주교(1901-1959)의 다음 문헌을 보라. Henri-Alexandre Chappoulie, *Colonisation et conscience chrétienne*, Paris: Fayard, 1953.

90. M. K. Clark, *Algeria in Turmoil: A History of the Rebellion*, 206쪽.

91. Wm Bosworth, "The French Catholic Hierarchy and the Algerian Question," *The Western Political Quarterly*, vol.15, no.4, 1962, 667-680쪽.

92. Jacques Massu, *La vraie bataille d'Alger*, Paris: Plon, 1971, 311-312쪽.

을 지닌 피에누아르들로서는 알제리 사수에 필사적일 수밖에 없었다. 휴전이 임박한, 알제리가 알제리인의 것이 확실해지는 1962년 3월은 폭력과 혼란의 아수라장이었다. 그러나 뒤발 대주교는 알제리전쟁 휴전협정이 조인되는 1962년 3월 8일에도 다음과 같은 성명을 냈다. "우리는 오늘의 사태가 지닌 정신적인 면을 잊을 수 없다. 특히 새로운 형태의 나치즘 감염, 부당한 폭력의 부도덕한 성격 같은 것이 기독교인과 모든 이에게 되돌아올 위험이 크다."[93]

하지만 다른 가톨릭 사제들은 이 알제리전쟁을 어떻게 받아들였을까? 1956년에서 1959년까지 공수부대 사목이었던 페니누 신부는 "지금은 믿기지 않겠지만, 우리 집안은 페탱주의자였고 나는 민족주의의 거장 샤를 모라스, 모리스 바레스를 숭배하는 환경에서 자라났다"고 말한다.[94] 다른 경험자 브누아 레이도 비슷한 맥락의 회고를 털어놓고 있다. "내가 알제리로 떠나기 전에 아버지의 배려로 모든 가족들이 군종사제들과 식사를 나누었다. 그때 그들은 알제리에서 서방을 지켜야 한다고 타일렀다."[95] 미국 사회학자 제스 피츠의 예리한 관찰에서도 나타나듯이, 프랑스에서 가족과 종교는 가장 소중한 가치라 할 수 있었다.[96] 그렇잖아도 가톨릭의 역할은 확정적이었지만 군 사제들은 이 전쟁의 성격은 말도 꺼내지 않고 프랑스인의 의무와 프랑스 국가의 이익을 대변하고 서방을 수호하는 기독교, 그 기독교를 수

93. Léon-Étienne Duval, *Au nom de la Vérité: Algérie 1954-1962*, Paris: Albin Michel, 2001/Cana: 1982, 167-168쪽.

94. Jean-Pierre Vittori, *Le choix des larmes: Algérie 1954-1962*, Paris: Félin et ARTE Éditions, 2002, 71-79쪽.

95. 같은 책, 257-258쪽.

96. 프랑스 기업사로 1957년 하버드대에서 박사학위를 받은 제스 피츠는 프랑스 문화와 사회에서 가족이 차지하는 비중이 크다고 본다. Jesse R. Pitts, "Continuity and Change in Bourgeois France," Stanley Hoffmann (ed.), *In Search of France*, Cambridge, Mass: Harvard University Press, 1963, 234-305쪽.

호하는 군을 찬양했다.[97] 따라서 뒤발 대주교의 행동이나 발언이 가톨릭 일반을 대변했던 것은 아니다.

그렇다면 뒤발 신부는 초정치적인 종교의 품안에 있었던 것이고 자기 직분이 국가 이익과 상충한다고 고민했던 것일까? 사실 그러한 것을 고민할 겨를도 없었을 것이다. 왜냐하면 정세가 너무 급박하게 돌아가고 있었다. 알제리 해방운동에 가해지는 탄압이 너무 전면적이었다.[98] 이를 거부하는 사제들의 직접행동은 수도 알제가 아닌 알제리 동쪽 끝 작은 도시에서 결집되었다.

4. 수크아라스의 프랑스 소명단

1956년 4월 14일 젊은 신부 세 명이 알제리에서 추방되는 사건이 일어났다. 루이 오그로, 조제프 케를란, 피에르 마메트, 이 신부들은 모두 FLN을 도운 혐의를 받았다. 이들은 알제 법정에서 나란히 재판을 받았는데, 줄곧 가택수색을 받아온 장 스코토 신부도 있었다.[99] 오그로는 신학에 정통한 데 비해, 케를란과 스코토는 다소 행동적인 편이었다.[100] 1957년 7월, 알제 교구의 관사에 인쇄기를 숨긴 바르테즈

97. J.-P. Vittori, 앞의 책, 117쪽.
98. 1962년 알제리 독립 후 피에누아르층이 대거 알제리를 떠날 때 뒤발 주교는 남았다. 그는 새로운 알제리에 교회가 이식되리라 보았다. 그러나 이후 텅 빈 교회는 도서관, 문화의 집으로 바뀌었고 종교인은 아랍어를 습득하도록 권유받았다.
99. 1955년 수크아라스의 오그로 신부는 50대 후반의 원숙한 성직자였고 제2차 세계대전 때 소명단 사제 양성에 주력한 경력을 지닌 지도급 인사였다. 조빅 케를란과 피에르 마메트는 오그로보다 훨씬 젊었다. 이들은 1950년대 프랑스 교회의 한 뚜렷한 성향인 전위 성직자들에 속했을 것이다. Martine Sevegrand, *Temps Présent, une aventure chrtienne: t. 2*, Paris: Éditions du Temps Présent, 2011.
100. Louis Augros, *De l'Eglise d'hier à l'Eglise de demain: L'aventure de la Mission de France*, Paris: Éditions du cerf, 1980.

신부를 비롯한 11명의 가톨릭 인사가 법정에 섰다. 이들은 모두 프랑스 국토의 보전integrity에 위협을 가한 혐의로 기소되었다. "나는 함께 하는 사회적인 활동으로 두 공동체 간 다리를 놓는 데 마음을 썼다"라고 진술한 바르테즈는 5개월 금고형을 받았다.[101] "나의 왼편에서 신부들이 책동을 부리는 것을 두고 보지는 않겠다"는 라코스트 알제리 총독의 논평이 나왔다.[102] 문제의 스코토 신부와 세 명의 신부는 프랑스 소명단Mission de France 소속으로 장 위르보아 신부와 더불어 '영혼의저항위원회'를 창설한 바 있었다. 스코토 신부에게 이 문제는 정치적인 것이 아니었다.[103]

나는 정치인이 아니다. 그러나 교구의 사람들에게 정의의 문이 열리도록 하는 사람이다. 독립은 그중 하나의 수단이며 FLN의 알제리인을 받아들일 때, 나는 그들에게 미리 알렸다. "내가 당신들을 재우는 것은 경찰을 피하고 고문을 받지 않도록 하려는 것이지, 나의 집에서 음모를 꾸미도록 하기 위해서가 아니다."

이 진술은 가톨릭 인사들을 감시해온 프랑스 정보기관 DST에 통할 수 있는 말이 아니었다. 스코토 신부의 행동은 1920년대 말부터 퍼진 가톨릭청년운동JOC에서 유래한다. 시작은 벨기에였지만 이 기구는 곧 프랑스로 들어와 정치활동은 접고 사목의 목적만을 추구한다. '교회와 국가의 분리에 관한 법'이 제정된 1900년대 초부터는 정치운동에 대한 반발심으로 JOC는 제2차 세계대전 전까지 오로지 종

---

101. M. K. Clark, *Algeria in Turmoil: A History of the Rebellion*, 211쪽.
102. Martin Evans, *The Memory of Resistance: French Opposition to the Algerian War 1954-1962*, Oxford: Berg Publishers, 1997, 85쪽.
103. P. Éveno et J. Planchais, *Guerre d'Algérie*, 197쪽.

교적이었다. 그러나 비시 정부 수립과 나치 점령은, 1920년대 파시즘 치하의 이탈리아에서 작가 실로네가 고뇌했던 것처럼, 프랑스 가톨릭의 입장을 재고하게 만들었다.[104] 1941년 비시 정권 앞에서 물러서는 가톨릭인들을 지켜보며 신앙 회복을 목적으로 서프랑스의 해안도시 리지외에서 몇몇 사제가 모였다.[105] 독일로 끌려가는 강제노역자들을 사제들이 따라간 것도 이 신앙을 위해서였다.[106] 이들은 비판과 실천을 함께 가져가고자 했다. 헤겔과 마르크스를 같이 읽으며 손으로 일하는 기술을 익혔다.[107] 말보다 몸으로 신앙의 사회화를 실천하려 한 이들은 교회와 마찰을 빚지도 않았고 교회의 보호를 받지도 않았다.[108] 소명단이 알제리에 처음 파견된 것은 알제리전쟁 이전으로, 여섯 명의 신부가 수크아라스에 정착한 것이 그 시초였다.

왜 수크아라스인가? 작은 고장이지만 오래된 도시였고, 시장市場이란 뜻의 아랍어 '수크Souk'와 1870년대 식민지군의 침공으로 멸종하지만 사자獅子가 많다는 데서 유래한 베르베르어 '아라스Ahras'를 합쳐놓은 것이 '수크아라스'였다. 성 아우구스티누스의 출생지로 교회사의 유적들이 많이 남아 있어 기독교도에게는 성지와 같았다. 누미

---

104. 실로네의 『빵과 포도주』뿐 아니라 과레스키의 『돈 카밀로의 작은 세계』에도 가톨릭과 공산주의의 관계가 나온다.

105. 노동사목의 아버지인 쉬아르 추기경은 1940년 파리 대주교에 올라 '리지외의 성녀 테레사Thérèse de Lisieux'의 삶을 모범으로 1941년 7월 24일 프랑스 소명단을 창설했으며, 쉴피스의 수도사였던 루이 오그르를 상급자로 불렀다.

106. 징용된 이들에게 사제가 따라가지 못한다는 것은 큰 문제였다. 쉬아르 추기경은 노동자를 위해 비밀리에 사제가 파견되어야 한다는 것을 승인했다. 그리하여 약 300명의 신부가 노동자로 가장하고 독일로 떠난 것이 소명단의 시발점이 되었다. N. Atkin, "5. Ralliés and résistants: Catholics in Vichy France, 1940-1944," 109-110쪽.

107. Charles Suaud et Nathalie Viet-Depaule, *Prêtres et ouvriers: une double fidélité mise à l'épreuve, 1944-1969*, Paris: Karthala, 2004.

108. G. Cuchet, "Nouvelles perspectives historiographiques sur les prêtres-ouvriers 1943-1954," *Vingtième Siècle. Revue d'histoire*, no.8, 2005, 177-187쪽.

디아, 로마, 베르베르 지배기에 연이어 성채가 축성된 데서 보듯 빼어난 전략 요충지였고, 남부 사막을 건너온 대상隊商, 알제리 동북부 거래인, 지중해 연안 무역상이 한데 모이는 큰 시장이었다. 지리적으로 지중해 연안의 본에서 100킬로미터, 겔마에서 30여 킬로미터 거리의 튀니스와 국경을 맞댄 해발 평균 1,000미터의 산악지대이다. 1948년 인구 1만 7,000명이었고, 1960년대가 되어서도 인구 10만 명이 넘지 않는 소도시였지만 도무지 조용하지가 않았다. 알제리전쟁 발발 전에 활동했던 민족운동의 거두 메살리 하즈가 이곳을 다녀가면서 "알제리에는 피가 흘러야 한다"는 선동적인 발언을 했었고, 이 집회는 봉기로 이어져 두 명의 사망자를 낸 바 있었다.[109] 1945년 5월, 뒤발 장군의 진압군이 가혹행위를 벌였던 겔마와 우에드셰함은 수크아라스에서 각각 30킬로미터, 50킬로미터 거리여서, 세티프 사태 때의 그 진압은 수크아라스 사람들의 뇌리를 떠나지 않았다. 세티프 봉기 실패 후 지하로 잠복하는 민족군 비밀조직 OS도 이곳에서 배출되었다. 또 이곳은 튀니스와 차량으로 반나절 거리였다. 1950년부터 나날이 치열해지는 튀니지항쟁의 소식도 자세히 들을 수 있었다.

소명단이 1954년 11월 FLN의 독립선언에 동의한 것은 놀라운 일이었다. 그렇지만 수크아라스의 역사적 지정학적 성격, 주민의 성정을 고려하면 충분히 납득될 수 있다. 전쟁 발발 전, 여름부터 무장투쟁을 준비한 통합행동혁명위원회CRUA[110]의 전투원이 양성된 곳이 수크아라스였다. 사제들 눈에 민족운동이 극소수 비밀단원의 행위로 보이지 않았다. 알제리전쟁 전부터 그들은 이미 군경의 탄압을 목도해

---

109. Daniel Guérin, *Quand l'Algérie s'insurgeait 1954-1962*, Grenoble: La pensée sauvage, 1979, 32쪽.
110. 1954년 3월 설립된 위원회로, 이들은 알제리 조직들을 통합해 그해 연말 FLN의 이름으로 무장투쟁을 결의한다.

왔다. 프랑스 군경은 튀니지 펠라가들의 침투를 막고자 지속적으로 수색을 벌여, 주민들은 산에서 나무를 베거나 주워올 수조차 없었다. 무슬림에게는 야간 출입금지령도 내려졌다. 1955년 부활절에 조빅 케를란 신부는 알제에서 개최된 북아프리카 소명단 지역회의에서 우회적으로 이 사정을 보고하였다. "지난 4년 동안 알제리에서 살면서 수많은 무슬림을 만났는데 개중에는 민족주의자도 있었습니다. 그들은 누구보다 나랏일에 적극 참여하는 이들이었습니다." 케를란 신부가 정보를 듣는 출처는 알제리인만이 아니었다. 경찰과 군대의 동향을 입수한 유럽인도 신부들과 의견을 나누었다. 정치에 대한 민감성은 무슬림도 그에 못지않았다. 수크아라스 무슬림은 빈곤층만이 아니라 안락한 생활에 충분한 교육을 받은 사람도 많았다. 이들은 강온으로 갈라지는 무슬림의 분열과 불화를 유감스러워했다.

그러나 아무리 사제라 해도, 살얼음판 걷는 것 같은 처지의 알제리 민족주의자가, 지배국가의 일원인 그들을 어떻게 신뢰할 수 있었을까? 만일 신뢰했다면 그 밑바탕에는 무엇이 있었을까? 사실 FLN을 지지하는 사람은 이들만이 아니었다. 세느 도 쀠토 지역의 사제이자 북아프리카 소명단의 책임자 장 위르보아를 비롯해 리옹의 케를란 신부, 파리국립과학연구원CNRS 다브지 신부, 브장송의 마티오 목사 같은 이들이 알제리전쟁에서 체포, 구금, 징역형을 감수하면서 알제리를 돕는다.[111] 그렇다면 이들에게는 군경이 프랑스 교회의 동향을 파악한다 하더라도 교회를 무조건 탄압할 순 없으리라는 모종의 안도감이 있었던 것일까? 종교의 틀로써 다 설명할 수 없는 사제들 간의 순수한 연민과 결의가 서로 결속시켰기 때문이었을까? 아니면 무

111. Mohand Zeggagh, *Prisonniers politiques FLN en France pendant la guerre d'Algérie 1954-1962*, Paris: Publisud, 2012, 269-282쪽.

슬럼 빈민들이 누군가의 보살핌을 몹시 갈구해왔기 때문이었을까? 그것도 아니면 피부색과 종교에 개의치 않는 보편감각이 양측에 살아 있어서였을까? 사제가 '외국에 파견되는 것은 외국인으로 살라는 것이 아니다'라는 것이 뒤발 주교의 신념이었다. 사제가 민중 속으로 들어가야 한다는 것은 교회의 은근한 명령이기도 했다. 하지만 소명단의 사제들과 알제리 민족주의자들, 민중들과의 결속에는 그 이상의 무언가가 있었을 것이다. 소명단 수립기인 1941년에서 1952년 사이에 리지외 세미나를 이끈 오그로 신부는 1955년 1월 알제리에 부임한 직후부터 무슬림과 깊이 친교를 맺었다. 케를란 신부의 말처럼 "무슬림은 쉽게 문을 열었고, 그 환대에 오히려 우리가 놀라고 낯설어할 만큼 무슬림은 개방적이고 관대했다." 그것은 "노동사목이 공장에서 발견하는 어떠한 덕목을 새삼 상기시켜주었다."

'노동사목prêtre-ouvrier'은 소명단의 신부들이 함께한 가톨릭 사회운동이었고 기존 질서에 대한 조용한 도전이자 종교적 실험이었다. 그래서 1954년 초까지는 그 말조차 일반에 생소했다.[112] 사실 노동사목은 아주 소수였다. 4만 명의 프랑스 성직자 중에서 100명 정도에 지나지 않았다. 물론 그것이 문제삼을 일은 아닌 것 같다. 하지만 교황 비오 12세는 1954년 1월 프랑스 추기경 세 명에게 교서를 내려 이 노동사목을 중단하기를 요청한다. 교황청의 교서는 우선 이들과 공산주의의 관계에 대한 우려에서 나왔다. 하지만 1927년 우익 '악시옹프랑세즈'에 내려진 파문에서 보이듯, 어딘가 로마를 벗어난 프랑스 가톨릭의 행동은 항상 제지를 받아왔다.[113] 어떻든 노동사목은 더이상

---

112. Oscar L. Arnal, "A Missionary 'Main Tendue' toward French Communists: The 'Témoignages' of the Worker-Priests 1943-1954," *French Historical Studies*, vol.13, no.4, 1984, 529-556쪽.

113. 악시옹프랑세즈AF(Action Française)는 샤를 모라스 주도로 창설된 왕당파 단

성장할 수 없었다. 하지만 노동사목이 주목을 끈 것은 바로 이 종착지 점에서였다.[114] 지식인 신부들이 노동현장에 소리 없이 투신하고 있었다. 피에르 마나트 신부는 농장에서 알제리인과 일하면서 농장 지주들이 어떻게 이들을 수탈하고 모욕하는지 보았고, 로베르 다브지 신부는 파리국립과학연구원 물리학자로 일하다 공장노동자로 변신하였다. 노동사목의 일터는 프랑스에만 한정되지 않았다. 리지외 세미나의 수련생 기 말므네드 신부는 1949년 튀니스 백인신부회에서 수학한 후 알제 변두리 후세인데이로 들어갔다. 원한 깊은 무슬림을 대하고 다른 사제들은 "여기서는 할 게 없다"며 떠나는 곳에서 그는 아랍어를 배우고 그들의 관습과 전통을 익혔다. 공장과 농장의 가진 것 없는 이들에게서 노동사목들은 무엇을 본 것일까?

곳곳에 공장들이 있는 파리 13구의 허름한 술집과 싸구려 숙소들은 가르치는 이 없이도 스스로 배움이 이루어지는 학교였다. 노동사목들은 파리의 일반 시민과는 옷깃도 스치지 않는 외국인 노동자들과 빈번히 만났고, 급한 일을 도우며 식민지배가 정당한 것인가를 스스로 되물었다. 이들은 어려운 이들에게 자선을 베푸는 것도 종교를 설파하는 것도 아니었다. 그저 이들을 지켜보고, 할 수 있는 일이 생기면 지원을 했을 뿐이다.[115] 민족이 다르고 인종이 다르면 누가 누구를 대신할 수 없다는 것을 현장은 일깨웠고 이는 노동사목과 이민노

체. 드레퓌스 사건 때 좌파의 드레퓌스 재심 요구에 개인보다 국가의 우위를 주장하며 맞섰다. 민주주의가 금전에 의거한다는 판단에 따라 공화정에 반대하고 가톨릭 왕정복귀를 요구했다. Charles Maurras, *Mes idées politiques*, Paris: Albatros, 1937.

114. 프랑스, 캐나다는 물론 미국의 『뉴요커』와 『뉴욕타임스』에서도 기사화되었다. 노동사목을 그린 질베르 세스브롱의 소설은 영어, 독일어로 번역되고, 이탈리아, 에스파냐에서도 소설과 희곡으로 소개되어 1960년대 말까지 회자되었다.

115. Jacques Charby, *Les porteurs d'espoir: Les réseaux de soutien au FLN pendant la guerre d'Algérie: les acteurs parlent,* Paris: La Découverte, 2004, 148-156쪽. 샤르비는 배우로서 장송망의 일원이었다.

동자 양자의 묵계이자 윤리였다. 하지만 그들 간에는 경계선도 뚜렷했고 사목도 이를 넘으려 하지 않았다. 예컨대 처음부터 북아프리카 노동자들과 가까웠고 전쟁 전에도 민중당 민족운동가들과 교유했던 로베르 다브지는 자신이 고통당하는 이들을 생각하지만 그들과 같은 고통을 경험한 것은 아님을 인정했다.[116] 알제리인측도 그 점을 분명히 했다. "친애하는 친구, 당신네가 싸우는 건 당신네를 위해서요. 우리를 위해서가 아닙니다. 다른 민족을 억압하는 민족은 영혼이 없는 민족이니까요."[117] 하지만 전쟁이 일어났을 때 알제리에 체류한 사제 447명 중 소명단은 13명뿐이었다. 1954년 프랑스의 81개 소명단 중에서 해외에 파견된 것은 다섯 개인데 그중 두 개가 알제리에 있었다. 수크아라스에 일곱 명, 후세인데이에 두 명이었다. 그들의 활동과 영향력을 평하기에도 너무나 적은 인원이었다.

실제로 소명단 사제들이 일으키는 변화는 미미했고 처음에는 유럽인들조차 감지하지 못했다. 소명단은 무슬림, 가톨릭, 유대인으로 분할된 알제리 사회에서 세 공동체가 서로 가까이 지낼 수 있도록 조금씩 자리를 넓혀나갔다. 무슬림이건 기독교도이건 간에 가리지 않았고, 집집마다 방문하고 무슬림까지 예배에 초대했다. 병자를 병원에 입원시키거나 일자리를 주선하고 집을 개수하는 데 조력하고, 장로회나 교회에서 장터를 열어 우유와 치즈, 채소를 나누었다. 그러나 한 사회가 변혁되기 위해서는 사람의 심성과 사회의 구조가 먼저 변해야만 했다. 소명단 사제들은 수크아라스의 외부인으로서는 이 문제를 처음 인식했던 사람들일 것이다. 물론 식민지인들은 1950년대 이전

---

116. Robert Davezies, "Le sens du combat des réseaux de soutien au FLN," Sidi Mohamed Barkat (dir.), *Des Français contre la terreur d'État*, Algérie 1954-1962, Paris: Éditions Reflex, 2002, 71-80쪽.
117. 같은 글, 77쪽.

에 이미 이에 대한 확신을 가졌었다. 외세의 압제에 저항할 토대는 투쟁보다 그들 민족 자신의 심성이라는 것이 1930년대 알제리 정치인 페르하트 압바스의 자각이었다. 하지만 그러한 정치적 주장은 너무나 불투명하여 민족주의자들의 오해를 부를 위험이 있었다. 수크아라스의 사제들은 페르하트 압바스와 같은 눈으로 무슬림을 보면서도 민족투쟁의 필요성을 직감했다. 노동자와 농민을 피부로 느꼈던 사제들은 헐벗은 이 사람들이 선善을 지녔다는 믿음이 확고했다. 헐벗은 이들의 일상과 민족의 대의는 분리되지 않았다. 따라서 소명단에게 '지금 여기'에서 일어나는 민족투쟁은 이념의 차원을 뛰어넘었다. 이 소명단은 개인으로 움직였다.

사제들은 이러한 일상의 사업은 한계가 분명하므로 사회의 구조가 변해야 한다는 데로 나아갔다. 이들 이전의 교회나 유럽인 사회에서는 누구도 생각지 않았던 방향이었다. 이 때문에 적대감을 샀을지라도 수크아라스 소명단은 북아프리카에 대한 '근거 자료'를 가지고 사회의 구조적 문제에 접근했다.[118] 이민자의 눈에는 항상 알제리와 프랑스 두 세계가 얼비친다는 것을 사제들은 잘 알았다. 알제리인에게 지역과 가족은 삶의 기둥이었다. 그래서 카빌리를 떠나도 포르나시오날 출신은 흩어지지 않고 파리 외곽 공업지인 퓌토나 콜롱브 같은 곳에 같이 살았다. 동부 미실라의 부사다 주민은 프랑스로 와서 역시 북부 변두리 죄느빌리에 거리에 살고, 오레스의 샤우이아 출신은 파리 남부의 빈민동네 포르트드클리시에 모여 지역을 재구성하고는 했다. 그들이 지켜오던 환대의 법, 삶의 예법이 무너져버린 프랑스 땅에 이민자들은 잠시 와 있는 것이고 마음은 언제나 알제리에 가 있었다. 사

---

118. 소명단의 근거 자료란 1955년 2월에 열린 파리 도시위원회에서 발표한 사제단의 보고서 「프랑스의 북아프리카인」을 가리킨다.

제단의 보고서는 알제리인의 내면을 면밀히 헤아렸다. 그들의 삶과 마음을 어지럽히는 주된 요소는 외부적인 것, 즉 식민주의라고 파악하였다. 1955년 파리에서 작성된 이 보고서는 1956년 10월 세 명의 사제가 알제리에서 추방된 후 가톨릭 언론에 실렸다.

소명단은 이 보고서에서 식민주의라는 거대개념을 문제삼지 않았다. 비판은 바깥이 아니라 안으로 향했고, 그 안쪽이 곧 교회였기에 교회의 존재부터 거론했다. "군인, 콜롱, 교회의 도착은 거의 동시적이었다. 프랑스 깃발과 십자가는 (이슬람의) 반달에 맞선 동맹이었다. 기독교는 (프랑스의 알제리 정복 이후) 오랜 세월 콜롱, 행정관리, 군인의 종교였다." 외부에서 보기에, 부정의와 학살로 점철된 알제리 정복은 교회가 인정하고 있는 것 그 이상이었다. "사제는 프랑스인들의 사제였고, 가톨릭은 경제적으로나 정치적으로 무슬림을 수탈하는 사람들의 종교였다."[119] 소명단의 지적은 여기서 한 걸음 더 나아갔다. "그런데 교회는 그 상층부 정착민 사업체의 돈으로 살아왔고 지금도 그러하다. 교회는 초기 정착민들처럼 토착민들에게서 토지를 빼앗고 그로부터 이득을 취했다. 식민화한 마을마다 웅장한 기독교 교회 건물이 세워졌고 그 옆에는 비참한 아랍인들의 마을이 있었다." "알제 모스크처럼 곳곳의 모스크가 교회로 바뀌었다."[120] 1905년 식민지에 온 사제라면 그러한 감정과 생각을 가졌어도 감히 입 밖에 낼 수 없을 만한 수준의 보고서였다.[121] 교회의 침묵은 평온을 만들었지만 그 평온은 참된 평화로 인식되지 않았다. 그 평온을 대가로 알제리 땅에서

---

119. 인도차이나 교회에서도 식민주의 비판이 있었다. 이에 관해서는 다음 문헌 참조. 이재원, 「프랑스 기독교 지식인과 탈식민화―프랑스령 인도차이나를 중심으로」, 『프랑스사 연구』 제27호, 2012, 221-250쪽.

120. Sybille Chapeu, *Des Chrétiens dans la Guerre d'Algérie: l'action de la mission de France*, Paris: Éditions Atelier, 2004, 54쪽 재인용.

121. 19세기 말 라비주리 추기경 시절의 알제리 가톨릭은 유럽인에 충실했다.

살고 번영을 누려온 것이 교회였다. 사제들의 이런 비판은 근거가 있고도 남았다. 1955년 가톨릭계 신문 『시테 누벨』은 알제리 민중의 생활상을 조사해 이렇게 보고하였다. 프랑스의 콜롱 2만 5,000명이 평균 200헥타르의 땅을 소유하는데 여기엔 프랑스의 도 하나에 맞먹는 대토지를 가진 이도 있다. 반면 알제리인은 50만 명이 평균 2헥타르에서 10헥타르의 토지를 소유하고 있고, 그마저도 매우 척박하다. 알제리인 80만 명은 완전실업, 200만 명은 부분실업에 처해 있다.

이러한 현실에서 나온 소명단 사제들의 행동은 어디까지가 종교이고 어디까지가 정치인지 그 경계선이 보이지 않을 만큼 급진적이었다. 로베르 다브지 신부는 책을 써서 자신의 행동을 밝힌 바 있다.[122] 가톨릭교회는 그를 알제리에서 나가게 하고자 카이로의 성 파미유 예수회학교에서 물리학을 가르칠 것을 권고하고 부사제직을 주겠다고 제의하였다.[123] 다브지는 튀니스에서 피에르 마메트를 만난 뒤 연락을 유지하고자 했고, 중간에서 에마뉘엘 데샹 신부가 그 일을 해주기를 바라고 있었다. 그런데 데샹 신부는 나서려 하지 않았다. 체포를 겁내서가 아니라 소명단의 활동을 최소화하여 물의를 빚지 않게 하려는 의도에서 불응하였던 것이다. 그는 다브지가 틀렸으며, 현실을 제대로 보아야 한다고 믿었다. 그러나 다브지가 지닌 신념이 어떠했는가는 1959년 4월 3일 재판장에게 보낸 편지에 고스란히 나타나 있다. 소명단에게도 발송된 편지에는 다음과 같은 내용이 간략히 적혀 있었다.

---

122. 1959년 미뉘에서 나온 『전선Le Front』과 1961년 시테 출판사에서 나온 『정의의 시간Le temps de la justice』이 대표적이다.
123. 1960년 4월 다브지의 재판이 열렸을 때, 리에나르 추기경은 다브지 신부가 소명단을 대표하지 않는다고 증언했다. 그러나 추기경은 1961년 11월에 파리 프렌 감옥으로 다브지를 면회한다.

복음서와 교회는 우리에게 다른 이들, 특히 가난한 자와 억눌린 자들에게서 신을 알아보도록 가르쳤습니다. 가난한 이들을 구조하는 것은 오직 그리스도를 섬기는 행위일 뿐이며, 우리에 대한 신의 뜻의 근본은 거기에 있습니다.

다브지 신부는 문명화와 개종이 아니라 증언과 연대의 길을 바라보았다. 하지만 그 증언과 연대 역시, 문명화와 개종의 새로운 방도 아니냐는 질문에 과연 누가 자신 있게 답할 수 있는가를 두고, 가톨릭 교단 내의 반응은 일률적이지 않았다. 다브지 자신도 정치적인 것과 비정치적인 것의 구분은 선명하지 않았다. 그렇더라도 막강한 권력이 내리누르는 데 약자 혼자서 싸우도록 내버려두는 게 복음서에 충실한 것인지 다브지는 스스로에게 질문했다. 사제는 정신적인 것만 집중해야 한다는 고정된 속박의 끈으로부터 풀려나고 싶었다. 중요한 것은 한쪽 무리가 당연시하는 것을 다른 누군가는 완강히 부정하고 있다는 바로 이 상황이었다.

프랑스의 알제리 포기를 우려하여 군부 장성들의 반발이 거세지는 1960년 1월, 알제 라디오에서는 소명단 사제 하나가 테러리스트와 공모한 혐의로 체포되었다는 소식이 전해진다. 사건의 주인공은 조빅 케를란 신부였다. 그는 심문을 받고 1월 9일에 국가치안위반 혐의로 구금되었다. 후세인데이 구역 및 하역노동자가 많은 보시 항구의 사제였던 케를란은 FLN의 지도자 크림 벨카셈이 임시정부 명의로 알제리 민중에게 보내는 연설문을 로네오 등사기로 복사해준 혐의를 받았다. 자신이 어떠한 동기에서 그 일에 참여했는지 직접적으로 밝힌 적은 없다. 다만 케를란 신부는 수크아라스 시절 바지 모크타르와 가까운 친구로 지냈었다. 모크타르는 1954년 11월의 초기 전투 때에 사망한 것 같았다. 케틀란은 또 1956년 3월 28일 동부 세티프 인근 울레드베시아에서 학살된 92명의 희생자 명단을 일일이 기록해두기도 했다. 항의도 무엇도 아닌 지극히 사소한 행동이었을지 모른다. 하지만 사건의 진상을 정확히 파악하고 피해상황을 조사하면서 희생자 이름을 하나하나 적고 그 얼굴들을 떠올리는 것은 전혀 사소하지 않다. 무고한 희생자들을 낸 사물에 대한 항의이자 희생 제단에 바치는 소박한 인사장 같은 것이었다. 파리에서 FLN과 만나 그들을 지원했던 핵에너지센터의 노동사목 베르나르 부두레스크 신부는 다음과 같은 말을 했다. "알제리인이 겪은 일에 비하면 제가 한 것은 아무것도 아닙니다."[124] 부두레스크가 행동할 수밖에 없었던 것은 사람들이 고문을 받고 있다는 사실 때문이었다. 1956년과 1957년, 부두레스크와 동료 사제들은 고문을 직접 받았다는 사람이나 곁에서 보았다는 사람들로부터 수많은 편지를 받고 있었다.

5. 고문을 고발하는 가톨릭들

앞에서도 말했듯 1957년 3월 가톨릭 영혼의저항위원회는 『소집병이 증언하다』라는 책을 출간한다. 이 책에는 전쟁에 나가 평정화 사업에 종사한 알제리 일선 병사들이 가족이나 교회에 보낸 편지와 간단한 증언들이 기록되어 있었다. 이 편지들에는 군사상 결정이나 구체적 작전행위가 담기진 않았고 다만 현장을 증언하여 거기서 벌어

---

124. "Bernard Boudouresque Born 1922: Worker-Priest who Worked Directly with the FLN in Paris, Paris 5 May 1989," M. Evans, *The Memory of Resistance*, 84쪽; 노동사목의 체험은 E. Fouilloux, "Des chrétiens à Ivry-sur-Seine 1930-1960," A. Fourcaut (dir.), *La Banlieue rouge 1920-1960*, Paris: Autrement, 1992; M. Evans, *The Memory of Resistance*, 86쪽.

지는 고문 참상을 직접 알리고 싶다는 마음이 배어 있었다.

프랑스는, 중부 유럽에 비하면 늦기는 하지만, 1789년 10월에 법률로 고문폐지를 선언한 나라였다. 이후로 19세기 공화파 추방이나 노동운동 탄압의 혼란 중에도 제도적인 고문은 시행하지 않았었다. 물론 이 말은 얼마든지 반박이 가능하리라. 19세기의 차디찬 감옥, 파리코뮌에 가담했던 이들에게 가해진 박해와 유형이 모두 사실이므로. 그러나 국가기관 지하실에서의 고문은 존재하지 않았다. 그리고 감옥의 형편도 지역과 사안에 따라 상이했다. 그렇지만 그렇게 없애버린 제도가 대독저항의 지도자 장 물랭이 겪은 고문에서 보듯, 20세기 중반 비시 정권 아래서 되살아났다. 레지스탕스는 조국을 점령한 외세에 대한 저항이었을 뿐 아니라, 그 세력이 불러온 비인간적 탄압에 대한 항의였다. 그런데 그로부터 10년이 지났을 뿐인데 프랑스가 국가의 이름으로 프랑스 시민에게는 하지 않는 고문을 식민지인에게 용인하고 있다는 사실이 드러났다. 1950년대 프랑스의 반식민주의 투쟁은 여러 노선으로 갈렸지만 누구나 이견이 없는 것은 고문 반대 투쟁이었다.[125] 알제리전쟁기의 드문 기록인 물루드 페라운의 『일기』에는 당시의 상황이 그려져 있다. 친구 베드가 전한 1957년 1월 8일 카빌리 우아디아스 사건이다.

자코트 상사 사망 후 두아르(마을)가 수색을 당했다. 첫번째 마을이 텅 비어 다른 마을로 가 남자를 일제히 잡아들였다. 이들은 두 주일간 감금되었다. 그중 80명의 남자가 밤마다 소규모로 총살당했다. 그들은 무덤을 미리 파게 했다. 두 주 후에 확인하니 이들 외에도 실종된 남자

---

125. FLN을 지원했던 반식민주의 단체는 아나키스트, 트로츠키주의자 등 다양했다. Sylvain Pattieu, *Les camarades des frères: Trotskiestes et libertaires dans la guerre d'Algérie*, Paris: Syllepse, 2002/Alger: Casbah, 2006, 65-81, 159-174쪽.

가 100명이 넘었다. 볏짚과 불탄 것이 가득한 구르비(전통 볏짚 가옥) 안에서 꼼짝 못했던 것으로 보인다. 구르비에서는 목숨을 건진 이도 살아남은 나귀도 없었다. 마을에서 여자는 집에 남아야 했다. 집 대문을 열어놓고 따로 방에 가 있으라는 명령이 떨어졌다. 순식간에 두아르는 외출한 알프스 사격부대, 외인부대를 풀어놓은 '프랑스군의 매음굴BMC'이 되었다. 젊은 여성 150명은 쇠르 수도원과 페르 블랑으로 겨우 몸을 숨길 수 있었다.[126]

우리가 이 대목을 전하는 이유는 페라운이 이어 이렇게 일갈하기 때문이다. "고문은 1957년에 시작되지 않았다. 1950년 사건 때 고문이 있었음이 보고된다." 1950년 사건이란 알제리 해방운동이 무장투쟁으로 전환된 OS 사건을 가리킨다. 1957년도는 고문이 세간에서 불거진 시기였을 뿐이다. 1957년 『에스프리』 4월호에는 로베르 보노의 「네멘차의 평화」라는 글이 실린다. 그는 알제리 산악지대 네멘차에서 근무했던 소집해제병으로서 자신이 보고 듣고 겪은 것을 현장 중계하듯 이렇게 쓰고 있다.

감수성 예민하고 병약하고 신경증까지 있는 내 마르티니크인 전우 J. M.은 어느 날 젠티스의 한 구르비에서 자신이 왜 아버지를 미워하는지를 우리에게 들려주었다. 그의 아버지는 헌병으로 북아프리카에서 오래 복무했다. M이 떠올릴 수 있는 첫번째 기억은 알제리 헌병대의 후텁지근한 뒷마당 땅바닥에서 아버지가 사람들을 고문하는 광경이었다. 불행한 소년은, 터져 부어오른 입술, 코피가 흐르는 코, 핏발이 선

126. Mouloud Feraoun, *Journal 1955-1962*, Paris: Seuil, 1962, 260-262쪽. 인용문 속의 BMC는 bordel militaire de campagne의 약자.

눈 따위에 개의치 않는 무심함을 아버지의 얼굴에서 보았다. 아버지의 목소리는 고문당하는 자들의 비명과 뒤섞여 분간할 수가 없었다. 그 기억은 평생 각인되었다. 평정심을 가지려는 물릴 수 없는 의지에도 불구하고 J. M.의 고통스럽고 착한 눈, 그의 감정적인 콤플렉스는 고문자가 얼마나 스스로의 품위를 추락시켰는지, 자기 자식에게 어떤 혐오감을 불어넣었는지를 반영하고 있었다.[127]

그러면 의문이 인다. 그전에는 고문이 세간의 관심사로 떠오르지 않다가 왜 하필 1957년이었을까? 고문 문제에 대한 각성은 치열했던 1957년 알제전투의 반향이었다. 한 미국 연구자에 따르면, 알제전투 당시 무슬림 주민의 30퍼센트에서 40퍼센트가 체포되었고 체포되면 으레 고문을 당했다.[128] 1957년 1월은 프랑스군과 알제리민족군 양측의 선전전이 최고에 달한 시기로, FLN은 유엔총회를 앞두고 총파업으로 알제리 문제를 국제사회에 부각시키려 했고 프랑스 정부는 이를 저지하고자 동분서주했다. 프랑스군은 여기서 더 앞서나갔다. 알제전투의 사령탑 마쉬 장군은 알제리 사태를 종식시키고자 진력했다. 그는 이미 1956년 3월 제4공화정이 통제 불능의 알제리를 군부에 일임한다는 특수법을 통과시켜주었으니, 군이 상황을 끝내야 한다는 압박을 느끼고 있었다. 수색과 검거는 궁극적으로 정확한 정보를 얻기 위한 것인데, 고문 없이 얻을 수 있는 정보는 없다. 마쉬 장군은 FLN 요원을 상대로 대대적인 고문이 행해진다는 소문이 돌면 결국 적 내부는 결렬되고 민심은 이반되리라 확신했다.[129]

127. Robert Bonnaud, "La paix des Nemenchas," *Esprit*, avril 1957.
128. E. Behr, *The Algerian Problem*, London: Hodder & Stroughto, 1961, 117쪽.
129. J. Massu, *La vraie bataille d'Alger*. 마쉬 장군은 알제전투를 다룬 영상과 책자를 접하고 책을 쓰게 되었으며, 고문이든 대테러 작전이든 진실을 원하는 독자들을

가톨릭계가 고문 문제에 침묵하지 않기로 한 것은 어쩌면 당연했다. 고문은 너무나 비인간적이고 비윤리적인 행위였다. 하지만 신중을 요하는 일이었다. 작가 프랑수아 모리악은 알제리전쟁 발발 당시 일흔의 나이였고 문필에서 거의 손을 뗀 상태였다. 해방 후 나치 협력자 청산으로 어수선한 정국에 개입한 적은 있지만 순수 작가로서 현실정치에는 거의 개입하지 않았다. 그러나 1952년 노벨문학상 수상은 새로운 계기가 되었다. 그는 12월 수상식 참석차 열차로 스톡홀름에 도착했을 때 카사블랑카에서 일어난 비극적인 사건을 전해 들었다. 12월 7일 모로코 민족주의자들이 주도한 총파업이 봉기로 번지자 이를 진압하는 과정에서 수십 명이 희생됐다는 소식이었다. 프랑스령 모로코는 1910년대 리요테 총독의 문화통치를 받으며 온정주의 보호령의 대명사로 통했지만 1944년부터 10년 가까이 독립운동을 활발히 전개하는 중이었다. 이러한 사정은 다른 북아프리카 식민지 국가인 튀니지, 알제리도 마찬가지였다. 스톡홀름에서 돌아온 뒤로 모리악은 프랑스지식인가톨릭센터의 기자 바라, 콜레주드프랑스의 이슬람 학자 마시뇽 같은 인사들과 접촉하고 또 협력하여 '프랑스마그레브위원회'라는 단체를 조직하였다. 원로장성 출신의 주앵 원수는 아카데미프랑세즈 입회연설에서 모리악의 이런 행위를 지목해 "조국의 적들에게 뜻밖의 협력을 하는 기독교인의 양심"이라고 비꼬았다. 이에 맞서 모리악은 다음과 같이 응수했다.

기독교인의 양심은 정치적인 예지와 만나며, 그리고 당신이 비웃으며 마음의 종교라고 부른 그것이, 힘의 종교보다 더 강력하게 사람들에게 작용한다는 사실을 모른 체하지 않는 것이 곧 정치적인 예지다.

위해 펜을 들었다고 밝힌다. 이 책은 22항의 질문에 답하는 형식으로 구성되어 있다.

1955년 1월 15일 『렉스프레스』에 실린 모리악의 글 「신문訊問」은 기독교인의 양심에 관해 묘사하고 있었다. 한 알제리인이 찾아와 카빌리 티지우주에 갇힌 수감자의 실상을 이렇게 전하고 갔다고 했다. "105제곱미터의 감방에 70명이 있다. 기도하려고 입을 열 수도 없었다. 당신만이 할 수 있다. 사람들이 알게 되면…… 당신을 믿을 것이다." 모리악은 이어 이렇게 썼다. "모든 문명은 숨겨진 공포에 의거한다. 매춘과 여자의 매매와 풍기 단속경찰, 교도소, 광인과 백치의 수감과 온갖 고문, 그것은 필요악이다. 그를 문까지 배웅했다. 혼자 남아서 모차르트의 피아노 소나타를 고른다. 그러나 공포는 여전히 방안을 채웠다. 나는 원하지 않으면서도 범죄에 가담하고, 거기서 벗어나기를 망설이는 사람과 하등 다를 것이 없다." 1957년 한 해 내내 『렉스프레스』 지상에서는 고문 논쟁이 이어졌다. 6월에 모리악은 알제리전쟁 전에 자신을 비판하여 타격을 입힌 사르트르와 나란히 알제리 평화행진에 참가한다. 그가 오래 기고해왔던 우파 신문 『르피가로』는 이제 그의 식민정책 비판을 달가워하지 않았다.

고문을 대하는 방식에서도 외부의 압력 못지않게 내부의 검열 또한 문제였다. 종교사가 앙리이레네 마루는 1956년 4월 5일 『르몽드』에 그 정황을 이렇게 밝힌다. "특수한 권력이 휘두르는 위협으로 통제가 시행되자 신문과 라디오가 자기규율을 스스로 강화하는 반응을 보이고, 그로 인해 우리는 다시금 스위스 라디오를 듣고 외국 신문의 정보에 의지하게 되었다." 앙리이레네 마루는 마르세유의 검소한 집안 출신으로 고등사범학교에서 '로마제국의 기독교화와 그 몰락'을 전공한 고전학자였으며 한동안 지방대학 교수로 일하다 1930년대 『에스프리』에 기고하고 나치 점령기의 비시 정권에 맞서 레지스탕스로 활약한 가톨릭 좌파였다. 『르몽드』 기사로 알제리에 개입하자 경찰도 찾아왔지만 위협의 편지도 날아들었다. 위협은 반작용을 일으킨다. 전쟁과 고문을 반대하는 목소리는 가톨릭을 넘어 마르크스주의자, 아나키스트, 무신론자에게로 퍼져갔다. 그리고 그들은 소수였지만 두터운 층을 형성해나갔다.

1959년 12월 18일 『테무아나주 크레티앵』지를 통해 필리프빌에 고문기술자 양성소가 있다는 사실도 밝혀진다. 군 심리작전국의 존재는 이미 알려져 있었다. 1957년 서부 오를레앙스빌, 틀렘센, 알제 인근 메데아, 동부 안나바, 튀니스 인근 테베사에 설치된 프랑스군의 알제리인 고문 수사기구인 작전보호처DOP가 1958년 5월경 24개소로 늘어난다. 그러나 이런 곳들에서 고문기술이 체계적으로 전수되고 있다는 사실이 외부에 공개된 것은 이때가 처음이었다. 인권의 나라로 자부하는 프랑스에 어떻게 군과 고문의 문제가 얽혀들었던 것일까? 프랑스는 예로부터 군에 대한 존경심이 깊은 나라였다. 1898년 그 유명한 드레퓌스 사건 때도 군 재판부를 향한 공화파의 공격은 군 수뇌부의 특권을 겨냥한 것이었지 군 자체를 비판한 것은 아니었다. 예전부터, 1792년 프랑스혁명 전쟁 이래로 군의 역할은 국민의 삶과 직결되었다. 넓은 유럽 영토를 차지하고 원정을 벌임으로써 영예를 드높인 프랑스군은 국민적 자부심이었고, 대륙을 향한 지상군이 언제라도 드나들 수 있는 지정학 조건을 지닌 나라에서 생존과 안위의 근간이 되어주었다. 물론 군은 정부의 명령으로 19세기에는 간혹 혁명과 노동자 시위에 탄압 병력으로 사용됐다. 그러나 나폴레옹 몰락 이후 제2차 세계대전 패전 전까지 군은 민간세력보다 우위를 점하지 않았다.[130] 알제리전쟁은 프랑스 군부가 민간권한 즉 정치권력에 공개

---

130. John Ambler, *Soldiers Against State: The French Army in Politics*, New York: Doubleday Anchor Books, 1968.

적으로 항의하는 사태를 가져왔다는 점에서 이례적이었다.[131]

문제의 차원이 크다는 것은 종교인도 군인도 모두 동감할 수 있었다. 마르세유 대주교는 "오늘날 위기를 악화시키는 것은 비단 정당과 정치의 이념만이 아니라, 인간과 인간의 상황을 보는 불완전한 지식, 이 나라의 통치를 불능에 빠트리는 법조문들"이라고 했다.[132] 볼라르디에르 장군은 지휘부가 하달한 알제리인 물 고문, 전기 고문 명령에 불복했다가 형벌을 받고 결국 군복을 벗었다. 가톨릭 작가 피에르앙리 시몽은 1958년 소설 형식이지만 『어느 장교의 초상』에서 인도차이나전쟁을 목도하는 주인공 장교를 통해 적의 행위가 아무리 사악할지라도 문명국의 기독교인 장교는 고문과 학살을 저지르는 일을 받아들일 수가 없었다고 말하고 있다.[133] 명문 루이르그랑 학교, 파리 고등사범학교를 나온 피에르앙리 시몽은 누구보다 국가와 군부의 문제를 무겁게 의식했던 것 같다. 사실 알제리전쟁기에 프랑스 병사의 임무는 힘겨운 것이었다. 오늘은 마을을 파괴하고 내일은 재건을 해야 했으며 사람을 죽이고 그다음 순간에는 사람의 마음을 사로잡아야 했다. 알제리전쟁 참전병 필리프 에뒤는 하루는 과자와 약품을 무슬림 마을에 가져다주고 그 이튿날에는 혐의자 색출 명단을 주머니에 넣고 돌아왔는데 그때 손에는 수류탄이 들려 있었다고 술회한다.

---

131. 1947년 인도차이나 디엔비엔푸 패전은 큰 치욕이었다. 한 독일인 용병은 스탈린그라드전투 때도 그렇게 패주하지 않았다고 할 정도였다. 1만 명이 희생된 프랑스군의 패배는 1944년 일본군의 인도차이나 점령과 대조되었다. Michael Kettle, *De Gaulle and Algeria: From Mers El Kebir to the Algiers Barracades*, London: Quartet Books, 1993, 153쪽.

132. *Le Chef*, no.339, jullet-août 1958, 5쪽 인용; Wm Bosworth, *Catholicism and Crisis in Modern France*, 162쪽 재인용.

133. Pierre-Henri Simon, *Portrait d'un officier*, Paris: Seuil, 1958; Chester W. Obuchowski, "Algeria: The Tortured Conscience," *The French Review*, vol.42, no.1, 1968, 98쪽.

낮에는 동맹군이 되었다가 밤이 되면 적이 되어야 했다.[134]

시몽은 이런 군의 현실을 외면하지 않았으며 특히 국가 대 국가의 전쟁과 유럽의 식민지전쟁 수행은 차이가 있다고 보았다. 1957년 쇠유 출판사에서 펴낸『고문에 반대한다』에서 그는 대항해시대의 포르투갈과 에스파냐 정복자들의 남아메리카인 절멸, 대영제국 앵글로색슨 식민경영자들의 북아메리카 인디언 종족학살, 네덜란드의 가혹한 식민화에 봉기한 인도네시아인에 대한 탄압, 흑인 노예무역과 중국의 아편전쟁을 예로 들면서, 얼마나 많은 폭력이 위선적으로 정당화되었는지를 상기시켰다.[135]

그러면서 그가 되돌아본 것은 샤를 페기와 조르주 베르나노스였다. 20세기 초의 프랑스 가톨릭이 우러르던 샤를 페기는 열렬한 드레퓌스주의자였다. 그러나 드레퓌스 사건을 처리하는 '누추한' 정치권에 반발하여 좌파진영을 떠나 종교적 승화를 갈구했다.[136] 또 1938년, 소설『어느 시골 사제의 일기』에서 순수한 영혼의 그리움을 그려 프랑스인들의 사랑을 받은 베르나노스가 희구했던 것은 밝은 영혼이었다. 베르나노스는 그 영혼을 찾는 심경으로 악시옹프랑세즈에 가입했기에 에스파냐 내전 때는 프랑코파의 야만적 행위를 묵인하는 에스파냐 사제들을 비난했다. 그러나 이제 "무니에는 갔으며 우리 세대는 페기와 베르나노스 같은 힘찬 목소리와 순결한 어조를 소유하지 못한 시대에 살고 있기 때문"에, 시몽은 그들의 인본주의, 즉 크리스천 프랑스의 전통에 따라서 말해야 할 의무가 있다고 느꼈다.

---

134. C. W. Obuchowski, "Algeria: The Tortured Conscience," 91쪽.

135. P.-H. Simon, *Contre la torture*, Paris: Seuil, 1957.

136. 샤를 페기는 가톨릭과 좌파 모두가 경외하며 지금도 연구한다. 물질과 타협의 근대성을 부인하고 순수와 영혼의 의미를 갈구한 그의 정신은 20세기 프랑스 지성에 큰 영향을 주었다. Daniel Halévy, *Péguy et Les Cahiers de la Quinzaine*, Paris: Payot & Cie, 1918/개정판 Bernard Gasset, 1947.

물론 알제리전쟁에 개입한 종교인들은 가톨릭만이 아니었다. 개신
교도, 즉 프로테스탄트들도 목소리를 냈다.[137] 교회는 교계와 신자 전
체를 가리키는 것이라는 일반의 이해와 달리 교회의 한 모퉁이를 표
상하기도 한다. 그런 의미에서의 교회라면, 가톨릭이 알제리전쟁 문
제를 여론화하는 데 누구보다 앞장섰다는 사실은 부각될 만하다. 물
살은 조금만 움직여도 사방으로 퍼져나가기 때문이다. 알제리전쟁과
식민세력에 비판적인 가톨릭의 얼굴이 일반 신자를 표상하지 않았으
며 알제 교구가 가톨릭교회의 재가하에 움직이지 않았다고는 해도,
프랑스 교회가 이들의 행동을 금지하고 파문한 것 또한 아니었음을
떠올리게 된다. 프랑스 교회는 이중적인 전략으로 사태가 흘러가게
두고 보았던 것인지 모른다. 만약 그렇다면 로마가톨릭 당국부터 그
랬던 건 아닐까. 불손할지 몰라도 그런 의심이 든다. 하지만 프랑스
역사가 자크 쥘리아르는, 유별나게 치열한 논의를 끌어내는 프랑스
지성의 특성은 가톨릭이 사회 전반에 퍼져 있는 결과라고 지적한
다.[138] 이는 지식인이 가톨릭 신자여서라거나 가톨릭 교리에 침윤되
어서가 아니라, 종교를 반박하고 종교로부터 벗어나려는 지식인의 근
대적인 노력이 지적으로 존중받았기 때문인 것이다.

그렇지만 가톨릭의 이런 적극적 행동에서 우리는 무엇보다도 레지
스탕스의 냄새를 맡게 된다.[139] 알제리전쟁이 발발한 시점은 대독항
쟁으로부터 10년도 안 된 시기였고 저항의 정신은 부식되지 않았었

137. Geoffrey Adams, *The Call of Conscience: French Protestant Responses to
the Algerian War 1954-62*, Canada: Wilfred Laurier University Press, 1998, 21
쪽.
138. Jacques Julliard, "Naissance et mort de l'intellectuel catholique," *Mil neuf
cent*, no.13, 1995, 5-13쪽.
139. M. Kelly, "French Catholic Intellectuals during the Occupation," *Journal of
European Studies*, vol.23, 1993, 179-191쪽.

다. 프랑스인 다수가 레지스탕스에 참여한 것은 아닐지라도 대독저항이 프랑스 현대사와 지식인의 사고에 미친 영향은 심대하다. 이는 레지스탕스를 도운 민중이 매우 적었다는 사실로도 희석되지 않는다. 그리고 또 한 가지. 알제리전쟁에 대한 프랑스 교회의 비판은 알제리 자체가 그 원천이었다. 오랫동안 식민지와의 깊은 연관으로 갖가지 경험의 보고寶庫가 된 식민지는 교회의 존재를 새삼 되새기게 했다. 전대미문의 세계전쟁 직후에 가톨릭의 신자나 의례가 퇴조하는 상황이 되자 교회는 오히려 민중 속으로 더 깊이 들어갔다. 식민지인은 민중 중의 민중이었다. 물론 가톨릭의 이 정신주의적 식민지 비판만이 시류인 것은 아니었다. 다른 한편에서는 결을 달리하는 지식인들의 지적 사유에 기초한 이론적 논의도 뜨거워지고 있었다.

제2장

|

반식민주의

2010년대 후반인 지금은 반식민주의라는 말이 그리 새롭지 않다. 반식민주의는 가고 포스트식민주의의 시대이다. 에드워드 사이드의 『오리엔탈리즘』 이후 포스트식민주의 논구가 인도, 카리브해, 아프리카, 아시아, 미국, 유럽 어디서나, 그리고 문학, 정치학, 역사학, 여성학 어느 방면에서나 나타났다. 그러나 식민주의/포스트식민주의가 이와 같이 학문화되기까지는 시간도 걸렸지만 강력한 실천이 있었다. 특히 1950년대 알제리전쟁기는 식민주의와 반식민주의, 포스트식민주의의 강력한 접점이라 할 수 있다. 전쟁이 이 담론을 창안했기 때문이 아니라 전쟁 밑바닥에 도사린 식민주의와 반식민주의가 지적, 이론적 해부를 요구했기 때문이다. 실로 무성한 논의가 나타났다. 사상도 유기적이라 메마르면 고사했을 수 있는데 각 논자들 사이의 미묘한 차이는 반식민주의를 살찌웠으며 그로써 다음 세대의 지적 성장을 보장해주었다. 가톨릭의 전쟁 비판에 이어 지식인의 반식민주의 운동을 몇 가지 살피려는 것은 그런 이유 때문이다.

1. 파리 중심가의 북아프리카전쟁 반대

1956년 1월 27일 목요일 늦은 오후, 파리 개선문 오른쪽 대로변 바그람 회관Salle Wagram에 '북아프리카 전쟁을 반대한다'는 현수막이 내걸린다.[1] 하지만 대회 반대자들의 항의로 대회장 진입이 막혀 이 일류 공연장 안은 썰렁했다. 어떻든 대회는 막을 올렸다. 의장은 장자크 마유, 연사로는 다니엘 마스콜로, 로베르 바라, 다니엘 게랭, 장 암루슈, 장 드레슈, 피에르 스티브같이 잘 알려진 반식민주의자들이었다. 미셸 두킨구, 에메 세제르, 장 루 같은 식민지의 연사들도 등장한다. 맨 마지막 마무리 강연은 장폴 사르트르에게 맡겨졌다. 인류학자 미셸 레리스, 마다가스카르의 조제프 라세타, 세네갈의 알리운 안타 디옵, 알제리의 앙드레 망두즈는 대회에 직접 참석하지 못해 전문傳文으로 강연을 대신하였다.[2] 이 반식민주의자들은 국적과 직업이 무엇이건 지식인이란 공통점이 있었다. 소르본 대학 문학교수 마유 의장은 개회사에서 지식인은 군인과 다르고 정치인과 다르며, 따라서 "우리와 관계없는 것에 끌려들어가 금지된 아편을 추구하는 것이 지식인"이라 전제하였다. 우리와 관계없는 일이 우리의 일이라는 것은 사실 레지스탕스의 정신이었고, 마유를 비롯해 스티브, 게랭, 망두즈 모두 실제로 레지스탕스 출신이었다.

---

1. 이날 배포된 소책자 『알제리전쟁과 식민주의Guerre d'Algérie & colonialisme』에는 장자크 마유, 디오니스 마스콜로, 로베르 바라, 다니엘 게랭, 미셸 레리스, 장 루, 장폴 사르트르의 글이 있었다. 인쇄처 기록은 없으며 활자본이지만 제본된 책은 아니다. 그중 사르트르의 「식민주의는 체계다」는 이후 반식민주의 기본 문헌으로 널리 읽힌다. Comité d'action des intellectuels contre la poursuite de la guerre en Afrique du Nord, *Guerre d'Algérie & colonialisme*, Paris: 1956.
2. 이날 발언 순서는 다음과 같다. Jean-Jacques Mayoux, Dionys Mascolo, Robert Barrat, Daniel Guérin, Jean Amrouche, Jean Dresch, Pierre Stibbe. 후반부 연사는 Michel Doo Kingue, Aimé Césaire, Jean Rous, Jean-Paul Sartre.

이 대회는 그 전해 1955년 11월 5일 결정되었다. 일정을 마련한 조직은 '북아프리카전쟁수행에반대하는지식인행동위원회'[3]로 구성원 대부분이 좌파라 해도 무방했다. 그러나 이 모임의 진원지는 직업 정치가가 아니었다. 행동위를 결성하고 대회를 조직하게 한 것은 노동총연맹CGT 노조원들이었다. 프랑스 정부는 알제리 문제를 어떻게 해결할지 대책은커녕 상황 파악도 더뎠다. 1954년 7월 제네바협정으로 인도차이나 문제를 타결한 망데스 프랑스의 정치력은 이후 지속되지 못했고, 망데스 프랑스와 대립하던 MRP 정부의 조르주 비도와 장 르 투르노는 제네바협정이 가져온 그의 인기를 꺼려했다. 제4공화정은 행정 및 통치 권한을 점차 현지에 이양한다는 계획만 세웠지 실제로는 속수무책이었다.[4] 자크 쥘리아르는 제3공화정과 제4공화정의 식민정책이 모두 다 원칙과 근거가 없다고 지적했지만, 난맥상은 알제리를 둘러싸고 더 심각했다.[5] 알제리 상류층인 콜롱들은 1898년 재정 대표단을 창설하고 1900년 자율예산권을 인정받아 프랑스의 의회정치 안으로 깊숙이 들어왔다.[6] 개혁조치로 여겨졌던 1947년 알제리인 인신 지위에 관한 특별법, 즉 토착민법code de l'indigénat마저 제각기 동화, 분권, 분리를 주장하는 콜롱들, 프랑스 정부, 알제리 독립운동가

---

3. 이 기구는 파리 6구 자코브 거리 27번지에 주소를 두고 있었다.

4. D. Bruce Marshall, *The French Colonial Myth and Constitution Making in the Fourth Republic*, New Haven: Yale University Press, 1973, 208-234쪽.

5. J. Julliard, *La quatrième république 1947-1957*, Paris: Calmann-Lévy, 1968, 157-183쪽.

6. 본(안나바)은 횡포도 컸던 유럽인의 알제리 건설을 보여주는 좋은 사례다. 유럽인은 군사와 행정을 맡고 농업, 상수도, 전기, 도로, 철도, 항만 같은 사회기반 건설, 병원과 의료시설을 정비했다. 학교와 출판, 지리, 역사, 종교에 관한 연구를 행한 것도 유럽인이다. David Prochaska, *Making Algeria French, Colonization in Bône 1870-1920*, Cambridge, Mass: Cambridge University Press, 2004, 97-229쪽; Pierre Goinard, *Algérie l'oeuvre française*, Paris: Robert Laffont, 1984, 114-268쪽.

들 간의 상충하는 이해관계로 인해 가로막혔고, 정세는 꼬여 있었다.[7] 지식인들이 주도하여 1955년 각계각층의 인사를 섭외하고 행동위원회를 만든 것은 정부가 비판을 수용할 것이라고 기대해서가 아니었다. 정부가 아무 말도 듣지 않으리란 것이 오히려 많은 지식인들의 참여를 불러왔다. 작가 로제 마르탱 뒤가르와 프랑수아 모리악, 과학자 이렌 졸리오퀴리와 프레데리크 졸리오퀴리 부부, 초현실주의자 앙드레 브르통, 조르주 바타유, 장 카수, 마그레브 전문가 루이 마시뇽, 샤를앙드레 쥘리앙, 작가 로망 롤랑의 미망인 마리 롤랑, 작가 겸 철학자 장폴 사르트르, 마르티니크 출신의 시인 에메 세제르와 300명이 넘는 대학인, 학자, 작가, 예술가가 참여하였다.[8]

1955년 여름과 가을, 북아프리카 정세는 하루가 다르게 악화되고 있었다. 1955년 7월 모로코 마라케시, 메크네스에서 소요가 일어났고 우에드젬에서는 유럽인이 살해를 당했다. 8월 20일 알제리 북부 콘스탄틴에서 171명의 유럽인이 마키에게 살해되자 8월 30일 전 알제리에 비상사태가 선포되고 10월 11일에서 14일까지의 국민의회에서 에드가 포르 총리는 동화와 분리가 아닌 알제리 통합을 지지한다고 공식 발언을 한다. 11월 6일 모로코 독립협정이 체결되지만, 11월 15일 알제리에는 수스텔의 제안에 따라 특수행정국SAS이 신설된다.[9]

---

7. J. Julliard, 앞의 책, 164–166, 특히 164쪽 각주1 참조.
8. 1953년 6월 5일 프랑스마그레브위원회는 프랑수아 모리악이 의장, 샤를앙드레 쥘리앙과 루이 마시뇽이 부의장을 맡았다. 쿠란 번역자 레지 블라셰르 교수, 술탄 폐위에 항의한 모로코인 시 베카이, 시리아에서 전투를 지휘한 카트루 장군, 가톨릭 신문기자 로베르 바라, 샤를 코르발, 튀니지의 프랑스인 사회주의자 뒤랑 앙리비엘, 프랑수아 미테랑, 전 튀니지 총독 루이 페릴리에, 사회주의자 알랭 사바리가 위원회에 있었다. 바라는 이 위원회가 프랑스의 위엄과 이해관계 중 살릴 수 있는 것은 건져내려는 목적을 지녔다고 했다. 2년 반 뒤 바그람에 모인 인사들의 면면과는 아주 달랐다.
9. Noara Omuri, "Les sections administratives spécialisées et les sciences sociales," J.-Ch. Jauffret et M. Vaïsse (dir.), *Militaires et guérilla dans la guerre d'Algérie*, 383–397쪽.

식민지의 빈곤 상황에 대해 잘 알고 있던 수스텔은 사회, 보건, 교육 시설을 확충해 혼란을 잠재우고 프랑스-알제리를 재건하고자 이 특수행정부에 심혈을 기울인다.

한편 알제리에서는 아반 람단, 벤 미히디, 벤헤다의 합류 소식에 정치지도자들이 속속 알제로 모인다. 벤 미히디의 지휘로 사막 접경지 비스크라에 지하활동 거점을 확보한다. 이 상황을 파악하고 있던 파리 행동위원회는 비록 전쟁은 부끄럽고 헛된 것이지만 억압으로부터 해방을 꿈꾸는 이들에게는 효율적이고 합당하다는 선언을 내놓는다. 이렇듯 행동위의 원칙은 변함이 없었지만 바그람 대회는 각자가 분담한 듯 연사마다 입장차가 있고 다채로웠다. 이 대회 주관자의 하나인 디오니스 마스콜로는 초현실주의 그룹에 있다가 1946년 공산당에 가입해 서너 해 동안 활동을 했다. 1930년대 초현실주의는 현실비판으로 반식민주의의 첨봉이 되었고 공산당의 주요한 기치 역시 반식민주의였다. 니체 연구서를 내고, 프랑스혁명기 산악파 지도자 생쥐스트에도 정통했던 마스콜로는 '프랑스의 지적 빈곤'을 지적하며, 생쥐스트의 높은 행동력과 비교하면 현재의 지식인은 너무 나약하다고 질타했다. 1960년 10월 모리스 블랑쇼와 장 슈스터와 함께 「알제리전쟁 불복종 선언」 작성을 주도하는 사람도 마스콜로였다.[10] 아무튼 이날 바그람 대회에서 미셸 레리스는 전쟁 비판의 논법을 구하고자 프랑스의 먼 역사를 끌어왔다. 오늘날 자서전 문학의 대가이자 뛰어난 민족지 학자로 평가받는 그는 이렇게 말한다.

로마 식민지였던 골Gaule이 라틴의 멍에를 감수하지 않으려 한 그

---

10. D. Mascolo, *Sur la misère intellectuelle en France*, Paris: Minuit, 1957; J.-P. Sartre, B. Pingaud et D. Mascolo (coll.), *Du rôle de l'intellectuel dans le mouvement révolutionnaire*, Paris: Eric Losfeld, 1971.

날 프랑스의 운명은 시작되었다. 그 프랑스가 20세기 복판에서 자기 운명을 결정한 다른 민족을 거부하는 광경을 우리는 목도하고 있다. 프랑스가 지금껏 원해왔던 합병 방식의 식민화는 총과 칼, 경찰에 의한 고문, 온갖 형태의 정치적 위선일 뿐이다. 1789년 이래 자유의 길을 개척했다고 주장하는 이 민족은 이것이 개탄스럽다. 우리의 역사는 우리 공화국의 가치를 공공연히 부정함으로써 모멸을 겪게 되었다.[11]

프랑스나 FLN 모두 병사들의 부상과 사망, 거대한 예산과 장비의 동원, 군 지휘관의 결단과 지략이 요구되는 마당에 이렇게 먼 프랑스의 추상적 가치를 꺼내는 것이 무슨 도움이 될까 싶다. 그러나 반식민주의 연구자 타우아에 따르면, 레리스는 1930년대 전위적인 프랑스 지식인들 중에서 아프리카에 매혹된 매우 희귀한 경우였다.[12] 1931년부터 1933년까지 아프리카를 탐사하는 다카르-지부티 조사단[13]에 참가했으며 멀리 카리브해에도 다녀갔다. 그는 프랑스 이외의 문명을 위에서 아래로 내려다보지 않았다.

바그람에는 무정부주의자들도 참석했다. 아나키스트인 게랭은 국가 간 문제에 관심이 큰 반식민주의자였다. 그는 무엇보다 프랑스 침공 이전 알제리가 무지한 유목민만 사는 허허벌판이 아니었음을 알렸다. 알제리는 언어와 종교를 가졌고, 1830년의 아랍-베르베르 공

---

11. M. Leiris, "Messages," *Guerre d'Algérie & colonialisme*, 36쪽.
12. Phyllis Taoua, *Forms of Protest: Anti-Colonialism and Avant-Gardes in Africa, the Caribbean and France*, Portsmouth, NH: Heinemann, 2002, 3–50쪽.
13. 이 다카르-지부티 조사단은 프랑스 정부에서 아프리카에 파견한 첫 인류학 조사단으로 1931년 가을 서쪽 다카르에서 출발해 1933년 봄 동쪽 지부티까지 갔다. 레리스에 대해서는 파농도, 그가 식민지인을 내려다보지 않았다고 평가한다. 프란츠 파농, 『검은 피부, 하얀 가면』, 노서경 옮김, 파주: 문학동네, 2014; 유호식, 「미셸 레리스」, 『자서전』, 서울: 민음사, 2015, 227-267쪽.

동체는 일반의 생각보다 수준이 훨씬 높았다. 2,000여 개의 학교와 대학교가 있었고 틀렘센은 세련된 문명이 꽃핀 성대한 도시였다.[14] 게랭은, 알제리에 역사가 없는 듯 굴며 침략과 정복을 일삼은 프랑스가 무엇을 파괴했는지 전혀 모르는 프랑스인들을 겨냥하는 것 같았다. 그는 반론을 폈다. 16세기 알제 섭정국Régence d'Alger은 주권국가였고, 17세기에 여러 국가와 국제적 관계를 맺었고 그 가운데는 프랑스도 있었다. 18세기 프랑스혁명 때는 알제리에서 물자가 오갔다. 게랭은 19세기에 토크빌이 인정한 국가적 성격도 덧붙였다. 알제리는 어느 나라 못지않은 중앙과 지방 행정조직이 있었고, 1802년경 1만 5,000명의 병력과 66척의 선박을 보유했다. 1830년 이후 정복자들은 역사와 유산을 파괴하는 데 부심해 이슬람 학교와 대학이 사라지고, 모스크는 교회로 변형되었다. 그의 비판은 침입자 편이라서 침입자라면 무조건 나무라는 것과는 달랐다. 알제리는 가히 혁명적이라 할 파괴를 당했고 알제리 민중은 자기 나라에서 이방인 처지가 되었다는 사실을 직시하자는 것이었다. 게랭은 알제리가 농업사회로 남아 있는 것은 알제리인의 의지가 아닌 콜롱의 의지에 따른 것이라 분석하고 이를 '지능적 제국주의impérialisme intelligent'라고 명명했다.[15]

로베르 바라가 보았던 바와 같이 카스바의 집 내부로 들면 외양의 아름다운 건축양식과 달리 열 세대가 한 지붕 아래 다닥다닥 모여 살았다. 삶뿐만이 아니라 정신도 빈한했다. 인접국 모로코, 튀니지의 주민은 생활수준이 엇비슷하게 궁핍해도, 최소한의 전통, 언어, 종교는

---

14. 전통과 현대성이 어우러진 틀렘센을 말해주는 기록은 Khaled Merzouk, *Messali Hadj et ses compagnons à Tlemcen: récits et anecdotes de son époque 1898-1974*, Alger: El Dar El Othmania, 2008, 13-17, 42-52쪽.

15. D. Guérin, *Quand l'Algérie s'insurgeait*, 33쪽.

존중받았다.[16] 그러나 알제리에서는 아랍어를 쓸 수 없었다. 공립학교
에서도 아랍어 교육이 이뤄지지 않다가 개혁안이 나온 1947년 이후
교육이 시행되었다. 사실 알제리 민족지도자 메살리 하즈, 페르하트
압바스도 모두 그런 상황에서 아랍어를 접했다. 하즈는 파리 동양어
학교에서 아랍어를 배웠고, 프랑스 하원에 진출한 압바스는 아랍어보
다 프랑스어가 익숙했다. 게랭은 알제리의 비극이 어떤 면에선 프랑
스 좌파의 비극 같다고 보았다.[17]

식민지 문제에서 날카로웠던 또 한 사람이 지리학자 장 드레슈이
다. 북아프리카와 흑아프리카를 연구하고 모로코 산악에서 모로코 민
족주의자들과 만나기도 했던 이 공산주의 노조주의자의 눈에는, 지리
학 연구와 파리 해방투쟁 경험, 식민지 문제가 겹쳐 보였다.[18] 모로코
독립운동을 연구한 장 루의 견해도 마찬가지였다.[19] 반둥 회의에 참
석한 유일한 프랑스인이었던 장 루는 알제리의 대의가 지지를 받는
다는 것은 인류의 다수가 지지를 보내는 것이라 해석했다. 따라서 "우
리가 알제리의 열망이 충족되도록 투쟁하는 것, 그것은 프랑스의 양
심이 국제적 양심과 화해하는 길이다."[20] 이처럼 바그람 대회는 함성
을 지르지 않은 지적 시위의 현장이었다.

---

16. 알제리와 좌우의 튀니지, 모로코인에 대한 비교 관찰은 이례적이지 않았다.

17. D. Guérin, 앞의 책, 25쪽.

18. 드레슈는 1945년 레리스와 함께 코트디부아르 강제노동소를 조사하고 현지 의사
의 진정을 받아 강제노동폐지법을 기초했다. 1950년대 초부터 『프레장스 아프리켄』
필진으로 활동한 드레슈가 기고하여 1956년 『라 팡세La Pensée』지 7-8월호에 실린
논설 「알제리 민족의 사건le fait national algérien」은 그해 여름 공표될 공산당의 공
식 입장을 예견케 하는 글이었다.

19. 장 루에 대해서는 압델마지드 벤젤룬의 다음 책 참조. Abdelmajid Benjelloun, Le
nord du Maroc. L'indépendance avant l'indépendance. Jean Rous et le Maroc
1953-1956, Paris: L'Harmattan, 1997.

20. 이것은 장 루가 반둥 회의에서 직접 했던 발언이다.

2. 아프리카 지식인들

아프리카와 북아프리카 문제를 피부로 느끼는 이들은 아무래도 식민지 출신들이었다. 바그람 연단에 선 장 암루슈, 알리운 디옵, 두킨구, 에메 세제르는 누구보다 충실한 식민지 대변인이었다. 세네갈의 디옵, 마르티니크의 세제르는 반둥 회의에서 깊은 감명을 받았음을 직간접으로 표명한 바 있다. 아시아-아프리카 민족대표가 사상처음 한데 모여 민족의 자주와 독립, 연대를 천명한 회의였다. 세제르에 의하면 1955년 반둥 회의는 식민지배를 인가한 1885년 베를린대회에 대한 반격이었다. 물론 서구 그리스 고전을 탐독한 세제르는 1950년 발간한 『식민주의 담화』에서 유럽 민족이 식민주의를 만든 것이 아니라 식민지로 건너온 상사와 사업가가 지배의 첨병이었다는 단서를 붙였다. 그러나 반둥은 지구상에서 유럽 문명만이 비유럽 민족을 지배할 소명을 띠고 있다는 논리를 사라지게 했다는 느낌을 주었다. 반둥 성명은 제국주의[21]를 서구 열강이 공히 추구해온 것으로 규정하면서도, 반론의 중립성을 확보하고, 그보다 중요하게 제3세계의 독자적 미래를 그렸다. 이러한 반둥의 분위기는 젊은 시절 자신들이 펼친 네그리튀드 운동[22]이 헛되지 않았다는 증거 같았다. 그 운동은 프랑스어 시와 소설, 평론으로 나타났지만 동화론을 지지하지 않았고 프랑스에 대한 부정이 아프리카의 미래라 판단하지도 않았다.

1930년대에 이십대였던 이 식민지 청년들에게 파리는 중요한 발

---

21. '반둥 성명서'에 '제국주의'란 용어를 넣을 것인가 말 것인가의 문제는 스리랑카(당시 세일론) 정치가가 동유럽 제국주의를 끌어와 해결했다.
22. 세제르는 파리고등사범학교 입학 전인 1934년 기아나, 세네갈의 동료들과 함께 『레튀디앙 누아르L'Étudiant noir(흑인 학생)』을 창간하는데, 바로 이 잡지에서 '네그리튀드Négritude'란 말이 처음 나왔다.

판이었다. 1950년대에도 그 사실은 변함이 없었다. 파리를 거쳐야 지
식인으로 인정받았다. 식민 본국의 수도일 뿐 아니라 고전비극과 철
학, 몽테스키외, 헤겔, 후설을 배우는 지식의 원천이 파리였다.[23] 그러
나 바그람에서 디옵은 그렇게 만들어진 식민지 지식인이 가져야 할
책임감을 강조했다. 1948년 프랑스 상원의원이 된 디옵은 식민 본국
은 모르는 세네갈 고유의 문화에 근거한 지식인 담론으로 여유가 넘
쳤다.[24] 이들 모두가 그럴 만도 했다. 국가와 민중을 의식하는 식민지
지식인들의 반경은 넓었다. 파리의 식민지 지식인들은 미국과 세계
식민지를 망라하는 범아프리카주의Pan Africanism의 일원이었다.[25] 그
어느 때보다 두텁고 기름진 1950년대의 반식민주의는 그런 여러 갈
래의 흐름이 섞이고 합쳐진 것이었다.[26]

흑아프리카 지식인 알리운 디옵은 알제리전쟁에 임하여 일시적이
고 피상적인 것이 아닌 진지한 연대를 열망했다. 연설문에서 그는 '자
본주의'를 남발하지 않았다. 단 한 번 썼다. 그에 따르면 자본주의는
식민지에서 수탈한 활력으로 유럽 노동자들을 지배하는 힘을 만들었
다. 디옵의 식민주의 분석은 프랑스 변호사 피에르 스티브의 분석과
도 통한다. 디옵과 스티브 모두 식민지인과 유럽 노동자들이 공동의
적을 가진 것이라고 보았다. 따라서 식민화 체제를 파괴할 책임은 정

23. 제3세계 이념의 기원을 탐구한 클로드 리오쥐의 다음 책을 보라. Claude Liauzu,
Aux origines des tiers-mondismes, Paris: L'Harmattan, 1982, 9쪽.
24. 알리운 디옵은 세네갈에서 고등학교를 나와 그리스어/라틴어 시험 후 알제대 고
전학과에 다녔다. 파리 유학은 가지 못했다.
25. 19세기 말 미국의 흑인사상가 듀보이스, 마커스 가비의 주도로 미국과 서인도제
도 흑인들이 시작한 운동. 노예제 이전의 아프리카를 지향하고 연대했다. 1919년 파
리, 1921년과 1923년 런던, 1927년 뉴욕에서 대회가 열렸고, 1945년 맨체스터 대회
에는 케냐의 조모 케냐타, 가나의 은크루마가 참석해 민족독립을 요구했다.
26. 아프리카 지성 아쉴 음벰베는 2000년대의 포스트식민주의가 (파농, 세제르, 레리
스의) 프랑스의 반식민주의와도 일정한 연관성이 있다고 보았다. Achille Mbembe,
"Pour comprendre la pensée postcoloniale," *Esprit*, décembre 2006.

부가 아니라 유럽 민족에게 있고 반식민주의 투쟁은 식민지 피지배 민족에게 보내는 선물로 치환될 수 없었다. 전쟁만이 아니라, 그보다 "식민지배자, 피식민지배자 어느 쪽에나 재앙을 가져오는 식민화 자체가 문제"였다. 식민지 지식인에게 명료하게 보이는 것을 유럽인들은 제대로 보지 못한다는 것이 문제였다. 알리운 디옵은 "유럽 제국주의 시대가 끝났는데도 유럽인은 하나같이 아직도 그걸 모른다"는 세제르의 발언을 잊지 못했다.[27]

22세의 카메룬 대표 두킨구 역시 무지와 인종주의, 자기만족에서 벗어나 민족끼리 우의를 세워야 하건만, 식민 본국에서는 식민지에 유혈사태가 일어나도 알지 못한다고 경고했다.[28] 그는 8개월 전 카메룬 유혈사태의 전말을 보고한 것인데 먼저 카메룬이 어디이며 어떤 땅인가를 알렸다. 사람들은 지배만 하지 실제는 통 모르기 때문이다. 유엔의 보호를 받는 카메룬은 면적은 프랑스와 같고 인구는 스위스와 같으며, 19세기 말부터 30년간 독일 보호령이었다가 제1차 세계대전의 승전국 영국과 프랑스에 분할되었다. 사람들이 카메룬에 무지한 것은 흑아프리카에 무지하기 때문이다. 2월 바그람 대회를 치르고, 9월 제1차 흑인작가예술가 국제대회에서도 디옵은 식민 본국에서는 식민지인의 고통을 아예 모르거나 알아도 모른 체한다고 지적했다.[29] 이유가 있긴 했다. 식민지의 소식과 정황을 라디오, 영화라는 공식 매체로만 접하기 때문에, 해외사정에 관해 거짓된 전망과 가치관을 지니게 되고, 바다 건너 민족의 진정한 감정과 상황이 식민권력

27. M. Leiris, *Guerre d'Algérie et colonialisme*, 52쪽.

28. 두킨구는 카메룬 외교관으로 유엔에서 아프리카의 대의를 위해 활동하고 아프리카 민주주의에 관해 숙고한다.

29. Alioune Diop, "Discours d'ouverture," *Le 1er Congrès International des Écrivains et Artistes Noirs: Paris, Sorbonnes, 19-22 Septembre 1956, Compte rendu complet*, Paris: Présence Africaine, 1956, 9-18쪽.

에 의해 제대로 전달되지 않는다. 그러한 식민주의 체제는 카메룬이든 토고든 마다가스카르든 알제리든 간에, 북아프리카든 흑아프리카든 그 어디에서나 폐지되어야 마땅하다고 믿었다. 반둥 회의에 참석한 필리핀 대표의 말대로 "서구제국의 낡은 구조는 사라져야 하며, 분명히 사라질 것인데, 문제는 조용히 품위 있게 사라지느냐 아니면 거칠게 무너지느냐, 오직 그것뿐"이었다.

지식인에게 타고난 책임감이 있다는 것이 아프리카 지식인의 신념이었다. 그렇기 때문에 지식인은 민중의 의지와 결합되어야 했다. 또 더 나은 해결책을 위해 만인의 판단과 경험이 필요했다. 그렇다면 우선 필요한 것은 민족의 자유로운 주도와 독립이라고 디옵과 세제르는 결론지었다. 하지만 민족해방의 요구가 빗발쳐 식민주의의 붕괴가 임박했다 해도 만일 지배국이 이를 직시하지 못한다면 무슨 소용이겠는가. 누가 그러한 사실을 깨닫게 해줄 수 있는가. 그것은 프랑스 철학자들의 몫이었다.

3. 사르트르와 아롱

이날 마지막으로 바그람 회관 연단에 오른 사람은 철학자 장폴 사르트르였다. 연설 제목은 '식민주의는 체계다'라는 간결한 명제였다. 이 연설문은 두 달 후 1956년 『레탕모데른』 3-4월호에 실리고 이후 1964년에 나온 저작 『상황V—식민주의와 신식민주의』에도 재수록되어 반식민주의 기본문헌으로 널리 읽히게 된다.[30] 사실 그가 바그

---

30. J.-P. Sartre, "Le colonialisme est un système," *Situations V: Colonialisme et néo-colonialisme*, Paris: Gallimard, 1964, 58-73쪽.

람 대회에 합석했다는 것부터가 예사롭지 않았다. 1955년 사르트르는 『존재와 무』와 『자유의 길』 같은 중요한 저작을 펴내고, 제2차 세계대전 전후로 발표한 『구토』 『파리떼』 『닫힌 문』 『더러운 손』으로 확고한 위상을 지닌 명사였다. 그러나 이런 문학작품과 철학서들뿐이었다면 북아프리카전쟁에 반대하는 예민한 회합에 초청받지 못했을 것이다. 바그람 대회의 참석자들은 사르트르와 개인적 친분이 있는 것도 동료인 것도 아니었다. 사르트르가 메를로퐁티와 함께 창간한 『레탕모데른』에 몸담은 필진들은 앙드레 망두즈, 로베르 바라, 다니엘 게랭처럼 식민지에 몰두하는 이들이 아니었다. 사실 1945년 세티프 학살, 1947년 마다가스카르 학살 같은 일련의 사건에 먼저 분개한 이는 사르트르가 아니라 그를 도와 『레탕모데른』에서 편집 업무를 담당하던 프랑시스 장송이었다.[31]

그렇지만 사르트르도 1948년 『흑인과 마다가스카르 시선집』에 서문 「검은 오르페」를 쓴 바 있고, 튀니지 민족정당 네오데스투르(신헌법자유)당의 대의를 지지하는가 하면, 모로코 이스티크랄(독립)당 대회에도 참석하고, 1952년 알제리 민족지도자 페르하트 압바스의 신문 『레퓌블리크 알제리엔(알제리공화국)』에서 대담을 나눈 적도 있었다. 사르트르는 또한 1957년 튀니지 출신의 작가 겸 철학자 알베르 멤미의 『식민지배자의 초상/피식민자의 초상』에 서문을 쓰고,[32] 이듬해 1958년에는 앙리 알렉의 문제작 『라 케스치옹』에 서문을 썼으며, 1961년 출간된 파농의 유작 『대지의 저주받은 사람들』에도 서문을

---

31. 장송에 대해서는 제1부 제4장 제1절의 '프랑시스 장송' 참조.

32. Albert Memmi, *Portrait du colonisé, précédé du portrait du colonisateur*, Paris: Buchet/Chastel, 1957. 유대계 튀니지-프랑스인 멤미가 알제리전쟁 때 펴낸 '피식민지인의 초상, 식민지배자의 초상에 앞서는'(원제목)은 탈식민주의 고전으로 평가받는다. 이에 관해서는 이영목, 「정치적 정체성과 상상력―알베르 메미와 아쉴 음벰베를 중심으로」, 『인문논총』(서울대학교), vol.65, 2011, 3-24쪽.

썼다. 1955년 11월에는 「알제리는 프랑스가 아니다」라는 글을 『레탕 모데른』과 『에스프리』의 알제리 특집에 나란히 싣기도 했다. 사르트 르가 1955년 가을에 지식인행동위원회를 지지한 것은, 철학도였던 장송의 요청이 먼저 있긴 했어도, 그 자신의 참여사상 즉 앙가주망에 서 우러난 것이었다.

바그람 대회에서 사르트르는 우선 "여러분께선 신식민주의자를 경 계해주길 바란다"고 운을 뗐다. "몇몇 신식민주의자가 다음 정부의 부 름을 받을 것이기 때문"이었다. 바그람 대회가 열린 1월 27일이 기 몰 레 수상의 1956년 2월 6일 알제리 방문 이전이자 새 정부를 만드는 총선 이후인 것에 주의하면 이는 알제리 향후 대책에 대한 사전공격 이었다. 그러나 철학, 소설, 희곡, 평론으로 현실을 꿰뚫는 그의 논변 은 허공을 맴돌지 않았다. 신식민주의 알제리 대책은 쓸모없고 잘못 되었다. 식민화는 우연의 집합이나 개인사업의 통계화가 아닌 체계 Système였다. 그가 고른 시스템이란 말은 실증주의의 기조이다. 사르 트르는 자신의 진단이 과학적이라는 것을 내비치고 있었다. 그와 같 이 식민화가 체계인 한 '착한' 콜롱과 '못된' 콜롱은 없었다. 평범하게 사는 정착민이라면 분개할 만한 대목이겠지만 사르트르는 개별항을 제쳐두고 전체상을 말했다.[33] 1830년의 알제리 정복 시작과 1848년 프랑스 유형자의 알제리 이송책을 거쳐 19세기 후반 쥘 페리 시대에 자본주의와 식민화의 결합이 일어나고, 1900년경부터는 공식적인 식 민화, 즉 식민주의 체계가 수립되어갔다는 사실을 사례를 들어 설명 하였다. 1863년에서 1865년까지 은행과 광산, 증기선 운송사가 설립 되고 1884년에 '관세동맹l'Union douanière'으로 알제리 시장의 독점화

---

33. 사르트르는 1945년 해방 후 『자유의 길』을 발표한다. 주인공들의 선택과 자유의 번민을 그린 작품이다.

가 확정되었다. 알제리에서 생산되는 식료품과 원자재의 일차산물은 무조건 프랑스에 먼저 제공되었다. 사르트르는 묻고 답했다. "이 식민 개척자, 하느님과 수출업자가 보호하는 콜롱에게 국가가 동의해준 희생은 무엇이었나? 답은 간단하다. 무슬림의 재산이었다."[34] 이 연설의 나머지, 전체의 3분의 2는 식민지인이 토지와 재산을 어디서 얼마나 어떻게 빼앗겼고 그 결과는 어떠한지에 할애되었다.[35]

알제리에서의 토지 점령은 군대가 오지로 들어가 땅을 얻는 기존 방식과 달랐다. 프랑스군이 도착했을 때만 해도 알제리인은 비옥한 토지를 경작하고 있었지만 한 세기 후에는 버려져 유럽인 차지가 되었다.[36] 저항의 낌새만 보여도 항용 토지몰수에 이용되었다. 점령군 사령관 뷔조의 말처럼 "누구의 토지냐가 아니라 양질의 토지냐가 중요했다." 1871년 카빌리 항쟁에서 진압된 반란자에게서 수십만 헥타르의 토지를 거둬들였지만 그것으로 끝나지 않았다. "우리는 무슬림에게 민법을 부여했다. 멋진 선물이었다." 사르트르는 이렇게 냉소하며 프랑스가 왜 알제리에 "민법을 줄 만큼 관대했는지" 소상히 밝혔다. 그것은 전통적으로 부족 공동의 소유인 알제리 토지를 조각조각 찢어서 투기자에게 떼어주기 위한 방편이었다.[37] 사르트르는 그렇게 탈취한 콜롱의 영토가 1850년 11만 5,000헥타르에서 1900년 160만

---

34. 이는 대토지와 대재산을 소유한 상류층 정착민을 염두에 둔 판단이다. 미티자 평원, 알제 지역 사헬, 셸리프 계곡, 알제 서남방 세르수 지역 일부는 정착민의 확고한 소유였다. 대표 가문들로는 사헬의 보르고, 미티자의 아베르쟁, 제르맹 등을 들 수 있다. 약간의 행정직, 선출직 토착민은 셸리프, 사헬, 미티자에 토지를 갖고 있었다.

35. 이 정밀한 프랑스 식민지 로비 연구는 알제리에 큰 비중을 두지 않았다. 알제리는 시리아, 레바논, 코친차이나, 과들루프 같은 일반 해외 식민지와 다른 지위를 가졌음을 보여준다. Stuart Persell, *The French Colonial Lobby 1889-1938*, Stanford, CA: Stanford University, Hoover Institution Press, 1983.

36. 유럽인의 농업 조건은 사르트르의 비판처럼 일방적이지 않았으며 위기와 악조건이 많았다. D. Johnson, "Algeria: Some Problems of Modern History," 230-236쪽.

37. J.-P. Sartre, "Le colonialisme est un système," 62쪽.

헥타르로 증가하고, 1950년에는 270만 3,000헥타르로 증가해 알제리 전체 토지 가운데 프랑스 국가가 1,100만 헥타르를 소유한 반면 알제리인에게는 700만 헥타르가 있다는 자료를 제시했다.

사르트르는 그다음으로 알제리인은 곡물산지를 빼앗겼다고 했다. 자신들은 마시지도 않는 포도주를 생산하기 위해 최상의 토지가 포도재배지로 바뀌었다. 반대로 곡물산지는 해마다 줄어 사하라 남쪽으로 옮겨갔고 경작은 70년 전부터 진척되지 못했다. 가축만 보아도 1914년 이전에 알제리에는 900만 두 이상이 있었지만 1950년에는 400만 두로 절반 넘게 줄었다. 900만 명의 알제리인 대부분은 먹는 데 돈을 다 써야 했기 때문에 입고 자는 데 쓸 돈, 종자를 사고 농기구를 살 돈은 남아 있지 않았다. 생산성을 위해 포도재배지는 100헥타르 이상이어야 했고, 그런 대토지의 농업 기계화로 인해 알제리인은 하층프롤레타리아 날품팔이로 전락했다. 1953년 90일 이상 취업한 알제리인은 14만 3,000명이었다. 알제리인은 자기 나라에서, 그것도 한창 번영하는 시기에 굶주림에 시달려야 했다. 따라서 90퍼센트의 알제리인에게 가해진 수탈은 조직적이고méthodique 엄혹했다. 40만 명의 알제리인들이 프랑스에 와 있는 것은 프랑스가 그들에게 알제리에서의 일자리를 거부했기 때문이었다. 직접 손댈 수 없는 재산, 관개시설, 토목공사, 위생과 교육은, 유럽인 찬탈자에 의해 체계적으로 창출된 빈곤에 대한 보상이었다. 그러나 알제리에서 프랑스가 이룩한 모든 업적은 콜롱을 위한 것이었다. 철도, 항만, 도로설비의 주된 수혜자는 그들이었다. 1954년 9월 8일에서 9일 밤, 오를레앙스빌과 바스셀리프를 덮친 지진의 사망자 수가 알제리-프랑스인은 39명인 반면, 무슬림은 1,370명이었다는 것이 그 실정의 증거였다.

여기서 사르트르는 프랑스공화국의 자유주의, 개인주의 가치관을 크게 질타했다. 오랫동안 집단공동체에서 살아온 알제리인을 자유주의적이고 개인주의적으로 살라고 하니 그들이 고립되었다는 것이다. 토착민이란 말도 이를 반영했다. 그는 이 과정에서 자유주의, 개인주의 방식으로 살지 않으면 토착민이 되었다는 것을 비쳤다. 그러므로 사르트르에 따르면 식민체계는 하루하루 더 가혹하고 비인간적이지 않고는 유지되지 못했다. 그렇기에 개혁은 무엇 하나 효과가 없고 특히 비용이 과다하리라 예상했다. 물론 이는 프랑스의 알제리 근대화를 인정하지 않고, 도시, 농장, 도로, 항만, 산업기반 등 알제리의 변모를 실제로 본 적 없는 사람의 추론에 불과하다고 비판받을 만했다. 분명 그런 면이 있었다. 사르트르와 보부아르는 1950년 봄에 미셸 레리스의 제의로 서아프리카 일대를 순회한 적이 있었다. 그러나 알제리에는 1948년 여름 두 주일간만 머물렀을 뿐이다. 그들의 알제리 이해는 다른 프랑스 지식인처럼 피상적이었다.[38] 알제리 현실이 100만 명의 식민지 개척자와 그 아들들, 그 손자들에 의해 구현됐다는 말은 경제사회 문제를 지나치게 사람 탓으로만 돌린 단정적인 발언이었다. 하지만 알제리 콜롱들의 자본축적이 과도하고 대규모라는 말은 전혀 오류가 아니었다.[39] 토착민 노동자는 거주지 제약을 받았고 콜롱에게 가야 일자리를 구할 수 있었기에 토착민은 식민체계의 원리에 따라 사고하고 발언하고 행동했다.[40]

사르트르는 자신을 민족전선의 대변자로 여기지도 않았다. 그는 특정 세력을 지지한 것이 아니라 식민주의하에 놓인 인종을 생각했

38. Bernard Droz, "Sartre et décolonisation," *La guerre d'Algérie au miroir des décolonisations françaises*, Paris: IHTP, 2000, 401–402쪽.

39. Abdelouahab Rezig, *L'accumulation coloniale en Algérie coloniale l'entre deux guerres: Surexploitation et substitution à l'exportation*, Alger: OPU, 2007.

40. 같은 책, 87–88쪽. 노동력 수요 자체는 부족하지 않았지만 어디로 가서 일을 해야 할지 찾는 것이 문제였다. 세티프 근처의 노동자는 240킬로미터 떨어진 티지우주의 프랑스 농장주택을 그러한 일자리로 생각했다.

다. 그해에만 3,000억 구프랑화의 엄청난 비용을 투여했지만 돌아온 것은 민주파 프랑스인의 죽음과 알제리인의 증오라는 것이 그 긴 연설의 결론과 같았다. 연설 막바지에서 그는 식민주의는 더이상 존속할 수 없고 스스로 파멸하리라고 전망했다. 콜롱이 치를 대가는 막대할 것이라는 사실도 짚었다. 그러면서 알제리 민족주의의 성격에 관해 "알제리 민족주의는 단순히 예전의 전통, 예전의 애착이 되살아난 게 아니며, 착취를 중단시키기 위해 그들이 가진 단 하나의 해법"이라고 했다. 알제리인의 입장에서 경제적인 압제를 폐지하려면 정치적인 압제를 먼저 부수어야 한다. 그렇다면 콜롱은 스스로 자기 적수를 키운 꼴이라고 진단했다. 끝으로, 그는 다시 '우리들' 프랑스인으로 돌아왔다. "우리들, 본국의 프랑스인은 이 사실로부터 식민주의는 스스로 파괴되는 중이라는 가르침을 도출할 수 있을 뿐"이라고 했다. 요컨대, "식민주의, 그것은 우리의 수치"였다. "포기하자"고 말하는 이도 있지만 "애당초 우리의 게 아닌데 무엇을 포기한다는 건가?" 반문하며, 바보 같은 말 대신 우리 스스로 매섭게 끊자고 제언하였다. 사르트르는 정부에서 재추진하려는 알제리 개혁은 우리의 몫이 아니라 알제리인의 몫이 되어야 한다고 못 박았다. 우리가 할 수 있고 해야 할 일은 식민주의의 전횡으로부터 알제리인과 프랑스인을 동시에 구하기 위해 저 알제리인들 편에 서서 싸우는 것이라고 결론지었다.

후일 사르트르는 에비앙협정으로 전쟁이 종식되고 알제리 독립 일정이 잡힌 1962년 3월에 『레탕모데른』에서 또다시 "우리 역시…… 처음부터 시작해야 한다"는 말을 했다. 그는 한 민족의 자결권을 인정하게 되었다는 것은 '우리'의 패배가 아니며, 식민지전쟁이란 모험에 투신하지 않고 관망만 했다는 것이 '우리'의 패배라고 지적했다. 그러면서 이 전쟁의 종막에 보인 프랑스인의 태도에 아쉬움을 토로했다. 만약 프랑스의 대중이 그들의 힘을 보여주었더라면 더 많은 무고한 생명들의 희생을 막았을 거라고 하면서 무관심과 무의식이 초래한 결과가 참담하다고 했다. 알제리인은 자유를 얻었고 프랑스인은 자유를 잃었다는 이 발언 앞에서 알제리-프랑스 지지파는 분개할 수밖에 없었다. 곧 샹젤리제에는 '사르트르 타도!'를 외치는 구호가 나붙었고 그의 아파트에 두 차례 폭탄이 던져지기도 했다.

그러나 사르트르만이 1950년대의 거장이라고 한다면 오해이다. 1957년 6월에 70쪽짜리의 소책자『알제리 비극』이 플롱 출판사에서 간행되었는데 저자는『지식인의 아편』을 내놓은 레몽 아롱이었다. 1955년 6월 소르본 대학의 교수가 된 아롱은 프랑스 사회학의 창도자 에밀 뒤르켐을 계승한 굵직한 사회학자이며 시사문제와 국제관계에도 해박한 정치평론가였다.[41] 런던에서 드골을 만나 자유프랑스군의 종군기자로 일했던 그는『르피가로』를 비롯하여 언론을 떠나지 않는 자유기고가였다.『알제리 비극』도 1956년 4월과 1957년 5월에 이 신문지상에 발표한 평론 두 편을 모은 것이다. 대중일간지『르피가로』의 정기 기고의 특성답게 정부정책을 염두에 둔 평론이었다. 레몽 아롱은 1957년 5월 6일 파리에서 쓴 이 책의 서문에서 자신이 왜 이 책을 펴내는지 그 이유를 두 쪽 넘게 밝히면서 신중하게 정부를 비판하는 견해를 내놓는다. 평화와 전쟁에 관심이 깊었던 국제정치 전문가 아롱은 프랑스와 알제리 간 전쟁은 여느 전쟁과 달리 승리가 아닌 평화가 목적임을 일깨웠다. 그는 알제리 혁명전쟁에 일관된 관점을 세우지 않았고 '혁명'이라는 어휘나 'FLN'이라는 명칭도 삼갔다. 하지만 극빈의 땅 알제리에서 살아가는 900만 무슬림의 생활수준을 개선

---

41. 1945년에는『푸앵 드 뷔Point de vue(관점)』, 1946-47년에『콩바Combat(전투)』, 1947년 봄부터 일간지『르피가로Le Figaro』에 기고했고 그외의 정치학, 철학 잡지나『프뢰브Preuve(증거)』에 글을 실었다.

하는 과정은 쉽지 않고 매우 더딜 것이라고 전제했다.

　아롱은 분명 알제리인에게 감정적이지 않았다. 또 알제리인에 대한, 즉 식민/피식민에 대한 총체적 관점이나 명료한 설명을 거부하였다. 그러나 식민/피식민이 지배/착취의 관계를 노정한다는 사고방식에는 분명 반대하였다. 이는 『지식인의 아편』에서 비판한 좌파신화, 프롤레타리아 신화와 궤를 같이한다.[42] 하지만 그는 사르트르처럼 식민주의 단죄론뿐만 아니라 알제리와 프랑스가 불가분의 관계라는 통합론에도 반기를 든다. 아롱의 문제의식은 프랑스가 이 시기에 당장 무엇을 어떻게 해야 하느냐에 집중되어 있었다. 그가 보기에 문제는 알제리-프랑스의 관계만이 아니었다. 문제는 프랑스가 아랍 민족주의의 공적 제1호가 되었다는 외면할 수 없는 현실이었다.[43] 카이로를 근거지로 아랍 국가들이 연합할 기미가 보이는 시점까지 왔고 프랑스의 국제적 지위는 미국과 소련 어느 쪽과도 멀어져 고립되기 십상이었다. 자칫 잘못하면 프랑스는 정말 위태로워질 터였다. 우선 알제리 문제로 이웃국가 서독과 껄끄러운 사이가 되는 것을 막아야 했다. 새로운 유럽의 앞길은 프랑스와 서독 양자에 달려 있었다. 그런 면에서 1954년 8월 30일의 유럽방위공동체CED 방안이 실패한 후 전쟁이 터졌다는 점은 주목을 요한다.[44]

　아롱이 알제리 문제에 정치적 접근을 강조한 것은 이유가 있고도 남았다. 프랑스 공화정은 선거에서는 좌파연합을 이루고도 실질적인

---

42. Raymond Aron, *L'opium des intellectuels*, Paris: Gallimard, 1968/Calmann-Lévy, 1955, 33쪽.[한국어판 『지식인의 아편』(안병욱 옮김, 서울: 삼육출판사, 1986)은 1961년 이후 여러 차례 간행되었다.]

43. R. Aron, *Mémoires*, Paris: Julliard, 1983, 360쪽.

44. J.-P. Cahn et K.-J. Müller, *La Républqiue fédérale d'Allemagne et la guerre d'Algérie*, Paris: Félin, 2003, 19-20쪽.

좌파연립 정권은 성사시키지 못했다.[45] 제2차 세계대전 말인 1944년 6월 알제에서 수립되었던 프랑스공화국임시정부GPRF 체제를 끝내고 1946년 1월 정식 출범한 제4공화정은 전후에 적합한 체제로의 변신을 꾀하지 못했다. 제2차 세계대전 이후 제1의 정치세력으로 부상한 프랑스공산당PCF을 비롯해 전쟁 이전의 사회당인 노동자인터내셔널 프랑스지부SFIO, 가톨릭계 민중공화운동MRP, 드골 중심의 우파 프랑스국민연합RPF의 네 정당은 나름 안정성을 유지했고 연합에도 익숙했다. 그러나 이들의 정치 구조는 유럽 문제나 식민지 문제를 감당할 수 없다는 망데스 프랑스의 통찰은 정확했다.[46] 하지만 1954년 6월 디엔비엔푸 패배로 어수선할 때 총리가 된 망데스 프랑스는 당장 시급한 모로코와 튀니지의 독립에 집중했다. 물론 알제리 사안에도 대비해야 한다는 생각은 하고 있었으나 1954년 11월부터 1955년 1월 실각할 때까지 어떤 전면적인 대책을 수립할 수는 없었다.[47]

아롱은 1956년 봄에 환상과 위선에서 벗어나 알제리 문제를 직시하자는 논설을 썼다. 1955년 정부가 모로코, 튀니지 독립에 합의했을 때 프랑스인의 심정은 패배였던 것이라고 했다. 이런 심정은 모로코, 튀니지의 대의를 옹호하고 독립을 지지한 이들도 매한가지였다. 사실 소수의 진보주의자를 제외하면 좌파도 우파와 마찬가지로 북아프리카의 '손실'을 일종의 수치로 여겼다. 영국이 아무런 패배감 없이 인

---

45. R. Aron, *L'opium des intellectuels*, Paris: 33쪽.

46. 망데스 프랑스는 1950년대 식민지 문제에 좌우 양측의 반대 속에서도 열린 자세로 독립을 위한 협상을 이끌었을 뿐 아니라 프랑스 좌파의 오랜 숙제인 현대적인 정당화를 목표로 경제에 유능한 정당을 주장했다. 망데스 프랑스의 정치사상에 대해서는 Pierre Mendès France, *La république moderne*, Paris: Gallimard, 1962.

47. 이 시기에 망데스 프랑스의 정치적 견해에 대해서는 다음의 두 문헌을 참조하라. Alexander Werth, *Lost Statesman: The Strange Story of Pierre Mendès-France*, New York: Abelard-Schuman, 1958, 157-160쪽; Jean Lacouture, *Pierre Mendaes France*, New York: Holmes & Meier, 1984, 304-312쪽.

도에 독립을 부여한 것과 사뭇 달랐다. 아롱은 역사를 거슬러올라 이 패배감이 프로이센이 독일 통일을 목적으로 행동에 나섰을 때와 비슷하다고 돌아보았다. 프로이센의 행동에 반대하든 체념하든 프랑스인들은 평온하지 않았다. 어차피 독일은 통일될 것이니 1870년 패전 전에 독일 통일의 정당성을 미리 선포했어야 한다든가, 아니면 적어도 1866년 무렵에는 그에 반대했어야 한다는 갖가지 신념을 고착시켰을 뿐이다. 아롱은 이렇듯 프랑스 체제가 여론에 크게 흔들리는 체제임을 일깨우면서 그 지점에서 '용기'라는 보도寶刀를 꺼냈다. 반대 세력도 결국 자신들이 비난했던 타협책에 힘을 싣게 되는데 보불전쟁에서는 그것을 고백할 용기가 없었다. "만약 모로코, 튀니지의 보호령이 불법이었거나 시효가 만료된 거라면 우리는 우리의 이해득실보다 원칙을 선택하는 용기를 발휘한 것이다. 그렇다면 그 용기[48]에 박수를 보내야 할 일 아닌가."

1956년 10월, 프랑스 정부가 FLN 지도자들을 공중납치하는 보기 드문 사건이 터졌다. 일단 이들을 구금하고 FLN을 지휘하지 못하게 한다는 방책이었다. 우연이겠지만 벤 벨라와 FLN 지도자의 공중납치는 1956년 10월 부다페스트 봉기일과 겹친다. 안팎의 이러한 난제 때

---

48. 이와 같은 '공적 용기'는 프랑스 정치의 전통적인 주제였다. 1914년 제1차 세계대전 전야에 암살된 장 조레스도 1903년에 유명한 알비 연설에서 용기와 공화국 건립을 관련지었다. "용기를 과시하기 위해 인류가 영원히 죽이도록 결정되었다면 인류는 저주받은 것입니다. 오늘날 용기는 전쟁의 암운, 무섭지만 잠자는 구름이 다른 사람들에게 폭발하리라고 만족하고 그 암운을 유지시키는 것이 아닙니다. 용기는, 이성이 타결할 수 있는 갈등의 해결책을 무력의 손아귀에 맡겨두는 것이 아닙니다. 용기는 인간됨의 고양인데 그렇게 하는 것은 인간됨의 포기이기 때문입니다. 여러분 모두에게 용기란 언제나, 모든 종류의 구체적이고 도덕적인 시련 앞에서 꺾이지 않고 견디는 것입니다. ……사방에서 우리를 자극하는 끝없는 생의 혼란 속에서 용기란 직업을 택하고 그것이 어떤 직업이든 열심히 하는 것입니다. ……직업이 무엇이든 기술자와 철학자가 한꺼번에 되는 것이 용기입니다." 장 조레스, 『사회주의와 자유』, 노서경 옮김, 서울: 책세상, 2006, 141-157쪽.

문에도 아롱은 용기가 필요하다는 신념을 지켰지만 이는 인간적인 태도가 아니라 사회과학도의 입장이었다. 알제리전쟁은 모로코나 튀니지의 독립과 다르다고 확실히 말하고, 정부가 어떤 결정을 내리건 프랑스인의 절반은 찬성하지 않을 거라고 보았다. 어떤 프랑스인도 자신이 원하는 것이 실제로 일어난다면 대면할 용기가 없다는 점을 찔렀다. 하지만 지금은 1940년 6월 때처럼 최악의 불행 중 하나를 택해야 한다. 정부에선 독립, 자결 비슷한 말도 꺼내지 못하던 시점에 아롱은 자결, 독립이란 어휘를 써서 알제리의 자결이 바람직하다고 설명하였다. 그렇게 되면 프랑스는 위대한 나라, 강대국이 아니게 될 것이다. 그래서 걱정이 많고 불만이 팽배한 것은 알제리의 콜롱들만이 아니었다. 프랑스 사회의 저변도 울적해했으며 열패의 분위기가 조용히 퍼져갔다. 언론과 학문으로 사회를 책임지려는 지식인이 자국민의 불편한 마음을 헤아리지 못했을 리 없었다. 아롱은 간명하게 썼다. 프랑스에 그런 위대함은 이제 없다. 위대함을 가질 수도 없다. 북아프리카 없는 프랑스는 과거의 프랑스와 다를 것이다. 세계 강대국으로부터 유럽 강대국으로 가는 지금은 비장한 위기의 시기였다. "우리는 누구나 타인에게, 또 자기에게 항거하며 치열하게 산다. 어느 편이든 저마다 은근히 화를 내면서 다른 편을 비난하는 것은 우리 공동의 불행에 대한 표현일 뿐이다."[49]

알제리가 어느 날 독립할 것이라면, 만일 그렇다면 프랑스는 왜 전

---

49. 아롱의 분석은 토니 스미스에 의해 더 정밀하게 논의된다. 흔히 지적되는 제4공화정의 허약한 시스템만이 문제인 것은 아니었다. 전후 프랑스는 새롭게 만나게 된 외부의 적대적 세계에서 그들만의 길을 가야 한다는 뜻이 있었다. 더구나 자코뱅주의는 국내외에서 통하는 정치원리였다. 공산주의자를 제외한 정치 엘리트들이 식민지 보유에 합의한 데는 이러한 배경이 깔려 있었다. Tony Smith, "The French Colonial Consensus and People's War, 1946-58," *Journal of Contemporary History*, vol.9, no.4, 1974. 자코뱅주의에 대한 언급은 221, 232쪽.

쟁을 해야만 하는가? 그는 전쟁의 목적이 뚜렷하지 않으면 결국 패한
다는 것을 제2차 세계대전기의 미국을 예로 들어 설득시키고자 했다.
아직 프랑스-알제리 간 협상이 정식으로 개시되기 전에 이미 아롱은
1957년 4월, 협상 이후의 국면을 예측했던 것이다. 이는 프랑스의 주
권 유지를 무조건적으로 외치는 여론에 대한 반론이었다. 하지만 그
의 논변은 사르트르의 것처럼 지지를 얻을 만한 정서적 이유를 개입
시키지 않았다. 그렇지만 그렇다고 그가 단지 실증주의적이었다고만
할 수 있을까? 알제리전쟁의 목표와 목적을 구분하고, 목표는 더 큰
목적의 밑으로 들어가야 하는데, 프랑스의 주권 유지는 눈앞의 목표
에 지나지 않을 뿐, 어떤 목적을 위한 것인지 알 수 없다고 하였다. 사
하라의 유전 발견이 모든 것을 상쇄한다는 논리에도 동의할 수 없었
다. 그는 수스텔 후임자 라코스트 총독의 이른바 평정화 정책의 필요
성을 인정하고 이를 변경하지 말 것을 요구했지만, 그러면서도 알제
리를 국가로 인정하자는 요구사항을 내놓았다. 1956년과 이듬해
1957년 봄 알제리 독립을 예상하고 그 길로 가는 도중에 발생할 문제
를 상정했다. 오레스-네멘차 민족군 진압이 우선시되어 누구도 아롱
과 같은 전망을 내놓지 않을 때였다. 심정적 동의가 아니라 현실이 그
렇게 되리라고 말하기는 더욱 어려웠다. 자칫 알제리 독립전쟁에 대
한 동조로 비칠 위험마저 있었기 때문이다. 그러나 중요한 것은 아롱
의 정치적 진단이 정념Passion에 기댄 것이 아니라는 사실이었다.[50]

"우리는 알제리가 내일 국가가 되고 그다음에는 독립국이 될 것이
라고 고백할 수 없는가? 이기든 지든 결국 마찬가지라고 한다면 프랑
스인은 왜 전투를 하고 있는가? 프랑스인들은 수세대 전에 세워진 우

---

50. Melvin Richter, "Raymond Aron as Political Theorist," *Political Theory*,
vol.12, no.2, 1984, 147-151쪽.

리들의 동포를 포기할 수 없다는 단 하나의 이유만으로 40만 명의 병사가 그곳에 있다는 것을 흔쾌히 받아들인다." 그는 책임이라는 것이 있을 테지만 지금은 누구의 책임이냐를 추궁할 계제가 아니라는 입장이었다.[51] 책임이 존재하지만 "나는 그 책임을 비난할 권리가 없다"고도 했다. 그러나 모든 것은 내일의 일이고 바로 지금은 어떻게 할 것인가, 전쟁에서 이긴다는 것은 무슨 의미인가가 문제였다. 제4공화국 사회주의 정부는 자유선거와 협상개시를 위해 군사작전을 이용한다. 다른 한편에서 알제리는 프랑스가 아니며 알제리의 정치적 인격을 인정해야 한다고 말하는 것은 결국 내일 알제리 국가가 있으리라는 고백이었다. 아롱은 담백하게 말했고 프랑스인에게 복잡한 논리절차를 요구하지 않았다.

아롱의 『알제리 비극』에 맞서 곧바로 반론을 편 것은 현장에 있었던 전 알제리 총독 자크 수스텔이었다. 알제리 총독에 부임한 후 통합을 위한 시책을 벌였으나, 1955년 8월 콘스탄틴의 유럽인 살해를 목도하고 강경론으로 선회한 그가 아롱에게 질문한 것은, 프랑스의 주권과 권능을 포기해도 아무런 가책이 없느냐는 것이었다. 이에 아롱은 "결단도 성공의 기회도 없이 마지못해 끌려가는 전쟁보다 영웅적인 포기로 타결하는 편이 훨씬 낫다"고 응수하면서 "정치적 행동은 상황에 대한 응답이지 이론 발제나 감정 표현이 아니"라고 답했다. 기본적으로 아롱의 사유는 가치중립적이었다. 그리고 이런 그의 태도는 변함없이 지속되었다. 그의 태도는 냉담해보였을지 몰라도 그 논리는 사회적, 경제적 사실에 근거한 것이었다. 투자비용의 손익 측면에서

---

51. 아롱은 제2차 세계대전 발발 전 고등사범 출신 철학교사 자격자로서 툴루즈대에서 문학박사 학위를 지도했다. 같은 중도파 가운데 알제리전쟁을 문제로 본 인사가 여럿 있었다. 정치학자 모리스 뒤베르제Maurice Duverger, 중도좌파 언론인 장자크 세르방슈레베르Jean-Jacques Serban-Schreber도 비슷한 견해를 표명했다.

본다면 이제는 매몰비용을 고려할 때가 되었다. 선택만이 남아 있었다. 그러므로 포기한다 하든 버린다 하든, 결정을 해야 한다는 그 사실은 바뀌지 않을 게 분명했다. 그렇지만 버려도 어떻게 버리느냐가 중요했다. 경계해야 할 것은 결단을 내리지 못하고 시간만 끌다가 지적, 정신적 나태로 제국을 버리는 경우였다.

그에 더해 아롱이 주목한 것은 그때껏 그 누구도 예측하지 못한 피에누아르의 상황이었다. 아롱은 알자스로렌의 유대계 집안이었다. 소설가 알베르 카뮈, 역사학자 피에르 노라, 철학자 자크 데리다 같은 알제리의 피에누아르와 관련 있는 경우가 아니다. 그는 알제리-유럽인에게 동의하지 않았지만 비난의 어조를 띠지도 않았다. 그저 알제리가 독립하는 날, 알제리-프랑스인은 알제리에서 살 수 없을 거라는 중대한 화제를 꺼냈다.[52] 19세기에 40년에 걸쳐 시행된 정복과 평정의 성과 가운데 하나가 알제리 행정조직 정비였다. 그다음 농업 발전, 기간시설 확충, 의학과 교육 기틀이 마련되자 인구가 증가했다.[53] 물론 알제리인들의 물질적 빈곤 또한 아롱은 정확히 인지했다. 인구의 10퍼센트인 유럽인이 자본의 투자와 운용, 사회의 관리를 거의 전담하고 있었고, 근대 알제리는 프랑스의 창출이며, 이로부터 수혜를

52. 1962년 알제리 독립 후 많은 피에누아르가 가진 것을 버리고 빈손으로 지중해를 건너 마르세유에 도착했다. 이들이 프랑스에서 받은 차별대우는 Jean-Jacques Jordi, *1962: l'arrivée des Pieds-Noirs*, Paris: Autrement, 1995; Claude Collot, *Les institutions de l'Algérie durant la période coloniale 1830-1962*, Paris: Éditions du CNRS/Alger: OPU, 1987.(이하 *Les institutions de l'Algérie*)

53. P. Goinard, *Algérie, l'oeuvre française*, 211-288쪽. 의료시설, 교육설비에 관한 내용 참조. 한편, 피에누아르 문제는 정녕 간단치 않다. 알제리-유럽인은 광활한 새 땅을 개간하고 농업과 산업을 진흥시킨 개척자이면서 다수의 무슬림을 하층에 둔 식민지배층으로서 프랑스공화국의 위세에 기여한 점이 크다. 요즘 프랑스 극우의 세력화 저변에는 이들의 식민지 향수가 배어 있는 것도 사실이지만, 피에누아르는 곧 극우로 등식화하는 것은 무리이다. 이들 역시 알제리가 고향이고 땀 흘려 가꾼 삶의 터전이었다는 사실에 냉소를 보낼 수만은 없는 것이다.

입은 무슬림은 극소수일 뿐이었다.[54] 개인의 권리에 대한 알제리인들의 요구는 프랑스의 헌법에서 유래했으며 과거가 없는 국가에 미래를 주기 위해 FLN이 반란을 시작했다는 것이 아롱의 관점이었다.[55] 그는 모로코 근대화도 90퍼센트는 프랑스가 부담한 것이라 했는데, 그렇다면 모로코와 알제리의 잠재 역량을 과거의 기준으로만 재단하는 것 아닌가? 프랑스가 어째서 무거운 부담을 져야 했는지 생각할 필요가 없는 문제였을까? 아롱의 『전쟁과 평화』는 1962년에 간행된 주요 저서임에도, 그 어디에서도 알제리전쟁에 대한 관찰과 의견은 보이지 않는다.[56] 프랑스의 저명한 지식인이자 군사·국제관계에 해박한 정치평론가에게 알제리전쟁은 전쟁 자격도 획득하지 못한 것처럼 보인다. 그럼에도 그는 결국 이 사태가 알제리 독립으로 흘러갈 것이고 프랑스에 남겨진 선택은 의연하게 식민지를 버리는 것뿐임을 분명히 하였다. 지식인이 책임질 수 있는 말만 한다는 것은, 더구나 난국에서 그러기는 쉬운 일이 아니었을 것이다.

표현은 달랐지만 아롱과 사르트르가 공히 의식하고 지적한 문제가 있다. 알제리전쟁기에 프랑스의 민주주의가 막다른 골목에 이르렀다는 점이다. 1945년 해방 후 좌우분열 속에서도 프랑스 지식인을 한데 묶어준 것은 '나치 강점기를 간신히 벗어난 프랑스에 대한 책임'이라

---

54. 근대화된 자본과 인력은 거의 프랑스인 독점이었으며, 그 기반은 토지였다. 프랑스인 2만 명이 272만 6,000헥타르, 무슬림 63만 명이 735만 헥타르를 소유했다. 공공투자와 개인투자에서 무슬림 비중은 10퍼센트 미만이었다. Raymond Aron, *France Steadfast and Changing: the Fourth to the Fifth Republic*, Cambridge, MA: Harvard University Press, 1960, 99쪽.

55. 같은 책, 100쪽.

56. 다음 문헌 참조. 이창조, 「평화와 전쟁: 레이몽 아롱의 이론을 중심으로」, 『평화연구』(경희대학교), vol.7, no.1, 1988, 79-98쪽; R. Aron, *Peace and war: a theory of international relations*, Malabar, FL: Kriger Publication Co, 1981.

는 공통의식이었다.[57] 그래서 이 책임의식을 식민지전쟁에 불어넣었다. 그러나 사르트르와 아롱 모두 식민지 상황을 예의주시했지만 알제리를 가까이서 직접 가서 보았거나 보려고 하지는 않았다. 전쟁에 대한 두 사람의 반대와 비판은 열성적이고 진정성이 있었으나 실제 식민지는 그들의 시야 너머 멀리에 있었다.

4. 알베르 카뮈

콘스탄틴 출신의 카뮈는 1940년대에 프랑스의 지식인 사회에 합류한 유럽계 알제리인이다. 그런 배경을 지녔기에 북아프리카는 그의 문학과 사상의 원천이면서 또한 책임을 다하려 한 애향이었다.[58] 또 그렇기에 알제리전쟁 전부터 그곳 젊은이들의 큰 존경을 받았던 알베르 카뮈의 전쟁에 대한 관점은 사르트르나 아롱과는 달랐다. 알제리에 대한 카뮈의 관찰은 알제리 총독부에서 주의 깊게 살피는 『알제 레퓌블리캥』에 실렸으며 그중 「카빌리의 참상」은 수많은 사람들로 하여금 알제리의 진실을 깨닫도록 했다.

물론 알제리전쟁과 식민지에 대한 주목할 만한 글을 남긴 작가가 카뮈만은 아니다. 카뮈와 동급생이었던 쥘 루아, 노르망디 출생으로 어려서 알제에 정착한 막스 폴 푸케, 카빌리 출신의 대표적 기독교 문인 장 암루슈가 모두 같은 세대였다. 이들은 전쟁 전 알제 고등학교에서 장 그르니에 교수의 가르침을 받았다는 공통점이 있다. 1936년 프

---

57. M. Kelly, "The Nationalization of the French Intellectuals in 1945," *South Central Review*, vol.17, no.4, 2000, 14-25쪽.

58. Georges J. Joyaux, "Albert Camus and North Africa," *Yale French Studies*, no.25, Spring 1960, 10-19쪽.

랑스 인민전선의 민중적 열광, 1940년의 패배와 비시 정부를 겪은 이 세대의 청년들은 다수가 좌파로 기울었다. 이들은 프랑스의 저항대원과 서신을 교환하고 1942년 미군상륙을 반기며 알제에 북아프리카 작전본부를 둔 미군 심리작전부를 위해 미국의 작가들과 교류를 하기도 했다.[59] 그러나 카뮈는 잘 알고 있었다, 1939년 전까지 알제리는 프랑스의 관심 밖에 있었다는 것을.[60] 알제리를 두고 저마다 떠들게 된 것은 1958년 군부 거사로 정권이 교체된 뒤였다.

카뮈는 알제리 독립에 찬성하지 않았던 사람이다. 그렇다고 그가 알제리를 지키려는 유럽인 편이었다거나 알제리 민족의 해방에 무감각했다고 본다면 실제 사실을 외면하는 것이리라. 알제리를 대하는 카뮈의 감각과 애정 그리고 비판은 1960년 그가 불의의 교통사고로 죽고 1962년 알제리가 독립하면서 거의 잊혔다. 하지만 살아생전의 알제리 관련 기사와 사설을 모은 『시사평론 III — 알제리 연대기 1939-1958』에 그가 어떤 생각을 가졌는지가 잘 나와 있다. 양자의 공존을 강조한 이 책은 프랑스 본국의 좌우 양측 지식인 어느 쪽으로부터도 호응을 얻지 못한 채 무시당했지만, 그러나 그는 카빌리의 궁핍과 가난을 보았고 알았다. 간략하고 명확하게 사실을 보도하고 분석하면서 계속 대안을 제시했다. 민족주의자 모스테파 라슈라프의 알제리에 대한 사회경제적 분석을 일반인에게 알린 것도 카뮈였다.[61]

카뮈에 따르면 프랑스인의 못된 짓은 지금 대가를 치르고 있었다. 그러나 카뮈에게 영향을 미친 테마는 빈곤만이 아니었다. '테러'였다.

59. Annie Rey-Goldzeiguer, *Aux origines de la guerre d'Algérie 1940-1945*, Paris: La Découverte, 2002, 211-212쪽.

60. Albert Camus, *Actuelle III: Chroniques algériennes, 1939-1958*, Paris: Gallimard, 1958, 11쪽.

61. Mostefa Lacheraf, *L'Algérie, nation et sociéte*, Paris: Maspero, 1965/Alger: SNED, 1978.

자신은 책상 앞에서 편안하게 글을 쓰고 있지만 자신이 아는 남자와 여자의 운명이 그 글로 말미암아 위험해진다면 찬성과 반대 어느 한 쪽으로 기울어지지 말아야 한다고 여겼다. 사태를 비판하면 어떤 위험이 생길지 잘 알았지만 오히려 그렇기 때문에 프랑스의 오랜 잘못을 빌미로 무고한 이들에게 폭탄을 던지는 '광신적 범죄자'에게 알리바이를 제공할 수 없었다. 그는 프랑스의 탄압과 폭력에 관해 면죄부를 주려고 했던 것일까? 카뮈는 1936년의 블룸-비올레트법이 알제리 재정대표단과 시장연합회의의 압력에 의해 상정되지도 못하고 무산된 데서 오는 좌절감에 관해 언급하며, 1944년 3월 7일의 오르도낭스Ordonnance(법률명령)도 사실은 블룸-비올레트법의 선거권을 부여하기 위한 판본이라고, 다시 말해 아랍인에게는 프랑스인과 동등한 법과 재판이 적용되지 않을 거라고 명시했다. 애당초 카뮈가 프랑스 독자를 단숨에 사로잡을 수 있었던 것은 레지스탕스로 『콩바』에 발표한 글들이 논리적인 프랑스 작가에게선 찾을 수 없는 눈부신 아름다움을 선사했기 때문이었다.[62] 오랑의 돌, 티파자의 봄은 알제리의 풍광이면서 카뮈의 육체이자 영혼이었다. 그의 문학과 철학은 제3공화정의 의무교육과 중등교육에 기초했다. 초기작 『반항하는 인간』의 반항은 주어진 세상을 수용하는 반항이었다.

전쟁이 일어나 정의롭고 올바른 이념과 테러리스트들이 내 어머니의 목숨을 위협하는 상황 가운데서 어느 하나를 선택해야 한다면, 나는 물론 어머니 편에 설 것이다.

---

62. 『콩바』는 북부 레지스탕스가 궤멸된 후 앙리 프레네를 비롯한 남부 레지스탕스 지도자들이 1942년 단 15부로 창간한 대독항쟁 신문이었다. 레지스탕스 역사는 이용우, 『미완의 프랑스 과거사』, 서울: 푸른역사, 2015.

이 유명한 구절은 구구한 해석을 낳았다. 사람들로 하여금 그가 정의보다 혈연에 집착한다는 느낌을 주었고, 사르트르에 비하면 정의와 거리가 먼 것처럼 보이게도 했다.[63] 카뮈의 그 '어머니'가 프랑스로 풀이되면서 알제리 사회의 폭력에만 주목하고 정치적 전망은 전혀 읽지 않았다는 비판도 받았다. FLN 인사들은 이에 대해 카뮈에게 섭섭한 감정을 감추지 않았다. 하지만 1950년대 어느 무슬림 알제 대학생은 카뮈의 다른 면모를 증언한다. 그는 자신이 알제 대학 입시반일 때 학교 사물함에 20년도 더 된 카뮈의 낡은 공책이 있었는데, 카뮈의 존재는 동료나 학교에 말할 수 없는 무엇이었다고 한다. 카뮈는 꼬박 꼬박 알제를 왔고 책을 낼 때마다 가난한 벨쿠르의 옛 초등학교 은사에게 헌정했다. 축구를 좋아한 카뮈는 그 때문에도 알제와 연줄을 대고 있었다. 그 대학생은 알제리전쟁이 한창일 때 어렵게 운영되던 알제 도심의 샤를로 책방에서 아버지와 함께 우연히 카뮈를 만났다. 그때 그의 아버지가 "사르트르와의 논쟁, 잘 읽고 있다"고 하자 카뮈가 답했다. "논쟁 정도가 아닌데요." 1956년 알제에 예정된 카뮈 강연회는 무산되었다. 유럽계와 무슬림의 골은 깊어져 알제리 사회는 갈라졌고, 카뮈는 양측 모두로부터 위험한 풍운아로 비쳤다. 그러나 사람들의 기억 속에서 카뮈는 『알제 레퓌블리캥』에 「카빌리의 참상」이란 잊지 못할 르포를 연재한 사람으로 오랫동안 남아 있었다.[64]

카빌리 티지우주 부족에게 밀은 사치품이 되었다. 형편이 괜찮은 가

---

63. 로널드 애런슨, 『사르트르와 카뮈: 우정과 투쟁』, 변광배, 김용석 옮김, 고양: 연암서가, 2011, 449-450쪽. 이 책은 카뮈의 위상에 더 큰 방점을 찍고 있다.
64. 「카빌리의 참상misère de Kabylie」은 1939년 6월 5일부터 6월 15일까지 매일 『알제 레퓌블리캥』에 연재한 11편의 탐방기사였다. 카뮈는 1958년 『시사평론 III ― 알제리 연대기 1939-1958』에도 그 내용을 발췌해 재수록했다.

정에서도 밀에다 사탕수수를 섞어서 먹었으며 가난한 집에서는 보통 호밀로 만든 갈레트빵, 엉겅퀴 줄기에 접시꽃 뿌리를 섞어 만든 수프가 식사였다. 보통은 여기에다 기름을 좀 쳤지만 지난해 올리브 흉작으로 올해는 기름마저 없었다. 포르나시오날에서 곡물 배급이 시행될 때 어깨에 작은 호밀 주머니를 메고 가는 아이에게 물었다. 그게 며칠 먹을 식량이지? 보름치요. 식구는 몇 명인데? 다섯 명이죠. 온 식구가 그것만 먹어야 하고? 예. 무화과는 없니? 없어요. 그럼, 갈레트빵에 기름은 넣어? 아니요. 물을 넣어요. 그 아이는 무시하는 눈초리로 떠났다. 궁핍은 성찰할 공식도 논제도 아니었다. 궁핍은 존재했고 외치고 기를 쓰고 있었다. 그날 티지우주 부족을 방문하고 돌아오는 길에 카빌리의 친구와 함께 도시를 굽어볼 수 있는 높은 곳으로 올라갔다. 그곳에서 우리는 땅거미가 지는 풍경을 바라보았다. 산으로부터 이 찬란한 대지로 그늘이 내려와 덮여 사람의 마음을 안온하게 하는 그 시간에, 나는 계곡 저편의, 거친 호밀 갈레트빵 주위로 모여든 저들에겐 평화가 없다는 것을 알고 있었다. 나는 또한 이처럼 놀랍고 이처럼 위대한 저녁에 몸을 맡기면 감미로우리란 것을 알았지만, 궁핍의 불꽃이, 우리 맞은편을 붉게 물들이는 저 궁핍이 우리를 이 세상의 아름다움으로부터 가로막는 금지판이란 것을 알고 있었다. "내려가지 않을래요?" 그때 친구가 말했다.[65]

간결하지만 정확한 수치를 들어 실상을 보고하는 그의 기사들은 식민지 지배층의 속을 집어냈다. "우리는 동시대인의 얼굴을 들여다보지 않는다"는 레비나스의 언명은 알제리의 헐벗은 사람들과 마주

---

65. A. Camus, *Actuelle III: Chroniques algériennes*, 39~41쪽.

한 카뮈에게서 이미 구현되고 있었다.[66] 카뮈는 알제리 원주민은 힘을 잘 쓰지 못한다는 속설에 관해서도 거론한 바 있다. 이 헛소문이 사실인 양 퍼지는 이유가 불운한 이곳 민중을 대하는 콜롱의 경멸에 있다고 보았다. 카빌리 노동자의 생산력이 미흡하다고 말하는 건 잘못이다. 노동자들이 곡괭이질을 못하는 것을 실제로 보게 되지만 그것은 그들이 제대로 먹지 못했기 때문이다. 누가 힘이 없다고 하면 잘먹지 못했기 때문이건만, 힘이 없기 때문에 저임금을 준다는 부조리한 논리가 제시되는 것이다. 빈곤은 부정의와 한패였다. 심판 이전에 이해가 먼저였다. 카뮈는 사회경제적 문제가 결국 정치적 요구를 낳게 된다는 명확한 인식을 가졌다. '인간 이하의 인간Untermenschen'으로 우리가 매몰되어 있다는 것은 그에게 새롭지 않았다.[67] 그것은 카빌리의 가난으로부터 확인한 것이며 새로 발견한 것은 아니지만, 그럼에도 마주한 궁핍한 사람들의 얼굴은 할 말을 잃게 만들었다. 카뮈는 자신의 소설 속 주인공처럼 숨김없이 표현하였다. 알제리-프랑스인이라는 자신의 이해관계에 묶여서 발언하지 않았다. 콜롱이 누구인지, 프랑스계, 에스파냐계, 시칠리아계가 누구인지 알제의 벨쿠르 달동네에서 보고 느낀 소년이 카뮈였다. 알제리-프랑스인의 80퍼센트는 콜롱이 아니라 월급을 받는 임금노동자, 점포를 꾸려 먹고사는 상인이었다. 임금은 아랍인보다 높았지만 프랑스 본국에는 못 미쳤다. 직종 평균 임금은 프랑스 최하 수준의 임금보다 낮았다.[68] 카뮈 역시 공동체의식이 강한 작가였다. 그러나 그 공동체를 쪼개야만 하고 한쪽 정의만 정당하다고 하는 논리는 정직하지 않게 보였다. 그의 공동

---

66. 강영안, 『타인의 얼굴: 레비나스의 철학』, 서울: 문학과지성사, 2005.

67. Jacob Golomb, *In Search of Authenticity: From Kierkegaard to Camus*, London: Routledge, 1995, 170-178쪽.

68. A. Camus, *Actuelle III: Chroniques algériennes*, 140쪽.

체는 피와 살을 지닌 사람으로 구성되었지, 머릿속의 상상으로 구성되지 않았다.[69] 파리가 아닌 먼 땅, 유럽이 아닌 식민지에서 가난과 진실을 동시에 맞닥뜨린 카뮈로서는 제국의 위력을 매번 피부로 느끼면서 저항의 한계도 실감했을 것이다.[70]

작가이지만 『콩바』의 기고 경험으로 전문기자와 같았던 카뮈는 1955년 5월부터 1956년 6월까지 『렉스프레스』에 13편의 논설을 썼다.[71] 그러나 논쟁을 키우고 싶지 않았던지 알제리전쟁 논필은 그만 끊긴다. 이 13편의 논설에서 카뮈는 어떤 인물도 사건도 구체적으로 논하지 않았다. 프랑스 정부인사, 알제리 총독, 뒤발 주교, 메살리 하즈, 페르하트 압바스 누구도 지칭하지 않았고, 대표적 콜롱 기관지 『레코 달제』의 논평에 대해서도 넘겼다. 그러는 사이 알제리에 가더라도 1939년과 달리 현장취재를 하지 않았다. 『렉스프레스』는 가장 판매고가 높은 좌파 잡지였음에도, 카뮈는 독자를 감동시키려는 뜻이 없었으며 다만 독자가 깊이 사려하도록 프랑스에서는 잘 모르는 정보를 전할 뿐이었다.[72]

함께 살아야지 그렇지 않으면 다같이 죽는다는 카뮈의 진단은 정

69. David Sprintzen, *Camus: A Critical Examination*, Philadelphia: Temple University Press, 1988, 278쪽.

70. 토착민이 유럽인보다 열등하다는 것은 편견을 지나 하나의 이론 가까이 자리매김 하고 있었다. 19세기 말 유전공학의 실험 결과가 축적되면서 실증적인 검증을 받은 것 같았고 여기에 20세기 초부터 일어난 정신의학의 임상이 이런 명제를 확인해주는 듯한 분위기를 조성하였다. 북아프리카 정신의학을 일으키려고 한 알제 의과대학의 앙투안 포로Antoine Porot가 주도했던 연구들이 결국에는 이런 결론을 비쳤다. 김태희, 「마그레브 식민주의 정신의학 담론의 형성과정」, 『불어문화권연구』(서울대학교), 제24호, 2014, 47-75쪽.

71. J. Guérin, "Sur les treize articles algériens de Camus à L'Express," P. Baudorre (dir.), *La plume dans la plaie: Les écrivains journalistes et la guerre d'Algérie*, Bordeaux: Presse Universitaire de Bordeaux, 2003, 115-127쪽.

72. 같은 글, 117쪽.

세에 따른 미봉책이나 피에누아르의 특수한 애착에서만 나오지 않았다.[73] 900만 명의 아랍인이 쥐 죽은 듯 조용히 살아야 한다는 것도 카뮈의 중요한 주제였다. 차별과 속죄만큼 파괴적인 변증법은 없었다. 이유가 무엇이든 간에 이편이든 저편이든 누구를 죽이는 것은 적의 폭력으로 자신의 폭력을 정당화하는 지옥 같은 변증법이다. 그런 이유로 누구의 책임이 먼저인가 잘잘못을 따지는 것은 의미를 상실했다.[74] 정치는 속죄하는 것이 아니라 바로잡는 것이다.[75] 카뮈는 이 시기를 모호하게 넘긴 게 아니었다. 공정성 문제에 몰두했다. "국제사회에서 중요한 것은 핵문제뿐이며 패배한 자가 유죄를 받는다. 1958년 3월과 4월의 내 입장은 프랑스에 연결된 연방 알제리가 낫다는 쪽이었다." 그는 알제리가 아랍제국에 연결되면 가난과 고통이 중첩될 것이고 알제리-프랑스인은 태생적 조국으로부터 뿌리가 뽑힐 것이라고 보았다. 파리만이 아닌 전 세계가 주목하는 작가가 된 카뮈의 이러한 생각은 알제리 민족주의자에게는 위험천만하게 여겨졌다. 그러나 알제 책방에서 그를 직접 만난 낯선 젊은이에게 그 말의 울림은 깊었다. "카뮈의 말은 지금까지도 제가 들은 그 어떤 거창한 말보다도 우리 20세기에 대한 가장 강렬한 말로 남아 있어요."[76] 1956년 하반기 알제는 여러 차례의 폭탄투척 사건들로 인해 혼란에 빠지면서 돌이킬 수 없는 반환점을 지난다.

카뮈는 1958년 「알제리 시민휴전을 위한 호소」를 발표한 후 긴 침묵을 이어간다. 그렇다고 알제리인에게 배타적이지도 않았다. 카빌리

73. Anthony Rizzuto, *Camus' Imperial Vision*, Carbondale: Southern Illinois University Press, 1981, 3쪽.

74. D. Sprintzen, *Camus: A Critical Examination*, 259쪽.

75. A. Camus, *Actuelle III: Chroniques algériennes*, 126쪽.

76. S. Balazard-Djaffar, "Alger, d'une guerre à l'autre," *Aurès/Algérie 1954*, 40-41쪽.

교사이자 작가인 물루드 페라운은 독립 지지파 알제리인이었지만, 카 뮈와 내내 친구였다. 페라운은 1958년 4월 10일 알제 인근 클로살랑 비에(현 엘마다니) 학교에서 카뮈를 맞이하고 한참 알제리 문제를 허 심탄회하게 논의하기도 했다. 하지만 카뮈는 공식 발언을 자제하며 지내던 1960년 1월 4일 남프랑스에서 파리로 오는 길에 자동차 사고 로 사망했기에 그가 말년에 알제리를 어떻게 보았는지는 논란이 될 수밖에 없다. 1958년 드골 정권 수립 후 알제리 자치가 가시화되자 카뮈는 유보 없이 이를 비판했었다. 하지만 이것이 그의 입장 전체를 대변한다고 할 순 없다.[77] 분명한 것은 그는 어떤 선택도 하지 않았다 는 점이다. 그러나 그것을 그의 모호성과 양가성으로 읽어도 좋을까? 그는 이 무렵 공산주의에 대해 다른 프랑스 좌파들 같은 변명의 입장 을 비치지 않았다.[78] 스탈린도 프랑코도 언론의 자유를 탄압하는 것 은 다를 바가 없다고 『콩바』에 썼다. 1950년대 냉전시대의 좌우대립 이 공산주의혁명을 장기적이고도 확대시켜 보게 했다면 카뮈도 그런 균형을 의식했다.[79] 불가리아, 헝가리에서 일어난 사법살인에 대해서 는 우리가 책임져야 하는 것은 아니라 했지만, 1956년 소련의 헝가리 무력진압에 대해서는 그 희생자들을 옹호했다. 파리에서 만나는 동유 럽의 난민 지식인들은 의도적이든 아니든 간에 자유의 결핍으로 고 국을 떠나야 했던 이들이다. 폴란드의 밀로스, 독일의 귄터 그라스, 한나 아렌트가 그랬고, 『한낮의 어둠』을 쓰는 아서 케스틀러, 오스트 리아의 소설가 마네스 스페르버도 모두 그러하다. 하지만 카뮈 역시

---

77. 『최초의 인간』과 알제리의 의미는 오은하, 「『최초의 인간』: 카뮈의 알제리 찾기」, 『불어불문학연구』, vol.100, 2014, 253-287쪽.

78. Tony Judt, *The Burden of Responsibility: Blum, Camus, Aron and the French Twentieth Century*, Chicago: University of Chicago Press, 1998, 113 쪽.[한국어판 『지식인의 책임』, 김상우 옮김, 파주: 오월의봄, 2012.]

79. 토니 주트, 『재평가』, 조행복 옮김, 파주: 열린책들, 2014, 151-162쪽.

한 사람의 망명자였다.[80] 그가 집요하게 제안한 것은, 비현실적이었지만 세월이 아무리 거세도 역사의 흐름에 거스르면서 꿋꿋이 살아가는 민중의 연합이었다. 식민지 지위의 종식을 선언하고 이해당사자들이 아무 사전조건 없이 다함께 모여 이루는 연합체였다.[81]

알제리전쟁은 카뮈에게 인간의 미래를 문제삼게 만드는 더 큰 '질병'의 한 부분이었다.[82] 물루드 페라운에 따르면 카뮈가 남긴 마지막 메시지는 이렇게 되어 있다.[83] "저는 더 진실한 미래를 믿기로 했습니다. 부정의도 정의도 우리를 헤어지지 못하게 하는 그런 미래를요."

5. 제르멘 틸리옹

알제리전쟁 기간 알제리 현지에서는 여러 부류의 프랑스 지식인들이 활동을 했다. 2008년 4월 파리 근교에 살던 프랑스 원로학자 제르멘 틸리옹이 향년 101세로 작고했을 때 올랑드 대통령은 물론 알제리의 부테플리카 대통령도 고인을 애도했다. 양국 모두가 존경을 표한 프랑스인이 처음은 아니었지만 그녀가 누구이기에 그랬던 것일까? 틸리옹은 직업상 인류학자이며, 피에르 브로솔레트, 장 물랭, 앙리 프레네에 버금가는 레지스탕스 지도자였다.[84] 레지스탕스는 논란

---

80. T. Judt, *The Burden of Responsibility*, 128-129쪽.

81. Jean-Jacques Gonzales, "Une utopie méditerrannéene: Albert Camus et l'Algérie en guerre," M. Harbi et B. Stora (dir.), *La Guerre d'Algérie 1954-2004: la fin de l'amnésie*, Paris: Robert Laffont, 2004, 616-619쪽.

82. Georges J. Joyaux, "Albert Camus and North Africa," 18쪽.

83. G. Pervillé, "Albert Camus et Mouloud Feraoun: Une amitié qui résiste aux divergences politiques," *La plume dans la plaie*, 135쪽.

84. 텍스트가 없거나 지극히 메마른 것이면 증인이 사건의 복잡성을 밝혀야 한다고 틸리옹은 믿었다. 이 때문에 1968년 올가 보름저미고트의 강제수용소 저술에 대해

이 많아도 〈파르티잔의 노래Le Chant des partisans〉는 국민가요처럼 불릴 만큼 20세기 후반 프랑스인의 가슴에 깊이 각인되었고, 스스로의 힘으로도 해방을 이루었다는 자긍의 원천이 된 것이 사실이다.[85] 그렇더라도 여성 저항대원이 한둘도 아닌데 왜 틸리옹이고 프랑스 레지스탕스를 추모하는데 왜 알제리가 나섰는가? 알제리에서 이룬 인류학 업적 때문이라면 의례적 행동이거나 양국의 변함없는 친밀성을 위한 정치적 몸짓이었을 것이다. 그러나 틸리옹의 의미는 단순히 알제리를 잘 아는 인류학자라는 데에 있지 않았다. 1940년 페탱 원수의 항복 방송이 울리는 가운데 파리로 입성한 나치 독일에 맨 처음 저항한 이들이 파리 개선문 옆 인간학박물관의 사람들이었다. 그때부터 저항대원으로 암약한 틸리옹은 1942년 체포되어 베를린 북쪽 라벤스브뤼크 나치수용소에 갇혔다가 1945년 스웨덴을 경유해 탈출포로들과 함께 프랑스로 귀환했다.[86] 1951년에 그녀는 다비드 루세와 함께 소련 집단수용소를 고발하고 에스파냐 프랑코 정권의 정치적 탄압을 규명했다. 또 1955년에는 나치수용소 체험은 개인적 차원을 넘어 공공의 차원에서 후세에 교훈을 줄 수 있다는 믿음으로 알랭 레네의 걸작 다큐멘터리 〈밤과 안개Nuit Et Brouillard〉에 자문을 맡았다.

틸리옹은 알제리전쟁 발발과 동시에 프랑스 정부의 부름을 받았다. 프랑스 당국은 사태를 가라앉힐 역할을 누군가 맡아야 하는데, 오

자신의 체험을 기록하기로 하고 한참 글을 썼다. 강제수용소 체제의 전문가인 올가는 1968년 틸리옹이 수용되었다는 라벤스브뤼크 가스실의 존재에 의문을 제기했다.

85. 레지스탕스 운동에 대한 몇몇 상이한 견해에 대해서는 이용우, 『프랑스의 과거사 청산: 숙청과 기억의 역사, 1944-2004』, 서울: 역사비평사, 2008 참조.

86. 틸리옹은 1940년 6월 독일에 항복을 거부하는 정부 수반 폴 레노의 연설에 감화되어 인간박물관의 레지스탕스가 되었다. 1941년 1월 나치가 체포한 첫 대상이었고 1942년 다섯 가지 죄목으로 사형을 언도받고 고문당한 후 여성 전용 라벤스브뤼크 수용소에 수감되었다.

레스인과 가깝고 나치수용소 생존자로 테러, 폭력 문제도 잘 아는 그만한 적임자가 없다고 판단했다. 알제리는 전쟁 전에 이미 제르멘을 유혹했다. 인류학자 마르셀 모스와 이슬람학자 루이 마시뇽 밑에서 인류학 훈련을 쌓고 알제리 현지조사를 다녀온 것이 평생의 기초가 되었다. 식민지가 흔히 그렇듯, 알제리와 서양 인류학 간의 관계는 착잡한 것이었다. 지리학, 언어학, 인류학의 힘으로 조사·발굴도 되지만 오해되고 유린당한 면도 있다. 1840년대 점령 초기부터 원주민 사이로 들어간 이들은 전문가가 아니라 군인이었다.[87] 19세기의 외젠 도마 같은 제1세대들은 알제리 전통사회를, 카빌리 정주민과 아랍 유목민으로 양분한 후, 카빌리는 동화의 여지가 많은 문명이라고 관찰하였다. 정치적이라 할 이런 관점을 버린 것은 루이 마시뇽 세대이며, 그의 제자 틸리옹은 오레스에서 샤우이아족 연구를 하면서 부족문명을 존중하게 되었고 주민들도 이를 느꼈다.[88] 그녀가 민족주의 본거지인 오레스와 콘스탄티노이스의 사정에 밝다는 것은 학계와 알제리 당국에도 널리 알려진 사실이었다.[89]

알제리전쟁이 선포되자 곧바로 알제리로 날아온 틸리옹은 1년간 총독부 내각의 일원으로 있었다. 인류학자이자 알제리 총독인 자크 수스텔을 알게 된 것은 제2차 세계대전 때였는데, 수스텔이 알제리 사회교육을 책임질 사람으로 그녀를 임명했던 것이다. 틸리옹이나 수

87. 샤를 리샤르, 앙리 오카피텐, 외젠 도마의 책은 다음과 같다. Charles Richard, *Algérie: De la civilisation du peuple arabe*, Alger: Dubos Frères éditeurs, 1850; Henri Aucapitaine, *Etude sur le passié et l'avenir des Kabyles*, Paris: 1860; Eugène Daumas, *La Grande Kabylie: Etudes historiques*, Paris: 1860.

88. 1934-1939년 아프리카언어문화국제협회 기금으로 알제리에서 인류학을 연구했다. Germaine Tillion, "Dans l'Aurès. Le drame des civilisations archaïques," *Annales: Économies, Sociétés, Civilisations*, vol.12, no.3, 1957, 393-402쪽.

89. S. Nowinski, "French Catholic Activism in Algeria between Colonization and Development 1930-1965," 383쪽.

스텔은 알제리의 거대한 빈곤을 물리쳐야 하며 가난한 농민들이 도시로 내몰리기만 하고 일자리가 없다는 것은 부당하다는 인식을 가지고 있었다.[90] 틸리옹이 다시 찾은 알제리 상황은 전쟁 전보다 더 악화되어 있었고 사람들은 그때보다 더 가난했다. 틸리옹은 프랑스가 이 빈곤을 책임져야 한다고 하면서도, 앞날에는 긍정적이었다. 프랑스가 지금까지 이룬 것과 아직 이루지 못한 것이 한꺼번에 전부 터진 것이 알제리전쟁 같았다. 병원, 도로, 항만시설, 대도시, 산업화, 학교 등, 4분의 1만 근대화되었고 나머지 4분의 3은 계획과 전문인력이 필요한 상황이었다. 그녀는 "우리의 실책과 우리의 성취가 파괴력을 지녔다"고 보았고, 큰 노력이 요구되겠지만 해법은 아직 남아 있으며, "우리의 원조가 없다면 문제들은 풀리지 않을 것"이라 믿었다.[91]

1955년 10월에 공식 발족한 사회센터는 알제 교외에 있는 빈민촌 후세인데이에서 의료, 교육, 직업훈련을 시행했다. 총독부 건물 1층에 자리한 이 기구는 반란자를 돕는다는 이유로 처음부터 유럽인들의 따가운 눈총을 받았다. 게다가 당시는 1955년 8월 20일에 일어난 필리프빌 유럽인 살해사건으로 공포가 극에 달한 어수선한 때였다. 카빌리 해안 콜로에서 필리프빌을 거쳐 우에드제나티까지 유럽인 가정집을 대상으로 한 학살은 FLN의 계획적인 도발이었든 1945년 세티프 탄압에 대한 보복이었든, 그 가혹한 수법으로 충격을 주었다. 사회센터는 이런 최악의 상황에서 문을 열었다. 1956년 2월 1일 수스텔이 프랑스로 돌아가고 라코스트 총독이 부임하자 틸리옹의 공적 임무는 끝나지만 사회센터 활동은 계속되었다. 이후에도 사회센터는 FLN과 공모한다는 혐의로 인해 핍박을 받았다. 1962년 3월 에비앙협정이

---

90. J. Lacouture, *Le témoignage est un combat*, 246-266쪽.
91. 다음 책을 참조하라. G. Tillion, *Algeria: the realities*, trans. R. Matthews, New York: Knopf, 1958, 69쪽.

체결되기 직전에 OAS는 사회센터에 관여한 여섯 명의 교사와 운동가를 총살하고 말았다.[92]

파리로 떠나기 전에 틸리옹은 3개월간 사하라 투아레그인을 조사해 알제리의 사회경제적 상황에 대한 보고문을 완성했고 1957년에 이것을 미뉘에서 『목소리와 얼굴들Voix et visages』이라는 책으로 펴냈다. 이 책에 대한 반응은 호의적이었다. 정치를 등한시했다는 비판도 있었지만 카뮈의 서문을 단 영어판도 나왔다. 틸리옹은 수스텔 같은 인사들과 달리 알제리 내부로 들어갈 수 있었다. 나이 오십의 인류학도는 원주민 전통가옥 '구르비' 문간에서 그 집 가장과 추수 작황은 어떤지, 목초지 상태는 괜찮은지, 염소들은 건강한지, 또 유채유와 대추야자dates의 매매가는 어떤지 긴 대화를 나누었다.[93]

틸리옹은 알제리 독립은 프랑스 문명이 쌓아올린 업적을 포기하는 것이 되리라 공언했다. 진보, 세속화, 인권을 심어놓고 이제 와서 프랑스가 알제리에서 물러나면 알제리인은 반동적이고 교권적이며 퇴행적인 이슬람에 빠질 거라는 경고도 했다. 그러나 알제리 독립에 반대하는 것과 알제리인 탄압을 고발하는 것은 완전히 다른 차원의 문제였다. 1957년 6월 알제전투가 한창일 때 다비드 루세는 기 몰레 총리의 허가를 받아 틸리옹과 함께 알제리의 구치소를 방문한다. 나치 수용소 생존자에게 따르는 사회적 예우를 이용하여 루세가 알제리 조사를 제의했던 것이다. 틸리옹은 보고서 작성에는 개입하지 않는다

---

92. 사회센터의 활동은 알제리인에게 논란이 되었고 카빌리에서는 성과도 없었음에도 주택건설, 농업개선, 가축사육 활성화를 안내하고 수공업의 증진을 실천했다. 수력사업과 도로 사업 외에 실업자 고용, 무상의료 지원, 학교 발전은 필수였다. 소녀들의 여가, 여성들의 살림, 재봉실 같은 단기 사업도 벌였다. 사회센터의 목적을 어떻게 보든 간에, 카빌리가 평정되면 FLN은 분열될 터였다. SAS 장교들은 카빌리 주민들이 FLN에 피로감을 느끼고 있다고 판단했다. 마을에서는 사회센터의 지휘하에 정보를 수집하고 자발적으로 재집결에 참여하는가 하면 자경대 동원도 촉구되었다.

93. G. Tillion, 같은 책, 56쪽.

는 조건하에 1957년 6월 18일부터 7월 3일까지 루세와 동행했다. 자신의 라벤스브뤼크 수용소 체험이 새록새록 떠올라 그녀는 괴로웠다.[94] 1957년 5월 알제리의회 의장 알리 세칼을 살해한 모하메드 벤 사도크 재판에서 틸리옹이 사도크를 변호하는 증인으로 출두한 것도 그 때문이었을 것이다.

1957년 여름에 틸리옹은 알제 도심에서 프랑스군의 추격을 받는 대장 사디 야세프와 비밀 면담을 갖는다. 테러 종식을 위한 이날의 회합은 질로 폰테코르보의 영화 〈알제전투〉에 삽입되었다. 사디 야세프와 젊은 여성 동지들이 등장하는 장면이 그것이다. 미국 역사가 도널드 레이드는 영화 속에서는 삭제되었지만 틸리옹은 그때 그 방에서 야세프와 인터뷰를 하고 있었다고 서술한다.[95] 틸리옹은 왜, 그리고 어떻게 게릴라 대장 야세프와 만나게 되었을까? 1957년 7월 FLN 검거 작전이 한창일 적에, 알제의 한 호텔에서 틸리옹은 자신을 만나고 싶어하는 사람들이 있다는 전갈을 받는다. 7월 4일, 노면에 타이어 자국이 시커멓게 찍히는 뜨거운 여름 날씨에, 틸리옹은 호텔에서 나와 21세의 젊은 안내자를 따라 버스를 세 번 갈아타고 카스바의 한 주택에 도착한다. 두 달 뒤인 9월 야세프와 알제 법대 여학생 조라 드리프가 체포되는 바로 그 집이었다. 틸리옹은 파티하 부히레드라는 여성의 안내를 받아 어두운 방까지 들어갔고, 거기서 카키색 복장에 자동소총, 권총으로 무장한 두 남자와 한 여자를 만났다. 그 젊은 여성이 알제 도심 밀크바에 폭탄을 설치했던 조라 드리프라는 것은 나중에 그들이 체포되고서야 알게 된다.

---

94. 틸리옹은 이를 『서로 보완하는 적수들Les Ennemis complémentaires』(Paris: Minuit, 1960)이란 책으로 펴냈다.

95. Donald Reid, "Re-Viewing the Battle of Algiers with Germaine Tillion," *History Workshop Journal*, vol.60, 2005, 93-115쪽.

"나는 테러와 군대의 수색으로 삼엄한 알제 시 한복판에, 유쾌하고 평화로운 가운데 두 여성이 '테러리스트들'에게 차를 대접하는 그 자리에 있었다." 분위기는 초현실적이었다. 테이블 위의 멋진 커피케이크가 그 초현실성을 배가시켰다. "처음에는 신기했다. 우리는 위협적으로 한참을 마주보기만 했다." 틸리옹은 자신이 알제리에서 수행하고 있는 활동 이야기로 말문을 열었다. 그리고 시련의 연속이었던 예전의 레지스탕스 지하활동을 이야기하자 카스바 항쟁자들은 탄복하며 그네들의 상황에 비추어 깊은 공감을 표하였다. 두 시간 반의 대화 후 야세프는 얇은 미소를 지으며 말했다. "이제 우리가 범죄자도 살인자도 아니란 것을 아시겠지요." 틸리옹은 슬프게 그러나 냉정하게 대답했다. "당신들은 살인자 맞습니다." 그는 흠칫 놀라 말을 잇지 못하더니 침울한 눈으로 "예, 마담, 우리는 살해자가 맞습니다"라고 답하였다.[96] 틸리옹은 사디 야세프의 그런 모습에서 민간인을 해치지 않겠다는 시민휴전에 대한 동의를 얻었음을 확신하게 되었다. 카뮈가 양측에 그토록 호소하고도 이루지 못한 시민휴전이었다.

알제리의 사회적 위기를 다룬 틸리옹의 작은 책 『1957년의 알제리』는 특히 프랑스 정가政街에 반향을 일으켰다. 그녀는 이주노동자들의 사례를 들어, 1930년대 인종주의 임상의학 결과로 인해 통용되던 편견―알제리인은 수동적이고 운명적이다―을 부정했다. 그러나 프랑스 산업이 이들을 고용해 직접적으론 40만, 가족까지 포함하면 200만의 알제리인에게 도움을 주고 있다고 보았다.[97] 알제리인은 알제리인대로 프랑스가 프랑스 노동시장에서 자기네를 내쫓을 합법

---

96. D. Reid, 같은 글, 99-102쪽.
97. 프랑스에 있는 북아프리카 이민자에 대한 관심과 논의는 1980년대 이후 프랑스 역사학의 주요 연구분야로 대두한다. 국내의 프랑스 연구에서는 '박단'과 '이경일'이 이 분야를 개척했다.

적 방법이 없다는 점을 이용했다.[98] 틸리옹은 18세기 노예무역, 19세기 식민화, 20세기의 빈곤을 연쇄과정으로 이해했다. 예컨대, 노예무역이 "18세기의 가장 무거운 중죄"였다면, 20세기의 범죄는 "인류의 한 부분을 구걸하는 사람들로 만든 것"이다. 하지만 프랑스 없는 알제리, 유럽인 없는 알제리는 상상도 할 수 없었다.[99] 틸리옹은 알제리의 인구 급증, 실업과 취업의 관건인 노동시장 문제, 농촌개혁에 소요될 비용과 기술인력이 근본적인 문제라고 보았고, 프랑스가 아니면 이러한 사업들을 운영해나갈 주체가 없다고 진단했다. 그 점에서 알제리와 프랑스의 관계는 경제적인 운영을 할 수 있는 모로코나 튀니지의 프랑스 관계와는 다르다고 판단했다.

우리가 노예제와 카니발을 없애고 유목 이민의 습격에서 정주민을 보호하고 전염병을 퇴치하고 부족전쟁을 폐지하고 다리와 도로, 공장을 세우고 아이들을 교육시켜 문자를 읽도록 한 것을 나쁜 일을 했다고 생각지 않는다. 그러나 하나의 사회체제는 하나로 응결된 것이어서 그 안의 나쁜 것을 파괴하면 좋은 것도 약화된다. 수천 년간 사람들 속에서 지탱되어온 정치적 대들보가 부서졌을 것이다. 그러나 우리는 그 일이 우리를 통해, 우리와 함께 일어났음을 잊어서는 안 될 것이며, 우리의 보호권을 철수하게 되면 우리는 이 사람들에게 그 일을 강요했을 때보다도 더욱 해를 끼치게 됨을 납득해야 할 것이다.[100]

틸리옹은 무조건 낙관하지는 않았지만 두 나라 간 공동의 미래를

---

98. G. Tillion, *Algeria: the realities*, 83쪽.

99. J. Lacouture, *Le témoignage est un combat*, 260~266쪽. 틸리옹 전기를 쓴 장 라쿠튀르가 그녀의 저서 『1957년의 알제리』에 내린 평가를 그대로 따랐다.

100. G. Tillion, 같은 책, 99쪽.

기대했다. 알제리가 프랑스-알제리 동맹을 구심점으로 북아프리카동맹, 유라프리카동맹, 또는 유럽아프리카아메리카동맹 안으로 들어오면 알제리는 하나의 언어를 중심으로 자신의 뼈대도 지키고 현실적인 경제산업의 과제도 해결해가리라 보았다.[101] 반면에 지금처럼 폭력혁명만 고집한다면 경외할 만한 알제리 문명은 쇠퇴하고 파괴되고 말리라는 것이 심성이 유난히 맑았던 그녀의 확신이었다. 빈곤하고 배우지 못하면, 자유는 신기루와 같기 때문이었다. 그러나 이 무렵 알제리 인류학은 제르멘 틸리옹만이 대변하지는 않았다.

6. 피에르 부르디외의 『알제리 사회학』[102]

1955년 10월 부르디외가 처음 알제리 땅을 밟았을 때, 그는 스물다섯 살이었다. 처음에는 알제에서 서쪽으로 150킬로미터 떨어진 셸리프 계곡의 공군부대에서 행정병으로 근무했는데,[103] 이후 고향 지인과 아는 라코스트 총독부의 인사개입으로 알제로 근무지를 옮겨

---

101. G. Tillon, 같은 책, 100-115쪽.

102. Pierre Bourdieu, *Sociologie de l'Algérie*, Paris: PUF, 1958.

103. 군 경험과 알제리에서 찍은 사진들 및 그의 사회학 기초가 된 알제리 시절은 불가분의 관계다. "나는 장교단에 들어가길 거부했다. 일반 사병과 분리된다는 게 참을 수 없었고 장교단 후보에 마음이 가지 않았다. 기업인, 변호사가 될 고등상업연구학교HEC 출신과 한패로 느껴지지 않았다. 사르트르에서 석 달간 꽤 호된 훈련을 받고 호명되어 대원들 앞에 나갔다. 당시 알제리에 진보적인 입장을 상징하는 『렉스프레스』를 든 채. 순진하게도 그 잡지를 구독하고 있었다. 내 첫 배속지는 베르사유의 군 심리국이었다. 고등사범생에게 유보된 특혜 코스였다. 그러나 프랑스-알제리를 내게 설득시키려는 고위 장교와 열띤 논쟁 끝에 나는 알제리로 재배치되었다. 공군 하급 보병대로서 공군기지와 다른 전략지를 경비하는 일이었다. 마옌과 노르망디 출신 무학자, 몇몇은 르노 출신 공산주의 노동자들이었다. 명석하고 마음이 가는 그들은 고등사범 세포에게 얼마나 자부심을 갖는지에 대해 일러주었다." P. Bourdieu, "Algerian landing," trans. R. Nice and L. Wacquant, *Ethnography*, vol.5, no.4, 2003, 416쪽.

1956년부터 총독부의 문서정보부에 배속되었다. 총독부는 알제리 최상의 도서관을 갖추고 있었으며, 부르디외는 그의 첫 작품『알제리 사회학』(1958)을 쓰기 위한 모든 자료를 이곳에서 찾았다. 알제리에 생소했던 이 젊은이가 분쟁 속의 알제리를 알고 보고 탐구하게 된 것도 이 문헌들을 통해서였다. 이 시절 그는 콘스탄틴 주민들의 생활수준을 연구한 역사가 앙드레 누시를 비롯한 알제 대학 연구자들과 만나고, 무슬림과 기독교 공동체의 화해를 추구하는 사회과학연구센터 인사들도 알게 되었다.[104] 1957년 그는 군복무를 마치고 알제 대학교 철학과 조교로 자리를 옮겨 1958년부터 1961년까지 연구와 강의를 겸하였다. 알제리전쟁이 한창일 때의 알제 대학은 20세기 초의 진지한 학구적 분위기가 사라진 고답적인 캠퍼스로 보였다.

부르디외는 알제리를 이해하고자 처음부터 도시 하층프롤레타리아sous-prolétariat의 기원에 관심을 두었다. 그래서 프랑스군의 이주민 집단수용 정책으로 말미암은 농민의 강제이동에 관해 살펴보기로 마음먹었다.[105] 일반인의 문맹률이 높아 소수의 인텔리 지식층이 사회 전반에 군림하기 쉬운 구조였던 알제리의 상황에서 부르디외의 이러한 연구 방향은 예사롭지가 않았다.

나는 사회주택 지하사무실에서 밤을 새고 가구 조사 요약문을 손으로 베껴 썼다. 어느 정도는 '고양된 학구열libido sciendi'에 들떠서 또 그치지 않고 끝없는 고통과 부정의에 대면하여 어리석지만 떠나지 않

---

104. 그중에는 1954년『이슬람 마그레브의 성자들』의 저자도 있고 알제리 경제사회를 규명한 앙드레 누시도 있었다.
105. Salah Bouhedja, "Il était un parmi les dix' Autour de l'enquête sur les camps de regroupement dans *Le déracinement*," *AWAL, L'Autre Bourdieu*, no.27-28, 2003, 287-293쪽.

는 죄의식과 반항감을 품고서, 이 나라, 이 나라의 사람들, 풍경들에 대한 모든 것을 알고 싶어했다.

부르디외의 1958년 저술 『알제리 사회학』과 그의 현지조사, 알제리인을 대하는 연구 태도는 우익의 경계심을 일으켰다. 1960년 1월에 알제리 독립에 반대하는 프랑스군 장성들의 쿠데타 후 작성된 제거대상 블랙리스트에 부르디외 자신의 이름이 올라 있음을 알고 그는 결국 파리로 향한다. 1961년 그는 프랑스 북부 릴 대학으로 옮겨 베르베르어, 민간행정, 군 장교, 교회 인사에 관해 강의했다. 그러나 그는 프랑스에서도 알제리의 소식과 정보를 계속 전달받고 있었다. 알제리에서 알게 된 백인신부회, 예수회, 토착민 초등학교 교사, 학생들은 그가 알제리 사회를 잘 알 수 있게 도우려 했다.

그 가운데는 북아프리카와 중동 지리학에 정통하지만 학계에선 주변적인 장 드레슈도 있었고,[106] 부르디외가 카빌리로 찾아가기까지 했던 물루드 페라운도 있었다. 특히 작가 페라운은 카빌리 지식층의 부흥에 관심을 기울인 부르디외의 초기작에 논평을 내놓은 몇 안 되는 사람 가운데 하나였다.[107] 백인신부와 군인 인류학자들이 전해준 정보도 유용한 자료가 되었다.[108] 부르디외는 일찍부터 탈식민지적 관점을 견지한 인류학자 조르주 발랑디에의 저술도 보았다.[109] 또 탄

---

106. 장 드레슈의 연구 성과는 "Jean Dresch. Publications 1930-1986," *Revue de l'Occident musulman et de la Méditerranée*, vol.41, no.41-42, 1986, 27-42쪽.
107. 1962년부터 1982년까지 부르디외는 물루드 마메리와도 친교를 나누었다.
108. 군인 인류학자로는 아마르 불리파, 슬리만 라흐마니, 브라힘 젤랄 등이 있다.
109. 발랑디에(1920-2016)는 1946년 인류학 조사를 위해 흑아프리카 다카르로 향했고 거기서 참혹한 빈곤을 목격했다. 1951년에 논문 「식민지 상황: 이론적 접근」을 발표했으며 아프리카연구소를 설립해 아프리카 해방, 반식민 운동에 앞장섰다. Georges Balandier, "La situation coloniale: approche théorique," *Cahiers internationaux de sociologie*, vol.11, Paris: PUF, 1951, 44-79쪽.

탄한 현장조사가 돋보이는 제르멘 틸리옹의 초기 작업에도 매료되었
는데 그러나 부르디외는 그녀의 한계 또한 명확히 인식하였다. 틸리
옹은 식민정책을 제대로 보지 않은 채 알제리의 문화적 폐쇄성만을
지적하고 있었다. 부르디외는 알제리의 사회해체를 문화현상으로만
대하는 문화적 접근과 처음부터 거리를 두고 알제리 저개발의 원인
이 무엇인지 살피고자 콘스탄틴 샤우이아족 사이로 들어갔다. 알제리
의 사회 해체는 1863년 세나투스콘술테법, 새로이 규정된 토지와 소
유에 관한 1873년 바르니에법이 그 근간이 된 것으로 보였다.[110]

그는 『알제리 사회학』에서 알제리 민족주의자들의 주장에 의견을
제시하지 않으면서 알제리의 경제사회적 폐해가 어디에서 연원하는
것인지 차분히 지적했다. 이후 「전쟁과 알제리의 사회변동」 「혁명 속
의 진전」 「혁명전쟁에서 혁명으로」 같은 후속 논문에서도 그의 입장
은 일관되었다.[111] 학문 지식은 가치중립과 객관윤리의 전제에서만
성립하는 것은 아니며, 학문 탐구를 실천하려는 노력 자체가 곧 윤리
적 참여였다. 하지만 그런 생각에 이르는 경험은 무엇이었는지, 더구
나 지적으로나 개인적으로 비극적인 상황에서 깊이 생각하는 것은
쉽지 않았다. 그래도 상황이 가르쳤다. 섣부른 도덕성과 정치적 대안
은 덫이며, "그 덫에 걸리지 말아야 한다"는 교훈이었다.[112] 알제리 수
도에서 살아보지 않은 사람들은 아마도 연구진을 내려다보는 지적

110. P. Bourdieu, *Sociologie de l'Algerie*, 118쪽.

111. 각 논문의 원제는 P. Bourdieu, "Guerre et mutation sociale en Algérie," *Études méditerranéennes*, 7, printemps 1960, 25-37쪽; "Révolution dans la révolution," *Esprit*, janvier 1961, 27-40쪽; "De la guerre révolutionnaire à la révolution," F. Perroux (éd.), *l'Algérie de demain*, Paris: PUF, 1962, 5-13쪽.

112. A. Nouschi, "Autour de Sociologie de l'Algérie," *Awal*, no. 27-28, 2003, 29-36쪽; J. Sprecher, "Il se sentait bien avec nous... Cela signifiait qu'il était de notre bord," 같은 책, 295-305쪽.

테러의 정체를 감지할 수조차 없었을 것이다.

부르디외는 알제 대학교에서 알제리 국립통계경제연구소INSEE의 도움으로 방학 때는 수백 개의 의상 세트와 묘사화描寫畵를 수집하고, 유럽 의상과 알제리 전통의상의 변형가능한 조합을 꾸미고 의복을 입은 사람들의 사회적 범주를 나누는 작업을 했다. 그는 알제리인이 겪는 비극을 조명하려는 의도를 품고 있었지만, 더불어 식민주의자 콜롱들이 겪는 상황 역시 그들의 인종주의를 넘는 드라마라고 느꼈다. 프랑스에 있는 동안에도 1961년까지는 방학 때마다 알제리로 향해 도시와 농촌을 오가며 연구를 계속하였다. 샬 장군 주도로 재집결 정책—평정화 정책—이 한창인 상황에서 부르디외의 이런 행동은 군 당국의 적의를 샀고 프랑스군이 작성한 블랙리스트에 이름이 오르게 된 것이다. 그는 1961년 4월 21일 살랑, 샬, 주오, 마쉬 장군의 '장군들의 거사' 직전에 알제리를 완전히 떠나기로 한다.[113]

1958년 여름부터 연말까지 프랑스 간행물들 중에서 정치사회 분야의 서적들이 급격히 증가한다. 1950년대 초부터 이미 출판은 해마다 증가세에 있었고 새로운 작풍의 누벨바그 영화, 누보로망 문학이 봇물을 이루고 있었지만, 무엇보다 사회과학 분야를 자극했던 것은, 제4공화국의 종식과 제5공화국의 출범이었다. 1958년 한 해 동안 정치학자 모리스 뒤베르제의 『내일의 공화국』, 르몽드사 사장 위베르 뵈브메리의 『제4공화국의 자살』, 법률가 조르주 라보의 「제도론」을 포함한 『에스프리』의 '제5공화국' 특집호, 제5공화국 헌법 제정에 관여하고 드골 정부의 초대 총리가 되는 미셸 드브레의 『헌법이론』이

---

113. Fabien Sacriste, *Germaine Tillion, Jacques Berque, Jean Servier et Pierre Bourdieu: Des ethnologues dans la guerre d'indépendance algérienne*, Paris: L'Harmattan, 2011, 328쪽.

출간되었다.[114] 이 논전의 시기에 PUF의 '크세주Que sais-je 문고'의 하나로 나온 작은 책이 『알제리 사회학』이다. 127쪽 분량의 이 책은 '카빌리인' '샤우이아인' '모자비트인' '아랍어권' '공동의 기초' '소외'라는 여섯 개의 장으로 구성되어 있었고[115] 프랑스에서 출간되긴 했지만 그 내용은 카빌리와 인근 농촌을 대상으로 한 순수한 알제리 연구였다.[116] 그가 카메라를 들고 알제, 카빌리를 답사한 1957년과 1958년은 프랑스군과 산악무장대의 교전이 끊이지 않고 라디오 방송과 신문보도, 세계 각국의 외신으로 모두가 신경이 곤두서 있을 때였다.[117] 그런데 어째서, 『알제리 사회학』 본문에는 '반식민' '전쟁' '혁명' 같은 단어가 없었을까? 우리는 당연히 의아하다. 그의 알제리 시기는 아직 이십대 후반인데 순수학문을 지향해서인가?

그게 아니었다. 고등사범학교를 졸업한 엘리트였지만 프랑스 서남부 베아른의 데갱이라는 작은 마을에서 자란 그는 차이가 많은 인간의 문제에 책임이 있고 책임을 져야 한다고 주장하는 지식인의 태도에 동의하지 않았다. 앙가주망으로 대표되는 사르트르 세대와 부르디외 사이에는 사실 30년의 격차가 있었고, 사르트르의 총체적 지식인

---

114. Maurice Duverger, *Demain la République 1958*; Hubert Beuve-Méry, *Le Suicide de la IV⁰ République*; Georges Lavau, "De l'institution," *Esprit*, La Cinquième République, septembre 1958; 같은 시기 국내에서 나온 논평으로는 尹世昌, 「드골 政權의 憲法的 意義」, 『사상계』, 제61호, 1958년 8월; 申相楚, 「보나팔티즘과 자코비니즘의 對決 颱風一過後의 프랑스 政界」, 같은 책.

115. 각 장의 원제는 프랑스어로 Les Kabyles, Les Chaouïas, Les Mozabites, Les Arabophones, Le fonds commun, L'aliénation로 되어 있었다.

116. 사야드나 다른 알제리인과 동행한 현장연구는 쉽지 않았다. 부르디외는 알제리 농촌을 묘사하면서 그 경험을 약술한다. Pierre Bourdieu, *Esquisse pour une auto-analyse*, Paris: Éditions raison d'agir, 2004, 63-75쪽.

117. 라디오에 관한 연구는 Michèle de Buissiere, Cécile Méadel et Caroline Ulman-Mauriat, *Radios et télévisions au temps des événements d'Algérie, 1954-1962*, Paris: L'Harmattan, 1999, 27-52, 109-131, 149-181쪽.

론은 서서히 침하되는 중이었다.[118] 훗날 1997년 파리 아랍문화원 주관 학술대회에서 부르디외가 직접 말한 바대로 알제리 사회를 연구하겠다는 그의 선택은 정치적이지 않았다. 굳이 동기를 꼽자면 공적 시민으로서의 감각이었다. 부르디외는 "알제리 독립에 찬성하는 쪽이든 반대하는 쪽이든, 프랑스인들이 알제리라는 나라를 전혀 모르기는 매한가지였기 때문에 독립을 찬성하고 지지하는 이유 역시 잘못되었다"고 생각하였다.[119] 기자 로베르 바라와 알제 대학 교수 앙드레 망두즈가 현지에서 느꼈던 바대로, 프랑스 본국의 프랑스인들은 알제리를 도통 몰랐다. 그런데 문제는 거기서 그치지 않았다. 역사적 이유로 알제리인 자신도 알제리 사회를 잘 몰랐다. 부르디외는 알제리 지식인이 자기 사회를 모르고 눈감는 데는 모종의 프랑스 지식인과의 공모가 있다고 보았다. 그런 지식인으로 특히 사르트르와 파농을 들었다. 그러나 부르디외의 이러한 비판과 실제 사르트르 간의 간극을 간단히 처리하기는 어렵다. 사르트르는 '우리가' 그들을 모른다는 것을 의식했고 고백했기 때문이다. 기라성 같은 아프리카의 작가와 예술가가 모인 『프레장스 아프리켄』 창간 축사의 첫마디가 "우리는 당신들을 모른다"였다. 다만 실제 식민지인 사이에서 활동해본 적 없는 사르트르와 달리, 부르디외는 이데올로기 중심에서 식민지 연구를 떼어놓고, 현실 그대로의 알제리를 보고 듣기로 결심한 것이다. 그가 알제리에 오면서 마음먹고 구입한 독일제 차이스 카메라는 알제리에 대한 이 젊은 사회학도의 마음을 담았으며 『알제리 사회학』은 그 함축된 관찰과 비판의 결산이었다.[120] 혁명도 전쟁도 보이지 않는 이 첫 저술

---

118. 사르트르와 후세대 간의 지식인에 대한 입장 차이는 지속적으로 논의되었다. 국내 연구로는 강성택, 「근대, 탈근대, 지식인」, 『한국사회학』, 제34집, 2000년 가을, 511-514, 516-517쪽.

119. P. Bourdieu, "Entre amis"(Paris, 21 mai 1997), *Awal*, vol.21, 2000, 5-10쪽.

의 배경에는 긴박한 상황을 장기적이고 거시적으로 보려는 사회학도의 엄정한 자세가 배어 있다. 훗날 그는 어느 흐린 가을날, 카빌리 언덕의 아이트히켐 마을을 향해 압델말렉 사야드와 함께 걷던 그때를 이렇게 기억했다.

그곳은 사회의 구조와 의례를 위한 나의 첫번째 현장조사 장소였다. 티지우주에서 우리는 기관총이 난사되는 소리를 들었다.[121] 우리는 다 타버린 자동차들의 잔해가 널려 있는 길을 따라 오르면서 계곡으로 들어갔다. 충적토가 쌓인 곳 같은 구부러진 길 가장자리에 앉았다가, 농민군 복장에 양 무릎에 권총을 끼고 앉아 있는 한 남자를 보았다. 사야드는 마치 아무것도 보지 않았다는 듯 몹시도 침착했다. 알제리인 사야드가 나보다 훨씬 위험한 순간이었건만. 우리는 말 한마디 꺼내지 않았고 내 머릿속에는 저녁에도 이 길을 밟고 되돌아와야 할 텐데 하는 생각밖에 없었다. 그러나 현장으로 들어가 몇몇 의례에 대한 가설을 확인하고 싶은 마음이 강해져 더이상 아무런 생각도 하지 않았다. 그러한 완전한 참여와 위험에 대한 무시는 무슨 영웅주의가 아니라, 내가 겪게 된 슬픔과 불안에 그 뿌리가 있었다. 나는 의례의 수수께끼들을 해독하고 놀이를 수집하고 결혼식 등잔, 혹은 오래된 주전자, 잘 보존된 집 안 내부를 보겠다는 욕망뿐이었다. 다른 말로 하면, 관찰하고 증언하겠다는 단순한 욕망이었다. 나는 비록 별 가치 없고 아무런 도구도 갖추지 않은 증인이지만, 그것들을 내 경험의 수준으로 들어올리고, 무슨 대가를 치르더라도 기술記述하고 싶다는 데 미친 듯이 정신이 팔려 있었다. 간단히 말로는 다 표현할 수가 없다.[122]

---

120. P. Bourdieu, 같은 글.
121. P. Bourdieu, "Algerian landing," *Ethnography*, vol.5, no.4, 2004, 423쪽.
122. P. Bourdieu, 같은 글, 424쪽.

사실 『알제리 사회학』이 열리면 우리는 먼저 카빌리의 포르나시오날 마을로 들어가게 된다. 1제곱킬로미터당 주민 267명이 사는 인구밀도 높은 이 마을은 굴곡 심한 지형에 맞추어 수목을 재배하는 데집중하였다. 방어를 의식해 바깥을 등지고 집결해 있는데 사람들이많은 곳 입구에는 타작마당과 사료 곳간, 돌절구, 구식 기름압착기가있다. 골목은 두 갈래로 터져 있다. 외부인은 마을에 들어서지 말고곧바로 지나서 나가라는 것이다. 부르디외는 먼저 이 풍경을 보여준다음, 포르나시오날에 대한 일종의 해석학적 인상을 정리한다. 마을은 처음부터 닫혀 있고 내밀성과 더불어 외부에 대한 단결을 확실히드러낸다. 이제 그의 시선은 여자들의 영역인 집 주변의 채소밭에서그 아래의 좁은 밭으로, 또 더 아래 올리브밭으로 옮겨간다. 카빌리경제의 기초인 작물과 토지 소유에 관한 진술이 이어진다. 밀과 호밀도 심지만 올리브나무와 무화과나무가 두 경제 작물이다. 토지는 대가문의 소유인데 20여 년 전부터 차츰 붕괴되고 있다. 그래도 목초지로 쓸 부족 또는 마을의 공유지가 있을 뿐 개인당 토지 면적은 보잘것없다. 세대의 10분의 9는 평균 1에서 2헥타르로, 그것도 자투리땅이다. 자본이 귀하고 비싼 사회는 효율적인 기술수단의 결여를 협동노동으로 대처해나간다. 부르디외의 이 기술은 경제적 분석이자 공간적 해석이었다.[123] 식민주의와 사회학의 관계는『알제리 사회학』이후심화되지만, 사회 공간은 그의 사회학에서 이미 중요한 자리를 점하고 있었다.[124] 마을이 보여주는 부와 가난의 상호보완은 모든 형태로

---

123. 김현미, 『인간의 행위와 공간의 관계에 관한 연구: Pierre Bourdieu의 '아비투스' 개념을 중심으로』(서울대학교 대학원), 석사학위 논문, 1997.

124. P. Bourdieu, "Les Conditions sociales de la production sociologique: Sociologie coloniale et décolonisation de la sociologie," H. Moniot (ed.) Le Mal

다양하게 결합할 가능성을 제시하였다. 기술의 미흡에 대해 이 사회는 과도하리만큼 철저히 대응한다. 자연환경에 적응해내기가 힘들면 반대로 사회조직이 탁월해야 한다는 듯, 또 사물에 대한 무력함을 악령 쫓듯 쫓아내려면 무수한 인간관계 속에서 타인과의 연합을 발전시킬 수밖에 없다는 듯. 그러나 여기에는 최상의 에너지와 재능은 사람과 사람의 관계를 정교히 하는 데 쏟아야 한다는 이 사회의 의도가 숨어 있다. 그렇다면 자연에 대한 인간의 투쟁은 밀려나 있었으리란 추정이 틀린 것은 아니라고 그는 말한다.[125]

『알제리 사회학』의 다음 장에서도 부르디외는 카빌리를 더 깊이 파고들었다. 카빌리 사회구조에서 세포단위는 확대가족이다. 4세대에서 5세대가 이어져 같은 성씨를 쓰며, 대체로 서로 형제로 간주하고, 이런 마을 몇 개가 모여 부족을 형성하여 고유한 구역을 점한다. 가내조직은 부계 중심이라 여성은 아버지로부터 시집媤家 집단의 권위 밑으로 이전하지만 결혼이 가족을 변화시키는 것은 없다. 사회의 열쇠는 씨족에 있고 모든 사회체계가 씨족 중심이었다. 씨족이 다르지 않다면 가내조직과 정치조직도 성격상 별 차이가 없었다.[126] 이들 씨족체제의 몇 가지 특징들이 근대 민주주의의 특성, 즉 의회주의와 평등주의, 일반이해, 권력집행의 맹아를 연상시킨다. 하지만 그는 유사성이 동일성인지는 의문스럽다고 조심스러워했다.[127] 따라서 이익보다 명예가 중요한 가치인 이 씨족사회에서 도둑, 폭력, 또 연대의 결핍은 공동체를 곤경에 빠트리는 요소들이다. 그래서 부르디외는 크

de voir: ethnologie et orientalisme: politique et epistémologie, critique et autocritique, Paris: Union Générale d'Éditions, 1976, 416 – 427쪽.

125. P. Bourdieu, Sociologie de l'Algérie, 6-8쪽. 7쪽은 전면 지도.

126. 같은 책, 18쪽.

127. 같은 책, 19쪽.

고 작은 잘못에 내려지는 어떠한 결정과 그 집행절차를 전문적으로 기술하였다. 카빌리 민주주의에서 민주주의 이념이 실현되어 있는 것처럼 보였기 때문이다.[128] 사실 여론의 압력 외에 다른 제약이 없다면 특수의지는 즉각 자발적으로 일반의지에 일치된다. 그러나 어떤 부정적 조건이 관찰될 때가 있다 하더라도, 부르디외는 '부정적'이라는 판정이 깃든 언어를 가급적 삼가려 했다. 왜냐하면 그것은 "공식적이고 추상적인 원칙하에 객관적으로 공식화되지 않고, 즉각적이고 내밀한 증거로서 감정적으로 체험된 것이었기 때문"이다.[129]

『알제리 사회학』 마지막 장 제목은 '소외'이며, 식민지 체계와 식민지 사회, 탈문화, 계급관계의 구조에 대한 설명이다. 부르디외는 마지막 주제인 소외에 이르기까지 카빌리에서 더 나아가 샤우이아와 므자브 부족을 그리고, 아랍 부족을 포함한 이들 모두의 공동의 토대를 추적해왔다. 광대한 사막과 오레스 산악의 샤우이아 부족 사람들은 사막의 도전에 직면하여 평등하게 살고 있다.[130] 모든 행동은 선하거나 나쁘거나 둘 중 하나이다. 예외적인 경우가 아니라면 중재는 허용되지 않는다. 또한 므자브 부족은 선행과 순수성으로 활기를 얻는다. 그렇기 때문에 이들 속으로 들어간 종교의 신심은 깨끗하고 강하다. 부르디외는 식민지 사회를 설명하는 방편으로 카빌리, 샤우이아, 므자브를 탐구한 것이 아니었다. 이 책에서 프랑스 학도와 카빌리의 주민들, 샤우이아인들은 서로 대등하다. 그의 책이 정치비판서가 아닌데도 금서목록에 오르고 부르디외 자신이 신변의 위협을 감지하고

---

128. Mouloud Feraoun, *Jours de Kabylie: Chroniques algériennes*, Paris: Seuil, 1968. 이 작은 책은 카빌리의 마을의회와 시장, 공산주의자와 파시스트, 목동, 노인, 그리고 샘물가를 그려 부르디외의 가정을 짐작케 한다.

129. P. Bourdieu, *Sociologie de l'Algérie*, 23쪽.

130. "Blues nomade," *Aurès/Algerie 1954*, 46-51쪽; "Une adolescence aurasienne," 같은 책, 52-69쪽.

알제리를 떠나야 했던 데는 이유가 있었다. 부르디외는 1930년대 서 아프리카를 탐사한 인류학자 미셸 레리스의 갈등과 자책감을 잘 알 고 있었다. 레리스는 인류학자가 국가의 기획과 지원 아래 아프리카 를 순회하고 학습하고 있다는 것, 즉 국가와 국가 인력이 추구하는 정 책에 관계하고 있다는 것을 개운치 않아 했다. 부르디외는 레리스의 이러한 갈등을 윤리가 아닌 학문으로 풀어내고 싶었다. 식민지인들의 실존적 상황을 분석하고 싶었고 객관적이라는 학문에는 뜻이 없었 다.[131] 보편적이고도 고유한 책임감을 그는 믿고 있었던 것일까.

그가 관찰하고 발견한 알제리의 농민층은 전투적인 문헌에 등장하 는 혁명적인 이미지와는 사뭇 거리가 멀었다. 농업이 식민지 알제리 의 주요 정책이었고 소득은 나름 높았으나 산개한 지역 농민들은 그 러한 경제권에 포섭되지 않았다. 농촌에는 도시화되지 않은 광대한 하층프롤레타리아, 프랑스에 정착한 프롤레타리아, 사회의 심각한 문 제에는 무심한 프티부르주아, 그리고 모호하고 복잡한 일들은 이해를 못하는 인텔리겐치아가 혼재했다. 이러한 발견은 의미심장했다. 농촌 주민들은 산악으로 들어가 무장대원이 되어 희생되고, 또한 양측의 폭력에 시달리고 있었다. 직접적으로 전쟁에 가담하지 않더라도 민족 해방군 보조원 '무세빌린moussebiline'이 되고는 했다. 그러면 주민들 은 이 민족군 무장대원들을 모른 척하기가 어려웠다. 이들은 자신의 출신지에서 멀지 않은 산악에서 살았기 때문이다.

농촌 사람들은 생필품을 조달하고, 숨어서 적을 감시하고, 대원들 의 은신처를 마련하고, 카티바katiba(단위부대) 민족군이 자신들의 데 크라dechra(마을, 행정구역 최소단위)를 통과할 적에는 연락책 노릇을 해

131. P. Bourdieu, "Colonialism and ethnography," *Anthopology Today*, vol.19, no.2, 2003, 13쪽.

주었다. 농촌 주민들이 가진 무기는 사냥총, 피스톨, 낡은 수류탄, 작은 칼이 전부였다. 이들은 무자히딘이 말하는 것처럼, '이만iman' 즉 '믿음'밖에는 없는 맨손이었다.[132] 부르디외의 눈에는, 지식인들이 상상하고 있는 혁명적 농민이 실제 그들의 모습으로 보이지 않았다. 농민들은 혁명적이었지만 동시에 전통구조가 온존하기를 원했다. 그 구조만이 알지 못할 미래로부터 그들을 막아줄 것이었다. 부르디외는 이 문제를 형이상학에 돌리지 않고 학문적으로 풀어나갔다. 하층프롤레타리아는 변화에 대한 의지도 컸지만 이 세상이 운명이므로 있는 그대로 감수하겠다는 태도를 지녔다. 이 모순은 극히 중요했다.[133] 당시 지도자들의 혁명적 꿈을 유보시킨 것이 그것이었고, 그것은 사실로 드러났다.

추상적 분석이 격렬한 정치적인 문제들의 해결에 기여할 수는 있을 것이다. 하지만 나는 흔히 카빌리가 보여주는 징표 앞에서 (프랑스의) 베아른 농민이라면 어떻게 대처했을 것인가를 곰곰 생각했다. 그와 같은 방식으로 나는 실증주의의 무례하고 객관적인 방식, 또 주관적인 통찰력의 늪에 빠지지 않고 양자의 관점과 거리를 두었다.

배고픔이 가르치는 모럴이 있었다. 사회인류학자는 인류에 대한 유기적 지식인이다. 집단을 살피는 그는 특수한 것의 이해에 자신의 능력을 쏟아부어 인간 존재의 국적과 운명을 벗어나게 하는 데 기여할 수 있다. 아랍-베르베르 문명 전문가가 이에 급진적으로 문제제기를 한다면, 계몽Aufklärung의 사명을 성취하기에 열악한 처지가 아닐 것이다. 나는 그런 사례로써, 위대한 팔레스타인 시인 '마흐무드 다르위시'

---

132. Mohamed Teguia, *L'Armée de Libération Nationale en Wilaya IV*, Alger: Casbah, 2002, 49쪽.
133. P. Bourdieu, "Entre amis," 5-10쪽.

를 들고자 한다. 다르위시, 그는 유대인에 대한 카프카의 언어에 비견될 언어로 자신의 시대에 이렇게 선언했다. "세상에서 아랍인처럼 매일 정체성을 증명하도록 요구받는 민족은 없을 것이다. 아무도 그리스인에게 당신은 그리스인이 아니라고, 프랑스인에게 프랑스인이 아니라고 말하지 않는다."(Actes Sud, 1997) 학문적 정치적으로 아랍인의 특수성에 매달리기보다 정확히 팔레스타인인, 카빌리인, 쿠르드인으로 귀환하는 것만큼 정당하고 결실 있는 일은 없다. 물신주의나 일종의 근본주의, 긍정적 부정적 인종주의가 아니라 거기서 급진적 질문의 원칙을 발견하는 것이다. 그것이 인간보편의 문제이다.[134]

부르디외에게도 이 전쟁은 식민지배에 반대하는 혁명이며 사회 불평등의 종식을 요구하는 존엄한 대의였다. 오랫동안 주변으로 밀려난 이들 민중이 전쟁으로 버젓하게 출현할 계기를 잡아, 의식 있고 책임감을 갖춘 성인으로 나타났다. 부르디외는 이 전쟁이 또한 민중에게 자결권을 경험하고 훈련하는 기회를 제공했다고 판단했다. 민족해방군의 권위는 130년간의 '문명화 활동'으로도 이룰 수 없었던 것을 며칠 만에 이루어냈다.[135] 그러나 알제리의 사회변동이 민족해방군의 투쟁 때문만은 아니라고 부르디외는 인식하였다. "알제리인은 지금 진정한 디아스포라를 겪는 중이다. 100만 명, 그보다 더 사실에 가까울 150만 명의 인구가 자의든 타의든 살아왔던 곳을 떠나서 이주하

---

134. P. Bourdieu, "La fabrique de l'habitus économique," *Actes de la recherche en sciences sociales*, vol.150, no.1, 2003, 79-90쪽.

135. 부르디외의 다음 글 참조. P. Bourdieu, "Guerre et mutation sociale en Algérie," *Études méditerranéennes*, no.7, Spring 1960, 25-37쪽. 이 글은 다음의 두 문헌에도 다시 수록되었다. *Images d'Algérie: Une affinité élective*, exhibition catalogue edited by F. Schultheis and C. Frisinghelli, Institut du Monde Arabe, Arles: Actes Sud/Camera Austria/Fondation Liber, 2003, 19-44쪽; *Esquisses algériennes*, Paris: Seuil, 2008, 115-123쪽.

고 있다." 이 진술은 알제리전쟁 이후 1964년에 간행된 압델말렉 사야드와의 공저 『뿌리 뽑힘』에서 제시된 것이지만 전쟁기 상황을 고스란히 전달해주고 있다.[136] 카빌리 지역 콜로 주에서는 37퍼센트의 주거지가 군대에 의해 출입금지 구역으로 묶이고 주민들은 재집결수용소로 가야 했다. 서부 오를레앙스빌 세리프 지역에서 1960년 8월 9일에 자기 집을 버리고 떠난 5만 1,260세대의 23만 9,520명이 291개의 수용소로 들어갔다.[137]

내부 이주의 양상은 복잡했다. 주민들이 떠나버린 텅 빈 마을들로 더 가난하고 외진 곳 출신들이 들어왔다. 이 현상은 저지대 고지대를 막론하고 카빌리에서 유독 심했다. 알제로 들어온 이들은 폭풍을 피할 수 있으면 거기가 천국이라 여겼다. 카스바 주민들은 통제와 수색을 피해 다른 데로 떠났다. 전에는 꿈도 꾸지 않던 대도시 알제로 무리지어 농민들이 몰려들었다. 물론 이런 지리적 이동만이 알제리 사회를 흔들지 않았다. 전통의 미덕인 명예도 가혹한 전쟁의 실상 앞에 산산이 부서졌다. 카빌리의 한 늙은 남자가 자신의 이야기를 탄식으로 열었다. "이런 일을 다 겪고도 내가 남자라 할 순 없소." 여성에 대한 납치와 강간이 일어났다. 여자가 보는 앞에서 남편이 심문받고 떠밀리고 뺨을 맞았다. 우물가로 나가 군인과 커피를 마시는 아낙도 있었다. 하루는 젊은 군인이 집 안으로 들어왔다. 집을 떠난 가장에게서 아내와 딸을 돌봐달라는 청을 받고 명예를 지켜주기로 한 노인은 자신이 할 수 있는 일이 없음을 깨달았다. 괴로움에 치를 떨며 노인은 구석에 웅크렸다. 그리고 어느 날 군인이 먹을 것을 가지고 왔다. 노인은 자기 몫을 집고 입을 다물었다.[138] 부르디외의 관찰은 전쟁과 혁

---

136. P. Bourdieu et A. Sayad, *Le déracinement*, Paris: Minuit, 1964, 187-214쪽.
137. 같은 책, 201쪽.
138. P. Bourdieu, "Guerre et mutation sociale en Algérie," 25-37쪽.

명이 감춘 이중삼중의 모습을 드러냈다.

부르디외는 학문적 생산으로 진보 정치를 말하는 길을 열었다. 그가 이런 방법론을 생각하게 된 것은 사회과학은 유럽과 북아메리카 사회를 다루고 민족지학은 식민지를 다룬다는 학계의 위계나 구분을 양해하지 않았기 때문이다.[139] 알제리인과 더 가깝게 긴 시간을 보낸 것으로 치자면 틸리옹이 부르디외보다 분명 앞설 것이다. 그러나 알제리 사회학자 카멜 샤슈아는, 부르디외 이전에 민족지적으로만 그려지던 알제리가 부르디외의 저술 이후 비로소 사회학 고유의 시선 속에 포착될 수 있었다고 논평했다.[140] 부르디외의 파농 비판도 이와 맥이 닿아 있었다. 파농이 주장한 기층민의 폭력혁명은 순진하고 위험하리만큼 낭만주의적이며 그런 식의 혁명은 가능하지 않았다. 탈식민화가 사회 문제를 해결해주리라 예상할 수는 없었기 때문이다.[141] 혁명이 식민체계와 카스트적 구분에 반대하지만, 실질적으로 카스트제도의 붕괴를 초래할 수 있는 단 하나의 결정적 수단은 스스로 힘을 가지게 된 민족의 존재 여부에 달렸다.

혁명전쟁이 마법을 부려 전쟁 이후 저절로 문제가 풀리고 찬란한 미래가 오리란 것은 거짓 꿈이었다. 사회구조와 지녀온 가치가 흔들려 뿌리째 뽑혀나가는 경험을 한 대중은 급진적이었다. 그가 관심을 기울인 것은 과격하게 전복된 사회에서 전통과 규율을 이탈한 대중

139. 『알제리 사회학』을 쓴 것은 바로 사회학과 민족학 간 위계적 인종적 구분을 폐지하는 것이었다. 『알제리 사회학』이 지닌 정치적 함의를 외국 학계와 소수 알제리 지식인이 먼저 알아보았던 것은 여기서 비롯된다. T. Yacine, "Pierre Bourdieu in Algeria at war: Notes on the birth of an engaged ethnosociology," trans. L. Wacquant and J. Ingram, *Ethnography 1*, vol.5, no.4, 2004, 487-510, 특히 497쪽.

140. K. Chachoua, *L'Algérie sociologique: En hommage à Pierre Bourdieu 1930-2002*, Alger: CNRPAH, 2012.

141. C. Calhoun, "Pierre Bourdieu and social," *Development and Change*, vol.37, no.6, 2006, 1403-1415쪽.

이 어떤 길을 갈 것이냐 하는 문제였다.[142] 알제리 독립 즈음에 간행된 미래의 알제리에 관한 글들은 그런 뜻을 담았다.[143] 부르디외는, 인민대중은 혼란과 환멸의 세계에 내던져졌지만 그러한 세상을 살아가는 새로운 기술을 터득하고 있고, 공동의 과업에 능동적으로 참여하고 있으며, 조화로운 사회 질서를 구축할 것이라 보았다.

*

바그람 대회의 인사들로 시작하여, 사르트르와 아롱을 거쳐 카뮈, 틸리옹, 부르디외에 이르기까지, 이들은 자신의 목소리가 아주 외롭지는 않다는 것을 알고 있었다. 1950년대와 1930년대 두 시대 사이에는 가공할 파괴와 붕괴를 부른 세계전쟁이 놓여 있었다. 그 전쟁은 사회의 심연을 응시하게 했으며 그 때문에 식민주의 역시 돌아보게 되었다는 것을, 에메 세제르와 디오니스 마스콜로, 아프리카의 미셸 두킨구도 알고 있었다. 오랜 제국의 나라에서 식민지를 버리고 풍요로부터 물러난다는 것은 소수가 아니면 아직 납득하기 어려웠지만 비판은 메아리를 얻었다. 식민지전쟁에 비판적이었던 작가들은 독자들을 만날 수 있었다. 말을 하면 그 목소리를 독자와 청중에게 전하는 출판사와 언론이 존재했다.

142. F. Sacriste, *Germaine Tillion, Jacques Berque, Jean Servier et Pierre Bourdieu*, 333쪽 재인용.

143. P. Bourdieu, "Révolution dans la révolution," *Esprit*, janvier 1961, 27–40쪽; "Les sous-prolétariat algérien," *Les Temps modernes*, 1962, 1030–1051쪽; "De la guerre révolutionnaire à la révolution," *Algérie de demain*, 5–13쪽.

제3장

|

출판 전선

1945년 1월 프랑스의 산업생산은 1939년의 40퍼센트까지 떨어졌
다. 그러나 3년 후 1948년 1월, 전쟁 전 1939년의 수준으로 복구되고
1950년대에 접어들면서 빠르고 탄탄한 경제성장을 이어갔다. 경제성
장은 사회 쇄신을 허락하고 또 요구했다. 비시 정부를 바로잡고 공화
정 체제로 복귀한 프랑스는 쓰러졌던 제3공화국의 원칙을 되살려 언
론의 자유와 결사의 자유를 보장했다. 긴급한 상황에서 수립된 비시
정부는 언론 통제기구를 곧바로 설치했다. 전후 프랑스는 비시 정부
의 통제권을 부정했지만 전쟁 전의 자유방임으로 돌아간 것이 아니
라 전에 없던 새로운 방향을 설정했다.[1] 자유방임은 개수改修되었다.
대규모 전쟁의 폭격과 파괴, 국민의 전쟁수행 노력은 자유는 방임이
아니며, 사회는 다수에 의존한다는 가르침이었다. 나치즘에 맞선 프

---

1. 전쟁기 처리 문제로 사회적 갈등이 심각한 상황에서도 전후 사회의 방향은 새로워
졌다. 그것은 공화정의 복귀만으로 설명되지 않으며 정치 체제의 난립으로 희석되지
않는 하나의 역사적 기류였으며 그 바탕에는 민중적 희망이 놓여 있었다. 레지스탕스
전국평의회CNR 강령은 이 점에서 분명 중요한 의미를 내포했다.

랑스 저항조직 CNR의 합의에 따라 프랑스 은행, 프랑스 항공, 프랑스 전기회사인 EDF, 광산회사, 르노 자동차회사 및 33개의 보험사가 국유화되었다. 사회보장제와 여성 참정권이 법제화되었고, '마르트 리샤 법' 제정으로 파리에 존속하던 공창公娼이 폐쇄되었다. 전후 폐허의 도시에서 물자결핍으로 식량도 땔감도 아껴야 했지만 사람들은 새로운 정신에 목말라했다.[2]

해방기의 출판시장 또한 뒤바뀐 사회적 분위기에 발맞추어 반등했다. 1946년 초에 파리에서 출간된 헝가리 망명작가 아서 케스틀러의 『제로와 무한Le Zéro et l'Infini』(『한낮의 어둠Darkness at Noon』의 프랑스어판)은 1년 동안 무려 30만부가 팔려나갔다.[3] 모스크바의 숙청 재판을 다룬 묵직한 정치물에 독자가 그 정도로 많았다는 뜻이다. 전시에 대중적인 인기를 누린 시인 자크 프레베르, 항독 활동을 한 저항시인 폴 엘뤼아르의 시집도 매진이었다. 정부에서 빵 배급표를 폐기했다가 다시 지급하던 시절, 단순한 표지에 허름한 종이로도 초현실주의 잡지, 역사학 잡지가 창간되었고, 영화사 총서가 간행되었다. 파시즘 치하에서 전쟁을 치른 이후 새로운 지평이 열려 독자를 사로잡았다. 프랑스만이 아니라 유럽 전역이 비슷한 독서열에 빠졌으며 그런 책은 알제리 콘스탄틴에서도 적잖게 판매되었다.

기억할 것은 제2차 세계대전이 한창일 때도 프랑스의 인문출판은 계속됐다는 점이다. 지금도 건재한 프랑스대학출판사PUF는 1939년 말에서 1944년 11월 사이에 726권 이상을 냈는데 거의가 철학책이

2. Philip Gumplowicz et Jean-Claude Klein, *Paris 1944-1954*, Paris: Autrement, 1995. 한편 철학자들은 1944년 초에 마르세유에 모여 작고한 프랑스 철학의 거목 레옹 브렁슈비크 추모학술회를 열었다.

3. Arthur Koestler, *Le zéro et L'infini*, trad. Denise Van Moppes, Paris: Calmann-Lévy, 1945.[한국어판, 『한낮의 어둠』, 문광훈 옮김, 서울: 후마니타스, 2010]

었다. PUF는 전쟁 전 펠릭스 알캉, 철학의 르네 리스본, 역사의 에르네스트 르루, 문학의 프레데릭 리데르, 네 편집자가 연합한 출판사였다. 그런 이유에서 '콰드리주Quadrige(사두마차)'로 명명된 PUF의 대표 시리즈는 굵직하고 체계적인 기획력을 선보였다. 이외에도 법률 전문의 브랭, 인문사회과학의 오비에, 갈리마르, 플롱, 부아뱅 같은 출판사가 철학서를 냈고 미출간 원고도 쌓여 있었다.[4]

1950년대 알제리전쟁은 종전 전후에 일었던 뜨거운 독서열을 또다시 부추기는 하나의 불씨가 되었다. 1957년경 알제전투로 반란자들이 진압되고 있다는 보도가 국제면을 채울 때 그 열기는 신문에서 출판으로 넘어갔고, 출판사들은 국가기관과 주류 언론이 감춘 소식을 전하는 데 진력한다.

1. 레지스탕스의 다리, 미뉘 출판사

'미뉘 출판사Les Éditions de Minuit'는 1942년 독일 점령기에 작가 베르코르('장 브륄레르'의 가명)와 피에르 드 레스퀴르가 창간한 작은 출판사였다.[5] 미뉘 출판사의 베르코르는 나치 점령기에 비시 정부에 타협적이던 거대 출판사 갈리마르와 그라세에 반대하는 입장이었고 이들 출판사가 종전 후 전쟁문학을 출판목록에 넣는 것을 마뜩찮게 보았으며 그런 출판정신은 이후에도 변하지 않았다. 미뉘는 1948년 레

---

4. Gaston Berger, "The Different Trends of Contemporary French Philosophy," *Philosophy and Phenomenological Research*, vol.7, no.1, 1946, 1쪽.
5. 1944년 가을 베스트셀러를 기록한 베르코르의 소설 『바다의 침묵*Le Silence de la mer*』은 나치 점령기에 미뉘가 간행하던 전집 중 하나다. 베르코르는 화가 장 브륄레르의 가명이었다. 미뉘의 또다른 출판인 피에르 드 레스퀴르는 프랑스 부르주아 집안으로 알제리 오랑에서 태어났고 출판과 잡지에서 활동했다.

지스탕스 경력은 있지만 출판은 모르는 제롬 랭동에게 인수되었다. 랭동은 드레퓌스 가문, 자동차 기업 시트로엥 가문과 연고가 있는 상류층 유대인이었다. 17세에 레지스탕스의 『콩바』에 가담하고 산악 민병대의 일원으로 헤브루어를 독학하고 해방기에는 친구들과 구약성서를 재번역하려고 한 문학통이었다.[6] 랭동은 편집과 영업 모두 합해 열 명으로 출판사를 꾸려가면서 알제리전쟁에 관심을 보였다.

파리의 출판시장에서 북아프리카는 이미 낯설지 않게 다루어지는 소재였으며, 따라서 알제리전쟁에 개입한 것은 미뉘 출판사만이 아니었다. 알제리전쟁 발발 전에 설립된 가톨릭 계열의 출판사 쇠유나 100년의 출판 역사를 가진 플롱 모두 프랑스 바깥에서 새로운 작가들을 찾았으며, 아프리카 작가들도 파리의 출판사로 원고를 가져오고는 했다. 예전에는 북아프리카 역사라면 프랑스가 그 땅에서 이룬 것이 주제였고 인류학도 프랑스가 그곳 문명을 어떻게 변화시켰는가에 초점을 두었다.[7] 그러나 자크 베르크의 「마그레브 사회학 125년」, 샤를앙드레 쥘리앙의 『행진하는 북아프리카』 같은 저술은 기존의 관점을 탈피하여 이 지역의 정치 현실을 그렸다.[8] 이런 상황에서 미뉘는 북아프리카가 아닌 알제리를 조명하기에 이르렀고, 담담하게 『알제

6. 랭동은 1955년에 요나서의 번역본을 343부 발행한다.
7. D. Johnson, "Algeria: Some Problems of Modern History," 222쪽.
8. Jacques Berque, "Cent-vingt-cinq ans de sociologie maghrébine," Annales. Économies, Sociétés, Civilisations, vol.11, no.3, 1956, 296-324쪽; Charles-André Julien, L'Afrique du nord en marche: Algérie-Tunisie-Maroc 1880-1952, Paris: Omnibus, 2002. 샤를앙드레 쥘리앙(1891-1991)은 일찍부터 북아프리카 문명을 진보적으로 연구한 역사가다. 1952년 쥘리아르에서 출간된 이 책은 북아프리카 세 나라를 통괄해 서술한 것으로 현재까지 그 권위를 인정받고 있다. 15세에 알제리에 온 쥘리앙은 제2차 세계대전 전후로 지중해고위위원회Haut Comité Méditerranéen, 프랑스동맹l'Union française에 참가했고 프랑스 해외학교, 파리의 정치학교IEP, 고등사범학교ENS, 소르본 등에서 강의했다. 이재원, 「반(反)식민 투쟁의 전선에서—샤를-앙드레 쥘리앙」, 『역사비평』, 제85호, 2008년 겨울호, 292-311쪽.

리 문제』라고만 제목을 붙인 소책자가 미뉘에서 나온다. "알제리 문제가 얼마나 고통스럽게 공론을 분열시키고 있는지 우리는 잘 알고 있다"라는 서문으로 시작되는 이 책은 어떤 한 입장만을 논하지 않았다. 어느 때보다 역사, 정치, 지리, 경제, 인구학 측면에서 근본문제가 무엇인지 정확히 아는 것이 필요하다는 출간 의도를 밝혔다.[9] 분량은 적지만 장 드레슈, 샤를앙드레 쥘리앙, 앙리 마루, 경제학자 알프레드 소비, 피에르 스티브 등 다섯 명의 저자가 참여했다. 초기 기독교 역사를 전공한 앙리 마루는 그리스 문화, 로마제국에서 현재의 프랑스 라틴어가 연원하여 역사가 유구하다고 먼저 독자를 안심시켰다. 그런 다음 위생, 교육, 엘리트 양성에 최소한의 기여는 있었지만 식민지 문제에 해악이 있고, 또 그러나 식민지 세계가 강제수용소는 아니라고 전제했다. 그는 역사를 만드는 것은 '우리'라면서 식민지 민족의 해방을 쇠퇴나 포기로 보지 말고 우리가 수행한 사명의 성취로 이어가자고 했다.[10] 반면 샤를앙드레 쥘리앙은 식민지의 민족주의에 초점을 맞추어 알제리가 부족연맹을 국가로 끌어올리지 못한 것은 이론의 여지가 없다고 전제한 뒤, 그러나 과거에 실패했으니 지금도 실패하리라 말할 권리는 없으며, 만약 그렇다면 로마, 반달, 비잔틴, 아랍, 튀르크가 계속 이 땅에서 물러났던 것처럼 프랑스의 군사적 붕괴도 불가피하다는 논리가 성립된다고 식민지 숙명론을 거부하였다. 한편 그는 알제리 민족주의자가 그들 민족의 근원을 로마에 대적한 고대 누미디아 왕국의 주구르타 대왕과 기원후 1세기경 베르베르 전사 타크파리나에서 찾지만 그것 역시 부질없는 짓이라고 못 박았다.

어떻든 1950년대 미뉘는 정치적인 것에 심취하지 않았다. 제2차

9. 이 책의 출간 의도에 대해서는 J. Dresch, Ch.-A. Julien, H. Marrou, A. Sauvy et P. Stibbe, *La question algérienne*, Paris: Minuit, 1958, 7쪽.
10. 같은 책, 20-28쪽.

세계대전의 저항문학과 선을 긋고 출판목록을 쇄신하였다. 문학이 우선이었다. 조르주 랑브리슈의 알선으로 갈리마르에서 퇴짜 맞은 저자가 계속 미뉘로 찾아왔다. 랭동은 1951년 사뮈엘 베케트를 만나 어디서도 받아주지 않던 『몰로이』를 출판했다. 피에르 부르디외도 미뉘를 찾아왔다.[11] 이 작은 출판사는 권위 있는 갈리마르에서 거절한 조르주 바타유, 모리스 블랑쇼, 피에르 클로소프스키의 책을 냈다. 1953년 알랭 로브그리예를 필두로 미셸 뷔토르, 로베르 팽제, 클로드 시몽, 마르그리트 뒤라스 같은 '누보로망' 작가들을 연이어 발굴했다. 랭동의 출판은 전후 프랑스 문학을 지배한 사르트르식 참여문학 모델을 지워버렸다.[12] 미뉘가 생각하는 저자는 문학으로 시대의 문제를 이끄는 작가가 아니라 시대의 문제를 껴안은 시민으로서 예술에 전념하는 작가였다. 그랬기에 식민지 정치사회를 말하는 출판물과 새로운 문학사조 누보로망의 관계는 단절적이지 않았고, 참여적 정치문헌과 실험적 순수문학의 양 날개는 공존할 수 있었다. 한편 1950년대의 막바지인 1959년 11월 쇠유에서 출간된 앙드레 슈바르츠바르트의 『정의의 최후』는 공쿠르상을 수상하면서 22만부가 팔려나갔고, 쇠유는 이 현상을 사회가 보내는 청신호로 받아들였다.

1950년대는 좌파 지식인 사회가 어떤 식으로든 공산주의와의 관계를 염두에 두지 않을 수 없는 시대였다. 하지만 이 시기에 미뉘 출판사는 공산주의와 거리를 두면서 헝가리의 탈脫스탈린화에 동조하였다. 따라서 식민주의에 비판적인 그들의 입장은 다분히 비정치적이고 독자적인 것으로, 알제리전쟁 전에 배태된 것이었다. 1954년 2월

---

11. 다음 문헌을 참조하라. Rémy Rieffel, *Les intellectuels sous la Ve République*, t.3, Paris: Calmann-Lévy, 1993, 62쪽.
12. 누보로망의 앙가주망 비판은 김치수, 「누보로망의 文學的 理念」, 『불어불문학연구』, 제13권, 1978, 117~127쪽 참조.

부터 간행된 '도퀴망Documents' 총서에 이미 프랑스 정부의 식민주의 정책을 매섭게 비판한 다니엘 게랭의 글이 포함되어 있었다. 앞에서 살펴본 바그람 대회의 게랭은 북아프리카, 마다가스카르, 인도차이나의 식민지 지배에 현장 감각을 지니고 당시에는 거의 아무도 신경을 쓰지 않던 베트남에 관해서도 글을 쓴다. 출판사가 이런 사람의 책을 낸다는 것은 쉽지 않은 결정이었다. 1954년 제롬 랭동이 법률가 피에르 스티브의 『마다가스카르를 위한 정의』를 거부했을 때 게랭은 어떤 압력 때문에 출판을 거절했는지 알고 있다는 편지를 보내기도 했다. 스티브의 책은 프랑스 의회가 1947년 마다가스카르 민족주의 봉기를 부정의하게 판정했다는 고발을 담고 있었다.[13]

쇠유 출판사는 중도좌파라는 점에선 미뉘와 비슷했지만 성격은 사뭇 달랐다. 인민전선 전야에 창설된 쇠유는 가톨릭 계열이었지만 종교적인 데 열중하지 않고 사회 문제와 노동 연구에 무게를 두었고 미뉘처럼 나치 점령기에 지하출판사로서 저항운동도 했다. 쇠유는 규모가 있고 미뉘는 작다는 차이점이 있었지만 두 출판사 모두 이제 나치가 아닌 자기 사회를 상대로 주류 문화계에서 손대지 않는 책을 간행하고 있었다. 그 때문에 쇠유와 부딪치던 미뉘는 알제리전쟁기에 쇠유가 거절한 원고를 출판하기로 한다. 1954년 로마 교황청의 비난으로 논란을 부른 『노동사목』을 출판한 일이 아마도 그 시작일 것이다.[14] 가톨릭은 필탱 추기경을 빌려서 이 책에 반대했지만 공산당 언

---

13. Yves Benot, *Massacres coloniales 1944-1950: la IVe République et la mise au pas des colonies françaises*, Paris: La Découverte, 2001, 114-145쪽.

14. 노동사목을 다룬 증언록과 연구서가 근래에 다시 출간되고 있다. Jean-Marie Marzio, Marie Barreau, Yvonne Besnard et Jean Olhagaray, *La Mission de Paris: Cinq prêtres-ouvriers insoumis témoignent*, Paris: Karthala, 2002; Charles Suaud, *Prêtres et ouvriers: Une double fidelité mise à l'épreuve 1944-1969*, Paris: Karthala, 2004; Madeleine Delbrêl, *La question des prêtres-ouvriers, la leçon d'Ivry: Textes missionnaires*, vol.4, 2012.

론들은 노동현장을 세밀히 기록한 문서라면서 환영을 표했다. 『노동 사목』은 6개월 만에 1만부가 팔려나갔다. 그러자 미뉘의 관심은 자연히 알제리로 향하였고 인류학자 제르멘 틸리옹의 책을 선택하게 되었다.[15] 알제리 오레스 산악지대 주민들에 관한 세심한 보고서인 『1957년의 알제리』는 프랑스 정부가 3,000부를 주문했기에 반정부적 비판으로 보이지 않았다. 그러나 오레스를 통해 알제리를 알리려는 전략이 담겨 있었다. 틸리옹의 나치수용소 경험을 다룬 『목소리와 얼굴들』 출판도 그런 면에서 알제리와 연결되어 있었다.

그러나 정작 말썽을 일으킨 미뉘의 책은 1957년 10월 출간된 『자밀라를 위하여』였다.[16] 변호사와 기자가 그들이 도운 알제리 여성 자밀라 부히레드에 관한 수사와 재판 기록을 수록한 책이었다. 알제전투가 있기 수개월 전인 1956년 10월부터 알제 시내의 고급 식당가와 항공사를 겨냥해 폭탄테러가 있었고 젊은 여성들이 용의자로 지목되었다. 그중 22세의 자밀라 부히레드가 테러 혐의로 체포되어 알제 군사법정에 넘겨졌고 이때 변호사 자크 베르제스와 기자 조르주 아르노가 자청하여 자밀라 부히레드의 변호에 나섰던 것이다. 소리 소문도 없이 묻힐 수도 있는 책이었다. 하지만 앙드레 프로사르, 피에르 라자레프 같은 이름난 언론인과 우익 『로로르』와 『프랑스수아르』 기자들이 이 책을 대서특필해 보도함으로써 일반의 관심이 증폭되었고 이는 곧 판매로도 이어졌다. 이 책은 외국에서도 큰 반향을 일으켜 사형선고를 받은 자밀라의 사면까지 이끌어냈다. 물론 알제리전쟁 비판은 미뉘나 쇠유가 도맡지 않았으며 다른 출판사도 이 주제를 탐냈다. '라팡세모데른 출판사'에서 나온 포토에세이 『신이 죽은 알제리』는

---

15. G. Tillion, *L'Algérie en 1957*, Paris: Minuit, 1958.

16. G. Arnaud et J. Vergès, *Pour Djamila Bouhired*, Paris: Minuit, 1961. 이 책은 부히레드에 대한 아르노의 설명, 그리고 베르제스의 법정 변론으로 구성되어 있었다.

전쟁 그 자체를 조명했다.[17] 보다 대중적인 우익 계열의 출판사에서도 알제리 관련 도서가 다수 간행되었다. 또 노동운동과 사회운동에 전력투구하는 공산당 계열의 '에디시옹소시알(사회출판사)'에서도 알제리전쟁을 다룬 문헌들이 부지런히 간행되고 있었다. 1957년에 나온 마르셀 에그르토의 『알제리 민족의 현실』, 1958년에 나온 자크 아르노의 『식민주의 재판』 같은 책을 들 수 있다.[18]

미뉘 책은 디자인이 단순하고 간결했다. 내용은 강렬해도 형식은 차분했다. '도덕적 일관성'이라 평가를 받는 표지는 한결같았다. 검은 테두리가 쳐진 흰 바탕에 출판사명 '미뉘minuit(심야)'를 상징하는 별과 m의 로고가 전부였다. 제작비 고려도 있었겠지만 그보다 일관성이랄까 나치 시절에 해오던 방식을 고수했다. 미뉘는 "인간 영혼의 순결"을 뜻하는 표지라고 했다.[19] 책이란 그 안의 글과 독자의 직접적 만남일 뿐 출판사는 끼어들지 않는다는 뜻이었다. 그런데 그렇게 출간된 무채색 표지의 얇은 책 가운데 예사롭지 않은 것이 또하나 있었다. 독자를 인간의 극한상황으로 끌어들이는 책이었다.

2. 문제작 『라 케스치옹』

그 책의 저자는 앙리 알렉, 책 이름은 『라 케스치옹』이었다. 파리 책방에 책이 깔린 1958년 2월 18일은 사키에트 시디유세프 마을 폭

17. Jean Lartéguy, Marc Flament (Photos), *Les dieux meurent en Algérie*, Paris: Éditions de la Pensée moderne, 1960.
18. Marcel Egretaud, *Réalité de la nation algérienne*, Paris: Éditions Sociales, 1957; Jacques Arnault, *Procès du colonialisme*, Paris: Éditions Sociales, 1958.
19. A. Simonin, *Les Éditions de Minuit 1942-1955*, 360쪽.

격사건으로 알제리전쟁 뉴스가 다시금 떠들썩하게 언론에 오르내릴 때였다. 프랑스군은 알제리에 무기가 반입되고 은닉된 민족군 기지로 동부 접경지대를 지목해 폭격을 퍼부었다. 튀니지 접경지대 사키에트 마을은 순식간에 잿더미가 되었고 무고한 민간인 다수가 사망하는 참극이 빚어졌다.[20] 튀니지 정부만이 아니라 국제사회가 한목소리로 이 사건을 비난하던 시점에 프랑스 정부는 『라 케스치옹』의 압수조치를 단행했다. 알제리전쟁기에 압수된 최초의 책이었다.[21] 판형은 가로 12센티미터, 세로 17.5센티미터, 분량은 총 112쪽이었고 활자도 커서 내용도 그리 많지 않았다. 그런데 그 제목이 이채로웠다. 고문을 다룬 책인데도 '토르튀르Torture'가 아닌 '케스치옹Question'이라는 단어를 골랐다. 케스치옹은 '질문' 또는 '의문'을 뜻하는 일상의 쉬운 말이지만 고어古語로는 '고문'이라는 뜻도 있었다.[22] 이 책은 1957년 12월에 앙리 알렉의 부인이 알렉 재판의 변호사와 함께 미뉘 출판사를 찾아와 건넨 아동용 공책에 적은 알렉의 육필 원고를 저본으로 했다.[23] 책은 출간 초기부터 비상한 관심을 끌었다. 『르몽드』는 2월 27일에 서평을 냈고, 주간지 『롭세르바퇴르』도 2월 28일자로 이 책을 소개했다. 『렉스프레스』는 사르트르가 쓴 서평 「하나의 승리Une Victoire」를 싣기 위해 3월 6일자까지 일주일을 기다렸다. 3월 20일에는 사르트

---

20. 25대의 각종 폭격기를 동원한 작전으로 70여 명이 사망하고, 148명이 부상당했다. 장을 보러 나왔다가 폭격을 모면한 농민과 어린 학생들은 적십자 난민이 되었다. Hédi Baccouche, *L'agression française contre Sakiet Sidi-Youssef: les faits et les suites*, Manouba: Université de la Manouba, 2008.

21. Henri Alleg, *La question*, Paris: Minuit, 1958.

22. 이 제목은 수차례 수정을 거쳤다. '알제리에서 일어난 고문Torture en Algérie'이나 '고문수사Investigation sous la torture' 등을 고려했다가 최종적으로 '고문拷問' '신문訊問'을 뜻하는 고어 '케스치옹Question'을 선택했다.

23. A. Simonin, "Les Éditions de Minuit et les Éditions du Seuil: Deux stratégies éditoriales face à la guerre d'Algérie," *La guerre d'Algérie et les intellectuels français*, 219-245쪽.

르의 그 글의 한 구절을 인용하여 검은 바탕에 흰 막대기로 알렉의 책 표지를 넣은 큼직한 광고판이 파리 시내 거리에 등장했다. 사르트르는 "알렉은 인간으로 남아 있을 권리를 위해 가장 고귀한 대가를 치렀다"라고 썼다. 전국작가위원회는 알렉에게 10만 구프랑화의 장려금을 지급하여 그의 증언과 기록에 연대감을 표했다. 그렇다면 이 책의 저자 앙리 알렉은 누구였을까?

그는 1950년부터 알제의 진보지 『알제 레퓌블리캥』의 사장 겸 편집주간으로 있었다. 1955년 신문이 강제 정간되고 일부 편집자가 잡혀가자 잠적했다가 1957년 6월 12일에 체포되어, 알제 시내의 고급 주택지이자 외교가인 엘비아르 거리의 군부대에 끌려갔다. 그는 거기서 고문수사를 받았다.[24] 하지만 이 책은 붙잡힌 그의 소신을 밝히기 위해서가 아니었다. 1957년 마쉬 장군이 지휘한 알제전투로 체포, 수사를 받고 고문당한 사람은 많았다. 알제리전쟁의 고문을 다룬 책은 알렉의 책 이전에도 이후에도 있었다. 하지만 미뉘에서 나온 이 책은 마치 고문을 생중계하듯 침착하게, 일반은 보지 못하는 벽 너머의 현실을, 당사자가 묘사하고 있었다. 고문 피해자가 직접 기술한 이 책은 하나의 사건과 같았다. 고문은 대개 피해자의 후유증을 지켜본 의사가 기술하거나 국제사면위원회 같은 인권기구의 보고서를 통해 객관성이 확보되는 것이지 피해 당사자의 직접 기록을 통해 드러나는 경우는 매우 드물었다.[25] 18세기 말인 1777년 이탈리아 밀라노에서 피에트로 베리가 고문 관찰 기록을 남긴 바 있었지만 그것은 극히 이례

---

24. 앙리 알렉이 받은 수사에 관해서는 Alexis Berchadsky, *La Question d'Henri Alleg*, Paris: Larousse, 1994, 14-25쪽.

25. 그리스, 로마, 중세, 근세 초기 유럽에서는 고문 가해자들이 풍부한 기록을 작성해 두었지만, 오늘날은 그렇지 않다. 인권단체, 개인, 병리학자, 고문피해 회복센터 전문요원, 드물게 개혁적인 성향의 고문 가해자를 제외하면 고문은 우회해서 발견해야 한다. 브라이언 이니스, 『고문의 역사』, 김윤성 옮김, 파주: 들녘, 2004.

적인 경우였다.[26] 이토록 침착하게 고문 기록을 남겼다는 사실도 놀랍지만, 그보다 더 놀라운 것은 이 책이 유명한 '모리스 오댕 실종사건'과 모종의 연관성을 지니고 있다는 사실이었다.

알렉은 오댕이 1957년 6월 12일 제10사단 공수부대에 연행되던 그때 오댕의 아파트에 같이 있었다. 그날은 사흘 전 FLN 테러로 다수의 유럽인이 사망한 직후였다. 알제 과학대학의 조교이자 공산당원인 오댕은 이렇게 엘비아르의 정보기관으로 끌려간 뒤 생사의 흔적을 찾지 못했으며, 공식적으로는 6월 21일 그가 도주했다는 발표가 나왔다. 몇 달 후에 밝혀지지만 사실 그는 여러 날의 모진 고문 끝에 살해되었다. 교사로 일하던 오댕의 부인은 어린 세 자녀와 6월 15일까지 연금되었다가 풀려난 뒤로 민간과 학계, 군 당국에 백방으로 실종 사실을 알리면서 남편과의 교신 허가를 얻어내고자 익명의 사람들에게도 쉴새없이 서한을 띄웠다. 그 덕분에 6월 19일, 프랑스공화국의 대통령, 국방장관, 법무장관, 알제 현지의 각료들, 개인의자유와권리보존위원회 위원들이 오댕의 실종 사실을 파악하게 되었다. 부인은 남편의 체포에 책임이 있는 자들의 이름을 거명하지 않은 채로 군 재판부가 이 사건을 다루어줄 것을 요구했다.

1957년 11월 당시 소르본 역사학부 조교 피에르 비달나케의 발의로 '모리스오댕위원회'가 발족하였다. 오댕을 아는 젊은 조교와 연구자가 전국에 진정서를 보냈고 곧 답신이 도착했다. 답신을 보낸 이들은 전쟁의 정당성 부당성을 논하기 전에 사람이 몹쓸 짓을 당했다는 데 가슴이 먹먹했다. 한 여성은 서신에 다음과 같이 썼다. "나는 오댕 씨를 모르고 무슨 일로 비난받게 되었는지도 모릅니다. 하지만 부인,

---

26. 역사를 관통하는 고문 문제에 관해서는 Pietro Verri, *Observations sur la torture*, trad. Françoise Bouchard, Paris: Vivian Hamy, 1992.

당신의 편지 한 구절이 제 가슴을 찢어놨답니다. '제 남편이 고문당했다고 저는 확신합니다'라는 구절이 말입니다."[27] 전국중등교육노조의 교사와 교원 1,000여 명이 사건의 진상을 밝히려는 오댕위원회 활동을 지지했다. 오댕위원회는 일주일에 한 번, 또는 격주에 한 번 꼴로 모임을 가졌다. 모임 참석자들은 정치적 논의를 끌어들이지 않고 오로지 고문에 대한 조건 없는 비난에만 집중하였다. 위원회가 할 수 있는 일, 해야 하는 일은 끊임없는 알림이었다. 전단과 소책자를 작성하고 인쇄하고 언론에 성명서를 내고 기자회견을 열고 집회와 공개시위를 조직하고 '사람이 실종되었다'라는 제목으로 오댕의 사진을 실은 포스터를 배포하였다. 오댕위원회는 드레퓌스 사건을 비판했던 사회주의자 장 조레스의 드레퓌스 재판 반박서 『증거』를 인용해서 전단 표지를 만들었다. 이 사건이 프랑스를 뒤흔든 드레퓌스 사건의 연속선상에 있으며, 군부와 사법부, 정부의 허약성이 국민의 도덕성과 시민의 권리를 침해했다는 시각으로 두 사건을 비교하자는 논법이었다. 마찬가지의 맥락에 따라 "군사법정의 재판도 중요하지만 그보다 더 중요한 것은 한 개인의 결백"이라며 드레퓌스 사건의 재심을 주장했던 조레스의 말도 인용했다.[28]

사건을 담당한 예심판사가 직무를 올바르게 수행하지 않는다고 판단되자, 비달나케는 역사학도가 작업을 해야 한다고 믿고 관련된 문헌을 읽고 조사를 해나갔다. 14세인 1944년 부모가 게슈타포에 체포되어 수용소로 끌려가던 모습을 생생히 기억하는 비달나케는 선험

27. P. Vidal-Naquet, *L'Affaire Audin 1957-1978*, Paris: Minuit, 1989/1978.
28. 비달나케의 『오댕 사건 1957-1978』 서문에서 로랑 슈바르츠는 이렇게 말한다. "드레퓌스는 고립된 희생자였다. 유감스럽게도 오댕은 그렇지 않다. 수백 명 수천 명의 남녀 희생자가 있다. 대부분의 프랑스인에게 알제리와 나치를 비교할 여지가 있다고 말하기는 너무 아프다. 그러나 그렇다는 것을 인정해야 한다."

적 판단을 배제하고 문서를 엄정히 다루었다. 군 당국은 초기에 오댕이 이송하는 도중에 지프차에서 뛰어내렸다고 했고, 예심판사도 이 주장을 조금도 굽히지 않았다. 법정에서 오댕과 한 감방에서 같이 수 감생활을 했던 앙리 알렉의 증언 청취 결정이 내려지기까지는 수개월이 걸렸다. 1958년 1월 7일, 모리스 오댕의 이송중 도주 사건에 대한 재조사 명령이 내려졌다. 오댕 사건이 이렇게 여론을 일으킬 수 있었던 데는 그가 유럽인이었다는 사실이 작용했고, 대학인이라는 신분과 공산주의자였다는 사실이 힘이 되었다. 그렇더라도 이 사건이 곧장 세간의 관심을 끈 것은 아니었다. 책임자 이름을 명기하고, 더 나아가 그 실종의 경위를 밝혀내기 위해서 프랑스 군부에 문제제기를 하기까지 상당한 시간이 필요했다. 오댕 사건에 관해 논설을 쓴 일간지는 『르몽드』와 『리베라시옹』뿐이었다. 314만부에 달하는 4대 주요 대중지가 보도한 오댕 관련 기사는 모두 합해 83줄에 지나지 않았다. 1958년 1월에는, 오댕 사건에 관심을 쏟던 사람들과 기구들을 연결하는 센터가 파리 시내 북쪽 랑디 거리에 만들어졌다. 이 '랑디자료센터'는 1월부터 『증언과 기록』이라는 제목으로 그동안 압수되었던 알제리전쟁에 관련한 기사와 책을 즉각 다시 간행해나갔다.

이런 상황에서 『라 케스치옹』의 출판이 결정된 것이다. 알렉은 한 달간 엘비아르 감옥에 갇혔다가 7월 12일 알제 서남쪽 로디 수용소에 이감되었다. 그는 넉 달간 로디 수용소에 갇히면서 그간 자신이 경험한 바를 기록해놓았다.[29] 그의 변호사 마타라소는 10월 말 고문 반대 투쟁에 대해 법정 증언을 해줄 사람으로 알렉을 찾아왔다가 이 원고를 보게 되었다.[30] 마타라소는 이 원고를 쇠유 출판사의 장마리 도

---

29. 알렉은 곧장 의사의 면밀한 검사를 받았고 1개월 뒤에도 고문 흔적이 뚜렷이 남아 있었다. H. Alleg, *La Question*, 10쪽.
30. A. Berchadsky, *La Question d'Henri Alleg*, 60-61쪽.

므나크에게 가져갔고 쥘리아르 출판사에도 보냈다. 쇠유는 독자위원회가 원고를 심의하는 데 시일이 걸린다는 답변을 주었고, 쥘리아르는 흥미롭지만 출판은 어렵다는 답장을 보내왔다. 알렉의 증언이 담고 있는 비난이 너무 중대하고 전쟁에 반대하는 정치성이 너무 뚜렷하다고 보았다.[31]

알렉은 글을 쓰면서 날짜별로 자신이 겪은 고문을 아주 상세히 기록했으며, 화려한 수사나 수식 없이 담백한 문체로 일관했다. 이 책이 "실종된 오댕"에게 빚지고 있고 "글을 쓰는 이 순간에도" 사람들이 모멸을 당하고 고문을 당하고 있음을 잊지 말자며 알제리의 자유를 위해 매일 죽어가는 이들에게 빈손을 내밀 수 없다고 또렷이 말했다.[32] 그리고 이렇게 덧붙였다. "나는—알제리인 해방의 노래를 포함해—이 모든 것을 내 독자들인 프랑스인에게 말해야 한다. 알제리인은 위대한 프랑스 인민을 고문기술자와 혼동하지 않을 것이며, 프랑스 인민에게서 많은 것을 배웠기에 우애가 소중하다는 것을 잘 알고 있다." 따라서 프랑스 인민은 그들의 이름으로 여기서 자행되는 일을 꼭 알아야만 한다고, 알렉은 확신했다.[33]

『라 케스치옹』에 대한 기소는 없었으며, 책은 출간 열흘 만에 초판 5,000부가 매진되었고 몇 주 만에 3만부가 나갔다. 3월 27일 목요일에 당국이 몰수조치를 내렸을 때는 이미 70일 동안 책이 잔뜩 팔린 뒤였다. 정부는 그때서야 인쇄소, 출판사, 서점에 깔린 책을 압수해갔다. 4월 15일에 제롬 랭동은 '공화국 대통령에게 보내는 엄숙한 전언 Adresse solennelle au président de la République'을 발의했고, 이에 프랑스의 노벨문학상 수상자들이 서명했다. 앙드레 말로, 프랑수아 모리

---

31. 같은 책, 69쪽.
32. H. Alleg, *La Question*, 10쪽.
33. 같은 책, 112쪽.

악, 로제 마르탱 뒤가르, 사르트르와 카뮈였다. 미뉘는 지하에서 9만 부를 찍어 당국이 압수해도 막을 수 없다는 것을 보여주었다. 판권은 일찌감치 해외 출판사 17곳에도 팔렸고 절제된 사실 표현과 내용에 동감해서인지 영국, 미국, 스위스, 서독, 이탈리아에서도 날개 돋친 듯 팔렸다. 정부의 탄압은 이 책을 찾는 독자들 간에 일종의 연대감을 형성시켰다. 이들은 외투 안에 책을 꽂고 다녔으며 미뉘 책이 얼마나 있는지 묻는 게 인사였다.[34] 이 책은 고문에 대한 항의와 더불어, 표현의 자유를 상징하게 되면서 미뉘가 재탄생하는 계기를 마련해주었으며,[35] 현실에도 뚜렷한 족적을 남겼다. 1959년 콘스탄틴의 젊은 변호사 앙리 쿠퐁은 폭탄 운반 혐의로 지하감옥에 수감된 피의자들이 윗옷을 들어 보여준 등의 상처를 보고 즉시 고문을 확증했다. "나는 앙리 알렉의 책을 읽었던 터라 마쉬와 비자르의 공수부대원들이 어떠한 몹쓸 짓을 하는지 이미 잘 알고 있었다."[36] 물론 책으로 읽은 것과 직접 두 눈으로 본 것은 달랐다며 그는 말을 잇지 못했다.

『라 케스치옹』은 고문에 대한 문제제기일 뿐 아니라 국가에 대한 질문이었다. 고문이 비인도적 행위라는 것은 분명했지만, 사형私刑이 아니고 국가를 위한 행위였다. 식민지 '반란자들'의 진상을 밝혀내기 위한 목적을 지닌 수단이었다. 그렇기 때문에 고문 비판은 심정적 윤리적 기술로는 감당할 수 없고, 국가를 이길 수 있는 압도적인 논리가 요구되었다. 즉 고문은 비인도적이라는 당위를 넘어, 국토방위를 위

34. H. Alleg, *Retour sur 'La Question': Entretiens avec Gilles Manceron*, Paris: Le Temps des cerises, 2001/Bruxelles: Aden, 2006. 알제리전쟁 40주년에 알렉은 공화국 식민주의를 비판한 역사가 질 망스롱과 대담을 가졌다.

35. A. Simonin, "Les Éditions de Minuit et les Éditions du Seuil: Deux stratégies éditoriales face à la guerre d'Algérie," 219-245쪽.

36. 쿠퐁의 회고는 다음 책 참조. Henri Coupon, *Avocat des Fellagas 1958-1962*, Paris: L'Harmattan, 2001, 42쪽.

한 군의 무력행사 방식까지 비판받을 수 있다는 데까지 이르러야 했다. 이런 논리가 여론의 공명을 사려면, 역설적으로 무엇보다 국가를 인정하는 태도가 우선되어야 했다.

그런 짐을 먼저 짊어진 것이 1957년 쇠유에서 나온 『고문에 반대한다』였다.[37] 이 책은 고문을 직설적으로 지시하는 '토르튀르Torture'를 제목으로 정했다. 국판 크기에 124쪽의 적은 분량으로 글도 간결했다. 앞에서 살펴본 피에르앙리 시몽과 이 책을 재론하는 것은, 이 시대의 고문 논의에서는 국가와 군대를 직접 거론하기가 어려웠고, 그래서 비판자들이 방법론에 고심을 했다는 것을 살피기 위해서이다. 『고문에 반대한다』의 서두에서 시몽은 1940년 6월부터 자신이 겪었던 뉘른베르크, 뤼베크의 나치 포로생활을 술회하면서 포로가 영웅적인 것은 아니나, 그 불행한 처지가 오히려 의연함을 주고 책을 쓸 힘을 주었다고 했다. 이어서 "군은 절대로 장난삼아 사람을 죽이지 않으며, 본질적 기능상 그렇게 할 뿐, 그 이상의 도를 넘지 않는다"고 했다. 군에 도입된 모종의 관행을 비난하려는 적개심으로 말하는 것이 아니라고 전제하면서 "하지만 존경과 애정이 있다면 침묵해야 하는가?"라고 묻고, "그렇게 생각지 않는다"고 스스로 답했다. 그러면서 그는 "정치 공작을 은폐하려는 것도 아니고, 알제리 수호자들을 깎아내리려는 것도, 알제리를 포기하자는 쪽으로 끌고 가려는 것도 아니다"라고 했다. 잘못된 일인데 무엇이 두려워 어떻게 말할까를 이토록 고민했을까? 시몽이 이렇듯 조용히 말문을 연 것은 과도한 온건성과 조심성 때문만은 아니다. 비판이 먹히려면 비판자는 사려 깊고 착잡함 앞에서도 겸손해야 했기 때문이다.

『고문에 반대한다』에서 시몽은 이렇게 말한다. "나는 책을 쓰기로

---

37. Pierre-Henri Simon, *Contre la torture*, Paris: Seuil, 1957.

한다. 즐거운 마음으로 쓰는 것은 아니다." 그는 북독일 뤼베크 오플 라그에서 근무하다 제2차 세계대전 종전을 맞고 부근의 베르겐벨젠 강제수용소로 의약품을 가져갔다. 그때 수용소 인근 주민들이 자기네 는 책임이 없다고 말하는 소리를 들었다. 그는 분명 그럴 수도 있다 고, 그러나 한 민족 전체의 완전한 침묵 속에서 수천 수만 명의 절멸 이 조직될 수 있는 것이 사실이라고 적었다. 그는 어떻게든 알제리전 쟁을 끝내야 한다든가 프랑스군에게 모든 책임이 있다든가 하는 당 위성의 말을 하지 않았다. 또 알제리 반란자들이 참혹한 살해를 저지 르고 있고, 사지가 잘리고 강간당하고 목 졸리고 거세당한 동료가 숲 속에서 시체로 발견되는데, 어떻게 제네바협정을 지킬 수 있느냐, 실 제로 손을 담가보지 않고 무슨 일인지 어떻게 아느냐는 반론도 의식 했다. 시몽은 조사와 고문의 현장에서 누가 그 일을 중단하라 한들 아 무 소용이 없으리란 것도 잘 알고 있었다. 미뉘 출판사 역시 사안의 복합성을 인지하고 있었고 도덕과 선악에 서 있지 않았다.

그러나 시몽은 일을 지시한 윗선의 책임을 물었다. 죄가 더 큰 것은 알려 하지 않고 알아도 침묵하는 우리 자신이며 우리 정부라고 적시 하였다.[38] 그는 알제전투가 있기 전인 1956년에 이미 고문 피해자들 의 증언을 모았었다. 누구든 외면하기 십상인 고문 문제를 다루려면 증언과 증거가 필요했다. 사실 알제리전쟁 초기에는 어떤 노조, 정당, 교회도 공공연히 고문을 언급하진 못했다. 고문의 메커니즘에 휘말려 야 하는 청년들에게 어떻게 행동하고 생각할지 조언도 못했다. 그것 은 탈영병을 두둔하는 것과 다른 차원의 문제였다.[39] 드골 정부의 문

---

38. 레지스탕스 출신 볼라르디에르 장군은 1957년 3월부터 군의 고문에 반대하다가 결국 군복을 벗었다. 사회당 거물 정치인 가스통 드페르Gaston Deferre, 언론인 장자 크 세르방슈레베르 등이 볼라르디에르를 지원했다.
39. *Provocation à la désobéissance: Le procès du 'déserteur,'* Paris: Minuit, 1962.

화장관 앙드레 말로는 1958년 6월 24일, 자신이 아는 한 드골 집권 이래 고문은 발생하지 않았다고 자신했다. 같은 드골파의 피에르 메스메르도 프랑스 장교가 고문을 사용한다는 건 납득할 수 없는 일이라 했지만 나중에 가서 고문을 시인해야 했다. "나는 반신반의했다. 그러나 일부 장교와 부서들까지 용납할 수 없는 방법을 시행하고 있다는 것을 확인하지 않을 수 없었다."[40]

알렉의 서술에 대해 공산당을 제외한 어떤 정당, 어떤 국회의원도 논평을 하지 않았다. 하지만 조작이라든가 거짓이라고 몰아붙여 무조건 반박하지 않았던 점이 오히려 의미 있는 반응으로 읽히기도 한다. 랭동은 "고문에 투쟁하고 우리가 지닌 자유공간의 한계를 밀어내는 것이 목적"이라고 했다.[41] 군소 출판사에 불과했던 미뉘 출판사는 알렉의 책을 출간하고, 이어 1958년 3월에는 오댕 사건을 알리는 비달 나케의 책을 낸다. 그리고 1960년과 1961년에는 로베르 다브지 신부의 책을 펴내고, 그해 10월에는 '121인 선언'으로 알려진 「알제리전쟁에서의 불복종 권리 선언」을 배포하기에 이른다.[42] 반국가적으로 보일 법한 미뉘의 이러한 출판물들은 나치 점령기의 레지스탕스 전통과 이어진다는 점에서, 국가에 대한 완전한 배신으로 치부할 수 없는 모종의 정통성을 지니고 있었다.[43]

그것이 미뉘가 내심 자신하는 바였다. 1959년 『악성 종양』[44]을 출

---

40. J.-P. Vittori, Le choix des larmes, 233쪽.

41. R. Davezies, Le temps de la justice, 33쪽 각주 재인용.

42. 이 시기에 미뉘 출판사 편집진은 병역 거부 및 탈영에 관한 정보를 들었고, FLN 인사들이나 변호사들과 알고 지냈다. R. Davezies, Le front 참조.

43. 검열과 판금, 몰수를 당한 알제리와 프랑스의 출판물에 관해서는 Patrick Kessel, Guerre d'Algérie: Ecrits censurés, saisis, refusés 1956-1960-1961, Paris: L'Harmattan, 2003.

44. Les Éditions de Minuit, La gangrène, Paris: Minuit, 1959. 이 책 초판에는 저자 명 없이 '미뉘 출판사'만 나와 있었다.

간하자 곧 책이 압수되고 출판사는 재판에 회부되었을 때, 랭동의 요청으로 노작가 베르코르가 재판정에 나와 당당히 미뉘를 변호할 수 있었던 것도 같은 줄기였다. 정부측 인사 미셸 드브레 국방장관은 『악성 종양』 출판에 격노하면서 "두 공산당원이 작성한, 완전한 날조이자 짜맞추기 거짓"이라고 비난했다.[45] 그러나 『공화국에서의 고문』은 이에 대한 역사학적 반론이었다. 비달나케의 『공화국에서의 고문』은 영어권과 이탈리아 출판사에서 알제리전쟁 직후인 1963년에 먼저 간행되었고 미뉘에서는 그로부터 십 년이 지난 1972년에 출간된다. 비달나케는 1962년 『국가이성―오댕 위원회가 펴낸 공식 문헌』에서 고문 관련 공식 문헌들을 두둑하게 모아 세밀히 논평한 바 있지만 『공화국에서의 고문』에서는 경찰과 함께 군의 고문에 메스를 가했고, 나아가 군의 이런 행위가 후일 국민적 위기를 가져오는 수준까지 악영향을 미치리라 파악했다.[46]

미뉘가 밀어붙인 『악성 종양』은 프랑스가 나치 독일에 패배한 상징적인 날인 6월 18일에 출간되었다. 레지스탕스는 다시 한번 상징성을 획득했지만 책은 일주일 만에 압수되었다. '악성 종양'은 비유였지만, 압델카데르 벨하즈, 바시르 보나자, 무스타파 프랑시스, 무사 하바일리, 베네사 수아미가 겪은 고문에 대한 실제 기록이었다. 법원은 관련 기술이 진실한가가 문제라고 판결하였다. 하지만 이 작은 책들로 고문의 문제는 세간에 널리 확산되었다. 고문은 이제 알제리에서 파리로 비화하였으며 식민지가 아닌 공화국의 심장부 파리에서 알제리

---

45. A. Simonin, *Le droit de désobéissance: les Éditions de Minuit en guerre d'Algérie*, Paris: Minuit, 2012, 30쪽.

46. P. Vidal-Naquet, *La torture dans la république*, Paris: Minuit, 1972, 144-170쪽. 2000년대 이후부터 군부의 고문 문제가 학술적으로 본격 연구되었고 정치학 박사학위 논문이 나오기 시작했다. R. Branche, *La torture et l'armée pendant la guerre d'Algérie*, Paris: Gallimard, 2001.

인을 고문하고 있다는 것이 현실로 다가왔다.[47]

그밖에도 프랑시스 장송의『무법자』, 자크 샤르비의『감옥에서』와
『탈영병』같은 간행물이 줄줄이 압수되었지만, 미뉘는 아랑곳하지 않
고『자밀라 부히레드를 위하여』와『국가이성―오댕 위원회 공식 문
헌』으로 출판을 이어갔다.[48] 1958년 3월부터 1961년 11월까지 미뉘
간행물은 총 9권이 압수되었고, 랭동은 연일 재판정에 섰고, OAS의
폭탄공격까지 받았다. 미뉘나 언론매체가 알제리에 쏟는 관심을 폄훼
하는 이들도 물론 있었다. 급진파 정치인 모누리는 1957년 7월 7일
'친애하는 교수들에게' 서한을 띄워 '비현실적인' 비판 지식인을 성토
했다. 알제리 총독인 사회주의자 라코스트는 테러의 책임은 격분을 빌
미로 고문에 반대하는 지성 과시주의자에게 있다며 비난했다.

그러나 알제리의 엄중한 실상을 전하려는 미뉘 같은 소수 출판사
의 윤리의식은 많은 시민의 공감을 부르고 출판사들의 연대를 낳았
다. 쥘리아르 출판사는 1960년에 알베르 카뮈의 알제리 친구이며 같
은 피에누아르인 쥘 루아의『알제리전쟁』을 펴냈으며 또다른 출판사
는 루아의 병사 일기와 기록도 간행했다.[49] 후일 2000년대에 접어들
어 다시 읽히게 되지만, 그런 육성들을 있는 그대로 싣는다는 것은 당
시로서는 매우 대담한 결정이었다.[50] 쥘리아르는 1961년에도 '기억의
장소' 기획으로 유명한 알제리 출신의 역사학자 피에르 노라가 쓴

---

47. 이런 상황 인식은 1955년에서 1962년 사이에 19개 프랑스 출판사에서 253권의
알제리 관련서를 내던 당시의 시대 분위기가 영향을 주었을 것이라 판단된다. A.
Simonin, *Le droit de désobéissance*, 12쪽.
48. 비달나케의 부친과 랭동의 부친은 변호사로 서로 아는 사이였다. P. Vidal-Naquet
(éd), *La raison d'état*, Paris: Minuit, 1962/La Découverte, 2002.
49. Jules Roy, *La guerre d'Algérie*, Paris: Julliard, 1960.
50. C. Mauss-Copeaux, *Appelés en Algérie*. 이 책은 50건의 인터뷰 중 39건을 토대
로 전쟁, 폭력, 친구, 반란자들에 관한 여러 계층 병사들의 편지와 기억을 분석했다.

『알제리의 프랑스』를 내기도 했다.[51] 1957년부터 1962년까지 미뉘에 서는 총 23권의 알제리 관련서가 나왔다. 누보로망의 실험소설과 알 제리 고문반대 투쟁을 병행하는 출판은 암울한 시대에 빛을 던져준 인문주의적 발상이었다.[52] 알제리전쟁 담론이 극단적으로 치우치지 않게 정치색을 살짝 빼면서 식민지 문제를 공론화할 수 있었다. 작은 출판사가 문학과 정치라는 두 영역의 원천인 감수성을 놀랍도록 넓 고 깊게 혁신했으며 이는 출판사의 든든한 자긍심이 되었다.

3. 스위스 로잔의 시테 출판사

압수된 『라 케스치옹』을 미뉘로부터 이어받아 출간을 계속한 출판 사가 있었다.[53] 스위스 로잔의 작은 출판사 '라 시테 에디퇴르La Cité Éditeur'였다. 랭동은 3월 말 압수조치가 단행되자 해외 출판을 물색했 고 그때 닐스 안데르손을 만났다. 안데르손은 이 일이 자신은 물론 출 판사에도 큰 의미가 있다고 했다.[54] 그렇게 알렉의 책은 절판되지 않 고 스위스 로잔의 시테 출판사로 옮겨가게 되었다.

사실 닐스 안데르손이 랭동을 만난 것은 서점에서 알렉의 책이 자 유롭게 유통되고 있을 때였다. 닐스는 마침 파리에 머물고 있었기 때 문에 출간 소식도 미리 알고 있었고 미뉘 사옥에서 랭동을 보기도 했

51. Pierre Nora, *Les Français d'Algérie*, Paris: Julliard, 1961.
52. 시모냉의 다음 글 참조. A. Simonin, "La littérature saisie par l'histoire: Nouveau Roman et guerre d'Algérie aux Éditions de Minuit," *Actes de la recherche en sciences sociales*, vol.111, no.1, 1996, 59-75쪽.
53. H. Alleg, *La Question*, Lausanne: La Cité Éditeur, 1958.
54. Nils Andersson, "La résistance à la Guerre d'Algérie. Le rôle de l'édition," *Les Temps modernes*, no.611-612, décembre 2000-février 2001, 305-326쪽.

었다. 랭동은 나치 강점기에 망명 출판사로 유명한 스위스의 로망드 출판사가 어떻게 활동했는지 잘 알고 있었다. 닐스는 스위스로 돌아가는 로잔행 열차에서 알렉의 책 재출간을 결심했다.

야심차게 기획한 잡지 『호반의 나라』『스위스 영토』『클라르테』가 연속 폐간되는 쓴맛을 봤던 터라 사실 심각한 적자였지만, 모친에게 자금 5,000프랑을 빌려 단행본 출판사로 전환했다. 그렇게 알렉의 『라 케스치옹』은 프랑스에서 압수된 지 두 주 만인 4월 11일 로잔에서 재출간된다. 시테판 『라 케스치옹』은 알렉의 증언 외에 사르트르의 서평 「하나의 승리」를 추가하고 야스퍼스의 『독일의 죄』에서 뽑아낸 말까지 편집해 실었다. 시테 출판사의 참여는 『라 케스치옹』으로 끝나지 않았다. 파리 변호사 자크 베르제스, 미셸 자브리앙, 모리스 쿠레제가 공동저술한 『실종자―진실의 기록』도 펴낸다.[55] 이 책은 파리에서 출간되고 이틀 만에 압수되긴 했지만 내용은 알찼다. 1957년 알제전투에서 실종된 175인의 명단과 국제적십자회 회장에게 보내는 세 변호사의 탄원서, 비달나케의 후기 「푸른 수첩」이 붙어 있었다. 시테는 미뉘에서 나왔다가 압수된 『악성 종양』도 다시 출간했다. 특히 『실종자』는 알제리 해방을 반대하는 세력을 크게 자극했는데, 세 번이나 벨기에 반식민주의자를 겨냥한 우편 폭발물로 쓰였고, 결국 벨기에인 조르주 라페르슈가 책을 열었다가 죽고 말았다.

닐스 안데르손은 스위스 출생이었지만 아버지의 국적을 따라 스웨덴 국적을 보유하고 있었다. 군복무도 스웨덴의 린쾨핑에서 하였다.[56] 그가 잡지를 발간한 것은 1953년부터로 처음에는 '호수의 나라'였던

55. Jacques Vergès, Michel Zavrian et Maurice Courrégé, *Les disparus: le Cahier Vert expliqué*, Lausanne: La Cité Éditeur, 1959.

56. Jacques Demougin, *Les mensonges de la guerre d'Algérie*, Genève: Succès Du Livre Éditions, 2008.

제호가 2년 후에는 '스위스 영토'로 바뀌었다. 그 이후 공산주의 계열의 『클라르테』를 발간하면서 그는 루마니아 부크레슈티 세계청년축제에 참가하려 했으나, 스위스 경찰은 이 행사에 참가하면 귀화 거부로 간주하겠다고 통지했다. 그러나 1957년 그는 모스크바에서 개최될 공산당 세계청년축제의 문화행사 진행을 맡는다. 스위스는 역사적으로 프랑스 정세를 꿰뚫는 날카로운 감각을 갖고 있었다. 동부 프랑스와 인접한 스위스는 멀리 종교개혁 때부터 프랑스 정치와 얽혀왔지만 유럽의 분쟁사 속에서 획득한 독립국 지위에 걸맞게 강대국에 굴하지 않는 강한 국민성을 지녔다. 더구나 중부유럽과 이탈리아, 프랑스에 직결되는 도로망으로 정보가 많았고 지적으로 예민했으며 또한 포용적이었다.[57]

이처럼 로잔의 시테 출판사가 알제리전쟁에 개입한 것은 우연의 산물이라고 보기 어려웠다. 19세기의 사회주의, 무정부주의 운동에 스위스는 불가결한 장소였으며, 1860년대 제1인터내셔널 노동자협회의 요람이 스위스 쥐라였다. 무엇보다도 '피의 일주일'을 피해서 살아남은 파리코뮌의 운동가들이 스위스 곳곳에 숨어들었고 동유럽과 러시아의 망명자들이 거쳐 가곤 하는 곳이 바로 스위스였다. 프랑스, 독일, 이탈리아, 폴란드인이 모이고 흩어지는 자유의 보루로서, 또 시계공과 인쇄공이 집결한 쥐라연합 자체의 결속력과 치열함에 이끌려 수많은 사상가가 모여들었다. 대표적인 사례가 19세기 중후반의 바쿠닌과 크로포트킨일 것이다. 인터내셔널의 분란으로 지친 바쿠닌에게 쥐라 사람들은 위안을 주었고, 시베리아에서 서유럽으로 온 크로

---

57. Linda Amiri, "Les espaces de voisinage dans les conflits de décolonisation: Le cas de la Suisse pendant la guerre d'indépendance algérienne," *Matériaux pour l'histoire de notre temps*, no.97-98, 2010, 50-57쪽.

포트킨은 한동안 이곳 스위스에서 안식처를 찾았다.[58]

영토는 비록 작더라도 지적 반경은 전혀 좁지 않은 이 고장에는 알제리전쟁에 관심을 가진 스위스인들이 많았다. 사회주의자, 공산주의자, 아나키스트, 기독교민주파, 학생민주 운동가가 일찍부터 FLN 요원을 피신시키고 돌봐주곤 했다. 무엇보다 스위스 대학생은 알제리 문제를 국외 문제로 보지 않았다. 소수였지만 이들은 부정의로 인해 생긴 알제리 희생자를 마땅히 도와야 한다는 생각을 공유하였다. FLN도 이곳의 입지를 잘 이용하였다. 프랑스 입국이 어려운 FLN 요원을 국경에서 기다린 것도, 수동 인쇄기로 FLN의 지침서를 찍어낸 것도 스위스 민주파였다. FLN의 타예브 불라루프는 1956년 1월부터 로잔에 숙소를 정하고 오리앙 호텔을 FLN 비공식 사무실로 만들었다. 1956년 알제리 숨맘 계곡에서 비밀리에 개최되는 숨맘 대회의 강령을 출판한 것도 스위스 출판사였다. 몇 주 만에 관련자가 체포당하고 출판물 전부가 압수당했지만 알제리와 관련된 출판을 놓지 않는 로잔 메트로폴 거리 10번지의 출판사는 알제리인에게 따뜻하게 다가왔다. FLN의 대외업무를 책임졌던 페르하트 압바스, 사아드 달라브도 이곳 스위스를 빈번히 찾았다. 스위스인은 1958년 2월 사키에트 폭격으로 알제리전쟁을 국내 문제가 아닌 국제 문제로 인식하게 한 프랑스 정부를 예의주시했다. 물론 스위스 외교부와 정보기관은 프랑스에 협력하고 있었지만, 더러는 프랑스에 반대되는 정책으로 알제리전쟁에 개입하기도 했다.

후일 스위스인들이 회상하는 것처럼 이들은 특정한 정치적 견해 때문에 그들을 돕지는 않았다. "그것은 정치의 지평을 넘는 일이었다.

---

58. 표트르 크로포트킨, 『크로포트킨 자서전』, 김유곤 옮김, 서울: 우물이있는집, 2014, 394-409쪽.

우리는 인간이 인간에게 마땅히 해야 할 일이라 생각했다."[59] 스위스의 저명한 신문기자 샤를앙리 파브로드도 그런 스위스인의 태도를 유감없이 보여준다.[60] 로잔과 제네바의 지식인, 예술가, 종교인, 좌파 정당이 이에 동참했다. 앙드레 샤반, 빌리 동제, 보두아 같은 이들은 노조원이자 노동당 당원이었다. 깊은 밤, 이들은 제네바의 프레제롬 인쇄협동조합에서는 『노동자의 소리』를 인쇄하는 윤전기를 통해 비밀리에 FLN 기관지 『엘무자히드』와 전단을 제작하여 프랑스로 운반되도록 했다. 때로는 불시에 경찰이 인쇄물을 압수하고 투사들을 체포해가고는 했지만, 그러면 제네바의 노동당이 조직한 정치카페에서는 스위스 출판인과 FLN 요원들이 한데 모여 증언을 듣고 알제리 연대를 모색했다. 앙리 코르나즈, 닐스 안데르손 같은 출판인, 샤를앙리 파브로드, 마리 마들렌 브루마뉴 같은 신문기자가 여론을 바꾸어나갔다. 메이라트 사건처럼 『엘무자히드』를 스위스에 반입하려다가 체포되는 일도 있었다.[61] 제네바에서는 스위스 경찰과 프랑스 경찰이 뻔히 보는 가운데 알제리의 초승달 깃발이 걸린 비공식 대표부로 열 명의 스위스 거주 알제리 민족주의자가 연신 들락거렸다. 스위스 언론들은 프랑스의 알제리 정책에 비판적이었다. 취리히의 『타트』, 공산주의 계열의 『노동자의 소리』를 비롯해, 『로잔 가제트』 같은 매체가 프랑스에서의 고문사건이나 1957년 알제전투에서 폭탄을 투척한 여성, 1958년 2월 사키에트 폭격사건을, 예전에 나치 항쟁자 막스 울리히를 보도했던 것처럼 매우 비중 있게 다루었다.

---

59. *Le Courrier*, 2 février 1985. http://www.perso.ch/troubles/guéralge.htm

60. 샤를앙리 파브로드의 다음 책 참조. Ch.-H. Favrod, *La révolution algérienne*, Alger: Dahlab, 2007/Paris: Plon, 1959.

61. 다미앵 카롱의 다음 책. Damien Carron, *La Suisse officielle face à la guerre d'indépendance algérienne 1954-1962*, Lausanne: Éditions Antipodes, 2013. 저자의 2010년 스위스 프리부르 대학 박사학위 논문을 단행본화한 것이다.

로잔의 시테 출판사에서 출간된 『평정화』는 이런 환경 덕분에 가능했을 테지만 닐스 안데르손의 꿋꿋한 출판철학 또한 만만치 않았다.[62] 출판 일로 늘 가족 신세를 지고 디자이너가 자금을 빌려주었어도, 안데르손은 은행대출을 피했고 동업계약도 원하지 않았다. 대형 출판사가 아니라 독립적인 출판사만을 원했기 때문에 『평정화』의 간행을 결행할 수 있었다. 평소 2,000부에서 3,000부를 찍지만 이 책은 5,000부를 찍었다. 『평정화』의 저자는 하피드 케르만으로 되어 있지만, 가명이었다. 첫 장은 "이것은 더이상 전쟁이 아니다"라는 구절로 시작했다. 서문 다음의 제1부는 '프랑스 게슈타포'이고, 제2부는 '종양' 그리고 마지막 제3부는 '인간의 조건'이었다. 책 전체가 주장이나 설명이 아닌 일어난 사건을 보고하듯 기술되었다. 알제리 신문 『엘무자히드』와 『레지스탕스 알제리엔』 기사를 전재하거나 압바스 투르퀴처럼 실존 인물의 증언을 실었다. 또 『레탕모데른』 『르몽드』에서 간추린 단신, 피에르 비달나케의 글을 가져왔다. 제1부 1장 '고문'에선 전기, 물, 불, 쇠, 밧줄의 고문 방법을 소개하고, 고문 장소에 따른 전문성과 심리적 악행, 노동수용소와 집단수용소에 관해 서술했다. 이어 자밀라 부히레드 사건, 어느 프랑스 의원의 활동, 저자의 공수부대 경험과 조르프 수용소 탈출기, 레클레르 빌라, 부라기아 센터, 고문학교, 알려진 고문자를 언급했다. 알제리의 주요 노동운동가 누레딘 스칸데르, 압델마지드 알리 야히야, 아이사트 이디르가 겪은 심문과 옥살이를 설명하기도 했다.[63] 제2부는 파리 소세르 거리에서 세 사람이

62. Keramane Hafid, *La pacification: Livre noir de six années de guerre en Algérie*, Lausanne: La Cité Édteur, 1960.
63. 알제리노동자총동맹UGTA의 간부 누레딘 스칸데르는 1957년 1월 말에 일주일 동안 알제 총파업을 주도했고 2월 24일 세리프에서 체포되어 고문을 받았으며 남부 폴 카젤스 수용소로 이송되었다. 알제리 노동운동의 주도자 아이사트 이디르에 대해서는 이 책 제2부 제4장 4절 '노동운동가'를 보라. 압델마지드 알리 야히야 역시 알제

겪은 고문, 보방 거리에서 고문당한 이들의 진정서를 세밀히 묘사했다. 보방 거리에서는 옷을 모두 벗기고 쇠못 고문을 했고 고문 피해자는 나흘간 피를 쏟았다. 저자에 따르면 검찰총장은 탄원서를 무시했고 의사도 똑같이 행동했다. 제2부에서는 프랑스 내 실종자와 프랑스 국내의 수용소들을 나열하고 내부구조와 운영제도를 묘사한 후 알제리인 변호사 울드 아우디아의 변론을 실었다.[64] 제3부 '인간의 조건' 첫머리에는 '앙드레 말로 장관에게 보내는 편지'가 있어 말로에 대한 기대감을 떠올리게 한다. 여기서도 고문과 수용소, 폭력을 다루는데, 1장은 '평정화'와 '전쟁범죄'에 16쪽, 2장은 '프랑스군의 승리'에 23쪽을 할애하고, 이후 3장부터 마지막 11장까지는 카빌리의 탄압, 인간 사냥, 프랑스 공군력과 알제리전쟁, 사키에트 시디유세프 폭격사건, 북콘스탄틴 출입금지 지대, 튀니지 탈출, 저자의 아인케무다 목격담이 차례로 서술된다. 이 책은 프랑스 밖 스위스의 출판물이라는 점, 문헌자료가 많고 체제가 산만하다는 점 때문에 프랑스 독자층에 이렇다 할 반향을 일으키진 않았다. 하지만 가공할 만한 책이었다.

이 책에 대한 언급은 나오지 않았지만 1959년 3월 12일 『르몽드』는 '수십만 명이 비극적 상태에 있다'는 보도를 내놓았다.[65] 재집결지 보도 일주일 후 대기업 후원을 받는 『프랑스인의 삶』지는 그 보도가

리노동자총동맹 창설자 중 한 명으로 1956년 5월 체포되어 알제리 서부 오라니 지방의 생뢰 수용소에 수감되었다. 르네 갈리소의 다음 문헌을 보라. René Gallissot (dir.), *Algérie engagements sociaux et question nationale de la colonisation à l'indépendance 1830-1962: Dictionnaire biographique du mouvement ouvrier Maghreb*, Alger: Barzakh, 2007, 46-51, 56, 554쪽.

64. 울드 아우디아는 1959년 5월 24일 파리에서 살해되는데 프랑스 정보부 관련단체 소행으로 알려진다. 그는 그 전해 자크 베르제스와 알제리인 고문에 대한 진정서를 프랑스 정부에 제출했다. 제2부 제4장 '식민지 정치범' 참조.

65. P. Éveno et J. Planchais, *La guerre d'Algérie: Dossier et témoignages réunis et présentés*. 이 책에 실린 『르몽드』의 알제리전쟁 관련 주요 기사 참조.

사실과 다르고 재집결지는 인간적 배려가 곳곳에 있다고 전했다.[66]
어두운 면과 그렇지 않은 면을 섞으면 그늘의 진실은 묻히고 말지 않
을까. 그렇다면 닐스 안데르손의 출판 의지는 무색해지고 말 것이다.
프랑스 평정화가 양면성을 지닌 것은 사실이지만 탄압과 보호는 다
분히 의도된 것이었다. 후일 프랑스 사회주의 지도자로 성장하는 미
셸 로카르는 이 평정화에 천착했다.[67] 1957년 초부터 8개월간 프랑스
군은 무슬림 2만 4,000명을 알제에서 추방해 억류센터로 보냈고 거
기서 체계적으로 고문을 시행했다. 이는 FLN 조직 전체의 네 배, 도
시 전체 인구의 10퍼센트에 육박하는 수치였다. 알제 경찰국장 폴 테
트겐은 1957년 말이 됐을 때, 약 4,000명의 사람이 흔적도 없이 사라
졌음을 발견했다. 피해자를 수치로 말하는 것은 양가적인 성격만 보
일 뿐이다. 하지만 유럽인 한 명이 보복을 당했다는 이유로 공수대원
들이 FLN 은신처로 지목된 터키식 목욕탕에 총을 쏘아 80여 명이 사
망한 사건도 있었다.[68] 프랑스 당국이 『평정화』를 무시할 순 있었겠지
만 시테 출판사는 과장하지 않았을 것이다.

닐스 안데르손은 1960년 12월 프랑스로 귀환한 소명단 사제 로베
르 다브지의 원고도 출판하려 했다. 다브지는 1961년 1월 29일 리옹
에서 닐스를 만나서 원고를 건네주기로 약속했었다. 그러나 이 둘은
리옹 시 푸르비에르 언덕의 피자 식당에서 식사를 하던 도중 정보기

---

66. Keramane Hafid, "ch.X. L'Algérie 'regroupée'," *La Pacification*, 261-262쪽.
67. Michel Rocard, *Rapport sur les camps de regroupement: et autres textes sur la guerre d'Algérie*, Paris: Mille et une nuits, 2003. 전쟁기의 청년사회주의자 미셸 로카르(1930-2016)는 기 몰레의 알제리 정책에 반대하고 1958년 석 달간 알제리 곳곳을 다니며 군 평정화(재집결)수용소의 기아와 실정을 조사한 보고서를 작성했다.
68. 이 사건에 관해서는 M. Connelly, *A Diplomatic Revolution: Algeria's Fight for Independence and the Origins of the Post-Cold War Era*, New York: Oxford University Press, 2002, 131쪽.

관 DST 요원의 출현으로 체포되고 말았다. 다브지가 안데르손에게 건네주려 한 『정의의 시간』은 소명단 수석사제 리에나르 신부가 그의 FLN 개입을 질책하며 단호히 출간을 반대한 글이었다. 다브지는 닐스에게 함께 체포될 때 빼앗긴 원고 말고도 벨기에 모처에 숨겨둔 원고 1부가 더 있다고 알렸다.[69] 다브지 신부는 그렇게 출간된 『정의의 시간』이 자신이 낸 책 중 가장 중요한 책이었다고 자평한다. 이미 1959년 4월 기소되어 재판일이 공시됐을 때 그는 파리 군사법원장에게 편지를 띄워 물의를 일으킨 바 있었다. 스위스로 도망친 다브지 신부는 1960년 4월 16일 궐석재판에서 10년 금고, 20년 체류금지형을 받았다. 그는 그곳에서 '청년레지스탕스Jeune Résistance'에 가입한다. 닐스는 직업상의 사유로 구속은 면했으나 프랑스에서 추방되고 입국 금지령을 통보받는다. 그 사이에 시테 출판사에서 출간된 전쟁 관련 서는 10권에 이르렀다.[70] 그 가운데 『알제리혁명과 그 전망』은 알제리를 넘어 북아프리카 전역에서 항쟁의 상징으로 추앙받는 압델카데르의 손자인 라자크 압델카데르가 쓴 글이었지만 정치적 이유로 아깝게 출판이 무산되고 말았다.[71]

---

69. 다브지는 68학생운동에 문필로 참여했고 2006년까지 교회비평 저술을 냈다.

70. 미뉘에서 나온 『종양』『실종자』, 로베르 다브지의 『정의의 시간』『알제리, 6년간의 전쟁흑서』, 도미니크 다르부아와 필립 비뇨의 『전쟁 속의 알제리인』『식민지의 소외와 알제리 가족의 저항』『알제리 투사의 지침서』『게임초월』『물과 기억』『공포의 흔터』이다. 1962년 7월 정치적 이유로 미간된 『알제리 혁명과 그 전망』은 원고 상태로 남는다. 스위스 문서고의 출간목록을 통해 알제리전쟁과 스위스의 연관성을 연구한 다미앵 카롱의 다음 문헌 참조. D. Carron, "De la question au Manuel du militant algérien: Nils Anderson, 'La Cité-Éditeur' et la guerre d'indépendance algérienne," D. Carron, L. Burnaud et P. Jeanneret, Livre et militantisme La Cité Éditeur 1958-1967, Lausanne: Éditions d'en bas, 2007, 185-187쪽.

71. 출간이 불발된 이 책의 원고를 쓴 라자크 압델카데르는 1919년 시리아 다마스쿠스 출생으로, 이스라엘 국가가 출범하고 알제리전쟁이 발발하는 시기에 아랍과 유대인의 화해를 모색한 것으로 알려진다.

장송망에도 가담한 안데르손의 출판 의지는 매서웠다.[72] 그러나 그는 글을 쓰고 출판을 하는 것이 이렇게 값진 일이 된 것은 수감자, 징집병, 소집병, 지식인, 기자, 변호사, 전직 장교들 덕분이라며 그들에게 공을 돌렸다.[73] 그는 징집 기피자와 탈영자에게 특히 마음을 쏟았다. 알제리전쟁은 정의의 문제인 한편 징집과 군인의 사안이었다. 나치의 패망, 점령과 저항으로부터 단 십 년이 지난 때에 프랑스 청년들은 식민지 전쟁터에 나가 있고 교전 상대인 알제리의 노동자 수십만 명은 프랑스에 들어와 있다는 모순이 온 프랑스 사회에 그늘을 드리웠다. 투쟁적인 존재는 인정하지 않는다 해도 눈에 보이는 것을 보지 않을 수 없었다. 알제리전쟁을 대면한 프랑스 병사들의 심경은 착잡했다. 두말없이 명령에 복종하는 것이 군인이었고, 사실 기록을 남긴 병사가 많은 것도 아니었다. 군인에게 그런 기대를 한다면 억지일 것이다. 그러나 사막과 산악, 포탄 속에 살해와 죽음을 겪으며 일부 병사가 써 보낸 편지, 전장에서 써내려간 일기는 전쟁과 국가, 국민의 관계를 거울처럼 명료히 비춰주었다.

군대에서 정치적 추이를 지켜보고 훗날 이를 증언한 것은 특히 지식인 출신들이었다. 이들은 행정병, 교육병과에 배치되어 시간적인 여유가 있었다.[74] 클레르 모스코포는 이들이 말하고자 한 핵심 주제로 전쟁 속의 폭력을 들었고,[75] 이 전쟁은 전쟁이라는 동어반복 외에

---

72. 닐스는 2005년 알제리혁명 50주년을 기념해 베른 주재 알제리 대사로부터 훈장을 수여받았다. 그는 알바니아에서는 중국 관련 서적을 출판하기도 했고, 오랫동안 스웨덴 웁살라 시에서 살면서 파리를 그리는 '라탱 지구에서Au Quartier Latin'라는 책방을 운영하기도 했다. 1992년부터 파리에서 거주하고 있다.

73. *Résister à la Guerre d'Algérie: par les textes de l'époque*, Paris: Les petits matins, 2012. 닐스 안데르손이 쓴 이 책의 '후기' 참조.

74. C. Mauss-Copeaux, *Appelés*, 133쪽.

75. 같은 책, 135-200쪽.

는 아무것도 아니라는 사실을 프랑스에 전달하려고 했다. 세월이 가
도 증언할 것이냐 침묵할 것이냐는 숙제가 되었다.[76] 폭력은 제도적
이면서도 개인적이었고 일상에서 고문실까지 겹겹이 둘러쳐져 있었
다. 게다가 이 전쟁은 숨어 있는 적과 싸우는 게릴라전이었다. 그러나
병사들은 부모, 친구, 장관에게까지 편지를 보낼 수 있었다. 그런가
하면 징집을 거부하고 병영 대신 감옥을 택할 수도 있었다. 젊은 군인
들은 이런 여러 조건을 떠올리며 한 줄 한 줄 세심하게 자신의 처지
를 써내려갔다.[77] "수감자, 탈영자, 관리가 없었다면……"이라는 닐스
의 감회는 공연한 혼잣말이나 인사치레가 아니었다. 식민지에서도 수
감자는 수형제도의 통제 아래 있었지만 편지를 쓰고 또 받을 수 있었
다.

4. 식민지의 진실을 찾는 독자들

그렇다면 누가 어떤 전쟁반대 담론을 접했고, 무슨 마음으로 참전
을 거부하게 되었을까? 이는 매우 답하기 어려운 질문이다. 수치와
통계로 추산하기 힘들뿐더러 미뉘 출판사, 쇠유 출판사, 시테 출판사
에서 나온 책을 찾아서 읽은 내적 동기를 추적하기가 어렵기 때문이
다. 게다가 알렉의 『라 케스치옹』, 다브지의 『정의의 시간』 같은 책을
읽은 독자가 일으킨 심적 변화를 파악할 마땅한 자료가 없는 형편이
다. 하지만 분명한 것은 책이 판매되었고, 출판은 이러한 잠재 독자층

---

76. 프랑스 공영방송 채널 France3이 지원한 파트리크 로트망의 2002년 TV 다큐멘
터리 영화 〈친밀한 적L'Ennemi intime〉은 그러한 참전병사들의 심리적 혼란을 잘 보
여준다. 로트망은 이를 책으로도 펴냈다. 이 책 53쪽 각주38 참조.
77. "La prison cette délivrance!" *Résister à la Guerre d'Algérie*, 127-129쪽.

의 성원을 믿고 출판 의지를 접지 않았으며, 이 수요층은 사회의 압력에 굴하는 힘없는 소수로 전락하기를 거부했다는 점이다. 이들 독자층의 세대와 직업, 사회적 지위를 재구성하지는 못하더라도, 최소한 그들이 어떤 배경에서 1950년대의 프랑스 정치사회 동향에서 자기 몫을 구했는가 하는 것은 짐작할 수 있다.

1950년대는 냉전시대였고 프랑스도 예외는 아니었다. 그러나 프랑스의 냉전기는 자본주의와 공산주의 중 하나를 택하는 갑갑한 사회를 의미하지 않았다. 후설, 하이데거, 1920년대 아방가르드 문화를 생산한 독일이 동서 양 진영으로 나뉘면서 사상적 활기를 잃자 프랑스는 지적 부담이 커졌다. 프랑스는 1956년 10월 헝가리 봉기가 노정한 스탈린 체제의 현실을 직시하고 동서 유럽의 교차로가 되어야 한다는 각성을 떨칠 수 없었다. 그러나 파리가 마지막으로 한번 더 '세계의 수도'가 되었다면 그에는 분명 유럽 바깥으로 향하는 독자들의 행진이 있어야 할 것이었다.[78] 프랑스에서 양질의 독자층이 형성된 것은 오래였고 일부 파리와 지방의 인쇄소는 왕정시대 때부터 존속해왔다. 게다가 19세기 자유주의는 인쇄출판 문화의 번성기를 만들어놓았다. 에밀 졸라의 「나는 고발한다」를 1면 전단에 게재했던 『로로르』는 1898년 1월 13일 오후에 석간 20만부 이상을 팔고도 다시 찍었다. 흔히 N.R.F.로 약칭되는 『누벨 르뷔 프랑세즈(신프랑스 평론)』의 대두 이후로 20세기 출판 권력은 더없이 공고해졌다. 더구나 제1차 세계대전 후 대학 외부의 지식층 증대로 잡지 필진과 출판인은 대학만 바라보지 않았고, 인문사회과학, 특히 문학 출판은 나름의 독자층이 뚜렷했다. 대중과 독자의 호응으로 상업적 수익을 거둔 출판사 가운데는 100년이 넘는 역사를 갖게 된 곳도 있었다. 아셰트는 1826년

---

78. 토니 주트, 『20세기를 생각한다』, 조행복 옮김, 파주: 열린책들, 2015, 281쪽.

에, 플롱은 1854년에 설립되어 오늘에 이른다. 갈리마르는 1910년에 세워졌고, 베르나르 그라세는 1907년에 문을 열었다.[79] 하지만 각 출판사의 색채가 선명해진 데는 이유가 있었다. 공산당은 창당 이후 민중 교양과 이념 전파를 위해 선전으로 출판을 활용했는데 이는 새로운 현상이었다.[80] 가톨릭계를 대표하는 쇠유에서도 1970년대 초부터 영역을 넓혔으며 같은 계열의 노동자출판사Éditions Ouvrières도 사회과학 출판에 뛰어들었다.

1930년대와 마찬가지로 1945년 이후에도, 독서 인구가 계속해서 늘었고 취향도 진보적이 되었다. 미뉘의 누보로망이 가리키듯이 문학이 자극 받았고 프랑스에도 1930년대 파시즘 시절의 이탈리아 청년들 사이에서 유행하던 포켓판이 본격 유입되었다. 좌파 이야기에 대한 관심이 커져 이탈리아 조반니노 과레스키의『돈 카밀로의 작은 세계』가 79만 8,000부, 피터 클로스터만의『대서커스』가 52만 7,000부, 망명작가 빅토르 크라프센코의『나는 자유를 선택했네』가 50만 3,000부, 아서 케스틀러의『제로와 무한』이 45만부가 팔려나갔다.[81] 책은 책값을 내고 구매하는 것이므로 이는 전후의 번영을 반영한 것이기도 했다. 사실 1948년에서 1963년까지 프랑스 국민총생산은 연

79. PUF와 갈리마르는 중립적이었지만 책은 진보적이었다. 라르마탕L'Harmattan 책은 지질과 제본이 투박했지만 제3세계 담론과 문헌을 선호하였다. 2만 인구의 엑상프로방스에 있는 작은 책방은 인문서의 보물창고와 같았다. 고서점 연합체에서는 문학 책방이 그런 국제적 감각을 드러냈지만 대학 연구자 같은 지식인이 아닌 출판사가 주도권을 쥐었다. 대학이 소수만의 지적 훈련장이 된 지 오래였기 때문이었겠지만 작가가 지식인 주류를 형성한 것도 한 이유였을 것이다.

80. 프랑스공산당은 문건이 많기로 소문난 당이었다. 하지만 당 출판은 목전의 세력화만 생각한 것은 아니었다. 1930년대부터 대중의 지적 정신적 취향을 위해 고전과 문학 출판에 부심했으며, 노동자들도 위고, 졸라 같은 대문호의 작품을 감상할 수 있도록 전집 구상을 했다.

81. P. Ory et J.-F. Sirinelli, Les intellestuels en France: De l'affaire Dreyfus à nos jours, Paris: Armand Colin, 1992, 183-185쪽.

간 4.6퍼센트, 1960년대에는 연간 5.8퍼센트의 성장을 기록하였다. 오래된 소비에 대한 절제심리가 풀리고, 교회에서 가하는 은근한 규제가 차츰 완화되는 분위기였다.[82] 자본주의 경제 호황으로 불어난 식자층에서 파리 라탱 지구의 책방 단골이 나왔지만 독서 대중은 그런 부류로만 한정되지 않았다. 정부는 1954년 교육부 내 독서국을 두어 인구 1만 5,000명 이상의 지방은 임의로, 그 이하는 국가에서 관장하는 독서 정책을 시행해나갔다. 시립도서관보다 기업 내 도서관을 이용한 노동자 독서 인구가 훨씬 더 많았다.[83] 지갑이 얇은 계층에서 책방을 더 많이 찾았던 데는 여러 이유가 있었을 텐데 그중에서도 정당은 주목을 요한다.[84]

프랑스공산당PCF은 1920년 창당 때부터 특히 출판에 심혈을 기울였다. 하지만 독자를 불리기가 쉽지 않다가 제2차 세계대전 이후에 돌파구를 마련하게 된다.[85] 당은 분명 코민테른 하부조직이었지만 문헌과 기록의 나라 프랑스의 정치 문화를 물려받았다. 애당초 사회당

82. 북프랑스의 한 거대 직물기업 경영주도 교회의 압력으로 말미암아, 돈을 펑펑 쓴다는 인상을 주지 말아야 한다는 사실을 깨닫게 되었다고 한다. R. Vinen, *France 1934-1970*, London: Macmillan Press, 1996, 121쪽.

83. 1945년 전국에 설치된 기업위원회는 노동자의 사회보장, 문화생활, 여가를 도왔다. 기업도서관 책 목록은 고용주와 노동자가 날카롭게 맞서는 문제였다. 1951년 르노 비양쿠르 도서관에서는 책 실종사건도 생겼다. R. Trempé et J.-M. Leterrier, *Construire: Protection social et activités culturelles*, Montreuil: Éditions CCAS, 1994, 72-75쪽; 도서관의 활동은 특히 J.-M. Leterrier, *La culture au travail: Essai de politique culturelle à l'entreprise*, Paris: Messidor/Éditions sociales, 1991, 68-73쪽.

84. 전후부터 1950년대까지 노동자가 소비재 구매력을 갖추지만 소득한계는 분명했다. Richard F. Hamilton, *Affluence and the French Worker in the Fourth Republic*, Princeton, NJ: Princeton University Press, 1967, 158-185쪽.

85. 1944년 8월 파리 해방과 함께 PCF는 27퍼센트 득표로 프랑스 제2의 정당이 된다. 1927년에는 코민테른 출판국이 20개국에 설치되고 47개 언어로 출판물을 제작했다. F. Genevée, *La fin du secret: Histoire des archives du parti communiste français*, Paris: Éditions de l'Atelier, 2012, "Bibliographie," 161-162쪽.

과 공산당으로 분화하기 전 통합사회당SFIO은 신문과 팸플릿, 서적 간행에 신경을 쓰곤 했는데, 이 정당은 빈약한 재정을 신문의 판매 대 금과 출판 수익으로 충당하는 유형의 당이었다.[86] 공산당은 그때보다 도 더 비이념적 출판물에 눈독을 들였다. 1930년대 모스크바의 경직 된 문화정책에도 불구하고 프랑스공산당은 이념 출판에 치중하지 않 았고 17세기 고전작가 라신부터 19세기 작가 플로베르, 졸라, 아나톨 프랑스, 로맹 롤랑까지 300권의 출간 계획을 세웠다. 전쟁을 거치는 동안 수많은 출판 종사자를 잃은 공산당은 전후에 출판 사업을 확장 하고 개선하였다.[87] 공산당과 연계된 에디시옹소시알은 1945년 6월 13일 회의에서 "우리는 프랑스 교사, 대학생, 노동자, 농민, 온 계층을 상대로 프랑스 합리주의를 대중화한다"는 목표로 염가도서 공급을 결정했다. 공산당원은 노조원인 경우가 많았다. 그래서 프랑스노동총 연맹도 글과 그림을 매개로 자본주의하에서 교육 기회가 적었던 노 동자의 지적 함양을 주된 목표로 삼았다. 이와 같이 1950년대 알제리 전쟁 때까지 단단했던 중도좌파의 독자층 형성에는 노동조직과 정당 의 진보사회에 대한 갈망이 녹아 있었다.

한편 책과 기사를 통해 기자가 곧 지식인이라는 등식이 자리를 굳 혔다. 나치 점령기에 파르티잔들은, 프랑스혁명기의 군인인 양 숲속

---

86. 1920년 공산당이 인계한 '뤼마니테' 책방은 신문과 책, 전단, 소책자, 광고물, 작은 흉상, 배지를 팔고 필자와 편집자, 교정자, 인쇄공, 노동자, 정치인이 부지런히 드나드 는 출판사 겸 도서관, 문화기획센터였다. 같은 시기 '악시옹프랑세즈'는 '누벨 리브레 리Nouvelle librairie'를 만들었고 우파 지식인 조르주 발루아가 이를 운영했다.

87. 독일군 사령부 내 프랑스 선전선동국, 독일 대사관, 비시 정부 공보부의 통제를 받 았다. 1941년 봄, 레지스탕스 검거 열풍이 불자 공산당은 지하로 들어갔고, 프랑스 경 찰과 독일 점령 당국을 피해 1942년 종이 공급, 인쇄를 담당할 철도원 40여 명의 인 원을 확보해 구체제 때의 지하출판물처럼 내용과 상관없는 표지로 다른 책인 양 위장 출판했다. 1942년 6월에서 1943년 초, 인쇄소들은 파괴되고 95만 건의 전단과 소책 자가 압수당했다. 지하출판 관련자 220명이 체포되어 고문과 처형을 당했고, 일부는 마우트하우젠 수용소, 슈투르트호프나츠빌러 수용소로 끌려가 희생되었다.

에서 몽테뉴를 읽었으며, 베르코르 산악지대에서 학교를 세우고 틈만 나면 라퐁텐 우화, 라틴어 문법을 (유대인 아이를 포함해) 아이들에게 가르쳤다.[88] 물론 냉전기의 공산당은 그다지 자유롭지 않았다. 당은 지도자들과 당원들이 지침대로 읽기를 주장하였다. 더구나 알제리전 쟁에서 프랑스공산당의 입장은 더 미묘했다. 1955년 3월 31일 비상 사태법에 공산당이 찬성을 표결했다는 것에 대한 FLN의 배신감은 컸 다. FLN은 애당초 프랑스공산당 하부인 알제리공산당과 어떤 제휴도 맺을 의사가 없었다. 하지만 알제리공산당이 전쟁을 지원하는 것은 분명했다.[89] 오뎅의 실종사건과 알렉의 『라 케스치옹』이 그 증거였다. 그러나 일반 독자는 공산당의 입장에 무심했던 듯하며, 여타 정당의 일간지, 노동총연맹 기관지에 더 매력을 느꼈던 것 같다.

무엇보다 흥미를 주는 것은 매일 접하는 일간지와 주간지의 기사, 사설, 논단이었다. 어조는 침착해도, 급박하고 역동적인 전쟁상황이 핍진하게 느껴졌다. 1958년 여름, 카이로에 온 장 다니엘, 알베르 폴 랑탱, 파브로드 같은 급진적인 기자들은 FLN의 대외부와 가까웠다.[90] 로베르 바라, 클로드 부르데는 유보 없이 민족군에 동조했다. 서로 보 도경쟁도 치열하고 1958년 이래 튀니스와 카이로에 상주해온 프랑 스의 외신기자들이 전쟁을 비판적으로 보도한 것도 사실이었다. 그러 나 『르몽드』『롭세르바퇴르』『렉스프레스』에서 일하는 신문기자들은 노련했다. 대독항쟁 경험을 활용하고 검열의 빈틈을 노려 기사를 쓰

---

88. Jacques Guicharnaud, "Those Years: Existentialism 1943-1945," *Yale French Studies*, vol.16, Foray through Existentialism, Winter 1955-1956, 44쪽.
89. 전쟁 초기 프랑스공산당과 FLN의 관계는 J. Jurquet, *Années de feu: Algérie 1954-1956*, Paris: L'Harmattan, 1997, 127-327쪽.
90. 반식민주의 언론인 랑탱Albert Paul Lantin은 북아프리카 중동 전문가였으며 『리 베라시옹』 알제 특파원으로 활동하다가 1961년에 추방된다.

고, 취재원의 신원을 보장하고, 능숙하게 취재대상을 판별해냈다.[91] 제재를 받으며 취재해야 했지만, 설령 제재가 없었다 해도, 취재한 것을 전부 쓰지는 않았을 것이다. 신문사는 기사의 선별과 제목 달기에 신중을 기하였다. 그럼에도 불구하고 OAS는 알제리 독립에 동조적인 언론인과 언론매체를 놓치지 않았다. 공감도 지나치면 진의가 퇴색하므로, 『르몽드』의 사장 뵈브메리, 편집국장 자크 포베, 『롭세르바퇴르』의 논설위원 장 다니엘, 텔레비전의 그렁바슈 같은 이들은 진실성을 최우선에 놓고 과장하거나 자극적인 표현을 삼갔다. 대중적인 가톨릭 일간지 『라크루아』는 중도우파라 할 수 있었으나 이들 역시 전쟁 뉴스를 세밀히 전했으며 수구적이지 않았다.[92] 이런 언론의 기량과 태도는 많은 독자의 공감을 불러일으켰고, 당국이 『에스프리』를 공격했을 적에는 좌파들의 결속을 가져왔다.

하지만 정부에 비판적인 좌파 언론은 자연히 군 당국과 정부를 날카롭게 만들었다. 알제리전쟁의 국면이 전환되는 1959년 이후에는 우익 언론에서도 정부 비판 목소리가 커졌다. 반정부 선전을 허용해선 안 된다는 입장도 설득력이 있었다. 자크 수스텔은 프랑스 언론의 전쟁 비판은 적을 돕는 이적행위라 판단하였다. 장교들도 배반적인 언론이 반란자에게 도움과 위안을 주어 사기를 떨어뜨리고 전장에서 거둔 승리를 위태롭게 한다고 믿었다. 알제 사령부는 계속 『르몽드』『라크루아』『르피가로』를 포함해 타락하고 패배주의적 신문에 조처를 취해주기를 촉구했다. 프랑스 군부가 선전전에 힘을 기울이는 만

---

91. 이 시기 신문기자들의 활약상에 대해서는 M. Khane, *Le Monde on the Algerian War under the Fourth Republic: A study of the news papers's coverage 1944-1958*, Canterbury: University of Kent, 1993.

92. 1883년에 창설되어 10만 명 이상의 구독자를 가졌던 가톨릭 일간지 『라크루아*La Croix*』는 1950년대에 공개적으로 노동사목에 우호적인 견해를 표출했다.

큼 FLN도 지략을 다해 선전전을 벌였다. 『렉스프레스』는 FLN 은신처에서 즐겨 찾는 신문이었다. 온건파 장교들도 이 주간지가 FLN을 지원하는 것을 좌시해야 하는지를 두고 논란을 벌일 정도였다. 어떻든 프랑스 언론은 지중해를 건넜다. 알제리인은 전쟁이 혼미해질수록 정확한 뉴스를 찾았고 관변언론과 다른, 더 나은 보도와 해설에 마음을 빼앗겼다. 해외언론이 특히 인기였다. 알제와 오랑 같은 대도시, 특히 농촌 중심지에서는 신문행상인들이 분주하게 "신문! 신문!"을 외쳤다.[93] 카빌리 농촌에서 물루드 페라운도 포르나시오날에 어김없이 도착하는 신문으로 알제리와 국제정세를 따라가고 있었다.[94] 더구나 『파리 마치』 같은 크고 화려한 화보잡지에 게재된 전투 장면은 특히 이색적이었다. 1930년대의 식민지 모습과는 판이해 보였다. 신문들이 독자를 끌어당기는 힘은 전쟁을 통해 치솟았다.

정부대책은 문자매체보다 영상매체에 더 날카롭게 적용되었다. 영상은 세상에 알려진 공식 진실 외에 다른 진실이 있을 거라는 느낌을 강하게 주었다. 알제리전쟁을 다룬 영화들은 종전 이후 주로 제작되지만 예외도 있다. 전쟁이 한창이던 1958년 영화감독 '르네 보티에'는 산악무장대의 대원들을 촬영하여 〈오레스에서 스무살이었네Avoir vingt ans dans les Aurès〉라는 다큐멘터리를 완성했다. 그는 1956년 〈아프리카 50〉으로 상영금지처분과 함께 1년형을 선고받은 상태에서 1957년에는 25분짜리 반전 단편영화를 만든 신예감독이었다. 프랑스의 영화검열제도는 다른 나라에 비해 엄격한 편이었다. 1955년 조르주 샤사뉴는 프랑스 군인이 알제리인 구금자 셋을 업고 나가 타살

---

93. F. Fanon, *Sociologie d'une révolution (L'an V de la Révolution algérienne).* [한국어판 『혁명의 사회학: 알제리 민족해방운동 연구』, 성찬성 옮김, 서울: 한마당, 1986; 『알제리 혁명 5년』, 홍지화 옮김, 고양: 인간사랑, 2008]
94. 전쟁 기간 동안 페라운이 쓴 일기의 여러 곳에서 이런 사실을 접할 수 있다.

하는 사진을 출판했다는 이유로 추방되었다. 당대 최고의 배우 제라르 필리프를 기용해 반식민주의 영화를 찍은 네덜란드 다큐멘터리 거장 요리스 이벤스도 빼놓을 수 없다. 노동총연맹 전국관객연맹 대표였던 필리프가 출연한 그 작품은 프랑스의 튀니지 정복을 그린 〈강물의 노래Das Lied der Ströme〉(1954)라는 제목이었다.[95]

젊은 공산주의자들은 이 영화의 벽을 넘어야 사실이 밝혀진다고 믿었다. 보티에가 알제리에 관한 영화작업을 시작하게 된 것도 공산당 계열의 프랑스교육동맹과 연관이 있다. 1954년 말엽 교육동맹의 의장이 프랑스의 알제리 정복을 소재로 한 다큐멘터리를 제작해줄 것을 의뢰하였다. 〈하나의 나라 알제리Une nation, l'Algérie〉에는 "알제리는 어떻든 독립할 것이고 양측에서 피를 흘리기 전에 지금 이 문제를 논의하는 것이 좋다"라는 자막이 들어갔고, 보티에는 국가치안위반 혐의로 기소되었다. 그러나 영화인이 당을 따르기만 한 건 아니다. 1956년 공산당이 기 몰레에게 전권을 부여하는 의회 표결에서 찬성하는 것을 보고 보티에는 산악무장대를 촬영하기로 결심한다. 당은 이를 만류했지만 그는 당증을 반납했다.[96] 그리고 튀니지로 먼저 가서 알제리전쟁 피난민 실태를 영화화했다. 당시 튀니지에 있던 프란츠 파농의 권유를 받아들인 결과로 알려진다. 보티에는 파농이 소개해준 아반 람단을 만나 어떤 선전활동도 안 한다는 조건하에 특공대 대열에 합류해 튀니지 철조망을 넘어 네멘차 산악으로 들어갔고 거기서

---

95. 카메라에 일찍부터 노동자들을 담고, 1930년대에는 에스파냐 내전을 촬영하기도 한 네덜란드 출신의 프랑스 영화인 요리스 이벤스는 1957년에 단편영화 〈세느가 파리와 만났네la Seine rencontré Paris〉를 만들었다. 이 다큐멘터리의 거장은 1960년대 독립한 프랑스령 아프리카 나라의 문제들을 영상화하기도 했다.
96. "Un cinéaste français au service du FLN: René Vautier," G. Hennebelle, M. Berrah et B. Stora (dir.), Cinéma Action: la guerre d'Algérie à l'écran, Normandie: Éditions France empire Charles Corlet, 1997, 158-159쪽.

무장대들과 지내며 〈오레스에서 스무살이었네〉를 찍을 수 있었다.[97] 전쟁에 대한 해석 이전에 먼저 사건을 직접 대면하게 한 이 작품은 1972년 칸영화제 국제비평가상을 수상했다.[98] 1973년 보티에는 영화에 가해진 검열에 맞서 단식투쟁을 벌였다. 1970년 말까지 〈오레스에서 스무살이었네〉는 파리 대학가 라탱 지구 영화관에서 상영되었으며 프랑스의 영화검열제도는 1981년 폐지되었다.[99]

알제리전쟁기는 첨단적인 누벨바그 시기였다. 하지만 정부 홍보물이 아니라면 알제리 영화화는 금기였다. 그래서 프랑스군 영상국의 필리프 드 브로카는 프랑스 군인이 가혹행위를 저지르는 장면을 찍었다는 이유로 기소된 적이 있다. 장뤽 고다르도 1960년에 알제리전쟁을 다룬 영화 〈작은 병정Le Petit Soldat〉을 완성하고도 1963년까지는 상영하지 못했다. 1961년 오댕위원회의 의뢰로 촬영된 자크 파니젤의 다큐멘터리 〈파리의 시월Octobre à Paris〉은 교육동맹 지원으로 지하를 돌아다녔다. 프랑스 문화부는 영화에 '알제리' '모로코' '튀니지' '지중해' 같은 어휘들이 드러나면 안 된다고 압박을 가하였다. 하지만 이러한 공식 입장이 무색하게도 1950년대 후반의 정세는 매우 급박하게 선회하고 있었다.

---

97. FLN 선전 담당자는 영화의 한 장면을 삭제해주길 요청했다. 산악전투원들이 여러 동료가 죽었다는 통지를 받고 눈물을 흘리는 모습이었다. '자무Djamou'는 결코 눈물을 흘리지 않는다는 것이었다.

98. "어떤 도덕성을 결론으로 도출해야 한다면 그것은 내가 아니다. 관람하는 사람 각자가 그가 원하는 대로 생각할 것이다. 그것이 '열린' 영화이다. 나는 내 느낌으로는 보여주어야 할 필요가 있는 사실들을 보여주었다."

99. 그러나 이념적이든 영화적이든 알제리전쟁을 주제로 하는 영화들은 전쟁 후 여러 형태로 나타났다. 탈영병들 이야기도 여러 편이 영화화되고 앙리 알렉의 『라 케스치옹』도 이미지화되었다. P. Ory, "L'Algérie fait écran," J.-P. Rioux (dir.), *La guerre d'Algérie et les Français*, Paris: Fayard, 1990, 573-581쪽.

5. 프랑수아 마스페로와 제3세계

1956년 헝가리 봉기에서 1959년 쿠바혁명까지 북아프리카의 튀니지와 모로코, 서아프리카의 토고와 가나가 각각 독립했고, 미국에서는 마틴 루터 킹 목사를 위시한 흑인운동가가 전례 없는 관심을 받으며 흑인의 대의를 주장하였다. 알제리전쟁을 치르며 사람들은 이런 외부적 변화에 한층 민감했다. 당시 파리 좌안 생세브랭 거리 40번지에 자리한 책방 '책 읽는 즐거움la joie de lire'에 가면 그런 소식들이 여봐란듯이 진열되어 있었다. 파리의 책방들은 제각기 개성을 지녔지만 새로 생긴 이곳 분위기는 남달랐다.[100] 유리창을 통해 보이는 진열대부터 중국, 아프리카, 라틴아메리카의 냄새가 물씬 났고, 문을 열고 들어서면 일반 서적뿐만 아니라 전단, 신문, 소책자, 선전지가 다양하게 비치되어 있었다.

파리 6구 골목의 이 작은 책방에서, 파리에서 드물게 자정까지 문을 여는 이 자유의 공간에서 사람들은 마치 도서관에 온 것처럼 서지 카드를 뒤적이거나 학위논문을 들여다보았다.[101] 사다리로 서가 맨 꼭대기 칸에 올라가면 구하기 힘든 아시아 아프리카 출판물이 가지런히 꽂혀 있었다. 낯선 이들끼리 눈인사를 나누고 어쩌다 논쟁이 생기면 그 이야기를 엿듣곤 했으며, 그러면 책방의 공간은 알제리 오레스 산악이나 알제 제4월라야에서 신음하는 사람들의 메아리를 가득

---

100. 6구에만 생미셸, 생제르맹, 고등사범으로 들어가는 게이뤼삭 거리에 작고도 좀 '이상한' 책방들이 숨어 있었다. 10분이면 건너는 센 다리를 지나 원편으로 접어들면 '블레조 책방Librairie Blaizot'이 있었다. 1950년대와 60년대의 비판적 독자들은 "울분에도 불구하고 자신이 책방에 있다는 것만으로도 안도감과 충족감을 가졌다."

101. 마스페로 책방의 인간적인 풍경에 관해서는 B. Guichard, A. Léger et J. Hage (dir.), *François Maspero et les paysages humains*, Paris: La fosse aux ours/À plus d'un titre, 2009, 33-35, 67-68쪽.

담아 공명했다. 혹자는 프랑스 제국은 이제 세계의 중심이 아니며 중요성을 더해가는 아프리카와 라틴아메리카의 투쟁과 사상이 얼마나 참신한지, 또 그들과의 연대가 얼마나 필수적인지를 힘차게 이야기했다. 정치적 부름에 화답하는 일이 지식인의 소명처럼 여겨지던 시절이었다.[102] 그런 서적과 소책자는 책방에만 갇히지 않고 외부로도 나갔기 때문에, 그와 같은 파리의 분위기는 지중해를 넘어 알제 대학가 서점까지 고스란히 전해졌다.

문학, 시, 조형, 정치 서적이 한꺼번에 가판대에 올라도 어수선하지 않았고 구석구석 주인의 세심한 손길이 느껴졌다. 사다리에 올라 맨 꼭대기 칸 서가를 정리하는 서점 겸 출판사의 사장 프랑수아 마스페로는 이십대 후반의 젊은이였다. '책 읽는 즐거움'은 페탱 정부 시절부터 있던 책방으로, 마스페로는 과거의 이름을 굳이 바꾸려 하지 않았다. 이 책방을 근거로 성장한 마스페로 출판사는 공산당과 무관한 독자적인 출판사였다. 1960년대에는 좌파라면 이곳에 들르지 않는 이가 없었는데, 인문, 사회, 문학, 철학을 프랑스의 중심으로부터 열어젖혔기 때문이다. 알제리전쟁이 끝날 즈음 이러한 책방들과 독자들을 통해, 제3세계는 비로소 파리로 들어설 수 있었다. 1961년 알제리 가톨릭농민청년회가 알제리를 제3세계라고 한 것은 프랑스 즉 유럽의 하부구조였던 알제리가 유럽 이외의 세계로 전이했다는 징표였다.[103] 마스페로 책방에는 전쟁 초기에 압수됐던 책과 정기간행물이 많았다.

---

102. Christian Baudelot, "Hommage fraternel d'un défenseur à tous crins," *François Maspero et les paysages humains*, 46-47쪽.

103. 가톨릭의 농민청년회Jeunesse agricole는 알제리가 프랑스의 일부가 아니라 신민화된 대규모 토지라고 생각했고 이를 가리켜 1950년대 말부터 '제3세계'라고 불렀다. 전쟁이 끝나갈 무렵, 알제리와 무슬림들은 자신이 프랑스 국민과 근본적으로 다르다고 생각했다. S. Nowinski, "French Catholic Activism in Algeria between Colonization and Development 1930-1965," 385쪽.

손님들은 정부에서 '반도叛徒'로 규정한 항쟁자들의 거센 반론을 편견 없이 듣고, 프랑스군과 알제리 산악무장대 간의 악화일로의 폭력과 추이를 직접 판단할 수 있었다. 마스페로가 책방을 인수하던 초기부터 진열대를 채운 알제리, 쿠바, 중국, 라틴아메리카 서적은 장식용으로 보이지 않았다. 이 젊은 주인은 유명한 학자 가문 출신이었다. 그의 부친 앙리 마스페로는 부헨발트 나치수용소에서 사망하기 전까지 콜레주드프랑스에서 강의한 중국학 대가였고, 라벤스브뤼크 강제수용소에서 용케 생환한 어머니도 프랑스혁명사를 전공한 전문가였다. 당시 저격대원으로 참전했던 형은 모젤 전투에서 전사했다. 프랑수아가 태어나기 전에 작고한 조부 가스통 마스페로 역시 저명한 이집트학 학자였으며 조모는 손자에게 유산을 남겨 이 책방을 열게 했다.

'책 읽는 즐거움'을 열기 전 맨 처음에 파리 6구의 므시외르프랭스 거리에서 책방을 인수했을 때 그 위층에는 민중문화운동을 하는 브니뇨 카사레스가 살고 있었다. 그는 좌우대립이 격렬하던 1930년대부터 이념보다 민중문화의 가치를 전파한 실천가였다.[104] 브니뇨와 위리아주 학교 동문들이 꾸려나간 민중문화운동은 파리 지식인들 사이에서 큰 반향을 일으켰었다.[105] 1958년에 드골 정부에서 추진된 앙드레 말로의 '문화의 집' 정책은 1930년대에 끊긴 민중문화운동을 계승한 측면이 있었다. 1950년대의 이러한 민중지향성은 다큐멘터리 영화에 관심을 집중케 했으며, 마스페로가 1953년 식민주의에 관한 영화화에 몰두해 있던 크리스 마커Chris Marker와 사귀게 되는 계기를

104. B. Cacérès, *Histoire de l'éducation populaire*, Paris: Seuil, 1964.
105. 1940년 6월 패전 후 7월에 서부 위리아주에 몇몇 청년들이 모여 향후 방안을 숙의하고 두 가지 원칙을 정했다. 드 스공자크Pierre Dunoyer de Segonzac의 지휘로 베야르 고성에서 명문학교 출신, 기업 간부, 청년운동 종사자가 새 프랑스의 엘리트 양성에 관해 계속 토의했다. 같은 책, 131~136쪽.

열어준다. 마커는 아프리카 예술의 가치를 잘 알고 있어, 〈지난해 마리엔바트에서〉와 〈밤과 안개〉의 영화감독 알랭 레네와 함께 상영금지 작품을 공동으로 제작했던 영화인이었다. 이 마커가 긴 세월 마스페로의 든든한 지원군이 되어주었다.

1959년 공동창간 형식으로 출범한 프랑수아 마스페로 출판사는 이런 감각으로 전쟁기의 검열을 뚫고 출판의 자유를 밀고 나갔다. 책방 겸 잡지사에서 출판사로 변신한 경우는 과거에도 있었다. 가스통 바슐라르의 『물과 꿈』을 펴낸 호세 코르티 출판사가 그런 경우였고, 갈리마르 출판사도 그 시작은 N.R.F라는 잡지였다. 하지만 초기 마스페로 출판사를 눈여겨봤거나 지원을 했던 출판사는 없다. 출판계에서는 마스페로를 출판인으로 대접하지 않았다. 마스페로 출판사도 서점동호회Cercle de la librairie나 출판사협동조합Syndicat des éditeurs 같은 공공단체에 가입하지 않았다. 미뉘의 제롬 랭동조차 재정 약한 출판사가 어떻게 살아남을까 의구심을 가졌다. 훗날 마스페로는 그때를 이렇게 회상했다. "봉급은 없었다. 책방에서 나오는 돈이면 족했다. '편집진'도 없었다. 무슨 일이든 혼자 해냈다. 표지 그래픽에서 원고 교정까지. 첫 도서 카탈로그는 기 레비마노가 해주었다. 초현실주의자와 친한 기는 뛰어난 인쇄공이자 편집자, 번역자, 시인이었다." 프랑수아 마스페로는 기에게서 현장 실습교육을 받으며 도기장이, 가구장이처럼 공들여 꼼꼼히 일을 해야 하는 출판업에 매료되었다. "전부 내가 직접 한다"는 자긍심 때문인지 그는 일에 끝도 없이 매달렸다. 이집트학 대가, 중국학 석학을 배출한 집안임에도 마스페로는 특정 대학, 특정 작가와 친분이 없었기 때문에 오히려 운신의 폭이 넓었다. 재정은 궁했지만 자유가 넘쳤다.

1959년에 프랑수아 마스페로는 '자유수첩Cahiers libres'과 '기초문헌Textes à l'appui'이라는 두 개의 총서로 출판사의 문을 연다. 이 총서들은 1982년까지 이어진다. 자유수첩의 1번, 2번은 이탈리아 좌파 피에트로 넨니의 『에스파냐 전쟁』이었고, 3번이 프란츠 파농의 『알제리 혁명 5년』이었다. 프랑스 가톨릭 조르주 쉬페르의 『가톨릭 신자들과 좌익들』, 폴 니장의 『아덴 아라비아』, 이탈리아 좌파 주제페 보파의 『거대한 전환—스탈린에서 흐루쇼프까지』도 1960년에 간행되었다.[106] 알제리전쟁이 마무리되는 1962년까지 파농 외에도 마스페로에서 나온 알제리 관련서는 무척이나 많다. 모리스 마시노의 『거부』, 로베르 바라의 『알제리 장교들』과, 그리고 『121인 선언』, 자크 베르제스의 『정치적 변론』, 앙드레 망두즈의 『문헌으로 본 알제리혁명』 등이다.[107] 또 1961년 파농의 『대지의 저주받은 사람들』이 그가 세상을 뜨기 직전에 발간되었고, 사후인 1964년에는 유작 『아프리카혁명을 향하여』가 자유수첩의 53번, 54번으로 출간되었다. 그러나 마스페로는 파농과 특별한 개인적 친분이 없었다. 2003년에 파농을 영화화한 바 있는 알제리 감독 압데누르 자자와의 대담에서 마스페로는 파농과의 관계에 대해 이렇게 증언했다. "저는 사실 파농을 잘 몰랐고, 그저 그 사람의 책을 출판했을 따름입니다."[108]

그렇다면 마스페로의 파농 출판은 일종의 사건이랄 수 있었다. 파농은 1957년 알제리 총독부로부터 알제리 추방령을 선고받기 전까지 블리다 주앵빌 병원에서 정신과 의사로 근무하며 알제리 실상을

106. 마스페로가 펴낸 '자유수첩' 총서 목록은 다음과 같다. P. Nenni, *La guerre d'Espagne*, 1959; F. Fanon, *L'an V de la révolution algérienne*, 1959; P. Nizan, *Aden Arabie*, 1960; G. Suffert, *Les catholiques et la gauche*, 1960; G. Boffa, *Le grand tournant: de Staline à Khrouchtchev*, 1960.

107. 마스페로의 알제리 관련서는 다음과 같다. M. Maschino, *Le refus*, 1960; R. Barrat, *Officiers en Algérie*, 1960; "Le droit à l'insoumission: le dossier des 121," établi et préfacé par François Maspero, 1961; J. Vergès, *Défense politique*, 1961; A. Mandouze, *La révolution algérienne par les textes*, 1961.

108. *François Maspero et les paysages humains*, 82-87쪽.

직접 보았다. 그리고 파농의 이 체험은 알제리민족해방전선에 참여하는 기폭제가 되었다. 민족전선은 파농을 초빙해 FLN의 투쟁을 대외적으로 알리는 데 그의 문필을 활용했다. 마스페로에서 나온 『알제리혁명 5년』 같은 파농의 책은 알제리전쟁을 보는 독자의 시야를 열어주었다. FLN이 아니라 약소하지만 용기 있는 프랑스의 출판사에 의해 이 전쟁은 치안교란을 넘어 혁명으로 인정되고 존중받을 길이 열렸으며, 출판이 인준한 공식 언어에 의해 전쟁으로 격상되었다. 『알제리혁명 5년』의 파농은 이 전쟁의 지도자도, FLN을 지원한 백인 작가나 변호사도 아니었다. 그는 마르티니크 출신 흑인이었다. 그러나 파농의 책 덕분에 알제리는 북아프리카를 넘어 검은 세계 전체와 연결되고 제3세계 차원과 합류했다. 알제리전쟁 발발 4개월 후 인도네시아 반둥 회의에서 제3세계의 함성이 퍼졌을 때, 젊은 알제리 지도자들은 외교전에서 기세를 잡았지만 본고장 파리의 공감을 얻기 위해서는 군사력만이 아닌 출판도 필요했다.

하지만 마스페로에서 체 게바라, 부하린이 출판된 1959년 말에서 1960년 초의 파리 지식인들은 쿠바, 아프리카, 터키, 이라크 쿠르드인은 거의 관심 밖의 사안이었다.[109] 제3세계 기원을 연구한 클로드 리오쥐에 따르면, 제3세계주의는 1920년대에 파리 학생운동과 식민지인의 결합으로 탄생했지만 외부로 퍼지지는 않았었다.[110] 더욱이 일반이 제3세계 문제에 신중했다면 혁명에 수반되는 폭력이 서구와 무관할 수 없기 때문이었을 것이다.[111] 『에스프리』는 쿠바혁명 기사를

---

109. 1938년 스탈린에게 숙청당하는 부하린은 1936년 3월 말부터 몇 주 동안 파리 뤼테시아 호텔에 체류한 바 있다. M. Andreu, "Une conférence de Boukharine à Paris en 1936," *Nouvelles Fondations*, no.6, février 2007, 154-155쪽.

110. 다음 문헌을 보라. C. Liauzu, *Aux origines du tiers-mondisme: colonisés et anticolonialistes 1919-1939*, Paris: L'Harmattan, 1982, 특히 137-198.

111. M. Christofferson, *French Intellectuals Against The Left: The Antitotalitarian*

신고도 그것이 혹여 테러리즘, 전체주의로 전화轉化하지 않을까 우려
했다. 20세기 지성사가 토니 주트가 경계한 것도 그것이다.[112] 이런
우려 역시 새겨듣고 반추할 만하지만 그것으로 지식사회를 확장시킨
제3세계의 의미를 축소시키지는 못할 것이다.[113] 마스페로는 1960년
대 후반에서 1970년대 사이에, 경제·정치·문학 분야의 다양한 출판
물로 혁명적 주제를 다루었지만 혁명과 폭력은 항상 분리되어 있었다.

아프리카와 라틴아메리카 상황을 논하는 것이 혁명의 이름으로 폭
력을 묵인한 거라 본다면 마스페로의 입장을 잘못 읽은 것이다. 중요
한 것은 미지의 땅이라도 책으로 찾아가고 먼 곳의 말이라도 문자화
해 알아듣는 행위 그 자체였다. 그로써 넓은 혁명사상을 권력의 쟁취
나 이념의 승리로부터 해방시키고 좌파사상의 온갖 원천과 에너지를
배양하고자 했다. 1950년대 초의 청년들처럼 젊은 마스페로도 공산
당에 가입했지만, 1956년에 제명되었는데, 헝가리 봉기에 대한 입장
차 때문이었다.[114] 하지만 누구의 지시도 받지 않는 출판사라는 자율
성은 공산주의 배신자로 보인 트로츠키주의자의 작품도 출판하게 했
다. 1960년 니장의 『아덴 아라비아』를 출판한 것도 당에 굴복하지 않
는다는 시위 같았다. 1940년 5월 전사한 니장은 참전 직전 당을 탈퇴
했던 이였다.[115] 마스페로는 출판인으로서 경직된 분파의 함정에 빠

Moment of the 1970s, New York: Bergham Books, 2004, 41쪽.

112. 토니 주트, 『재평가』, 23-30쪽.

113. M. Christofferson, _French Intellectuals Against The Left_, 42쪽.

114. 소련은 1956년 10월에 발생한 헝가리의 봉기를 무력으로 진압했다. 프랑스 좌파
와 헝가리 사태, 알제리전쟁의 관련성에 대해서는 D. Djerbal, "Les effets de la
guerre de 1956 sur la guerre d'Algérie," Université d'Alger.

115. 니장은 파리 고등사범학교의 사르트르 동기로 부르주아에 대한 날카로운 비판으
로 주목을 끌었다. 공산당에서 탈퇴하고 제2차 세계대전에 참전, 1940년 됭케르크 전
장에서 전사했다. 오은하, 「폴 니장, 1930년대 작가의 갈등과 선택」, 『불어불문학연
구』, 제109호, 2017, 107-134쪽.

지거나 시장성을 잃기를 원치 않았다. 간행물들이 새로운 문학으로, 반식민주의로, 사회주의 제도권에 대한 반기로 들린다면 그것으로 충분했다. 1950년대 파리는 도처에서 흘러든 정치 난민의 천국이었다. 런던도 있지만 파리는 분위기가 달랐다. 지식인의 본거지로 부상한 뉴욕조차 유럽인에게는 아직 열린 도시로 표상되지 않았다. 하이네가 피신하고 폴란드의 쇼팽이 찾아왔던 전통의 파리는 양차대전을 겪고 난 후 유대인, 독일인, 이탈리아인, 러시아인, 아프리카 노동자, 인도차이나인, 중국인, 없는 국적이 없이 온갖 인종이 모이는 도시였다. 이 도시에서 그들은 저마다 자기 모국어로 신문을 내고 잡지를 만들곤 했다.[116] 마스페로 같은 출판사가 살아난 것은 파리의 이런 국제주의도 한몫했을 것이다.

사실 당시엔 일종의 인문국제주의라 할 만한 출판환경이 실재했다. 1950년대 후반 형성된 식민지 해방과 제3세계 대두, 자본주의 비판은 다른 나라 출판인에게도 비상한 관심거리였다. 예를 들자면, 밀라노의 진보 출판인 잔코모 펠트리넬리, 서베를린의 클라우스 바겐바흐가 바로 그런 부류였다. 바겐바흐 출판사는 알제리전쟁 후 1964년 작은 문예물로 문을 열었지만 베를린의 분위기는 그전에 이미 마련되어 있었다.[117] 1960년 전후로 진보 성향의 출판사가 유럽 각지에서 속속 출범하였다. 세 대륙을 뜻하는 독일의 트리콘트 출판사, 런던의 뉴레프트북스, 브뤼셀의 콩플렉스 출판사, 바르셀로나의 아나그라마 출판사, 뉴욕의 『먼슬리리뷰』지, 멕시코의 『실르시글로 21』지가 새로

---

116. *Presse et mémoire, France des étrangers, France des libertés*, Paris: Éditions ouvrières, 1990, 북아프리카 간행물은 108-125쪽. 이 화보집은 독립투쟁을 해가는 북아프리카 언론을, 유럽과 아시아의 여타 정치난민 언론과 나란히 놓았다.

117. Julien Hage, *Feltrinelli, Maspero, Wagenbach: une nouvelle génération d'éditeurs politiques d'extrême gauche en Europe occidentale 1955-1982*, Université Versailles Saint Quentin, 2010. 베르사유 대학 박사학위 논문.

운 바람을 불어넣고 사회비판의 활력을 전파했다. 서점과 출판사가 마치 하나의 띠를 두른 듯 파리, 밀라노, 베를린을 잇는 국제적인 연대가 형성되었고, 그에 따른 작용과 반작용의 효과는 알제리전쟁에서 1968년의 68운동으로 이어지고 확산되었다. 68운동의 세계적 상상력의 기원으로, 1950년대 후반부터 곳곳에서 성장하고 있는 이런 출판문화를 꼽을 수 있다.[118]

결산해본다면, 피에트로 넨니의 『에스파냐 내전』은 1만부가 나가기도 했지만 마스페로는 당국의 압수에 시달려 알제리전쟁 말기에 재정적으로 더 버티기가 어려웠다.[119] 공격의 위험도 따랐다. 1960년과 1961년에 OAS와 연결된 플라스틱 폭탄 공격을 가장 많이 받은 이가 마스페로였다. 곧 제거되긴 했지만 대낮에 책방에 폭탄이 설치된 적도 있었다.[120] 그래도 마스페로는 알제리 문제의 출판을 포기할 생각은 없었다. 뉴욕과 아프리카 말리에서도 찾게 되는 『알제리를 위한 뉘른베르크』는 31쪽의 소책자로 반反제노사이드 국제협정에 위배되는 잔혹행위를 고발했다.[121] 알제리 작가 호신 부하제르의 『카스바에서의 목소리』, 그림을 곁들인 『알제리 아이들』도 전쟁의 피해를 그렸다.[122] 다른 한편, 나짐 히크메트와 타하르 벤젤룬의 편집으로 '북아

118. 조지 카치아피카스, 『신좌파의 상상력: 전세계적 차원에서 본 1968년』, 이재원 옮김, 서울: 난장, 2009, 제1장 참조.
119. 1961년에 나온 『파르티잔』은 창간호부터 3권까지 압수된다. 1959년에서 1962년까지 마스페로의 책은 15회 판매금지되고 발행자 마스페로도 국가치안위반으로 기소된다. 혐의에는 군부모독, 병영이탈 사주까지 포함되었다. 알제리 관련 도서가 자주 검열을 받았고 FLN 요원이던 파농의 저술은 3권이 모두 압수되었다.
120. 본국 OAS의 요원이며 1961년 9월 8일 드골을 목표로 폭탄을 설치한 아르망 벨비지Armand Belvisi의 경우를 가리킨다. 대학생과 동조자들로 조직된 감시단이 책방을 감시했다. 우애와 상호지원이 형성되고 이들은 후일 출판사의 필자가 되기도 했다. *François Maspero et les paysages humains*, 119쪽.
121. Abdessamad Benabdallah, Mourad Oussedik et Jacques Vergès, *Nuremberg pour l'Algérie!*, Paris: Maspero, 1961.

프리카와 중동 문학'을 기획하고 알제리 경제를 최초로 다룬 것도 마스페로였다. 폴레트 페쥐의 『파리의 하르키』는 500부도 팔리지 않았고, 『파리의 일제검거』 출판은 특히 위험한 결정이었다.[123] 그런 불이익을 개의치 않는 마스페로는 알제리와 프랑스가 서로 오가게 했고, 또 동유럽, 아바나, 중국을 파리로 데려오고, 국가에 갇힌 듯 보이는 프랑스인을 그리로 보내는 가교였을 것이다.

그러나 우리는 좌파 출판만이 알제리전쟁을 대변했다고 말하는 것은 아니다. 전쟁에 반대한 책들을 전부 합해도 식민지 지지자 장 라르테기가 쓴 책 한 권의 판매고만 못했다.[124] 라르테기는 이념적으로 식민지 해방에 반대하는 반공산주의자였고 식민지인이 내세우는 해방을 지원하는 프랑스인을 국가적인 악이라며 비판한 작가였다. 전체적으로 보면 분명 우익 성향의 출판물이 좌파 출판물보다 훨씬 더 많았다. 장군들의 회고록, 종군 군인의 수기, 귀환한 알제리-프랑스인의 회고록 같은 우익적 시각의 서적들은 1960년과 1961년에, 그리고 전쟁이 끝난 이후에 부쩍 쏟아져나왔다.[125] 이와 같은 책들이 많이 팔린 데는 그 나름의 이유가 있어 보이지만, 어떻든 만일 마스페로 같은 출판사가 없었다면 프랑스의 독자층은 알제리전쟁으로부터 더 넓은 타

---

122. 호신 부하제르의 책들은 다음과 같다. H. Bouhazer, *Des voix dans la Casbah*, 1960; *Les enfants d'Algérie: Récits et dessins, témoignages et dessins d'enfants réfugiés en Tunisie, Lybie et Maroc*, 1962.

123. Paulette Péju, *Ratonneades à Paris précédé de Les harkis à Paris*, Paris: Maspero, 1961/La Découverte & Syros, 2000.

124. 라르테기는 알제리를 다룬 포켓판 전쟁소설 『백인대 Les Centurions』(la Cité, 1964)와 『프레토리아 Les Prétoriens』(la Cité, 1964)의 저자로, 자유프랑스군 아프리카 특공대 장교로 싸웠고 알제리전쟁에서 무공훈장을 받은 유명한 종군기자다.

125. 우익 경향의 알제리전쟁 관련 서적들은 현재도 프랑스 고서점에 많이 남아 있다. 우선 군인들의 기록이나 서술이 있고, 피에누아르측의 회상이나 서술도 적지 않다. 프랑스제국출판사 Éditions France empire에서 발행하는 책들도 전쟁의 고난을 그리고 화보를 넣었다.

자의 세계로 나아가기가 어려웠을 것이다.[126]

*

아직 영상매체가 지적 권력을 대변하는 시대가 아니었고 그래서 출판매체의 이 같은 운동이 가능했을 것이다. 그러나 출판의 역할은 식민지인의 항쟁을 이해하고 돕는 이념성, 정치성만 갖지 않았다. 제국의 지위를 잃으리란 전망으로 알게 모르게 상심한 사회를 격려했다. 설령 그렇게 되더라도 우리의 지적 그물망은 움츠러들지 않는다는 반전의 가능성을 만들어놓았다. 그것은 민주적인 대중의 형성에 불가결한 요소였다. 생각하는 대중이 없으면 민주주의는 뿌리내리기 힘들다는 것을 출판 종사자들은 누구보다 잘 알았다. 『라 케스치옹』 『악성 종양』『고문에 반대한다』『평정화』『파리의 하르키』는 모두 그런 출판 이념의 구현이었다. 또 전쟁을 치르고 있는 식민지인을 알려 하고 그들의 목소리를 들으려 하는 대중 역시 책과 출판사가 얼마나 중요한 일상의 양식인지 깨달았다. 하지만 알제리전쟁에 비판적인 출판물만이 프랑스 사회에 충격을 던져주는 생생한 화제였다고 한다면 지나치다. 안이하다. 알제리전쟁을 세간에 회자되게 한 것은 '장송망 사건'으로 알려진 FLN 지원망이 발각되면서였다.

---

126. 2015년 파리에서 작고한 프랑수아 마스페로는 자신의 출판사를 '라 데쿠베르트 출판사'에 아무 인도금도 없이 넘겼다. 그는 화보가 곁든 『루아시 급행열차 승객들*Les Passagers du Roissy-Express*』(1990), 알제리 정복기를 그린 『생타르노의 명예 *L'Honneur de Saint-Arnaud*』(1993) 같은 소설과 문학작품, 그리고 영어, 이탈리아어, 에스파냐어 번역물을 남겼다.

제4장

|

장송망 사건

프랑시스 장송은 알제리전쟁이 끝나도 프랑스인의 뇌리에서 지워지지 않을 이름이 되었다.[1] 프랑스 정보부 DST가 1960년 2월 24일 그간 억류해온 관련자들을 석방하면서 장송과 일단의 조직원들이 FLN을 직접 지원했다고 발표하였다. 그로부터 2009년 사망할 때까지 그 사람 장송은 프랑스의 한 시골에서 조용히 여생을 보냈다. 하지만 이 시끄러웠던 사건의 장본인이 세상에 나타나지 않았고 자기 변론을 하지 않았다고 해서 식민지를 보는 그의 입장과 태도에 굴곡이 있었던 것은 아니었다. 장송에게는 이 전쟁의 고문만이 문제가 아니었다. 그는 "왜 우리가 힘없는 민중을 향해 전쟁을 해야 하는지" 납득할 수 없었다.[2] 장송의 특징은 말이 아니라 행동으로 생각한 바를 체

---

1. F. Jeanson, "Résistance, résistances: entretien avec Olivier Jeanson," *La résistance créatrice, Nouvelle revue de psychosociologie*, no.7, 2009, 211-223쪽. 이 대담을 진행한 올리비에 장송은 프랑시스 장송의 아들이자 심리학자이다.
2. 장송은 지인들에게 다음과 같은 일관된 철학의 자세로 알제리전쟁을 환기시켰다고 한다. "내 첫 책은 사르트르에 관한 것이었다. 당시는 그를 철학자로 이해하지 않았다. 그는 이미 성공을 거두었으나 아무도 『존재와 무』를 읽진 않았다. 내가 사르트르를 통

현하는 과단성에 있었다. 전쟁 말기라고는 해도, 출판사에서 일하는 글쟁이가 감히 FLN의 요원들을 위해 은신처를 알선하고, FLN의 전단을 인쇄 배포하고, 무엇보다도 전쟁 자금을 교전 상대인 FLN에 전달하는 일을 책임졌다. 1950년대 사르트르의 실존주의 전파에 심혈을 기울이던 철학도가 왜 그런 행동파로 변신했을까?[3]

작고하기 2년 전인 2007년 그는 한 대담에서 프랑스 사회를 놀라게 했던 그런 방식의 행동이 무슨 대단한 동기가 아니라 일상적인 것이었다고 간단히 말했다. "좌파 사이에서 내 행동방식을 두고 이견이 있었지만 그건 중요하지 않았습니다. 중요한 건 억압에 맞서 투쟁하는 알제리의 독립뿐이었으니까요."[4] 앞뒤 재지 않고 알제리 독립밖에 모르는 장송의 등장은 긴 세월이 흘렀음에도 여러 상념을 불러일으킨다. 사회가 승인하는 권위에 생각 없이 순응하길 거부하는 아나키 전통에 충실한 이가 장송 아닌가 하는 생각에서, 장송망에 들어가 활동한 이들은 대체 누구이고 왜 그런 '무모한' 행동을 했는가 하는 궁금증까지…… 장송망은 개인적으로 움직이지 않았으며 그룹이 그물처럼 집단행동을 했다. 이 사건이 문제가 되어 수많은 이가 체포되고 재판받고 실형을 살게 된 것도 그 집단성 때문이다.[5] 국가가 전쟁을 치르고 있었지만 그들은 상대 교전주체를 직접 돕는 일을 해야 한다고 믿었다. 그에 대한 찬반이 어떠했든 간에 이 장면에서 프랑스 반식민주의는 개인의 차원을 떠난다. 그리고 더 의미 있게 그 일을 감행한

속화시켰다고 하지만, 나는 그의 사상이 잘못 어렵게 이해되는 데 대해 싸웠다." F. Jeason, 올리비에 장송과의 대담.

3. 프랑시스 장송, 『사르트르 評傳』, 徐楨哲 옮김, 서울: 瑞文堂, 1974.

4. F. Jeanson, 올리비에 장송과의 대담, 214쪽.

5. 과학철학자 캉길렘은 그렇게 행동과 철학이 일치한 사례로 제2차 세계대전의 레지스탕스 대원 장 카바예스를 들고 있다. Georges Canguilhem, *Vie et mort de Jean Cavaillès*, Paris: Allia, 1996.

집단은 대체로 이름 없는 사람들로 구성되어 있었다. 종교도 사변도 출판도, 말하자면 이렇다 할 사회적 발언권도 문화자본도 가지지 않은 빈손인 사람들이 왜 식민주의 문제까지 염려했을까?

1. 프랑시스 장송

1960년 4월 15일 파리 시내에서는 약간 이상한 기자회견이 열렸다. 정보기관 DST가 프랑시스 장송을 한창 찾고 있는 상황에서 『파리프레스』의 조르주 아르노 기자가 회견을 주선한 장소에 장송이 직접 모습을 드러낸 것이다.[6] 아랍인 기자 십여 명이 모인 회견장에는 아르노가 참석을 종용한 프랑스 기자 두 명도 함께했다. 아르노는 알제 시내에 폭탄테러를 가한 인텔리 여성 자밀라 부히레드에 관한 책을 베르제스 변호사와 함께 써서 언론계에 알려진 이였다.[7] 이 기자회견은 두 달여 전인 1960년 2월 조직원 검거로 실체가 드러난 사건에 관해 해명을 듣는 자리였기 때문에 장송은 미리 작성한 선언문을 가져왔다. 그는 자신이 왜 그런 일을 하게 됐는지 '진정한 이유'를 밝히려 했다.[8] 젊은 프랑스인들이 알제리 민중을 파멸시키려는 전쟁에서 잔혹한 일을 끝없이 저지르는데 좌파는 보고만 있으니 우리가 할 일은 탄식하는 것뿐인가 하고 자문하였다. 그는 말과 글로만 평화를 기해야 한다고 하는 대신에 '내 나라'를 위해 숨은 자원을 찾고 싶었다

---

6. 조직원 디에고 마송이 1959년 5월 체포됐을 때, 정보기관 DST로부터 추궁을 받은 것도 장송의 행방에 관한 것이었다.

7. "Francis Jeanson," Jacques Charby, *Les porteurs d'espoir*: 36쪽.

8. "Déclaration de Francis Jeanson lors de sa conférence de presse clandestine le 15 avril 1960," H. Hamon et P. Rotman, *Les porteurs de valises: La résistance français à la guerre d'Algérie*, Paris: Albin Michel, 1979, 388-392쪽.

고 했다. 그래서 장송망 대원들과 장송은 할 수 있는 일을 했다. FLN 대원을 재워주고 숨겨주고, 프랑스 밖으로 보내고, 또 벨기에와 에스파냐 국경에서 프랑스로 데려오고, 각종 위조증명서를 만들고 전단을 배포하고, 게다가 각출한 자금을 수합, 보관했다가 은행을 통해 FLN 에 보냈다. 1960년은 드골 정권이 알제리 자치로 가닥을 잡아 전쟁이 곧 끝나리란 기대가 커지던 시점이었는데, 이런 정도로 FLN을 지원하는 비밀조직이 있다는 것은 놀라운 일이었다. 상황이 상황인 만큼, 장송의 반론은 명확해야 했다. "무슨 자격, 무슨 권리로 공권력을 대신하여 알제리 문제를 해결하려고 한 것인가?"[9]

장송은 기자회견 후 계속 피신에 성공하여, 9월부터 10월까지 약한 달간 열린 장송망 재판에서 궐석재판을 받지만, 미리 써둔 장문의 글을 은닉처에 감춰두었다. 1960년 미뉘 출판사가 펴낸 작은 책자 『우리의 전쟁Notre Guerre』이 바로 그것인데, 이 책은 그로부터 40년이 지난 2001년 장송 생전에 로베르 블로의 해제를 달고 재출간된다.[10] 도피중에 쓴 그 글에서 장송은 "이 공동체는 거짓되고 형식적이며 사법적이고 피상적"이고, 그래서 "국가 실정은 나날이 망가지고, 매일같이 신랄함에서 무능과 실패로 재난이 이어지고 있다"고 했다. 이제 드골의 마법은 더는 통하지 않을 것이고 장기전이 예고되어 마지막 환상도 사라져버렸다면서, 4월 기자회견에서 선언한 대로 이런 나라가 아니라, 프랑스를 되살릴 진정한 자원, 확실한 공동체를 원하며, 문제는 과거가 아닌 현재에 있다고 다짐했다. 그리고 그런 목적에서 민족

---

9. 1960년 9월 27일 화요일 장송 사건 구형공판에서 정부위원 발언. *Le Procès du réseau Jeanson*, Paris: La Découverte, 2002, 171쪽.

10. F. Jeanson, *Notre guerre*, Paris: Éditions de Minuit, 1960; *Notre guerre*, texte présenté et annoté par Robert Belot, Paris: Berg International Éditeurs, 2001, 83-84쪽.(이하 2001년판 쪽수 인용.)

전체의 명운을 걸고 싸우는 이들에게 지금 당장 무엇인가 해야 한다는 것, 그것이 장송의 결론이었다.

블로는 장송을 수차례 만나고 쓴 장문의 서문에서, 장송이 이러한 결론에 이르게 된 경위를 설명한다. 제2차 세계대전중 자유프랑스군에 참가해 북아프리카군에 소속되어 알제리에 첫발을 디딘 청년이 많았다. 1942년 11월 연합군의 모스타가넴 상륙작전 후 수도 알제는 연합군 전략본부와 같았고 전 도시가 비상한 분위기였다. 1943년 군에 입대한 21세의 장송에게 알제리는 다른 젊은 부대원과 마찬가지로 그냥 부임지에 지나지 않았다.[11] 당시 그는 알제리에서 무슨 일이 일어나는지 알지 못했다. 그가 알제리를 깊이 느끼게 된 것은 그 이후였다. 1948년 장송은 결혼을 하고 베이루트에 일자리를 얻어 아내 콜레트와 함께 레바논으로 가려고 했다. 그런데 장모가 중병으로 눕게 되자, 두 사람은 만약을 대비하여 프랑스로 곧바로 귀환할 수 있도록 레바논보다 좀더 가까운 알제리로 발길을 돌렸다. 그때 "우리는 겨우 사나흘 지낼 여비밖에는 없었습니다. 어떻게든 살아야 했으니까 이것저것 닥치는 대로 일을 했어요."[12] 그는 잡지에 글을 쓰거나 방송에 나가거나 사람들을 가르치면서 생계를 꾸렸다.

장송이 식민지 체제의 실상을 피부로 느낀 것은 그 시기였다. 아무것도 가진 게 없는 식민지인들의 가슴속에 응어리진 분노는 가진 것이 없긴 마찬가지긴 하지만 프랑스 본국인인 그에게도 와 닿았다. 민족운동에 투신한 이들이 염원하는 게 무엇인지는 설명을 들을 것도 없었다. 역사가 뤼시앵 페브르가 말한 '감수성의 힘'이 이십대의 장송

---

11. 제2차 세계대전기 알제의 풍경은 Jacques Cantier, "1939-1945: une métropole coloniale en guerre," J.-J. Jordi et G. Pervillé (dir.), *Alger 1940-1962: Une ville en guerre*, Paris: Autrement, 1999, 16-61쪽.

12. F. Jeanson, *Notre guerre*, 15-16쪽.

을 예리한 반식민주의자로 돌려놓았다.[13] 1930년대 새로운 역사학을 개척해가는 페브르는 인간과 인간 사이를 잇고 관계를 작동케 하는 것은 '감수성'이라 지적한 바 있다. 장송의 알제리 체류는 1948년 9월 부터 1949년 5월까지 여덟 달 정도였지만 그는 이곳에서 어떤 일이 일어날지 짐작이 갔다. 사실 1945년 5월 세티프 사건 이후 알제리 민족주의자들은 한탄을 쏟아놓는 대신 이미 민중 깊숙이 파고들어와 있었다.[14] 장송은 그 이후에도 알제리를 찾아가 페르하트 압바스, 아흐메드 부멘젤, 아흐메드 프란시스 같은 지식인 민족지도자들을 만났고 이들의 뜻을 제대로 알아들었다.[15] 알제 대학교 라틴어 교수로서 알제리 정세에 밝았던 앙드레 망두즈의 이야기도 들었다. 온건하지만 비판적인 망두즈의 의견은 알제리인에게 그러했듯이 장송에게도 크나큰 공감을 불러일으켰다.

1950년 4월 『에스프리』에 실린 장송의 글 「정복되고 평정된 이 알제리」는 이런 경험과 감각의 소산이었고, 몇 년 뒤에 벌어질 행동의 뿌리를 말해주었다.[16] 장송에 따르면 알제리는 문제가 없고 상황이 괜찮다고 보는 프랑스의 관점은 틀렸다. 그는 프랑스에 해법이 없다고 진단하고 그 이유로 두 가지를 들었다. 유럽 정착민은 실제 알제리인을 만나는 경우가 드물고, 만나도 한 인격체, 한 사람으로 대하지 않고 뭉뚱그려서 아랍인, 무슬림으로 대한다는 것이다. 이 같은 유럽

---

13. 페브르의 다음 글 참조. L. Febvre, "La sensibilité et l'histoire," *Combat pour l'histoire*, Paris: Librairie Armand Colin, 1953, 221–230쪽.

14. 제2부 제1장 '세티프에서 숨맘까지' 참조.

15. M.-P. Ulloa, *Francis Jeanson: Un intellectuel en dissidence de la Résistance à la guere d'Algérie*, Paris: Berg International, 2001[영어판 *Francis Jeanson: a Dissident Intellectual from the French Resistance to the Algerian War*, Stanford, C.A.: Stanford University Press, 2007.]

16. F. Jeanson, "Cette Algérie conquise et pacifiée," *Esprit*, avril 1950. 장송의 이 기사는 무니에의 청탁으로 쓴 것이다.

인에게 아랍계나 무슬림이 느끼는 열패감은 개인에 한정된 문제가
아니었다. 장송은 이런 사회현상뿐 아니라 1947년과 1948년의 알제
리 선거와 알제리인 지위법의 허구성을 논하면서 얄팍한 정치적 해
법은 무익하다고 했다. 식민주의에 대한 이런 비판은 50년이 지난 후
에도 변함없었다. 알제리전쟁기의 고문이 새삼스럽게 문제가 되어 고
문을 관장한 오사레스 장군의 증언이 뉴스에 오르내리던 2001년, 장
송은 『르몽드』와 가진 대담에서 식민지전쟁 자체가 문제이지 고문만
따로 떼어서 따지는 것은 온당치 않다는 견해를 보였다.[17]
　1950년에서 1952년 프랑스에서는 반공산주의 흐름이 거셌다. 역
으로 이는 그만큼 공산주의가 강했다는 뜻이기도 하다.[18] 그렇다면
좌파 장송은 공산당과 어떤 관계였을까? 만약 자신이 당에 가입한다
면 공산당일 거라 했고 알제리 문제로 열성당원 로랑 슈바르츠[19]를
만나기도 했지만, 당 탈퇴자가 겪는 고민을 곁에서 지켜본 장송은 당
에 가입하지 않으려 했다. 그는 혹시 프랑스공산당이 불법화되지 않
을까 걱정한다고 당을 이해했다. 하지만 알제리 문제에 대해서는 말
만 앞설 뿐 실효성 있는 정책을 내놓지 못한다고 보았다. 장송의 특성
은 당에 구속되지 않는 자유, 개인의 결단과 책임으로 문제에 답하려
는 자세에 있었다. 그런 이유로 장송은 1962년 알제리가 독립한 이후
로는 단 한번도 알제리 땅을 밟지 않았다.
　장송의 행동은 1955년 12월 쇠유에서 나온 『무법의 알제리L'Algérie

17. 오사레스 장군의 2001년 회고에 대해서는 다음 책 참조. Général Aussarès,
Services spéciaux, Algérie 1955-1957, Paris: Perrin, 2001.
18. "Francis Jeanson," Les porteurs d'espoir, 31쪽.
19. 일반함수론을 제시한 것으로 유명한 수학자 로랑 슈바르츠는 열렬한 공산당원으
로, 1956년 소련의 헝가리 진압 반대운동에 앞장서고, 오댕위원회의 위원으로 진상규
명 활동에도 적극적으로 나섰다. 그는 수학이란 지금까지 통하던 관점을 재질문하고
전복하는 것인데 세상일에도 받아들일 수 없는 것들이 있다고 설명했다.

bors la loi』가 그 시작이었다.[20] 알제리전쟁 발발 이후 정식으로 알제리에 대한 정세 분석이 나오기는 처음이었다. 그는 이미 객관적 관찰자가 아니라 불타는 항쟁자의 편에 서 있었다. '무법'으로 옮기지만 'hors la loi'는 원래 '법 바깥의'란 뜻으로, 프랑스 사법 당국이 무슬림에게 즐겨 쓰던 표현이다.[21] 장송이 몸져누워 아내가 그 대신 알제리에 갔기 때문에 콜레트와 프랑시스 공저로 나온 이 책은 먼저 정복에서 정복으로 이어진 '19세기 알제리 역사'를 약술하고, 통계로 '알제리 정세'를 제시한 후, '경제적인 것과 사회적인 것'을 살피고, 마지막 '봉기'에서는 1954년 11월부터 1955년까지 1년간의 정세를 월별로 분석한다.[22] 프랑스 독자는 지난 1년간 프랑스-알제리 관계를 다치게 한 어떤 사건들이 있었는지 처음으로 알제리의 입장에서 볼 수 있었다. 장송은 프랑스와 알제리의 신문과 공식자료를 뒤졌지만, 아반 람단 같은 전쟁지휘 수뇌부의 접견, 산악무장대 지휘관들과 질의응답 형식의 대담에서 얻은 입체적인 관점으로 책을 썼다.[23]

말만 하기보다 직접행동이 필요하다는 고집이 알제리전쟁 때 시작

---

20. "아랍인이든 베르베르인이든, 더 크게는 무슬림조차 우리에게 이슬람으로 반대하는 게 아니라 박탈당한 땅을 되찾으려는 것"이라고 장송은 지적한다. 그러면서 "결국 문제는 우리의[프랑스의] 문제로 귀결될 것"이라 보았다. 『무법의 알제리』 제3부 '경제적인 것과 사회적인 것'의 제4장 '낮과 초승달'에서 논의되는 내용이다. Colette et Francis Jeanson, *L'Algérie bors la loi*, Paris: Seuil, 1955, 266쪽 이하.

21. 2001년 알제 ENAG 출판사에서 나온 책의 서문에서 클로딘 숄레와 피에르 숄레가 설명한 내용이다. 같은 책, X쪽.

22. 1955년 초판 『무법의 알제리』 목차는 제1부 Un peu d'histoire(간추린 역사), 제2부 L'Algérie sous statut(알제리 정세), 제3부 L'Economique et le Social(사회적인 것과 경제적인 것), 제4부 L'Insurrection(봉기) 순이며, 말미에 Annexes(부록)과 Cartes de l'Algérie(알제리 지도)가 붙어 있었다.

23. 같은 책, 321~350쪽. 알제리민중당과 가까운 이브 데슈젤은 장송이 UDMA 편향이라 반박했다. 『라 레볼뤼시옹 프롤레타리엔』에 실린 '이브 데슈젤이 장송 부부의 책에 보낸 글' 참조. Yves Dechezelles, "Lettre ouverte à Francis et Colette Jeanson," *La Révolution prolétarienne*, no.403, février 1956.

된 것이라 할 수는 없다. 그전부터 그는 지식인의 관행 같던 의견 표명에 동참하지 않았다. 1956년 11월 소련군의 헝가리 봉기 진압을 규탄하는 지식인 성명서에도 이름을 올리지 않았다. 저기서는 피를 흘리며 싸우는데 여기에서 말로만 지지한다는 게 내키지 않았다.[24] 왜 그리 달랐을까? 그가 고등교육을 받은 프랑스 지식인이 갖기 쉬운 부르주아적 성향을 피하려 했다면, 그 이유는 무엇이었을까? 장송의 동선이 답이 될지 모른다.

그는 낮에는 쇠유 출판사에서 철학서 편집자로 일하고 밤이 오면 택시운전수가 되었다.[25] "1955년부터 알고 지내던 파리 FLN의 첫 책임자 살라 루안시를 만났을 때, 루안시는 처음부터 조직을 요구하지는 않았습니다. 차량 운전만 해주기를 바랐습니다. 그런데 차를 몰면서 뒷좌석에서 나오는 이야기를 듣다보니 회의 장소, 숙박 장소 물색 등 해야 할 일이 무척 많다는 걸 알게 되었지요."[26] 물론 장송은 뒷좌석에 탄 알제리인이 누군지 절대로 묻지 않았고 묵묵히 가야 할 목적지로 운전하기만을 얼마간 꾸준히 반복했다.

장송은 머잖아 행동파가 되었다. 고향 보르도에 내려가 학창 시절 친구를 찾아 국경에 가서 데려와야 할 사람이 있다며 1943년의 나치 탈출로인 에스파냐 국경을 헤매고 다녔다. 후일 그 일들이 세세히 기억나진 않는다면서 그들을 도와야 하고 그들은 잡혀선 안 된다는 생각뿐이었다고 그는 말했다. 75퍼센트의 생각이 보안에 있었던 이유는 알제리인은 붙잡히면 고문당한다는 것 때문이었다.

---

24. H. Hamon et P. Rotman, *Les porteurs de valises*, 56쪽. 프랑시스 장송은 바로 이 점에서 1차 대전에서 산화한 작가 샤를 페기, 또 2차 대전에 투신한 폴 니장과 같은 지식인 계보를 잇는 것 같다.
25. 쇠유 출판사 문서고에는 아직도 상당량의 장송 관련 사료가 포함되어 있다.
26. "Francis Jeanson," *Les porteurs d'espoir*, 34쪽.

2. 장송망 가담자들

1957년부터 차츰 형성된 조직망 가담자가 얼마인지는 아직 정확히 파악되지 않았다. 장송도 스위스인, 벨기에인이 모두 몇 명인지 말하기가 불가능하다고 했다. 편차가 있지만 연구자들은 수백 명 선으로 짐작한다.[27] 분명한 것은 상당히 이질적인 여러 층의 사람들이 가담해 있었다는 점이다.[28]

신학교 학생, 영혼의저항위원회의 베르나르 부두레스크, 로베르 다브지 같은 가톨릭 사제, 기자 겸 연극극단 비서, 만화가, 지도제작자, 그래픽 제작자, 영화인, 영화비평도 하는 세관원, 연기를 하는 배우들도 여럿이 있었다. 정치적으로는 등을 돌렸을 것 같은 트로츠키주의자와 공산주의자, 공산주의자 중에서 역사교수 자격자 징집자가 있었는가 하면, 알제리전쟁에 대한 입장차로 공산당에서 제명된 파리 시민도 있었다. 당에 가입했든 안 했든 공산주의 계열의 인사가 많았다. 망데스 프랑스 급진당의 니장 그룹 창설 멤버인 청년, 리옹의 부르주아 가정에서 자란 신문기자 겸 작가, 전국중등교원노조 교사가 있었고, 또 노동총연맹 노조원들이 있었고, 은행가 아버지와 치과의사 어머니 사이에서 자란 부유한 집 의사가 있었고, 카페 소유주인 부친의 사업을 물려받기 위해 호텔경영학을 공부하다 신좌파의 일원이 되어 장송망에서 두드러진 활동을 펼치는 청년도 있었다……

한편 프랑시스 장송이 편집자로 일하던 쇠유 출판사에서도 장송의

---

27. 조직원 규모에 대해, 가담자들의 증언을 모아 책을 냈던 과거 장송망 조직원, 배우 자크 샤르비는 300명으로 추산하는 반면, 장송과 FLN을 지원한 조직원을 찾아 그 증언을 기록한 미국 연구자 마틴 에번스는 1,000명 정도로 크게 잡는다.
28. H. Hamon et P. Rotman, 같은 책, 419-421쪽; M. Evans, *The Memory of Resistance*, 여러 군데. 에번스는 여러 층 사람들에게 제국의 학교 교육, 알제리전쟁을 알게 된 계기, 수에즈 뉴스, 드골 집권, FLN에 대한 입장 등을 상세히 물었다.

책 『도덕의 문제와 사르트르의 사유』를 유심히 읽은 여직원과 여성 영업부장이 조직에 가담했다.[29] 무슨 연유인지 모르지만 장송망에는 여성 가담자 비중이 높았다. 18세에 반나치 공산당 지하조직에 들어가 1956년에 모스크바까지 방문할 만큼 열성적이었다가 소련의 헝가리 진압으로 탈당한 여성, 유서 깊은 알제리 유대계 출신으로 블리다 주앵빌 병원에 일하다 파리로 추방된 여성 정신과 의사(『파농 평전』의 저자로 유명한 알리스 셰르키),[30] 레지스탕스 출신의 흑단 가구 제조공 아버지의 딸인 여성 의사 등이 있었다. 장송망 재판에서 최고형인 10년 금고형에 7만 프랑의 벌금, 5년간 체류금지, 공민권 정지의 징벌을 선고받은 프랑스 최연소의 교수자격 수여자 여성, 사회당과 공산당이 분열을 일으킨 1920년의 투르 사회당 전당대회에 참석해 공산당에 가입하고 다시 탈당해 레지스탕스로 활약한 아버지를 둔 철학과 출신의 여성 기자도 있었다.

가담자들은 출신지도 제각각이었다. 전직 장교인 한 기업체 간부는 알제리 오랑 출신이었고, 에스파냐 공화파에 경도된 한 도서관 사서는 모로코 출신이었으며, 파리 콩세르바투아르에 다니고 있던 한 음악도 역시 에스파냐 내전에서 프랑코가 승리하자 프랑스로 망명해 온 집안 출신이었다. 아버지가 러시아에서 파리로 이주했다가 아르헨티나에서 자신을 낳았다는 화학자 겸 사진가도 있었고, 프랑스 서부 반느에서 신학교를 나와 아프리카 세네갈 다카르에서 4년을 지낸 영화인이 있는가 하면, 아르헨티나 출신의 위조증명서 제작 전문가도 포함되어 있었다. 프랑스 안에서도 리옹, 마르세유, 그르노블 같은 지방의 조직들이 뛰어났고, 벨기에 사람이나 스위스 사람 같은 외국인

---

29. 장송의 이 책은 사르트르 철학에 대한 선구적인 연구서였다. F. Jeanson, *Le problème moral et la pensée de Sartre*, Paris: Éditions de Myrte, 1947.

30. 알리스 셰르키, 『프란츠 파농』, 이세욱 옮김, 서울: 실천문학, 2002.

의 협력도 또한 컸다.[31]

　가담자들에는 유대계가 적지 않았다는 인상도 받는다. 동유럽계 어머니와 에스파냐 내전 때 아나키스트연맹 일원으로 프랑코파와 싸운 유대인 음악도(에스파냐 출신의 저명한 초현실주의 화가 앙드레 마송의 아들인 디에고 마송), 부모가 헝가리에서 피해 나온 유대인 기자, 러시아를 떠나와 르노 공장에 다니던 조모가 나치 강점기에 용케 황색별을 피했던 러시아계 유대인, 파리 유대인 가정 출신으로 모스크바 청년축제에 참가한 대학생, 시리아 다마스의 유대인 집안으로 아랍과 프랑스 문화를 겸비한 농업기술자, 조직을 물밑 후원한 앙리 퀴리엘의 운반책은 주로 이집트에서 독립운동을 하던 공산주의자들이었다. 이집트 수에즈운하의 영국군 철수를 주장하며 싸운 공산당 계열의 상류층 유대인 여성, 이집트공산당 조직에서 활동한 혐의로 재판받고 국외 추방된 유대인 여성이 그런 경우였다. 그러나 레지스탕스 집안이거나 공산주의 계열이 많아 보인다고 해서 그것으로 가담자의 사회 성분과 정치 성향을 짚어내기는 어렵다. 지금까지 열거한 사례들은 1960년 장송 재판에서 10년형을 선고받고 복역하다 1966년에 사면된 배우 자크 샤르비가 쓴 회고록에서 뽑아낸 자료들인데, 이들도 전체 가담자의 일부에 지나지 않는다. 게다가 조직에 가입하지 않고 개인적으로나 소집단으로 FLN을 직접 도운 경우도 많았다.

　그러나 장송망에서 가장 큰 궁금증을 자아내는 것은 배우의 존재였다. 어떤 마음이었기에 민감한 정치행동에 겁 없이 나섰을까? 훗날 멜빌 감독의 걸작 영화 〈그림자 군단〉에 출연하여 존경받는 배우가 된 폴 크로셰를 비롯해 샤르비가 끌어들인 배우는 한둘이 아니었다. 연예인이면 대중을 의식해 몸을 사릴 만도 하건만, 그들은 전혀 그렇

31. J. Charby, *Les porteurs d'espoir*, 253-287쪽.

지 않았다.[32] 샤르비는 2004년 장송망 사건 30주년을 맞아 『희망의
운반자들』이란 회고록을 출간했는데, 거기서 밝힌 고백은 이들의 행
동에 대한 실마리가 될 듯하다.[33]

자크 샤르비의 부친은 알제리 틀렘센 출신의 유대계로 인쇄업을
하던 아나코생디칼리스트였고 모친은 공산당 탈당 경력이 있는 교사
로서 1941년 나치 게슈타포의 체포망이 조여오자 자살한 대독항쟁
대원이었다.[34] 어렸지만 그는 남동생과 함께 살아남고자 수용소행을
피해 다녔고, 연기를 배워서 무대에 서기 전까지 무허가 노점상 같은
온갖 직업을 전전했다. 전쟁이 끝나고 곧바로 사회주의 그룹에 가입
하지만, 1947년 기 몰레에게 트로츠키주의자로 낙인찍혀 당을 떠나
야 했다. 그후 샤르비는 남프랑스 툴루즈에 있는 극단 '툴루즈의 헛간
Grenier de Toulouse'에서 활동을 하게 되면서 배우라는 직업에 깊이
매료되었다. 그러던 1953년, 알제리 상류층 집안에서 자랐으며 알제
리 독립을 지원하는 한 여성과 결혼식을 올렸다. 샤르비가 장송망에
가담하게 된 것은 좌파적 성향의 프랑스연기자노동조합SFA[35] 때문이
기도 했다. 1958년경 명배우 제라르 필리프가 창설한 이 배우노조는
노동총연맹에도 가입된 단체였다.

샤르비 같은 트로츠키주의자는 분명하게 알제리전쟁에 반대했다.
레온 트로츠키 생전인 1929년 파리에서 형성된 트로츠키주의 그룹
은 1945년 이후에도 소수지만 고유의 사상적 흐름을 유지했다. 초현

---

32. 배우들의 참여와 연대에 관해서는 다음 문헌을 참조하라. J. House, "Memory
and the Creation of Solidarity During the Decolonization of Algeria," *Yale
French Studies*, issue. 118-119, 2010, 15-38쪽.
33. J. Charby, *Les porteurs d'espoir*, 7-28쪽.
34. 샤르비의 부친은 20세기 프랑스 노동조합운동가로 유명한 피에르 모나트였다. 그
는 1925년에 창간된 노동잡지 『라 레볼뤼시옹 프롤레타리엔』에서도 활동했다.
35. Le Syndicat français des artistes-interprètes의 약자.

실주의에서 트로츠키주의까지 두루 거친 피에르 나빌의 사례에서 보듯 이들은 프랑스 민중 기저의 아나키즘과 연결되었다.[36] 식자층이든 대중이든 아직 프랑스 사회가 주목하지 않던 인도차이나전쟁과 마다가스카르 항쟁 때 프랑스 정부에 항의를 표한 것도 아나키즘 계열이었다.[37] 그런 정치 성향을 가진 연예인 샤르비는 어떤 인물이었을까? 1962년 마스페로 출판사에서 나온 그의 책 『알제리 아이들』이 그 답이 될 것도 같다. 여기서 '아이들'은 그냥 아이들이 아니었다. 샤르비가 입양한 아이들, 7년여에 걸친 알제리전쟁에서 부모를 잃은 전쟁고아들이었다. 물론 마스페로나 파농도 아이들을 생각했지만 샤르비도 알제리를 떠나 모로코와 튀니지 수용소에 머물던 이 아이들의 천진난만한 글과 그림을 모으고 사연을 엮었다.[38]

그러면 이렇게 가톨릭 사제, 개신교 목사, 노조원, 트로츠키주의자, 망데스주의자, 사회주의자에 실망한 이들, 예전의 공산주의자, 비당원 시민이 한데 뭉쳐진, 이 집단 아닌 집단의 정체를 어떻게 규정할 수 있을까? 지식인인가? 민중인가? 분류가 불가능한 모종의 존재인가? 19세기 프랑스 노동자 파업을 연구한 미셸 페로는 긴 역사의 눈으로 인민Peuple의 대의를 살핀 글 마지막 부분에서, 지식인과 노동자의 분리와 합류를 일깨운 바 있다.[39] 페로는 사회심리학자 세르게

36. G. Shapiro, "Pierre Naville et Jean-Paul Sartre: une controverse sur le rôle social de l'intellectuel," F. Blum (éd.), Les vies de Pierre Naville, Villeneuve-d'Ascq: Presses universitaires du Septrentrion, 2007, 127-141쪽.

37. S. Boulouque, Les anarchistes français face aux guerres coloniales 1945-1962, Lyon: Atelier de création libertaire, 2003, 31-43쪽; "Les anarchistes et les soulèvements coloniaux: De la guerre d'Indochine à la guerre d'Algérie," L'Homme et la société, vol.123, no.1, 1997, 105-117쪽.

38. 마스페로 출판사와 이탈리아 에이나우디 출판사가 공동 간행했으며 파농의 제의가 있었다고도 한다. Claudine et Pierre Chaulet, "Préface," J. Charby, L'Algérie en prison, Alger: ANEP, 2006, 10쪽.

39. M. Perrot, "La cause du peuple," Vingtième Siècle. Revue d'histoire, no.60,

이 모스코비치를 인용해 양자는 따로 또 같이 행동한다면서 20세기의 참여정신은 윤리적인 동시에 실천적인 것이라고 분석한다. 오늘의 참여는 복합적으로 이뤄지고 새로운 형태의 사회적 띠를 만든다.[40] 이런 성격은 장송망에도 해당하지 않을까? 사실 그들 안에서 윤리와 실천은 물 흐르듯 합쳐진 것처럼 보였다. 정복으로 시작한 긴 식민지배 마지막에 약소한 식민지와 전쟁을 치르는 국가에게는 윤리를 요구했고, 반대로 비대칭 전쟁을 치르는 저항세력인 알제리인에게는 이 투쟁에서 새롭게 세우려고 하는 것이 무엇인지 되묻게 했다.

그럼 이들이 실제로 한 일은 무엇일까? 문제의 성격상 후일에도 상세히 열거되기 어려웠지만 세 가지는 확실하다. 우선 FLN 요원의 잠입과 이동을 도왔다. 장송망 대원들은 프랑스 서부와 에스파냐 사이의 국경지대를 중산층 휴양지로 위장하고 이들을 보호하였다. FLN은 1957년 알제전투에서는 패했으나, 그로 인해 오히려 대외입지가 강화되어 프랑스와 유럽 일대를 부지런히 오갔다. 1959년에서 1961년 사이, 조르주 마테는 쫓기거나 부상당한 FLN 요원을 여러 명 도피시켰고, 벨기에, 룩셈부르크 접경지대로 가 피스톨이나 탄띠 같은 물자를 찾아왔다.[41] 1957년에서 1960년 초까지 장송망은 남부 툴루즈로, 서독으로, 스위스로 알제리인을 안내하고, 말없이 문을 두드리면 낯선 그 집에서 숙박을 해결하도록 사방에 연락망을 두었다. 은신처 물색, 이동시 경계 등 세부규칙은 빈틈이 없었다. 자동차 주차는 목적지로부터 멀리 떨어져야만 했고, 이동 차량의 앞뒤 간격을 정확히 했으

octobre-décembre 1998, 9-13쪽.

40. 같은 글, 12쪽.

41. 알제리 사회비평 학술지 『나크드Naqd』의 편집장인 역사가 다호 제르발의 다음 책 참조. Daho Djerbal, *L'Organisation spéciale de la Fédération de France du FLN: Histoire de la lutte armée du FLN en France 1956-1962*, Alger: Chihab, 2012, 160-161쪽.

며, 전화 연락은 메시지만 받는 제3자를 두었고, 숙박 장소에서는 신원을 알 수 없도록 했기에, 누가 왔다갔는지 아무도 몰랐다. 젊은 공산주의자들과 가톨릭교도들은 비밀작전 규정을 지켜 임무를 완수하는 훈련이 되어 있었다. 이들은 비밀유지 때문에 서민동네인 파리 동북부 아파트에 은신처를 두고 십여 명이 들락거리며 회의를 했다.

다음으로 이들이 한 일은 각종 증명서 위조와 우편 연락, 인쇄물 발행이었다. FLN이 필요로 하는 위조 사증과 서류를 진본처럼 제작하고 전단과 간행물을 날짜에 맞춰 정량 인쇄해 어떤 때는 수천 매씩 전달하였다. 한번은 5,000장 주문이 5만 장으로 잘못 기재되었다. 대원들은 시일에 맞춰 전량을 재인쇄하고 나머지는 말없이 물에 띄워버린 적도 있다. 그런 일을 전담하는 위장 인쇄소를 파리 남쪽 말라코프에 차린 것은 지난날의 대독일 저항운동의 경험 덕분이었다. 나치 점령기인 1943년 무렵, 모리스 카슈가 런던에서 도착해 조립한 인쇄기와 사진제판기를 통해 독일 지역으로 침투할 저항대원들의 위조된 신분증과 배급표, 제대증에 도장과 스탬프가 찍혔듯이. 그때의 인력까지 동참해 파리 FLN은 온갖 증명서를 만들어냈다. 사진과 인쇄뿐만이 아니라, 엑스선과 인광선을 통과하는 대책도 가능했다. 이들은 일이 많아지자 파리 시내 한복판인 부르스 거리에도 작업실을 차렸다.[42] 위조증명서 전문가로 프랑스 레지스탕스를 적극적으로 도왔고 후일 세계적인 규모의 정치 난민 구호운동을 벌이는 아돌포 카민스키도 이 일을 맡았다.

장송망의 행동 중 놀랍기도 하고 이해하기도 어려운 것이 자금운반이다. FLN의 자금은 1956년경 40만 명에 육박하는 이주노동자들

---

42. Ali Haroun, *Le 7ᵉ Wilaya: La guerre du FLN en France, 1954-1962*, Alger: Casbah, 2005, 228-229쪽.(이하 *Le 7ᵉ Wilaya*)

의 호주머니에서 나왔다. 처음에는 알제리 안에서 자금을 모았지만 전쟁이 가열되자 알제리 영토 밖의 기부금이 중요해졌다.[43] FLN은 일찌감치 프랑스에 뿌리내린 메살리 하즈 당원들을 회유해야 했고 여의치 않으면 제거하는 방식을 썼다. 1956년 5월 알제리 동부 멜루자 마을에서 FLN 반대파인 MNA 당원으로 알려진 알제리인 300여 명이 살해된 사건은 그런 배경이 있었다.[44] FLN이나 MNA나 막대한 자금을 운용한 것은 틀림없다.[45] 그런데 이렇게 중대한 자금을 차질 없이 보관하고 FLN에게 무사히 전달하는 일을 프랑스인이 맡았던 것이다. 알제리인이 가져오는 현금은 문건으로 받은 숫자와 일치해야 했다. 만약 액수가 틀리면 그 알제리인은 책임을 져야 했다. 그렇기에 알제리인에게 책임이 돌아가지 않도록 불안한 심정으로 치밀하게 일을 처리한 책임자는 소르본의 문과대생 엘렌 퀴에나였다.[46] 하지만 자금운반은 국제금융을 아는 사람이라야 했고, 공산주의 인터내셔널에서 활동하던 앙리 퀴리엘이 이 일을 맡았다. 공산주의 인터내셔널과 무관한 장송이 퀴리엘을 알게 된 것은 로베르 바라를 통해서였고, 이집트 출신의 제3세계주의자 퀴리엘은 다행히 유대인 국제금융계에도 발이 넓은 인물이었다.[47]

43. FLN의 자금 모금에 관해서는 M. Harbi et G. Meynier, *Le FLN: Documents et histoire 1954-1962*, Paris: Fayard, 2004, 731쪽.(이하 *Le FLN*)

44. 멜루자 학살에 관한 자세한 내용은 Jacques Simon, *Le massacre de Melouza: Algérie juin 1957*, Paris: L'Harmattan, 2006, 31-59쪽.

45. B. Stora, *Ils venaient d'Algérie, L'immigration algérienne en France (1912-1992)*, Paris: Fayard, 1992, 164-169쪽.

46. J. Charby, *Les porteurs d'espoir*, 223-229쪽.

47. 앙리 퀴리엘은 이탈리아계 유대인이었다. 1914년 카이로 부유층 집안에서 태어나 프랑스어를 쓰는 예수회학교에서 중등교육을 마쳤다. 그는 집과 식탁, 의복, 언어, 책, 음악 등 모든 것이 너무 다른 이집트 빈민층을 의식했다. 1920년대는 사회주의 건설에 매진하는 소련에 관심이 큰 시기였기에 그도 공산주의에 기울었다. 살기에 훨씬 유리한 이탈리아 국적을 지킬 수 있었지만 그는 이집트 국적을 택했다. 유대인 공산

하지만 특정 당에 들어간 것도 아니고 누구의 명령을 받는 것도 아닌데 왜 그런 행동까지 했을까? 장송망이 던지는 풀기 힘든 의문과 매력은 이 부분에 있다. 장송의 『무법의 알제리』는 여러 조직원 사이에서 읽혔는데, 비정치적이고 이렇다 할 철학이 없는 것 같은 대원들을 움직인 것 중 하나가 글(문학)이었다. 알제리전쟁 발발 전부터 파리에서 피아노를 전공하던 디에고 마송은 전에는 알제리인을 만난 적도 없었다. 공산주의자라 자임했지만 당에 가입할 생각도 없던 그가 『레탕모데른』을 읽고 나서 사르트르의 앙가주망에 빠져들었다.[48] 마찬가지로 자크 샤르비는 알제리의 문호 카텝 야신에게서 충격을 받았다고 말한다.[49] 알제리 동부 겔마 출신의 카텝 야신은 엄청난 탄압의 1945년 5월 세티프 봉기 때 17세로, 시위자들이 무더기로 체포되는 검거 열풍 가운데 투옥된 바 있었고, 그 감옥에서 '민중'을 만났던 작가였다.[50] 새로 태어난 카텝 문학의 굵고 어두운 그 언어를 통해 샤르비 역시 깨어났다고 할 수 있다.

교회 강론도 문제였다. 1941년 프랑스령 폴리네시아 태생의 안느 프레스는 1957년 부모가 정착한 스트라스부르에 살았고 유명한 교회

주의자 퀴리엘은 파리와 중동 일대에서 활동하면서 '제3세계의 시민'으로 불렸다. 이 집트공산당은 제대로 기를 펴지 못하다가 제2차 세계대전 후 소생하는데, 이때 이집트민족해방운동EMNL, 이집트어로 하메트HAMETU를 이끈 사람이 퀴리엘이었다. 이 조직의 지도자 대부분이 유대인이었다. 1948년 많은 이가 체포되거나 망명을 떠났고, 1957년 여러 공산주의 그룹이 모여 통합이집트공산당UCP을 결성했다. 그는 1978년 5월 4일 파리에서 암살당했다. R. Gallissot, *Henri Curiel: Le Mythe mesuré à l'histoire*, Paris: Éditions Riveneuve, 2010.

48. 다음 두 문헌을 참조하라. J. Charby, *Les porteurs d'espoir*, 143쪽; M. Evans, *The Memory of Resistance*, 71쪽.

49. J. Charby, *Les porteurs d'espoir*, 115쪽.

50. J. Hiddleston, "Man in motion: Kateb Yacine and the poetics of revolution," *International Journal of Francophone Studies*, vol.15, 2013, 435-454쪽; A. Casas, "Entretien avec Kateb Yacine," *Mots*, vol.57, 1998, 96-108쪽.

가 많은 스트라스부르 시내 생니콜라 교구 교회에 다녔다. 목사는 어느 날 독일의 신학자 칼 바르트를 인용해 "억압하는 폭력이 있고 해방을 시켜주는 폭력이 있다"고 설교했다. 안느 프레스는 리옹으로 친구들을 만나러 갔다가 FLN 지원망이 있음을 알게 되었고 곧 프랑스 동남부 리옹과 생테티엔, FLN 제3윌라야의 요원이 되었다. 알제리인을 직접 만나 마음이 움직인 경우도 있다. 1956년 10월 공중납치를 당해 프랑스에 인도된 FLN 지도자 중 모스테파 라슈라프가 있었다. 장마리 뵈글랭은 『레탕모데른』 잡지사에서 그를 여러 번 봤는데, 테러리스트 같은 험상 궂은 인상이 아닌 온건한 모습이었다.[51] 공식 언론에서 늘 테러리스트라고 하는 것은 틀렸다는 느낌이 들었다. 그러다가 1957년 초에 뵈글랭은 그르노블에서 극단을 하면서 알제리 학생들과 만났다. 어느 날 그들 중 한 학생이 리옹으로 뵈글랭을 찾아왔다. 뵈글랭은 그 학생으로부터 친구가 붙잡혀 고문을 당했다는 이야기를 전해 들었고, 두말 않고 그를 숨겨주겠다고 말했다. 불법이라는 생각은 들지 않았다.

이름 없는 이 사람들의 행동은 이론이나 사상과 거리가 멀었을까? 피에르 숄레는 어디에 소속되지 않았어도 동기는 이념적이고 종교적인 확신으로 이뤄졌다고 했다.[52] 그 확신이 사람들 사이에 떠다녀서인지 알린 샤르비는 피에르 숄레의 가족이자 친구 안느마리 숄레의 소개로 장송망에 들어갔다. 확신은 어디까지고 그것은 어떻게 자책감을 부르는 것일까? 1960년 9월 재판에서 10년형을 받는 퀴에나는 자신을 움직인 것은 "우리 모두가 알제리인 탄압의 공모자"라는 깨달음이었다고 술회했다. "고문이 행해진다는 것 자체도 문제였지만 '내가 그 고문의 공모자다'라는 깨달음 때문에 행동했다"는 것이다. 하지만

51. J. Charby, *Les porteurs d'espoir*, 77쪽.
52. 같은 책, 11쪽.

그마저 혹시 지배를 당연시해온 측의 지나친 자의식은 아닐까? 아니면 개인의 윤리가 살아 있다는 증거일까? FLN이 이 프랑스인들이라면 믿을 수 있다고 여긴 것은 분명하다. 하지만 그에 대한 프랑스인들의 응답이 윤리였는지 그 이상의 무엇이었는지는 답하기 어려운 문제다. 어떻든 자금은 파리에서 FLN의 은행들로 늘 안전하게 전달되었다. 그러나 진짜 중대한 논란은 그다음이다. 장송망 사람들은 그 자금이, 어디에 어떻게 쓰일는지 구체적으로는 몰랐다 해도, 전쟁비용이라는 사실은 분명 알았을 것이기 때문이다.

3. 배반인가?

1957년 하반기면 프랑스 여론은 협상이든 알제리 연방제 방안이든 등한시하지 않게 된다. 병역 재소집과 새로운 징집, 그에 따른 막중한 전쟁예산 지출로 피로감이 쌓였다. 그러나 1958년 6월 드골의 집권은 우왕좌왕하던 그간의 혼란이 끝났다는 신호였다. 1958년 9월 국민투표로 알제리 문제 타결을 위한 헌법 개정을 물었을 때 다수가 찬성을 했고 다시 1년 후인 1959년 9월 16일 드골의 알제리 자결권 선언으로 전쟁은 결국 타결될 것이라는 안도감을 주었다.[53] 그러나 뭇 전쟁의 종결이 그러하듯 무력은 약해지지 않고 있었다. 알제리에서는 모리스 샬 장군의 플랜으로 동서 양 국경지대가 차단되어 민족군의 이동과 무기반입은 거의 불가능했으며, 주민 재집결정책은 대규

---

53. 드골과 알제리 독립에 관한 내용은 이용재, 「드골과 알제리 독립」, 『프랑스사연구』, 제27호, 2012, 251-269쪽. 반면에 드골의 FLN 대응책은 실패했다는 평가도 있다. X. Yacono, *De Gaulle et le FLN 1958-1962: L'échec d'une politique et ses prolongements*, Versailles: l'atlanthrope, 1989.

모로 확대되었다. FLN은 마지막 협상카드를 쥐기 위해 전쟁을 프랑스 안으로 끌고 온다는 전략을 강화했다. 프랑스 전역에서 FLN의 OS에 의한 산업시설과 군사기지 공격이 일어났다.[54] 전임 알제리 총독 자크 수스텔이 OS의 공격을 받는가 하면, 불발에 그쳤지만 파리 에 펠탑에도 폭탄 설치가 계획되었다. 장송망 재판이 열리기 직전인 1960년 늦여름에도 공격이 일어나서 사회 전반의 분위기가 뒤숭숭했다. 폭력은 알제리만이 아니라 프랑스의 안마당까지 들어와 있었다. 자국민이 테러를 당하는 이런 상황에서 장송망 조직원들은 어떠한 명분을 지니고 있었을까?

1960년 상반기면 협상을 통한 해결을 촉구하는 여론이 많이 일 때였다. 정치학자 모리스 뒤베르제부터 6월 『르몽드』 기고로 협상을 적극 지지하였다. 그러나 뒤베르제는 협상과 알제리 지원은 다르다는 것을 분명히 하였다. 더구나 프랑스인이 알제리 저항자들에게 보내는 과도한 지원은 용서할 수 없는 일이었다. 뒤베르제의 이와 같은 심경은 소수의 것이 아니었다. 우익 진영에서 제기한 배신론은 정도의 차이는 있지만, 좌우익 없이 공통적이었다. 좌파 클로드 부르데 역시 1960년 3월 3일자 『프랑스 옵세르바퇴르』에서 장송망을 비난하는 기사를 실었다. 신좌파 그룹의 질 마르티네도 동일한 생각이었다. 장송 뿐만이 아니라 조직원 각각이 답해야 할 문제였다. 특히 무기 운반책 자크 비뉴, 회계 책임자 퀴에나는 더더욱 그랬다. 하지만 장송망 사람들은 번민하기는 했지만 흔들리지 않았다. 잘못한 것은 우리가 아니라 우리가 지켜야 할 이 나라 프랑스라고 믿었다. 릴의 피에르 데시마

---

54. 1958년 여름 8월 24일에서 25일 밤과 27일 밤에 파리, 마르세유, 지중해 나르본, 툴루즈, 대서양 연안 루앙, 르아브르 항에서 철도, 비행장 사보타주, 정유저장고 공격, 탄화수소고 방화, 경찰시설, 군용차 차고 방화가 동시다발적으로 발생했다. 프랑스 내 FLN의 무장투쟁에 관해서는 D. Djerbal, *L'Organisation spéciale de la Fédération de France du FLN*, 61-65, 221-272쪽.

케르는 이렇게 말했다.

나는 한번도 내가 프랑스를 배신했다고 느낀 적이 없다. 나는 프랑스에 대항해 무기를 들고 싶지 않았다. 그러나 프랑스가 잘못된 길로 간다고 느낀 이상 결정적으로 프랑스와 결별했다. 내게 프랑스의 중대한 잘못은 알제리 독립을 인정하지 않는 거였다. 어느 정도는 불법적일지라도 그들의 독립 성취에 한줌의 도움을 줄 수 있다면 물러서지 않으려고 했다.[55]

퀴에나도 '혹시 배반이라고 생각해본 적은 없는가?'라는 질문에는 다음과 같이 답했다.

예. 없습니다. 세상이 주로 인정하는 도덕성만이 프랑스의 도덕성인 것은 아니지요. 드골은 페탱 정부에 의해 사형선고를 받았지만 그 때문에 드골이 나라를 구하는 일을 그만두지는 않았잖아요. 오히려 프랑스의 드높은 가치를 견지하고 있었던 것 같은데요. 내 머릿속에는 모든 민족은 자신의 생존을 처리할 권리가 있다는 인권선언이 꽉 박혀 있습니다.

그렇다면 시민은 국가가 하는 일에 무조건 복종할 것이 아니라 부당한 권력이 행사되면 따르지 않을 권리가 있다는 근대의 저항권 사상을 체현했던 것일까? 그때 국가의 정당성을 판단하는 기준은 도덕성이며 그것은 나한테 소중하면 남한테도 소중하다는 상호호혜의 가치에 기초한다. 내 이익을 위해서라면 타인이 고통을 겪든 약탈을 당

---

55. M. Evans, *The Memory of Resistance*, 121쪽.

하든 내 알 바 아니란 것은 도덕적이지 않다. 철학자 장송으로서는 평범하다면 평범한 이들의 이런 직관을 당연히 더 밀고 나가야 했다. 장송의 논리적 출발은 알제리가 프랑스 땅이라고 믿는 공식 견해의 프랑스가 이 나라의 전부는 아니라는 사실을 보여주는 데 있었다.[56] 하지만 국가를 부정하고 국가이성과 대립하는 견해를 외부로 표출하여 그것이 적을 이롭게 한다면 법을 위반하는 행위가 된다. 배신 문제가 여기서 제기된다. 하지만 19세기는 그 사법권능이 형법적이지만 정치적일 수도 있다는 것을 법으로 구현해갔고 자유민주주의 아래 판사는 개인의 자유의 수호자가 되었다. 물론 사법은 정치권력의 권위를 수립하고 공고히 하고 보존하는 전통적인 기능을 갖고 있지만 억압적인 국가기구가 개인을 위협할 때 제도적으로 그 개인을 보호하는 기능도 있다. 그러므로 사법은 역사적 상황에 따라 수립된 권력에 봉사하는 억압기제가 될 수도 있고, 민주주의에 봉사하는 대항기제가 될 수도 있다.[57]

장송망 사건은 무의식적으로 사법정신의 정착, 국가가 보일 수 있는 유연성을 시험대에 올려놓았다. 이 사건으로 체포된 이들은 심한 말을 듣고 모욕을 당하고 때로는 맞기도 했지만 심문 과정에서 상식에 어긋난 가혹행위를 겪지는 않았다. 장송이 그토록 알제리인 보호에 골몰한 것은 이 때문이었다. 알제리인은 잡혀가면 고문을 당하지만 프랑스인은 그렇지 않다는 것이 확실했기 때문이다. 하지만 이 문제는 자신이 법을 지키려 해도 지킬 수 없다는 것과 연관되어 있었다. 항쟁에 나선 사람을 법적으로 지원하고 싶었지만 법은 늘 체제만 편들었다.[58] 그 때

56. Guy Mollet, "Perdre l'Algérie, c'est perdre la France: *Déclaration exclusive sur l'Algérie*," *Jours de France (revue bebdomadaire)*, 14 avril 1956.
57. http://www.universalis.fr/encyclopedie/justice-justice-politique/
58. 프랑시스 비나르의 법정 발언. *Le procès du réseau Jeanson*, 55쪽.

문에 장송에게 법은 이미 죽은 것이나 다름없었다. 프랑스 국민의 공동체가 존재해야 법이 존재하는 것인데 '고문과 바주카포와 수용소의 공동체'를 국민의 공동체라고 할 수는 없는 일이었다.[59] 따라서 배신을 한 것은 "우리가 아니라 그런 일을 하고도 언제나 말을 바꾸는 그들"이었다. 더구나 무법자라고 경멸받는 반란자의 세계는 법을 지킬 수 없도록 이미 짜여 있었다. 장송은 그 행동이 정당하다고까지 말하지 않고 그들에게 필요하다고만 했다.[60]

배신론을 반박할 수 있는 또다른 이유로 실제적으로 FLN과 연락하며 일했지만 장송망은 FLN에 소속되지는 않았다는 점을 꼽을 수 있다.[61] 하지만 무슨 차이가 있는가? 차이가 있었다. 장송망은 어디까지나 프랑스인이란 자의식 속에서 행동하고 움직였다. 그렇기 때문에 후일 알제리의 역사가 다호 제르발은, 장송은 단순한 지식인이 아니라 정치가라고 평가하였다. 제르발은 알제리가 어느 날 프랑스를 최악으로 보지 않도록 그 일을 했다는 것이다. 이 전쟁이 우리의 전쟁이라는 장송의 발상은 전복적일지 몰라도 그것이 미래의 두 나라 사람들을 가깝게 하고 우리의 책임을 다하는 것이라는 통찰이었다. 다호 제르발의 견해대로라면, 그들이 이기는 것이 우리가 이기는 것이라는 논리는 외로웠던 것이 아니다.[62]

---

59. 1960년 4월 15일 비밀출판 관련 회합 당시에 나온 장송의 진술은 "Déclaration de Francis Jeanson lors de sa conférence de presse clandestine le 15 avril 1960," *Les porteurs de valises*, 388쪽.

60. "Francis Jeanson," *Les porteurs d'espoir*, 34쪽.

61. D.-E. Blanchard, *Les valises du professeur Jeanson*, Nice: Éditions Ovadia, 2015. 평전이자 평론서인 『장송 교수의 여행가방』은 소설 같은 서사도 선보인다. 1996년 겨울, 아르카숑 저수지의 작은 집으로 원고를 청탁하기 위해 74세의 장송을 찾게 된 것을 계기로, 저자는 2년간 주말마다 말하길 꺼려하는 장송을 만나러 갔다.

62. F. Jeanson, "Engagement, violence, politique," S. M. Barkat (dir.), *Des Français contre la terreur d'État: Algérie 1954-1962*, Paris: Éditions Reflex, 2002, 55-59쪽.

그러나 국가반역 혐의는 극복하기 힘든 암초였다. 2001년 장송의 『우리의 전쟁』을 재출간한 로베르 블로가 "이 사건은 역사가의 서술에서 무시돼왔다"고 언급한 것도 그 이유 때문일 것이다.[63] 독일 학자 하르트무트 엘젠한스의 방대한 『알제리전쟁사』에 긴 서문을 쓰고 참고문헌을 정리한 질베르 메니에도 이 사건을 다룬 문헌은 많지만 연구는 드물다며 그 견해에 동의한다.[64] 장송의 행동이 배신이냐 아니냐를 가리는 것은 학구적인 목적은 못 될 것이다. 그보다 먼저 다가오는 것은 장송의 생각이다.

프랑스의 식민통치는 토지수탈과 인명살상, 군대 주둔으로 수립됐지만 다른 한편 지방선거를 비롯해 갖가지 제도를 정비해 알제리인 정당의 출현을 돕고 민족주의를 제창하는 비판적 언론을 촉진시킨 것도 사실이다. 그렇기에 식민주의는 모호하고 당혹감도 준다. 그런데 장송은 억압과 퇴행, 자유와 진보를 동시적으로 내세우는 이 모순 구조가 "모두 '서양식 자유주의'에서 시작된 것"이라 했다.[65] 새겨들어야 할 지적이다. 르노 공장 사회주의자나 트로츠키주의 동조자가 알제리 독립을 지지한 것은 자유주의의 어두운 이면을 보았기 때문일 수 있다.[66] 하지만 그들은 다 합해도 소수였다. 대중은 따라올 준비가 안됐다는 회의감도 돌았다. 그러나 장송은 답을 찾아냈다. 먼저 앞장서야 한다는 것, 그렇지 않으면 대중은 어쩌지 못한다는 것.[67] 그런데

63. F. Jeanson, *Notre guerre*, 9쪽.
64. 엘젠한스의 독일어 원서를 어렵게 프랑스어로 번역 출판한 다음 책 참조. H. Elsenhans, *La guerre d'Algérie 1954-1962: la transition d'une France à une autre: le passage de la IVe à la Ve République (Frankreichs Algerienkriegs 1954-1962)*, trad. Vincent Goupy, Paris: Publisud, 1999, 63-75쪽.
65. "libéralisme occidental," *Notre guerre*, 37쪽.
66. S. Pattieu, *Les Camarades des frères: Trotskistes et libertaires dans la guerre d'Algérie*, 151쪽.
67. *Notre guerre*, 75쪽. 장송은 2008년에 발간된 철학 단상에서도 위험을 피하는 것

가능한가? 좌파 역사가 자크 쥘리아르는 아무리 소수라도 그런 집단은 충분히 그 기능을 할 수 있다는 견해를 보였다. 쥘리아르는 좌파적 사유와 실천에는 엘리트도 대중도 아닌 소수의 씨앗/핵noyau이 중요하고 그것만 있으면 동력은 꺼지지 않는다고 했다.[68]

반식민주의 논자들이 장송의 행동에 모두 동의한 건 아니지만, 그래도 그에게 빚진 바가 있다면 장송망이 이론과 이념보다 더 중요하고 기초적인 "우리가 윤리적이지 않다"는 것을 각성시켰다는 점일 것이다. 장송망에 가담한 평범한 이들은 혁명적인 무언가를 목적으로 싸우지 않았다. 그들은 제각기 고립감도 느꼈고 후일 아무도 알아주지 않을지 모른다는 불안감과 막막함 가운데 움직였다. 그래도 다같이 중요한 일을 하고 있다는 느낌을 가졌고 서로 만나게 되는 사람들이 좋았다. 장송은 로베르 다브지 사제를 만날 때면 프랑스 소명단과 아무런 인연도 없으면서 매번 신의 문제를 토론했다. 젊은 마송은 이 사건으로 검거되어 옥살이를 하고 나온 뒤에도 다브지를 또 만나고 닐스를 다시 볼 것이라는 생각에 후속 임무에 다시금 참가했다. 이들을 움직인 것은 의외로 소박한 것이었다. 스위스 출판인 닐스 안데르손은 2007년 12월 29일 남부 피레네에서 열린 로베르 다브지의 장례식에서 이렇게 추도사를 낭독했다.

로베르,
그대가 바라던 대로, 그대는 이제 항상 늘 마음에 품었던 이곳으로

은 삶의 자세가 아니며 우리가 택할 수 있는 높은 위험은 삶에 의미를 준다고 했다. F. Jeanson, *Violence & Liberté: C'est entre hommes seulement; La mort de l'athée*, Bordeaux: Bord de l'eau, 2008, 29-30쪽.

68. J. Julliard, *Les Gauches Françaises, 1762-2012: Histoire, poltique et imaginaire*, Paris: Flammarion, 2012, 565-695쪽.

돌아왔소. 이곳에서 태어난 이들을 고집스럽게 빚어놓는 산악으로. 우리가 얼마든 증명할 수 있지만, 그대는 인간을 믿고 우애와 용기, 정의, 그대를 꿈틀대게 한 자기희생의 가치로 이상과 헌신의 길을 갔소…… 그대에게는 타자의 자유가 없는 개인의 자유란 없었지요. 그대는 말했소. "정의의 수립은 생의 조건이며 평화의 필수조건이다. 우리 삶의 가장 깊은 진실이 그것이다." 로베르, 우리는 이 길을 가야만 하고, 우리 뒤의 또다른 이가 계속 갈 것이오. 우리, 알고 있잖소. "귀뚜라미가 또 울리란 걸." 소중한 친구, 고마웠소. 우정을 나누어줘서.[69]

소박하지만 자신이 무엇을 하고 있는지 자각했고 또 스스로 묻고 답하며 역사의 한복판으로 들어갔던 이름 없는 그들 덕분에 새로운 시대가 열렸을 것이다. 40년 후 이들의 증언을 채록하여 연구서를 펴낸 마틴 에번스는, 이들 모두가 자기 행동의 동기를 또렷이 인지하고 있었다고 밝힌다. 당시 정황을 낱낱이 기억하면서 6시간 내내 분석적으로 설명하는 이도 있었다. 이 연구자는 인터뷰라곤 해본 적 없는 사람조차 지난 세월의 경험을 충분히 역사화하고 있었다는 인상을 받았다.[70] 1950년대 프랑스에서는 사회변혁의 의지가 작용했던 게 사실이며, 그 변혁의 의지를 끝까지 밀고 나갔던 장송망은 파괴적이었다는 비판을 면할 수 없을지도 모른다.[71] 그러나 식민지전쟁에 대한 비

69. 다브지 신부의 『정의의 시간』 2011년판 참조. R. Davezies, *Le temps de la Justice: Algérie 1954-1962*, Paris: L'Harmattan, 2011.

70. M. Evans, *The Memory of Resistance*, 4쪽.

71. M. Christofferson, *French Intellectuals Against the Left*. 크리스토퍼슨은 소련의 굴라그 군도와 동유럽 지식인들의 억압 상태를 알고부터 전체주의 권력에 반대한 프랑스 좌파들을 좇는다. 이 저작은 그로써 좌파의 반전체주의 입장이 지식인의 정치사회사에 유의미했다고 판단하고, 헝가리 봉기와 알제리전쟁이 중대한 계기였다고 지적한다.

판은 식민지 사람들의 권리를 넘어 인간의 권리를 위한 투쟁으로 해석될 수 있을 것이다. 1950년대 후반의 반식민주의 운동은 그런 노력들에 힘입어 1970년대 전반의 반전체주의anti-totalitarian 운동으로 옮겨갔을 것이다. 배신이라는 낙인을 감수해야 할 만큼 급진적이었던 행동, 바로 그것이 혁명적 기원을 갖더라도 전체주의는 위험하다는 각성에 일조했다.[72] 그런 파장을 일으키며 식민지전쟁에 온몸으로 부딪친 장송망은 물 위에 뜬 기름 같지 않았다. 끔찍했다. 젊은이들에게 전쟁은, 담론이 아니라 눈앞의 현실이었기 때문이다.

4. 탈영병들

1955년에서 1962년 사이에 스무 살이 된 프랑스 젊은 남자들은 이 마지막 식민지전쟁에 직접적으로 관련되었다.[73] 과거의 모든 식민지전쟁은—1920년대의 모로코 리프전쟁, 시리아 원정, 그전의 마다가스카르 정복, 모로코 침공, 중서아프리카 공략이든 모두—직업군인과 식민지 차출 병력만 쓰였다. 군대는 프랑스의 제국문화에 없어서는 안 될 기반이었지만 프랑스 국민이 이들 전쟁에 참가한 것은 아니었다.[74] 인도차이나전쟁(1945-1954) 막바지에는 피에르 망데스 프랑

72. N. Kauppi, *French Intellectual Nobility*, New York: State University of New York Press, 1996; S. Khilhnani, *Arguing Revolution: The Intellectual Left in Postwar France*, New Haven: Yale University Press, 1993.

73. J.-C. Jauffret, *Soldats en Algérie 1954-1962: Expériences contrastées des hommes du contingent*, Paris: Autrement, 2000, 88-141쪽.

74. C. Benoît, A. Champeaux et E. Deroo, "La culture postcoloniale au sein de l'armée et la mémoire de combatants d'outre-mer," P. Blanche et N. Bancel, *Culture post-colobniale 1961-2006: Traces et mémoires coloniales en France*, Paris: Autrement, 2005, 124-125쪽.

스가 징집병 투입을 생각했으나 실제로 이를 시행한 것은 몇 년 후기 몰레 정권이었다. 알제리전쟁이 프랑스 사회에 보기보다 깊이 오래 남게 된 것은 1956년에 40만 명 이상, 전쟁기 전체로는 약 170만명이 투입된 대규모의 징집 때문이었다. 그런데 이 전쟁 세대는 그 이전과 이후의 두 세대와 사뭇 달랐다. 대독 레지스탕스는 정치적, 사회적, 문학적으로 번듯하게 얼굴을 드러냈고 또 68세대는 마치 "발언하는 것이 존재의 양식인 듯" 살았지만, 알제리전쟁에 투입된 징집자들은 발언은커녕 보고 들은 것을 속으로만 삭여야 했다.[75]

군 소집장을 받았을 때 생클루 고등사범학교에 재학중이던 아르망 프레몽은 평화 대신에 징집령을 내리는 기 몰레 정부에게 속았다는 생각이 들었다. "우리는 공부하고 싶었고 직업과 가족, 사회에 참여하기를 원했으며 우리의 목숨을 건지고 싶었다."[76] 병사들은 모두 농민의 아들, 노동자의 자식이었다. 1954년 프랑스 인구의 25퍼센트 이상은 농민이었고 34.5퍼센트는 노동자였다. 이 전쟁은 '우리의 전쟁'이 아니었다. 그런데 몇 달이 됐든, 1년 아니면 2년이 됐든 무조건 전쟁에 나가야 했다.[77] "알제리전쟁은 보통의 전쟁 같지 않았다…… 이 전쟁은 오로지 기관총에만 정당성과 확실성이 있는 듯했고 기관총만 껴안은 병사들을 고독과 절망, 불확실성 속으로 몰아넣었다…… 작열하는 사하라 사막에서 피로, 고통, 죽음과 함께하는 필사적 모험과 삭막한 대치가 쉼 없이 이어졌다."[78] 이 경험은 오히려 청년들을 현실적으로 만들었다. 식민지전쟁을 목격한 제대병들은 직업을 얻고 살아남

---

75. A. Frémont, "Le contingent: témoignage et réflexion," J.-P. Rioux (dir.), *La guerre d'Algérie et les Français*, 79쪽.

76. 같은 글, 80쪽.

77. J.-C. Jauffret, *Soldats en Algérie 1954-1962*, 197-286쪽.

78. J. Lartéguy, *Les dieux meurent en Algérie*.

아야 한다는 데 더욱더 집착했다.

장송망 사건의 일환으로 살펴보려는 탈영병 문제는 탈영과 징집 거부가 흔해서 다루려는 게 아니다. 탈영병은 300명 정도였거나, 많으면 3,000명이었을 것으로 본다. 베트남전쟁에 소집된 미국 청년들 중에서 탈영자가 10만 명 정도로 추산되는 것과는 상황이 다르다.[79] 설령 1만 2,000명이란 전체 추산치를 따르더라도 전체 복무자의 1퍼센트에도 못 미치는 숫자다. 징집영장을 받고 입대하지 않은 명령 불복종자 1만 831명, 군대를 불법 이탈한 탈영병 886명, 무기를 들지 않거나 군복착용을 거부한 양심적 기피자 420명을 모두 합친 것이 그 숫자다. 그러나 이 1퍼센트는 1960년부터 전쟁 말기인 1962년 사이에 부쩍 늘어났고 다른 전쟁에 비하면 많았다.[80] 특히 1960년부터 징집 거부는 프랑스 사회에 큰 반향을 일으켰고, 노동총연맹은 마르세유, 파리, 낭트에서 연일 징집 반대, 전쟁 반대 시위를 벌였다.

1960년 9월 6일 『진리, 자유』지에 실린 「121인 선언문」도 그 불씨는 징집 거부였다. 장송망 사건 재판에 맞춰 나온 이 선언문은 계속 탈영이 발생하고 참전을 거부하고 있는데 이를 범죄시하는 전쟁이 프랑스에 무슨 의미가 있느냐며 의문을 제기했다. '알제리전쟁 불복종 권리선언'은 지식인뿐 아니라 작가와 화가, 배우, 가수, 100여 명이 넘는 인사가 서명했다. (실제 서명자는 180명이 넘었다고 하지만 인상적인 숫자에 착안해 '121인 성명'이 되었다.) 마르크스주의자 앙리 르페브르, 초현실주의자 앙드레 브르통, 화가 앙드레 마송, 여배우 시몬 시뇨레, 작가 마르그리트 뒤라스도 명단에 있었다. 식민지전쟁에 반대

---

79. J.-P. Vittori, *Le choix des larmes Algérie 1954-1962*, 9쪽.

80. T. Quemeneur, "Refuser l'autorité? Étude des désobéissances de soldats français pendant la guerre d'Algérie (1954-1962)," *Revue française d'histoire d'outre-mer*, vol.98, no.370-371, 2011, 57-66쪽.

하는 의사를 분명히 한 이 집단적 움직임은 범죄적이고 부조리한 전쟁을 지속하는 군부를 직접 문제삼았다. 군이 정치적이 되어 나라가 군에 부여한 목적을 저버렸다는 논리였다.[81]

이런 여건 속에서 다수의 프랑스인들이 전통적 가치와 의무의 참뜻을 재검토하기에 이르렀다. 그것이 이내 수치스러운 복종으로 전락하고 마는 상황이라면 시민윤리는 무슨 의미가 있는가? 복무 거부가 신성한 의무가 되고, '반역'이 진실의 단호한 존중이 되는 경우들이 있지 않은가? 군대를 사상적, 인종주의적 지배의 수단으로 이용하는 자들의 획책으로 군이 민주제에 대한 공개적 혹은 잠재적 반란상태에 들어갔음이 명백할 때, 군에 대한 반항은 새로운 의미를 얻지 않는가?[82]

이 선언문은 장송망을 전혀 거론하지 않고 알제리 민중의 대의를 돕는 행위가 정당하다고 했으며, "우리는 알제리 민중에 대해 무기를 들기를 거부하는 행위를 존중하며 이 행위가 정당하다고 판단한다"고 했다. 지식인이 무기를 드느냐 마느냐를 고심한 것은 그때가 처음이었다. 1914년 대전쟁에서나 1942년 자유프랑스 부대에서 군대징집은 문제가 되지 않았다. 전국프랑스대학동맹UNEF은 알제리전쟁에 사회적인 거부가 생긴 이유를 이 전쟁이 한 세대 전체의 청년들을 침울하게 만들고 기를 꺾어버렸기 때문이라고 설명했다. 유네프는 프랑

---

81. A. Frémont, "Le contingent: témoignage et réflexion," 79-85쪽.
82. 모리스 블랑쇼, 「알제리전쟁에서의 불복종의 권리선언」, 『정치평론 1953-1993』 (블랑쇼 선집 9), 고재정 옮김, 서울: 그린비, 2009, 41쪽. 이 책에는 '121인 선언문' 전문과 121인 서명자 명단이 실려 있다. 이 글은 블랑쇼라는 특정인의 글이라고 볼 순 없다. 그럼에도 프랑스판 편집자들이 블랑쇼 저작집에 이 선언문을 재수록한 것은 '은둔의 작가' 블랑쇼에게 알제리전쟁의 저항이라는 정치적 참여가 중요한 사안이었음을 새삼 일깨운다.

스의 모든 대학을 대표하는 기구로서 가입자도 많았다. 경솔하게 움직이지 않았다. 1950년대 후반은 전후 경제 재건으로 소득이 늘고 학생 수도 두세 배로 급증해 대학 안팎에서 대학생의 요구가 전례 없이 강하게 표명되던 시기였다. 대학에 대한 투자가 긴급하고 확대되어야 하는데 전쟁비용으로 정부예산이 대폭 소진되고 있다는 것을 대학과 사회는 잘 알고 있었다. 전 교육장관 불로슈Boulloche는 "전쟁은 과거 일이고 교육은 미래 일"이라며, 전쟁으로 인한 교육재정 부족을 비판했다. 곁들여, 학생들 사이에서는 전쟁 분위기가 파시즘으로 번질 위험성도 있다는 두려움이 적지 않았다. 그렇기에 징집 거부는 비록 소수의 행위였음에도 매우 상징적인 의미를 띠었다.

처음 항의를 표한 것은 또다시 군복무를 하게 된 재소집병들이었다. 징집복무는 6개월이지만 연장될 때도 있었고 33개월까지 알제리에 머무는 경우도 있었다. 1955년 8월 말 전단이 나돌고 9월 2일 파리 동부역 가르드레스트에서 시위가 일어났다. 9월 29일 라탱 지구 생세브랭 교회에 '북아프리카전쟁을 타도하자!'는 전단이 뿌려졌다. '장교·하사관·병사·해병·항공사 위원회'는 가상의 단체 같았지만 일부 병사들의 분위기를 전하는 데는 성공했다. 징집기피와 불복종이 개인사와 연관된 경우도 있었다. 1956년 21세의 장 루이 우스트는 레지스탕스로 활약한 부친과 알제리 문제로 심한 갈등을 빚었다. 1942년 11월 연합군의 북아프리카 상륙 때 타시니 장군의 알제리부대 일원이었고 이탈리아 전선에선 파시스트와 싸웠던 부친을, 우스트는 존경했다. 그런데 전후 프랑스로 귀환한 부친이 알제리인을 고용해 콜마르 도 대토지를 개간하면서 그들을 부당하게 대우하는 걸 보았다. 그럼에도 우스트는 그들과 사귀고 속사정까지 묻는 사이가 되었다. 그렇게 제3세계에 눈을 뜨고, 이집트와 팔레스타인을 다녀오고, 스트라스부르 대학 친구들, 앙드레 망두즈를 만나면서 그는 알제리 현실에 더 깊이 공감했다.[83] 그 무렵 장송과 다브지를 만났고, 새로 알게 된 장송 조직망에 가담하여, 사르트르의 반식민주의 사상, 개인의 책임 의식까지 알게 되었다. 1958년 9월 알제리 출병명령서를 받은 그로 서는 징집기피 외에는 방법이 없었다. 그는 스위스로 피신했고, 곧이 어 '청년레지스탕스'라는 반전기구를 만들기로 결심한다.[84]

1956년 8월 말, 군 내부에서 벌어지는 고문에 항의하며 볼라르디 에르 장군은 자진해 군복을 벗었다.[85] 그러나 사병의 항명은 스스로 감당하기가 어려운 문제였다. 1956년 5월 알제리 제8공수 연대에 징 집된 하사 노엘 파브리에르는 약식 처형을 앞둔 알제리인을 풀어주 었다. 그러고는 그 길로 탈영해 알제리민족해방군에 들어갔고 10개 월 후 튀니지로 넘어갔다.[86] 1928년 3월 31일의 법 90조에 따르면, 원 대복귀 불이행은 1개월에서 1년의 구금형에 처할 수 있었다. 탈영으 로 두 차례의 궐석재판을 받은 노엘은 프랑스 고향에 계신 부모님께 보내는 편지에서 이렇게 썼다.

아버지는, 제가 조국을 배반한 적이 없다는 것, 잘 알고 계시죠. 전 지금, 배반과는 정반대로, 알제리인이 사랑한 프랑스를 그들이 미워하 지 않도록 막고 있습니다. 프랑스인이 다 식민주의자는 아니며, 우리 공수부대는 나치 SS가 아니라는 증거가 바로 저입니다. 시간이 지나면 우리가 옳았음이 밝혀질 거라고 생각합니다.[87]

---

83. M. Evans, *The Memory of Resistance*, 129-133쪽.

84. "Manifeste de Jeune Résistence," *Résister à la guerre d'Algérie,* 72-90쪽.

85. Jacques de Bollardière, *Bataille d'Alger, bataille de l'homme*, Paris: Éditions Desclée de Brouwer, 1972.

86. 노엘은 튀니지에서 미국으로 갔다가 1966년 사면되어 프랑스로 돌아온다. 1960 년 미뉘에서 낸 『새벽의 사막*Le désert de l'aube*』에 알제리 체험을 담았다.

87. "Lettre de Noël Favrière à ses parents, Septembre 1956," *Résister à la guerre*

이렇게 군복무를 거부하겠다는 의사는 프랑스의 제도에 따라 정부에 전달될 수도 있었다. 파리 교외에 있는 불로뉴 숲의 정원사였던 공산주의자 알뱅 리슈티는 1956년 서른 명 남짓의 동료들과 함께 징집에 반대하기로 하고, 르네 코티 대통령에게 서한을 띄웠다.[88] 1956년 7월 2일이라는 날짜 밑에다 "공병 제2계급 시민 알뱅 리슈티가 공화국 대통령이자 군 통수권자 각하Monsieur께"라고 정중하게 기필起筆을 하고 나서 "저는 항상 군사적인 명령을 주의 깊게 따랐고 자원하여 소대병에 입대했습니다"라는 문장을 네 차례 반복해서 쓴 다음 아래와 같이 자신의 의견을 밝히고 있다.

저는 자유와 정의를 위해 투쟁하는 프랑스의 전통에 충실하고 싶습니다…… 우리 정부가 알제리 민중을 상대로 수행하는 이 전쟁은 방어전쟁이 아닙니다. 이 전쟁에서 아내, 자식, 조국을 지키고 있는 것은 바로 알제리인들입니다. 평화와 정의를 위해 싸우고 있는 것은 알제리인들입니다. 제가 지키고 싶은 것은 프랑스인과 알제리인 사이의 우애입니다. 제가 또한 지키려고 하는 것은 프랑스 헌법이며, 헌법 전문에 나오는 다음과 같은 글이기 때문입니다. "프랑스공화국은 정복을 목적으로 하는 어떠한 전쟁도 기도하지 않을 것이다. 또한 다른 민족의 자유에 결코 무력을 사용하지도 않을 것이다." 더 나아가 이렇기 때문입니다. "전통적인 사명에 충실하게 프랑스는, 프랑스가 책임을 지게 된 민족들이 스스로 행정을 하고 민주적으로 그들 자신의 사업을 관리할 자유에 이르도록 한다." 이상의 이유로 저는 그 자신들의 독립을 위해서

---

d'Algérie, 60-61쪽.
88. "Lettre d'Alban Liechti au Président de la République," 같은 책, 56-59쪽.

싸우고 있는 알제리 민중을 향해서 무기를 들 수가 없습니다.[89]

끝으로 그는 부당한 전쟁에는 나설 수 없다고 선언하면서 최종적으로 자신이 지키고자 하는 것은 두 민족peuple의 권리와 이익을 존중하는 자유롭게 합의된 관계이며, 전쟁이 아닌 협상이라고 밝혔다.[90] 1958년 가을, 신념이 확고한 우스트 같은 몇몇 징집병에 의해 반전조직 '청년레지스탕스'가 꾸려졌다.[91] 이 청년레지스탕스는 1956년 여름부터 임시 피난처인 스위스에 몰려든 징집병, 소집병, 탈영병을 위해 이집트 공산주의자 앙리 퀴리엘이 제안하고 로베르 다브지 신부가 지원한 단체였다. 이 단체는 1960년 2월 장송망의 디에고 마송과 탈영병 장 크레스피가 체포되면서 프랑스 정부에 노출된다.[92] 하지만 청년레지스탕스의 관심은 식민지 전쟁터에 나가 풀이 죽은 한 세대의 깊은 상심이었다.[93]

1955년 8월부터 병사들이 차례로 귀국하면서 알제리에서 겪은 형언할 수 없는 사건들이 전해지고 있었다. 참전이 '나의 문제'가 되자

---

89. 탈영병 연구로 박사학위를 받은 켐뇌르는 리슈티를 최초의 징집 거부 군인으로 본다. 탈영은 무기와 탄약의 소지 여부와 그 영향에 따라 처벌 내용이 달라졌다. T. Quemeneur, "Réfractaires français dans la guerre d'Algérie (1954-1962). Refus d'obéissance, insoumission, désertions," *Militaires et guérilla dans la guerre d'Algérie*, 119쪽.

90. 리슈티의 편지. *Résister à la guerre d'Algérie*, 56-59쪽.

91. M. Evans, *The Memory of Resistance*, 129-136쪽.

92. 스위스에 탈영병 보호기구를 조직하자는 앙리 퀴리엘의 제의에 마송은 로베르 다브지, 닐스 안데르손을 다시 볼 수 있다는 생각에 곧장 응했다고 한다. 마송은 자신이 체포된 것은 약속시간에 맞추고 자동차는 멀리 떨어진 데 주차해야 한다는 지침을 어겨서라고 했다. 어떻든 그는 리옹 군사재판에서 형을 언도받고 수차례 이감되었다가 파리 외곽 프렌 감옥에 들어갔다. 그곳에는 퀴리엘, 다브지, 모하메드 살리다우드, 타하르 벤야히야, 1954년 11월 1일의 가담자로 사형선고를 받은 알리 잠푸이 있었다. 출소 후 저명한 지휘자 피에르 볼레즈와 음악인들이 자신을 받아주었다고 회상했다.

93. 청년레지스탕스의 선언문. *Résister à la guerre d'Algérie*, 77-78쪽.

청년들은 시야가 트였다.[94] 이들은 자신들의 고통은 알제리 젊은이들의 고통만 하지 않다고 말하면서 갈등 속에서도 폭력 취향과 인종주의는 거부한다고 밝혔다. 사실 전쟁에 나갔던 젊은이들은 귀환하여 전쟁을 전부 지우고 싶어도 그 흔적이 그렇게 빨리 잊힐 것 같지가 않았다. 명령에 따라 알제리인을 색출해야 했고, 그러면 건장했던 사람이 밤사이에 사람 몰골이 아니게 되는 모습이 떠나지 않았다. 팔레스트로 협곡에서 상상하기 어려운 방법으로 FLN에게 살해된 프랑스 병사들의 모습도 알고 있었다.[95] 21세에서 22세의 젊은 군인들이 전쟁의 현장에서 상념이 많았으리란 것을 부인할 수는 없다.[96] 어떻든 소수 탈영자의 행동은 침묵 속에서 군대의 명령을 따르는 수많은 병사들의 불편하고 때로는 절망적인 심경을 드러냈을 것이고, 이를 집단무의식이라 할 수도 있을 것이다.

이 탈영병들의 문제를 사회에서도 어느 정도 이해하고 있었다. 앙드레 망두즈는 장송망 재판정에서 탈영의 논리를 기독교의 역사를 들어가면서 변호했다.[97] 그러나 장송망이 간행한『베리테 푸르』에서는 식민지 전쟁이 프랑스 사회에 왜 이처럼 문제인가에 대해 이렇게

---

94. UNEF, *Le syndicalisme étudiant et le problème algérien, 1960, fonds UNEF, Archives nationales*, 64-70쪽. 출판사 없는 팸플릿 인쇄물.

95. R. Branche, "18 mai 1956: l'embuscade de Palestro/Djerrah," A. Bouchène, J.-P. Peyroulou, O. Tengour et S. Thénault, *Histoire de l'Algérie à la période coloniale: 1830-1962*, Paris: La Découverte/Alger: Barzakh, 2014.

96. T. Quemeneur, "Refuser l'autorité? Étude des désobéissances de soldats français pendant la guerre d'Algérie 1954-1962," 57-66쪽.

97. 망두즈는 기독교가 공인받기 전 무기 들기를 거부한 사례를 원용하고 또한 재판장 앞에서 누가 국가를 저버리는 것이냐는 문제를 1940년과 비유했다. 어떤 이들은 늘 시대에 뒤처지지만 어떤 이들은 유달리 선구적이라며, 드골을 거명하지 않으면서, 현재 국가수반인 어느 인사의 말을 믿었던 1940년의 우리가 선구적이었던 것이라고 했다. *Le procès du réseau Jeanson*, 119-122쪽.

설명했다.[98] "부르주아적인 자유주의 언론(『렉스프레스』)이나 심지어 반동적인 언론(『르피가로』)까지도 5월 13일 이후 군부가 이 나라에 미치는 파시스트적 위협을 강조한다. 그러나 문제가 너무도 깊어 아무도 이 가공할 위험의 진정한 원인까지 파헤치지는 못한다…… 우파 식민주의자와 프티부르주아지 일부는 겁을 먹고 프랑스 민중과 알제리 민중이 공통의 적을 가졌다는 진실을 두려워한다."[99] 『베리테 푸르』에 따르면 알제리전쟁을 지휘하는 대령과 장군들은 식민지의 봉건 경제로부터 지원을 받고 있고, 청년들이 생각하는 것은 전쟁을 하느라 막혀버린 이 프랑스의 미래였다.[100] 그러나 프랑스의 미래를 생각하는 것은 이들 젊은 탈영병과 장송망 같은 프랑스인들, 121인 선언문의 좌파 계열의 지식인만은 아니었다.

5. 우익 진영의 반론

우익은 10월 7일 공화국의 이름으로 양심선언을 한 좌파 지식인에 반대하는 성명을 내놓았다.[101] 이미 약 석 달 전인 6월 20일경 파리 교외의 뱅센에서는 "알제리는 '프랑스의 주권영토'"라는 주제로 콜로키움이 열렸다. 참석자는 18세기 전공 역사가 피에르 쇼뉘, 탁월한 민족주의 이론가 라울 지라르데, 언론인이자 작가 앙투안 블롱댕, 작가 로제 니미에, 역사가 피에르 각소트, 소르본 대학 역사학 교수 롤

98. *Vérités Pour*, Organe de la centrale d'Information sur le Fascisme et l'Algérie. 1958년 10월 창간 준비호(no.0)부터 1960년 9월 26일 제18호까지 20여 쪽의 잡지 기사들이 2007년 알제의 독립혁명연구소에서 재간행되었다.

99. *Vérités Pour*, 20 septembre 1958, 3쪽.

100. H. Hamon et P. Rotman, *Les porteurs de valise*, 220쪽.

101. *Le Figaro*, 7 octobre 1960.

랑 무니에 등이었고, 파리뿐만 아니라 동부 브장송과 그르노블, 북부 공업지대 릴, 서부 캉 각지에서 온 학자들이었다. 그에 더해 제4공화국 주역인 레지스탕스 지도자 조르주 비도를 비롯하여 알제리와 연관된 부르제스모누리, 뒤셰, 라코스트, 모리스, 수스텔 같은 정치인도 동석하였다.[102] 이들은 알제리는 프랑스의 주권영토이며 공화국의 완전한 한 부분으로 남아야 한다는 의견을 개진하였다. 그렇게 해서 1960년 10월 7일과 13일, 두 차례에 걸쳐 작가 쥘 로맹 역시 『르피가로』에 그와 동일한 의견을 피력하게 된 것이다.[103]

드골 정권 수립 후 1958년 10월 창설된 중도우파 단체인 '민족대학시민행동운동FAF'[104]은 1960년 봄 가입자가 1,500명에 이르렀고, 프랑스 젊은이들에게 뿌려지는 온갖 선전물을 비난하면서 대학인들이 알제리를 수호하자고 촉구했다. 이들에 따르면 '우리 프랑스'와 '서방l'Occident'을 공격하는 알제리전쟁은 소수의 광신 테러리스트와 인종주의자가 부과한 것이었다. 우익 지식인의 논변 역시 일반적인 프랑스 문명의 사명, 상실의 공포, 외국의 음모론을 벗어나지는 못했다. 좌우 양측의 이론이나 호소력이 팽팽하게 맞섰다고 보이진 않는다. 프랑스 지식인의 역사를 서술한 시리넬리는 1950년대의 우파가 그러한 상황을 맞게 된 몇 가지 이유를 분석한 바 있다.[105] 혁명의 나라 프랑스는 대대로 좌파와 구분되는 자유주의자를 배출하지 못했다. 1950년대, 특히 제2차 세계대전의 결과 좌파의 강세로 우파의 의미

---

102. 이 성명은 1960년 10월 7일자 『르몽드』와 『르피가로』에 실렸다. 『르피가로』는 10월 13일 애초의 서명자 185명에 더해 150명이 새로 서명했다고 보도했다.

103. 다음 책을 참조하라. M. Leymarie, *Les intellectuels et la politique en France*, Paris: PUF, 2001, 86쪽.

104. Mouvement national universitaire d'action civique의 약자.

105. G. Pervillé, "L'Algérie dans la mémoire des droites," J.-F. Sirinelli (dir.), *Histoire des droites en France*, Paris: Gallimard, 1992, 621~656쪽.

는 퇴색했고, 알제리전쟁 후반까지 우파는 답보상태에서 벗어나지 못했다.[106] 역사가 무니에도 "프랑스는 전쟁중이고 알제리를 포함하는 프랑스의 모든 영토가 외국의 세력들, 특히 마르크스레닌주의 분파들이 저지른 전복전쟁에서 중상, 비방, 사기 저하, 학살, 악행, 테러의 온갖 방법의 공격을 받고 있다"고 주장했다.[107]

그러나 우파는 이 전쟁에서 과거 프랑스 정치사의 핵심을 짚어냈다. 10월 7일 발표된 선언문 '알제리에서 군대의 문명적 사명'에서 프랑스를 지키고자 알제리에서 싸우는 군을 비방하거나 중상하는 것은 배반이라는 논지를 폈다. "누구도 프랑스군이 군 본연의 임무 외에 인류사회의 문명화 사명에 앞장섰음을 모르지 않을 것이다. 매일 프랑스 양심에 독을 뿌리고 공론을 마비시켜 외부에 이 나라가 알제리를 포기하고 영토를 분할하길 바라는 듯 믿게 하는 건 비열한 배반이다."[108] 이 선언문의 기안자는 평생 군사학, 정치학, 식민지 사상을 연구한 라울 지라르데였다.[109] 프랑스 정치학에 큰 발자취를 남긴 그는 1955년 파리정치학교(시앙스포) 교수로 부임한 후 민족적 입장을 분명히 했고, 왕당파 주간지 『라 나시옹 프랑세즈La Nation française』에 기고한 그의 글들은 알제리 주둔 장교들의 이론 준거가 되었다.[110]

---

106. 역사가 피에르 노라가 주도한 중도지 『르 데바le Débat(토론)』는 알제리전쟁 이후 한 세대가 지난 1980년에 출현했다.
107. J.-F. Sirinelli, *Intellectuels et passions françaises*, Paris: Fayard, 1990, 217쪽.
108. 같은 책, 215-216쪽.
109. 서명자로는 나치 독일의 포로 시절을 그린 소설로 유명한 자크 페레, 악시옹프랑세즈의 일원으로 『레탕모데른』을 공격한 자크 로랑, 『선한 신의 아이들』 같은 인기 소설을 쓴 앙투안 블롱댕, 1942년 말 제대 후 남부에서 샤를 모라스와 함께 『악시옹 프랑세즈』지를 간행한 미셸 데옹, 『사랑에 빠진 다르타냥』(1962)으로 큰 인기를 끈 로제 니미에, 이 선언 후 1961년 7월 불이익을 당한 인사들의 가족을 돌보는 민중구조SPES에 가담하는 소르본 강사 프랑수아 나테르, 비시 정부에서 나치 협력을 거부했던 앙리 마시스, 드골 정파에서 일했던 사회학자 쥘 모느로 등이 있었다.
110. 지라르데는 애국적인 공화파 장교의 아들로 태어났고 생시르 군사학교에서 심리

지라르데는 정치신화론과 식민 사상이 높게 평가받지만, 1953년에 출간한 『군사사회—1815년에서 지금까지』, 알제리전쟁 후 발표한 『프랑스의 군사적 위기 1945-1962』에서 프랑스 고유의 군사-정치 관계를 다룬 정통 학자였다.[111] 그 같은 프랑스 우파의 적개심은 개인의 정념이 아니라 역사의 맥락에 따른 것이었다. 1944년 여름 독일군 포로로 있다가 종전과 더불어 풀려난 지라르데는, 제4공화국도 국가를 허약하게 만들기는 제3공화국과 다를 바 없다고 비판했다. 그 때문에 이 전쟁으로 군부가 입은 손상이 크다고 보았다.[112] 국가에서 군의 비중이 매우 큰 나라가 프랑스였고 이는 중요한 문제였다. 엘젠한스도 전쟁의 차원을 넓고 크게 잡는다. 이 알제리전쟁이 16세기의 프랑스-이탈리아 전쟁 이래 수백 년간 이어진 군에 기반을 둔 국가체제의 종식을 가져왔다는 것이다.[113] 하지만 우파가 늘 식민지배가 정당하다는 논리에 고착되었던 것은 아니다. 1870년 보불전쟁 패배 후 프랑스의 힘을 키울 방안으로 해외식민지 확대를 추구한 쥘 페리 정책에는, 클레망소의 좌파는 물론 우파도 동조하지 않았다.[114] 우파는 프랑스가 우선적으로 해야 할 것은 독일과 있을지도 모를 전쟁에 대비하는 것이지, 식민지 확장은 비용만 들 거라며 반대했다. 그 배경에는

전을 가르쳤다. 1930년대 악시옹프랑세즈에 가담하나 모라스주의의 허약성을 간파했다. 나치 점령기 우파로서 레지스탕스로 활동했다.

111. R. Girardet, *La société militaire de 1815 à nos jours*, Paris: Perrin, 1998/Plon, 1953; *La crise militaire français 1945-1962*, Paris: Armand Colin, 1964. 그의 정치신화론은 *Mythe et mythologie politique*, Paris: Seuil, 1986. 식민 사상에 대해서는 *L'idée coloniale en France*, Paris: La Table ronde, 1973.

112. R. Girardet, *La société militaire de 1815 à nos jours*, 295-327쪽.

113. R. Ouaïssa, *Les carnets de Hartmut Elsenhans: La guerre d'Algérie par ses acteurs français*, Alger: Casbah, 2009, 543쪽. 엘젠한스의 '후기' 참조.

114. 이재원, 「식민지 팽창과 프랑스의 반식민주의, 1870-1914: 식민주의와 반식민주의의 기로에서」, 『프랑스사 연구』, 제25호, 2011, 113-148쪽.

공화주의에 대한 반감도 있었고 식민지 팽창이 프랑스 국민경제가
아닌 유대 자본에게만 득이 되리란 우려도 있었다.[115] 이런 우파의 입
장은 1920년 프랑스공산당이 창당되고 공산주의자들이 반식민주의
를 제창하자 선회했다. 좌파연합 인민전선 정부 아래 조성된 식민지
에 대한 우호적인 분위기도 우파를 긴장시켰다. 그 와중에 제2차 세
계대전 후 좌파가 강세를 띠자 반식민의 논리가 공산주의의 음모라
는 의구심이 커졌고 알제리전쟁은 그런 면을 한껏 증폭시켰다.

어떻든 군의 사명을 지지하고 프랑스-알제리를 수호하려던 이들
은 드골 노선으로 인해 결정적인 선회를 한다. 지라르데는 『라 나시
옹 프랑세즈』가 드골 편향이라며 잡지를 떠나 1960년 12월 창간된
『레스프리 퓌블리크』에 참여하고 결국 알제리 수호의 OAS로 근접한
다.[116] 1959년 9월 16일, 드골의 알제리 자치 결정을 듣는 것은 알제
리-유럽인은 물론 이들에게 충성하던 무슬림에게도 경악이었지만,
전쟁을 승리로 이끌고 알제리를 지켰다고 여긴 군 수뇌부에게도 또
한 큰 불신과 충격을 주었다. 1958년 6월 드골은 알제리로 와 유럽인
에게 "나는 여러분을 이해한다"고 천명했으며, 10월 콘스탄티노이스
에서 발표한 알제리 쇄신안은 전쟁 승리에 대비한 프로그램으로 해
석되었다.[117] 사실 1959년부터 동서에서 '반도叛徒'를 제압한 샬 작전
덕에 알제리민족해방군의 병참기지가 파괴됐고 보급은 차단됐으며
자원자들은 고갈되었다. 이렇듯 승리가 확실한데 자결권을 인정하겠

---

115. C. Flood and H. Frey, "Questions of Decolonization and Post-Colonialism
in the Ideology of the French Extreme Right," *Journal of European Studies*,
vol.28, no.1-2, 1998, 69-88쪽.
116. 지라르데는 드골의 알제리 정책에 대한 강경한 반대로 1961년 9월초에 잡혔다
가 그의 기소 사유인 군대의 불복종 도발이 근거 없다는 판결을 받는다.
117. 콘스탄틴 계획은 대규모 비용을 투입할 예정으로 사회의 기초 설비와 주택, 교
육, 사회보험 등 전반적인 사회 재건을 도모하는 구체적 안을 제시했다.

다니 장군들로선 납득하기가 어려웠다. 1961년 4월 '장군들의 거사'가 있기 전 이미 샬 장군은 알제리-유럽인들이 이등국민 취급을 받고 있다고 느꼈다.[118] 협상과 전쟁의 양면카드를 꺼낸 드골의 알제리 정책은 같은 뿌리인 군 수뇌부의 완강한 반발에 부딪치고 있었다. 결국 1960년 10월 30일 살랑 장군은 드골에 반대하는 집단조직을 구성하고자 에스파냐로 향했다. 11월 초, 드골은 '알제리공화국'을 언급했으며 12월 9일에서 13일까지 나흘간 드골이 알제리를 방문했을 때 유럽인들은 격렬하게 반대시위를 일으켰다. 그런 혼란의 1960년 10월에 나온, 군대가 문명을 지킨다는 지라르데의 선언은, 이 전쟁의 다른 측면을 말하고 있었다. 전쟁과 식민지배, 나아가 군대를 비판한 장송망 사건과 탈영에 대해 실제 판정이 이뤄지는 곳은 법정이었다.

6. 장송망 재판

1960년 9월 5일 파리 센 강 좌안 6구 세르슈미디 거리의 상설 군사재판소 법정으로 가보자. 젊은 알제리인들과 상당수의 프랑스인들이 피고석에 나란히 앉았다. 월요일 오후에 개정한 장송망 사건 재판 피고인들은 전원이 국가치안위반 혐의로 기소되었다.[119] FLN을 지원한 장송 조직에 대한 재판은 검사의 기소사유, 변호인들의 반론, 증인신문과 피고인들의 최후진술로 25일간 이어졌고, 10월 1일에 판사의 판결문 낭독으로 종결되었다.[120] 재판 첫날은 두 변호인이 피고를 위

118. R. Ouaïssa, *Les carnets de Hartmut Elsenhans*, 441~460쪽.

119. 장송망과 연계되어 있던, FLN 프랑스 연맹 책임자 하다드 하마다, FLN 투사 알리안 하마미, 하눈 사이드, 다크시 알라우아 등도 피고인이었다.

120. 이 재판의 법정 기록인 *Le procès de réseau Jeanson*은 기소, 절차 논박, 신문,

한 통역의 정확성이 보장되지 않는다는 절차상 이의를 제기하면서 그날 법정 시간을 다 소비했다. 처음부터 의도적으로 지연작전을 쓴 이들은 34세의 프랑스인 변호사 자크 베르제스와 35세의 알제리인 변호사 무라드 우세디크였다. 식민지인을 지원하려는 결의에 찬 이들의 변론은 능란하고 끈질겼다. 아시아계 모친을 닮은 베르제스의 모습은 1957년 자밀라 부히레드의 변호로 이미 프랑스를 넘어 중동지역까지 널리 알려져 있었다. 알제리 동부 부지에서 법관의 아들로 자란 무라드 우세디크는 이 재판에서 드러난 자질 그대로, FLN 공동변호인단의 간사를 맡아서, 80여 명의 변호사를 프랑스 전역에 배치하는 조직 솜씨를 보였다.[121]

우선 흥미 있는 것은 재판장이 두 변호사의 지루하기까지 한 이의신청을 제지하지 않은 채, 전략적 발언을 일일이 듣는 법정의 광경이었다. 변호사들은 9월 11일까지 일주일간 계속해서 이 절차의 문제를 물고 늘어졌다. 사건을 외부에 알려서 피고인들에 대한 동정심을 유발할 시간을 벌고자 했던 것이다.[122] 의뢰인 알리안 하마미가 프랑스어를 못 알아듣고 아랍어만 그것도 문어체 아랍어만 쓰는데 통역을 잘 할 수 있을지 모르겠다며 이의를 제기했다. 베르제스는 "문어체 아랍어와 구어체 아랍어는 비슷한 것이 사실이고 여러 다른 로망스어가 서로 비슷한 만큼 비슷하다. 하지만 프랑스어를 말하는 사람이 독일어 문헌을 루마니아 통역사에게 옮겨달라고 할 수는 없는 일이다"라고 주장했다. 재판장은 "여러분이 한꺼번에 여럿이 말하지 않도록 경고한다"고 했다. 이어 재판장은 이 논의가 중대한 것이지 흥밋거리가 아닌 것 같고 재판정은 시장바닥이 아니라고 경고했다. 재판장은 통

___
정치적 개막, 불이행 증인들, 구형, 변론, 판결로 구성되어 있다.
121. 다음 제5장 제4절 'FLN 공동변호인단' 참조.
122. *Le procès du réseau Jeanson*, 27~45쪽.

역사에게 아랍어 구어 회화체나 카빌리어를 통역할 수 있느냐고 질의하면서 앞에 있는 문헌을 구어체 아랍어나 카빌리어로 통역해보라고 지시했다. 당황한 통역사는 입을 다물고 말았다. 그러자 무세디크 변호사가 법정이 프랑스어를 통역하기 위해서는 학위 소지자 통역사를 채용할 의사가 있는지 따졌고, 이에 재판장은 지금 당장은 답할 수 없고 공보부에 문의하겠다고 했다. 재판장은 정부 위임관의 답변을 들은 후 이 건은 논외의 문제라고 했다. 그에 대해 베르제스와 우세디크는 강력한 답변을 한참 더 이어간 뒤에 무더운 날씨와 지금까지 오간 무거운 논의를 고려하여 긴급하게 휴정을 요청한다고 말했다. 그러나 45분간의 휴정이 끝난 뒤에 또다시 통역 문제로 공방이 오갔다. 재판기간 내내 무사드 우세디크와 베르제스 외에도 알제리인들의 변호를 맡은 모리스 쿠레제, 자닌 쿠레제, 클로딘 나호리는 방해받지 않고 자유롭게 변론을 이어나갔다. 합동변호인단은 피고인을 개별 변호하는 방식이어서 20명이 넘는 변호사들이 법정에 출두하였다.

군사법원임에도 법정 분위기가 변호인에게 개방적이었고 변호사와 재판장 간의 공방도 논리적이고 자유로운 분위기였음을 감지하게 된다. 변호사를 뜻하는 프랑스어 avocat는 로마의 advocatus에서 유래하였다. 라틴어 동사 advocare는 판관 앞에서 '자문을 위해 누구를 부른다'는 뜻이다. 근대의 '변호' 개념이 태동한 것은 소란스러웠던 프랑스혁명 이후이며 1830년 이후 변호사의 황금시대가 열리고 마침내 법률가의 공화국이라 불릴 만큼 법제도의 실천이 이루어졌다. 20세기, 특히 제1차 세계대전 이후 전문변호사의 지위는 법의 발전으로 더 확고해졌다.[123] 장송망 사건에서도 변호사가 신청한 증언 청취는 차단당하지 않았다. 사르트르, 망두즈, 비달나케, 마스페로를 비롯

---

123. http://www.universalis.fr/encyclopedie/avocat

하여, 20명의 증인이 채택되었는데, 고위경찰 폴 테트겐은 이례적으로 청년들이 왜 탈영하는지 침묵을 지키는 방청석 앞에서 설명하기도 했다.[124] 증인들은 지식인의 행진인 듯 다채로웠다.[125] 9월 16일에는 작가 마르셀 에메, 드골 복귀에 반대한 사회주의 정치인 탕기 프리장, 레지스탕스 시인 장 카수가 증언을 했고, 9월 17일에는 언론인 클로드 부르데, 장 피에르 클레르, 경찰 공무원 폴 테트겐, 9월 19일에는 '121인 선언문'의 서명자들이 증인으로 나섰다. 9월 20일에는 레지스탕스 작가 베르코르와 다큐멘터리 영화감독 클로드 란츠만, 또 앙드레 망두즈, 피에르 비달나케, 미뉘 출판사 사장 제롬 랭동, 작가 클로드 시몽, 러시아 출신의 여성작가 나탈리 사로트, 아르메니아 출신의 극작가 아르튀르 아다모프가 증언대에 섰고, 장폴 사르트르의 서한은 증언으로 채택되었다.

장송망 재판 때 사르트르는 브라질에 있었다. 장송측 변호사 롤랑 뒤마는 9월 26일 재판장에게 신청해 사르트르의 서한 낭독을 허락받았다. 사르트르는 "피고들과의 '완전한 연대'를 확인한다"고 전제하고 그 이유를 하나하나 설명했다.[126] 물론 그가 장송의 전복적 직접행동에 동의했는지는 의문이다. 그러나 재판을 앞두고 그는 장송에게 나를 이용하라고 했었다. 사르트르는 "나는 장송망 가담자 엘렌 퀴에나를 한번도 만난 적 없습니다만 장송을 통해 어떤 상황인지 이해한다"며 연대의 변(辯)을 시작했다. 좌파 정치가 아닌 다른 방법으로 알제리

---

124. 폴 테트겐의 증언은 다음 문헌을 참조하라. J.-P. Blondi, *Les anticolonialistes 1881-1962*, Paris: Robert Laffont, 1992, 338-339쪽.

125. *Le procès du réseau Jeanson*, 119-135쪽.

126. 같은 책, 116-119쪽. 사르트르는 『레탕모데른』의 동료들에게 장송 지원을 부추겨, 장송망은 시몬 드 보부아르의 자동차와 아파트도 사용했다. 이 잡지의 편집진이었던 작가 마르셀 페쥐, 영화인 클로드 란츠만 등은 알제리인을 숨겨주었고 아프리카인과 가까웠던 인류학자 미셸 레리스는 자금을 기부하였다.

문제의 해결책을 찾는 장송의 노력을 지켜보았으나 그것은 실패로 돌아갔다. 그러면서 그는 모호하게 여기는 사안을 확실히 짚자며 알제리 독립은 분명하며, 문제는 내일의 프랑스 민주주의라고 했다. 알제리전쟁은 이 나라를 썩게 만들었다. 정치생활은 실종되고 고문이 확대되고 민간권력에 군부권력이 항거해 자유를 갉아먹는데 좌파는 무기력하다. 따라서 그에게 FLN의 의미는 알제리만의 문제가 아니었다. 자유를 갉아먹는 공동의 적에 맞서 알제리인의 자유와 프랑스인의 자유를 위한 노력을 통합하는 대명사가 FLN이었다.[127] 사르트르는 1956년 1월 바그람 대회에서 "식민주의는 곧 체계"라고 선언한 뒤 자신이 이 전쟁의 추이를 얼마나 예민하게 지켜보았는지, 의견차와 불화가 있어도 어떤 지적 연대를 가져야 하는지 설파해갔다. 알제리 전투원과의 연대는 고상한 대의나 억압에 맞서야 한다는 일반의지에서만 나오지 않는다.[128] 무기력해 보이는 좌파에 대한 날카롭지만 튼튼한 전망이 필요했다. 많은 지식인들처럼 그는 건설과 비판 사이를 오갔다. 전쟁은 끝나가지만 프랑스가 안은 문제는 복잡했고 사르트르 역시 있을 수 있는 혼란에 사상가로서 책임을 지려 했다.

장송망 사건은 사건만이 아니라 법정 장면의 하나하나도 큰 의미가 있다. 프랑스인 피고인들은 '배신자'로 간주되기 십상인 비상시의 군사재판에서 절차에 따라 순리대로 공판을 받았고 법정 언어는 조심스러워도 날카롭게 정곡을 찔렀다. 증인 출두도 자의적으로 제약을 두지 않았다. 자크 베르제스 변호사는 신청 증인들을 차례차례 법정에 세울 수 있었으며 재판장은 간혹 표현에 이의를 달 뿐 증언을 막지 않았다. 증인들도 공손한 진술로 증언의 자유를 보장한 법정에 경

127. '사르트르의 편지.' *Le procès de résen Jeanson*, 117쪽.
128. *Le procès de résen Jeanson*, 116-119쪽.

의를 표했다. 소송절차를 두고 논란을 벌인다는 것은 자국 법제도를 신뢰하고 있다는 데서 그 출발점을 찾을 수 있다. 법 위반 혐의를 받는 피고인이 그 법에 의지해 시비를 가릴 수 있었고, 이러한 법적 보장 덕분에 몰수와 규제에도 불구하고 언론과 출판은 전쟁을 비판하는 의지를 꺾지 않을 수 있었다. 만약에 같은 군사재판이 같은 사안으로 알제 법정에서 열렸다면 이런 자유가 있었을까? 모든 것이 파리의 법정이어서 가능했던 건 아닐까?

장송망에서 활동한 알제리인들은 혁명가도 이론가도 아니었지만 법제도와 인권 문제를 스스로 생각하고 체화한 이들이었다. 10월 결심 공판에서 하다드 하마다는 최후진술을 했다. 노동과 행상의 피로에도 나라와 고향과 미래를 잊지 않는 이민자들을 대변하듯 알제리인들이 결국 이 전쟁에서 승리할 거라고 했다. 그러면서 하마다는 학교에서 배운 인권 개념, 그리고 1789년 대혁명의 프랑스를 존중한다고 했다. 식민주의와 무력 사용에도 프랑스 인민에게는 미움이 없고 '우리의 편인 이들 프랑스인'에게 영원한 연대를 약속한다는 말로 끝을 맺었다.[129] 알제리 자치 결정이 확실해진 1960년 말에도 프랑스군의 폭탄과 포탄은 알제리 산악을 뒤덮었다. 1960년 9월 전세는 나쁘게 기울었고 민족해방군 전투원들은 총을 쥔 채 산중에서 쓰러지는데, 하마다는 세상을 분별하고 피아彼我의 적대감을 넘어선 미래의 지평을 그리고 있었다.

---

129. *Le procès de résen Jeanson*, 220-221쪽.

제5장

|

식민지인의 변호사들

'흑인법Code noir'은 루이 14세 시대인 1685년 콜베르 재상의 이름
으로 공포된 문서로 다른 인종에 대한 절대적 통치권을 천명하였다.[1]
그러나 그때에 비해 시간도 많이 지났고 북아프리카에 대해서는 세
밀하고 정교한 법제도가 요구되었다.[2] 땅은 무력에 정복됐지만 고유
의 제도와 공동체의 생활방식을 법으로 지켜온 이슬람 문명을 쉽게
다스릴 수는 없었다. 한편 19세기 중후반 프랑스는 인간의 자유와 평
등을 선포하고 무엇보다 그 정신을 법으로 구현하는 데 열중하여 면
밀한 법조문 작성에 능숙했다. 특히 알제리의 토착법이 여러 번에 걸
쳐 확고하게 제정된 것은 1880년대 이후인데 그도 그럴 것이 프랑스
제3공화정은 법으로 그 성가를 얻은 정권이었다. 시민의 자격과 지위
가 명시되었고 법적 자유가 보장되었으며 평등의 원칙 역시 법으로

---

1. 흑인법은 '역사와 기억' 웹사이트 past.snu.ac.kr에 한국어 전문이 실려 있다.(연구
팀별 자료〉 프랑스 구식민지〉 사료63) 프랑스 흑인법은 이 법뿐 아니라 18세기에 제
정된 흑인에 관한 법규집까지 통틀어 가리킨다.
2. C. Collot, *Les institutions de l'Algérie*, 190-199, 267-328쪽.

고려되었다. 하지만 해외영토인데다 언어와 종교, 인종이 다른 사람들이니, 알제리에 관한 법은 '시민citoyen'과 '토착민indigène'을 구분하고 법적 자유와 부자유를 동시에 설치하고 평등의 배제 또한 명기해야 했다. 토착민이란 이에 적용되는 사람을 통틀어 일컫는 새로운 사법 용어였다.[3] 이에 따라 1950년대 전쟁기 이전과 전쟁 기간에 크게 문제가 된 것은 군사와 정치뿐 아니라 이 사법체계였다. 프랑스 사법체계상 FLN 요원들은 범죄자로 간주되었다. 프랑스의 법은 프랑스 주권을 명시하면서 이를 침해한다고 보이는 민족주의자에게 유죄를 선고함으로써 주권보존에 나섰다.[4] 토착민이 아닌 어엿한 민족으로서 저항권을 행사하는 것이 가능한가에 대한 법적 공방은 사법부와 변호인의 몫으로 남겨졌다.

1. 1947년 마다가스카르

식민지의 민족주의자들에 대한 프랑스 변호사들의 지원이 알제리전쟁에서 처음 이루어진 것은 아니었다. 1948년 인도양의 거대한 섬 마다가스카르 수도에서 진행된 민족주의자들에 관한 재판이 그 본격적인 시작이었다. 크기만 해도 세계 네번째에, 자원의 보고인 마다가스카르 왕국은 1890년 갈리에니 장군의 프랑스 원정군에 파괴되어 낯선 서양인의 식민통치를 받게 되었다.[5] 마다가스카르는 희귀종 천

---

3. L. Blévis, "L'invention de l'indigène, Français non citoyen," *Histoire de l'Algérie à la période coloniale 1830-1962*, 212-218쪽.
4. 알제리전쟁기의 사법과 정치는 S. Thénault, "Justice et politique en Algérie 1954-1962," *Droit et société*, vol.34, no.1, 1996, 575쪽.
5. 갈리에니 장군이 지휘한 프랑스군의 마다가스카르 침공(1896-1899)에 대한 보고서. J.-S. Galliéni, *Rapport d'ensemble sur la pacification, l'organisation et la*

연 동식물과 광물자원 외에도 아시아에서 아프리카로 넘어오는 해상 거점으로서 군사전략상 매우 중요한 지정학적 위치를 점하고 있었다. 19세기 말, 해외제국 건설 당시에 쏟아져나왔던 식민지에 대한 탐구 문헌들은 스케치와 사진을 곁들여가며 마다가스카르의 상태를 상세하게 구명하고 있다.[6]

1948년 재판은 1947년 마다가스카르 봉기와 프랑스군의 대규모 진압이 있은 후의 일이었다.[7] 마다가스카르 민족운동의 전환점이 된 1947년 봉기는 이 섬의 존재를 세상에 알렸다.[8] 인도양의 외진 섬이기에 마다가스카르의 자유는 완전히 박탈된 상태였으며, 지하단체와 불법정당이 민족운동을 주도했던 근본원인도 거기에 있었다.[9] 장구한 아프리카 문명의 한 자락을 차지했던 이들은 20세기 전반, 프랑스 통치에 아무런 목소리도 내지 못하고 숨죽였다. 제2차 세계대전기에 프랑스가 아닌 영국의 통치를 잠시 경험하고, 또 비시 정부의 수립으로 파시즘과 자유체제의 각축을 경험했다. 전쟁이 끝나고 프랑스 세勢가 기울면서 외부 지원이 가능하다는 전망을 갖게 되자 마다가스카

colonisation de Madagascar, octobre 1896 à mars 1899, Paris: Éditeur H. Charles-Lavauzelle, 1900.

6. 다음 문헌을 참조하라. P. Legendre, *Notre Épopée coloniale*, Paris: Librairie Charles Tallandier, 1901, 562-596쪽.

7. J. Tronchon, *L'Insurrection malgache de 1947*, Paris: Karthala, 1986.

8. 당시 마다가스카르 정세는 1946년 베트남 봉기와 유사했다. 주민들이 겪은 제2차 세계대전기의 경제적 곤경과 마다가스카르 정부의 비시 정부 가담이 영국군 침공의 빌미가 되었다. 전쟁기에 자리를 비웠다가 돌아온 프랑스는 통제권을 확인하고자 했고, 반면 마다가스카르인은 이제 프랑스가 기울었다고 느꼈다. 그보다 더 마다가스카르의 독립에 대한 정치인들의 신념, 영국과 미국, 유엔 같은 외부 지원에 대한 전망도 있었다. J. Cole, *Forget Colonialism? Sacrifice and the Art of Memory in Madagascar*, Berkeley, CA: University of California Press, 2001, 228-229쪽.

9. 이에 관해서는 엘리스의 다음 글 참조. S. Ellis, "The Many Faces of an Anti-Colonial Revolt: Madagascar's Long Journey into 1947," *The Journal of African History*, vol.49, no.1, 2008, 158-159쪽.

르의 젊은 민족주의자들은 저항의 실마리를 잡았다고 판단했다.[10] 마다가스카르혁신민주운동MTRM은 선거를 통한 변혁을 희망했지만 1947년 3월 말 1400킬로에 이르는 섬의 남과 북에서 동시에 봉기가 일어났다.[11] "오늘은 우리가 식민주의의 속박에서 해방된 날이다. 우리는 싸웠고 내일도 싸울 것이다."[12] 프랑스 정부는 여러 차례 진압군을 투입했다. 4월 동아프리카 항구 지부티에서 1진이 파견되었고 공수부대와 세네갈연대, 중요한 외인부대가 투입되었다. 저항은 치열했지만 고립된 봉기자들은 7월을 고비로 9월에 퇴각했고 결국 8만 9,000명의 사망자가 나오는 탄압을 겪었다.[13] 프랑스측에서는 군인 350명을 포함해 550명의 사망자가 난 것으로 기록되었다.

살아남은 반란자들이 마다가스카르 수도 안타나나리보 법정에서 재판을 앞두고 있을 때 파리에 살던 변호사 피에르 스티브가 변호를 자청해 마다가스카르로 날아왔다.[14] 스티브는 제2차 세계대전 발발 전 계획경제를 추진한 마르소 피베르의 혁명좌파에 동조하는 사회주의자로, 법조인이 된 것은 1937년 인민전선 때였다. 제2차 세계대전에 프랑스 남부 산악지대 레지스탕스로서 『봉기자』『해방』이라는 잡지를 간행하며 저항부대에 있었고 전후에는 공산당 동반자로 '프랑스민중구조'와 '평화운동'이라는 기구에서 일하다 식민지 반란자들에

10. 마라가스카르의 항쟁에 관해서는 J. Cole and K. Middleton, "Rethinking Ancestors and Colonial Power in Madagascar," *Africa: Journal of the International African Institute*, vol.71, no.1, 2001, 1-37쪽.

11. L. Rabearimanana, "Les Malgaches et l'idée d'indépendance (1945-1956)," Ch.-R. Ageron (dir.), *Les chemins de la décolonisation de l'empire français, 1936-1956*, Paris: Éditions du CNRS, 1986, 263-274쪽.

12. Y. Benot, *Massacres coloniaux, 1944-1950: la IV⁰ République et la mise au pas des colonies françaises*, Paris: La Découverte & Syros, 1994/2001, 118쪽.

13. 프랑스군의 진압으로 인한 마다가스카르인 사망자 수는 학자에 따라 편차가 있다.

14. P. Stibbe, *Justice pour les Malgaches*, Coll. Esprit, Paris: Seuil, 1954.

게 걸음을 옮긴 것이다.[15] 메살리 하즈를 알고 있고 또 반식민주의 투쟁을 위한 아프리카-중동-아시아 3대륙통합론, 이른바 트리콘티넨탈리즘Tricontinentalism을 주창한 모로코의 거물 메흐디 벤 바르카를 만나던 그에게 이 사건은 예사롭지 않았다.[16] 일반은 의식하지 못했지만 사실 마다가스카르 민족운동은 1950년대에 이어질 프랑스 식민지 와해의 전조였다.[17] 1946년 4월 13일 비준된 제4공화국 헌법은 프랑스는 어떤 민족의 자유에도 무력을 쓰지 않으리라 명시했다.[18] 그러나 제4공화국 초기(1947년에서 1949년까지) 마다가스카르 사건 재판이 열리는 동안 서아프리카에서는 독립의 목소리가 나오고 민족주의자들은 계속 감옥에서 형을 살았다. 1948년 여름 안타나나리보에 도착한 스티브가 주력한 것은 봉기의 책임이 마다가스카르 의원들에게 있다는 검사의 논리에 반론을 개진하는 것이었다.[19]

---

15. '프랑스민중구조Secours Populaire Français'는 1945년 설립되어 현존하는 비영리 빈민구호 단체다. 제2차 세계대전 후 레지스탕스 정신을 살려 설립된 '평화운동le Mouvement de la Paix'은 공산주의자가 많이 가담했으나 기독교인도 함께했다. 스티브에 관한 자료는 뒤랑의 다음 글을 참조하라. B. Durand, "Pierre Stibbe, résistant et avocat (1912-1967)," *Bulletin de la Société historique de Dourdan en Hurepoix*, no.52, 2007, 23-27쪽.

16. 반식민주의자 메흐디 벤 바르카는 모로코뿐 아니라 북아프리카와 아랍권의 대동단결과 독립 노선을 추구한 중요한 정치 사상가다. 1965년 10월 29일 파리 남쪽 지역에서 사라져 모로코로 이송된 것으로 알려졌고 최후는 미확인된 상태이다. 그의 정치 사상에 관해서는 Z. Daoud, "La vie, l'itinéraire d'un homme"; M. Monjib, "Du développement et de la direction politique dans la pensée de Mehdi Ben Barka"; R. Gallissot, "Le rêve brisé du Maghreb des peuples," *Mehdi Ben Barka: De l'indépendance marocaine à la Tricontinentale*, Paris: Karthala, 1997.

17. P. Mendes France, "The Crisis of France, 1945-1959," *International Affairs (Royal Institute of International Affairs)*, vol.35, no.3, 1959, 285-294쪽.

18. F. Cooper, "Reconstructing Empire in British and French Africa," *Past and Present*, vol.210, 2011, 196-210쪽.

19. Y. Benot, *Massacres coloniaux, 1944-1956*, 114-145쪽. 이 봉기에 마다가스카르 출신 프랑스 의원이 연관됐는지는 확언하기 어렵다.

마다가스카르 재판은 주간지『롭세르바퇴르』를 비롯해 여러 프랑스 언론의 주목을 받았다. 프란츠 파농도 1952년『검은 피부, 하얀 가면』을 통해 안타나나리보 재판정에서 피의자가 진술한 고문 증언을 자세히 기록했다.[20] 마다가스카르에서는 고문이 그리 낯설지 않았다. 1922년 5월 11일『뤼마니테』는 마다가스카르에서 일어난 어느 콜롱의 토착민 고문행위를 비난하는 기사를 실었다.[21] 마다가스카르의 검사에 맞서 변호사 스티브가 펼친 반론은 일부 승소에 그쳤지만 그후로도 그의 반식민주의 변론은 계속되었다. 2년 뒤 스티브는 프랑스령 서아프리카 코트디부아르의 민족주의자들이 기소된 사건을 맡았다.[22] 사실 유혈로 얼룩진 마다가스카르에 내린 변호사는 스티브 혼자가 아니었다. 그보다 앞서 앙리 두종, 조에 노르망 같은 선배 법조인이 공산주의자이자 직업 변호사로 식민지 현실에 개입했었다.

2. 프랑스의 공산주의와 반식민주의

공산당은 합법정당이었지만 법에 저촉될까봐 예민해했다. 당부터 탄압받을 소지가 클뿐더러 노동자와 식민지인을 돌보아야 했기 때문이다. 1939년 8월 23일 독소불가침조약이 체결되자 정부는 프랑스공산당 해산 조치를 취했다. 당은 공산주의자 탄압에 대비한 법적 수단으로 당 소속 변호사들에게 정치적 목적으로 재판을 도구화하라는

---

20. 프란츠 파농,『검은 피부, 하얀 가면』의 제4장 '이른바 식민지인의 종속 콤플렉스'를 보라. 특히 231-232쪽의 주30 참조.
21. "La torture est-elle établie à Madagascar?," *L'Humanité*, 11 mai 1922.
22. 프랑스 서아프리카의 식민지 상황은 Alice L. Conklin, *A Mission to Civilize. The Republican Idea of Empire in France and West Africa 1895-1930*, Stanford, CA: Stanford University Press, 1997, 특히 142-245쪽.

지침을 내렸다.[23] 공산당은 1936년 5월 인민전선 수립 때, 당 대 당의
자격으로 이 중요한 좌파연합에 참여했고 두 좌파 정당(사회당과 급진
사회당)을 지지했지만 연합정부 지지는 철회했다. 하지만 독소불가침
조약 후 파리뿐만 아니라 지방 당원까지 탄압받기 시작했다.[24] 비시
정부 수립 때인 1940년 4월에 이미 44명의 공산당 의원이 파리 군사
법정에서 실형을 선고받았다.[25]

탄압을 받더라도 법에는 법으로 대항하겠다는 준법의식은 공산당
에서도 견고했다. 1920년 창당 후 한때는 의석이 늘기도 했고 엄연한
합법정당이었기 때문에 프랑스공산당은 당연히 입법에 촉각을 곤두
세웠고 다른 당보다 자체 법률체계 정비에 몰두했다. 당 소속 법률가
들은 대체로 일반 변호사보다 폭넓은 국제적 활동 경험으로 보편적
인 법 원리를 따지는 논리적인 힘을 지니고 있었다.[26] 제1세대 공산주
의 변호사 마르셀 빌라르는 항소원 변호사로서, 1923년에 입당한 이
후 1925년 불가리아 정치재판에 관여했고 국제적색구조의 일원으로

---

23. S. Elbaz et L. Israël, "L'invention droit comme arme politique dans le
communisme français. L'association juridique internationale (1929-1939),"
Vingtième Siècle. Revue d'histoire, no.85, janvier 2005, 31-43쪽.
24. 1935년 프랑스-소련 상호원조협정 이후 반제국주의 및 식민지 독립투쟁을 지원
하는 프랑스공산당의 노선은 흔들렸다. 새로운 세력인 독일의 위험에 직면해 소련은
프랑스의 힘이 약화되는 것을 막고자 (코민테른을 경유해) 프랑스공산당에 반제국주
의 투쟁을 포기하고 프랑스 민족과 해외영토 간의 동맹을 공고히 하도록 부추겼다.
M. Abdoun, *Témoignage d'un militant du mouvement nationaliste*, Alger:
Dahlab, 1990, 19쪽.
25. 공산당 소속 변호사에 관해서는 다음 글을 보라. G. Bourgeois et D. Peschanski,
"Les députés communistes devant leurs juges: un procès biaisé," J.-P. Azéma, A.
Prost et J.-P. Rioux (dir.), *Le parti communiste français des années sombres
1938-1941*, Paris: Seuil, 1986, 94-102쪽.
26. F. Genevée, *Le PCF et la justice. Des origines aux années cinquante,
organisation, conceptions, militants et avocats communistes face aux normes
juridiques*, Clermont-Ferrand: Presses Universitaires de la Faculté de Droit de
Clermont-Ferrand, 2006.

국제사법협회 창설에도 참여한 바 있었다.[27] 1922년 모스크바에서 창설된 이 국제적색구조는 전세계에 수감된 공산주의자와 그 가족을 지원하는 조직이었다. 법정 변호를 정치적으로 보게 된 것은 여기에서 시작되었다. 마르셀 빌라르는 코민테른의 디미트로프의 요청으로 1933년 2월 라이프치히에서 열린 독일 국회의사당 방화사건 재판 때 변호를 맡아 유명해진 인물이었다.[28] 나치 독일에서 추방된 뒤 빌라르는 소련을 방문하고, 1938년에는 모스크바의 숙청재판에 관해 다룬 『변론이 고발하다La Défénse accuse』라는 책을 쓰기도 했다.[29] 고소 accusation한 측이 고발을 하는 것이 아니라 변호인측이 고발하는 입장을 취한다는 이 원칙을 유지하여 빌라르는 1940년에 공산당 의원들을 위해서 싸웠다. 그리고 공산당이 해산되었을 적에는 당 변호사들에게 자신의 지침에 따르라고 권고했다.[30]

프랑스공산당의 식민지 개입 정신은 1924년 리프전쟁 때부터 부각되었다.[31] 외세의 침공에 항의하는 모로코 북부 리프인의 항쟁에 에스파냐와 프랑스의 연합군이 합동작전으로 신예무기를 동원해 공습과 포격을 가했다. 피에르 세마르와 자크 도리오 같은 이십대 공산당 의원들은 무서운 진압작전에 항의를 도맡았다.[32] 사실 공산당의

---

27. 마르셀 빌라르의 다음 책 참조. M. Willard, La Défense accuse, Paris: Éditions sociales internationales, 1938/1951.
28. 디미트로프는 기소되었을 때 법정에서 자신을 변호했으며 무죄를 선고받았다.
29. 그의 변론 정신은 M. Willard, "Procès des Élus Communistes? Non! Procès de la 'drôle de la guerre'," Cahiers du Communisme, no.6, avril 1945, 80-85쪽.
30. 제2차 세계대전 후 상원의원을 지낸 마르셀 빌라르는 프랑스 사회주의사의 고전인 『게드주의자들Les Guesdistes. Le mouvement socialiste en France 1893-1905』을 저술한 역사가 클로드 빌라르의 아버지이다.
31. E. Mortimer, The Rise of the French Communist Party 1920-1947, London: Faber & Faber, 1984, 155-157쪽.
32. 노서경, 「리프전쟁과 리프공화국-1920년대 북아프리카 민족주의와 연관하여」, 『서양사론』, 제107호, 2010, 89-116쪽.

식민지 지부는 사회당에 없는 기구였고, 식민지 조사는 매우 면밀하게 이루어졌다.[33] 세마르와 도리오는 의회에서 리프전쟁을 성토하고 리프항쟁의 지도자 압델 크림에게 격려 전문을 띄워 식민주의에 대한 공산당의 비판적 자세를 대변하였다. 공산당만이 리프에 개입한 것은 아니다. 식민지배에서 벗어나 자립적인 소공화국을 꾸리려는 리프인에 대한 강대국의 탄압은 폴 엘뤼아르, 앙드레 브르통 같은 초현실주의 문학가들의 항의를 불러왔다. 리프인의 패배가 확실시되는 1925년 5월에서 7월까지 이 항의는 한층 고조되어 「모로코전쟁에 반대하고 프롤레타리아 편에 선 지식인과 근로자들의 항의 선언문」이 등장했다. 물론 반제국주의 노선이 모스크바의 대원칙이었지만 프랑스공산당의 식민주의 반대는 외부 노선에 대한 추종이 아니었다. 자국의 식민지배에 대한 비판은 제1차 세계대전 이전부터 작가와 정치가, 기자, 역사가에게서 터져나왔다. 아나톨 프랑스, 급진파의 거두 클레망소, 사회당 지도자 조레스, 젊은 사회주의자 폴 루이 같은 이들의 식민지배 비판은 미지근하지 않았다.

사상범에 대한 법정 변호는 20세기 공산주의자에 의해 창안된 것이 아니라 아주 긴 역사를 지니고 있었다. 온갖 사회주의 설계가 분출되던 1840년대 재판정에 섰던 공산주의자 에티엔 카베는 피고로서 스스로 변론 진술을 했다.[34] 사형선고를 받고 종신형으로 감형되고 풀려났다 체포되길 반복한 장기수 혁명아 오귀스트 블랑키 역시 계속 재판정에 섰고 그때마다 검사 변호사 모두를 긴장시켰다. 사건의

33. R. O'Melia, *French Communists and Colonial Revolutionaries: The Colonial Section of the French Communist Party, 1921-1926*, New York: New York City University, 1980, 114-175쪽. 박사학위 논문.
34. 『이카리아 여행』으로 유명한 변호사 카베는 1834년 당시 언론법 위반으로 기소되어 파리 법정에서 재판을 받았다.

성질상 공동변호의 개념도 일찍 수립되어 1870년 파리 제1인터내셔 널 재판 때 공동변호인단이 등장했다.[35] 말할 것도 없이 가장 크게 문 제가 된 재판은 1871년 파리코뮌 군사재판이었지만 이때도 저항자 들은 수많은 희생을 딛고 법적으로 더 단련되었다.[36] 파리코뮌 이후, 파업 노동자 재판, 파리와 리옹 법정의 아나키스트 재판 등을 통해 정 치범을 변호하는 기법은 한층 더 정교해졌다.[37] 19세기 자유주의 국 가에 대한 항의가 반대급부로 법적 권리의 개념을 자라게 했다면 그 개념은 프랑스보다 영국에서 특히 신장되었다. 1832년 기대했던 선 거권 확대가 지극히 소수의 중산층에 한정되자 노동계급과 이 계급 을 지원하는 거대한 운동인 차티즘Chartism이 십여 년간 영국을 휩쓸 었다. 19세기 자유방임주의에 배치되는 혁신적인 '인민헌장'을 요구 한 차티스트들을 체포, 구금, 재판하는 과정에서 정치범 개념이 다듬 어졌다. 국가의 근간인 헌정주의를 믿고 권리를 요구한 수감자의 처 우부터 문제가 되었다.[38] 19세기 영국은 또한 아일랜드 독립운동가들 을 계속 법정에 세웠기 때문에 정치범 재판의 판례가 쌓여갔다.[39]

---

35. *Troisième Procès de l'Association Internationales des Travailleurs de Paris*, Paris: Armand le Chevalier, Éditeurs, 1870.

36. J.-C. Farcy, *L'histoire de la justice française de la Révolution à nos jours*, Paris: PUF, 2001, 399-402쪽.

37. J. Maitron, *Le mouvement anarchiste en France, 1. Des origines à 1914*, Paris: Maspero, 1983, 251-261쪽.

38. L. Radzinowicz and R. Hood, "The Status of Political Prisoner in England: The Struggle for Recognition," *Virginia Law Review*, vol.65, 1979, 1421-1481쪽; J. Ariouat, "Rethinking Partisanship in the Conduct of the Chartist Trials, 1839-1848," *Albion: A Quarterly Journal Concerned with British Studies*, vol.29, 1997, 596-621쪽.

39. 19세기 영국과 아일랜드 정치범에 대한 변호에 관해서는 M. Taylor, "The 1848 Revolutions and the British Empire," *Past & Present*, no.166, 2000, 146-180쪽; D. Foxton, *Revolutionary Lawyers: Sinn Féin and Crown Courts in Ireland and Britain, 1916-1923*, Dublin: Four Courts Press, 2008.

당 기구가 재판부 탄압에 조직적으로 대응하기 시작한 것은 20세기 프랑스공산당이 창당되고 난 뒤부터였다. 갑작스러운 자유당의 몰락 이후 영국은 보수당과 노동당 양당체제가 지속되었으므로 공산당이 들어설 자리가 없었다. 반면 프랑스공산당은 노동자 당으로 출발했고 노동조직과 깊이 연계되어 있었고, 식민지 현실을 잘 알고 이민노동자들과 함께 살며 가까이 지낸 것이 일선 당원들이었다. 제국주의에 대한 반감은 당의 밑바닥에서부터 솟아올라왔다.[40] 1930년대 제국주의 문화의 절정기를 지나 1950년대에 이르자 공산당의 반식민주의는 청년학생층에서 큰 호응을 샀다. 파리의 반식민주의학생협회는 책임자 아니 크리젤(본명 '아니 베케르Annie Becker')을 통해 공산당과 연줄이 닿아 있었고, 공산당은 공산당 나름대로 전국프랑스학생총동맹UNEF을 포섭하려는 의도를 품고 있었다.

1945년 후 공산주의가 득세하는 상황과 식민지의 억압적 현실이 공산당의 발길을 바쁘게 만들었다. 마다가스카르의 경우처럼 카메룬, 코트디부아르, 토고에서 일어난 흑인들의 민족봉기에 가장 먼저 개입한 것도 공산주의 변호사들이었다.[41] 마다가스카르를 필두로 1949년 9월 코트디부아르에서 50여 명이 사망하고 수백 명이 다치는 시위가 벌어지고 프랑스령 서아프리카와 카메룬에서도 저항자들이 기소되었다.[42] 1946년 10월 아프리카민주단합이 말리의 수도 바마코에서

---

40. R. Mancherini, "La CGT et les luttes anticoloniales," Institut CGT d'histoire sociale, *Images et mouvements du siècle: Chronique sociale. 2. Les raisins de la colère*, France Progrès, 1999, 361-368쪽.

41. 프랑스공산당과도 연계된 코트디부아르 의원의 지도하에 해방을 주창한 아프리카민주단합RDA의 시위와 유혈 진압은 "6. Massacres et enquêtes en Côtes-d'Ivoire," Y. Benot, *Massacres coloniaux 1944-1950*, 146-155쪽.

42. S. Elbaz, "Usages politiques du droit et de la justice Les avocats métropolitains dans les procès du Rassemblement démocratique africain, 1949-1952: un banc d'essai pour les collectifs d'avocats en guerre d'Algérie?"

창단되어 반제국주의 투쟁을 선포한 후였다. 1949년 3월 이 사건의 재판을 위해 아비잔에 들어온 첫 법률가는 마다가스카르에 갔던 앙리 두종이었다. 당시 24세의 연수생이었던 두종은 파리 법정에 2년간 등록해야 프랑스령 서아프리카 법률가로 인정한다는 규정을 어겼다. 그러나 공동변호인단을 결성해 순번대로 돌아가면 지속적으로 변호할 수 있다는 데 착안했다. 아비잔 같은 서아프리카 식민지에 현지 변호사들이 개업하고 있었지만 이들은 통상 행정부나 사업가 변론 수임으로 바빴다. 두종이 참가한 코트디부아르 재판은 프랑스령 흑아프리카 최대 규모의 정치재판으로 1952년까지 속개되었다.[43] 아프리카 땅을 밟은 이 변호사들은 탄압의 실상에 관한 자료를 모으고 감옥의 상황과 구금 조건에 관한 상세한 보고서를 작성하였다.

3. 알제리전쟁기의 공산주의

하지만 1954년 11월 1일 이후의 알제리 사태는 공산당의 딜레마가 되었다. 정책이 실천으로 이어지고 그로 인한 이념 각성이 다시 이론을 강화하길 바라는 것은 이상적이었을 것이다. 1945년 5월 세티프 학살사건, 겔마 학살사건을 대하는 당의 입장은 애매하지 않았었다.[44] 그러나 공산당도 프랑스의 정당이었으며, 알제리전쟁에 대한 국가정책에 전면적으로 반기를 들 순 없었다. 1954년 11월 1일 사태 후

Bulletins de l'IHTP, no.80, 2002.

43. 프랑스령 흑아프리카에 대해서는 다음 책 참조. 이영목 외, 『검은, 그러나 어둡지 않은 아프리카』, 서울: 사회평론, 2014. 이 책은 흑아프리카의 언어와 문학, 역사와 정치, 문학과 예술을 다루고 있다.

44. A. Ruscio, "Les communistes et les massacres du Constantinois, Mai-juin 1945," *Vingtième Siècle. Revue d'histoire*, no.94, 2007, 217-229쪽.

일주일이 지나 공산당은 정치국 회의를 열고 장문의 선언문을 발표했다. 이 문건은 공산당 기관지인 『뤼마니테』와 『카이에 뒤 코뮈니슴』11월호와 12월호에 전재되었고, 알제리에서는 『알제 레퓌블리캥』1면에도 나란히 실렸다. 선언문은 위중한 알제리 사태가 노동계급과 전체 프랑스인의 관심사라고 전제하고 이 사태의 원인은 알제리인 다수의 요구를 프랑스 정부가 거부했기 때문이라 진단했다. 그런 다음 "레닌의 가르침에 충실하게 당은 최악의 식민주의자들의 술수에 말릴 수 있는 개인적 행동에는 동의할 수 없지만, 프랑스 노동계급과 알제리 민중과의 연대는 보장한다"고 선언했다.[45] 이 때문에 여기서부터 공산당이 양가적이었다는 평을 받기도 한다. 그러나 거듭 말하지만, 프랑스공산당은 지하조직이 아닌 1946년 선거에서 최대의 의석을 차지한 공식적인 정당이었으며, 이러한 성장세에 거름이 된 과거의 대독저항 역시 프랑스의 수호가 목적이었지 사회의 전복을 기도한 운동은 아니었다.

그럼에도 당은 곧바로 시행 가능한 조처를 정부측에 요구했다. 탄압을 즉각 중단하고 지난 석 달간 알제리에 배치한 군과 경찰을 프랑스로 불러들이라고 했다.[46] 당의 오랜 반제국주의 이념과 달리 실제 식민지 정책에서는 한계가 분명하다는 점이 드러났다. 그 한계가 보다 분명해진 것은 1956년 봄 특수권한법 의회 표결 때였다. 1955년 10월 튀니지와 모로코가 독립을 결정하고 1956년 1월 FLN의 대외활동이 본격화되자 3월 11일 국민의회는 특수권한법을 통과시켰다. 이

45. "La déclaration du bureau politique du parti commuuniste français du 8 novembre 1956," J. Jurquet, *Années de feu: Algérie 1954-1956*, 83-86쪽. 레지스탕스 시절 이후로 공산주의자였던 쥐르케는 당의 노선에 동의하지 않았다.

46. 당이 다음으로 요구한 것은 알제리 민중의 자유를 향한 정당한 요구를 정부가 수용하라는 것이었다. 모든 민족주의 정당의 대표자 및 민주적 직업적 문화적 조직의 대표자 및 개별적인 주요 인사가 회동해 이에 관해 논의할 것을 제안했다.

법안의 조항에 '군military'이라는 말은 나오지 않지만 실제로는 민간 권력을 군부권력에 넘긴다는 점에서 특수권한법이었다.[47]

법안에 대한 공개 토의는 3월 8일 금요일에서 이튿날 새벽 2시까지 계속되었는데, 정부 대표로 기 몰레 총리, 로베르 라코스트 알제리 총독이 단상에 올라 법안의 취지를 설명했다. 특히 제1차 세계대전에서 공을 세운 참전군인 라코스트 총독의 우국적인 관점은 분명했다.[48] 혼란에 빠진 알제리에 질서를 되찾고 기 몰레 정부 이전에 수립된 개혁안을 이제라도 확실히 추진하겠다는 것이었다. 공산당 입장에서 듣기 민망하리만큼 강경한 정책이었다. 어떻든 3월 12일 오후 의회에서 특수권한법은 찬성 455표 대 반대 76표의 압도적 차이로 가결되었으며, 공산당 의원 다수가 찬성표를 던졌다. 자크 쥐르케는 『불타는 연대기—알제리 1954-1956』에서 이 찬성 표결 결과를 7년 알제리민족해방전쟁 중 최대의 실책으로 평가했다.[49] 그러나 알제리의 남자와 여자 전체 이익과 의지를 따르는 해결책, 프랑스의 이익을 수호하는 프랑스인들의 해결책, 그 양자 사이에 끼인 당이 의회에서 식민지 민중의 투쟁과 진정한 이익을 손들어줬어야 한다면, 이는 지나친 기대 아니었을까. 어떻든 식민주의 억압에 맞서는 유일한 당이 공산당이며, 이 점에서 공산당이 다른 좌파 정당과 뚜렷이 구별된다고 믿었던 청년층의 실망 또한 컸다.[50]

---

47. Texte de loi conférant des 'pouvoirs spéciaux' au gouvernement français présidé par Guy Mollet. 특수권한법은 전문 6개조였다. 권력의 군부 위임은 이 법안에서 도출된 것이지 직접 표현은 아니다. 6개 조항 중 제1조에서 제4조까지는 알제리 개혁과 재정비 전략이고, 제5조와 제6조에 암시적으로 권력 위임이 언급되어 있다.

48. R. Ouaïssa, *Les carnets de Hartmut Elsenhans*, 111-134쪽.

49. J. Jurquet, *Années de feu: Algérie 1954-1956*, 237쪽.

50. 파리 소르본 식자층Sorbonne Lettres의 세포에서는 특수권한법에 찬성 투표한 공산당에 반대했다. C. Liauzu, *Histoire de l'anticolonialisme en France: Du XVIe siècle à nos jours*, Paris: Armand Colin, 2007, 231-232쪽.

그렇잖아도 껄끄러운 프랑스공산당과 FLN의 사이는 돌이킬 수 없게 되었다. 알제리 최초의 근대적인 정당인 ENA(북아프리카의별)가 창당될 때부터 프랑스공산당과 알제리민족운동 사이의 관계는 어딘지 개운치 않았다. 다른 식민지 민족주의 세력처럼 ENA도 공산당의 후원으로 파리에서 창설된 게 사실이었지만 ENA는 이 당에 속하려 하지 않았다.[51] 예상을 뒤엎고 1956년 초까지 1년 넘게 전쟁을 끌어온 FLN은 이제 공산당을 의식하는 수준의 조직이 아니었다. 하지만 그렇다고 해서 탄압받는 식민지인을 방임할 공산주의자들이 아니었다. 특히 변호사들은 당이 어떤 정책으로 갈등을 빚든 간에 자신의 주관을 믿었다. FLN이 전쟁을 선언하기 전까지 변호사들이 매달린 사건은 메살리 하즈에 대한 재판이었다. 식민지에 관심 있는 식자층이라면 메살리를 모르는 이가 없었다. 누구보다 정이 가는 식민지 억압의 상징이 바로 메살리라고 할 수 있었다.[52] 사살되지 않으면 체포, 구금되어 항쟁 지도자들이 저 먼 뉴칼레도니아로 유형을 가도 아무도 모르던 19세기 정복전쟁 때와는 시대가 달랐다.

메살리 하즈는 1920년대 초반부터 프랑스 경찰의 사찰을 받아왔던 거물 식민지인이었다. 서부 틀렘센 출신인 메살리는 파리에 건너와 프랑스공산당에 가입하고 인도차이나의 호찌민과 더불어 식민지 민족주의 운동의 구심점이 되었다. 그런 메살리 하즈를 지지하는 층은 파리 교외, 북부 프랑스, 마르세유, 알제리 서부와 동부에 널리 퍼져 있었다. 1934년 수감 이래 알제리전쟁 때까지 프랑스의 정권은 바

51. "De nouvelles arrestations confirment les liaisons entre le F.L.N. et le Parti communiste algérien," Le Monde, 18 octobre 1956.
52. 1954년 11월 1일의 FLN 전쟁선포 이후로, 메살리 하즈와 그의 MNA당이 발표한 수많은 선언들은 트로츠키주의와 아나키스트 계열 신문잡지에 그대로 게재되었다. B. Stora, Ils venaient d'Algérie, 190쪽.

꿰어도 영어圈圈 생활은 바뀌지 않았다.[53] 그렇기 때문에 메살리 재판은 이탈리아인 변호사 마리오 라나가 동참할 만큼 법조인에게는 큰 관심사였다. 사실 제2차 세계대전 이후 법적 환경도 크게 변화했다. 1949년에는 기존 제네바협정(1929)의 전쟁포로 규정이 대폭 변경되어 유엔안보리에서 관련 사안을 최종적으로 판정하게 되었고 유엔헌장 서명국은 민권 및 정치 권리에 관한 국제협약에 구속을 받았다. 알제리전쟁은 어느 모로 보나 식민지 문제에 대한 사법적 관심을 불러일으키기에 충분한 사건이었다.

4. FLN 공동변호인단

앞서의 1960년 9월과 10월 파리에서 열린 '장송망 재판'에는 자크 베르제스와 무라드 우세디크 외에도 젊은 변호사가 많이 참여했다. 롤랑 뒤마, 미셸 보비야르, 지젤 할리미, 니콜 렝, 모리스 쿠레제, 에디트 느뵈, 마리클로드 라지브스키 변호사가 법정에서 자신이 수임한 피고인을 위해 재판장에게 청원하고 또 이의를 제기했다. 이들은 장송망 사건 전, 전쟁 발발 초기부터 FLN 대원과 연락책, 전투원을 변호해온 터였다. FLN 공동변호인단으로 불린 이 사법체계는 전쟁 초기부터 쌓은 경험과 프랑스 법률가들의 식민지에 대한 관심 덕분에 가능했다. 알제리민족전선은 공동변호인단이 시급하다고 인식했으며, 파리 법정에 등록된 무라드 우세디크가 그 일을 풀어갔다. 민족주

---

53. 메살리 하즈의 호소는 알제리 민중뿐 아니라 파리 프롤레타리아들도 감화시켰다. 1935년 8월 13일 파리 교외 불로뉴비양쿠르의 국제적십자구조 지역위원회가 연, 프랑스 노동자와 북아프리카 노동자 수천 명이 모인 집회에서 "제국주의 프랑스 정부는 자국군이 못 미더워 모로코군, 세네갈군을 너희에게 보낸다. 파리 외곽 곳곳에 식민지군이 있다"고 했다. B. Stora, 같은 책, 37-38쪽.

의자들은 1945년 세티프 봉기에서 1954년 전쟁선포에 이르는 과정에서 정치적 해법을 버리고 지하활동을 선택했고 무장투쟁만이 유일한 길이란 결론하에 OS(특수조직)를 결성했다. 무장투쟁에서 체포되고 형을 받는 동지들을 어떻게 구할지 대책이 있어야 했다. OS 재판 경험은 FLN에게 그 방법을 찾을 수 있는 기회였다. 알제 지구의 책임자 라바 비타트는 1954년 11월 8일 알제리인 변호사 아마르 벤투미에게 기소된 이들의 변호를 위탁한 바 있고,[54] 12월 민중당 해산조처로 정치인이 대거 체포됐을 때도 비타트는 알제 항소원Cours d'Appel에 출두할 정치범들을 벤투미에게 맡겼다. 한편 프랑스 법에 따르면 알제리 민족주의자들은 치안교란자 또는 반란자들이었으므로 이들의 기소와 재판은 프랑스 법조계의 사안으로 인식되었다.[55]

그러나 파리의 프랑스 FLN 연맹이 주도한 FLN 공동변호인단은 일사불란한 조직이 아니었다. 공동변호인단의 일원이었던 니콜 드레퓌스에 따르면 변호인단이 네 그룹이었던 셈이다.[56] 하나는 메살리 하즈의 친구 이브 데슈젤이 1954년 이전 MTLD 시절에 창설한 그룹, 다른 하나는 피에르 스티브가 아내 르네와 함께 꾸린 변호인단에 FLN이 참가한 그룹, 세번째는 니콜 드레퓌스도 가담한 공산주의자

---

54. 1950년 OS 사건으로 궐석재판에서 사형을 언도받은 라바 비타트(1925-2000)는 1954년 11월 1일을 지휘한 후 알제 구를 책임졌으나 1955년 3월 경찰에 체포되어 종신노역에 처해졌다. B. Lahouel, *Patriotes algériens: Parcours individuels et destin collectif, 1954-1962*, Oran: Dar El Gharb, 2005, 94쪽.

55. L. Israël, "Deux parcours d'avocats," *Plein droit*, no.53-54, 2002; S. Elbaz, "L'avocat et sa cause en milieu colonial. La défense politique dans le procès de l'Organisation spéciale du Mouvement pour le triomphe des libertés en Algérie 1950-1952," *Politex*, vol.16, no.62. 2003, 65-91쪽.

56. 25세인 1949년 공산당에 가입한 니콜 드레퓌스는 1947년 노동파업 때 광부들을 변호하여 활동을 시작한 여성 변호사다. 제1차 인도차이나전쟁에 반대한 병사들을 변호하면서 마르티니크 출신의 변호사 마르셀 망빌을 만났다. 피에르 브라운, 남부 저항대원이었던 미셸 브뤼기에, 앙리 두종이 함께 있었다.

변호사 그룹이었다. 하지만 이들 셋은 함께 일했다. 그룹의 성격을 논하기에는 일도 많고 시간은 모자라 서로 번갈아 일을 맡았다. FLN은 자체적인 네번째 변호인단을 주축으로 나머지 변호인단을 모으려 했지만 뜻대로 되지 않았다. 중요한 것은 각각의 정치 성향이 아니라 탄압을 어떻게 법적으로 잘 처리하느냐였다. 어떻든 스티브도 명심하고 있었듯, 독립투사들을 돌볼 자격과 권한을 가진 이는 변호사뿐이었다. 따라서 누가 사건을 수임할 것인지, 나아가 어려운 민족주의 사건을 수임하면 누가 더 충실하게 법적 논리를 구사할 사람인지가 관건이었다. 변론이 어떤 효과를 낼지도 따져야 할 문제였다.[57]

변호인단에는 법조계에 갓 입문한 이십대 중반의 신참이 많았다. 그래서 변호인 본분에 집중했고 피고가 누구든 기소된 자는 보호하는 것이 프랑스 법정신의 근간이라 믿었다. 프랑스 법만이 아니라 애당초 법이 그런 것이라며 법의 미덕을 십분 인정한 이가 알제리 민족 지도자 페르하트 압바스였다.[58] 흔히 프랑스 동화론에 기울었다고 비판받는 페르하트 압바스에게 프랑스의 지배와 프랑스의 법을 구분할 만한 판단력이 있었을까? 만약 있었다면 무엇보다 프랑스의 법을 세세히 알았기 때문일 것이다. 사실 프랑스 법정신의 발현은 제2제정을 타파한 제3공화정의 원칙이었다. 1910년대 이전 제3공화정에서 법률가는 숫자도 많고 정부 직책에도 많이 임명되어 권력 핵심을 이루었다.[59] 법치주의 정착은 권력을 위한 도구인 것이 아니라 근대 자유주의의 큰 결실이었다.[60] 정치적, 사회적 특권의 폐지를 목적으로 한

---

57. "3. La justice comme arène," Liora Israël, *L'arme du droit*, Paris: Presses de Sciences Po, 2009.

58. Ferhat Abbas, *Autopsie d'une guerre*, Paris: Garnier Frères, 1980, 206쪽.

59. Yves-Henri Gaudemet, *Les juristes et la vie politiue de la IIIe République*, Paris: PUF, 1970, 13–30쪽.

60. L. Cohen-Tanugi, *La métamorphose de la démocratie française: de l'État*

1789년 대혁명은 법적 평등의 실현을 국민에게 호소했다는 점에서 법적 혁명이라 부를 만했다.[61] 그러나 인민의 동의로 권위를 확보한 의회주의 국가는 동시에 정치적 정복으로 권위를 획득한 식민지 국가가 되었다. 국민주권, 인민주권, 합법화된 인종주의 간의 작동 간격을 어느 정도 조화시켜야 했다. 이에 따라 정치구성체는 하나였지만 권위주의적 식민지의 요소들은 의회주의 공화정의 요소들과 상호 연관되었다.[62] FLN을 지원하는 변호사들은 그런 프랑스 법정신에 의지하면서 프랑스 법제를 비판하고 때론 부인하는 일을 떠맡게 된 것이다. 파리의 전 법관 르네 토르프의 말처럼 "점점 침해받는 듯한 국가이성의 수호를 위해 진력하면서 관련된 법절차의 개정을 서둘러야 했다."[63] 문제는 관련법의 정당성 여부였다.

1955년 4월 3일과 8월 7일의 비상사태법하에서 법집행은 민간에서 군으로 이전되었다. 사법은 주재 각료에서 단위부대 중령에게 맡겨졌고 프랑스 최고재판소인 파기원은 군사법정의 결정에 항소할 수 있는 권리를 잃고 그 결정을 통제할 수 없게 되었다. 1955년 4월 3일의 법을 6개월 더 연장하는 법안이 의회에서 표결됐을 때 제기된 문제가 이것이었다. 하원의원 루이 발롱은 이 비상사태법 제2조에 따르면 군사법원의 결정이 파기원의 통제를 벗어난다는 데 주의를 환기

---

jacobin à l'État de droit, Paris: Gallimard, 1993. 이 책은 이념과 법에 기초한 국가의 문제를 다루고 있다.

61. L. Lacchè, "L'Europe et la révolution du droit : brèves réflexions," *Annales historiques de la Révolution française*, no.328, 2002, 153~169쪽.

62. G. Wilder, *The French Imperial Nation-State: Negritude and Colonial Humanism between the Two Wars*, Chicago: University of Chicago Press, 2006, 25쪽; S. Morton, *States of Emergency: Colonialism, Literature and Law*, Liverpool: Liverpool University Press, 2013, 148쪽 재인용.

63. Hocine Bouzaher, *La justice répressive dans l'Algérie coloniale 1830-1962*, Alger: Houma, 2004, 30쪽.(이하 *La justice repressive*)

했다.[64] 여전히 살아 있는 본국 사법권의 항소권을 폐지한다는 것은 중대한 사항이었다. 항소권은 흔히 자의적 처형과 약식 재판을 지연시킬 권한으로 해석되었는데 기 몰레 정권 수립 후 의회에서 통과된 이른바 1956년 3월 16일의 특수권한법은 예외적 조치를 포함했다.[65] 이 때문에도 알제리전쟁기의 제1차 구조위원회는 악행, 고문, 임의수감, 여타 인권 침해사항을 공식 기재했지만, 이 위원회는 조사권 없이 의견 제시만을 할 수 있었다.[66]

물론 식민지 법에 대한 이의는 알제리전쟁 때 처음 제출된 것도, 법률가만 제안한 것도 아니다. 식민지 법의 일방성에 먼저 문제를 제기한 이는 작가 알베르 카뮈였다. 그는 1939년 7월 14일 시위 후에 일어난 알제리민중당 지도자 4인의 체포사건에서 민중당의 목표는 논외로 치자고 전제한 뒤, 이들이 불법시위에 참가한 게 사실이면 기소를 받아들일 수 있다고 했다.[67] 그러나 7월 14일 해산된 리그ligue를 재건하는 데 3,000명이 모였는데 어째서 이 4인만 기소했는지 모르겠다면서 처벌 자체를 목적으로 민중당을 공격했다고 비판했다. 민주주의를 지키려면 먼저 민주주의를 공고히 해야 하는데 당국은 민중당을 치면 칠수록 민중당의 권위가 높아진다는 것을 모르는 장님 같다며 이렇게 말했다. "나는 역설 없이 이 당이 지금 전 민중에게서 받는 크고 깊은 신뢰가 전적으로 이 나라의 고관대작들 덕분이라 말하겠다. 그들의 정책은 현명하지 못할 뿐더러 믿을 수 없으리만큼 졸렬하다. 더 나은 삶을 살고자 하는 이 불운한 사람들을 석방해야 한다.

---

64. 인민전선기 프랑스라디오에서 일했던 좌파 정치인 루이 발롱은 SFIO에서 나와 알제리전쟁기에는 정부를 비판했다.
65. 이 법에 대한 항의는 『레탕모데른』의 '편집자의 말'에 실려 있다. "Éditorial," *Les Temps modernes*, mars-avril 1956, 1345-1353쪽.
66. H. Bouzaher, *La justice répressive*, 189-190쪽.
67. A. Camus, *Alger Républicain*, 18 août 1939.

처벌하기보다 사랑하기를 꿈꾸어야 할 것이다." 카뮈는 알제리 독립 운동가의 성장을 믿고 도우려는 입장이 아니었다. 알제리 민족보다 프랑스의 권위와 미래를 위해 재앙을 피하려는 것이었고 처벌보다 사랑을 언급하는 대목은 문학적 표현일 수 있다. 그러나 이 말이 재판에서 나온 민중당원을 위한 변론이었다면 정곡을 찔렀을 그 논지는 기소측을 압도했을 것이고 법의 이름으로 저질러지는 위선을 폭로했을 것이다. 사실 카뮈는 이미 『알제 레쀠블리캥』 5월 10일 논설 「알제리 정치범을 석방해야 한다」에서 구속의 부당성뿐 아니라 일반인이 무심결에 넘기기 쉬운 정치범의 존재를 바깥세상에 알린 바 있다.[68] 표현의 자유를 보장한 프랑스혁명의 이상을 당국이 따르길 촉구하면서, 카뮈는 거기에서 다음과 같이 썼다. "지금 우리 감옥에는 상당수의 정치범이 있다. 그들의 죄라? 자기 의견을 자유롭게 표현했다는 것이 죄인가? 우리들 공화파는 무엇에 관한 것이든 이 비순응주의를 기소할 수는 없을 것이다."

그런 의미에서 1954년은 프랑스 사법사에 큰 획을 그은 해였다고 파리의 법조인은 회고한다.[69] 그런 사법적 지원은 1872년이라면 생각할 수 없는 일이었다. 1871년 카빌리에서 일어난 대규모 봉기인 엘모크라니 항쟁이 끝난 후 78명의 알제리인이 검거되어 1872년 9월 29일 재판이 열렸다. 재판 결과 37명은 지중해항 툴롱으로 유배되었고, 18명은 알제로, 3명은 각각 마르세유, 오랑, 마즈라로 송치되었다. 하지만 당시 이 무서운 카빌리 탄압에 관심을 두고 피해자들을 살핀 프랑스 변호사는 없었던 것 같다.[70] 1956년과 1957년 이제 차별적인

---

68. 카뮈의 논설 제목은 다음과 같다. A. Camus, "Il faut libérer les détenus politiques algériens," *Alger Républicain*, 10 mai 1939.

69. H. Bouzaher, *La justice répressive*, 30-31쪽.

70. 같은 책, 193-194쪽. 제마아 의장, 카이드, 마라부트, 세이크 들이 약탈, 방화, 내란

법 적용은 사라지고 있었다. 프랑스 국법의 적용을 받으려면 프랑스인 또는 프랑스 시민이어야 한다는 규정은 깨어졌다.[71] 그러나 철석같은 법리도 흔들릴 수 있을까? 국가법에 대항해 다른 법 논리가 맞설 수 있고 그런 법정신이 국가보다 상위에 놓일 수 있을까?[72]

동아프리카 남쪽의 작은 섬 레위니옹에서 자라난 자크 베르제스는 1942년과 1943년 전쟁에 나갔고 전후 파리에서 동양어학교를 다니면서 법학 공부를 마쳤다. 1955년 가을경 파리에서 변호사 시험에 합격하고 1957년 4월 알제에 왔다. 프랑스 외교관인 아버지가 버마에 부임하여 베트남인 어머니 사이에서 태어난 그는 마다가스카르, 인도차이나, 콩고의 상황을 책으로 읽고 보며 식민지를 예민하게 느끼게 되었다. 레위니옹 명문가의 저택 안 서재에는 중문학과 철학, 북베트남 옌바이 대프랑스 항쟁, 콩고-대서양 철도건설과 아프리카인 노동자들의 희생 이야기가 가득했다.[73] 아버지는 중국과 상하이에 오래 체류하면서 아시아 문명에 경외심을 품은 외교관이었다. 베르제스는 파리에 있으면서도 체코 프라하에 본부를 둔 국제학생동맹과도 교류하는 국제통이었다. 베르제스는 자연히 앞으로 독립투사가 될 젊은 알제리인과도 교분을 유지하고 있었다. 1947년 파리 반식민주의학생

선동죄로 재판받았다.
71. G. Bousquet, "How the Natives of Algeria Became French Citizens," *The International and Comparative Law Quarterly*, vol.2, no.4, 1953, 596-605쪽. 이 저자는 1944-47년 개혁으로 프랑스 사법이 무슬림에게 적용되었다고 본다.
72. 근대 프랑스의 법과 재판에서 이와 같은 예민한 문제가 일반에 처음 인지된 것은 드레퓌스 사건을 통해서였다. 1898년 초부터 1899년 9월 렌 재판까지 드레퓌스 사건의 실제적인 문제는 법의 적용과 그 재판의 결과였다. "La justice dans l'affaire Dreyfus, le sens d'une commémoration," M. O. Baruch et V. Duclert (dir.), *Justice, politique et République: De l'affaire Dreyfus à la guerre d'Algérie*, Bruxelles: Complexe, 2002, 23-47쪽.
73. 이 철도건설에서 희생된 아프리카인에 관해서는 André Gide, *Voyage au Congo*, Paris: Gallimard, 1927.[한국어판 『콩고 여행』, 김중현 옮김, 파주: 한길사, 2006.]

위원회에서 활동하던 므하메드 야지드가 체포됐을 적에 그를 위해 석방탄원서를 돌리기도 했으며, 훗날 OAS에 살해당하는 변호사 울 드 아우디아와도 가까이 지냈다.

알제리 땅을 밟기 전까지 베르제스의 변론 원칙은 일반 변호인과 다르지 않았다. 형사재판을 맡아 법을 환기하고 문헌자료를 살피는 정석 그대로였다. 그러나 사회의 근본까지 들어갈 것 없는 일반 형사 사건과 식민지에서 열리는 형사사건 재판은 도무지 같지가 않았다.[74] 알제리 형사재판은 프랑스 사법에서는 무시되었다. 베르제스는 그렇 다면 그러한 법과는 결별하겠다고 주장했고, 그의 '결렬의 변론la défense de la rupture'은 여기서 생겨났다. 범죄사실(위법)과 탄압을 구 분해야 하므로 법정의 대원칙인 피고 변호사, 정부위원 검사, 재판장 간의 묵인connivence을 깨뜨리고, 끼워 맞추기식 재판을 파헤쳐 법의 신비가 아닌 법의 폭력을 노정한다는 논리였다. 젊은 베르제스는 1957년 말에서 1958년 초, FLN 공동변호인단 간 연락을 책임지고 치열하게 법정다툼에 임했다. 그에게 사람은 사물 이상의 존재였다.

그에게 프랑스가 규정한 알제리의 법적 지위는 엉터리였다. 인구 의 90퍼센트가 무슬림이고 10퍼센트만 유럽인인데, 동수同數로 의원 을 선출한다는 것은 제도개혁이라 할 수 없었다. 사법적으로도 차별 적이고 군대에서도 알제리인 사격부대와 프랑스 출신이 평등하지 않 은 상황에서 알제리의 법적 지위가 뭐가 그리 중요하겠느냐는 것이 다. 그가 관심을 둔 것은 정복당한 알제리가 이제 항쟁하는 민중을 갖 게 되었고 그 민중이 독립을 원한다는 사실이었다.[75] 법정의 기술적

---

74. *Jacques Vergès l'Anticolonialiste: Entretien avec Philippe Karim Felissi*, Alger: Chihab, 2005, 15-29, 37쪽.
75. 그는 나치 점령기에 레지스탕스들이 독일 법에 귀속되던 것과 같다는 논리로 알 제리인의 법적 지위를 옹호하였고, 1940년 6월 프랑스의 대독 휴전협정이 우리와 관

공방을 넘어 알제리가 프랑스인지, 알제리인이 프랑스의 법에 속하는
지 아닌지를 먼저 가리자는 논리는 1956년 알제리 문제가 유엔 의제
로 상정된 덕분에 더욱더 큰 설득력을 얻었다. 베르제스는 "사법의 가
면 아래 행해진 야만스러운 짓을 보라!"고 말했다. 피고인에게 "죽여
라, 죽여!"를 외쳐대는 방청객을 앞에서도 그는 당당하게 "우리가 린
치당하면 재판의 실상이 드러날 테니까, 그냥 나가자"라고 했다. 그러
자 그의 동료는 "우리가 이렇게 죽으면 아무것도 안 돼. 누가 우리의
의뢰인들을 변호해주겠어?"라며 말렸다. 베르제스는 후일 자신의 변
론은 피고인과 판사를 향한 것이 아니라 이 사건을 지켜보는 국제사
회를 겨냥한 것이었다고 술회했다.[76]

　FLN 변호인단은 피고인이 핍박을 받고 있고 따라서 변호를 받아
야 한다는 일념으로 모였을 뿐, 그들 각자의 면면은 다채로웠다. 스티
브는 사회주의 좌파였고, 두종과 오댕위원회의 브라운과 브뤼기에는
공산주의자 변호인이었으며, 데슈젤은 FLN이 타도하려는 메살리 하
즈의 MNA에 가까웠고 피에르 랑베르가 주도하는 트로츠키주의자와
어울렸다.[77] 비달나케와 알고 지냈던 제4공화국 각료의 아들 장자크
드 펠리스도 있었다. 대부분은 1947년 마다가스카르 재판 이후 공산
당이 제안한 '변론이 고발하다la Défense accuse' 전략을 수용했다. 중
요한 것은 적대적일 수 있고 성향도 다른 이들이 법 안에서 함께 일
한다는 그것이었다. FLN도 이를 유념하고 있었다. 즉 프랑스인 변호
사가 FLN 정치범을 변론한다는 것이 그가 곧 FLN 요원이라는 뜻으

계가 없다고 한 드골의 말을 재판관들에게 상기시켰다.
76. 알제리에서 발행되는 유럽인 신문들은 이 재판들을 크게 보도하지도 않았다.
77. 이브 데슈젤은 프랑스공산당에 가입했다가 당과 절연하고 사회당에 참여했으며
레옹 블룸의 인민전선에 실망한 사회주의자였다. 알제리, 튀니지, 마다가스카르의 민
족운동 투쟁 변론을 맡았고 특히 메살리 하즈의 사건을 수임했다.

로 확대 해석될 수는 없었다. 스티브는 얼버무리지 않았다. 스티브 역시 FLN 요원을 변호하는 것이, 자신이 FLN 투사라는 뜻은 아니라면서 선을 그었다.[78] 공동변호인단의 이러한 산만한 구성과 각기 다른 입장은, 그러나 활동에 부정적이지 않았다. 프랑스인다운 개인주의이기도 했지만 명료한 지침 아래 누군가의 지시를 따르지 않는다는 것이 오히려 공동변호인단의 지속성을 보장해주었다. 사실 이 공동변호인단은 식민지에서는 처음 선보인 조직이라는 것으로 의미가 있고도 남았다. 알제리 민족주의자와 사적인 친분이 있는 변호사는 하나도 없었다. 본국인과 식민지인 간의 이러한 유대와 결속은 법적으로나 정치적으로나 매우 드문 광경이었다.

FLN 변호사들은 할 일이 태산같이 많았다. 피의자 임의구금이 길어져, 서둘러 사건을 맡아야 한다는 생각이 앞섰다. 그러나 전체 수감자에 비해 배당 변호사 수는 태부족이었다. 1955년에서 1959년까지 체포 건수가 2만 6,644건이나 되어 변호인들은 주요 사건만 맡아야 했다. 알제리 변호사들과 같진 않았지만 프랑스 변호사도 언제 어떤 험한 일을 당할지 알 수 없었다. 식민 당국은 1956년부터 공동변호인단의 활동을 주시했다. 1957년 초 알제전투 개시 이후로 변호사들까지도 구금되기 시작했다. 살랑 장군 치하에서 무슬림 변호사들은 행정수용소에 구금되어 예심도 법정 언도도 없이 재판을 받았다. 따라서 프랑스 본국 변호사가 단독으로 재판을 책임져야 했다. 그러나 1957년과 1958년 열 명 남짓의 공동변호인으로 업무를 감당할 수 없게 되어, 잠시 일을 맡아줄 변호사도 포함시키자 인원이 대폭 늘었다. PSU당 변호사 여섯 명, 리옹, 마르세유, 아비뇽, 베르사유, 벨기에의 변호사, 카리브해 과들루프의 여성 변호사 제르티 아르시메드까지

---

78. Ali Haroun, *La 7ᵉ Wilaya*, 168-169쪽.

100명가량이나 되었다.[79] 하지만 변호가 처음부터 성공적이지는 않았다. 젊은 변호사 앙리 쿠퐁이 콘스탄틴에서 뼈아프게 체험했던 것처럼, 재판은 승률이 낮았다.[80]

난관이 많은 만큼 서로의 업무를 잘 이해하고 분담하고 또 공개하는 체제가 필수적이었다. 변호사의 왕복 여비와 알제리 체재비는 프랑스공산당, 노동총연맹 프랑스민중구조, 평화운동이 갹출한 공동기금으로 충당했다. 경비사용은 정확히 기재되었다. 항공표 인도증에는 각 변호사의 날짜, 월별, 시간별 일정, 법정, 피고인, 범법 사실, 지명 변호사, 현지 변호사, 이렇게 여덟 가지 항목이 기재되었고 그 기준으로 1956년에서 1962년까지 모든 변호사의 알제리 체류기가 작성되었다. 다른 장소의 군사법정에서 하루에 여러 명이 재판받아야 할 경우도 있었기에 정확한 일정기록이 뒤따라야 했다. 사건기록은 앙리 쿠퐁의 회고록이 보여주는 바와 같이 프랑스로 귀환한 이후에도 계속되었다. 특히 공동변호인단 공보국은 기록과 자료를 보존해 사건과 사실을 공개하고 전해야 한다는 책임의식을 가지고 『레탕모데른』 『베리테 에 리베르테』『테무아나주 크레티앵』 같은 정기간행물과 여러 문서들을 비치해두고 있었다. 그 덕분에 알제의 고문 장소인 빌라 쉬지니의 자료, 동부 해안 지젤 인근 코르니슈, 알제, 또 시테아메지 안에서 콘스탄틴의 자료들까지, 심지어 시체 구덩이 조사를 요구하는 국제적십자 편지까지 보관되었다.[81]

---

79. G. Le Béguec, "L'aristocratie du barreau, vivier pour la République. Les secrétaires de la Conférence du stage," *Vingtième siècle. Revue d'histoire*, no.30, avril-juin 1991, 22-31쪽.

80. 군사법정이 오래 존속했던 동부 콘스탄틴의 법조계는 완고한 편이었다고 알려졌다. H. Coupon, *Avocat des Fellagas 1958-1962*, 84-91, 138-142쪽.

81. Ali Haroun, *Le 7ᵉ Wilaya*, 179-180쪽.

5. 수감자와 변호인

니콜 드레퓌스, 피에르 브라운, 미셸 브뤼기에, 로제 카바에르, 레오 마타라소, 로제 도스, 아르망 디메트, 모리스 자바로, 가스통 앙블라르, 마리루이즈 카생, 르네 스티브…… 이들 변호인은 저마다 정치적인 견해가 서로 달랐다. 니콜 드레퓌스가 보기에 독립을 목적으로 한 FLN의 수단이 언제나 도덕적인 것만은 아니었다. 그러나 알제리 운동가들의 대의가 정당하다는 데는 이견이 없었다. 의뢰인을 면회하러 갈 때마다 자기 등뒤에 있는 수감자들의 시선이 그것을 전했다. 수감자들과 변호인들은 시선으로 교류했다. 그렇지 않았다면 1960년 파리 외곽 프렌 감옥으로 르네와 피에르 스티브, 보비야르, 자클린 재거, 베르제스, 펠리스, 라지에브스키가 찾아왔을 때 11명의 알제리인 수감자들은 이들을 면대하지 않았을 것이다.[82] 파리 의과대학생으로 알제리무슬림학생총동맹UGEMA 초대 의장에 이어 FLN 프랑스 연맹에서도 중책을 맡은 엘 이브라히미도 이 변호사들을 만났다.[83]

그러나 여건상 직접 방문은 아무나 가능하지 않았고 수감자가 변호사에게 정황을 알릴 방법은 편지였다. 편지는 변호사뿐 아니라 『르몽드』 같은 신문, 모리악 같은 작가, 정부 각료, 기소를 담당한 정부 파견위원에게도 보낼 수 있었다.[84] 그러나 수감자로부터 가장 빈번히 많은 편지를 받은 이는 변호사였다. 니콜 드레퓌스가 알제 대학생 라

---

82. 수감자들의 변호사들에 대한 인상과 공동변호인단 내부의 정황에 관해서는 M. Zeggagh, *Prisonniers politiques FLN en France pendant la guerre d'Algérie 1954-1962: La prison, un champ de bataille*, Paris: Publisud, 2012, 97-132쪽.

83. 탈레브 엘 이브라히미의 회고 참조. A. Taleb-Ibrahimi, *Mémoires d'un Algérien 1. Rêves et épreuves 1932-1965*, Alger: Casbah, 2006, 124쪽.

84. "Lettre au directeur du monde du Hubert Beuve-Méry," s.l.(Bône), n.d.(1958) Anonyme et incomplet, *Le Monde*, 22 janvier 1959.

르비 마디에게서 받은 편지는 다음과 같다.[85]

변호사이며 친구에게

봉투가 없어서 진작 편지를 드리지 못했습니다. 저는 8년 징역형을 받고 체류금지와 시민권 박탈이 추가되었습니다. 당신의 탁월한 변론이 아니었다면 결과는 이와 전혀 달랐겠지요. 하지만 이 결과는 전폭적으로 모든 프랑스 민주파의 노력과 정의로운 평화가 실현되길 원하는 우리들 공동의 소망으로 이루어졌습니다.

이렇게 변호인과 그 배후의 프랑스 민주주의자에게 인사를 보내고 그들과 함께하는 정의와 평화에 대한 소망을 적은 후, 그는 알제리의 비극은 다층적 양상이고 복잡하다고까지 하다며 이렇게 말했다.

하지만 저는 지금까지 우리나라에 결핍되어 있었던 사람들 간의 이해가 필수적이라고 믿습니다. 여기서 각자는 언제나 패거리를 이루고 상투적인 이야기를 나누며 서로 이해하지는 않고 평판에 비난을 하고 있습니다. 제가 보기에 그것이 무슬림과 알제리 유럽인의 관계를 드러내주는 구도인 것 같고 이것만으로도 체제를 비난하지 않을 수 없습니다. 며칠 지나면 당신들은 파리에서 1789년 7월 14일을 기념하시겠지요. 우리는 마음으로 당신들과 함께할 것입니다. 왜냐하면 우리가 바로 [그런 기념일에] 떠올릴 만한 그런 사람들이니까요. 그런 회상이 우리의 믿음을 붙잡아주고 우리의 희망을 정당화해줍니다. 진심으로 인사를 드리며.

---

85. "Lettre de Mohamed Larbi Madi à Me Nicole Dreyfus," avocat à la Cour de Paris (inédit), P. Kessel et G. Pirelli, *Le peuple algérien et la guerre: Lettres et témoignages 1954-1962*, Paris: L'Harmattan, 2003/Paris: Maspero, 1962, 68쪽.

추신. 저는 물론 항소했습니다.

우애를 드리며
라르비 마디

이 대학생 수감자는 단순히 속내를 건넬 감방 친구가 없어 감옥에서 보고 느낀 것을 외부인에게 전하려 했던 걸까? 그렇지 않은 듯하다. 변론에 사의를 표하지만 긴 수식어를 늘어놓지 않는 간결함, 많은 내용을 함축하여 몇 줄로 표현할 줄 아는 자제력, 이 편지에는 이 변호사라면 자신의 이야기를 알아듣고 서로 험담하는 알제리인의 심리 상태를 비웃지 않으리라는 판단이 들어 있다. 이 젊은이에게 왜 고독과 불안이 없었겠는가?[86] 그러나 그는 민족의 해방과 독립의 의지를 논하지도 민족운동을 비판하지도 않았다. 수감자가 자신의 상념을 변호사라면 이해해주리라 믿는 것은 유별나지 않았다.[87] 파리 법정의 모리스 쿠레제 변호사가 받은 편지에는 알제의 한 수감자 자신의 체포 경위, 혐의사실, 직접 겪은 고문이 소상히 적혀 있었다.[88] 자크 베르제스 변호사에게 보내진 익명의 카빌리 여성의 편지에도 그녀가 어떻게 체포됐고 무슨 일을 당했는지, 또 수감되어 어떤 일을 겪었는지가 길게 쓰여 있었다.[89]

---

86. "1955년과 1956년 FLN 세포모임에서 체포당할 경우에 관한 논의는 했지만 변호사 문제는 예상치 못했다." M. Zeggagh, *Prisonniers politiques FLN en France pendant la guerre d'Algérie 1954-1962*, 97쪽. 변호사 선임은 FLN의 몫이었다. 구금자는 완전히 고립된 상태였다. 며칠 후 감옥 복도에서 다른 구금자를 만나기도 했지만 어떤 변호사를 만날지는 전혀 알 수 없었다.
87. 신뢰의 정치철학적 의미와 가치에 관해서는 다음 책을 참조하라. Gloria Origgi, *Qu'est-ce que la confiance?*, Paris: Vrin, 2008.
88. P. Kessel, G. Pirelli, *Le peuple algérien et la guerre*, 266-270쪽.
89. anonyme, "Lettre de Kabylie adressée à Me Jacques Vergès," *Les Temps*

변호인의 본업métier은 법정의 논리와 웅변으로만 채워지지 않았다. 변호인들은 좁은 벽에 갇힌 인간의 고독을 깨트리려고 했다. 그들은 부당한 고독 가운데 한없이 약해지는 것을 막는 일이 법률가의 소임이라 배웠다. FLN 여성 요원인 루이제트 이길라흐리즈의 변호사 마르셀 망빌이 마르세유, 파리 로케트 감옥, 아미앵, 툴루즈, 마지막에는 지중해 아자시오의 유배지까지 수임자를 쫓아다닌 것도 그 때문이었을 것이다.[90] 사실 법이란 인간이 부당하게 멸시받는 것을 묵과하지 않는 것이다.[91] 또 피고가 법적 기준에 따라 문제를 인지하고 답변을 준비할 수 있도록 도와주는 유일한 안내자가 변호사들이다.[92] 식민지인을 심려하는 좌파 변호사들에게는 그런 전문성과 피고를 안심시키는 정확성이 필히 요구되었다. 식민지인에 대한 변호는 대의법률가Cause lawyer들이 각자 자신의 기량을 발휘할 수 있는 영역임과 동시에 법조문을 떠나 법을 쇄신시킬 수 있는 방법이었다.[93] 특히 인종과 언어가 다른 식민지인들의 정치적 대의를 변호하는 것은 그런 면에서 더욱 대의변론의 큰 부분을 이루고 있었다.[94]

Modernes, no.166, décembre 1959.

90. L. Ighilahriz, *L'Algérienne: récit recueilli par Anne Nivat*, Paris: Fayard/Calmann-Lévy, 2001, 139-143, 174-175쪽.

91. J. J. de Fétis, "Être avocat pendant la guerre d'Algérie," *Des Français contre la terreur d'État*, 158-160쪽.

92. Étinne Cabet, *Le démocrate devenu communiste malgré lui ou réfutation de la brochure de M. Thoré intitulée Du communisme en France*, Paris: Bureau du Populaire, 1847.

93. L. Blévis, "De la cause du droit à la cause anticoloniale. Les interventions de la Ligue des droits de l'homme en faveur des 'indigènes' Algériens pendant l'entre-deux-guerres," *Politix*, vol.16, no.62, 2003, 39-64쪽.

94. C. Boukalas, "Politics as Legal Action/Lawyers as Political Actors," *Social & Legal Studies*, vol.22, no.3, 2013, 395-420쪽; S. Barclay and D. Chomsky, "How Do Cause Lawyers Decide When and Where to Litigate on behalf of Their Cause?," *Law & Society Review*, vol.48, no.3, 2014, 595-620쪽.

자밀라 부파차 사건을 수임한 지젤 할리미도 그런 경우였다.[95] 젊은 여성이 알제의 군 수사대에서 특수한 고문을 당한 이 사건은 프랑스 국내는 물론 해외에서도 상당한 논란을 일으켰다. 1960년 여름, 자밀라부파차수호위원회가 결성되고 사건에 관한 기자회견이 열렸고, 시몬 보부아르가 서문을 쓰고 피카소가 그린 자밀라 얼굴을 표지로 한 책도 나왔다.[96] 알제 시내에 사제 폭탄을 운반한 혐의를 받던 대학생으로, 니콜 드레퓌스에게 편지를 보내기도 한 FLN 대원 자밀라 부파차는, 변호사 앞에서도 차가우리만큼 차분했다. 접견을 간 할리미가 담배를 권해도 고개를 저었고 감옥의 소식, 가족의 소식을 물어도 짧게 대답했다. 폭탄 건은 전부 자백했다고 했고 구타를 당한 일, 아버지가 받은 고문, 자신이 당한 전기고문을 자세히 이야기했지만 후세인데이에서 받은 고문에 대해서는 함구했다. 변호사 할리미는 이 재판을 민사로 이송하는 것을 목표로 했다. 프랑스 사법권을 부인하고 결렬 논리를 펴는 베르제스와 다른 원칙이었다.[97] 할리미는 변론이 유효할 수도 있는 상황에서 구금자를 희생시킬 수 없다는 입장에서 편지로 드골에게 사건을 통보했고 드브레 총리로부터 답신을 받았다.[98] 1960년 12월 15일 파기원의 결정으로 알제 재판 무효가 선언

95. 1960년 2월 10일 밤 알제 외곽 자택에서 체포된 자밀라는 1960년 5월 18일 알제 군사법정에 선다.

96. S. de Beauvoir et G. Halimi, *Djamila Boupacha*, Paris: Gallimard, 1978/1962. 이 사건은 2011년에 〈자밀라를 위하여〉라는 영상으로도 제작된 바 있다.(〈Pour Djamila〉, Caroline Huppert, Marina Hands, Hafsia Herzi 출연.)

97. S. Thénault, "Défendre les nationalistes algériens en lutte pour l'indépendance. La 'défense de rupture' en question," *Le Mouvement social*, no.240, 2012, 121-135쪽.

98. 자밀라부파차수호위원회에는 신학자 가브리엘 마르셀, 시인 아라공과 부인 엘자 트리올레, 사르트르, 드골의 조카 저항대원 주느비에브 드골 등이 참가했다. 작가로서 문화정책을 담당한 앙드레 말로 장관도 사건을 통지받았다. 사회주의자 다니엘 마이 외르는 1960년 6월 파리의 사건 기자회견장에서 얼굴을 묻고 울음을 터뜨렸다. 『프랑

되었다. 하지만 1961년 2월 3일 재판 이송 명령이 통지되기까지 사건을 덮지 않은 것은 프랑스 캉 재판부 판사의 몫이 컸다. 1961년 11월 캉 재판부에서 열린 자밀라 부파차 재판에서 한 여자 죄수(일반범)는 결국 그동안 재판에서 수사관의 사주를 받아 위증을 했음을 밝혔다.

자밀라가 11월 캉 법원으로 이송됐을 때 오전 9시부터 저녁 20시까지 계속 신문하여 사건의 진상을 반드시 파헤치려는 판사를 만났다. 서기가 쉴 수 있게 한 시간 휴식이 있었을 뿐, 쇼스리라프레 판사는 피고인이 질문에 답하면 더 꼼꼼한 질문으로 다시 묻고 한 점 의혹이 없도록 신문을 했다. 오전에는 엘비아르에서 일어난 일에 대해 묻고 오후에는 후세인데이에서 일어난 일에 대해 물었다.[99] 피고인은 겪었던 일 전부에 대해 말할 기회를 부여받았다.[100] 물론 사건을 송곳처럼 조사한 자밀라 부파차 재판은 매우 예외적인 경우였을 것이다. 그럼에도 식민지인의 대의를 법적으로 인정받도록 하려는 법률가들의 노력은 컸으며, 거기에는 베르제스의 '결렬의 변론'뿐만 아니라 사려 깊고도 냉정한 법의 전문성이 힘이 된 것을 볼 수 있다. 부파차 사건은 특별했지만 여러 식민지인의 재판을 겪으면서 변호사들은 법정이란 형식적 재판, 기소사유, 형량의 언도 그 이상이라는 것을 재확인했다. 법정 경력이 많았던 페티스 변호사는 변호해야 하는 여자와 남자를 변호할 뿐 아니라, 민중을 변호하고 있다고 느꼈다.[101]

알제리 민족과 국가의 복권에 법적으로 동참하려는 법조인은 국외

스 수아르』『리베라시옹』 같은 신문들도 사건의 진행상황을 보도했다.

99. S. de Beauvoir et G. Halimi, *Djamila Boupacha*, 158-170쪽.

100. 더 자세한 내용은 노서경, 「몸으로 껴안은 식민주의 고문 해방─알제리 해방전쟁의 여성 전투원 자밀라 부파차」, 최재인 외, 『서양 여성들, 근대를 달리다』, 서울: 푸른역사, 2011, 178-215쪽.

101. J. J. de Fétis, "Être avocat pendant la guerre d'Algérie," 158-160쪽.

에도 있었다.[102] 프랑스와 가까운 나라 벨기에가 대표적이다. 마르세유보다 파리에서 훨씬 가까운 북프랑스 공업지대 노르파드칼레 도와 인접한 벨기에는 이 전쟁을 주시하지 않을 수 없었다.[103] 초기부터 알제리전쟁은 전 유럽의 관심사였으나, 특히나 프랑스와 접경을 이루는 서독과 스위스, 이탈리아에 FLN 거점이 퍼져 있었다.[104] 알제리전쟁기 동안에 프랑스의 안보는 북대서양조약기구NATO와 미국의 지원으로 보장받았으며, 유럽 국가들이 프랑스의 대응 방식에 비판적이었던 건 아니다.[105] 그렇지만 벨기에는 국토는 작아도 정치적 독립성이 강하고 인권 감각이 예민한 나라였다. 무엇보다 1950년대 벨기에 공업지로 상당한 수의 알제리 이주노동자가 유입되고 있었다.[106] 벨기에 국경 중공업지대 모젤과 모젤에뫼르트에서는 한 공장에 800명에서 1,400명의 알제리 이주노동자가 일했다. 그만큼은 아니더라도 루스레릴, 두애, 베튄, 발랑시엔, 됭케르크, 아벤 등에도 많은 이주노동자가 있었다. 이런 곳에서는 FLN에 가담했다 구금된 사람, 이들을 장악

---

102. 1961년 국제민주법률가협회는 알제리 국가 복권을 주장한 알제리 법률가의 책을 냈다. M. Badjaoui, *Law and the Algerian Revolution*, Bruxelles: Publications of the International Association of Democratic Lawyers, 1961.

103. N. Pas, "La guerre d'Algérie vue des Pays-Bas (1954-1962)," *Vingtième Siècle. Revue d'histoire*, no.86, 2005, 43-58쪽.

104. M. Harbi et G. Meynier, *Le FLN*, 749-754쪽.

105. H. Elsenhans, *La guerre d'Algérie 1954-1962*, 109쪽. 한편 이탈리아와 스위스에서는 프랑스와의 우방관계를 유지하면서, 다른 한편으로 알제리 민족운동가들을 돕는 방식을 찾았다. R. Rainero, "L'Italie entre amitié française et solidarité algérienne," *La guerre d'Algérie et les Français*, 389-396쪽; Ch.-H. Favrod, "La Suisse des négociations secrètes," 같은 책, 397-401쪽.

106. 이민노동자 고용은 1930년대 후반 급증했다. A. Michel, "L'immigration algérienne en Moselle," *Annales de Géographie*, t.65, no.351, 1956, 341-350쪽. 이민노동자들의 집결지는 광산업과 금속공업 지대인 북부 노르도를 비롯하여 파드칼레도, 발랑시엔, 릴, 루베, 투르쿠앵이었고, 주로 채굴업, 가공업, 건축업, 토목공사에 종사했다. J. Simon, *L'immigration algérienne en France: Des origines à l'indépendance*, Paris: Méditerranée, 2000, 186-187쪽.

하려는 FLN과 반대세력 MNA의 분란이 어지러웠다. 또 FLN의 보복으로 발생하는 유혈사건은 법적으로 외면할 수 없는 문제였다.[107] 벨기에 공동변호인단의 활동은 거의 자발적으로 시작되었다.

벨기에의 FLN 상설 변호인단은 세르주 무로를 중심으로 앙드레 메르시, 마르크 데 콕크, 세실 드라가 FLN 프랑스연맹의 요원 자격으로 일을 맡았다.[108] 프랑스 군사법정에 출두하고 알제리인구금자지원위원회CADA[109]를 창설하여 FLN 요원과 그 가족을 돌보았다. 특히 1961년 11월 일제히 이루어진 옥중 단식은 벨기에 변호인들을 한껏 긴장시켰다. 이는 드골 정부와 알제리 임시정부 간 협상에서 알제리 영토분할이 거론된 데 대한 항의였다. 사하라 유전의 영유권 문제는 알제리전쟁 타결의 은밀한 쟁점이었다.[110] 수감자 중 전면 단식을 주장한 이도 있었지만 대부분은 물을 마시고 소량의 초콜릿으로 버텼으며, 벨기에 변호사들은 이제 평화가 얼마 남지 않았는데 수감자를 위험하게 할 건 없다고 판단했다.[111]

벨기에 변호사들은 프랑스 정부에 압력을 가하는 방법의 하나로 국제법학술회를 열었다. 알제리 변호사들의 서신을 받고 있던 벨기에 민주법률가국제협회 사무국은 법과 현실의 괴리를 학술적으로 논의할 필요가 있다고 제안했다.[112] 1961년 3월 18일과 19일 브뤼셀에서

---

107. 알제리 이민노동자들을 장악하는 일은 FLN과 반FLN세력, 프랑스 경찰의 승부처였다. L. Amiri, "L'immigration algérienne en France: un enjeu politique," *Des hommes et des femmes en guerre d'Algérie*, Paris: Autrement, 2003, 243-260쪽.

108. S. Moureaux, *Avocats sans frontières: Le collectif belge et la guerre d'Algérie*, Alger: Casbah, 2000, 9-27쪽.

109. Comité d'Aide aux Détenus Algériens의 약자.

110. 사하라 문제는 제2부 제3장 제5절 참조. J.-M. de Lattre, "Sahara clé de voûte d'ensemble euro-africain français," *Politique Etrangère*, no.4, 1957.

111. S. Moureaux, *Avocats sans frontières*, 129쪽.

112. 민주법률가국제협회는 1946년 10월 파시즘 치하에서 살아남은 법률가들이 파리

열린 학회에는 알제리 대표, 프랑스 대표는 물론 벨기에, 이탈리아, 모로코, 네덜란드, 영국, 스웨덴 대표가 두루 참석했다. 벨기에 모리스 코르닐 법학교수 사회로 진행된 회의는 알제리 민족, 국가, 정부를 수립하기 위한 법적 요건을 각국 정부에 권유했다. 또 프랑스와 알제리가 전쟁중임을 인정하고, 그에 따른 법적 결과를 인정하고, 알제리 국적에서 유래하는 의무를 준수하고 알제리 당국이 교부하는 여권을 인정하기를 요구했다. 민주법률가국제협회가 또 요구한 것은 알제리 전쟁이 프랑스와 알제리의 알제리인에 깊은 영향을 미쳤으므로, 1951년 7월 28일 제네바협약 적용으로 알제리인을 유엔 난민으로 인정하라는 것이었다.[113]

프랑스인이건 벨기에인이건, 여자건 남자건, 법정이건 옥중이건, 법리에 따라서건 따뜻한 마음에서건 간에, 어떤 경우에나 알제리 민족운동을 지원한 이들은 젊었다. 물론 이들의 행동을 식민지인을 돕자는 의기義氣로만 해석할 수는 없었다. 이들 변호사의 법적 행동은 억울한 피고와 억울한 기소 정황을 법의 이름으로 외면하려 드는 명성 위주의 변호사에 대한 도전이었다. 변호사 페티스는 "판사 중에는 물론 이 상황에 어느 정도 책임을 느끼는 이들이 있었지만 법으로 극복하기엔 미약하고 피하려는 이들이 많았다. 거기서 갈리고 차이가 났다"는 설명을 했다.[114] 도전적인 법 시행은 생각이 다른 사람들의 적개심을 불러일으켰다. 법조인들은 인권과 피고의 권리뿐 아니라 국가이성과 국가의 기틀을 먼저 지켜야 한다는 논리였다. 사실 이 FLN 변호사들 앞에는 극우 진영의 강력한 반격이 기다리고 있었다.

에서 창단한 기구로, 유엔인권선언을 기초한 르네 카생이 초대 의장이었다. 핵무기 전면 금지를 주장하고 남아프리카 민족운동인 아프리카국민대회ANC를 지원했다.
113. S. Moureaux, *Avocats sans frontières*, 139-142쪽.
114. J.-J. de Fétis, "Être avocat pendant la guerre d'Algérie"를 보라.

6. OAS의 폭력과 변호사

변론도 힘들었지만 FLN 변호인단의 활동은 결코 순탄하지 않았다. 피에르 스티브, 니콜 드레퓌스, 앙리 두종, 지젤 할리미······는 다행히 사고는 없었어도 등골이 써늘한 경험을 치르고 위협을 느꼈다. 다만 언제 닥칠지 모를 신변 위협을 내색하지 않았을 뿐이다. 벨기에 변호인단의 중심 세르주 무로가 파리에 머무는 동안 항소원 법관들에게 붉은 군 분파가 보내는 협박문이 날아들었다.[115] 전쟁이 다 끝난 후 스티브의 오랜 동료인 기자 질 마르티네는 스티브가 식민지인의 변론으로 얼마나 비난을 받고 시달렸는지 돌이켜보았다. 피에르와 아내 르네 스티브는 아프리카민주동맹을 돕던 시절부터 비난 여론에 부딪혔다.[116] 알제리전쟁은 이런 비난의 절정으로서 변호사에 대한 압박과 협박이 노정되었을 뿐이다. 그럼에도 문건에 남은 정황은 찾기 어려운 것이 문제인데, 어떻든 위협은 경고에 그치기도 하고 실제 죽음까지 몰고 갔다. 그리고 그 배후에는 항상 OAS가 있었다.[117]

앙리 쿠퐁 변호사는 서부 티아렛으로 피의자를 방문하러 간 길에 당장 떠나라는 전갈을 받았다.[118] 1961년 여름 끝 무렵 오랑은 이미 폭력이 난무했다. 살랑 장군의 델타특공대, 외인부대의 탈주자가 목

---

115. S. Moureaux, *Avocats sans frontières*, 54쪽.

116. 이미 1955년부터 변호사들의 수난은 시작되었다. 8월 FLN에 의한 콘스탄티노이스 유럽인 살해사건 후 두 명의 파리 변호사가 미실라에 수용된 의뢰인 면담을 거절당했으며 11월에는 다른 두 명이 베루아기아 수용소를 방문할 수 없었다. 12월에도 알제리에 변론을 하러 온 파리 변호사는 콘스탄틴 도의 출입이 금지되었다. P. Kessel et G. Pirelli, *Le peuple algérien et la guerre*, 112쪽.

117. OAS의 폭력 연구로는 A.-M. Duranton-Crabol, *L'OAS: La peur et la violence*, Bruxelles: André Versaille, 2012; 프랑스인들 사이의 마찰로 보는 시각은 R. Kauffer, *OAS: histoire de la guerre franco-française*, Paris: Seuil, 2002.

118. H. Coupon, *Avocat des Fellagas 1958-1962*, 187~188쪽.

표 리스트대로 살해를 저지르는 데 거리낌이 없었다. 저들은 항공편 날짜를 알고 왔으니 미루지 말고 내일 아침에 당장 떠나라고 쿠퐁의 무슬림 보호인은 단호히 말했다. 쿠퐁은 이튿날 아침 호텔 세탁물 수송차량을 타고 빠져나가 오랑 공항에서 프랑스행 비행기를 탔다. 그 정도는 경미한 일 아니냐고 반문할 수도 있지만 이 무렵 언제 어디서 터질지 모르는 것이 OAS의 폭력이었다.[119] 그와 다른 갈래로 폭력을 행사하는 지하조직도 있었다. 벨기에 무로 변호사의 친구인 의과대학 생 아클리 아이시우는 1960년 3월 9일 브뤼셀의 자기 집 입구에서 단 한 발의 총탄으로 사망했다. 일급 전문가의 소행이 아니면 안 될 일이었다.[120] 3월 25일 벨기에 리에주에서 라페르슈가, 브뤼셀에서는 르그레브가 우편물로 사망했다. 세르주 무로는 사망자 알파벳 L로 보아 그다음에는 M이겠거니 짐작했다. 편지에는 "우리는 당신을 우리의 다음번 작전대상으로 생각하고 있다"고 적혀 있었다.

변호사들에게 적잖게 날아들었던 이런 편지가 실제로 행해진 것이 1961년 1월 25일 포피 변호사 살해였다. 유럽인들이 기대를 품었으나 실제로는 실패한 4월의 알제 군부 거사를 예고하기라도 하는 것처럼 피에르 포피 변호사는 파리의 사무실에서 암살자의 칼을 맞고 그 자리에서 사망했다. 단거리 공격에 능한 두 명의 청년이 파리 동북쪽 18구 아브뢰부아르에 있는 포피의 사무실을 찾아와 여덟 차례 칼을 던졌고 그중 하나가 포피의 심장을 관통했던 것이다. 알제 법원의 포피 변호사는 알제리인들의 항쟁을 지지하는 유럽인 자유주의자로서 진보적인 기독교인 모임에 들어 있었다. 포피는 앙드레 망두즈와 함

119. M. Benaboura, *OAS: Oran dans la tourmente 1961/1962*, Oran: Dar El Gharb, 2005, 111–133쪽.

120. S. Moureaux, *Avocats sons frontières*, 56, 91–93쪽.

께 사회행동을위한알제리청년협회AJAAS[121]를 창설하는가 하면 알제
리혁명을 지지하는 공개적인 활동을 벌이다가 1958년 5월 13일 당
국에 체포된 전력도 있었다.

OAS의 포피 변호사 살해는 유럽인이라 하더라도 자유주의자는 희
생될 수 있다는 것을 과시했다. 포피는 텔레비전 시사 프로그램 〈1면
톱뉴스〉에 출연한 자리에서 프랑스-알제리는 사멸했고 쟁점이 될 수
없다고 했었다.[122] 변호사 살해는 포피로 끝나지 않았다. 알제리인 변
호사 일곱 명이 OAS의 손에 이런저런 방식으로 피살되었다.[123] 포피
를 승계한 알제 법정 소속 피에르 가리그도 1962년 1월 알제 사무실
에서 OAS의 손에 살해당했다. 델타특공대가 이들 살해사건의 주범
으로 지목되었지만 OAS 특공대는 변호사만 응징대상으로 삼지도 않
았다. 앞서도 말한 바 있지만 에비앙 휴전협정이 조인되기 사흘 전인
1962년 3월 15일, 물루드 페라운과 동료 교사 일곱 명은 알제 시내의
학교에서 OAS 대원에 의해 사살되었다. 전쟁 속에서 묵묵히 인본의
정신을 지켜 글을 쓰고 학생을 가르치고 사회를 돌보는 것 자체가 극
우주의자들의 눈에는 혐오스러웠던 듯하다. 유수한 알제 대학 도서관
이 OAS의 손으로 화염에 휩싸여 소장 서적들이 사라진 것도 이 시기
였다. 사람의 목숨뿐 아니라 전쟁과 폭력을 감당하고 이겨내려는 인
문주의가 OAS의 공격 대상이 된 것처럼 보일 정도였다.

---

121. l'Association de la jeunesse algérienne pour l'action sociale의 약자.

122. 〈1면 톱뉴스Cinq Colonnes à la Une〉는 드골 정권 수립 후 RTF의 신설 프로그
램으로 르포와 해설이 유명했다. 물론 이 전쟁에서는 라디오의 역할도 컸다. M. de
Bussierre, C. Méadel et C. Ulmann-Mauriat, *Radios et télévision au temps des
événements d'Algérie*, Paris: L'Harmattan, 1999.

123. "Sept avocats du FLN assassinés durant la guerre de Libération nationale,"
publié dans Algérie Presse Service le 07-03-2011. http://www.djazairess.com/
fr/apsfr/107893 (2016. 7. 20.)

식민지 정치범 변호는 프랑스인 일반인이라도 찌푸릴 수 있는 일이었고 OAS는 분명 그 혐오감, 배신감으로 응고된 집단이었을 것이다. 하지만 OAS는 그것만으로 설명되는 피상적인 집단도 아니었다. 특정한 정치적 목적을 가진 정당도 특정한 이념을 지키려는 운동도 아니었지만 9년간 스무 번 정부가 바뀌는 제4공화국에 쌓여온 불만이, 기대했던 드골에 이르러 완전히 어그러지자, 폭력으로 분출했을 것이다.[124] OAS의 정식 결성은 1961년 4월 알제 군 장성들의 거사 이후였지만 알제리 자치 결정에 다수가 찬성한 1월 8일 국민투표도 작용했다. 찬성 74,99퍼센트, 반대 25,01퍼센트의 국민투표 결과는 드골에게 식민지배 유지세력에 개의치 않아도 된다는 명분을 주었다. 포르투갈 우익 정치인 살라자르를 추종하면서 프랑스의 알제리 포기는 국가적 불명예라고 본 OAS의 확신은 흔들림이 없었다. OAS 이론가라고 할 라가르디에르, 쉬지니는 더 크게 헌정 자체를 공격해야 한다고 믿었다.[125] 르페브르 박사는 국민통합에 관해 말이 없는 헌정, 국민을 분열시키는 정당은 폐지되어야 한다고 주장했다. 가톨릭을 신봉하고 있던 이들에게 공화정의 대원칙인 세속화는 범죄적으로 보였다. OAS의 오판은 그들이 원하는 미래전망적인 어떤 정책이나 비전이 없기에 드골 정부는 지지받지 못하리라 본 것이다.[126] 하지만 여기까지는 이 조직의 태동 이유이고 역사적 정황에 대한 그들의 해석이다. 모든 사상단체에게 정작 중요한 것은 목적과 수단의 문제일 텐데, OAS에게는 다른 말이 필요 없었다. 복잡한 사회구성원이 하부조직

---

124. http://www.universalis.fr/encyclopedie/organisation-de-l-armee-secrete/

125. 대독저항 마키자르였던 장자크 쉬지니는 조부모 때부터 알제리에 정착한 집안에서 자랐다. 라울 살랑 장군과 함께 OAS를 창설하고 알제리전쟁 후에도 드골 공격을 시도해 두 차례 사형을 언도받고 수감됐다가 망명했다.

126. A. Harrison, *Le défi à de Gaulle: l'OAS et la contre-révolution en Algérie, 1954-1962*, Paris: L'Harmattan, 2007.

이었지만 OAS는 빠르게 무장폭력을 일삼는 지하조직이 되었다. 그
점에서 이 조직은 구국을 원했건만 프랑스 민족주의의 역사에 한 자
리를 차지할 수 없는 이탈이었을 뿐이다.[127] 하지만 당대 정치평론가
들이 OAS에 바짝 긴장한 이유는 다른 문제였다. 라울 살랑, 모리스
샬 같은 거물 장성들이 정치에 직접 개입한 것은 프랑스 군대의 역사
에 비추어볼 때 매우 이례적이었다. 더구나 OAS를 섣불리 피에누아
르와 등식화하는 것은 온당치 않았다. 하물며 OAS의 현상으로 프랑
스 사회가 두 쪽으로 분열된 것은 아니었다.[128] 알제리-유럽인들도 그
전까지는 지지를 보냈어도 1962년 휴전협정 전야부터는 이 비밀조
직에 등을 돌렸기 때문이다.[129]

그러나 OAS에 대한 연구는 새로워질 필요도 있다.[130] OAS는 민간
이 민간에게 가공할 폭력을 가할 수 있다는 것을 보여주었다. 프랑스
인을 아연실색케 한 것은 파리 교외 앙드레 말로 저택을 겨냥한 폭발
물로 눈을 다치고 몸이 잘린 네 살배기 소녀의 사진이 신문방송에 보
도되면서였다.[131] OAS의 폭력은 1961년 1월부터 1962년 6월까지 조
사된 것만 2,200명의 사망자와 5,000명 이상의 부상자를 낳았다. 살
랑과 주오 장군이 금지명령을 내렸음에도 무고한 알제리인이 집단
린치를 당하는 경우가 많았다.[132] 프랑스 본국에서 벌인 폭력은 그 수

---

127. 제1차 세계대전 이전 19세기 말의 민족주의는 R. Girardet, *Le nationalisme français: 1871-1914*, Paris: Armand Colin, 1966, 237-260쪽.

128. R. Kauffer, "OAS: la guerre franco-française d'Algérie," M. Harbi, B. Stora, *La guerre d'Algérie*, 474-476쪽.

129. 1961년 장군들의 거사 실패 후 방황하던 직업군인, 밥엘우에드 빈민들이 조직에 가담했고 미셸 르루아처럼 평범한 이도 있었다. A. Harrison, 앞의 책, 184쪽.

130. O. Dard, *Voyage au coeur de l'OAS*, Paris: Tempus Perrin, 2011.

131. R. Branche et S. Thénault, *La Documentation photographique*, no.8022: La querre l'Algérie, Paris: La Documentation française, août 2001, 56쪽.

132. A.-M. Duranton Crabol, *L'OAS*, 87-102쪽.

법도 무척 다양했고 살랑 장군조차 통제할 수 없는 지경까지 번져갔다.[133] 도므나크는 1962년 1월 『에스프리』에 "그들에게 폭력은 어떤 정책의 수단이 아니라, 폭력 그 자체가 정책이다"라고 쓴다.[134]

*

알제리인을 지원하는 프랑스 변호사의 입장은 어떻게 보면 단순했다. 법과 폭력은 양립하지 않는다는 사회원리를 실천하는 것이었다. 이에 비해 OAS는 폭력 외의 방법으로는 법에 대한 희망과 욕구를 꺾을 수 없다는 독단이 있었던 걸까? 그래서 선제적 폭력을 행사해야 했을까?[135] 답은 어렵지만 OAS 같은 폭력은 어떻든 법과 펜을 혐오하는 것이었음이 부인되진 않는다. 그런 폭력은 어떻게 보아도 비열했다. 식민지전쟁이 아닌 다른 국가전쟁에서도 그런 폭력이 기획되고 실행될 수 있는 일이었을지 자못 의문스럽기 때문이다. 식민지인들의 해방의 대의와 이를 지원하려는 법적 프락시스는 이 점에서 서구에서 선포한 인간권리의 개념을 따르면서도 그 선을 넘고 있었다.[136]

---

133. "Avec Raoul Salan," R. Ouaïssa, *Les carnets de Hartmut Elsenhans*, 477쪽. '드골의 계속된 거짓말도 문제였지만' 장송 사건이 살랑을 움직이게 했다.

134. J.-M. Domenach, "Journal à plusieurs voix. Un fascisme à clandestin," *Esprit*, janvier 1962, 86쪽.

135. A. Little, *Democratic Piety: Complexity, Conflict and Violence*, Edinburgh: Edinburgh University Press, 2008, 110쪽.

136. S. Barberousse et R. Gallissot, "Au-delà de l'idéologie occidentale des droits de l'homme: le droit à la vie, le droit à l'égalité et à l'humanité sans partage," *L'Homme et la société*, no.85-86, 1987, 65, 68쪽.

제2부

식민지 알제리의 민중 지식인들

제1장

|

세티프에서 숨맘까지

'북아프리카의별'이 출범한 것은 제1차 세계대전이 종전되고 나서
인 1920년대 후반이다. 따라서 알제리 민족운동은 이미 1920년대면
뚜렷한 상승세를 그리고 있었다.[1] 그러나 당시는 근대 민족주의의 초
석이 놓였을 뿐이지, 알제리 안팎의 상황으로 말미암아 거대한 운동
에 요구되는 조건을 갖추지 못했다. 1830년대 외세에 정복된 이래로
알제리는 세계로부터 고립되어 있었으며 이 같은 피정복 상태에서는
고유한 삶의 방식과 사회제도가 이어지지 않았다. 알제리에 대한 식
민사업은 탄력을 받아, 1900년대에 이미 50만 명으로 늘어난 유럽 정
착민은 세력을 공고히 했고 아프리카 진출이 지속되면서 프랑스의
아프리카군 병력도 나날이 증강했다. 반면 알제리로서는 프랑스 제국
과 경쟁할 만한 힘을 지닌 우방 국가를 찾을 수 없었다.[2]

---

1. 북아프리카의별에 관한 문제들은 1987년 파리 알제리문화원CCA 주최로 열린 학
술대회를 통해 여러 각도로 검토되었다. *L'Étoile Nord-Africaine et le mouvement
national algérien: Actes du colloque du 27 février au 1 mars 1987*, Paris:
Centre Culturel Algérien, 1988.

외세는 지원이나 방해를 할 순 있어도 민족운동을 세울 순 없다. 무엇보다 민족정신으로 내부를 결집할, 서구문명의 침략에 패하기만 한 과거 지도력과 다른 지도력이 요구되었다.[3] 종교와 교육의 물적 기반이 체계적으로 붕괴된 이상 민족정신이 저절로 자랄 수 없었다.[4] 하지만 오랜 무기력은 오히려 변화를 기대하게 했고 북아프리카인이 동원된 제1차 세계대전은 그 계기였다.[5] 19세기 영웅 에미르 압델카데르의 손자 에미르 칼레드는 제1차 세계대전 후 프랑스와 동등한 권리를 요구하는데, 이를 주도한 것은 칼레드를 중심으로 한 알제리청년당이었다.[6] 이슬람의 물적 기반은 침식됐지만 이슬람은 여전히 정치, 사회, 종교의 표상이었다.[7] 1930년대 이슬람은 개혁운동을 창도하며 나라 찾기를 위한 평화적 지원세력이 되었다. 1920년대와 30년대의 민족운동은 가문과 종교 중심의 19세기 엘리트층이 이끌지 않았다.[8] 민족의식을 구축하고 전파하는 이들은 새로운 유형의 청년들

2. A. K. Saadallah, *La montée du nationalisme en Algérie*, Alger: Entreprise nationale du livre, 1983.[*The Rise of Algerian Nationalism: 1900-1930*, University of Minnesota, 1965.] 저자의 학위논문.

3. 같은 책, 319쪽.

4. 1930년대의 개혁주의는 기본적으로 이러한 과제를 진척시키려는 운동이었다. Ali Merad, *Le réformisme musulman en Algérie de 1925 à 1940: Essai d'histoire religieuse et social*e, Paris: Mouton & Co/Alger: El Hikma, 1967, 123-364쪽.

5. 20세기 전반기에 널리 퍼진 알제리의 시와 노래는 문화침략에 대한 지식인층의 방어기제로 볼 수 있다. M. L. Maougal, "Les élites agissantes et l'arrière-plan culturel 1900-1940," S.-N. Boudiaf, A. Kassoul et M. Lakhdar Maougal, *Élites algériennes*, 2, Alger: APIC, 2004, 65-108쪽.

6. 칼레드의 알제리청년당Jeunesse algérienne에 관해서는 A. Merad, "L'émir Khaled(1875-1936) vu par Ibn Badis(1889-1940)," *Revue de l'Occident musulman et de la Méditerranée*, no.9, 1971, 21-35쪽.

7. 1943년 2월 10일 선포된「알제리 인민의 선언」의 한 대목.

8. 그러나 틀렘센 주변의 서부에서 보듯 알제리전쟁 시기에도 전통적인 이슬람 식자층은 건재했다. 이들은 아랍어 문헌들을 보존하고 중동 지식인들과 교류했다. K. Merzouk, *Messali Hadj et ses compagnons à Tlemcen*, 349-529쪽.

이었다.

1954년 11월 1일 전쟁 발발 초기에 이미 그런 지도자들이 하나둘 모습을 드러냈고 전쟁선포 후 상당히 짧은 기간에 온 나라를 봉기 상태로 만드는 과업을 수행했다. 요원을 모으고 선별하고 주민을 훈련시키고 독립의 관념을 불어넣었다. 이들은 연락망을 수립하고 비밀리에 침거하고 게릴라 전법을 고안하고 정치적 동맹을 찾아 부지런히 대외 활동을 벌였다.[9] 7년 내내 식민주의 해체를 완강히 거부하는 제국주의 식민 본국의 공세와 선전에 맞서, 무기와 자금이 결정적인 전쟁을 지속했기에 알제리인의 자존과 독립을 향한 기대감은 널리 확산되었다.[10] 국민적 지지를 확보한 지적 지도력이 새롭게 부상하는 이 과정에 관한 연구는 알제리 연구가 많이 축적된 지금까지 미답지로 남아 있는 듯하다. 아무튼 그 결정적 첫 단계는 1945년 5월 8일, 동부 세티프, 겔마, 케라타 일대에서 일어난 유혈사태였다.

1. 1945년 세티프 봉기

세티프는 해안으로는 부지에서 들어갈 수 있고 알제에서 출발한다면 300킬로미터 거리이며, 여기서 다시 동쪽으로 130킬로를 더 가면 동북부 요새 콘스탄틴이 나온다. 지중해 연안 도시가 그렇듯 세티프에도 로마 유적이 남아 있었지만 시내는 프랑스 식민화로 건설되어

---

9. B. Stora, "La différenciation entre le FLN et le courant messaliste (été 1954-décembre 1955)," *Cahiers de la Méditerranée*, no.26, 1983, 20쪽. 마그레브의 도시와 민족에 관한 내용을 참조하라.

10. Y. Bouaziz, *Les insurrections en Algérie au cours des 19ᵉ & 20ᵉ siècle 2*, 506-507쪽. 그는 (아랍어에서 번역해) "자신에 대한 신념의 회복confiance en soi"으로 표현했다. 신임, 신뢰, 신념에 대한 정치철학적 가치를 일찍 깨달았던 듯하다.

있었다. 장인과 기술자가 모여 사는 시 외곽이 있고, 멀리 카빌리 남쪽 비옥한 지세의 질펀한 농촌에는 유럽인 농장들이 퍼져 있었다.[11] 1870년대에도 봉기를 일으켜 프랑스군의 가혹한 진압을 겪은 카빌리와 콘스탄티노이스 일대는 1930년대 민족주의 운동의 터전이었다. 그러나 1934년 콘스탄틴에서 일어난 무슬림들의 반유대인 소요를 제외하면 동부 일대에서 정치적 소요가 기록된 적은 없다.[12] 그러던 동부 세티프에서 문제가 터진 것은 제2차 세계대전에서 미국과 소비에트연방 연합군의 승리가 막 확정된 1945년 5월 첫째 주였다.

5월 8일 시위는 하루 전인 5월 7일 구두로 부지사에게 통보되어 역시 구두로 허락을 받아 결정되었다. 제2차 세계대전 종전협정이 조인됐다는 뉴스를 접하고 시위 주도자들이 내린 결정이었다.[13] 무슬림만의 시위란 이전에는 상상하기도 어려웠을 테지만 이제는 분위기가 제2차 세계대전 전과 확연히 달라져 허용하지 않을 수 없었다. 무슬림들은 1942년 11월 8일 연합군의 알제 상륙 이후부터 상황이 달라지리라는 직감을 얻었다. 1943년 연합군이 수행한 지중해 작전은 고물가, 전시의 긴축정책에 시달리는 알제리 도시들에 암거래의 혜택을 주었다. 물론 프랑스인들의 자세도 달라져 있었다.

자유프랑스군의 드골 역시 1943년 12월 12일 콘스탄틴을 찾아와

---

11. 20세기 초 필리프빌, 본, 비스크라, 콘스탄틴의 풍경은 프랑스인의 여행기에 기록되었다. A. Prigenet, *A travers l'Algérie: province de Constantine et Kabylie*, Paris: Librairie Hachette et Cie, 1914.

12. 유대인은 수적으로는 소수여도 경제적으로나 사회적으로 주요한 정착민이었으며 1870년 크레미외Crémieux법으로 유대인들에게 프랑스 시민권이 주어진 이래 무슬림과 유대인 간 갈등은 잠재해 있었다. 1934년 8월 무슬림들이 유대인을 살해한 사건은 우발적이기보다 이런 상황을 반영한 것으로 다른 알제리 지역에도 반응을 일으켰다. 특히 무슬림과 유대인의 충돌에 대해서는 Ch.-R. Ageron, *Histoire de l'Algérie contemporaine, Tome 2. De l'insurrection de 1871 au déclanchement dé-la guerre de libération 1954*, Paris: PUF, 1979, 425~428쪽.

13. Redouane Ainad Tabet, *8 Mai 45: le génocide*, Alger: ANEP, 2002, 49쪽.

서 알제리 개혁을 선언했다. 무슬림의 전쟁동원을 기대하는 조처로 알제 총독 카트루 장군의 제언에 따른 행위였다.[14] 1944년 전쟁 종결이 임박하자 민족주의 진영은 기를 펴고 무슬림이 공직을 차지할 것이란 예상까지 했다.

1945년 4월 29일에 페르하트 압바스는 그의 고향 세티프에서 식민지 역사상 전례가 없는 회합을 가졌다. 무슬림 2,000명이 시청에 운집해 활기찬 집회를 열었고 연단에 오른 연사는 오랫동안 금기시 되던 아랍어로 무슬림 문명의 찬란함을 설파했다.[15] 제2차 세계대전 직후 공산당원이 80만 명까지 올라간 프랑스의 전후 분위기와 마찬가지로 알제리에서도 파시즘에 맞서 싸운 공산주의가 열풍이었다. 재정난으로 몇 년째 발행되지 않던 『알제 레퓌블리캥』이 1943년 10월 2일 복간되었고 공무원, 교사, 자유직업인 등 알제의 유럽인 중산층은 집회와 강연을 열고 진보의 대변자로 공산주의를 바라보았다.[16] 따라서 무슬림들의 5월 8일 시위가 처음부터 충격적이거나 불길한 조짐을 보인 것은 아니었다. 사실 시위는 5월 8일에 돌연히 분출했던 것도 아니다. 그 일주일 전인 5월 1일에 이미 세티프를 비롯한 알제리 주요 도시에서 노동절 시위가 일어나 알제 대학생들까지 참여한 바 있었다. 경찰이 공권력을 남용해 무력으로 진압하여 시위자가 다치고 사망자가 발생하기도 했지만 그 시위는 그것으로 끝이었다.

그러나 일주일 후에 일어난 세티프 시위는 달랐다.[17] 그날 5월 8일 아침 7시 반부터 토착민들이 세티프 중심가의 이슬람 사원과 역 주변

---

14. 2차 대전기의 반나치 기구 프랑스민족해방위CFLN도 무슬림 개혁안을 마련했다.

15. Jean-Louis Planche, *Sétif 1945: Histoire d'un massacre annoncé*, Alger: Chihab, 2006, 117쪽.(이하 *Sétif 1945*)

16. 같은 책, 67쪽. 공산주의를 이렇게 본 것은 프랑스와 마찬가지였다.

17. Boucif Mekhaled, *Chroniques d'un massacre: 8 mai 1945: Sétif, Guelma, Kherrata*, Paris: Syros/Au Nom de la Mémoire, 1995.

에 모이고 스카우트 대원과 이슬람 유지인 무프티muphti가 대열을 이루었다. 때마침 장날이라 농민과 상인까지 합류해 인원은 4,000명으로 늘었고 시위 규모는 커졌다. 도심의 조르주클레망소 대로에 스카우트 복장의 대원 200명이 선두에 서고 전몰자들에게 바칠 화환을 든 사람들이 뒤따르고, 뒤이어 1만 5,000명가량의 시위대가 수백 미터로 늘어섰다. 시위대의 주력은 '펠라'나 '하메스'로 불리던 노동자 농민들, 소작들, 가난한 지주들이었다.[18] 대열의 선두에는 프랑스, 영국, 미국, 러시아의 깃발이 펄럭였고, "메살리 석방!" "자유 알제리 만세!" 또는 "식민주의 타도!" "우리는 당신들과 동등하다!" 등등의 문구가 쓰인 플래카드가 들려 있었다. 프랑스어, 영어, 아랍어로 된 플래카드 속에는 "대서양헌장 만세!"나 "유엔 만세!"도 보였다. 영미 군대의 점령으로 새로운 권력이 어디에 있는지 찾느라 분주한 유럽인을 보면서 무슬림 지도자들은 전쟁중에 새로운 기획을 구상했다.

1943년 2월, 무슬림 지도자들이 압바스에게 위임하여 「알제리 인민의 선언Manifeste du Peuple Algérien」이 작성되었다. 무슬림 재정대표단 대표들, 시도의원, 변호사, 약사, 교사가 서명한 이 선언은 독립이 증언이자 신념에 따른 행위라 명시했다.[19] 제1차 세계대전 후 청원 형식의 글은 사라졌다. 온건파 민족주의자조차 급진적 성격의 독립을 지향했다.[20] 이 인민선언은 과거 120년간 식민지배만 기도한 유럽인

---

18. '펠라fellahs'는 '농민,' '하메스khammes'는 '소작농'을 뜻한다.

19. 재정대표단 인사들(아랍부 의장, 카빌리 부의장, 도 의원, 시 의원)과 펠라(농민) 의장, 변호사, 약사, 농업인, 신문기자, 철도원, 무슬림 전투원 의장, 전 카디(이슬람 율법 재판관), 제마아(전통 마을회의) 대표, 교수, 교사, 무슬림 학생협회 의장 등이 서명했다. 무슬림 토착민 선출직은 제1차 세계대전 후 1919년 2월 법을 통해 가능해졌다.(경험과 실무를 쌓아간 이들이 모두 친불파로 비난받진 않았다.)

20. J,-P. Peyroulou, *Guelma 1945: Une subversion française dans l'Algérie coloniale*, Paris: La Découverte, 2009, 44-48쪽.(이하 *Guelma 1945*)

콜롱이 파괴한 알제리 사회와 나라를 구하고자 한 알제리인들의 노력을 생생히 예시하면서 "알제리-무슬림Musulman algérien은 무슬림-알제리인Algérien musulman이 되는 것 이상을 요구하지 않을 것"이라 강조했다. 알제리인이 알제리 국적과 시민권을 얻는 것은 더 나은 안전을 제공하고 알제리 발전과 해방에 더 명료하고 합리적인 답을 줄 것이다. 식민화 사업은 식민화에 따르는 문제를 개선하고 해결할 능력을 보여주지 못했다. 하지만 좋은 장비 아래 행정력이 제대로 운용되면 1,000만 주민의 복지와 사회적 안정이 보장될 것이라 기대하였다. 식민화의 틀 속에서는 인구 절반이 음식, 의복, 주택, 교육, 간호의 결핍에 시달렸다. 「알제리 인민의 선언」은 근거를 가지고 당당히 요구했다. 1941년 8월 대서양헌장은 "모든 민족은 정부 형태를 선택할 권한이 있고 강제로 박탈당한 정부 행사권을 돌려받아야 한다"고 천명했다. 이에 의거한 인민선언은 식민화 폐지의 정당성을 논하고 민족자결권과 알제리인의 자유와 권리를 보장하는 헌법을 제안했다. 알제리 무슬림이 정부에 즉각 실질적으로 참여할 수 있게 해줄 것을 주장하고 어느 당파든 간에 정치적으로 형을 언도받고 구금된 인사를 전부 석방할 것을 요구했다.

그렇다면 1943년 인민선언과 그로부터 2년 후인 1945년의 세티프 시위는 무슨 연관이 있을까? 세티프는 "자유 알제리!" "식민주의 타도!"라는 인민선언의 정신을 외면하지 않았다. 5월 8일 아침 장엄하게 도열한 세티프 시위대는 모터사이클 경찰대가 오가는 삼엄한 감시 속에 행진하다가 알제리의 깃발을 펼쳤다. 깃발은 중요한 상징이었다. 제2차 세계대전 종결로 민족해방이 약속된 듯한 분위기 아래 정치단체들이 부쩍 늘면서 저마다 깃발을 만들었다.[21] 알제리민중당

21. Ch.-R. Ageron, "Les Troubles du Nord Constantinois en mai 1945: une

이 5월 6일 알제를 비롯한 주요 도시에 살포한 전단에서도 깃발을 들자고 한 바 있었다. 세티프 시위대는 이에 응답하듯 깃발을 펼치고 민족 찬가 〈민 지발리나!〉와 〈하유 이프리키야!〉를 합창했고 여성들의 '유-유you-you' 소리를 내며 행진을 해나갔다.[22] 경찰과 헌병이 개입하여 시위대에 사격을 가한 것은 아침 10시가 좀 지나서였다. 알제리의 깃발을 치우라는 명령에 불응한 시위대에서 첫번째 희생자가 나왔다. 상점들은 문을 닫아걸었고 낮 12시경 시위대 사망자는 11명으로 늘었다.[23] 진압대의 출동준비는 일찌감치 끝나 있었다. 알제리인들로 구성된 경호대는 새벽 5시부터 300미터가량 떨어진 병영에서 경계를 하고 있었고, 헌병들도 도보로 15분 안에 도착할 수 있는 지근거리에 대기중이었다.[24] 나팔을 불며 등장한 무슬림 경호대의 도착으로 시내 소요사태는 일단락되었지만 12시경 피신한 시위자들이 교외에 모이자 헌병대의 자동기관총이 다시 불을 뿜었다. 이 혼란의 와중에 세티프의 유럽인 28명(여자 2명, 남자 26명)이 목숨을 잃었다.

세티프 인근 농촌에서 무슬림들은 유럽인을 습격하여 살해하거나 중상을 입혔다. 5월 8일 오후였다. 세티프를 빠져나간 택시들을 통해 시위대가 살해되었다는 소식이 퍼지자 겔마, 지젤, 본, 콘스탄틴에서

tentative insurrectionnelle?," *Vingtième Siècle. Revue d'histoire*, no.4, 1984, 27쪽.
22. 〈민 지발리나Min Djibalina(우리의 산악)〉는 알제리전쟁 투쟁가로도 쓰였다. "우리의 산에서 자유의 노래가 내려온다. 독립을 부르는, 우리 민족의 독립을 부르는 자유의 노래가. 민족에 바치는 우리의 헌신은 목숨보다 귀하다. 내 생명과 재산을 그대에게 바치리. 오, 내 사랑하는 민족이여……" 〈하유 이프리키야Hayou ifriqiya(북아프리카여, 영원하라)〉의 '이프리키야'는 중세 때부터 북아프리카 동부(현재 튀니지에서 알제리 동부까지)를 이르던 명칭으로 알제리 민족주의의 원초적 표현이다. 힐데베르 이나르의 다음 논문 참조. Hildebert Isnard, "Aux origines du nationalisme algérien," *Annales: Histoire, Sciences Sociales*, vol.4, no.4, 1949, 463-474쪽.
23. Redouane Ainad Tabet, *8 Mai 45: le génocide*, 54-56쪽. 이 사망자 수치는 세티프 진압 경찰 보고서에서 발췌한 것이다.
24. J.-L. Planche, *Sétif 1945*, 137, 139쪽.

잇따라 시위가 일어났다. 농촌 사람들이 무리지어 인근 유럽인을 공격했다. 우체국 방화, 법원 집기 파손, 항만 약탈, 군부대, 호텔, 유럽인 농장 파괴가 이어졌다. 세티프에서 혼란이 잦아들자 다음날인 9일부터 둑이 무너지듯이 겔마 동남쪽으로 시위가 번져가는 양상을 띠었다. 유럽인 농장은 알제리 무슬림 경호대를 두고 있었지만 안전을 장담할 수 없는 지역이 많았다. 농민들의 습격은 프랑스인 농장이 있는 케라타, 아인아베사, 라파예트, 셰브뢸, 아무샤, 타키툰트를 거쳐 페리고빌로 북상했다. 부지-세티프 간 정기노선이 중단되고 전신전화선이 절단되었다. 프랑스 경비대가 들어올 도로도 봉쇄되었다. 시장이 살해되고 마을 전신국 직원도 외부로 연락을 보내기 직전에 살해되었다. 8일 밤, 알제리인 무장집단이 마을 출입을 통제했다. 외부로 피신하지 못한 유럽인들은 산으로 올라가거나 현지 헌병대를 찾아갔다. 무슬림들에게 살해된 유럽인 중에는 치안판사가 하나 있긴했지만 대개 지방행정부 공직자가 많았고 대부분은 농민과 그 가족들이었다. 역사는 믿기 힘든 난폭성을 드러내며 유럽인 살해가 자행됐다고 기록한다.[25] 겔마에서는 다 합쳐도 몇 안 되는 무슬림의 소행으로 유럽인들이 희생되었다.[26]

세티프 사건은 프랑스군의 사료로 객관적이고도 상세하게 기록되었고 이후 이 문건들은 사건조사의 일차 근거가 되었다.[27] 어떤 연구자는 무슬림의 유럽인 살해는 우발적인 게 아니라 알제리민중당의

25. 다음 문헌 참조. Anthony Clayton, "The Sétif uprising of May 1945," *Small Wars & Insurgencies*, vol.3, no.1, 1992, 1쪽.

26. M. Thomas, "Colonial Violence in Algeria and the Distorted Logic of State Retribution: The Sétif Uprising of 1945," *The Journal of Military History*, vol.75, no.1, Jan. 2011, 125-157쪽.(이하 "The Sétif Uprising")

27. 1943년 5월부터 1946년 초까지 세티프 상황은 자세히 보고되었다. 군대(주로 육군)에서 작성했으며 뱅센 라데팡스역사박물관 육군역사부SHAT에 소장돼 있다.

사전계획 아래 이뤄진 조직적 행위라고 해석하기도 한다.[28] 그러나 알제리 역사가 마후드 카다슈는 논쟁의 여지가 있는 5월 8일 사건은 체계적으로 계획된 게 아니며 가담한 정도에 따라 구분되어야 한다 는 견해를 보인다.[29] 알제리민중당이 당의 대표성을 내세우려고 했을 지라도 지도자들이 원한 것은 평화적 시위였다. 하지만 각 지역당의 책임자와 위원회들 중에는 궁극적으로 무장행동에 나설 때가 지금이 라고 믿는 사람들도 적지 않았다. 그들 중에서도 특히 농촌 지역의 민 중 다수는 정치적 틀 안에 편제되지 않았고 지하드聖戰를 벌일 태세였 기에 작은 자극에도 구렁에 빠져들게 되어 있었다.

어떻든 식민지 공권력은 이 사건을 전면적이고도 철저하게 탄압했 다. 프랑스군의 아프리카인 수비대, 현지 치안병력인 경찰과 헌병, 무 엇보다 유럽인 민병대가 출동하여 시위자의 검거와 구금, 살해를 동시 에 수행했다. 거친 진압은 5월을 넘겨 곳에 따라서는 6월까지 이어졌 다.[30] 겔마의 탄압은 매우 심각해서 장피에르 페룰루는 겔마 문제가 국가적인 사태였다고 규정한다.[31] 겔마는 세티프에 비해 작은 지역이 었고 두 도시 간에는 부족적인 친근성이 있는 것도 아니었다. 삼림지 대로 둘러싸인 세티프와 달리, 겔마는 전체가 평지였다. 겔마의 가장 외곽에는 유럽인 농장에 가서 일해야 하는 농촌 노동자가 살았고, 이 들과 유럽인 사이에서는 크고 작은 충돌이 빚어졌다. 그러나 그것이

28. M. Thomas, "The Sétif Uprising," 126쪽. 이 연구자는 다음의 두 프랑스 문헌을 근거로 민중당의 사전계획설을 주장했다. J.-L. Planche, *Setif 1945*, 135-151쪽; J.-P. Peyroulou, *Guelma 1945*, 109-114, 132-134쪽.

29. Mahfoud Kaddache, *Histoire du nationalisme algérien 2*, 659-660쪽.

30. J.-L. Planche, "La répression civile du soulèvement, mai juin 1945," *La Guerre d'Algérie au miroir des décolonisations*, Paris: Société Française d'Histoire des Outre-Mers, 2004, 111-128쪽. 이 책은 2000년 소르본에서 개최된 '역사가 샤를로베르 아주롱 헌정 국제 콜로키엄'을 수록한 것이다.

31. J.-P. Peyroulou, *Guélma 1945*, 194-196쪽.

5월 8일 이후 겔마에서 일어난 대대적인 양민학살을 설명하는 요인이 될 수는 없다. 유럽인들은 세티프와 겔마, 케라타에서 일어난 사건들이 파시스트들의 음모라고 의심했다. 정말로 세티프에서는 사회주의자인 유럽인 시장이 살해되었다. 특히 겔마에서는 5월 9일 부지사와 현지 시장, 경찰서장, 헌병이 나서서 유럽인 주민들을 무장시켰고, 이 무장경비대와 헌병대가 프랑스 군대가 증강될 때까지 무슬림들이 마을로 들어오는 것을 금지하고 있었다. 그러나 이 조치들은 겔마 사태의 시초였을 뿐이다. 무슬림 탄압은 대대적으로 조직되었다.[32]

콘스탄티노이스 사단 사령관 뒤발 장군은 5월 9일 전권을 부여받았다. 양차대전을 치른 백전노장 뒤발의 지휘로 군사적 탄압이 신속하게 펼쳐졌다. 본에서 100킬로미터 거리인 세티프와 겔마 삼각지대에 무차별 폭격이 가해지고 항구도시 본과 지젤에 순양함 뒤케 트루앵호Duquay Trouin의 포탄이 날아들었다. 내륙 전역에 집중포화가 가해졌다.[33] 보병부대, 모터사이클 정찰대, 탱크부대가 넓게 포진한 가운데 야외에서는 알제리인이 눈에 띌 때마다 정찰비행기가 하늘에서 기총소사를 했다.[34]

마을에서는 특히 유럽인 민병대가 치밀하게 행동했다. 현장에서 이뤄진 총격사살과 가혹행위는 주로 이들의 소행이었다.[35] 산간과 농촌의 가옥이 불타고 협곡의 댐 17개가 부서지고 케라타의 마을에는 밤낮 포탄이 쏟아졌다. 외인부대는 산골에 흩어진 시체들을 매장하는 데 죄수들을 동원했다. 알제리 성인들은 산으로 도망쳐 없고 아이와

32. R. A. Tabet, *8 Mai 45: le génocide*, 142-143쪽.

33. J.-P. Peyroulou, "La milice, le commissaire et le témoin: le récit de la répression de mai 1945 à Guelma," *Bulletin de l'Institut d'Histoire du Temps Présent*, no.83, 2004.

34. M. Thomas, "The Sétif Uprising," 125-157쪽.

35. J.-P. Peyroulou, *Guelma 1945* 참조.

노인만 남은 집에 불을 질렀다. 다양한 폭격기가 날아와 보름간 주민을 상대로 작전을 벌였다. 주민들은 두 손을 들고 "프랑스 만세!"로 투항했다. 살려달라고 애원할 수밖에 없었다. 한 외인부대 중령은 바보르, 마우이아, 데앙샤를 돌며 펠라, 마라부트, 카이드에게 일제히 프랑스 국기 앞에 무릎을 꿇게 하고 이마를 땅에 처박은 뒤 큰 소리로 "우리는 개자식이다! 페르하트 압바스도 개자식이다!"를 복창하게 했다.[36] 세티프와 겔마의 탄압은 비록 짧은 기간이었지만 과거 1830년부터 1870년까지 자행된 프랑스의 알제리 침공 못지않게 무시무시한 폭력을 선보였다.

겔마 사건은 십대 아이나 어른에게 이제 무슨 일이 일어났으며 그게 혁명일 거라는 느낌을 주었다. 무슬림 봉기가 있으리란 것은 프랑스 북아프리카군도 감지한 일이었다. 4만 주둔 병력으로 만일의 사태에 대응하기 어렵다고 판단해 1945년 전부터 구체적인 무기증강과 인력충원을 요구해왔다.[37] 해를 거듭해온 한발과 기근, 전쟁으로 인한 인플레이션으로 알제리 농촌 곳곳에서 연일 소요가 발생했다. 알제리 민족주의 세력은 이를 통해 대서양헌장에서처럼 막연하게나마 프랑스의 압제를 벗을 수 있으리란 기대감을 가졌다. 무슬림은 나치와의 전투에서 실질적 보상을 요구하고도 남을 만큼 큰 희생을 치렀기 때문에 종전 후 그러한 심리는 더더욱 커졌다. 1939년에서 1940년까지 알제리 무슬림 징집자는 12만 3,000명이었다. 물론 알제리-유럽인 징집자도 많았다. 9만 2,000명이었다. 하지만 1944년 3월부터 나치독일의 패배가 확실해지자 프랑스인들은 마치 자기네들만이 승리를

---

36. 굴욕을 강요당한 마라부트, 카이드는 알제리 사회의 지도층을 이루는 이들이었다. M. Kaddache, *Histoire du nationalisme algérien*, t.2, 663-664쪽.

37. Ch.-R. Ageron, "Les Troubles du Nord Constantinois en mai 1945: une tentative insurrectionnelle?," 23-28쪽.

거둔 듯 모든 것을 희생한 알제리인들을 무시했다.[38] 이처럼 제2차 세계대전은 무슬림과 유럽인 양측에게 각기 상반된 영향을 미쳤고 양측의 전후 대립은 이미 예상 가능한 일이었다. 배경이 어떻든 간에 대규모 진압으로 살해와 학살, 파괴가 꼬리에 꼬리를 물면서 유럽인과 무슬림은 영영 돌아오지 못할 강을 건너고 있었다.

세티프 사태의 진압에 의한 사망자 수는 세월이 많이 흐른 지금까지도 의견이 엇갈린다. 1948년 프랑스군의 발표에 따른 사망자는 1,000명인 반면, FLN의 추산치는 4만 5,000명이다. 연구자들은 대체로 양측의 중간치인 3,000명에서 8,000명으로 보고 있다. 아주롱은 희생자를 "수천 명"으로 표현했는데 이는 FLN의 일원이던 알제리 역사가 모함메드 하르비의 견해와도 일치한다.[39] 독립 후 알제리 정부가 추산한 3만에서 4만 가설은 과장일 것이다. 그러나 마틴 토머스는 이것이 과장일진 몰라도 끔찍한 폭력구조의 결함을 드러낸다고 강조했다.[40] 사실 진압 종결 직후부터 8월까지의 희생자 대부분은 세티프 사건의 후과로 죽었다. 이 막대한 희생 이후에 더 많은 이가 체포와 감금, 처형을 당했던 현실은 알제리인에게 짙은 그림자를 드리웠다.[41] 세티프 진압은 알제리인의 목숨은 공민公民의 가치가 없는 파리 목숨이란 뜻으로 읽혔다. 희생을 치른 알제리인은 프랑스 식민통치가 이제 두렵지 않았다. 역사가가 말하는 구조의 결함이 당사자들에게 피부로 느껴졌다. 식민통치는 오갈 데 없이 흔들렸다. 세티프 봉기가 알제리전쟁으로 가는 결정적인 역할을 했다는 안니 레골드제게르 같은

---

38. A. Rey-Goldzeiguer, *Aux origines de la guerre d'Algérie*, 155쪽.
39. Ch.-R. Ageron, 앞의 글, 23-38쪽.
40. M. Thomas, "The Sétif Uprising,"; J. McDougall, "Savage Wars? Codes of Violence in Algeria 1830s-1990s," *Third World Quarterly*, vol.26, no.1, 2005.
41. R. A. Tabet, *8 mai 45: Le génocide*, 142-143쪽.

역사가의 견해는 이에 근거한다.[42]

분명 세티프는 낡은 체제의 종착점이자 새로운 무엇의 시발점이었다. 폭력적 민중봉기는 19세기 말에 끝났다고 여겼건만, 정치적 해결책을 부정하는 무장봉기가 20세기 접어들어 처음으로 재연된 것이다.[43] 세티프 봉기에 대한 프랑스 군대의 탄압은 유럽인들에게도 큰 충격이었다.

훗날 『알제리전쟁의 기원』을 저술한 안니는 "하下카빌리 위로 쏟아지던 폭탄세례, 해군함 포격으로 울리던 굉음은 나를 겨냥한 것이 아니었지만 한 번 싸운 것으로 목이 졸리는 패닉에 빠지듯이, 세상이 끝난 것 같은 그 알제의 분위기는 마그레브에서 나고 자란 '나의 판단'이 틀렸음을 증명했다. 인종주의를 불식하고 선의의 사람들이 협력해 평화롭고 세속적이고 민주적인 알제리를 세우리라는 '나의 판단'은 이제 '한낱 환상'이 되고 말았다"고 했다.[44] 세티프-겔마-케라타로 번진 이 사태는 '폭력은 폭력을 부른다'는 것을 새삼 일깨워주었다. 세티프 사건을 겪고 나서 알제리인들은 반대의사를 평화적으로 표출할 수 있는 길이 막혀버렸다고 느꼈다. 포스트식민주의 연구자들이 지적한 대로 포스트식민사회의 정치적 폭력의 상당 부분이 과거 식민지배의 조직과 탄압에서 유래한 것이라면, 세티프 사건은 평화의 의지를 꺾고 폭력의 집단심성mentalité collective을 형성시켰던 것은 아닐까. 그러나 그런 집단심성은 잔인한 폭력 진압 앞에서 바깥으로 분출되지 못한 채 보이지 않는 땅속으로 복류하기만 했다. 물론 작가 모하

---

42. A. Rey-Goldzeiguer, *Aux origines de laquerre d'Algérie*, 99~218쪽.
43. Y. Bouaziz, *Les insurrections en Algérie au cours des 19ᵉ & 20ᵉ siècle* 참조. 동부의 주요 봉기 지역은 El Amri(1876), l'Aurès(1879), Ouled Sidi Cheikh(1881), Righas de Marguerite, Aïn Torki(1901) 등이다.
44. A. Rey-Goldzeiguer, 같은 책, 7쪽.

메드 딥 같은 예외적인 일부 인사는 '알제리 3부작'—『커다란 집La Grande Maison』(1952), 『방화L'Incendie』(1954), 『직조Le Métier à tisser』 (1957)—을 통해 세티프를 멀리서 형상화하는 노력을 이어갔다. 이 처럼 희생자들은 땅속에 묻히기만 하지 않았다. 지방의 시인들은 탄압과 희생을 시로써 애도하였고, 유랑하는 무명의 가수들은 노래로써 세티프의 혼을 외부로 실어날랐다.

2. 카빌리 - 콘스탄티노이스 - 알제 - 틀렘센

집단심성에서도 집단은 개체들로 구성되어 있었을 것이다. 세티프에서 만나고 헤어진 개인과 집단은 시위와 수감을 거치는 동안 분리되지 않는 하나의 덩어리가 되었다. 알제리의 대문호로 추앙받는 카텝 야신은 학생 시절 세티프 시위에 참가해 17세에 투옥되었다. 그리고 그곳에서 보았던 '민중'을 평생 잊지 못한다고 술회한 바 있다. 알제리전쟁기의 파리 유학생 아흐메드 탈레브 엘 이브라히미도 전쟁중 프랑스 감옥에서 쓴 편지에서 5월 8일 사건으로 아버지가 잡혀가고 탄압을 당하면서 의식이 깨었다고 말했다. 알제리전쟁기의 지도자 벤 토발은 세티프 진압 시기에 "엘밀라에서 완전한 고립 속에 여섯 달을 버텼다"고 한다.[45] 비스크라에서 5월 8일 시위를 준비했던 라르비 벤 미히디, 동부의 켄셸라에서 알제리 깃발을 펼치는 시위자 옆에 있던 라그루르 압베스도 세티프의 충격을 가슴에 담고 살았다. 1954년 11월 이전에 이미, 세티프 봉기가 끝난 직후 곧장 산악지대로 들어가 마키에 투신하는 사람들도 있었다.

---

45. R. A. Tabet, *8 Mai 45: le génocide*, 151쪽.

카텝 야신은 훗날 영화감독 르네 보티에가 제작한 다큐멘터리의 내레이션에서 세티프 사건의 의미를 "잃어버린 환상"으로 압축해서 표현하였다. 그러나 콜롱과 민족진영 양측 모두 '개혁은 환상'이라는 것을 확신하기까지는 시간이 걸렸다. 질서와 평온이 회복되고 식민체제는 문제가 없을 것이라고 보았다. 동부 도시의 바샤가, 카이드, 시 의원들은 프랑스와 식민지 당국에 충성서약을 보냈고, 명사들은 이 일로 희생된 유럽인들을 기리면서 가톨릭 교구에 유감을 표하고 애도를 하였다.

콘스탄티노이스에서는 프랑스무슬림연대위원회가 조직되었다. 하지만 세티프 사건은 그때까지 신중히 처신하던 알제리 개혁주의자들을 움직이게 한 발단이 되었다.[46] 가혹한 탄압에 직면한 상황에서 민족진영에 개혁적인가 급진적인가의 구분은 설 자리가 없었다. 실제로 온건 성향의 알제리인 가족까지 잡혀가 조사를 받고 옥살이를 했고, 그런 탄압은 세티프와 겔마에 한정된 것도 아니었기에 암울한 분위기가 서부 오랑까지 퍼졌다. 새로 놓아야 할 정치적 전망의 주춧돌은 폭력과 희생이었다.

그러나 아직 폭력의 집단심성이 알제리 전역을 휘감을 만큼 전국적이지는 않았다. 전국적이란 개념이 도량형 통일과 생산물 등가교환으로 장기간 수립된 경제적인 범주에서 나온다면, 알제리 동부와 서부 그리고 수도 알제는 단일한 전국시장체제에 온전히 편입되어 있지 않은 상태였다. 알파는 블라세트 가문, 포도주는 보르고 가문, 밀가루는 장 뒤루 가문, 이런 식으로 대콜롱이 제각기 분할독점한 식민지경제는 내수의 공급을 먼저 의식하는 일반적인 시장경제의 원칙대

---

46. Malika Rahal, "A local approach to the UDMA: local-level politics during the decade of political parties 1946–1956," *The Journal of North African Studies*, Vol.18, no.5, 2013, 703–724쪽.

로 기능하지도 않았다.[47] 알제리의 부富는 대체로 대규모 수출농업,
철과 인 같은 지하자원 채굴, 프랑스와의 수출입 교역으로 구성되었
고, 대다수의 무슬림은 이러한 방식의 일방적인 경제체제에서 배제되
어 있었다. 물적 교류의 역사가 풍부하게 비축되지 않은 이런 알제리
에 공통감각을 먼저 불어넣은 것은 식민지배하에 있다는 정치적 의
식이었다. 세티프는 오래 잠재해 있던 정서와 감정, 우의의 열매를 거
둘 수 있게 해준 사건이었다.

세티프와 겔마로 들어오는 해안도시 셰르셸, 본, 콜로, 스키크다,
내륙으로 올라가는 콘스탄틴, 튀니지에서 가까운 켄셸라, 사하라로
나가는 비스크라에서 주민들은 구조대를 조직하고 희생자 가족을 찾
고 낯선 사이라도 무언의 위로를 주고받았다. 추모와 상념은 카빌리
를 지나 수도 알제를 일깨우고 서부 오랑, 틀렘센, 시디벨압베스를 흔
들었다. 하지만 경찰사회라고 할 만한 삼엄한 분위기 아래 알제리는
여전히 고요한 것처럼 보였다.[48] 1947년 봄, 봉기와 탄압의 소식이 다
시 들려온 것은 같은 프랑스 식민지이긴 하지만 역사와 지리가 다른
인도양 마다가스카르였다.[49] 크지만 외진 식민지 섬의 학살 소식은
그곳에만 머물지 않았다. 1946년과 1947년, 1949년까지 프랑스의 각
식민지에서는 차례차례 소요가 일어나 많은 시위자와 저항자가 살해
되고 학살되었다. 마다가스카르 봉기가 발발하기 전인 1946년 프랑
스는 인도차이나 베트남 하이퐁 항구에 폭격을 가해 민간인 수천 명
의 목숨을 앗아간 경우도 있었다. 점령지 베트남을 향한 이런 프랑스

47. 봉건적이고 가부장적 농촌사회가 무슬림의 몫이 활성화되지 않은 경제구조로 형
성되었다고 설명하는 관점은 M. Lacheraf, *L'Algérie: nation et société*, 67-87쪽.
48. J.-P. Peyroulou, "Rétablir et maintenir l'ordre colonial: la police et les
algériens en Algérie française de 1945 à 1962," M. Harbi et B. Stora (dir.), *La
guerre d'Algérie*, 97-130쪽.
49. Y, Benot, *Massacres coloniaux 1944-1950*, 114-120쪽.

의 '응징 폭격'은 알제리에서도 큰 관심사였다. 거리감으로는 먼 곳이었지만 인도차이나는 이미 1930년대 파리 식민지인의 민족운동으로 친숙한 곳이었다.

마다가스카르와 베트남의 1947년과 1949년과는 달리 알제리는 변함없이 조용했다. 하지만 식민지 질서가 곧 무기력한 평안을 뜻하지 않았다. 공포는 한곳에 가만히 있지 않고 돌아다니길 좋아한다. 이미 일어난 무서운 사건은 사람들의 뇌리에 박히기 쉬웠다. 그러나 인쇄물을 찍지 못하고 공공집회를 하지 못하고 대중에게 전달할 방법이 막힌 상태에서는 어떤 조직이냐가 중요했다.[50] 작은 조직들의 활로는 트여 있지 않았다. 알제리 전체 면적은 광활하지만 지중해안 인구밀집 지역은 동서 1,000킬로미터로, 콘스탄틴에서 오랑까지 기차로 당일 거리였다. 그러나 이들이 각지를 돌며 선전한다 해도 아무런 호응이 없다면 공허한 외침에 그치고 말았을 것이다. 카빌리, 콘스탄티노이스, 수도 알제, 서부 틀렘센은 각기 고유한 전통을 지녔지만 그런 곳도 식민지 사회라는 것은 다르지 않았다.

알제, 카빌리 어디나 프랑스군의 침공에 전면적인 파괴를 경험했다. 침공군의 파괴로 집과 과수원, 시설이 무너졌을 뿐 아니라 삶의 기풍이 부서지고 사회는 가라앉았다. 식민지인은 인간으로 대우받지 못했다. 때로는 포장도로 옆으로 다녀야 했고 유럽인과 마주치면 기다려야 하는 '낮은 자들'이었다. 아침저녁으로 알제의 유럽인 상류층 구역에서는 가사노동을 하러 가는 알제리 여성이 한 줄로 선 듯 조심스럽게 걸어갔다. 파괴는 안팎에서 중층적이었다. 알제는 프랑스군이 침공한 1830년경 2만 5,000명의 아랍인, 5,000명의 유대인이 사는 단아한 도시였다. 하지만 몇 년 후 열기를 차단하던 석재 건축물은 부

---

50. 조르주 르페브르, 『1789년의 대공포』, 최갑수 옮김, 서울: 까치, 2002, 298-299쪽.

서지고 해안을 바라보던 알제 언덕의 아랍인 토지들은 점령군에 몰수되어 소유권이 이전되었다. 주요 행정기관 책임자가 프랑스군이나 유럽인으로 바뀌었고 알제 주민은 기회를 봐서 이집트나 시리아로 이주했다. 알제 시내의 오래된 무스타파 병원도 프랑스 군의관이 운영을 맡아 조직과 의료체계를 근대화했다. 더불어 알제리 전역에서 아랍인 중산층이 점차 붕괴해갔다. 남쪽 비스크라 침공은 알제리 정복이 막바지에 이른 1844년에 일어났는데, 1851년 한 해에만 300곳의 마을이 파괴되었다.[51] 그러는 사이, 중부 요지인 메데아, 셸리프, 동부 콘스탄틴에도 정도의 차이만 있을 뿐 사회적 부식이 어김없이 찾아왔다. 군대의 아랍사무국에 의한 통치가 끝났다 해서 변화가 생긴 것도 아니었다. 1870년 제3공화정 출범을 맞은 프랑스는 본국 내무부 직속 행정구역으로 알제리를 편입시켰다. 카빌리 전통의 사법권을 폐지하여 프랑스 재판정을 세웠고 1889년에는 이를 알제리 전역에 적용하였다. 1898년 8월의 법은 콜롱 주도의 재정대표단이 재정을 도맡도록 했다. 재정대표단이 준의회처럼 운영되면서 무슬림 사회의 법은 불능에 빠졌다. 1914년부터 무슬림의 범죄와 형법을 다룰 수 있는 억압적 사법권이 법제화되었다.[52] 카빌리든 콘스탄틴이든 마을운영의 기본구조가 이미 훼손된 상태였다. 주민들이 모여서 평등하게 대화하고 원로들이 동참하여 주요 안건을 절차대로 결정하는 전통 회의인 '제마아Jemaâ'는 1870년대에 일찌감치 불법으로 규정되었다.[53]

---

51. Peter von Sivers, "Insurrection and Accommodation: Indigenous Leadership in Eastern Algeria, 1840-1900," 259-275쪽; Abane Bélaïd, *L'Algérie en guerre: Abane Ramdane et les fusils de la rébellion*, Paris: L'Harmattan, 2008, 72쪽.

52. C. Collot, *Les institutions de l'Algérie*, 10-16쪽.

53. 1870년 당시에 프랑스 의회가 조사했던 카빌리 봉기에 대한 다음의 보고서 참조. Xavier Yacono, "Kabylie: L'insurrection de 1871," *l'Encyclopédie berbère*, vol.26, Aix-en-Provence: Edisud, 2004.

그럼에도 식민지인은 시간을 이겨냈다. 식자층은 서로 교유하고 식민주의를 막을 최후의 보루인 가정과 가족을 애지중지하고 마을과 장터를 공동체의 터전으로 삼았다. 이들은 역사를 돌아보며 이슬람과 아랍어를 가르쳤다. 긴 구름다리의 암벽도시 콘스탄틴은 로마 시절부터 군사요새인 기백을 살렸다. 루문트 강 넘어 협곡을 가로지르는 콘스탄틴은 지중해성 해양지대와 반半고원지대, 아틀라스산맥이 교차하는 삼각지로 산을 타고 남하하면 거대한 오레스 산지가 사막을 가로막고 동부를 수호한다.

배후지에서는 곡물, 올리브오일, 필수 식량 견과류 다트, 가축을 몰고 온 사막교역 상인, 베르베르 농경민, 행상인이 만나 튀니지나 지중해 항구로 갔다.[54] 유럽인 정착민이 가장 적기도 했지만 콘스탄틴이 이슬람 운동의 중심이 된 데는 교역지로서 금속 세공인의 경제력이 큰 몫을 차지했다. 금속 가공품과 카펫, 도자기 같은 상품과 농산물을 직접 맞바꾸는 현금가치 높은 물물거래의 무대인 시장은 또 튀니지, 모로코 항구를 통해 사막의 소문과 소식이 오가는 창구이기도 했다. 인구밀도가 유난히 높은 카빌리 지역 장터는 특히 치밀한 사회조직망을 형성하고 있었다.[55] 이곳은 언제든 아무 데로나 갈 수 있고 물물과 사람, 소식이 모였으며 식민체제하에서도 절대 사라지지 않는 감각과 의견의 공유지였다.

식민지 도시는 온갖 요소가 뒤섞인 혼성의 공간, 이른바 헤테로토피아heterotopia였다. 에스파냐 출신이 대거 정착한 서부 오랑과 시디 벨압베스에서는 중세 이슬람의 음악과 건축 위에 서구문물이 도입되

---

54. J. A. Clancy-Smith, *Rebel and Saint*, 41쪽.
55. "우리 시장은 다행히도 멀지 않다. 갈 때 6킬로미터, 돌아올 때 6킬로미터…… 시장 가면 자기들 조가비에서 나와 세상 속으로 깊이 들어가는 것 같다." M. Feraoun, *Jours de Kabylie*, 67-86쪽.

었다. 특히 유럽화되어 이슬람과 서유럽의 복합 문명전시장 같던 알제는 식민지가 아니면 경험하지 못할 도시사회학을 선보였다. 대다수의 근대 도시가 그러하듯 식민지 도시는 외형부터 이질적인 요소가 뒤섞여 생기 있는 혼란을 발산했다. 북아프리카 알제리의 주거 형태는 대륙 남단 남아프리카공화국과 판이했다. 남아공은 아파르트헤이트 정책으로 백인 주거지에는 흑인의 주거를 법적으로 허용하지 않았다. 그러나 알제리에는 그런 법규가 없었다. 식민지임에도 밀집된 도시 안에 유럽인과 무슬림이 흔히 섞여 살았다. 이런 유럽인 구역은 이웃나라 모로코와도 달랐다. 모로코의 페스, 마라케시는 도시에 아랍인 구역인 메디나가 분리되어 쌍둥이처럼 도시 양쪽이 갈라져 있었다. 물론 알제리도 거주지는 한 공간이어도 두 개의 도시, 두 개의 문화, 두 개의 축구클럽이 형성되어 있었다. 알제, 오랑, 콘스탄틴, 카빌리 인근의 농촌 소도시가 모두 그런 느낌을 주었다. 토착민의 마을에는 겔마의 콰르마테, 세티프의 수크 같은 전통 가축시장과 도살장, 무어식 목욕탕, 카페, 감옥, 토착민 학교, 쿠란학교가 있었다. 유럽인의 구역에는 도청, 부도청Sous Préfecture, 시청, 우체국, 재판소, 중앙경찰서commissariat, 헌병대, 은행이 있었고 프랑스인 학교와 리세(고등학교), 책방, 극장, 영화관, 음악당, 광장, 공중 무도회장이 있었다.

그중에서도 알제는 매우 문화적이었다. 이 도시는 튀니스, 알렉산드리아, 베이루트로 뻗어가는 지중해 이슬람의 거점이었고, 파리의 공연물이 곧바로 상연될 만큼 앞선 문화적 혜택을 누렸다. 1955년에서 1956년에, FLN의 아반 람단이 알제에 지하거처를 마련하고 전쟁의 대의와 목표를 세우고 참모들과 회합을 가질 수 있었던 것은 이 도시가 지닌 그 개방성 덕분이었다.[56] 전쟁기에 알제는 FLN의 정치적

56. D. Karp, G. Stone and Wm Yoels, *Being Urban: A Sociology of City Life*,

인 중핵을 이루는 자치지구Zone Autonomie였으며 알제가 독립적인 지구로 선택된 것은 그 정치 역량 때문이었다. 알제는 군사적으로도 중요한 제4윌라야의 중심지였다.[57] 또 알제 주변의 미티자 평원과 알제 사헬 지역, 셸리프 계곡은 대규모 식민화 사업으로 풍요를 누리던 지대였다.[58] 알제에서는 사통팔달 어디로든 갈 수 있었다. 알제 지구를 책임진 라바 비타트 휘하의 우암란 같은 뛰어난 군인들은 알제에서 블리다로, 또 중간지인 부파리크로 오가며 전쟁을 치렀다.

모로코와 국경을 맞대고 이베리아 반도와도 지척인 알제리 서부는 유럽인 중심의 도시, 이슬람 문화의 본거지 모두가 건재했다. 지형상 유럽인이 지배적인 오랑에는 무슬림은 못 들어가는 출입금지 구역도 있었지만 오랑보다 더 서쪽 틀렘센은 중세 알모라비데 왕국의 이슬람적 분위기가 넘쳤고 1930년 이후 알제리민중당의 요새처럼 인식되었다. 카리스마 넘치는 민중당 지도자 메살리 하즈의 고향이 이곳 틀렘센이었다. 이 고풍스러운 유적지는 온갖 장인과 상인이 집결하는 상업도시로 여느 도시들처럼 스포츠클럽과 문화동호회가 활성화되어 있었다.[59] 알제리 도시와 마을에 유럽적 요소가 배어들었다는 사실은 지배자가 식민지를 주도한다는 식민지 근대화론에 대한 굴복도 아니고, 알제리인의 신조와 기백은 빛이 바랬다는 자기부정도 아니

Westport, CT: Praeger, 1991, 107쪽.

57. 제4윌라야는 서쪽 오를레앙스빌(독립 후 '엘아스남'), 동쪽 폴카젤(아인우세라)을 거쳐 해안으로 둥그렇게 퍼지고 또 남서쪽으로 내려가며 총 6개의 구역을 포함했다.

58. M. Teguia, *L'Armée de Libération Nationale en Wilaya IV*, 15쪽. 이 지역은 자원은 빈약하나 난공불락의 피신처인 산악들이 대조를 이루고 그 사이에 중개지 같은 스텝 지대가 있다.

59. Ch.-R. Ageron, "Les migrations des musulmans algériens et l'exode de Tlemcen 1830-1911," *Annales: Économies, Sociétés, Civilisations*, vol.22, no.5, 1967, 1047-1066쪽; T. Chenntouf, "Structures sociales et choix matrimoniaux de l'aristocratie locale dans la région de Tlemcen au milieu du XIXe siècle," *Cahiers de la Méditerranée*, vol.6, no.1, 1982, 51-70쪽.

다. 식민지에는 식민지이기 때문에 깨닫게 되는 개방성이 있었다. 전쟁이 임박한 즈음 오레스의 십대 소녀 파티마 압바스도 고향에만 눈먼 이가 아니었다. 오랑, 본, 알제에서 돌아가는 정세나 세티프, 케라타 등지에서 일어난 혁명적인 사건에 대한 감각까지 지녔다.[60]

전쟁중 알제리는 여섯 관할로 나뉜다. 동부 산악 오레스-네멘차가 제1윌라야, 콘스탄티노이스가 제2윌라야, 카빌리가 제3윌라야, 알제가 제4윌라야, 오랑이 제5윌라야, 남쪽 사하라가 제6윌리야다. 물론 알제리인의 활동공간은 지중해 건너 프랑스에도 있었다.

3. 파리의 이민노동자[61]

20세기 알제리는 젊고 건장하고 똑똑한 사내들을 외부로 계속 내보냈으며, 그들이 간 곳은 멀지 않은 프랑스였다. 1954년 전쟁 발발 이전 35만 명이던 이민노동자는 전쟁 동안 더욱 늘어 1960년 50만 명을 넘는다. 전쟁이 인구를 더 밀어내기도 했지만 1950년대 프랑스는 전후 복구사업으로 생산력이 증대된 경제 호황기였다. 알제리 이민자는 대개 카빌리 인근의 농촌 출신들이었고 그들은 누구든 고향에 있을 때와 달리 많든 적든 현금 소득이 있었다. 자금이 절실했던 FLN으로서는 이 엄청난 수의 동향인들이 전쟁을 지속할 수 있는 큰

---

60. "아무것도 모르는 이들도 이런 말을 했다. '사람을 억누르는 나라는 나라가 아니야. 사라져버릴 거야.' 나는 책을 읽었다. 메살리 하즈 이야기도 들었다. 비스크라에서는 수피 지도자도 보았다." "Une adolescence aurasienne. entretien avec Fatima Abbas," *Aurès/Algérie 1956*, 52-69쪽.

61. T. Belloula, *Les Algériens en France*, Alger: Éditions nationales algériennes, 1965; H. Elsenhans, "L'Organisation spéciale de la Fédération de France du FLN: Histoire de la lutte armée du FLN en France (1956-1962)," *The Journal of North African Studies*, vol.18, no.3, 2013, 515-519쪽.

광맥과 같았다.[62] FLN은 알제리 이민자의 돈을 거두기 위해 기부증서가 있어야만 새로운 거주지로 이주를 허락하는 방법을 썼다.[63] 반면 프랑스 경찰은 이러한 이민자와 FLN의 유착관계를 끊을 수 있는 방책을 고안하려고 안간힘을 썼다. 알제리 민족주의 세력을 파고들거나 이들 간 분열을 조장하거나, 직접 프랑스 경찰의 첩자로 포섭하여 고문을 맡기는 수법을 사용하였다.[64]

이민노동자가 된 알제리인들이 프랑스 경찰 앞에서도 FLN의 요구를 수락하고 전쟁 지지에 나선 것은 간단히 볼 문제가 아니다. 파리를 위시하여 프랑스 각지로 들어온 알제리인은 30년 가까운 이민사를 통해 이미 특유의 정치적 경험을 축적하고 있었다. 거기서 내부 동력이 발원했다. 식민지가 된 나라의 사람들이 주로 망명 상태에 처하는 것과 달리 알제리인들의 경우는 주로 파리에 뿌리를 내렸다. 알제리 민족운동의 바탕이 된 ENA(북아프리카의별) 역시 파리에서 탄생했다. 수도 적고 서유럽 문화가 낯설기만 한 알제리 이민노동자들이 주역이었다. 그러나 과거 프랑스의 법과 통치체제가 도입되는 1870년대와 1880년대에는 일자리를 찾아 알제리를 떠나는 토착민은 별로 없었다. 1874년에 시작된 무슬림 통행증 제도하에서는 임의로 떠날 수 없었을 뿐만 아니라, 피치 못할 사정으로 국외로 도망쳐야 하는 정치적 망명과 피신의 경우에도 그들이 찾아간 곳은 프랑스 파리가 아닌,

---

62. 자금 조달, 관리의 난점은 E. Colin-Jeanvoine, *Le financement du FLN pendant a guerre d'Algérie, 1954-1962*, Paris: Bouchène, 2008.

63. L. Amiri, *La bataille de France: La guerre d'Algerie en France*, Alger: Chihab, 2005, 94-95쪽.

64. 같은 알제리인 간 분열과 적대, 혐오, 환멸은 독립운동가의 고발, 구타, 체포로 더 악화되었다. 드골 정권의 신임 국무총리 미셸 드브레는 알제리에 있는 샬 장군 작전에 맞춰 경찰력을 강화하고 그해 2월부터 알제리 무슬림 병력을 대거 활용했다. FLN 대응책으로 파리에서도 무슬림의 차출이 증대했고 낭테르 빈민가에는 경찰지소支所가 별도로 설치되었다. 같은 책, 123-170쪽.

시리아 같은 동방의 이슬람 국가였다.[65]

하지만 20세기 알제리인의 이민은 줄곧 프랑스만 바라봤다.[66] 이민의 본격적 계기는 제1차 세계대전이었고 종전 후 이 추세는 더 확고해졌다. 제1차 세계대전에 징집된 알제리인은 17만 3,000명, 그중 2만 5,000명이 전사했다. 1912년 4,000에서 5,000명이던 이민자가 1914년 1만 3,000명으로 늘었는데, 이때부터 위험한 '하층프롤레타리아'의 이미지가 생겼다. 전장에서 살아남은 청년들의 초청을 받거나 토지를 박탈당해 프랑스로 온 이민자들은 대식구 덕분에 풀이 죽지 않았다. 1920년대 초, 10만 명을 넘긴 이민자의 일터는 공장만이 아니었다. 하즈 알리 압델카데르처럼 파리에서 상점을 차려 성공한 사례도 있지만 대개 변두리 술집을 운영했다.[67] 1919년에서 1931년 사이에, 파리와 마르세유, 북부와 동부의 산업현장에서 이민자 비율은 다섯 배 이상 급증했고 이에 비례해서 이민자 의식도 두터워졌다. 공장, 상업지보다 먼저 이민의 원초적 경험이 학습되는 곳은 군대였다. 1916년 전쟁을 책임진 클레망소의 발의로 북아프리카인에 대한 징집령이 내려져 1917년과 1918년 많은 북아프리카 병사가 참전했다. 이들은 일선 군대와 함께 군수품 생산, 탄약제조, 군 경리과, 공병 업무에 채용되고 항공, 수송, 광산, 군사지구 조선창에 들어갔다.

---

65. 이집트를 행선지로 했다가 시리아에 정착하는 경우가 많았다. 알제리 민족운동 선구자 압델카데르의 망명지가 시리아 다마스였다. 1883년 사망할 때까지 그곳을 기점으로 메카와 중동을 돌았기에 이후 알제리인의 주된 거점이 되었다. 그의 시리아 체류는 B. Bessaïh, *De l'emir Abdelkader à l'Imam Chamyl*, Alger: ENAG, 2008, 286-301쪽.

66. 초기 이민자에 대한 학술대회는 P.-J. Thumerelle, "À propos de l'immigration algérienne en France," *Espace, populations, société*, no.2, 1983, 117-132쪽.

67. 하즈 알리는 메살리 하즈와 더불어 일찍부터 민족운동을 도모했으나 곧 잊혔다. Abdellah Righi, *Hadj Ali Abdelkader: Pionnier du mouvement révolutionnaire algérien*, Alger: Casbah, 2006.

북아프리카 병사와 노동자로 47만 7,856명이 동원되었는데, 알제리인 30만 명 중 병사가 17만 3,000명, 노동자가 11만 8,000명이었다.[68] 제1차 세계대전으로 프랑스는 민간인 30만 명을 포함해 총 169만 명의 사망자를 기록했기 때문에 전후 복구를 위한 노동력이 필수적이었고 이 상황에서 북아프리카인의 노동은 자본이 유리하게 처리할 수 있는 대상이었다. 이민노동자는 임금을 적게 주면서도 경기변동에 따라 고용주가 임의로 고용과 해고를 할 수 있었다.

그러나 이 흐름도 1938년에서 1941년 사이에 퇴조하다가 제2차 세계대전중인 1943년에서 1945년에는 멈추고 만다.[69]

빈곤으로 고향을 등진 이민자는 식민지 농촌에서는 몰랐던 새 사회를 습득해갔다.[70] 군대와 공장은 사람 간 차별과 평등을 가르치는 중층구조였다. 지역과 출신 부족이 다르고 생활방식이 제각각인 알제리인이 처음 섞이고 연대감을 갖게 된 곳은 바로 군대였다. 20세기 초 프랑스군은 현대 군대처럼 기상나팔, 정시 식사, 샤워, 예방 백신, 징벌, 일제 소등으로 꽉 짜인 일과였다. 식민지인은 고립감과 불평등 속에서 자기성찰에 이르고 사회적 훈련을 받아들였다.[71] 군대는 사회 소식을 듣는 기회의 장이기도 했다. 하즈 알리는 프랑스사회당 정치군사학교에서 호찌민을 만나 정치적 동맹의지를 교감했다.[72] 아무튼 노동은 발견이었다. 하지만 대공황 여파로 실업에 몰린 1930년대 알

68. 이 사실 때문에 참전군인과 민족운동이 연결된다. J. Simon, *L'Étoile Nord-Africain 1926-1937*, Paris: L'Harmattan, 2003, 43쪽.
69. 같은 책, 46쪽. 비시 정부하에서 식민지와 이민자 정책은 크게 달라졌다.
70. 군에서도 민족운동이 선전되었다. B. Recham, *Les musulmans algériens dans l'armée française 1919-1945*, Paris: L'Harmattan, 1996, 105-138쪽.
71. J. Simon, *L'Étoile Nord-Africain 1926-1937*, 41쪽.
72. Ch.-R. Ageron, "La naissance de l'Étoile Nord-Africaine," *L'Étoile Nord-Africaine et le Mouvement national algérien*, 71-85쪽.

제리 이민자에게 주어진 것은 밑바닥 노동뿐이었다.[73] 그렇기에 프랑스 공장에 투입된 알제리인이 전문화되고 유동적인 사회계층을 형성할 만큼 양질의 노동자가 되었는가에 대해 알제리 학자는 부정적이다.[74] 하지만 식민지 이민자는 여러 나라, 여러 계층을 만났다.[75] 노르도 탄전지대에는 이탈리아인, 독일인, 폴란드인이 많았다.[76] 동부 모젤, 로렌과 론, 중부 부슈뒤론에도 북아프리카인 외에 벨기에, 네덜란드, 이탈리아, 독일 남부 라인 지역, 카탈로니아, 플라망드, 바스크에서 온 사람, 스위스 사람이 섞여 있었다. 그들은 우수한 인력인 반면 알제리인, 더 넓게 식민지 출신은 그렇지 않았다.[77] 그러나 고용과 실업이 얼마나 다른가 하는 감각, 탄전갱도와 화학공장에서 순간순간 스치는 카빌리 농촌 풍경, 외지의 노동으로 고향 콜로에 땅을 확보하려는 애착심은 궂은 노동이 아니면 얻을 수 없는 소득이었다. 노동은 마음의 제련소였다. 1926년 3,600명이 모여 결성한 북아프리카의별, 인민전선 전후에 활력을 얻는 1930년대의 알제리민중당PPA, 1950년

---

73. 이때부터 20세기 후반까지 알제리의 이민, 넓게는 북아프리카의 이민은 증가와 퇴조 곡선을 그렸다. 필요와 상황에 따라 알제리인의 출국과 재입국이 되풀이되었다. 제1차 세계대전 직후 프랑스 정부는 25만 명의 식민지 병사와 노동자들을 귀국 조치했다가 다시 전후 복구에 이들을 불러들였으며 1927년 금융 침체에 따라 축소시키고 다시 인민전선기에는 1928년 법령을 폐지하여 자유 왕래가 많아졌다. 한편 알제리전쟁 전후를 통틀어 이민자 상황을 설명한 글은 박단, 「2차 세계대전 이후 알제리인의 프랑스로의 이주와 정착」, 『한국프랑스학논집』, 제53집, 2006, 389-406쪽.

74. K. Bouguessa, *Aux sources du nationalisme algérien: Les pionniers du populisme révolutionnaire en marche*, Alger: Casbah, 2006, 74-81쪽.

75. 프랑스 공업지대는 주로 북부에 밀집해 있었다. 보불전쟁으로 독일에 넘어갔다가 제1차 세계대전으로 프랑스 땅으로 돌아오게 된 알자스로렌이 공업지대였다. 남부 리옹 근처 생테티엔, 그보다 남쪽인 카르모도 주요한 광산이었다.

76. D. Assouline et M. Lalloui, *Un siècle d'immigration en France 1919-1945: De l'usine au maquis*, Paris: Au nom de la mémoire, 1996, 9쪽.

77. D. Benamrane, *L'Émigration algérienne en France: Passé, présent et devenir*, Alger: SNED, 1983, 37쪽.

대의 민족해방전선FLN이 펼친 반식민지 투쟁에는 이민노동자의 집단심성이 배어 있었다.

이는 식민 본국이 의도하지 않았던 의외의 결실이었다. 이민자가 건너간 다리에는 이들을 돌보고 보호하고 포섭하려는 기제가 마련되어 있었다. 마르세유에 내려 뿔뿔이 흩어진 이민노동자가 찾아가는 공업도시에는 당과 노조가 있었다. 파리 주변 센에우아즈 같은 공업지대에서 그들의 존재감은 매우 두드러졌다. 1920년 12월 투르 대회에서 통합사회당SFIO과 결별하고 창당된 프랑스공산당과 이민노동자의 관계는 끈끈했다. 공산당은 제국주의 타도를 선언한 제3인터내셔널의 요구에 부응하면서 기존 프랑스사회당과도 다르다는 것을 보여주려, 식민지 출신의 이민노동자들에게 관심을 쏟았다. 자국 노동자의 이익을 지키면서 지역 이민노동자들을 포용하는 식민지간동맹UIC이란 단체도 있었다. 알제리의 하즈 알리와 인도차이나의 호찌민이 서로 알게 된 것도 이 단체를 통해서였다.[78] 프랑스의 얼굴은 하나가 아니었다. 파리에 도착한 이민자는 이 나라의 정당, 온갖 정보를 쏟아내는 언론의 자유, 폴란드인, 러시아인만이 아니라 시리아인, 아시아인 이민자의 정치적 발언, 무엇보다 프랑스인의 정부 비판에 놀랐다.[79] 알제리인이 눈뜬 파리는 알제와 달랐다.

알제에 비하면 파리는 자유의 땅이었다. 피부색으로 사람을 깔보는 태도에 부딪치지 않았다. 우리는 문제없이 여기저기 다닐 수 있고 겸

---

78. A. Righi, *Hadj Ali Abdelkader*, 11쪽.
79. 독일과 이탈리아, 러시아와 에스파냐, 그리고 중동과 아프리카의 망명자나 이민자 후손이 파리에서 사상적 활동을 펼치는 것은 적어도 19세기 초부터 20세기 후반까지 연속되었다. Génériques (Organization), *Presse et mémoire: France des étrangers, France des libertés*.

문당할 것이란 강박에 시달리지 않았다. 날이 갈수록 우리는 학교에서 책으로도 못 본 프랑스를 알게 되었다.[80]

1930년대 파리는 알제리 정복 100주년을 호사스럽게 기념하고 한 편으론 반식민주의 맥박이 약동하는 제국주의 문화의 절정에 있었다.[81] 흑인 대학생, 작가, 가수, 체류자들이 카리브해, 서아프리카, 북아프리카에서 약속이나 한 듯 파리로 모였다. 미국 흑인 연예인이 파리로 무대를 옮겨왔고 식민지 청년들이 학업을 위해 본국 수도로 몰렸다. 유대인, 아르메니아인, 1917년 러시아혁명 때 고국을 등진 러시아인의 주요 망명지가 파리였다. 이들은 끊임없이 소규모 신문잡지를 발행했다.

파리 18구 구트도르, 13구 가르 지구, 또 시내 라탱 지구의 좁다란 거리들, 남쪽 14구와 북쪽 변두리 오베르빌리에, 겐느빌리에, 낭테르, 클리쉬에서 호텔 식당업을 하는 알제리인들은 이 국제적인 문화에 가까이 갈 수 없었지만 당이나 노조와 담을 쌓고 지내기는 어려웠다. 마다가스카르, 카리브해 앤틸리스 제도, 인도차이나도 그렇지만, 알제리인은 프랑스공산당과 미묘한 관계에 들어섰다. 공산당 계열의 통합총연맹CGTU과 노동자들은 공장에서 한데 모여 일하고 동네 선술집에서 담소를 나누곤 했다. 그 덕분에 이들은 1925년 에스파냐와 프랑스의 제국주의 연합군에 항거한 모로코 리프인의 항쟁, 파시즘에

---

80. 프랑스의 식민지 교육은 제국의 공화주의에 대한 선전이면서, 일면 인본주의의 기초였다. A. A. Heggoy, "Education in French Algeria: An Essay on Cultural Conflict," *Comparative Education Review*, vol.17, no.2, 1973, 180–197쪽; F. Colonna, "Verdict scolaire et position de classe dans l'Algérie coloniale," *Revue française de sociologie*, vol.14, no.2, avril–Juin 1973, 180–201쪽.

81. J. A. Langley, "Pan-Africanism in Paris 1924–36," *The Journal of Modern African Studies*, vol.7, no.1, 1969, 69–94쪽.

대항해 프랑스에 세워진 인민전선, 좌우파가 격돌한 에스파냐 내전을 잘 알고 있었다. 카빌리와 농촌 이민노동자는 노조 지부에서 원조까지 받았지만 이상하게 공산주의에는 기울지 않았다. 이슬람 정신이 애초에 계급 이념과 합치하지 않아서인지, 자본주의에 통합되는 과정이 이들을 농토로부터 떼어놓았을 뿐 아니라 외세라면 무엇이든 경계하게 해서인지, 아니면 식민지배에 반대하면서도 식민지인에게 가부장적인 공산당 지도부에 내심 분노해서인지, 그것도 아니면 다른 원인이 있어서인지 그 정확한 이유를 캐긴 어렵다. 아무튼 노조의 지원과 훈련으로 독립전쟁의 요원이 양성된 것과 알제리인이 공산주의를 달가워하지 않는 것은 별개의 문제였다.[82]

1954년 이후 공산당 정책이 알제리의 독자성을 승인하는 쪽으로 갔음에도 알제리 노동자 다수는 그 이념을 낯설어했다.[83] 북아프리카 이민자에게는 카빌리, 마스카라, 미실라의 소식이 소중했고 고향 사람이라는 감정과 애착, 희망이 한데 모인 것이 민족주의였다. 그러한 진한 정서는 이민으로도 허물어지지 않고 오히려 단단해졌다. 프랑스식 생활이 어렵지 않았음에도 카빌리인들은 출신 마을과 지역에 따라 모여 살았다. 언어, 의상, 음식, 의례를 서로 지켰고 이미 그렇게 살아온 이탈리아, 폴란드 이민자와도 금세 친해졌다.[84] 이민노동자의 정

---

82. M. Harbi, "Entre mémoire et histoire: un témoignage sur la politisation de l'immigration maghrébine en France," A. Kadri et G. Prévost (dir.), *Mémoires algériennes*, Collectif, Paris: Syllepse, 2004, 84쪽.

83. J. Jurquet, "Stratégie et tactiques communistes vis-à-vis du mouvement nationaliste algérien (1920-1962)," *L'Étoile Nord-africain et le mouvement national algérien*, 41쪽.

84. 그에 따라 "이슬람을 지우고 기독교를 회복한 일부일처제에, 푸른 눈과 금발의 유럽인 형제가 카빌리인이다"라는 신화도 흐려졌다. D. Benamrane, *L'Emigration algérienne en France: Passé, présent et devenir*, 36쪽.

치 사회화는 특정 이념을 따르지 않더라도 얼마든 가능했다.[85] 정치 공간은 늘 열려 있었다. 북아프리카의별의 거점인 이곳 파리는 이슬람 본산 울라마 인사들의 회합장소였고, 페르하트의 정치무대였으며, 무슬림상인협회의 설립지였다. 하지만 제2차 세계대전 후 프랑스에 당도한 알제리 청년들은 기존의 정치 경험과 친분관계에 묶일 이유가 하등 없었기 때문에 마르세유, 파리, 릴에서 프랑스식으로 프랑스적 가치를 수긍하고 살았다. 그렇다고 그들의 민족해방 열망이 약했으리라 판단할 순 없다.[86] 알제리 민중의 정치화는 단순하지 않았다.

4. 민중당과 울라마

제2차 세계대전 후부터 FLN 전쟁선포까지 대략 십 년간 알제리민족운동 세력은 몇 갈래로 나뉜 채로 프랑스 식민 본국에 대항한다. 그중 경찰 사찰대상 1순위가 민중당이었다. 콘스탄틴 동쪽 튀니지 접경지대 테베사의 경찰 당국은 알제리민중당이 1순위, 알제리공산당이 2순위, 나머지 알제리인 정당들은 마지막 순위에 올려놓고 있었다.[87] 민중당은 수적으로 우세하지 않았다. 테베사 경찰은 당선인연합 아흐메드 벤젤룰 휘하의 대원을 36만 명, 온건파 페르하트 압바스의 대원을 30만 명, 브라히미 울라마 세력을 30만 명으로 추산한 반면, 메살리 하즈의 지도를 받는 민중당은 가장 적은 4만 명으로 추산했

85. O. Carlier, *Socialisation politique et acculturation à la modernité: Le Cas du nationalisme algérien*, Paris: IEP, 1994. 북아프리카의별에서 FLN까지 알제리 민족주의를 연구한 시앙스포(파리정치학교) 박사학위 논문.
86. R. Gallissot, "Les caractères originaux de l'histoire de l'immigration algérienne," *Mémoires algériennes*, 86-87쪽.
87. 9336/4F1. Partis et mouvements politiques, 1950-1960.

다.[88] 사실 그 무렵 갖가지 탄압과 해산령이 계속되어 민중당은 기세가 한풀 꺾인 상태였다. 그러나 수적으로 적은데도 이들을 사찰 1순위로 분류한 경찰의 판단은 정확했다고 할 수 있다. 민중당은 의외로 민중(또는 농민) 사이로 깊숙이 침투해 흔적이 잘 잡히지 않았기 때문이다.

민중당은 서구의 근대 정당 스펙트럼에 잘 들어맞지 않는 정당이다.[89] 서구의 보수당, 자유당, 급진당, 사민당, 사회당, 노동당처럼 이념과 계급의 원칙에 따라 수립된 당이 아니었다. 그렇다고 인도의 인도국민대회INC나 남아프리카의 아프리카국민대회ANC와 같이 'National(민족의/국민의)'을 당명에 넣지도 않았다.[90] 알제리는 프랑스의 일부였기에 민족당은 법적으로도 옳지 않았다. 굳이 그런 명칭을 붙이는 것은 20세기 프랑스의 우익 민족주의라면 몰라도 인종과 종교가 다른 식민지에서 (프랑스) 민족은 논리모순이었다.[91] 따라서 민중당이 '민족/국민'이라는 보편성에 홀리지 않고 '알제리'라는 고유명에 기대어 '알제리의' 민중당으로 당명을 정한 것은 매우 정치적인 창안이었다. 인민전선기인 1937년 1월에 북아프리카의별이 해산당하자 이들은 '북아프리카'라는 막연한 지명 대신에 '알제리'로 명확히 선을 긋고 '별'이란 상징 대신에 '민중'이라는 실체를 도입해 작명한 것이다. 민중당은 1939년 9월 해산령을 받고 프랑스공산당, 알제

---

88. M. Kaddache, *Histoire du nationalisme algérien, t.2*, 572-573쪽.
89. 보수당에서 사회주의 정당까지 서유럽 정당은 대부분 19세기 후반 정착된다. 영국의 보수당과 자유당, 노동당, 독일의 국민당, 사민당, 가톨릭중앙당, 프랑스의 공화파, 우익 정파, 사회당을 생각할 수 있다. 이에 비견하는 알제리민중당의 특수한 역사는 J. Simon, *Le PPA, parti du peuple algérien*, Paris: L'Harmattan, 2005.
90. 1947년 8월 15일 인도의 독립을 이끈 INC는 1885년 창건된 단체이고, ANC는 1912년 창설된 남아프리카토착민민족대회SANNC가 1923년에 조직을 재편해 선포한 이름이다.
91. 1950년대까지 프랑스 우익 중 당명에 '민족'을 넣은 정파나 정당은 없었다.

리공산당과 함께 국가적인 위험으로 간주되어 활동을 길게 지속하지는 못했다. 그러나 운동가들의 분투에 힘입어 2,500명의 당원이 남아 있었고, 파리에 21곳, 프랑스 지방에 12곳, 알제-콘스탄틴-오랑 등 알제리 세 개 도에 총 19곳의 지부를 둔 것으로 조사되었다.[92] 신원이 밝혀진 당원들militants 가운데 55퍼센트는 프랑스 이민자였고, 45퍼센트는 알제리 현지인으로 알려져 있다. 프랑스 이민자 중에서는 파리가 39퍼센트, 지방이 16퍼센트로 수도 거주 비중이 높았다.

제2차 세계대전 발발과 함께 해산된 민중당은 1946년 말 재기한다. 이번에는 제2차 세계대전의 선물인 신선한 말 '민주주의'를 넣어 자유와민주승리운동MTLD을 민중당PPA 곁에 놓았다. PPA-MTLD에서도 민중이 곧 민족이라는 당 본연의 성격은 달라지지 않았다. 민중당은 합법정당이었기에 선거에 참여했다. 1938년 시의원 선거 때 민중당이 지원을 한 바 있는 아흐메드 부멘젤과 모하메드 압바스가 알제리인 자격으로 출마하여 당선되었다. 카빌리 티지우주의 교사 출신으로 법학을 전공한 부멘젤은 예전의 지역유지 출신 시의원과 다른 면모였고 정치적 의지도 혁신적이었다. 그는 카스바의 가난한 사람들이 '대가문'에 등을 돌렸다는 말이 나돌게 할 만큼 선풍을 일으켰다. 민중당은 1945년 5월의 세티프 사건 이후 다른 알제리 정당들과 마찬가지로 선거불참을 공언했었다. 그러나 이내 전략을 수정해 1946년 11월 10일 총선에서 세 명의 의원을 프랑스 하원에 진출시킨다. 콘스탄틴 도의 라민 드바긴, 역시 콘스탄틴 도의 메사우드 부카둠, 알제 시의 아흐메드 메즈겐나가 그들이었다. 이들은 1947년 알제리인

---

92. CAOM 9H35, Police report (25 July 1938). Rabah Aissaoui, "Exile and the Politics of Return and Liberation: Algerian Colonial Workers and Anti-Colonialism in France during the Interwar Period," *French History*, vol.25, no.2, 2011, 225쪽 각주50 재인용. 프랑스 지부들은 북부 공업지대 뫼리트에모젤, 아르덴, 부슈뒤론, 퓌드돔과 루아르에 있었다.

지위법에 대한 토론에서 무슬림의 전인적인 대우를 프랑스 의회에 요구한 주역들이었다.[93] 선출의원의 노력도 노력이지만 이 민중당 소속의 의원들은 과거 북아프리카의별 때와는 차원이 다른 정치적인 인정을 받는 모습이었는데, 그렇다고 변절의 지탄을 받지도 않았다. 식민지 청년들이 민중당을 '우리의 당'으로 껴안고 있었기 때문이다. 과거 파리에서 활동한 북아프리카의별과 그 점에서 확연히 달랐다.

알제리민중당은 일반적인 정당정치를 한 것이 아니었다. 19세기 후반에 수립된 유럽의 혁신정당이 의회주의로 세력화했던 것과 달리 알제리민중당은 선거와 지하투쟁을 서슴없이 병행하였다. 프랑스 의회에서 다수 정당이 된다는 것은 꿈도 못 꾸는 상황이었기에 애당초 무슬림 당원들이 선거에만 집중한다는 것은 자기붕괴에 가까웠다. 1947년 2월 15일, 55명의 대의원이 모인 MTLD 제1차 대회에서는 민중당의 지하조직을 유지하기로 결정하였다. 선거와 의원은 고유 세력이 아니라 정치 전략으로 규정되었다. 1947년 개혁법으로 알제리 의회는 유럽인 알제리인 동수(60명 대 60명)로 정해졌다. 무슬림이 아홉 배가 많을지라도 그런 비율은 전혀 무의미하다는 선포와 같았다. 게다가 1948년 4월 사회주의자 나줄랭 총독 치하에서 콜롱 세력들이 벌인 준부정선거는 그 무의미를 재확인시켜주었다.[94]

민중당은 이념과 계급, 민족의 명분으로 결집된 것이 아니었다. 정당이 파토스와 에토스, 논리의 수렴으로 생기는 것이라면 민중당이 생래적으로 그러했다. 알제리전쟁기에 FLN의 프랑스연맹 책임자가

---

93. 드바긴, 부카둠, 메즈겐나, 이 세 명의 알제리인 의원이 행한 의회 발언은 다음의 문헌에 수록되어 있다. D. E. Derdour, *De l'Étoile Nord-Africaine à l'Indépendance*, Alger: Hammouda, 2001, 127-160쪽.

94. MTLD의 출마자 59명 대부분이 체포되었다. 외국인 용병, 군인, 기동대, 헌병, 경찰이 시가지를 순회하고 장갑차와 탱크로 유권자들을 겁주기도 했다. A. Ougouag, *Les grands procès*, Alger: Dahlab, 1993, 38-39쪽.

되는 오마르 부다우드는 하下카빌리 타우르가에서 자라면서 1942년 18세에 민중당에 입당한다. 카빌리 티지우주 사범학교 교사의 아들인 한 아이가 방학 때 집으로 오면서 민중당 청년들이 작성한 전단을 한 뭉치 가져왔다. 오마르는 이 문건에 눈이 뜨였다. 사람들은 식민지의 멍에를 벗고 자유로웠던 '지난날'을 되찾겠다는 일념으로 조직을 만들고 알제리 해방을 외쳤다. 시장에서, 거리에서 콜롱과 프랑스 당국자, 그들의 시종과 같은 고위직 토착민이 부리는 오만함 앞에서 이마지겐Imazighen(베르베르인)이 당하는 수모를 눈여겨보아온 오마르는 민중당 입당을 망설이지 않았다.[95] 카빌리뿐만이 아니라 콘스탄티노이스의 민중당 청년들도 자기 고장에만 갇혀 있지 않았다. 오랑, 본, 알제에서 무슨 일이 일어나고 있는지 전해 들었고, 식민지배에 저항하는 의식이 통과하는 것을 느꼈다.[96] 민중당의 감각은 얄팍하지 않았고 일반에도 널리 확산되어 있었다. 당부터 스스로 공론 정당이 아니라 다수 정당이라 공언했지만 의사, 변호사, 유명 축구선수, 영화인, 이슬람 학자가 가입하여 당을 지원했다. 라민 드바긴은 의사였으며, 아흐메드 부멘젤은 법학을 전공한 인재였다. 그리고 쟁쟁한 축구선수도 여러 명이 있었다.[97]

민중당 정강정책은 북아프리카의별을 계승했다. 1933년 5월 파리 총회에서 북아프리카의별은 1부 11개, 2부 11개, 동수로 22개의 강령을 발표하고, 토착인법 폐지, 여행 자유화, 언론과 집회 및 결사의 자유, 재정대표단의 선출직 대체, 전 알제리 인민의 공직 접근을 주장

---

95. Omar Boudaoud, *Du PPA au FLN: Mémoires d'un combattant*, Alger: Casbah, 2007, 21-25쪽.

96. F. Colonna (dir.), *Aurès/Algérie 1954*, 56쪽.

97. 식민지의 스포츠인들은 민족적이며 엘리트였다. 이 축구선수들은 나중에 FLN으로 연결되었다. O. Boudaoud, 같은 책, 130-133쪽.

했다. 군대수당, 실업수당, 가족수당, 농업채권 확대 같은 세부사항도 요구했지만 무엇보다 핵심은 아랍어의 공용어 교육 강조였다.[98] 그뿐 아니다. 비현실적인 것 같지만 미래를 꿈꾸게 하는 정치언어의 파장에 기대어 2부 1조에 알제리의 "전적인 독립"을 넣었다. 프랑스군 완전 철수는 물론 정복자가 탈취한 알제리 국가재산, 즉 은행, 광산, 철도, 항구 공공 기반시설의 양도를 제창했다. 정복자와 손잡은 봉건영주, 콜롱, 금융회사에서 탈취한 막대한 재산의 몰수도 공약하고 회수 농토의 농민 양도도 명시했다.[99] 벨이 당당할 수 있었던 것은 파시즘에 반대하고 인민전선에 동조했기 때문이다. 인민전선측에서도 블룸-비올레트법으로 알제리 무슬림에 대한 포용정책을 조심스럽게 시도하고 있었다. 이 법안 발의 전까지 무슬림 행동은 무조건 탄압받는 게 상식이었기 때문에 새로운 법안으로 프랑스 시민권을 얻는다는 것은 대상 무슬림이 아무리 소수였다고 해도 그 상징적 의미가 컸다. 프랑스인의 입장에서는 무슬림들이 프랑스 국적이라는 선물을 거부하는 것은 이해하기 어려웠다.[100] 하지만 그래서 도리어 콜롱들의 반대는 거셌다. 비올레트법 대상은 2만 명 정도였지만 국적 부여 자체를 저지해야만 했다. 시의회연합과 프랑스 의회의 로비에 휘말려 법안은 결국 무산되었고 북아프리카의벨은 항의를 넘어 독립을 내세우는 선으로 나아갔다. 평등이 민족주의를 차단할 가장 좋은 방법이

98. 북아프리카의벨이 1926년에 파리에서 간행한 『이크담 *Ikdam*』은 한 면을 아랍어로 제작했기 때문에 곧바로 발행이 금지되었다.

99. Khaled Merzouk, *Messali Hadj et ses compagnons à Tlemcen*, 266-267쪽; C. Collot, "Le Parti du peuple algérien," *Revue algérienne des sciences juridlques économiques et politiques*, vol.8, 1 mars 1971, 147-156쪽.

100. B. de Jouvenel, "Working Paper for a Report on U.S. Policy concerning North Africa," the Foreign Policy Research Institute, 미간행 원고, 1956, 9쪽; R. Strausz-Hupe and H. W. Hazard (ed.), *The Idea of Colonialism*, New York: Praeger, 1958, 338쪽 각주2 재인용.

라는 비올레트의 발상을 콜롱들은 이해하지 못했다. 1937년 1월 북아프리카의별 해산은 인민전선 정부의 의지 박약과 콜롱 세력의 압도적 영향력을 동시에 보여주었다.[101]

하지만 인민전선기에 주 40시간 노동, 유급 휴가, 노조 합법화 같은 사회정책이 프랑스처럼 알제리에도 공히 적용되었고 토착인법은 폐기되었다. 사면도 광범위하게 시행됐다. 인민전선 수립 소식에 파리 노동자에 공감한 알제리 민중의 기대는 헛되지 않았다. 프랑스에 인민전선이 수립된 여름, 즉 1936년 8월 2일 알제 경기장에서 열린 무슬림 대회는 정치화된 군중으로 가득했다. 이듬해 메살리 하즈의 집회에는 알제 중심가에 3,000명이 운집했다.[102] 1937년 7월 14일 플래카드에는 "토지는 농민 펠라에게!" "알제리인 의회!" "이슬람을 존중하라!" "아랍어 공용어" 같은 구호들이 적혀 있었다. 토착어를 빼앗는 것이 식민정책의 근간이 된다는 것은 만고불변의 법칙이다. 그런데 아랍어는 알제리 한 나라의 언어가 아니라 크나큰 이슬람 세계의 공용어였다. 아랍어를 되찾는다는 것은 알제리와 이슬람을 두루 살리는 길이었다.[103] 민중당은 1937년 8월에 콘스탄틴 지부를 결성하고 여러 신문들이 보급되는 이곳에서 새로운 아랍어 신문인 『에슈샤브 Ech-Chaâb(인민)』를 간행하였으며, 틀렘센에서 다르엘 하디트의 메데르사가 창설된 것도 이때였다. 그리고 몇 달 후인 1938년 3월 무허가

---

101. 비올레트법은 프랑스 정부에서 알제리인 대표단의 진정을 듣고 작성한 것이었다. 인민전선기의 식민정책은 진보적이었다는 평가와 그렇지 못했다는 평가가 엇갈린다. Wm B. Cohen, "The Colonial Policy of the Popular Front," *French Historical Studies*, vol.7, no.3, 1972, 368-393쪽.

102. L. C. Brown, "The Islamic Reformist Movement in North Africa," *The Journal of Modern African Studies*, vol.2, no.1, 1964, 55-63쪽.

103. P. J. Vatikiotis, "Tradition and Political Leadership: The Example of Algeria," *Middle Eastern Studies*, vol.2, no.4, 1966, 331-332쪽.

학교를 개설한 교사들을 제재하는 법령이 생겨났다. 이런 상황에서 자기의 말과 글을 되찾고자 하는 반등의 힘이 커졌다.

언어 문제는 이론의 여지 없이 해결할 수 있었지만 알제리 정치세력의 딜레마는 식민지배에 반기를 든 공산주의와 어떻게 지내야 하느냐였다. 먼저 북아프리카의별의 탄생이 공산당과 국제조직 코민테른의 지원 없이 이뤄진 독자적인 운동이었느냐 하는 데는 항상 반론이 따라다닌다. 1920년 12월 투르 사회당 대회의 분열로 창당된 프랑스공산당은 1936년까지 알제리 공산주의 운동을 지휘했다.[104] 프랑스공산당의 알제리 정책은 동화론의 국가정책과 별반 다르지 않았다. 1939년 2월 11일 모리스 토레스의 알제 방문이 바로 그 증거였다. 토레스는 프랑스의 정치사상사에서 드물게도 평민 출신에서 공산당 당수에 오른 이단아였지만 그런 공산주의자라 해도 엄연한 프랑스인이었다. 이 문제에 가장 진보적이어야 할 공산주의자조차 알제리는 형성중인 존재로 뚜렷한 실체가 없다고 보았고 식민지는 분명 분리를 요구할 권리가 있지만 아직은 프랑스 민주주의에 밀착할 필요가 있다고 여겼다.[105] 그런 관점이 일견 맞을지도 모른다. 토레스가 오만해서나 오판해서만은 아닐지도 모른다. 근대의 다른 이념들처럼 공산주의도 국제적이면서도 국가적이었다.

그러나 이런 세계의 포물선에 민중당 홀로 대항한 것은 아니다. 민중당에는 이슬람과 아랍이 숨쉬고 있었다. 이는 서구 노동당과 비슷하면서도 다른 고유성이었다. 실제로 이슬람의 셰이크 브라히미 그룹

---

104. 알제리공산당은 유럽인 중간층과 하층 노조원, 일부 알제리인이 섞여 성립된 당이다. 무슬림으로 알제리 공산주의 운동을 주도한 이들로는 아마르 우제간, 바시르 하즈 알리, 압멜하미드 벤진, 사데크 하제레스가 있다.

105. 이에 관해서는 다음 문헌 참조. Th.-A. Schweitzer, "Le Parti communiste français, le Comintern et l'Algérie dans les années 1930," *Le Mouvement social*, no.78, janvier-mars 1972, 133-135쪽.

가담자 중에는 민중당 당원증을 가진 사람이 많았다.[106] 당과 이슬람 울라마는 서로 더 많은 지지자를 확보하고자 긴장하기도 했지만 일선 당원에게 당과 교단은 모순적이지 않았다. 알제리 정당 중 아랍주의에 가까운 당은 민중당뿐이라 당원들은 민중당에서 민족독립사상을 깨치고 울라마에게서 모두의 종교인 이슬람과 공동의 언어인 아랍어를 배웠다. 부지사, 시장, 당국자의 감시를 피해 몰래 아랍어를 공부해야 했지만 의사, 약사, 치과의사, 건축사, 변호사 같은 지도층이 아랍어를 썼다. 울라마에 가면 자연히 모로코, 튀니지, 중동 각지에서 온 저명한 식자들을 만날 수 있었고 잘 알아듣지 못하는 젊은이도 그들의 우아한 아랍어 열변을 듣고 탄성을 질렀다. 울라마 교사들은 역사공부를 은근히 부추겼다. 중세 자이나데 왕조, 메리니데 왕조, 만수라 창설 같은 알제리 역사를 가르쳤다.[107] 그렇게 십대 학생들에게 유적지에서, 선조들은 도시를 건설하고 수호할 줄 알았건만 지금은 왜 침략자를 내쫓지 못하며, 왜 새 국가를 다시 세우지 못하는 것이냐고 되묻게 했다. 울라마는 민중당뿐만 아니라 알제리의 모든 민족운동을 성원했다. 1942년과 1943년 메데르사에서는 선언과자유의벗AML이 전하는 소식이 들려오고 담벼락에는 메살리 하즈, 이슬람 지도자 엘 이브라히미, 압바스를 석방하라는 벽보가 나붙었다.[108]

---

106. 모스크의 사무 관리자에는 유급 성직자가 포함된다. 소수 '무프티'가 연간 1200에서 4000프랑을 받았다. 모스크 수장인 이맘은 무프티 아래에 있었다. G. F. Andres, "Islam and the Confraternities in French North Africa," *The Geographical Journal*, vol.47, no.2, Feb. 1916, 118쪽.

107. 중세 자이니데 왕국은 틀렘센을 중심으로 통치했고 메리니데 왕국은 13세기에 페스 중심으로 현재의 모로코를 지배했다. 만수라는 아랍제국의 역사 유적을 가리키며 알제리 틀렘센 인근과 사막 라가르디아 근처에 있다.

108. 선언과자유의벗 성원들은 루스벨트 대통령의 선언에 고무되어 다음과 같은 사항을 요구한다. '한 민족에 대한 다른 한 민족의 병합과 수탈에 대한 유죄선고' '약소국과 강대국의 차이가 없는 모든 나라에 대한 민족자결권 적용' '알제리 헌법의 부여' '인종과 종교의 차별 없는 모든 주민에 대한 자유와 평등' '봉건적 소유의 폐지와 수

1930년대 내내 확산된 알제리 민중교육과 그로부터 발흥한 자의식은 울라마 개혁주의의 공로가 컸다. 개혁지도자 벤 바디스와 셰이크 브라히미는 종교 활동을 감시하는 경찰과 식민지배에 영합하는 마라부트들로 인해 이슬람이 어느 때보다 인민의 아편이 되었다고 보았다. 종교와 도덕의 개혁은 필수적이었다.[109] 마라부트들은 전통을 고집하고 사회적 지위에 집착한 반면 개혁가들은 카스트의 세속적 성공을 버리고 민중 쪽으로 가까이 다가갔다. 이들은 간단한 일상 아랍어밖에 구사하지 못하는 민중을 교육하는 데 전념하여, 쿠란 학당에서 배우는 민요와 구전어가 본래의 아랍어가 아님을 깨닫도록 도왔다. "우리는 역사 속에서 바로 이 시점에, 알제리 무슬림 민족이 형성되었으며 현존하고 있음을 발견했다."[110] 이렇게 알제리 민족이 프랑스인이 아니라고 말하려 한다면 개혁의 수단이 중요했다.

개혁운동을 설파하고 지지자를 모으고 신문을 보급하는 개혁주의자 벤 바디스의 순례는 광범위하게 이어졌다. 1929년 알제, 블리다, 동부 콘스탄틴, 국경지대 테베사, 수크아라스를 돌았고, 1930년에는 대도시는 건너뛰고 세티프에서 부지까지 일곱 지역과 주민의식이 높은 티지우주, 포르나시오날, 미슐레를 두루 돌았다. 1931년 알제에서 블리다, 멀리 밀리아나, 서부 오를레앙스빌, 해안 모스타가넴, 뷔라트,

---

많은 농촌 프롤레타리아의 복지 권리를 위한 대농업개혁' '프랑스어와 대등한 자격의 아랍어 공용어 인정' '언론의 자유와 집회의 권리' '남녀 양성 어린이의 의무 무상교육' '모든 주민의 예배의 자유와 모든 종교에 대한 국가와 교회의 분리원칙 적용' '알제리 무슬림의 자국정부에 대한 즉각적인 참여' '소속 정파에 관계없이 모든 정치 구속자와 유죄 선고자의 석방' 등.

109. 울라마는 1905년 프랑스에서 제정한 '국가와 교회의 분리법'에 따라 프랑스 국가와 무슬림의 예배를 분리할 것을 요구했으나 프랑스 정부는 이를 거부했다.

110. Amar Hellel, *Le mouvement réformiste algérien: les hommes et l'histoire 1831-1957*, Alger: OPU, 2002.

오랑 너머 마스카라, 티아렛까지 갔다.[111] 이 순방이 일종의 씨앗이 된 듯하다. 알리 므라드가 작성한 개혁주의 순회지도가 이를 증명한다. 이슬람 개혁주의가 파급된 북동부와 서부의 주요 도시가 해방전쟁 당시의 거점과 일치하기 때문이다.[112] 사실 1932년의 울라마 교단 창립총회는 1930년 알제리 정복 100주년을 성대하게 기념한 프랑스에 대응한 기획이었다. 이 일로 통치자들은 개혁주의 이슬람에 주목하게 되었고, 1933년 알제 도의 총서기 미셸은 "공산주의에 물들고 프랑스의 대의를 침해하는 울라마를 감시하라"고 지시했던 것이다. 그리하여 1938년에 끝내 벤 바디스가 체포되기에 이른다.[113]

이슬람 개혁운동이 차츰 알제리 공동체의 밀알이 되었던 것은 전혀 이상할 것이 없다. 이슬람을 쇄신하고 아랍 문화를 복구하자는 마그레브-아랍-이슬람 연대는 외래의 문명과 종교의 지배를 끊어낼 확실한 방안이었다. 제임스 맥두걸이 지적한 대로, 민족주의는 종교와 그 뿌리를 깊이 공유한다.[114] 따라서 종교는 낡은 것이 아니었고 개혁이 속물주의로 여겨지지도 않았다.[115] 1935년 벤 바디스의 지도로 첫 전국 개혁 대회가 열릴 즈음, 개혁사상의 기반은 넓었다. 1930년대

111. 1932년에는 그 전해 1931년 행선지를 다시 돈 다음에 젤파, 라구아트, 아플루, 틀렘센을 방문하고 이어 해안으로, 다시 내륙의 시디벨압베스, 마르니아, 네드로마, 아르초이프, 렐리잔 등 25곳을 방문했다. 1934년 순방지는 콘스탄틴에서 아인밀릴라를 거쳐 동쪽 바트나에 이르렀다. 1935년의 여정은 세티프에서 해안과 동쪽 미답 지역들로 채워졌다. 이 동부를 묘사한 문헌은 Teddy Alzien, *De Batina à Constantin, l'est du Constatntin*, Paris: Éditions Alan Sutton, 2006.

112. Ali Merad, *Le réformisme musulman en Algérie de 1925 à 1940*, 169-175쪽.

113. Ch.-H. Favrod, *La Révolution algérienne*, Alger: Dahlab, 2007, 111쪽.

114. J. McDougall, *History and the Culture of Nationalism in Algeria*, Cambridge: Cambridge University Press, 2006, 116-137쪽.

115. André Jean Pierre Dirlik, *Abd al-Hamid ibn Badis (1889-1940): Ideologist of Islamic reformism and leader of Algerian nationalism*, Canada: McGill University, 1971, 230-238쪽. 맥길 대학교 박사학위 논문.

알제리 민족운동이 누린 혜택 중 하나는 종교로부터 오는 자연스러운 국제관계였다. 파리와 제네바에는 시리아와 중동에서 추방당했거나 망명한 이슬람 지도자가 여럿 상주했는데 누구보다도 시리아의 에미르 셰키브 아르슬란이 저명했다. 그는 동서양을 가리지 않고 존경받는 위대한 무슬림으로 마그레브에도 큰 관심을 기울였다.[116] 망명의 고통을 겪는 지도자들은 북아프리카 지도자들을 만나 국가관계는 아니더라도 동병상련의 깊은 정을 나누었다.[117] 그런 민중당의 행동반경은 지도층에 머물지 않고 카빌리와 콘스탄티노이스의 기층 당원들에게도 넓게 뻗어나갔다. 이들은 다마스, 카이로, 유럽에서 온 소식으로 상상을 키웠고 정치적으로 성장했다. 수동적이고 나약하면 상상력은 나오지 않는다.[118] 민중당의 기저에는 젊고 전투적인 지금껏 보지 못한 도덕적인 기백이 흘렀다. 반면 민중당의 단점으로는 교양이 부족하고, 치밀한 정치 원리가 약했다는 점이 꼽힌다. 라슈라프는 이 단점에 포퓰리즘, 부르주아화, 전술적 종교성을 더하기도 한다.[119]

분명한 것은 전쟁 전 민중당의 정치운동과 울라마의 종교심성이 합류해 민중의 정치의식을 키워낸 점이다.[120] 물론 실제적으로 1950년대 PPA-MTLD가 순항하지는 못했다. 우수한 인재를 하나라도 더 구해야 하는 판에 베르베르 분파라는 이름으로 당원이 제거되고 지도부는 이견으로 분열되었다. 식민지 정당으로서 분파와 이견을 잠재

116. Juliette Bessis, "Chekib Arslan et les mouvements nationalistes au Maghreb," *Revue Historique*, t.259, avril-juin 1978, 467-489쪽.

117. M. Lacheraf, *L'Algérie: nation et société*, 196쪽.

118. 19세기 후반 유럽의 정치적 쇄신과 활력은 당시 문학의 역동적 상상력과도 관련이 있다. Frederic Ewen, *A Half-Century of Greatness: The Creative Imagination of Europe 1848-1884*, New York: New York University Press, 2007.

119. M. Lacheraf, 같은 책, 196-197쪽.

120. A. Merad, 같은 책, 169-175쪽.

울 정당의 정치철학과 궁극적 목표를 정립하기가 그렇게 어려웠을까? 1953년 4월 제2차 MTLD 대회는 무엇이 당에 부족한가를 새삼 일깨워주었다. 분명 부족한 것이 있었다. 민중당에는 '우리의 민족주의와 우리의 혁명주의는 무엇인가?'라는 일반적인 독트린이 빠져 있었다.[121] 식민지의 정당은 도그마와 프락시스의 동시성이 필요했다. 견고한 식민주의에 저항하는 일은 다수 민중의 자발성에만 의존할 수는 없었다.[122] 실천은 곧 존재를 요구하고 있었다.

5. 새로운 지식인으로서의 '민중'

1954년 11월 1일 전쟁선언문은 이 공백을 채운 정치이론이었으며 새로운 세대의 정치적 의지를 드러낸 역사적 문건이었다. 전쟁의 방법과 목적이 명시되어 있었고 민족해방과 무장투쟁은 품격 있는 정치언어로 거듭났다. 물론 아직 경험으로 다져지지 않은 미답의 이론이었지만 선언은 느닷없이 창안된 게 아니었다. 북아프리카의별에서 민중당까지 그리고 제2차 세계대전 때는 선언과자유의벗 성원들이 거듭 천명하고 요구했던 사항이다. 약탈적 식민주의의 폐지, 자유와 평등의 권리를 보장한 알제리인의 정부 수립, 다수 민중의 삶을 개선할 일대 농업개혁은 수십 년간 품어온 민족적인 열망이었다. 이 선언문은 급히 작성되었지만 서명자들은 행동의 이유를 명확히 밝히고자 애를 썼다. 선언문은 목적만 강변하지 않고 형식상 대위법적 관계를

---

121. Abderrahmane Kiouane, *Aux sources immédiates du 1ᵉʳ novembre 1954: Trois textes fondamentaux sur PPA-MTLD*, Alger: Dahlab, 1996, 115~116쪽.

122. Raya Duayevskaya, *The Power of Negativity: Selected Writings on the Dialectic in Hegel and Marx*, Lanham: Lexington Books, 2002, 273쪽.

설정했다. "우리는" "너희에게" 말하고, "너희가" 제국주의와 행정요원과 정치 모사꾼이 좋아하는 혼란에 빠질까봐 걱정하고 있었다. 전쟁 선언문의 주도자들은 은근하게라도 위에서 아래로 너희를 내려다보고 있다고 하지 않았다. 그 너희가 민중/인민이라는 것은 명시되었지만 너희가 누구인가는 해명하지 않았다. 선언문의 작성자들은 책상머리에 앉아 궁리할 시간적 여유가 없었다.

이제는 PPA-MTLD가 아닌 FLN의 이름으로 선언문에 서명한 라바 비타트, 무라드 디두슈, 벤 블라이드, 모하메드 부디아프, 크림 벨카셈, 라르비 벤 미히디, 이들 6인은 모두 거친 삶을 보내고 있었다. 사안의 기밀이 무엇보다 중대했기 때문에 지적 훈련을 쌓은 정치학도에게 이 선언문을 의뢰할 수도 없었지만 그런 여유는 1947년부터 1954년 10월까지 파란만장한 세월을 겪었던 이 젊은 민족주의자들에게 애당초 관심 밖이었다. 하지만 독립-혁명-민족을 하나의 구도로 연결시키고 이 셋이 통합되지 않으면 그중 무엇도 살지 못한다는 관점은 정말로 새로웠다. 혁명 그 자체는 FLN의 독자적 창안이라 할 수 없었다. 1937년 민중당의 한 지도자가 소지했다가 당국에 적발된 『타우라 알 아라비야*Thawrra al arabiyya*(아랍의 혁명)』라는 책이 있었는데,[123] 민족은 혁명을 위해 존재하는 것도 혁명에 복속하는 것도 아니기에 그 세 요소가 동등하게 엮어져야 한다는 논지는 놀라웠다. 이 통합unité 개념은 자신들 같은 전위와 민중/민족 사이에 곱게 퍼져야 온전히 살아날 터였다. 하지만 '지금의' 실제 상황은 그렇지 못했다. 그렇다면 FLN을 창설한 이들 역사의 6인은 이와 같은 통합의 의미를 대체 어디서 발견한 것일까?

---

123. Amar Hellal, *Le mouvement réformiste algérien: Les hommes et l'histoire (1831-1957)*, Alger: Office des Publications Universitaires, 2002, 70-71쪽.

이들 6인이 암암리에 알제리 민중의 대표성을 가졌다면 그 바탕에는 농민층이 있었다. 사이드나세르 부디아프에 따르면, 고대부터 알제리 독립전쟁 직전까지 호국의 정예군은 알제리 농민층이었다.[124] 이들 농민층은 정예군과 대중으로 분열되었고 대중이 누릴 수 있는 정치교육은 삭막했다.[125] 농민을 지배한 것은 식민 당국만이 아니라 전통 행정과 종교의 담당자들이자 무슬림인 카이드, 아가, 바샤가, 마라부트였다.[126] 이들의 감시와 지도하에서 소농과 농촌 일꾼과 목초지 일꾼들은 분노가 쌓였고, 도시로 도망쳐 해안가 알제나 오랑, 내륙 콘스탄틴, 블리다, 틀렘센, 마스카라에 살면서, 동화 또는 합병에는 꿈쩍도 하지 않는 힘을 함께 지니고 있었다. 여기에 1937년 여름에 파리를 떠나 알제리에 건너온 민중당이 알제리 내의 분위기를 쇄신시켜나갔다. 젊은 식민지 당원들은 도덕성과 정의감으로 단단히 뭉쳐 있었다. 이십대 청년 당원들은 그런 자세를 견지하며 궁핍에 시달리면서도 지적 빈곤은 거부했다. 1930년대 중반 콘스탄티노이스 일대에는 인쇄소, 도서관, 학원이 생기고 강연회와 음악회가 계속 열렸으며 아랍어와 프랑스어로 된 책들과 인쇄물들이 넘쳐났다. 서부 틀렘센에서도 문학, 철학, 역사를 읽는 이들이 많아져서 '이븐 할둔 인쇄소'가 세워지고 스카우트 운동이 발흥하고 연극극단이 창단되었다. 이런 요소들이 합쳐져서 FLN의 지도자들은 무명에서 갑자기 유명인사로 부상하게 되었다.[127] 해외

---

124. "Le chant partisan: Résistances et érotisme, 1905 et 1945 de Aïssa Ljarmouni Iharkati," M. L. Laougal et S.-N. Boudiaf, *Elites algériennes: histoire et conscience de caste, 2*, Alger: APIC, 2005, 111쪽.

125. Youcef Beghoul, *Le Manifeste du peuple algérien: Les Amis du Manifeste et de la Liberté*, Alger: Dahlab, 2007, 147쪽. 4개월간 50만 명 가입이란 수치는 논란이 있지만 상당수가 동시에 정치적 의사를 표시한 것임은 틀림없다.

126. 이들 계층에 관해서는 부록 '알제리 고유어' 항목 참조.

127. 프랑스의 군사정복 끝에 토지수용이 진행된 19세기 말, 알제리인의 권리 요구 움직임은 기존의 문인 계층에서 일어났다. A. Hellal, 같은 책, 149-165쪽.

의 3인을 포함한 지도자 9인 가운데 카빌리의 호신 아이트아흐메드, 서부의 벤 벨라, 오레스의 벤 불라이드는 이미 그 지역에 잘 알려진 인사였지만 이들 또한 학업을 마치고 일찍부터 무장운동에 뛰어들었다.

1950년 실패하고 대규모 검거로 끝난 OS 사건은 전위와 민중의 관계를 재고하게 했다. 1947년 민중당 지하조직으로 탄생한 OS는 당 노선이 미지근한 데 대한 반발이었지만 뜻밖의 밀고로 발각되어 관련자가 대거 체포되었다.[128] 비타트는 경찰의 눈을 피해 다른 투쟁자들과 함께 오레스에서 약 2년간 도피한 후 오랑으로 옮겼다. OS의 생존자들은 알제리 전역에 흩어졌지만 서로 접촉을 유지했다. 이들이 체포를 피하고 은신에 성공했다는 것은 주위의 도움이 있었다는 증거였다. 사실 민중은 이 시기에 성장하고 교류하고 또 착오를 깨닫는 도제기간을 거치고 있었다. PPA-MTLD의 당 분열이 결정되는 것이 이 시기와 겹쳐진다. 벤 미히디, 벤 불라이드, 부디아프, 비타트, 네 사람은 전국 책임자 회의를 기획했다. 그렇게 해서 열린 1954년 6월의 22인 회의는 국내의 정치, 경제, 사회 상황과 국제정치 상황이 거사에 우호적이라는 판단을 내리고 빠른 시일 안에 무장행동을 개시한다는 데 합의를 보았고, 남부 영토(사하라)를 포함해 나라 전체의 독립을 목표로 설정했다. 6인은 두 달간 활동한 후 1955년 1월 11일 알제에서 회동하고 목표를 재설정하기로 했지만 회의는 결국 열리지 못한다. 그 이유는 보안상 문제가 있었고, 지역 이동이 어려웠으며, 각자의 윌라야를 떠날 수 없었기 때문이었다. 그러는 사이, 디두슈가 사망하고 비타트가 체포되고 수많은 투쟁자가 죽거나 체포되었다. 오레스-네멘차에서 테러리스트로 불린 무장병사들이 어려운 싸움을 끌

---

128. 드바긴, 아셀라 호신, 아흐메드 부다, 타예브 불라루프, 샤우키 모스테파이는 처음부터 OS에 가담하지 않았다. 호신 라후엘과 벤유세프 벤헤다는 무장운동의 필요성에 공감했지만 직접 참가하지는 않았다.

어가는 1955년 한 해 동안 전쟁의 향방은 불투명했다.

그 불투명한 1955년의 정황을 말없이 지속해간 것은 오레스-네멘차의 마키자르들이었고, 1954년 11월 감옥에 있었던—'역사의 6인'이 아니라—또다른 지도자 아반 람단이었다. 아반 람단은 OS 대원은 아니었지만 1950년 국가치안위반 혐의로 공동 기소되어 1951년에 5년형을 선고받고 부지, 본, 알제 감옥을 전전했다. 경찰 카드에 '매우 위험한 인물'로 분류된 아반은 위궤양을 앓으면서도 옥중 단식투쟁을 벌여 프랑스 알자스의 엔지스하임 감옥으로 이송되었고, 또다시 파리의 프렌 감옥으로 옮겨가고, 마지막에는 남부 알비 감옥에 수감되었었다. 1954년 12월 알제리 엘하라슈의 메종카레 감옥으로 돌아온 그는, 1955년 1월 10일 자택이 있는 카빌리 아주자에 주거한다는 조건으로 석방되었다.

1920년 상上카빌리 주라주라산맥의 아주자 마을에서 태어난 아반은 1933년에 블리다 기숙고등학교에 입학했다.[129] 블리다 시내에 아담하게 자리한 이 유럽인 학교는 메살리 하즈의 참모로 민중당 중진이었던 라민 드바긴이 의과대학 입학 전에 다닌 학교였다. 페르하트 압바스에 동조하고 FLN에 가담하는 부멘젤은 아반보다 한두 해 앞선 이 학교 선배였고,[130] 알제리전쟁기의 지장智將들, 벤유세프 벤헤다,

129. 아반의 일대기는 갈리소의 조사와 기술을 따른다. R. Gallissot (dir.), *Algérie Engagements sociaux et question nationale de la colonisation à l'indépendance 1830-1962*, Alger: Barzakh, 2007, 33-38쪽. 그의 아버지는 카펫 거래상으로 식민지 당국이나 지역 유지들과 원만하게 지냈고 이탈리아, 에스파냐, 아시아, 오스트레일리아, 라틴아메리카, 미국을 다녔으며, 열한 살 터울의 맏형은 상업으로 성공해 마르세유에 정착했다.

130. 라민 드바긴(1917-2003)은 알제 의과대학 출신 의사로 1939년 민중당에 입당하고 1944년 세티프 지역에서 개업했다. 1946년 MTLD 명단에 올라 콘스탄틴 도에서 선출되어 프랑스 하원에 나간 후 의회에서 알제리 독립을 주장했다. 1955년에 체포된 뒤 카이로의 FLN 대외 대표단에 합류하고 CNRA와 CCE에 모두 참가한다. 1958년 9월 알제리 임시정부 외교장관으로 임명되었으나 1959년 3월 사임한다.

마브루크 벨호신, 사아드 달라브, 오마르 우세디크, 므하마드 야지드 도 전부 블리다 학교 출신이다.[131] 아반은 22세 때인 1942년 12월 북아프리카군 결성을 호소하는 자유프랑스에 부응하여 군에 자원했다. 연합군의 이탈리아 상륙작전에 참가할 군대였다. 그러나 그는 벤유세프 벤헤다, 라민 드바긴 같은 민족주의자들처럼 자신의 연대를 탈영했고 군에 잡혔다가 1943년 10월 풀려났다. 1954년 11월 이전부터 카이로에서 활약하던 호신 아이트아흐메드, 벤 벨라도 드골의 자유프랑스군에서 전쟁을 배우고 군사기술을 익혔다. 아반 람단이 1955년 2월 고향 아주자에서 카빌리 민족군 사령관 크림 벨카셈, 부관 우암란에게 연락을 할 수 있었던 것도 이 전쟁 경험 덕분이었다. 동년배 우암란은 지중해 건너 프랑스에 상륙한 동부전선 작전부대에 속한 참전군인으로 제2차 세계대전이 끝나자 프랑스로 귀환하여 그곳에서 민중당 당원으로 활동했다. 이렇듯 제2차 세계대전과 프랑스 군대는 알제리 민족운동가들을 키운 뜻밖의 산실이었다.

1955년 혁명에 투입된 아반 람단이 가진 자산은 블리다 학교와 군대, 민중당, 감옥에서의 경험이었다. 규율과 고독의 군대와 감옥이 정치적 성장을 원만하게 돕지는 않았다. 그러나 비밀리에 알제에 도착해 3월에 체포된 비타트 대신 알제의 연락과 선전을 맡은 아반은 원숙한 기량을 발휘했다. 주라주라산맥의 농촌 출신이었지만, 이 전쟁의 승부처는 농촌이 아니라 도시임을 알 수 있었다. 17세에서 18세까지 아반은 동부 이슬람의 거장 무바라크 엘 밀리를 추종하여 메데르사에서 아랍어를 습득했고, 인권과 시민의 프랑스적 가치도 의심하지

---

131. 벤헤다(1920-2003)는 1961년 알제리공화국임시정부 제3차 내각의 수반이 된다. 변호사인 벨호신(1921-)은 FLN 프랑스 연맹에서 활동하고 임시정부 외교부 부총서기를 역임한다. 달라브(1919-2001) 역시 임시정부 외교장관을 지낸다. 임시정부의 국무비서로 활동한 것은 1942년 민중당에 가입한 우세디크(1923-1992)이다.

않았다. 남프랑스 알비 감옥 도서관에서 혁명과 저항의 역사에 몰두했던 것이 사실이지만 독서의 영향으로만 돌릴 수 없는 전략가가 아반 람단이었다.[132] 1955년 봄 이래, 아반의 구상은 1948년 세티프 선거구 운동원 시절과 비교할 수 없으리만큼 원대하고 실천적이었다. 1952년에서 1954년까지 그는 메살리파와 중앙파 간 당내 분열 시기에 투옥되어 있었던 덕에 거리를 둘 수 있었고 PPA-MTLD로부터 FLN을 떼어낼 수 있었다. 1954년 11월의 초기 전투에는 참여하지 못했어도, 알제 메종카레 감옥에서 전쟁선포 소식을 낱낱이 입수하여 알고 있었기 때문에 아반의 구상은 허술하지 않았다.

FLN은 하나의 당파가 아닌 온 나라의 구심점이었다. 아반의 심중에 자리한 원칙과 그 실천 과제는 바로 통합이었다. 통합, 그것은 심지어, 어느 정도 초월적인 위상까지 지니고 있었다. 식민지인들의 감성과 이성, 경험과 사색, 성취와 패배를 이 중대한 전쟁과 혁명 속으로 끌어들일 수 있는 것이 통합의 개념이었다. 알제리는 식민지가 되었기 때문에 잃어버린 것, 또 잃어버렸기 때문에 깨달은 것을 정반합으로 종합해내야만 했다. 1955년 4월 1일, 알제 카스바에 뿌려진 전단들은 제2의 전쟁 선포문과도 같았다. "알제리 인민 전 계층들을 집결시킬 수 있는 FLN! 단 하나의 당 FLN!"이라는 문구가 높은 언덕부터 해안까지 가파른 카스바를 뒤덮고 있었다. 민중당에 대립적이었던 UDMA(알제리선언민주동맹)의 거물 페르하트 압바스를 FLN에 끌어들이는 일은 통합을 실천하겠다는 아반 람단의 의지에서 나왔다.

아반은 주요 세력의 합심에만 기대지 않았다. 다른 혁명가들이 느꼈듯이 이 전쟁은 정치와 행동의 두 트랙으로 가야 했다. 감옥에서 수

---

132. I. Beckett, *Encyclopedia of Guerrilla Warfare*, Santa Barbara, CA: ABC-CLIO, 1999, 1-7쪽.

없이 보고 들은 동료들의 희생은 마음에 걸렸지만, 1957년 초 알제 시가전이 일어나기 전에 이미 도시 무장투쟁을 지지했다. 집요한 식민주의에 맞서려면 말과 협상만으론 어렵없다고 하면서도 장차 알제리의 정치와 경제에 프랑스의 협력이 필요하다고 서슴없이 말했다.[133] 블리다 고등학교를 끝으로 대학을 가지 않았고 지하활동과 옥중생활이 전부인 젊은이가 어떻게 그런 이상과 현실의 통합적 관점을 갖추었던 걸까? 그것은 필시 땅에 대한 농촌의 믿음, 인간과 시민을 가르친 공교육의 보편성, 이슬람이라는 드넓은 영혼의 터전이 두루 합성된 결과였을 것이고, 식민주의는 침공군만이 아니라 근대 국가의 소산이며, 서구 근대 국가는 근대 정치 없이 성립되지 않았다는 깨우침 덕분이었을 것이다.[134] 여기서 농촌에 뿌리박고 토착민 교육기관을 거쳤을 뿐이지만, 식민지인의 자기비하에 물들지 않고 맹목적인 증오로 자신을 무력감에 빠트리지 않는 일단의 새 지식인층이 출현했다. 1950년대 작가들, 말레크 베나비, 물루드 페라운, 물루드 마메리, 카텝 야신, 레다 후후는 문학으로 이런 유형의 지적 존재를 입증했다. 문필이 아니라 행동에 나선 이 시기의 젊은 식민지인들은 전쟁선언 탓에 비합리적 폭력의 추종자로 오도되기 십상이었다. 그러나 이들은 프랑스로 유학을 가 서구를 재인식하는 경로를 밟거나 하진 않았어도, 근대적인 것의 의미를 통렬히 자각했다. 전쟁판을 저울질하며 프락시스에 몰두하는 혁명가들이었지만, 이 전쟁이 무기와 식량, 군복, 약품의 조달만 재촉하는 것이 아니라 국가의 기틀을 놓을 원칙과 규

---

133. 에비앙협정에서 알제리와 프랑스 양측은 이미 독립 후 각 분야의 기술과 투자, 원조 협력을 준비해두었다. 1962년 7월 독립 후 알제리는 (당장은 아니었지만) 프랑스 자문관들을 받아들인다.

134. M. Arkoun, "Rethinking Islam Today," *Annals of the American Academy of Political and Social Science*, vol.588, 2003, 18-39쪽.

율을 동시에 요구한다는 것을 잘 알고 있었다. 근대 국가 건설의 시련과 경험이 박탈된 이들이 과연 그것을 실천할 역량을 갖고 있었을까? 1956년 여름까지 그것은 미지수였다.

6. 숨맘 대회

프랑스군의 병력 증강과 비상사태법Loi d'exception의 발효로 상황이 더 긴박해진 1956년 여름, FLN의 요원이 어느 장소를 물색하고 있었다. 프랑스군의 정찰기 정보망에 걸리지 않으면서 수십 명의 지도자가 안전하게 모였다 흩어질 수 있고, 또 만약의 기습을 피할 수도 있는 지형이어야 했다.[135] 이 임무를 맡은 아미루슈 대령은 카빌리 남쪽으로 길게 흐르는 숨맘 강 상류의 골짜기에서 허름하지만 널찍한 농가를 찾아냈다.[136] 이 숨맘에서 민족해방전선대회가 열린 것은 8월 20일이었다. 그 전해인 1955년 콘스탄티노이스에서 유럽인을 살해함으로써 전쟁을 선회시킨 '봉기'를 기념한 날짜였다.[137]

8월 20일부터 9월 5일까지 보름간의 이 대규모 회합은 종전 때까지 다시없을 귀한 역사적 현장이었다. 숨맘의 성과로 흔히 지적되는 알제리전쟁의 조직과 편제, 군사와 정치의 관계, 국내와 해외의 교섭은 연구서도 드물 뿐 아니라 대회 전체의 속기록도 남아 있지 않아,

---

135. Marie-Catherine Villaoux, "La reconnaissance aérienne dans la lutte anti-guérilla," *Militaires et guérilla dans la guerre d'Algérie*, 313~316쪽.

136. Mohamed El Salah El Seddik, *Le colonel Amirouche*, Alger: Houma, 2008.

137. "L'insurrection du 20 août 1955 dans le Nord Constantinois: De la résistance armée à la guerre du peuple," Ch.-R. Ageron (dir.), *La guerre d'Algérie et les Algériens 1954-1962*, Paris: Armand Colin, 1997, 27~50쪽.

많은 것이 베일에 싸여 있다.[138] 속기록은 간수되지 못한 것이 아니라 공식적이고 공개적으로 아예 작성되지 않았다.[139] 사진 한 장 없다. 자유를 구가하는 나라의 당 대회였다면 속기록, 화환과 연단의 플래카드가 대회를 들뜨게 했겠지만 숨맘의 대의원들은 '호사'를 바라지 않았다. 비밀이 엄수되어야 했다. 필적도 인명도 메모도, 꼬투리가 될 만한 건 무엇이든 밖으로 나가선 절대로 안 되었다. 유출은 참석대표만이 아니라 FLN 전체에게 자살행위였다.

그런 위험을 무릅쓰고 대담하게 대회를 구상하게 된 데는 여러 요인이 있었다. 식민지를 고수하려는 사회주의자 라코스트 총독 치하에서 주둔군은 40만 명으로 늘었고 1955년 8월 비상사태가 선포되어 알제리 전역에 극심한 탄압이 가해졌다. 1956년 5월 말 자정, 카스바를 둘러싼 6,500명의 군경이 4,480명의 알제리인을 보로기 경기장에 집결시켰고 그중 400명을 반란혐의로 체포했다.[140] 며칠 뒤 6월 2일, 알제리인 두 명이 알제 감옥에서 기요틴으로 참수되었다. 확고한 탄압의지를 보여주기 위함이었다. 그해 하반기에 프랑스군 병력 투입은 더 증대되고 동부 국경지대에 철조망이 설치되고 알제리 전 국토에 삼엄한 경계태세가 발효되었다. 그렇다고 상황이 프랑스에 우세하게 돌아가거나 유리한 국면으로 접어든 것도 아니다. 오히려 그 반대로 보였다. 무엇보다 1955년 4월 반둥 회의에 이어, 1956년 9월 30일 알제리 문제의 유엔총회 상정이 결정되었다. 유엔 즉 프랑스를 압박할

---

138. Hachemi Djiar, *Le congrès de la Soummam: Grandeur et serviture d'un acte fondateur*, Alger: ANEP, 2006.

139. 식민지의 지적 생활은 그 흐름을 추적하기가 힘들다. 시대는 다르지만 다음의 논문 서두에 이 문제가 정확히 지적되어 있다. A. Christelow, "Intellectual History in a Culture under Siege: Algerian Thought in the Last Half of the Nineteenth Century," *Middle Eastern Studies*, vol.18, no.4, 1982, 387-399쪽.

140. A. Bélaïd, *L'Algérie en guerre*, 384쪽.

수 있는 강대국 세력의 지원을 얻는 것은 제2차 세계대전 이래 알제리 민족운동이 학수고대해온 목표 중 하나였다. 드디어 그 목표를 이룰 날이 가까이 다가왔다. 또 희망적인 것은 알제리 내 정치세력과 사회세력이 1956년 초부터 속속 결집하고 있다는 점이었다. 그러나 이 정황만으로 숨맘 대회의 소집을 다 이해할 순 없다.

FLN은 지하조직이었다. 언제 어디서 잡힐지 모르는 이들이 머리를 맞대고 민족 형성의 방법론을 논하고 전쟁의 목적, 정치와 군사의 협조, 인민과 국가의 관계를 결론지을 수는 없었다. 그런 이유에서 6인의 지도자는 1955년 초에 모여서 경과를 점검하고 향후에 재논의를 약속하고 헤어졌던 것인데, 앞서 말한 대로 6인이 서로 얼굴을 맞대고 그동안의 희생을 추모하고 전략을 토론하고 내일을 설계하는 약속의 날은 다시 주어지지 않았다. 디두슈는 1월 18일 전투중에 사살되었고, 벤 불라이드는 튀니스에서 체포되어 감옥에 갇혔다가 탈출하여 오레스-네멘차의 산중으로 들어갔으며, 비타트는 수감중이었고, 부디아프는 모로코로 빠져나갔다. 알제리에는 카빌리 사령관 벨카셈, 오랑 사령관 벤 미히디만 남았을 뿐이다. 수뇌부가 헝클어지면서 저 항권으로 압제에 맞서고 해방을 추구한 이 전쟁은 금세 크고 작은 여러 지도자들을 배출했다. 민족군 입대를 자원했거나 반강제적으로 차출된 마키자르가 독보적인 지휘관으로 활약해나갔다.[141] FLN 민족군에 인텔리의 가담도 이어졌다. 처음에는 의아했던 전쟁이 1955년까지 이어지고 외신의 긴급뉴스로 세계에 계속 타전되고, 프랑스가 탄압의 수렁을 헤매자 수도와 동부 도시들로 연락과 운반, 문서 작성과

---

141. Cdt Azzedine, *Les Fellagas*, Alger: ENAG, 1997; H. Amirouche, *Akfadou: Un an avec le colonel Amirouche*, Alger: Casbah, 2009; D. Attoumi, *Avoir 20 ans dans les maquis: Journal de guerre d'un combattant de l'A.L.N. en wilaya III (Kabyle) 1956-1962*, Paris: Edilivre, 2009.

배포, 자금 조달, 물품 보급을 맡는 요원이 줄을 이었다.

이런 상황에서 숨맘에 모인 이들은 어떤 마음이었을까? 지역적으로 고립이 심한 동부와 서부의 지휘관과 도시 인텔리가 한데 모인 뜻 깊은 이날을 침묵으로 보냈을 리 만무하다. 1890년대는 물론 그보다 이른 1860년대에도 서구에서는 아무리 보잘것없는 야권이라도 집회만큼은 성대했다. 4년마다 열린 사회주의의 인터내셔널대회가 좋은 예이다. 연단을 꽃으로 장식하고 대형 회관에 공동식사 식탁을 차리고 각 주제의 자료집과 문건, 관련 보고서를 산더미처럼 들고 모이는 것이 그들의 모습이다. 1904년 8월 네덜란드 암스테르담에서 열린 제2차 인터내셔널대회에서는 지역과 나라를 대표해 각지에서 모인 817명 대의원들이 명찰을 달고 수목이 우거진 콘세르바투아르 대회장에서 환담과 격론, 편짜기와 명연설로 열띤 풍경을 연출했다.[142] 숨맘 역시 대회장 근처에 절경의 계곡이 있었고 아름답고 푸른 강이 흘렀지만 분위기는 조용했다. 질문과 토론을 주고받기에는 마음이 너무 무거웠을까? 군인 출신 우암란이든 파리 유학생 출신 드바긴이든, 수도 알제에서 왔든 오레스 산간 바트나에서 왔든, 다같이 모였다는 데서 기뻐하고 환호했을까? 젊은 마키자르의 피해현황, 프랑스군의 폭격, 헬리콥터 공격, 무기부족, 게릴라 전술, 향후 계획, 유엔총회 상정에 대한 기대를 과장 어린 목소리로 강조하며 승리를 장담했을까? 이 전쟁은 반드시 승리하리라, 무슨 방법으로든 이기리라고 각오를 다지고 서로 지혜를 모았을까?

숨맘 소집의 배후에는 어떤 세력이 주도권을 갖느냐 하는 패권경쟁이 잠복해 있었다. 권력의 향방은 당연히 전쟁 이후로 연결될 터였

---

142. *Congrès Socialiste Internatonal Amsterdam 14-20 août 1904*, Genève: Éditions Minkoff, 1975.

다. 아반 람단은 정치가 군사보다 우위에 서야 한다는 원칙을 강경하고 일관되게 주장했다.[143] 이기느냐 지느냐가 군사력에 달린 마당에, 이 원칙이 왜 그렇게 중요했을까. 조심하고 경계해야 할 사항은 우선 프랑스의 내부분열 획책과 '우리의 목적'을 저해하거나 교묘하게 반토막낼 술수였을 텐데…… 하지만 이 전쟁은 국가 수립을 위한 것이고, 정치와 군사의 정당한 질서는 근대 국가의 기본이었다.[144] 정치 우위론은 아반 람단 사상의 골격이었으나 혼자만의 발상은 아니었다. 그해 1월부터 8월 대회 당일까지 참모진의 연속 토의에 붙여지고 수정된 바였다. 사실 숨맘에서 강령화된 이 정치철학은 전쟁선포 이후나 세티프 이후에 나온 게 아니다. 최소한 1920년대부터 실패를 거듭하며 내용이 정제되고 합의를 넓혀온 민족해방 원칙의 대승적 결론이었다.[145] 군사적인 것이 정치적인 것을 제압해서는 국가의 안정과 민주주의가 위태롭다는 관점은, 실제 정치 경험을 비축할 시간이 없었던 신생국가의 난경을 예측한 것이었다. 카이로에 있던 대외파가 퍼붓는 정치공세로만 치부할 수는 없는 문제였다. 사실 카이로는 혁명가들의 뇌리를 떠나지 않는 난제였다. 이 전쟁은 이 나라를 지배하는 외세를 물리치려는 것이었다. 서구든 아니든 외세는 외세다. 그런데 이집트의 나세르는 중동국가의 알제리 독립 지원을 거들면서 영국과 프랑스를 제어하는 보호막이 될 수 있는 다시없는 맹주의 지위에 있었다. 숨맘 대회 후 10월에 벌어지는 수에즈운하 사건이 입증하

143. K. Mameri, *Abane Ramdane: Héros de la guerre d'Algérie*, Paris: L'Harmattan, 1988, 193-210쪽.

144. Chalabi el Hadi, "La conception de la Constitution chez Abbana Ramdane," *NAQD*, no.12, printemps-été, 1999.

145. 북아프리카의별 이후의 여러 민족 정당과 알제리공산당의 당 강령에 관해서는 C. Collot et J.-R. Henry, *La Mouvement national algérien: Textes 1912-1954*, Paris: L'Harmattan, 1978, 55-212쪽.

듯이 1950년대 나세르의 국제적 비중은 매우 컸다. 하지만 알제리 혁명가들은 그 이상의 이집트 개입은 달가워하지 않았다. 나세르의 북아프리카에 대한 관심과 알제리는 알제리인의 문제라는 의식은 상충하고 있었다. 그 이유가 무엇이었든, 카이로에 나가 있는 벤 벨라, 호신 아이트아흐메드, 키데르는 숨맘 대회에 나오지 않았다.

해외 3인의 불참 이유가 석연치 않았겠지만, 숨맘 회의는 진정한 입법의회인 듯, 주요 사항을 전부 결론지었다.[146] 숨맘 회의는 전 국토의 군사관할을 여섯 개의 윌라야Wilaya로 정밀히 나누고, 군 직급을 확정했으며, 보고체계를 정비하였다. 숨맘에 이르기까지 경과 보고는 아반 람단이 했다. 숨맘 강령은 대내외 관계, 정치국원, 인민의회를 확정했고, 전국알제리혁명평의회CNRA와 조정집행위원회CCE라는 양대 기구의 창설을 인준했다. 국가가 없는 상태이므로 평의회는 의회에 준했고 집행위는 행정부에 가까웠다. 실질적인 지휘는 집행위원회 6인에게 위임되었다.[147] 숨맘이 여기서 뚜렷이 내세운 것은 인민과 FLN은 하나라는 사실이었다. 어느 한쪽의 이념을 위한 당이 아니라 전 인민을 위한 기구가 FLN이고, 그것이 기존의 정당들과 다른 점이었다. 아반은 1956년 3월 15일 편지에서 "FLN은 새로운 무엇이다. PPA도 MTLD도 아니고 심지어 (FLN의 맹아였던) CRUA도 아니다"라고 명시했다.[148]

---

146. 이때의 정황에 관해서는 다음 책 참조. G. Meynier, *Histoire intérieure du FLN, 1954-1962*, Paris: Fayard, 2002, 194쪽.

147. 알제리전쟁사 연구는 많이 축적됐음에도 무슨 이유 때문인지 그동안 숨맘 대회만을 주제로 한 연구는 희소하다. 지아르는 숨맘 대회 개최 배경, 대회 강령, 아반의 지도력 등을 설명하고, 내부 문제로 그들이 실패했음을 지적하고 있다. H. Djiar, *Le congrès de la Soummam*, 2006 참조.

148. Mabrouk Belhoine, *Le courrier Alger-Le Caire 1954-1956*, Alger: Casbah, 2000, 161-167쪽.

두 가지 중대한 결정이 이루어졌다. 군사에 대한 정치의 우선권, 국외에 대한 국내의 우선권이었다. 불참한 해외 대표단은 이때부터 소외감을 느꼈고, 특히 대회 주관자에 대한 벤 벨라의 심경은 날카로웠다. 어떻든 숨맘 결의에 따라 FLN의 정치 원리가 정해졌고 전국의 민족해방군 구조가 통일됐다는 데는 의문의 여지가 없었다. 숨맘 강령은 "우리의 준거, 우리의 지침"이었다.[149] 그러나 이 강령에 이슬람에 대한 언급은 없었다. 민족혼이고 민족주의의 바탕이 이슬람이었지만 전통 울라마 지도자가 전쟁기에 알제리를 떠나는 등 1950년대 울라마는 전체적으로 활력을 잃었다.[150] 민족운동은 울라마에 크게 빚졌지만 숨맘 강령은 이슬람을 내세우지 않았다.[151] 숨맘 강령은 민족이론을 집대성하고 새로운 혁명이론을 제창해야 할 목전의 필요에 부응했다. 그러나 특정 지도자가 민족을 대변하지 않았다. 이 원칙에 따라 알제리 혁명전쟁은 1인의 정치지도자를 두지 않고 전쟁 끝까지 집단지도체제 형식을 띠게 된다.

*

1945년 5월 8일 세티프에서 1956년 8월 20일 숨맘까지 알제리인은 봉기와 탄압, 희생 속에서 중대한 결정을 내렸다. 식민주의자는 식

---

149. O. Boudaoud, *Du PPA au FLN*, 156쪽.

150. 울라마는 처음에는 종교와 사회교육을 목표로, 이슬람과 아랍어를 사랑하는 젊은 이를 키워냈다. 이들이 민족해방군의 기층을 형성했다. 1954년 알제리 전역에, 울라마 126곳, 문화서클 34곳, 종교단체 70곳, 학교기관 181곳 등 총 411개 시설이 울라마협회에 소속되어 있었다. A. Hellal, *Le mouvement réformiste algérien*, 140쪽.

151. 울라마의 민족 인사들은 남부 엘우에드로 내려왔다. 콘스탄틴, 알제와는 멀고 튀니지에 가까운 까닭에 튀니지와 문물교류가 더 빈번했던 남부에서도 셰이크 압델라지즈 벨하셰미 같은 메데르사 지식인의 주도로 1937년과 1938년에 울라마를 지원하는 운동이 벌어졌다. 같은 책, 25-28쪽.

민지 민중의 압제자였다. 그로부터 벗어나는 길은 결국 무력에 의존하는 것밖에 없었다. FLN은 그 목적을 위해 결성되었고, 이 전쟁이 끝나는 날에 온 나라의 사람들이 민주적이고 사회적인 새 나라를 창건하여 그 틀 안에서 살고 있으리라 약속하였다. FLN의 결성을, 흔히 민중당의 거물 지도자 메살리 하즈의 문제점, 여기서 파생된 젊은 민족운동가들의 독자적인 행동에 반발해 생겨났다고 해석하기 쉽다. 하지만 이 시기의 10년을 더 깊게 고려해보면 그러한 해석은 너무나 편협한 시각임이 드러날 것이다. FLN이 특정 당파에 대한 반발에서 비롯되었고, 이들이 무장세력, 반도, 테러리스트였다면 알제리전쟁의 지속성은 해명되지 않는 미스터리가 되고 말 것이다.

FLN은 분명 무장투쟁을 기획하였다. 식민지 지배국과 나라 없는 식민지 민족이 지극히 불균등한 전쟁을 수행했다. 전통 강대국과 신생 약소민족, 양측이 동원할 수 있는 무기와 병력, 전쟁 자금은 비교가 되지 않았다. 이 기약 없는 전쟁의 도정에서 주목받았던 것은, 불공정하고 부도덕한 지배로부터의 해방은 칼과 무기로 이뤄지지 않으리라는 식민지인의 예심판정이었다. 숨맘 대회가 민중혁명, 사회혁명의 의미를 갖는다는 것은, 민중은 동원되고 사회는 위로부터 변혁된다는 뜻이 아니었다. 민중이 그것을 원하고 필요로 하고 만들어내고 있다는 것을 알아보는 정치적 감각이 숨맘에 흘러들었다는 뜻이었다.[152] 이런 관점이 전쟁으로 급조된 것이라고 볼 수는 없다. 손을 쓰고 자연을 응시하는 경작과 노동, 말과 글을 함께 빚어내는 평화는 이들 민족 정당과 이슬람 교단의 오랜 꿈이었다. 그 수단이 무력이 된

---

152. 알제리 혁명은 숨맘 대회에서 민중혁명, 평등 추구의 사회혁명, 분파 없는 온겨레의 혁명을 제창했으며, 그 민중적 성격은 비단 숨맘 지도자들이 민중 출신이었다는 데서 나오지 않았다. 숨맘 대의원들은 민중적 철학을 가진 이들이었고 민족군의 지지는 여기서 비롯되었다. K. Mameri, *Abane Ramdane*, 222-226쪽.

건 뜻밖이었다. 하지만 희망은 전쟁을 구실로 희석되지 않았다. 어떻게 이 싸움을 무장반도의 출현으로 돌리지 않고 나라를 세우는 주춧돌로 역사에 남기느냐가 문제였을 뿐이다. 그래서 숨맘 강령은 칼이 혼자 춤추지 않을 것이라고 공지했던 것이다. 그러면 칼 아닌 말의 표상인 언론은 전쟁기에 어떤 얼굴을 했을까?

제2장

|

『엘무자히드』

전쟁기의 신문『엘무자히드』는 숨맘 대회 준비 즈음인 1956년 6월 알제에서 처음 발간되었다.[1] 제호 '엘무자히드El Moudjahid'는 아랍어로 '전사' '용사'를 뜻하지만 선동과 투쟁만 연상시키지 않는 영혼의 언어였다. 제호는 아랍어를 택했지만 신문은 프랑스어로 발행되었고 아랍어판이 따로 덧붙여졌다. 프랑스의 지배로부터 벗어나는 과정에 유려한 프랑스어를 구사하여 이 언어로 식민해방의 대의를 만방에

---

1. 전쟁기의『엘무자히드』원본(프랑스어와 아랍어)은 미국 스탠포드 대학교 후버연구소Hoover Institute에 소장되어 있고 프랑스 국립도서관BnF, 제한적이지만 뱅센 라데팡스역사박물관의 육군역사부SHAT, 남프랑스 엑상프로방스 해외영토문서고 Centre des Archives d'Outre-Mer에서 결본들이 있지만 원본을 수집했다. 유럽 차원에서는 런던 영국도서관Bristish Library, 또 제네바의 고등국제학교'École des Hautes études internationales, 이탈리아의 볼로냐 대학이 수집본을 갖고 있다. 2006년 11월 18일에서 19일 알제에서 열린 '『엘무자히드』역사 콜로키엄' 발표문 Jean-Louis Planche, "*El Moudjahid* du temps de guerre, point aveugle de la recherche historique française" (웹사이트 자료 http://www.france-irak-actualite. com/page-el-moudjahid-du-temps-de-guerre-point-aveugle-de-la-recherche-historique-fran-aise-5844855.html) 이 책에서 참조한 판본은 1962년 유고슬라비아 간행본이다.

알린다는 다짐이었다. 물론 전쟁 발발 후 민족지가 전부 압수되고 프랑스에서 당도하는 본국 신문도 계속 몰수되는 판이라 공개적으로 간행할 수는 없었다. 1957년 1월까지 이 신문은 지하간행물로 존속했다.[2] 1957년 1월 FLN은 전쟁을 위한 국민 결속을 다짐하면서 이 단결을 널리 알려 전쟁을 국제화하려는 전략으로 알제 총파업을 실행했다. 그때 나온 7호는 압수되고 인쇄기는 공수부대원들에 의해 파괴되었다. 그러나 이에 굴하지 않고 『엘무자히드』는 발행지를 옮겨 전쟁이 끝나는 1962년 3월까지 온전히 발간되었다. 이 신문은 전쟁 내내 총사령부 없는 이 전쟁의 지적 본부 같은 인상을 주었다.[3] 사실 신문을 편집, 제작하던 레다 말렉이나 아흐메드 프란시스, 므하메드 야지드 같은 젊은 편집인들은 전쟁의 소용돌이가 아니라면 문필가로 이름을 떨쳤을 쟁쟁한 인문주의자들이었다. 알제리의 말과 글은 식민지의 제약과 민중의 궁핍 속에서도 한참 무르익어 전쟁과 혁명의 거센 날을 폭력에만 내맡기지 않는 성과를 올렸다.

1. 전쟁 전 정치신문 『레퓌블리크 알제리엔』

1948년에 창간된 주간지 『레퓌블리크 알제리엔(알제리공화국)』은 민족진영을 대변하는 언론이었다. 압바스가 주도한 UDMA당에서 내

---

2. 신문 판본마다 간행지의 도에 제출되어야 했고 해당 도에서는 여러 부서에서 기사, 만화, 제목, 사진 설명을 세밀하게 스캔하여 보관했다. 몰수 여부는 대부분 해당 관리의 결정에 따라 이루어졌다.

3. 2007년에는 전쟁기 『엘무자히드』를 그린 기록영화도 제작되었으며, 생존한 신문 관계자들의 자문을 구했다. 알제리 독립 후 FLN 체제하에서 『엘무자히드』는 관영지 비슷한 지위를 지닌 채 계속 간행되었다. 그러나 이 글은 1962년 7월 5일 독립까지만 다루기에 그 이후의 신문은 고려하지 않는다.

는 일반 정기간행물로 커다란 8면 지면이 정치논평과 국제정치 보도로 가득했다. 알제리 정치·사회를 중심에 두면서도 국제뉴스에 비중을 높여 중동과 북아프리카는 물론 서구 정치 상황도 상세히 소개했다. 문장은 단정하고 제목은 담담했다.[4] 억압 아래 놓인 사회일지라도 언론은 분개와 거부로 세상을 대하지 않고 냉소를 가까이 하지 않는다는 일깨움 같았다. 사실 대학 때 학생운동에 투신해 1930년대에 프랑스 의회에 나간 페르하트 압바스 같은 이들은 식민지인의 정치수련을 중요하게 고려했다. 그 시절 그가 "산자에게 묻고 죽은 자에게 묻고 역사에 물어봐도 알제리라는 조국은 찾을 수 없고 알제리가 있다 하는 이는 아무도 없다"는 기사를 쓴 건 사실이다.[5] 그러나 이 기사 말미에서 그는 "아무도 우리의 정치적 해방, 토착민의 해방을 믿지 않지만 프랑스-알제리는 결코 오래가지 않을 것"이라고 썼다.[6] 그로부터 십여 년간 정치 경력을 쌓은 그는 제2차 세계대전 이후 해방뿐 아니라 민주적이고 안정적인 체제의 토대를 쌓는 데 주력했다. 압바스와 동료들은 식민체제를 역공하기 위해서는 지배와 피지배의 논리를 넘어서는 이지적이고 통합적인 시야가 필요하다고 보았다.

그들의 그러한 정치철학은 『레퓌블리크 알제리엔』의 전신이었던 『에갈리테』에 먼저 표현된 바 있었다. 『에갈리테』는 유럽 해방으로 식민지들의 변화까지 전망할 수 있게 된 1944년 하반기에 태어났지만 그런 분위기에 흥분하지 않고 '평등'이라는 차분한 제호 밑에 "식민지인이 희구하는 평등이 무엇인가"라는 질문을 꺼내들고, 한 나라

---

4. *La République Algérienne*, 1948.
5. 이런 내용이 담긴 압바스의 「프랑스는 나La France c'est moi」라는 기사는 그가 창간한 작은 신문 『랑탕트L'Entente(협약)』(1936년 2월 23일)에 실렸었다.
6. 페르하트 압바스 서거 29주년 추모기사. Bouhali Mohamed Cherif, "29ème anniversaire de la mort de Ferhat Abbas: Un homme, un destin," *Le Soir d'Algérie*, 25 décembre 2013.

의 사회적 평등만이 아니라 '인간 평등' '인종 평등' '민중 평등'이라는
세 가지 가치를 포용할 것을 주장했다. 해방의 도래를 맞기 위한 지적
정치적 준비를 의식했다. 어찌 보면 조만간 닥칠지도 모를 해방을 준
비하기 위해 이런 정치적인 의지가 사회에 퍼져야 한다는 경험에서
나온 평등론처럼 보였다. 하지만 그런 기대와 달리 1943년 6월 프랑
스민족해방위원회 결성에 따라 카트루 총독에게 제출한 '알제리 조
국의 자유와 평등 선언'은 거부되었다. 하지만 이듬해 1944년 4월에
결성된 선언과자유의벗AML에 50만 명이 가담할 만큼 알제리인은 대
서양헌장으로 고무되었다.

　압바스와 동지들은 드골 장군의 콘스탄틴 제의에 합류하지 않고
독자노선을 추구했다.[7] 1946년 5월 '알제리선언민주동맹UDMA'은 이
렇게 해서 태어난 온건주의 민족 정당이었다.『레퓌블리크 알제리엔』
과『에갈리테』는 이 UDMA당과 함께했다.[8] 창당 직후인 6월에
UDMA는 제2제헌의회에서 알제리에 배정된 의석 13석 중 12석을
차지하는 개가를 올린다. 그러나 이듬해 1947년에 압바스는 알제리
인 지위법 개정안이 부결되자 의원직을 사임하고 만다. 이렇듯 파리
의회에 진출한 알제리 정치인이 본국에 무조건 협력한 것은 아니었
다. 알제리를 위한 동맹체에 찬성하는 압바스의 입장 속에는 정치란
시간이 필요한 것이고 자유가 박탈된 식민지로서 그 시간을 벌어보
겠다는 드러내기 힘든 속셈도 깔려 있었다.[9]

---

7. 압바스는 '선언' 후 재정대표단 토착민 부의장 압델카데르 사이야와 함께 오랑에
연금되었다가 1944년 1월에 석방된 직후 민중당 당원들과 논의해 선언과자유의벗을
결성하고, 4월 4일 콘스탄틴 도와 총독부에 신고한다.
8. Y. Beghoul, *Le Manifeste du peuple algérien*, 187-197쪽.
9. Ferhat Abbas, *De la coloniale vers la Province: Le jeune Algérien 1930*, Paris:
Garnier Frères, 1981, 66-100쪽; 노서경, 「알제리 민족운동과 정치문화의 전이—페
르하트 압베스 1927-1954」, 『불어문화권연구』(서울대학교), 제18호, 2008, 42-78쪽.

부르주아 정치인이라 해서 민족해방에 둔감하지 않았다. 이들의 지상목표가 평등하고 민주적인 사회의 구현이었음을 말해주는 것이 1943년 AML의 창당 선언문이다.[10] "1789년 프랑스혁명의 원칙을 계승한 프랑스의 알제리 식민화가 한 세기 이상 이어져왔다. 이 '민주적인' 식민화가 최소 70년간 장애 없이 계속 전개되었다. 경험은 너무 오래되었다. 그 실적을 판단하기에 충분한 시간이다." 페르하트 압바스가 필명으로 게재한 『에갈리테』 창간호 사설도 식민지배를 거듭 비판했다. 1945년 세티프 봉기를 체험하고 제2차 세계대전 이후 재편된 새로운 세계질서 앞에서 압바스는 '토착민indigène'이라는 표현을 써가며 인종이 어떻든 모든 민족은 야만에서 해방되어야 한다고 주장했다. 그 이유는 유럽의 인간은 신인神人동형설을 따르는데 이 섭리는 인간 안에 세상질서를 세우려 하지 않는다며 타자의 언어와 문화, 전통, 신념, 자유를 존중하지 않고 언제까지나 희생을 강요한다고 비판했다. 식민화는 인민이 요구하는 강대국의 집단안보 체제와 국제협력으로 말미암아 살아남지 못하리라 결론 맺었다. 그런데 압바스는 유럽 부르주아지가 제국주의라는 질병으로부터 회복되는 것과 마찬가지로 식민화된 민족이 추락에서 반드시 되살아나길 강권했다. "막 태어난 우리의 부르주아지와 우리의 거짓된 엘리트 안에 어떤 누추함과 악취가 풍기는지 우리는 안다." 『에갈리테』는 1948년 2월에 '평등-알제리공화국'으로 제호를 고쳐 신문의 정치성을 더욱 뚜렷이 하다가 6월에 '평등'을 지우고 '알제리공화국'만 부각시켰다.

근본적으로는 정치적 자유가 박탈된 식민지였지만, 민족이라면 무조건 비판을 삼가는 폐쇄성을 버린다는 것은 압바스와 동지들의 공

---

10. Y. Beghoul, 앞의 책, 같은 곳.

통된 구상이었다.[11] 압바스가 세티프 사건으로 투옥되어 감옥에서 만난 의사 사아단, 젊은 얼굴의 동지인 프란시스 아흐메드, 의사 벤헬드, 변호사인 알리 부멘젤, 카두르 사토르, 세기르 모스테파이는 언론의 자유를 부족함 없이 지키고자 했다. 신문은 정치에 봉사하지 않고 당 노선에 속박되지 말아야 했다. 사실 문자행위의 자유와 독립성은 식민지인이기에 더욱 아쉬웠다. 카다, 벤자디 같은 교사, 케수 같은 신문기자인 당 책임자들도 똑같은 태도로 언론을 대했다.[12] 따라서 『레퓌블리크 알제리엔』은 당을 늘 부각시키지 않았고 노선의 우수성을 입증하고자 다른 노선을 공격하는 느낌도 주지 않았다. 사설과 정치논평은 논지가 또렷했지만 유연했고 해설은 차분해서 신문을 읽고 나면 갑갑한 식민지 알제리를 벗어나 카이로와 다마스로, 이탈리아와 헝가리 부다페스트로, 모스크바와 유엔으로 여행하는 듯한 기분이 들었다. 이곳이 아닌 다른 세계에 대한 상상력과 호기심은 식민지 독립의 영혼을 좀먹는 정신적 도피가 아니라 세상에 대한 눈을 넓히고 키우는 지적 자산이었다.[13] 하지만 그것도 결국은 서구적 성향의 답습 아닐까. 페르하트 압바스는 그가 익힌 프랑스와 서구문화를 부정하지는 않았다. 그러나 날카로웠다. 유럽의 신인동형론에서 보듯이 프랑스의 도덕적 정신적 풍요함, 프랑스 인민의 자유 전통 안에는 현재 프랑스의 행동이 정당화되는 기제가 들어 있다고 파악하였다.

그러나 『레퓌블리크 알제리엔』이 부르주아 자유주의만을 수호한

---

11. Malika Rahal, "La place des réformistes dans le mouvement national algérien," *Vingtième Siècle. Revue d'histoire*, vol.3, no.83, 2004, 161–171쪽.

12. "『에갈리테(평등)』는 『레퓌블리크 알제리엔(알제리공화국)』이 되었다. 이로써 우리는 우리의 정치 원리를 단순히 평등으로 축소시켜온 식민주의자들의 애매성과 절연한다." L. B. Benmansour, *Ferbat Abbas: l'Injustice*, Alger: Livres Éditions, 2013.

13. Frederic Ewen, *A Half-Century of Greatness: The Creative Imagination of Europe 1848-1884*, vii–xviii쪽.

것은 아니다. 이 신문은 제국주의에 굽히지 않았던 알리 엘 함마미 같은 민족주의자를 중동 특파원으로 선정했다. 엘 함마미는 15세에 고향땅 알제리 티아렛을 떠나 이집트 알렉산드리아로 향했고 20세 무렵에는 리프전쟁에도 참전했으며 그 경험을 바탕으로 알제리 민족운동이 프랑스공산당에 휘둘려선 안 된다고 주장했다.[14] 마그레브의 해방은 그 땅의 주인인 토착민이 쟁취해야 한다고 믿었던 엘 함마미는 1924년 6월 모스크바 대회 직전 프랑스공산당의 권리를 주장한 모리스 토레스의 발언에 격분해 잉크병을 집어던진 일화가 있다. 아랍어와 프랑스어, 에스파냐어로 글을 쓰고, 로마사에서 시리아사까지 뛰어난 식견을 지닌 코즈모폴리턴이었지만 프랑스 당국의 탄압으로 이곳저곳 전전하다 리프전쟁 지도자 압델 크림의 보호로 바그다드에 체류했고, 1949년 12월 파키스탄 카라치 이슬람 경제사회대회에 마그레브 대표로 참석하고 귀환하던 중 비행기 사고로 운명했다.[15] 그의 수많은 원고가 아직도 거의 알려지지 않고 있다. 그렇기에 『레퓌블리크 알제리엔』에 발표된 기사들은 더 빛나고 그를 특파원으로 초

14. "배우고 깨닫는 것이 전부다. 하루같이 쾨니히스베르크 공원을 거니는 산책 도중 바스티유 함락을 알리는 첫 소식을 들은 칸트는 이 사건에서 앏은 오류가 없다는 징조를 보았다. 발에 족쇄를 차고 부지의 감옥에 갇힌 이븐 할둔은 들여보내진 쿠스쿠스를 거부한 채 후일 『역사서설』이 될 사유의 단상을 시작한다. 죽음을 앞둔 병상에서 막 인쇄된 첫 권, 천체물리학의 법칙을 완전히 뒤엎은 책을 가슴에 껴안은 것은 코페르니쿠스였다. 고독한 명상에 취해 대낮에 코르도바 거리 어느 집에 머리를 부딪친 것은 아베로에스였다…… 알제리가 아직 혼란과 저하된 삶에 사로잡혀 있을 적에 벤 바디스가 이해받지 못해도 먼저 세우려고 한 것이 바로 그것이었다."―1949년 10월 28일에서 12월 23일까지 『레퓌블리크 알제리엔』(제196-204호)에 실린 엘 함마미의 글 「벤 바디스」에서 발췌. Amar Belkhodja, *Ali El-Hammami 1902-1949: du Rif à Karachi: l'épée et la plume*, Alger: ANEP, 2007, 94-103쪽.

15. 셰이크 바시르 엘 이브라히미, 페르하트 압바스, 아흐메드 베이 등 저명인사들의 아랍어, 프랑스어 추도사는 A. Belkhodja, *Ali El-Hammami 1902-1949: Toute une vie pour l'Algerie*, Alger: Éditions Dahleb, 2008/1991, 109-163쪽.

빙한 UDMA의 넓은 전망 또한 큰 의미를 지닌다.[16]

『레퓌블리크 알제리엔』은 당도 내세우지 않았고 특정 지도자 추앙도 없었다. 이런 편집권 독립은 주목할 만한 사실이 아닐 수 없다. 1945년 소련 승전 후 프랑스공산당 기관지 『뤼마니테』에는 스탈린 사진이 크게 게재되었다. 1952년 7월, 자유장교단Free Corps 쿠데타 성공과 대규모 농업개혁 후 이집트 카이로 언론들은 노골적으로 나세르 찬양에 매달렸다. 하지만 『레퓌블리크 알제리엔』에선 어떤 특정인 연설도 사진도 확대 보도하지 않았다. 이 언론과 논조도 다르고 기사 선정과 편집도 달랐던 민중당 신문 『부아 데 리브르(자유인의 목소리)』도 특정 지도자에 집착하지 않았다. 알제리공산당 진보지 『알제 레퓌블리캥』도 그랬다. 이 같은 알제리 민족지들의 성격은 언론의 자유를 이념화한 서구의 영향 덕분이라 할 수 있다. 제2차 세계대전 동안 파시스트 체제에 저항했던 신문잡지가 프랑스, 이탈리아 도처에서 숱하게 인쇄되었고, 에스파냐 내전 때도 온갖 종류의 정치언론과 노조신문이 쏟아졌다.[17] 지중해의 에스파냐, 이탈리아, 남부 프랑스는 모두 알제리와 친근하고 가까운 지역이었으며, 널리 보급된 라디오는 지중해 곳곳의 소식을 전했다.[18] 알제리전쟁 전부터 알제리인의 눈과 귀는 뉴스에 예민했다.

---

16. 엘 함마미 서거 1주년 추모기사. *La République Algérienne*, 26 août 1949.
17. 프랑스의 저항운동과 문학, 좌절은 이탈리아, 독일도 공통적이었다. 제임스 윌킨슨, 『知識人과 저항. 유럽 1930-1950』, 이인호 외 옮김, 서울: 문학과지성사, 1989.
18. 프란츠 파농, 『알제리 혁명 5년』, 홍지화 옮김, 서울: 인간사랑, 2008, 79-118쪽. 파농에 따르면 1957년부터 프랑스군은 라디오를 모두 몰수했고 방송청취도 금지했다. 그러나 상황이 역전되어 투쟁이 고조되고 대외적 지지를 얻어가자 '투쟁하는 알제리'의 소리가 다양해지면서 튀니스, 다마스, 카이로, 라바트에서 민중을 겨냥한 프로그램들이 방송되었다. 프랑스 당국은 더이상 수많은 강력한 전파를 방해하지 못했다. 알제리인은 매일 프랑스어나 아랍어로 대여섯 개의 각기 다른 방송을 청취할 수 있는 기회가 있었고, 그 덕분에 차츰차츰 혁명의 진전을 따라갈 수 있었다.

2. 번성하는 식민지 언론

오래전부터 이슬람은 문예의 터전이었다. 실제로 신문잡지의 영향으로 이슬람 개혁운동이 일어났다. 토착민 신문은 프랑스 알제리에 도입된 언론정책과 유럽인의 간행물 열기를 충분히 지켜본 후 본격화했다. 알제리에 근대적 정간물이 선보인 것은 1830년 프랑스 침공 후 몇 년 지나지 않아서였다.[19] 20세기 초 유럽인 일간지가 상당수였고 대도시 신문은 콜롱 세력의 대표지로 명성이 높았다. 서부 오랑의 『레코 도랑(오랑의 메아리)』도 그렇지만 알제의 『레코 달제(알제의 메아리)』는 뼈대 있는 신문으로 성장했다. 1912년에 창간된 『레코 달제』는 1940년 세리니 편집국장을 영입하여 프랑스 신문에 버금가는 알찬 지면을 꾸몄다.[20] 정기간행물은 일간과 주간지에 그치지 않고, 프랑스 관보, 총독부 관보가 공개 간행되었다. 식민화에는 사법과 재판의 판례 도입이 중요했으므로 알제리와 튀니지, 모로코를 한데 묶은 입법·사법 평론집이 발간되었고, 재정과 예산, 농업, 광업, 산업, 철도 등 산업 분야의 기관지가 각각 나타났다.[21] 더구나 동부와 서부, 알제 같은 출신과 성향이 다른 유럽계 정착민이 1880년대에 일제히 프랑스인이 되고 프랑스 교육이 전면화되자 본, 알제, 오랑, 오랑 옆의 시

---

19. 1848년 프랑스 제2공화국 도래로 알제리 언론에도 자유화 바람이 불었다. 공화국은 단명으로 끝나고 제2제정이 검열을 재개했어도 알제리 신문들의 논조는 자유를 유지했다. 당시의 간행물은 다음과 같다. *Abeille de l'Atlas*; *Le Nador*; *la Sentinelle Républicaine d'Alger*; *Courrier de Constantine*; *Les Deux France*s; *Brûlot de la Méditerranée*; *Gourayah*; *Courrier d'Afrique*; *L'Algérie*; *Le Précurseur*; *L'Afrique Française*; *L'Étoile d'Afrique*; *L'Echo de l'Atlas*.

20. Alain de Sérigny, *Échos d'Alger: Le commencement de la fin*, t.1,2, Lausanne: la Cité, 1973/1974.

21. 알제 법대 간행물. *Revue algérienne, tunisienne et marocaine de législation et de jurisprudence*, publiée par la Faculté de droit d'Alger (1895-1913-1962); 재정대표단 기관지. *Délégations financières algériennes 1899-1948*.

디벨압베스, 고도 틀렘센, 소도시 티아렛, 중부의 블리다, 카빌리의 부지, 동부 테베사, 그 어디서나 지역지가 발행되었다.[22] 여기에 고고학, 지리학, 의학, 정신의학 잡지 등 라틴-아프리카 열기에 따른 조사와 연구로 각 분야의 학회지가 알제 중심으로 발간되었고, 교육지, 교사회지, 대학간행물들이 나타났다.[23]

아랍어 신문이 널리 보급된 것은 1930년대의 울라마 개혁운동과 궤를 같이한다. 이슬람 개혁주의 지도자 벤 바디스는 서구적인 것과 이슬람적인 것을 분리하는 양자택일의 사고방식을 갖지 않았고, 어느 방법이 식민지 재생에 도움이 되는가에 몰두하였다. 문제는 어느 편이냐가 아니라 "서구문화 지지자는 이슬람의 진실을 아무것도 모른다는 것"이고, 반대로 "이슬람 주창자는 서구문화에 문외한이라는 큰 결함을 지녔다는 것"이다.[24] 이 개혁주의 지도자는 상호배제의 함정에 빠진다면 민족 본연의 종교도 정치운동도 힘을 잃고 말 거라고 수 없이 강조했다.[25] 사실 벤 바디스의 신문 『엘 문타키드』 첫머리에는 "알제리 인민의 행복을 위해 일하는 애국적 독립신문, 민주적 프랑스의 지원을 받아"라고 적혀 있었고, 그 바로 아래에는 "모든 것보다 위에 있는 진실, 모든 것에 앞서는 조국"이 명기되어 있었다.[26] 이는 프

22. *Bulletin*(알제 공식 신문, 1897-1954); *L'Action bônoise*(기관지, 1909); *L'Évolution*(알제리와 튀니지 지역지, 1909-1935); *L'Echo de Tlemcen*(틀렘센 좌파 신문, 1924-1939); *L'Écho de Bougie*(부지 종합지, 1905-1959); *Missions d'Afrique d'Alger*(알제 지역지, 1879-1936).

23. 대표적인 것이 *Bulletin de la Société de géographie d'Alger et de l'Afrique du Nord* (1896-1945); *Revue africaine: journal des travaux de la Société historique algérienne* (1856-1962)이다.

24. M. Tuomo, "Les mouvements politiques et la question culturelle en Algérie avant la guerre de libération," *Cahiers de la Méditerranée*, no.26, 1983, 3-14쪽.

25. A. Ben Badis, *Textes choisis. rassemblés et annotés par le Dr. Mohammed Korso*, Alger: ANEP, 2006, 33-197쪽.

26. A. Hellal, *Le mouvement réformiste algérien*, 329쪽.

랑스 문화를 껴안은 이슬람 언론을 왜 굴종적으로 보느냐 하는 반론과 다를 바 없었다.

프랑스제국의 위용이 드높고 제국의 방어 계획도 확고한 시대에 이 같은 이슬람 언론들은 일종의 공세였다.[27] 토착민 신문이 선보인 1882년경 아랍어 문화와 프랑스 문화를 모두 가르치고 배워야 한다는 알제리인의 자각이 일었다. 이 분위기에서 신문은 더없이 좋은 교육도구였다. 제1차 세계대전 전 오랑에서 『엘 미스바(등불)』, 알제에서 『엘 힐랄(초승달)』, 콘스탄틴에서 『르 뮈쥘망(무슬림)』, 본에서 주간지 『이슬람(복종)』 같은 신문들이 발행되었다.[28] 신문의 보급은 통행의 자유와 나란히 간다. 제1차 세계대전 후 달라진 것이 통행 제한의 완화였다. 1830년 알제리 정복 개시와 함께 프랑스 시민, 알제리 신민, 외국인 누구나 통행증을 지녀야 이동이 가능했다. 1862년부터 알제리 무슬림에게만 적용돼왔던 통행제한의 차별이 세계대전 이후에 풀린 것이다. 1905년까지 증명서가 있어야 했던 해외 출입도 규제가 다소 풀렸고, 프랑스 이외의 국가나 무슬림 국가와의 내왕도 간편해졌다.

민족운동의 소식을 듣는 것은 사람들의 마음을 피어나게 했다. 민족운동이 주로 프랑스 파리에서 일어나고 있었기 때문에, 카빌리 농촌이나 알제 벨쿠르 동네에서 신문을 펴면 자신도 파리에 있는 듯한 분위기에 젖었다. 파리에서 발행되는 에미르 칼레드의 『이크담』은 곧

---

27. M. Thomas, "At the Heart of Things? French Imperial Defense Planning in the Late 1930s," *French Historical Studies*, vol.21, no.2, 1998, 325-361쪽.

28. Zahir Ihaddaden, *Histoire de la presse indigène en Algérie: Des origines jusqu'en 1930*, Alger: Éditions Ihaddaden, 2003, 16-18쪽. 이하다덴은 알제리 독립 후 토착민 언론사에 종사했다. 아랍어 언론사(전4권)는 이미 1913년에 필리프 드 테라치 공작에 의해 정리됐고, 1936년에는 알제리 총독부의 방데르 대위가 토착민 언론을 간행했다.

바로 알제리로 전해졌다.[29] 미국의 윌슨 대통령에게 진정서를 보낸 칼레드의 유화주의 노선에 반기를 들고 이탈한 민족주의자들은 신문 제호로 '신도들의 공동체'라는 뜻의 『엘 움마』를 골랐다. 북아프리카 의별은 이 신문으로 사람들에게 다가갔다. 이슬람은 세상을 이해하려는 다면적이면서도 일관된 신념체계이건만 혼란과 불경으로만 여겨지는 것은 생각해봐야 할 문제였다.[30] 1932년 1만 2,000부였던 판매 부수가 1934년에는 4만 4,000부까지 늘어난 『엘 움마』는 현 이슬람의 안일과 부패는 개혁되어야 한다는 이슬람 수니파의 살라피즘, 아랍어로 살라피야Salafiya를 전파했다.[31] 언론은 은근히 사회의 혁명적 변신을 위한 바탕을 마련한다.[32]

민족지는 아니지만 진보지로 유명했던 신문 중 하나가 프랑스 인민전선의 영향으로 나타난 『알제 레퓌블리캥』이다. 『오랑 레퓌블리캥』의 후신인 이 신문이 1938년 10월 6일 창간호를 냈을 때, 유럽에는 전쟁의 기운이 감돌았고, 1939년 9월 3일 제2차 세계대전이 발발하자 곧 간행이 정지된다. 하지만 1년이 채 안 되는 그 기간에 이 신문이 보인 논조는 카뮈의 기사에서 보듯 차분한 목소리로 식민지의

---

29. Ch.-R. Ageron, "La naissance de l'Étoile Nord-Africaine"; K. Bougressa, "La création de l'Étoile Nord-Africaine et fondement du nationalisme révolutionnaire séparatiste," L'Étoile Nord-Africaine et le mouvement national algerien, 71-85, 87-112쪽.

30. J. McDougall, History and the Culture of Nationalism in Algeria, 108쪽.

31. A. Nouchi, La naissance du nationalisme algérien 1914-1954, Paris: Minuit, 1962. 살라피즘은 아랍어로 조상을 뜻하는 '살라프Salaf'에서 유래한 말로 선지자 무함마드가 살던 서기 7세기의 관습과 전통을 현대에 재현하자는 종교 운동에 뿌리를 두고 있다. 살라피즘은 18세기 이후 사우디아라비아의 국교인 와하비즘으로 계승되었다. 이희수, 「북아프리카 이슬람원리주의 세력의 형성과정과 정치세력화」, 『지중해지역연구』, 제18권 제4호, 2016, 142쪽.

32. A. Djeghloul, "La formation des intellectuels algériens modernes 1880-1930," O. Carlier, F. Colonna, A. Djeghloul, M. el-Korso, Lettrés, intellectuels et militants en Algérie 1880-1950, Alger: OPU, 1988, 11-14쪽.

경제사회적 부정의와 탄압을 고발하고, 울라마 지도자 셰이크 엘 오크비에 가해진 살인 혐의에 관해서도 정확한 보도로 식민지배의 위선과 탄압을 지적했다.[33] 해체된 리그의 재건 혐의로 기소된 민족주의자 23인 재판도 카뮈의 기사로 훤히 밝혀졌다. 『알제 레퓌블리캥』은 연합군의 알제리 상륙 후인 1943년 2월 복간되고 전후에는 언론 정화의 혜택을 입기도 했다. 전쟁기 부역 혐의로 우익지 『알제리 데페슈』는 금지되고 기자재는 압수되어 국영언론사 SNEP에 넘어갔다. 『알제리 데페슈』의 폐간으로 라페리에르 거리의 호사스런 창고에 초현대식 인쇄기를 이용하게 된 『알제 레퓌블리캥』은 문건에 신경 쓰는 프랑스공산당과 간접적으로 연결되었다. (알제리공산당도 알제 이슬리 거리(현재 벤 미히디 거리) 셰스Chaix 책방 건물에 문건을 갖고 있었다.) 그러나 앙리 알렉이 편집국장을 맡은 후에는 공산당에서 나왔다.[34]

1920년대와 30년대에 토착민 신문과 신문기자들은 당국의 감시하에서도 유럽인 언론과 함께하고 경쟁했고, 탄압 속에서 이슬람, 개혁, 자유, 사회주의, 공산주의의 다원적인 사상을 흡수하고 인정했다. 알제리인의 대형 언론사는 꿈도 꾸지 못했고 『이크담』 『랑탕트(협약)』 『라 부아 데젱블(미천한 자의 목소리)』 같은 토착민 유력지의 부수는 수천 부에 불과했지만, 신문은 질곡의 오늘을 벗고 미래를 키우는 잠재적인 수단이었다. 때로 배포금지를 당하면 기자들이 직접 신문을 들고 다니면서 부지런히 주위에 그 씨앗들을 뿌렸다.[35] 단발로 그치

33. Abdel'alim Medjaoui, Le Géant aux yeux bleus: Novembre, où en est victoire?, Alger: Casbah, 2007, 52쪽.
34. 1950년 알제리공산당에서 신문을 주관하기 전까지 『알제 레퓌블리캥』 편집진이나 독자층은 유럽인과 무슬림이 섞여 있었고 모든 사상이 두루 지면에 반영되었다. El-Hachemi Trodi, Sur les chemins de la liberté, Alger: Casbah, 2009, 48-49쪽.
35. Philipp Zessin, "Presse et journalistes 'indigènes' en Algérie coloniale (années 1890-années 1950)," Le Mouvement social, no.236, 2011/3, 35-46쪽,

는 경우도 있었지만 각종 노동단체들도 신문을 냈다. 노동지 『사회투쟁』은 1948년 『새로운 알제리』로 바뀌었다.[36] 다양한 문화적 자산을 물려받았던 전쟁기의 FLN은 서구의 언어 감각과 논리, 이슬람의 정신과 고유의 아랍문학 전통을 씨줄과 날줄처럼 교직하여 새로운 신문을 만들어냈다.

3. 『엘무자히드』 창간과 제작정신

알제리 민족지들은 1954년 이전부터 몰수되었지만 전쟁 후에는 프랑스계 언론까지 자주 금지되었으며 금지출판물 목록은 다달이 늘어갔다. 카이로, 라바트, 튀니스 등지에서 발행되는 주요 아랍어 신문도 거의 모두 금지되었다. 1955년 자크 수스텔 총독 재임시 시행된 언론 압수는 1956년 로베르 라코스트 치하에서 더 불어났다. 가톨릭 좌파 『테무아나주 크레티앵』은 거의 매주 압수되었고, 『프랑스 수아르』나 『르몽드』, 가톨릭 계열의 『라크루아』 같은 중도 성향의 신문들도 압수로부터 자유롭지 않았다. 1956년 말쯤에는 알제리인을 대변하는 독립적인 신문은 존재하지 못했고, 알제리-프랑스 계열의 신문들이 독점 판매되었다. 『알제 레퓌블리캥』은 폐간 조치가 불법이라는 판정을 받았음에도 재발간이 금지되었다.

전쟁과 혁명의 대변지를 창간하겠다는 숨맘 대회 공약의 배경에는 이 같은 당시의 언론환경이 작용한 측면도 있다. 전쟁으로 신문과 뉴

---

36. 프랑스 노동기구가 알제리에 그대로 이식되어 프랑스노동총연맹CGT, 프랑스기독교인노동총연맹CFTC의 간행물이 『알제리 철도원』 『알제리 근로자』 『철도원 논단』 등으로 발간되었다. Nora Benallégue-Chaouia, *Algérie Mouvement ouvrier et question nationale 1919-1954*, Alger: OPU, 2005, 461-467쪽.

스를 보려는 사람들의 갈망이 전례 없이 치솟았다. 독자가 원하는 것은 무엇보다 사태를 파악할 수 있는 정확하고 공정한 보도였다.[37] 따라서 프랑스에서 출간되고 있던 『렉스프레스』 『프랑스옵세르바퇴르』 『프랑스수아르』 『르몽드』 같은 신문매체들은 전쟁을 치르는 동안 알제리 발송 물량을 세 배에서 다섯 배까지 늘려야 했다.[38] 프란츠 파농에 따르면 당시 『렉스프레스』나 『뤼마니테』, 또는 『르몽드』를 달라고 하는 것은 경찰 끄나풀에게 "나는 민족주의자다"라고 신호를 보내는 것과 다름없었는데, 사실 전쟁중의 신문은 기사 하나하나가 주목을 끌었다.[39] 전쟁이 끝나가는 1961년에서 1962년 사이에도 『악튀알리테 알제리(시사 알제리)』 『아프리크 콩탕포렌(동시대 아프리카)』 『아프리크 크리티크(아프리카 평론)』 같은 신문들이 계속 창간되었다.

『엘무자히드』도 아프리카 비평 뉴스의 열기를 반영하였다. 누가 제호를 정했는지는 확실치 않으나, 아반 람단과 벤유세프 벤헤다가 전투원과 비전투원을 다같이 아우르는 공동의 대의명분을 좇아 '희생'

---

37. 〈아랍의 소리Cawt ul'arab〉 같은 카이로 방송이나 다마스쿠스 방송은 뉴스와 정치 해설뿐 아니라, 아이 돌보기, 가축 키우기부터 고급문화까지 잘 쓰인 대본을 기초로 하루 종일 방송을 내보냈고 알제리인은 이러한 해외의 소식에 익숙했다. 라디오 청취는 아주 새로웠던 현상은 아니다. 1930년대부터 라디오는 전복의 도구로 인식되었다. 1934년 무솔리니가 튀니지, 에티오피아, 중동으로 세력 팽창을 공언하면서 이탈리아 남부 끝에서 발신되는 단파 방송이 매일같이 범아랍주의와 범이슬람주의를 고무시키기도 했다. 1936년 에스파냐 내전이 벌어진 후에는 세비야와 테투안의 에스파냐 민족주의 방송이 알제리까지 들렸다. 알제리인들은 카이로, 알렉산드리아, 자그레브, 이스탄불, 때로는 모스크바 방송까지도 들었다. R. P. Scales, "Subversive Sound: Transnational Radio, Arabic Recordings, and the Dangers of Listening in French Colonial Algeria, 1934-1939," *Comparative Studies in Society and History*, vol.52, no.2, 2010, 384-386, 405-407쪽.
38. 하지만 대도시 신문 가판대를 운영하는 유럽인들은 위협을 느꼈다. 이들 신문이 적과 공모한다는 선전이 그럴싸하게 들렸다. 가판대 운영자는 대개 참전 군인들이었다. 게다가 잦은 압수로 신문 판매는 경제적 손실을 입곤 했다.
39. F. Fanon, *Sociologie d'une révolution*, 60쪽. 파농의 저술 원문들은 현재 웹사이트에 실려 있다.(이하 쪽수는 웹사이트판 인용.)

과 '자기소멸'과 '헌신'을 이루자는 뜻으로 이 아랍어를 택한 것으로 알려진다. 『엘무자히드』는 신문 제호 밑에 "민중에 의해, 민중을 위해"라는 문구를 써넣어 혁명의 주체가 누구이고 목적이 무엇인지를 명시하였다. 프랑스어 '퐈플peuple'은 유럽의 1848년 혁명이 보여주었듯이 민중이라는 계급성뿐 아니라 민족이라는 정체성을 동시에 내포한다. 아반 람단이 작성한 1956년 4월 창간호 사설은 그러한 '민중/민족'에게 이 신문이 무엇을 할 것인지를 간추려 표현하고 있다. 『엘무자히드』는 우선 민족해방군의 거울이 되고자 했고, 식민지배하에서 바깥으로 알려지지 않았고 말하지 못했던 알제리인의 고통을 드러내고자 했다. 당장은 프랑스가 전하는 공식 거짓말이 아닌―식민화된 언론의 왜곡된 보도가 아닌―사실에 근거한 보도를 전하고 그럼으로써 궁극적으로 단결을 도모하고 성취하고자 하였다.

타블로이드 8면에 격주로 발행되는 신문은 평범한 일간지와 성격이 다른 정치해설서나 사회평론지 같았다. 이제 전쟁을 보도하는 단순한 군사 소식지는 그 의미를 상실한 상태였다.[40] 전쟁에 관한 뉴스라면 미국의 『뉴욕타임스』뿐만 아니라 동서독의 주요 일간지, 동유럽의 신문에서 연일 보도하고 있는데, 세세한 작전과 전세를 굳이 재론할 이유가 없었다. 『엘무자히드』는 오히려 이 전쟁을 군사적 승부에 맡기지 않고 정치적이고 외교적인 그리고 인문주의적인 전략이 중요하다고 판단한 듯했다.

하지만 『엘무자히드』 발간은 안정적이지 않은 망명자의 처지에서 이루어졌다. 1957년 1월 제10공수사단이 알제의 총파업을 탄압하고

---

40. 가당이 분석한 『엘무자히드』의 기사 총 1,292건 중 38퍼센트가 정치 기사였다. M. Gadant, *Islam et nationalisme en Algérie. d'après 'El Moudjahid' organe central du FLN de 1956 à 1962*, Paris: L'Harmattan, 1988, 7쪽.

FLN 본부를 분쇄한 뒤로는 신문사도 알제를 떠나야 했다.[41] 처음에는 낯익은 모로코의 테투안으로 갔다가 1년 후 이보다 교통도 편하고 교류가 활발한 튀니지로 옮겼다.[42] 인쇄소는 튀니스의 하비브 부르기바 대로(구 쥘 페리 거리) 55번지에 있었고, 네오데스투르당[43] 기관지 『아프리카 행동』의 사장이 간행을 담당하였다. 동서 지중해의 한복판에 자리한 튀니스는 이탈리아, 남부 프랑스, 카이로와 모두 가까워서 대외적으로 접촉이 용이했고 사진을 포함한 신문자료가 수월하게 공수될 수 있는 유리한 조건을 가지고 있었다. 그래서 『엘무자히드』는 1957년 11월 1일부터 1962년 알제리 독립 때까지 이곳에서 편집되고 간행되었다. 튀니지는 예로부터 개방적이라 외국 기자들이 많이 모여들었고 마드리드와 로마로 신문을 발송하면 압수되지 않는다는 이점을 지니고 있었다. 하지만 튀니지 편집국에서 신문을 제작하고 있는 것은 엄연히 알제리 사람들이었다.

1955년 봄부터 아반은 신문을 운영할 참모들을 모집하여 아마르 우제간, 모하메드 레브자우이, 벤헤다, 달라브에게 언론 부문을 맡겼다. 우제간은 어릴 적부터 신문행상으로 시작해 전신국, 우체국 직원

---

41. M. Teguia, *L'Algérie en guerre*, 61쪽. 알제리 서부 국경에서 가깝고 지중해 모로코 요충지 세우타의 배후지인 테투안은 알제리인에게 친숙한 인쇄출판 도시였다. 여기서 『레지스탕스 알제리엔*Résistance Algérienne*(알제리의 저항)』이 1956년 7월부터 1957년 7월까지 발행되다 『엘무자히드』로 합쳐져 튀니스에 합류한다.

42. G. Meynier, *Histoire intérieure du FLN, 1954-1962*, 560쪽. FLN은 일찍 튀니지와 모로코 도시들에 지부를 설치하고 자금을 모았으며 선전 캠페인을 벌였다. 탕헤르에는 알제리의 붉은 초승달 안테나, 라바트에는 초벌적인 여성협회를 두었다. 그러나 알제리 민족군대 문제로 불상사가 벌어지는 일도 적지 않았다.

43. 1934년 튀니지 지도자 하비브 부르기바가 세운 이 당은 1956년 독립 후 집권당이 된다. 데스투르는 아랍어로 '헌정'을 뜻하며 1920년 프랑스 보호령에서 벗어나려는 튀니지 정당 창설 때 채택된 당명이다. 종교성을 버리고 더 현대적 정당이 되자는 뜻에서 네오데스투르가 되었다. H. Bourguiba, *La Tunisie et La France: Vingt-Cinq Ans de Lutte Pour Une Coopération Libre*, Paris: Julliard, 1954.

으로 일하고 또 문서가 많은 공산당에서 일한 경험을 지닌 사십대로, 모스크바 인터내셔널대회에 참여해 국제 감각도 익힌 바 있었고 알제 시의원으로 행정까지 잘 아는 인물이었다. 그는 1955년 FLN에 들어와 『엘무자히드』의 전신 『레지스탕스 알제리엔』 때부터 편집일을 했다. 우제간과 달리, 레브자우이는 알제 대포목상 집안 출신이었지만 진보적인 엘리트층으로 공산당에 가입해 노동운동을 했다. 우제간, 레브자우이와 함께 숨맘 대회를 꾸린 지략가 벤혜다와 사아드 달라브는 1945년 이래 감옥과 수용소를 전전해온 민중당 요원들이었다. 그러나 유럽인과 접촉하고 서구의 진보매체와 연계하는 일을 망설이지 않았던 아반 람단처럼, 달라브와 벤혜다 같은 편집진의 성향은 경직성이 없이 유연했다.

1956년부터 1962년까지 총 91호가 발행되었던 『엘무자히드』는 1957년 봄부터 진용이 달라진다.[44] 튀니스 편집진은 파리 FLN 연맹 책임자 알리 하룬, 22세의 보르도 문과대생 호신 부자혜르, 보르도 의대를 중단하고 FLN에 가담한 마히에딘 무사우이 사데크였다. 프랑스어판보다 풍성한 아랍어판은 아랍어 프랑스어 이중어 구사에 능숙한 아흐메드 부압델리, 자히르 이하다덴의 손을 빌렸다.[45] 마히에딘이 과감하게 편집 조율, 지면 작성, 재정 운용을 도맡았을 무렵 그가 가진 경험이라곤 오랫동안 신문을 열심히 읽었다는 것뿐이었다. 『엘무자히드』 제작자 중 직업적 신문기자는 하나도 없었다. 모든 일을 배워서 했고 정밀한 기술이 한없이 요구되자 므하메드 야지드가 다시 합류했으며 유럽인 피에르 숄레가 많이 거들었다. 오늘날은 모하메드

---

44. 알제리전쟁기 『엘무자히드』의 변화상에 대해서는 A. L. Stanton, "The changing face of *El Moudjahid* during the Algerian War of Independence," *The Journal of North African Studies*, vol.16, no.1, 2011, 59–76쪽.

45. *Histoire de la presse indigène en Algérie*, 16-18쪽.

쿠아시가 찍은 사진으로 튀니지 신문인쇄소에 있는 『엘무자히드』 편집진을 확인할 수 있지만, 당시에는 어떤 기사에도 편집위원의 이름은 실리지 않았다.[46] 보도든 해설이든 신변안전이 문제라 그랬을 것이라 짐작할 수 있지만 사실은 그것만으로 설명되지 않는다.

『엘무자히드』는 특정 지도자 추앙을 배제하고 신문 자체를 집합지성의 장으로 만들고자 했다. 편집자들이 엇비슷하게 소소한 계층 출신이라 그랬으리란 추정도 석연치 않아 보인다. 민족운동이 집중과 공동을 지향해간 것은 민족유기체 문제의 핵심이라고 연구자들은 파악한다.[47] 알제리 문화는 전통적으로 단체성과 합의정신에 뿌리박고 있다고 여겨진다.[48] 서구 근대 국가와 다른 기축이다. 게다가 다분히 민중 지향적이었다는 것도 부정할 수 없는 사실이다. 그러나 신문은 민중을 의식하면서도 민중과는 거리가 멀었다. 튀니스의 『엘무자히드』 편집자들은 알제, 모로코, 튀니스, 카이로의 소식을 매일 듣고 뉴욕, 본, 베오그라드를 내 집처럼 느끼는 코즈모폴리턴이었고, 『르몽드』 『프랑스옵세르바퇴르』 『프랑스수아르』의 기자, 중동 특파원을 가리지 않고 수시로 만났다. 클로드 부르데, 장 다니엘, 스위스의 샤를 파브로드, 영국의 에드워드 베어, 미국의 톰 브래디, 중동의 바시르 벤 야흐메드 같은 국제기자가 알제리전쟁에 매료되어 부지런히 기사를 썼다. '마그레브 서커스'로 불린 이들 외에도 카이로의 라디오 방송 〈아랍의 소리〉는 중동 전역에 전쟁 뉴스를 퍼뜨렸다. FLN의 카이로 사무국, 뉴욕 사무국, 『엘무자히드』의 레다 말렉 모두 국제적 호응

46. 쿠아시Mohamed Kouaci(1922-1996)는 블리다 출신 FLN 사진기자로, 프랑스의 사진 선전에 대응하는 활동을 펼친 인물이다.
47. S.-N. Boudiaf, A. Kassoul et M. L. Maougal, *Elites algériennes, Histoire et Conscience de Caste, 2*, 109-110쪽.
48. 같은 책, 158-161쪽.

을 은근히 자신했다.[49] 이 신문의 실력과 국제적 배경은 프랑스 선전
부에서도 주목해 1961년의 63호에서 66호까지 복제를 해둘 정도였
다. 알제리-프랑스인을 배려하면서 FLN과 알제리 임시정부에 대한
보도도 하는 균형감은 이 신문과 연관이 있었다.[50]

　1958년까지만 해도 법학자나 정치평론가들은 흔히 '알제리는 프
랑스다'라는 공식을 의심 없이 받아들였다. 이에 비해 몇몇 서방 언론
의 보도는 시대를 앞서갔다.[51] 그러나 이들로부터 아무리 격려를 받
을지라도 식민지 비판은 식민지를 겪고 있는 이들의 문제였다. 식민
체제가 사라져도 그것이 남긴 깊은 흔적이 식민지인의 미성숙Childish
을 가져온다면 누구보다 이를 뼈저리게 겪어야 할 사람은 식민지인
자신이었다.[52] 『엘무자히드』의 논설은 식민지인의 사고체계가 행여
그런 미성숙으로 보일 만한 여지를 주지 않으려 했다. 동시에 이 신문
은 유럽적인 사유방식과 문필에 감동을 주고 싶어했다. 식민지를 지
배하는 측의 매체가 압도적으로 전쟁을 해석하고 있기에 서방 독자
들 사이에 균열을 내려면 알제리전쟁의 현실을 사실대로 알려야 했
고, 그것은 평범하지만 가장 실효성 있는 방안이었다.

---

49. 1931년 바트나 출신의 레다 말렉은 알제와 파리에서 수학했고 알제리무슬림학생
총동맹UGEMA 책임자로『엘무자히드』편집을 책임졌다. 1961년 5월부터는 에비앙
협정 협상대표로 나간다.
50. 전쟁 초기부터 프랑스는 언론 통제를 가했다. 고문, 약식처형, 재집결수용소, 군부
비판, 항쟁지도자 면담, 양심병의 군대 비판, 알제리 영토 내 군사작전 등은 보도 금지
였다. 프랑스 정부는 AFP 통신사를 더욱 치밀히 통제했다. 1955년 공보부 차관과
AFP 사이에 핫라인이 놓였고 알제 제10군사지구 심리행동국BRAP은 AFP의 기사를
일일이 검열했다. B. Vignaux, "L'agence France-Presse en guerre d'Algérie,"
Vingtième Siècle. Revue d'histoire, no.83, mars 2004, 121-130쪽.
51. J. Charpentier, "La reconnaissance du GPRA," Annuaire français de droit
international, vol.5, 1959, 799-816쪽.
52. Wm. Cohen, "The Colonized as Child: British and French Colonial Rule,"
African Historical Studies, vol.3, no.2, 1970, 427-431쪽.

『엘무자히드』는 이 전쟁이 이미지 전쟁이라는 것도 알고 있었다. 하지만 설비가 미비하고 자료도 전달받기 어려웠기에 사진 게재는 꿈도 꾸기 어려운 실정이었다. 그럼에도 그런 악조건 속에서도 아반 람단은 알제리 독립의 대의를 프랑스 언론에 반드시 알려야 하며 그 러려면 사진이 필수적이라고 고집을 부렸다. 그렇게 해서 사진 채택 이 결정되었다.[53] 1956년 가을부터 피에르 숄레 부부에게 슈레아 지 역에서 찍은 사진들을 프랑스 언론에 전달하도록 맡겼다. 숄레는 그 해 11월 프랑스 경찰에 체포되지만 민중당 신문 『알제리 리브르』의 사진부장 출신 영화인 자멜 샨테를리가 계속해서 사진을 제공했다고 전한다.[54] 심지어 서부 오라니 일대의 민족군에도 카메라를 설치하고 우즈다의 제5윌라야 사령부와 이 문제를 협의하였다. 앞서 1956년 9월에 FLN은 마키들 사이에서 일할 기자로 미국인 프리랜서 두 사람 을 채용했었다.[55] 민족군의 패기와 훈련, 적의 파괴행위를 실물사진으 로 알리는 것은 국제적 여론뿐 아니라 알제리 여론에도 큰 자극을 줄 터였다. 1957년 여름, 『엘무자히드』 편집국은 모든 윌라야의 수뇌부 가 두세 명의 청년들을 특파원으로 지명해주고 정기적으로 적의 약 탈행위를 보고하고 새로운 민족군의 가담을 알리고 사진도 잊지 말 아줄 것을 요구하였다. FLN 사무국에는 전쟁터에서 보내온 사진과

---

53. T. Allbeson, "Photographic Diplomacy in the PostWar World: UNESCO and the Conception of Photography as a Universal Language, 1946~1956," *Modern Intellectual History*, vol.12, 2015, 383~415쪽.
54. 2005년과 2006년 파리와 알제에서 레다 말렉, 클로딘 숄레 등 일단의 『엘무자히 드』 관계자들이 인터뷰를 가졌을 때 전한 사실이다. 샨테를리는 1년 가까이 북부 콘 스탄틴 마키들 사이에 있었고, 특히 콜로 산악에서는 민족군 부대원들을 촬영하고, 마을 주민에 대한 프랑스군의 잔혹행위도 담았다.
55. 그리어Herb Greer와 드록크모턴Peter Throckmorton을 가리킨다. 이들은 테투 안에서 잠시 지도를 받고 비밀리에 국경지대로 들어갔다. 민족군이 이들의 안전과 생 활을 책임지고 제5윌라야 네드로마 지역과 사하라 산맥으로 안내했다.

필름들이 수북이 쌓여갔다. 영상이 가져다주는 매력은 컸다.[56] 방영은 훗날에야 가능했지만 르네 보티에의 기록영화 〈오레스에서 스무살이 었네〉는 식민지 민족군의 기상을 전하면서 그것을 본 관객에게 윤리 감을 일깨우고도 남았다.[57] 1950년대 후반은 텔레비전이 보급되고 『라이프』와 같은 화보잡지가 한창 인기를 누리던 시대였다.

『엘무자히드』 편집국은 이 매체를 지식인의 전유물처럼 여기지 않았고, 역사의 현장을 민중에게 전달하고 민중과 호흡하기를 원했다. 민중은 전쟁을 통해, 별것 아닌 듯한 국지적 파괴가 사실은 식민주의 체계 전체를 파괴하는 데 이바지한다는 것을 깨닫게 되었다. 설명이 아니라 상대의 반응과 내면의 감각으로 알게 되는 것이다. 지식인만이 알아듣는 사변적 표현과는 달랐다.[58] 틀렘센 부근 산악 농촌을 다니며 농민과 만나 전쟁 속의 알제리인을 보고 듣고 의견을 나눈 공산당원 자클린 게루지는 이 점을 현장에서 확인했다.[59] 그렇다면 『엘무자히드』가 정말로 민중적 가교 역할을 하였을까? 답하기는 어렵다. 역설적이게도 이 신문이 전쟁기 민중을 위한 알제리의 집단지성이라 할 수 있어도 실제 지지자들은 유수한 해외의 언론과 소수의 지적인 대중이었다. 『엘무자히드』는 알제에 3,000부가 배포되고 튀니스에선 1만부가 나간 것으로 추정되며 아랍어판은 중동 각국에 2만부가 발

---

56. B. Stora, "Quelques reflexions sur les images de la guerre de l'Algérie," *La guerre d'Algérie et les Algériens 1954-1962*, 333-340쪽.

57. 〈아프리카 50〉으로 일찍부터 식민지 문제를 필름에 담았던 르네 보티에는 〈불타는 알제리〉(1958)도 만들었다. 보티에는 아반 람단 사후 FLN에 의해 1958년부터 1960년까지 튀니지 국경지대에 연금되었다.

58. M. Connelly, *A Diplomatic Revolution*, 114, 171쪽.

59. 자클린 게루지는 알제리 여성 전투원을 연구한 자밀라 암란민네의 어머니로, 알제리 서부에서 교사로 재직하면서 공산주의 운동에 헌신했고 전쟁 도중에 투옥되었다. N. Dutent, "Disparition. Jacqueline Guerroudj, indépendantiste entre deux rives," *L'Humanité*, 20 janvier 2015.

송된 것으로 알려져 있다.[60]

이 신문은『르몽드』『프랑스옵세르바퇴르』, 카이로, 스위스, 미국의
『뉴욕타임스』기자들이 기다렸다. 독일 주간지『슈테른』, 이탈리아의
『일 조르노』기자들이 그 내용을 보도했다. 프랑스군은 이 기자들이
FLN에 속고 있고 이들은 국경을 넘은 바 없다고 말했다. 프랑스 외교
관은 FLN의 국제위상이 실체가 아니며 튀니스와 카이로 라디오를 통
해 신화가 되어 미 국무부와 FLN 간 접촉을 끌어냈다고 판단했다. 그
렇지만 그게 사실이라 해도, 신화가 만드는 것 역시 현실이었다. 알제
리는 프랑스의 것이라는 관념 역시 신화적이었다. 프랑스에 동조적인
유럽 언론들은 1957년 프랑스 선전물을 빌려와 서구문명과 광신적
이슬람을 대비했다. 심지어『데일리 익스프레스』같은 대중언론은 프
랑스가 알제리에서 퇴각할 경우 그 어느 때보다 더한 야만의 승리가
되리란 주장까지 펼쳤다.

『엘무자히드』는 무너지지 않을 것만 같았던 그러한 관념에 균열을
벌리면서 '프랑스-알제리'는 허상이라는 새로운 관념을 불어넣었다.
유럽인이지만 FLN을 자신의 일로 여기면서 아내와 함께 운전과 운
반, 은신처 제공을 가리지 않고 실행하고 1958년부터는 튀니지에서
신문 제작에도 동참했던 피에르 숄레는 2004년에 가진 한 인터뷰에
서 이 문제를 명백히 가름한 바 있다.[61] 숄레는 이 편집진들이 각자 좀
더 정밀한 정보를 제공하는 방식으로 1차 자료를 만들고 편집을 숙의
해 무엇보다 정확성에 만전을 기해 보도를 하고자 했고, 교전 상대에
게도 의젓한 표현을 쓰도록 하는 데 고심했다고 회고한다. 이 신문은
아주 세심했고 편집진은 기사의 정확성을 신조로 삼고 공정성을 의

---

60. G. Meynier, *Histoire intérieure du FLN, 1954-1962*, 486쪽 재인용.
61. "Pierre Cholet," *El Watan*, vol.7, no.11, 2004.

식해 글을 썼다.

우리는 책임지기를 원했다. 한번은 고문을 보도하면서 파농이 "프랑스와 같이 변질된 나라"라는 의미를 흘렸다. 신문은 이미 윤전기에 들어갔는데 우리는 인쇄를 중단하고 그 구절을 삭제했다. 프랑스 총리기 몰레가 "펠라가들은 강령도 없는 한낱 살해자일 뿐"이라 했을 때 우리는 손쉬운 논쟁을 거부하고 '민주혁명'(12호)이라는 기사로 그에 응답했다. 우리에게는 원칙이 있었다. 이 전쟁은 민족해방전쟁으로 식민주의 체제에 반대해 수행되는 것이지 프랑스나 프랑스인에 반대한 것이 아니었다.

이러한 진술을 보면서, 혹자는 프랑스의 비위를 건드리지 않으려는 자기단속 아니냐고 할지 모른다. 그러나 중요한 것은 꿋꿋한 태도로 신문을 만들고 그리하여 피식민자들의 지적인 성숙을 드러내야겠다는 속 깊은 의지일 것이다. 이것이 FLN이 군사적 성격이 압도적이었다고만 할 수 없는 숨겨진 근거다.[62] 사실 『엘무자히드』 편집국은 유려한 아랍-프랑스 이중어 문장가들이 도열한 문필의 성채였다. 그들 중에는 훗날 이름이 밝혀지는 논설위원 프란츠 파농도 있었다.

---

62. FLN이 군사기구적 성격이었다는 주장은, 'FLN 내부사'를 쓴 질베르 메이네르가 대표적이다. "Introduction," G. Meynier, *Histoire intérieure du FLN 1954-1962*. 그러나 압델랄림 메자우이는 여러모로 이를 반박한다. Abdel'alim Medjaoui, "Le FLN militarisé de G. Meynier," *El-Massadir*, Revue semestrielle édité par le Centre national d'Etudes et de Recherche du Mouvement National et la Révolution du 1 Novembre 54, no.15, 1 semestre 2007, 40-49쪽.

4. 프란츠 파농

이 신문 『엘무자히드』의 논설을 쓰던 프란츠 파농은 북아프리카 사람이 아니다. 저 멀리 카리브해의 군도 마르티니크 섬에서 태어난 사람이다. 굳이 누가 말하지 않아도 이름과 얼굴 모습에서 그 사실을 금세 알 수 있었다. 하지만 프란츠 파농의 사상과 생애는 알제리와 알제리전쟁과 떼어놓을 수 없었고 그와 같은 상호적 관계는 파농의 주변뿐만 아니라 알제리와 북아프리카를 넘어선다. 1950년대 이후 커가는 식민주의 비판, 반식민주의의 정립, 그다음 포스트식민주의Post colonialisme에도 커다란 파장을 일으켰다.[63]

그가 처음부터, 즉 프랑스에서 의학수업을 받고 의사를 꿈꾸던 시절부터 알제리를 의식하지는 않았다. 1952년 리옹 의과대학을 졸업하고 첫 책 『검은 피부, 하얀 가면』을 출간한 파농은 일자리를 찾아 고향 마르티니크에도 들렀고 서아프리카를 생각하기도 했다. 그러나 결국 1953년 11월에 알제리 블리다에서 일하게 되었다. 규모와 설비, 의료 수준, 여러 면에서 북아프리카 최대의 정신병원으로 꼽히던 블리다 병원에서 그는 네 명의 주임과장 가운데 한 명으로 환자들을 치료했다. 하지만 차츰 식민지인이 입은 내상과 외상에 지극히 민감한 혁명사상가로 변모해갔다. 블리다 병원은 이름난 의료기관으로 알제 대학교와 연계되어 있었으며 알제에는 무슬림 알제리인들을 하대하는 유럽인들만이 아니라 FLN을 지원하는 유럽인들도 있었다. 대표적인 사례가 바로 피에르 숄레와 클로딘 숄레 부부였고 사회학도, 가톨릭교도, 유대인 청년조직들이 위험을 무릅썼다.[64] 블리다 병원은 이런

---

63. N. C. Gibson, *Fanon: The Postcolonial Imagination*, Cambridge: Polity Press, 2003, 84-100쪽.
64. 숄레와 알제리 유럽인의 활동은 알리스 셰르키, 『프란츠 파농』, 140-154쪽.

사람들의 협력으로 FLN 요원을 치료하고 전선으로 약품을 공급하는 일종의 아지트가 되었고 1956년부터 프랑스군은 일반인 감시와 수색, 주민 소개를 강화하면서 이 병원에도 강도 높은 압박을 가했다. FLN의 아반 람단과 선이 닿아 있던 파농은 블리다를 떠나기로 하고 1956년 12월 로베르 라코스트 총독에게 사직서를 제출한다.[65] 정중히 써내려간 장문의 사직서를 통해 그는 "토착민의 나라에서 토착민이 영원히 소외되는 이 불평등의 나라에서 이들 각자를 복구시키지 않을 수 없다"고 밝혔다. 수개월간 양심과 싸웠고 인간에 절망하지 않겠다는 것이 자신의 결론이며 이때의 인간이란 바로 본인 자신이라고도 하였다. 그는 이미 『검은 피부, 하얀 가면』에서 "린치당한 자, 살해당한 자, 그들 속으로 내가 들어가리라"고 약속한 바 있었다.

1957년 1월에 추방된 파농을 『엘무자히드』로 초빙한 당사자가 바로 아반 람단이었다. 파농은 튀니지의 마누바 정신병원으로 일터를 옮겨 진료를 보고 알제리해방군 부상자들을 위해 국경을 오가면서 마지막에는 『엘무자히드』에 합류하게 되었다. 1960년에 갑자기 백혈병이 발병하기 전까지 파농은 이 신문에 수많은 글을 썼고 사후에 그 기사들은 마스페로 출판사에서 『아프리카 혁명을 향하여』라는 책으로 편집, 출간되었다. 『엘무자히드』의 모든 논설들은 익명이었기에, 파농의 아내 조시 파농의 검증을 거쳐 확인이 가능한 글만 모은 것이다. 이 글들이 보여주는 파농의 비판력은 사물을 근원적으로 파악하는 그의 철학과 문제 부위를 정확히 짚는 의학적 훈련에서 비롯되었다. 제10공수사단의 대대적인 알제 시가전으로 연일 체포와 감금이 이어지던 1957년 여름, 파농은 고문이 사고나 착오, 잘못에서 기인한

65. "Lettre au Ministre Résident"(1956). 이 사직서는 파농 사후 마스페로에서 나온 『아프리카혁명을 향하여』에 처음 수록되었다. F. Fanon, *Pour la révolution africaine: Ecrits politiques*, Paris: Maspero, 1969/1964.

것이 아니라, 식민지배에서는 없어선 안 될 근본요소라고 분석한다.[66] "식민주의는 고문하고 강간 또는 학살을 할 가능성 없이는 성립되지 않는다"면서 "점령자와 피점령자 사이를 맺어주는 하나의 관계방식이 바로 고문"이라고 본 것이다. "이렇게 오랫동안 고문을 실행해온 프랑스 경찰은 이를 모르지 않았다. 고문을 정당화할 필요는 그들에 의해 하나의 추문이자 역설로 여겨왔다."[67] 식민주의는 인간에 의한 인간 착취의 특수한 형태였다. 파농은 이 점에서 사물의 본색을 끝까지 추구하는 급진성을 태생적인 듯 껴안고 있었다.[68] 그러나 파농의 급진성은 건설적이기도 했다. 계급투쟁을 선포하는 마르크스주의적 사고를 갖지 않았어도, 식민지인 그리고 그와 마찬가지로 착취당하는 노동자와 연대할 소지가 있다고 했다.[69]

알제리전쟁의 혁명적 기세는 특히 파농의 기여로 아프리카대륙으로 뻗어나갔다. 알제리의 투쟁정신은 사하라 남부를 넘어 중서아프리카로 번지고 더 멀리 새로운 아프리카의 창출에 기여하였다. 일찍이 1943년에 앤틸리스 제도의 청년들과 함께 자유프랑스군에 입대했던

---

66. "La véritable contradiction," *El Moudjahid*, no.19, septembre 1957.

67. "La guerre d'Algérie et la libération des hommes," *El Moudjahid*, no.31, 1 novembre 1958.

68. 샤무아조의 추모연설 〈마음속, 핏속의 파농〉 참조. Patrick Chamoiseau, "Fanon, côté cœur, côté sève"(discours prononcé en hommage à Frantz Fanon au congrès international d'addictologie, Fort de France, 24 octobre 2001), *France-Antilles Martinique*, 6 décembre 2011, et sur *La tribune des Antilles*, le 11 décembre 2011; publié dans le journal *Le Monde* sous le titre "Frantz Fanon, côté sève," les dimanche 11-lundi 12 décembre 2011.

69. 파농은 마르크스주의에 기울지는 않았지만 그의 저작을 마르크스주의에 비견하는 것은 가능하다. Tony Martin, "Rescuing Fanon from the Critics," *African Studies Review*, vol.13, no.3, 1970, 381-391쪽. 그가 추구한 것은 새로운 이념보다는 새로운 인간으로 해석된다. 이경원, 『파농―니그로, 탈식민화와 인간해방의 중심에 서다』, 파주: 한길사, 2015; 프라모드 K. 네이어, 『프란츠 파농, 새로운 인간』, 하상복 옮김, 서울: 앨피, 2015.

파농은 식민지군에서 세네갈 군인들을 경험했고 리옹 의과대학 시절에도 아프리카인들을 만났다. 그는 아프리카의 문학과 예술을 다루는 흑인 잡지 『프레장스 아프리켄』의 열렬한 독자였다. 카리브해와 아프리카를 잇는 파농의 그림은 1930년대 반식민주의 문학과 작품의 연장선상에 있는 것이기도 했다.[70] 알제리전쟁이 터지기 전부터 흑인의 적은 백인이 아니라 같은 흑인이라고 보면서 서인도제도 흑인과 아프리카 흑인의 공통적인 감정적 열등을 해소하려 했던 파농은, 자신의 생각을 실천할 수 있는 정치적 현실을 만났던 것이다.[71] 파농에게는 프랑스제국이 침몰하고 서유럽 압제자들의 헛된 희망이 붕괴되는 매복처가 바로 알제리였다. 아프리카의 여러 식민지배 세력들이 불안과 공포로 이 전쟁을 예의주시하는 것도 그 때문이었다.[72]

1959년 말에 파농은 알제리공화국임시정부GPRA가 임명한 아프리카 순회대사로서 활동하면서 아프리카의 혁명을 더욱 희원하였다.[73] 1960년 봄, 아크라 회의는 알제리에 대한 지지를 구하기에 더없이 좋은 기회였다. 2년 전, 1958년 4월 FLN 알제리 대표단으로 아크라 범아프리카회의에 참석해서도 알제리전쟁의 위상을 느꼈다.[74] 모든 아프리카 식민지가 자신의 살 속에서 공포와 전율, 열등 콤플렉스를 추방하길 원했다. 그에게는 인간 소외를 불문에 부치는 아프리카 해방

70. P. Taoua, *Forms of Protest: Anti-Colonialism and Avant-Gardes in Africa, the Caribbean and France*, 3-176쪽.

71. "Antillais et Africains," *Esprit*, février 1955, 261-269쪽.

72. "La guerre d'Algérie et la libération des hommes," *El Moudjahid*, no.31, 1 novembre 1958.

73. G. K. Grohs, "Frantz Fanon and the African Revolution," *The Journal of Modern African Studies*, vol.6, no.4, December 1968, 543-556쪽.

74. "L'Algérie à Accra," *El Moudjahid*, no.34, 24 décembre 1958.

이란 아무 의미가 없었다.[75] 사실 아프리카는 1958년에 이르러 미국과 서양에 대한 흑인들의 저항으로부터 독립과 해방으로, 다시 주권국가의 건설적 통합으로 나아갔다.[76] 그러나 아프리카가 희망으로만 넘쳐흐른 건 아니었다. 1960년 1월, 벨기에 세력에 의해 살해되고야마는 독립국 콩고의 민족지도자 파트리스 루뭄바 사건은 아프리카와 서방 모두에게 큰 충격을 주었다. 콩고의 자원을 콩고를 위해 쓰고자한 루뭄바를 제거한 세력들 속에는 내부의 적대자들도 깊이 연루되어 있었다.[77] 파농은 루뭄바를 만난 후 이렇게 말했었다. "아프리카인들이 콩고의 제국주의 정책을 보증했다. 그들은 중개자로 활동했고 콩고에 대한 유엔의 이상한 침묵을 묵인했다."[78]

연대의 힘으로써 혁명적인 새 아프리카를 만들려면 무엇보다 먼저 민족문화를 일으켜야 했다. 파농의 식민지 주권론은 1956년 9월 파리의 소르본에서 열린 제1차 흑인작가예술가대회에서 명문화되었

---

75. Simon John Makuru, *Violence and Liberation: Fanon's Political Philosophy of Humanization in the Historical Context of Racism and Colonialism*, MA: Boston College, 2005, 133-205쪽. 박사학위 논문.

76. 1920년에 처음 열린 범아프리카대회는 1945년 10월에 열린 맨체스터 제5차 대회 때부터 인종평등 운동에서 반식민지투쟁 민족운동으로 성격이 바뀐다. 제1차 범아프리카대회를 조직했던 듀보이스가 당시에도 의장이었고 서인도제도의 조지 패드모어와 가나의 은크루마가 공동 서기였다. 월러스틴의 다음 문헌을 참조하라. I. Wallerstein, *Africa: The Politics of Independence and Unity*, Lincoln, NE: University of Nebraska Press, 2005, 104-105쪽.

77. 구벨기에 식민지 벨기에콩고의 독립운동 지도자였던 루뭄바Patrice Lumumba는 1960년 6월 콩고 독립과 함께 선거로 총리에 선출되지만 3개월 후 반대파의 쿠데타로 실각하고 수감됐다가 1961년 1월 17일 콩고 카탕가에서 비밀리에 살해되었다. 그 뒤 2000년대에 사건을 조사한 연구들이 나타났고 벨기에 정부는 이 사건에 대해 뒤늦게 사과했다. L. D. Witte, *The Assassination of Lumumba*, trans. A. Wright and R. Fenby, London: Verso, 2001.

78. "La mort de Lumumba: Pouvions-nous faire autrement?" *Afrique Action*, no.19, 20 février 1961; F. Fanon, *Pour la révolution africaine*, 27-124쪽.

고,[79] 식민주의의 침범에 휩쓸리지 않을 민족문화의 수호는 1959년 제2차 로마 흑인작가예술가대회에서도 요구되었다. 유색인과 흑인은 카리브해나 서아프리카, 북아프리카를 구분할 필요가 없다는 것이 그의 지론이었다. 그러나 그가 요구한 것은 복고주의가 아니라 문화적 상상력으로 재단장한 문화주권이었다. 어디서 그런 가능성의 징표를 보았을까? 그 하나는 평범한 여성이었다. 파농의 눈에는 주머니에 넣거나 여행가방에 넣어 큰돈을 운반하는 전쟁기의 알제리 여성들이 이채로웠다. 수형자 가족을 돌보고 무장단체에게 약품과 생필품을 나르던 여성들…… 의연한 기상을 지녔고, 자기 통제력을 보였고, 누구의 지시만 따르지 않고 자신의 뜻과 판단에 따라 움직이는 꿋꿋한 여성들…… 그러나 파농이 과장한 것은 아닐까? 그런 여성은 FLN에 포섭된 소수에 불과하지 않았을까? 그렇지 않았을 것이다.

1954년 전쟁이 선포되지 않았다 하더라도 1945년 세티프 이후 알제리 사회는 이미 보이지 않는 전쟁에 돌입한 것과 같았다. 특히 여성들은 군경과 유럽인 민병대가 수없이 출동한 콘스탄틴 일대에 피비린내가 가시지 않는 상황에서 수형자 가족들을 찾아다니며 모르는 이들에게 무언의 눈길로 위로와 공감을 보냈으며 무엇이든 성의를 전했다. 여성은 그후 전쟁에 동원되었다. 그러나 FLN은 여성들의 참여를 쉽게 결정하지 못하고 있었다. 여성이 체포되면 어떤 심문을 받을지 FLN 지도부는 알고도 남았다. 전쟁과 여성의 문제가 그랬을 때 파농은 보고서를 쓰듯이 이렇게 글을 써내려갔다.

1955년까지는 남자들만이 전투에 참여했다. 이 전투의 혁명적 특

---

79. "Racisme et culture," 1ᵉʳ Congrès des Écrivains et Artistes Noirs à Paris, septembre 1956. *Présence Africaine*, juin-novembre 1956, 122-131쪽.

성, 절대적인 비밀 유지의 필요로 투사들은 어쩔 수 없이 아내에게도 신분을 감출 수밖에 없었다. 여성을 알제리 혁명전쟁에 능동적으로 참여시킨 결정은 가볍게 내려지지 않았고, 어떤 면에서는 전투 개념 자체를 변화시켜야 했다.[80]

남자가 전쟁으로 신뢰를 얻었듯이 여성에 대한 신뢰도 전쟁으로 쌓여갔다. 자신이 신뢰를 받게 되고 타자의 신뢰에 값하면서, 여성들은 자신의 역량을 깨닫고 더이상 식민지인처럼 처신하지 않게 되었다. 거리에서도 유럽인 우선이라는 관습을 내버렸다. 파농에게는 히잡을 벗고 손과 몸을 유연하게 바깥으로 노출하는 여성들의 동작도 그렇게 읽혔다. 그는 의사였기 때문에 이러한 신체의 동작과 표현을 더욱 정밀히 포착할 수 있었고 혁명의 일상성을 읽어냈다. 히잡을 벗은 여성들은 간혹 지도부 요원들이 접촉하는 집 앞에서 한 시간 이상 망을 보았다. 주변의 이목을 피하려면 한곳에 있지 말아야 하고 집 안에 남아 있는 '형제들'의 안전을 책임져야 하기 때문에 멀리 떨어져도 안 되는 긴 시간이었다.[81]

파농은 이 여성들을 보면서 히잡 문제를 분석했다. 히잡 문제는 프랑스군의 심리전과 FLN의 민족 자긍심 사이에 걸린 장막과 같았다. 그러나 전쟁중의 프랑스나 알제리 어느 쪽이든, 전쟁에 몰두하느라 여성을 여성으로 볼 여유가 없었다. 파농은 외부자였다.[82] 유럽인 직장에 다니는 알제리 남성이 직장상사로부터 성탄절이나 축하행사에

80. 파농, 『알제리혁명 5년』, 49-52쪽.
81. 상브롱은 프랑스군이 여성정책에 비중을 두었고 군과 프랑스 정부정책이 별 효과는 없었지만 호응을 받았던 면도 지적한다. D. Sambron, *Femmes musulmanes: guerre d'Algérie, 1954-1962*, Paris: Autrement, 2007, 43-127쪽.
82. Edmund Burke III, "Frantz Fanon's *The Wretched of the Earth*," *Daedalus*, vol.105, no.1, In Praise of Books, Winter 1976, 128쪽.

부부 동반을 권유받았을 때의 난감한 심경은 개인을 벗어났다. 정치적 설명을 요구하는 식민지 문제였다. 여성을 직시하지 않으려는 알제리 남성과 달리, 알제리 여성과 마주한 유럽 남성은 그 여자들의 얼굴을 보고 싶어했고, 정복자가 히잡을 벗기려 했기에 여성들이 히잡을 썼다는 것이 파농의 해석이었다.[83] 하지만 이런 감각은 프랑스에서 키운 유럽 백인 여성과 비백인 여성을 비교하는 논리선상에 있는 것이라 할 수 있다.[84] 이집트의 경우 근대화로 여성의 베일을 금지했으나 1970년대 이후 젊은 행동파 여성들은 서구화에 반대하여 자발적으로 베일을 착용했다.

알제리전쟁기에 여성의 모습은 단선적이지 않았다. 전쟁은 혁명적 변화를 요구했고 여성은 능동성으로 그에 응했다. 비단 도시만이 아니다. 1957년 6월부터 튀니스와 모로코의 국경지대에는 고압 전기철조망이 길게 설치되고 아래로는 700만 톤의 지뢰가 매설되었으며 이곳에서 4,000명의 민족해방군 전투원이 죽어갔다. 민족해방군의 은신처인 산악지대에서, 남자들이 모두 떠나버린 텅 빈 농가에서 여성은 물동이를 지고 우유를 짜고 전투원에게 음식을 차리면서 묵묵히 헌신을 했다. 또 평정화 정책으로 낯선 수용소 단지 안에 갇히게 된 여성들은 거기서도 식구를 끌어안았다. 1956년경 시작된 재집결수용소가 1958년 11월에는 900곳에 달했다. 수용소의 조건이 대체로 열악했기 때문에 군 참모부는 1959년부터 수를 제한하고 수용소라는 명칭을 떼어냈으며 1961년부터는 주민들을 그들의 고향인 메슈타로

---

83. "아내와 함께 가면 패배를 인정하고 아내의 명예를 실추시켜 저항을 포기하는 것이다. 반대로 혼자 간다면 고용주의 명을 거역하고 그렇게 되면 실업자가 될 가능성이 있다. 알제리 남성이라는 신념을 꺾지 않느냐, 신념을 버려야 하느냐. 어느 편을 선택하든 유럽인이 파놓은 함정에 빠지는 것이다." 파농, 같은 책, 같은 곳.

84. Donald Reid, "The Worlds of Frantz Fanon's 'L'Algérie se dévoile'," *French Studies*, vol.61, no.4, Oct. 2007, 465~475쪽.

돌려보냈다. 그러나 부서진 빈 마을로 돌아갈 수 없는 수많은 이들이 농촌을 떠돌다 해안가 도시로 향했다.[85] 파농이 이런 사회적 변화를 전부 조감했던 것은 아니지만, 식민지 여성의 지위와 역할, 정체성이 식민주의 논쟁의 핵심으로 부상하기 전에 시대를 앞서 여성 문제를 꺼낸 것은, 분명 그의 기여였다.

파농의 식민주의 비판에 이런 섬세한 분석만 있지 않았다. 농민이 식민주의의 폭력을 뿌리 뽑아야 한다는 주장을 하기도 했다.[86] 백혈병으로 죽음을 예감하며 집필을 시작해 죽기 직전에 출간한『대지의 저주받은 사람들』에서 그는 폭력 문제를 마주했다. 문제의 이 폭력혁명론은 간단하지만 공식 기관지『엘무자히드』에서 밝힐 수 없었던 견해가 죽음을 앞둔 절박한 시점에 분출된 것만 같았다.

폭력은 식민지 세계의 질서를 지배한다. 폭력은 토착 사회구조를 해체하고 경제의 준거틀을 완전히 파괴할 뿐 아니라 복식과 사회생활의 관습까지 변화시킨다. 그런데 원주민들이 직접 역사를 실현하기로 결심하고 금지된 구역으로 밀고 들어갈 때 이들은 바로 그 폭력을 내세우고 구사하게 될 것이다. 이제부터 식민지 질서를 쳐부수는 것은 매우 명료하고 매우 당연한 식민지 민중 개개인이 취해야 할 행동 양식이 된다. 식민지 세계를 무너뜨린다는 것은, 그 경계선이 철거된 뒤 두 지역을 연결하는 통로를 만든다는 의미가 아니다. 식민지 세계의 파괴는 바로 한 지역을 철거한다는 의미다. 그 지역을 땅 속 깊이 파묻거나

---

85. M. Rocard, *Rapport sur les camps de regroupement et autres textes sur la guerre d'Algérie*, 103-209, 227-238쪽.

86. I. Wallerstein, "Frantz Fanon: Reason and Violence," *Berkeley Journal of Sociology*, vol.15, 1970, 222-231쪽.

이 나라에서 추방해버리는 것이다.[87]

파농은 폭력의 정당화를 식민지경영 전체가 토착민의 경제적 파괴로부터 시작해서 폭력으로 종결된다는 데서 찾았다. 식민지인의 생활과 사고방식은, 승리로 돌아간 백인의 가치들 앞에서 패배했고, 백인의 가치가 우월하다는 것은 폭력으로 공고해졌다는 믿음이었다.[88] 하지만 그는 외교와 협상과 적절한 셈법으로 식민지배 종식을 결정해야 했던 일선 정치인이 아니었다. 대적할 수 없는 적을 상대하는 민족해방군의 야전 전략가도 아니었다. 그는 그저, 아무 잘못도 없이 헤어나지 못할 고통의 도가니에 빠진 식민지인의 증세에 깊이 분노한 의학자였고, 헤어날 전망을 제시한 사상가였다.

그의 논점을 폭력을 선호하고 옹호하는 것으로 간주하는 것은 무리다.[89] 반식민주의자였지만 그는 어느 당파에도 속하지 않은 단독자였다. 반자본 마르크스주의에도 반식민 공산주의에도 경도되지 않았고 오로지 자신의 생각과 마음으로 글을 써서 식민주의를 물리치려했다. 이런 그의 입장은 독자노선을 추구하는 『엘무자히드』와도 상응했다. 프랑스가 식민지를 유지하기가 불가능하고 혁명은 사람들이 만들어간다는 논지는 파농만 말한 것은 아니었지만, 그의 유려한 문체는 그 의미를 확장시켰다. 『검은 피부, 하얀 가면』처럼 『엘무자히드』에서도 그의 문체는 간결하고 음악 같았다.[90]

---

87. 프란츠 파농, 『대지의 저주받은 사람들』, 남경태 옮김, 서울: 그린비, 2010, 54쪽.

88. J. Mcdougall, "Savage wars? Codes of violence in Algeria 1830s–1990s," 117-131쪽.

89. T. Martin, "Rescuing Fanon from the Critics," 383쪽.

90. A. Mazrui, "Language and the Quest for Liberation in Africa: The Legacy of Frantz Fanon," *Third World Quarterly*, vol.14, no.2, 1993, 351-363쪽.

5. 전쟁과 혁명의 제약?

아무리 수려하게 수놓인 글들이 실려 있었다고 해도 『엘무자히드』
는 엄연히 전쟁기의 기관지였다. 일반론이 통하는 정상적인 상황에서
발간되지 않았으므로, 이 신문에 대한 비판적 견해는 이 점을 고려해
야만 한다. 그럼에도 지나칠 수 없는 두 가지 사건이 있다. 이 두 사건
을 굳이 떠올리는 것은 『엘무자히드』 편집진을 힐난하겠다는 의미가
아니다. 전쟁과 혁명의 선전을 떠맡은 언론의 한계상황을 있는 그대
로 드러내는 것이 『엘무자히드』를 이해하는 하나의 방법이 될 것이라
보기 때문이다.

멜루자 학살은 1957년 5월 28일에서 29일 사이의 야간에 벌어졌
다. 군복과 민간복 차림의 FLN 대원들이 콘스탄틴 가까운 미실라의
유럽인-무슬림 혼성읍 멜루자 인근에 침투해 주민 301명을 살해하
고 150명에게 부상을 입히고 도주했다.[91] 사건은 29일 새벽, 프랑스
군 정찰기가 마을에서 불길이 솟는 것을 발견하고 군 기지에 보고하
면서 외부로 알려졌다. 프랑스 신문 『콩바』는 6월 1일에 「알제리의
오라두르」라는 긴 논평을 게재하고 이 사건은 알제리 무슬림 유지들
이 프랑스에 협력하는 데 대한 대응이라 해석했다. 『콩바』 논평에도
나타나듯, 멜루자 사건은 1954년 전쟁선포 후 민족운동 간 갈등이 불
러온 대규모 유혈참극이었다. 민족운동의 분열과 대립은 있을 수 있
지만 FLN은 다른 해결책을 구하지 못한 채 살해로 이 난제를 마감했
다. 1954년 11월 MTLD가 해산되고 FLN이 독자적 분리세력임이 확
실해지자 메살리 하즈는 1955년 초 알제리민족운동MNA의 이름으로
신당을 만들었다. 자크 시몽에 따르면 메살리는 절대로 MNA를 FLN

---

91. *Le Monde*, 28-29-30 mai 1957.

에 합류시키지 않을 작정이었다.[92] 왜 하즈가 FLN을 수락할 수 없었
는가는 착잡한 문제다. 역사가 뱅자맹 스토라는, 민족전선에 이집트
의 나세르가 개입하고 영향력을 미쳤으리라 판단하며, 메살리가 이를
단호히 반대한 점과 어떻든 진정한 민족주의 선각자들이 사라진 점
을 지적한다.[93] 그러나 전쟁기에 산악전투원으로 활동했고, 독립 이후
역사학을 공부하여 알제리전쟁사를 본격 서술한 모하메드 테기아는
시몽의 분석에 동의하지 않는다.[94] 테기아에 따르면 프랑스군에 대한
MNA의 협력은 시간이 갈수록 사실로 밝혀졌다. MNA 무장그룹의
사령관 모하메드 벨루니스가 자크 수스텔 총독을 만난 것은 물론 후
임 라코스트 총독을 만나기도 했으며 프랑스군에서는 벨루니스에게
FLN의 구금자 십여 명을 넘겨주기도 했다. 그렇지만 네지브 시디 무
사는 MNA 세력은 프랑스에 협력한 어용조직이 아니었고 FLN과 다
른 노선을 추구한 민족세력이었다고 강조한다.[95] 어떻든 MNA는 카
빌리 지역에서 세를 불렸을 뿐 아니라 특히 FLN 프랑스 연맹을 장악
해감으로써 FLN의 경쟁과 적개심에 더욱 불을 질렀다. 1955년까지
도 전쟁의 주도권을 확고하게 수립하지 못한 상황에서 일관된 명령
체계를 가진 최고사령부로 기능하지 못하는 FLN에게 가장 두려운 것
은 언제 어디서 터질지 모르는 배신이었고, 그에 따른 아군의 내부분

92. J. Simon, *Le massacre de Melouza*, 20쪽.
93. 알제와 카이로 간 알력이 있었다. 전쟁 전부터 양 정파의 대결 이유는 깊게 잠복해
있었고, 이념과 세력 쟁탈의 격한 내부대립이 전쟁 발발로 불거졌다. B. Stora, "La
différenciation entre le FLN et le courant messaliste (été 1954-décembre
1955)," *Cahiers de la Méditerranée*, no.26, 1983, 17-19, 38-43, 46-47쪽.
94. M. Teguia, *L'Algérie en guerre*, 172-180쪽.
95. MNA의 활동에 관해서는 다음 책을 참조하라. N. S. Moussa et J. Simon, *Le
MNA: Le Mouvement National Algérien 1954-1956*, Paris: L'Harmattan, 2008;
"La révolution au pluriel. Pour une historiographie de la question messaliste,"
L'Année du Maghreb, 2014, 99-114쪽.

열이었다. 1956년 8월 숨맘 대회 이후로는 FLN과 민족해방군 간의 관계가 정립되고 이 전쟁은 온 나라의 전쟁이라는 대의명분이 확고 해졌지만 여전히 배신은 두려웠다.[96]

FLN과 MNA의 치열한 대치는 멜루자에서 프랑스로 확대된다. 워낙 메살리 하즈의 세력이 굳건했던 프랑스에서 MNA는 공세를 취했고 신흥 FLN은 알제리에서처럼 프랑스를 관할구역으로 획정했다. FLN은 파리와 파리 주변, 서부 브르타뉴, 노르망디를 제1윌라야, 중부와 지중해 연안 마르세유, 리옹, 대서양 연안 항구도시 보르도를 제2윌라야, 릴과 스트라스부르를 포함한 동부와 북부를 제3윌라야로 분획했는데, 1957년 초부터 11월 중순 사이 이곳들에서는 하루 평균두 건의 살해가 있었고 2,000명이 부상을 입었다.[97] 피해자도 가해자도 모두 알제리 사람들이었다. FLN과 MNA 간의 투쟁은 파리의 젊은 민족운동가들에게 큰 근심거리였다.[98] 이제 역사의 새로운 장이 열렸으니 메살리 하즈가 새로운 인물들과 힘을 합치면 얼마나 위대한 민족지도자가 되겠는가 하는 탄식이 절로 나왔다. FLN 프랑스 연맹을 지도하는 살라 루안시는 "우리는 메살리를 우러러보며 자랐는데, 그가 결국 반프랑스 투쟁으로 일관해왔던 삶의 마지막 순간에, 프랑스의 연금軟禁 저택에서 프랑스의 연금年金을 받으면서 프랑스의 보호를 받고 있으니, 서글프기만 하다"고 되뇌었다.[99] 이와 같은 사태는 MNA

---

96. 프랑스 내의 FLN 반대파 타도 작전은 D. Djerbal, "La question des voies et moyens de la Guerre de libération nationale en territoire français," *la guerre d'Algérie et les Algériens 1954-1962*, 125-135쪽.

97. 1957년 10개월간 리옹에서만 47건의 살해사건이 일어났고 그중 30건은 8월에서 10월에 집중되었다. 알제리에서도 1956년 3월 16일 세두크아크부 도로에서 18명의 메살리파 사람들이 경고장과 함께 목이 졸려 죽어 있었다. P. Bourdel, *Le livré noir de la guerre d'Algérie*, Paris: Plon, 2001, 180쪽.

98. A. Taleb-Ibrahimi, *Mémoires d'un Algérien 1*, 104-105쪽.

99. 같은 곳.

나 FLN 양측 모두에게 희생자만 가져오고 알제리의 장래를 짊어질 우수한 인력들을 잃어버리는 결과만을 가져올 뿐이었다.

멜루자 사건 보도는 프랑스에도 예민한 문제가 되었다. 클로드 부르데는 이 사건을 덮지 않았다. 살해가 프랑스인의 소행이라는 FLN의 선전은 잘못된 것이고 사실을 은폐한 것 같다는 심증을 밝혔다. 여러 프랑스 언론인이 부르데의 입장에 동조하고 있었다.[100] 바라는 "우리가 나치 친위대를 비난하고 알제전투의 비자르 공수부대를 고소한 것이 민족해방군의 행위라면 무조건 감싸는 태도는 아니다"라고 했다. 프랑스군을 받아들였다는 이유, 적에게 보급품을 제공했다는 이유로 무고한 민간인 300명을 절멸한다면 아무리 민족해방군 부대라도 비난받아 마땅했다. 바라는 프랑스 민족주의자들이 냉소적으로 이 학살을 정치적으로 이용하고 있다는 것을 의식하면서도 그 때문에 직언을 거두진 않았다.[101]

문제는 『엘무자히드』의 보도에 있었다. 사정이 어떻든 잠자는 동족 수백 명을 처참하게 살해한 사건을 은폐했다는 사실이다. 물론 『엘무자히드』는 FLN의 기관지였지 독립적인 언론이 아니었기 때문에, 사건을 보도할 자유와 권한이 부족했다. 일반적인 민간언론이 아니고 혁명을 선전한다는 뚜렷한 목적을 지닌 선전매체였다. 그런 목적에서라면 부정적인 사건과 의견까지 다 보도할 건 없다. 그랬다가는 신문의 존재이유가 망가질 것이다. 하지만 그것이 이 혁명적 언론이 혁명의 치부를 말하지 않았던 것에 대한 변명이 될 수 있을까? 이는 답할 수 없는 조건의 대상에게 답을 추궁하는 것일까?

---

100. 멜루자 학살이 민족군ALN의 소행임을 인정한 성명서에 로베르 바라와 피에르앙리 시몽, 『롭세르바퇴르』창간자 질 마르티네, 『프랑스 옵세르바퇴르』의 조르주 쉬페르, 클로드 부르데와 앙드레 필리프, 장 다니엘 등이 서명했다.
101. R. Barrat, "Après Melouza," *La Commune*, 3 juin 1957.

1957년 12월 말에 일어난 아반 람단 암살사건은 『엘무자히드』의 그런 한계를 더욱 명확히 보여주었다. 아반 람단이 제거된 경위는 정확히 규명되지 않았다. 그가 사라진 후 그의 행적은 FLN 내부에서 불문에 붙여졌고, 진실을 밝힐 자료도 알려져 있지 않은 형편이었다. 누가 뭐라 해도 아반 람단은 1955년 이후 민족운동의 획기적인 전환을 이룬 거물임에 틀림없었다. 19세기 민족운동의 지도집단은 주로 귀족 가문에서 나왔다고 할 수 있다. 과거 프랑스 정복에 맞서 대규모 전투를 지휘한 에미르 압델카데르가 그 전범이었다.[102] 에미르 압델카데르는 1832년부터 1847년까지 장기간 전쟁을 이끌었고 1839년에는 알제리 전체 면적의 3분의 2를 석권하기도 했다. 프랑스는 그를 막고자 10만 8,000명의 병력을 동원해 강도 높은 전쟁을 치러야 했다. 이후 1864년에서 1871년까지 군사항쟁의 지도자들은 에미르처럼 종교와 군사의 융합을 보여주었다.[103] 그러나 1954년 시작된 알제리혁명은 민중들 사이에서 민중의 지도자를 키워냈다. 지도자들과 인민대중 사이에는 불신과 반목도 있었지만 그런 갈등은 크고 작은 민족지도자들의 성장도 촉진시켰다. 숨맘 강령으로 전쟁을 혁명으로 격상시키고 군사와 정치 간 질서를 세운 것은 몇몇 지도자의 묵계가 아니라, 평화와 품격을 바라는 식민지 전체 민중의 갈망이었다. 하지만 정치와 군사는 잘 조화를 이루지 못했다. 전쟁기의 특성상 실질적인 통수권은 군부에 장악되었고, 그런 이유로 향후 국면을 미리 준비하려고 한 지도자들은 군부 세력에 의해 배척되기 십상이었다. 군사보

---

102. 압델카데르를 다른 이슬람 지도자들과 비교한 연구서 B. Bessaïh, *De l'Emir Abdelkader à l'Iamam Chamyl*. 화보가 실린 약전 B. Etienne et F. Pouillon, *Abd-el-Kader le magnanime*, Paris: Découverte/Gallimard, 2003. 이 지도자에 대한 평가를 알려면 아랍어 문헌을 보아야 한다. 그는 탁월한 지도력으로 이미 1850년대에 역사적인 군사사의 반열에 올랐다.

103. T. Chenntouf, *L'Algérie politique 1830-1954*, Alger: OPU, 2003, 9쪽.

다 정치가 우선이라는 숨맘 원칙이 전도되는 것은, 전쟁 후가 아닌 숨맘 대회 직후 1년 만에 일어났다. 숨맘에 불참한 해외 지도자들이 주도한 카이로의 알제리혁명전국평의회CNRA 회의에서는 정치가 군사에 앞선다는 숨맘의 방법론을 열어두는 대신 그 정신을 밑동부터 잘라버렸다. 1958년 5월 29일 『엘무자히드』는 강력한 정치 우선의 철학을 가지고 있던 아반 람단에 관해서 다음과 같은 사망기사를 실었다.

민족해방전선은 가슴 아프게 아반 람단 형제의 죽음을 알린다. 그는 그의 경호를 담당한 민족군의 한 부대와 프랑스군 기동단 사이에 벌어진 전투에서 중상을 입고 민족의 땅에서 죽음을 맞이했다. 아반 람단이 국내 통제의 중대하고 긴급한 임무를 띠고 적의 장애물을 넘어 난경을 헤치고, 가야 할 장소에 도착한 것은 1957년 12월이었다. 그는 쉬지 않고 민족군과 정치위원과 접촉하면서 사방을 다니며 모든 형제의 애정과 감탄을 받았다. 주누드djounoud(이슬람계 농민군) 분대가 특별히 그의 경호를 맡았으며 그를 열정적인 투쟁으로부터 떼어놓은 돌발사고가 일어날 징조는 아무것도 없었다…… 불행히도 4월 중순, 수시간 동안의 교전 도중 아반이 부상을 입었고 우리는 그의 부상이 중상이 아니고 또 그의 건강한 체질이 마침내 부상을 이기기를 희망했다. 수 주일간 우리는 그의 소식을 듣지 못하고 이번에도 그가 적을 이겼으리라 믿었으나, 심한 출혈로 치명적인 상태에 놓이게 되었다. 우리는 슬픈 소식을 듣게 되었다. 아반 람단의 늠름하고 고매한 얼굴, 용기와 극기의 의지는 알제리 민중투쟁의 원천 같은 모습이었다……

이 기사는 이어 아반 람단이 혁명에 기여한 바를 이렇게 정리했다.

조직력이 뛰어났던 그는 곧장 두각을 드러내 중앙위원이 되고 동부 윌라야의 지도자가 되었으며 콘스탄틴 '음모'로 1950년 말에 체포되어 6년형을 선고받았다. 장기간 구금돼 있던 시기에 보인 용기 있는 처신으로, 그는 계속 프랑스와 알제리의 주요 감옥을 전전했다. 1955년 2월 석방되자 곧 민족해방전선에 투신했으며 지도자의 한 사람이 되어, 이 자격으로 숨맘 대회의 조직에 참가했고 조정집행위원회CCE 위원으로 임명되어 알제에 자리를 잡았다. 1956년 12월부터 1957년 3월까지는 다른 형제들과 알제전투를 수행했으며 마쉬 장군의 손을 간신히 피했고, 1957년 8월 카이로 회의에 참가하기 위해 알제리를 떠났다. 민족해방전선은 최선의 조직가 한 사람을, 투쟁하는 알제리는 가장 용감한 자식 중의 하나를 잃었다. 우리는 투쟁의 형제를 애도하며, 그의 기억은 우리를 인도할 것이다.[104]

시간이 지나자 아반 사건에 벤토발Bentobal, 부수프Boussouf, 벨카셈 Belkacem의 3B가 개입했다는 선까지 알려지게 되었다. 이는 아반의 죽음을 기록한 압바스의 글에도 보인다. "우리의 불쌍한 친구에 대한 상황을 듣고 나는 혼절할 것만 같았다. 아반이 내게 계속 말해왔던 것처럼 우리의 대령들이 저속한 살해자들이었다는 말인가? 아반은 모로코의 전하와 이견을 해소해야 하니 이리로 오라는 부수프의 전갈을 받고 모로코에 들어왔다. 그의 메시지에는 CCE 위원인 다른 대령들의 동의가 있었는데 이는 거짓 메시지였다. 아반의 살해자들은 FLN에 속한 테투안의 한 빌라에서 그를 기다렸다. 부수프 대령은 크림 벨카셈과 합의하여 집행을 준비했다."[105] 2007년 아반 람단 연구자인 칼파 마메리는 1958년 5월 29일자『엘무자히드』24호의 기사

---

104. *El Moudjahid*, no.24, 24-29 mai 1958.
105. Ferhat Abbas, *Autopsie d'une guerre*, 224-230쪽.

가 거짓이라면서 우암란 장군이 1958년 6월 15일자로 튀니스에서 작성한 아주 다른 내용의 비망록을 공개했다.[106] 우암란은 크림, 부수프, 벤토발, 마흐무드 셰리프와 그 자신이 아반 문제를 협의했으며, 자신은 아반 람단 제거에는 반대했다는 것이다.[107]

아반은 위장병으로 격분하기를 잘했고 미심쩍은 문제는 대놓고 질책하여 상대에게 무안을 주었다고 알려진다. 하지만 아반을 제거해야 한 진짜 이유는 개인적 불통이나 사적 감정이 아닌, 형언 불가의 복잡한 요인이 개재되어 있는 듯하다. 다만 한 가지 짐작 가능한 것이, 정치와 무력, 군사와 정치 간의 혼돈스러운 관계일 것이다.[108] 아반은 산악무장대를 평가절하하지 않았지만 전쟁은 도시 한복판에서, 특히 알제 시가전에서 결판을 내야 한다고 보았다.[109] 그러나 전력戰力이 열세인데 무모하게 전투원을 내몰 수 없었다. 실효성 있고 명분 있는 방법이 필요했으며 그 일환으로 그는 1957년 1월에 알제 총파업을 기획했다. 1월 28일 0시부터 일주일간 이어진 총파업을 그는 이렇게 독려했다.[110] "누구보다 잘난 우리의 아들딸이 매일 쓰러지고 있다. 총파업을 막기 위해 마쉬 장군이 알제를 약탈하는 것은 식민지 질서의 연출이고 평정화이다. 알제리 민중들이여, 세계가 당신들을 지켜보고 있다!" 아반에게는 총파업이 곧 있을 유엔의 알제리 문제 조정에 맞춰

106. K. Mameri, *Abane Ramdane: Le Faux procès*, Tizi-Ouzou(Algérie): Édition Mehdi, 2007, 150-160쪽.

107. "Circonstances de la mort d'Abane," 같은 책, 150쪽.

108. 이 문제는 1988년 10월 알제리 민중의 민주화 운동이 실패한 후 되살아난다. 이 슬람 무장조직GI과 정부군의 대치는 무고한 시민 다수의 희생을 불러왔다. T. Yacine, "Une généalogie de la violence est-elle possible?" *AWAL*, no.19, 1999, 115-126쪽; Noureddine Abdi, "Origine et fondement de la subordination du polique au militaire en Algérie," *AWAL*, no.24, 2001, 3-10쪽.

109. A. Bélaïd, *L'Algérie en guerre*, 427쪽.

110. "tract annonçant la grève de janvier 1957," 같은 책, 503쪽.

알제리인의 독립의지를 과시하고 공무원, 상인, 근로민중이 단합되고 조직화된 민중이라는 것을 세상에 알리는 방법이었다. 총파업의 성공은 민중이 스스로를 의심치 않고 확인하는 첩경이었다. 그의 이러한 구상이 군인들을 경시하고 배제하려는 것으로 판단되자, 군인들이 선수를 쳤을 것이다. 혁명과 전쟁을 동시에 기획하면서 아반은 사실 지난날의 역사적 패배가 늘 두려웠다. 1830년대 압델카데르의 항복, 모로코 항쟁의 기수인 젊은 셰이크 부아마마Cheikh Bouamama의 패전, 그리고 1871년 카빌리의 엘모크라니의 패배는 되풀이되지 말아야 할 역사였다.[111] 그렇다면 패배가 아닌 승리를 바라볼 수 있는 방략은 사회경제적 혁명이었다. 아반의 노선과 이념에 대한 몰이해, 파당적 충돌은 결국 그를 죽음으로까지 몰아갔지만, 그럼에도 그는 구조가 달라지면 민중은 독립하리라는 전망이 있었다.

민주적이고 사회적인 알제리공화국은 그런 바탕 위에 세워질 거라는 아반 람단의 기대는 자의적이지 않았다. 역사적 근거가 있었다. 프랑스 침공 초기의 '우피아 학살사건'(1832) 같은 절망 속에서도 알제리 도시들은 제각기 침략군에 대항했다.[112] 알제 남쪽 50킬로미터의 블리다, 동부 부지의 부르주아지와 엘리트층은 정복자들을 영접하기는커녕 조금도 승복하지 않았다. 메데아, 셰르셸은 점령군이 보낸 행정관들이 도착하자 성문을 닫아걸었다. 아반은 알제리 도시들의 저항 정신이 소멸하지 않았다고 보았다. 역사가 라슈라프도 같은 판단을 내린다. FLN 지지자였던 역사가는 성채도시 알제의 저항을 의미심장하게 평가하여 1954년 11월 이후 도시민의 저항의식이 전쟁에 불을 붙였고 농촌이 그 주위로 모여들고 에워싼 것으로 해석한다.[113] 실제

---

111. Khalfa Mameri, *Abane Ramdane*, 117-130쪽.
112. M. Lacheraf, *L'Algérie: nation et société*, 157-201쪽.
113. 같은 곳.

25만에서 30만 명의 남자와 여자, 노인과 아이가 전쟁의 탄압과 상실을 견뎠고, 이에 감옥과 수용소에 갇힌 수만 명이 더해졌다. 아반에 따르면 승리와 패배의 관건은 민중에 있었으며 민중에게 필요한 자금과 무기를 외부로부터 충당하는 것이 '그들의 책무'였다.

어떻든 『엘무자히드』는 아반 람단이 내부에서 제거된 사실을 말하지 않았다. 대외선전과 대내결속이 목표인 전쟁기 언론에서 내부갈등을 언급하거나 논한다는 것은 생각하기 어려운 일이었다. 그렇다 해도 사실이 사라지지는 않는다. 전쟁이 끝나고 10년, 20년이 지나자 사건은 공식 연구되고 규명되었다. 그렇다면 『엘무자히드』가 차라리 이 사건에 끝까지 침묵을 지킬 수는 없었을까?

실제 그렇게 하기는 어려웠다. 대내외적으로, 누가 보더라도 아반은 부인할 수 없는 혁명의 지도자였고, 1957년 알제전투 이후 오직 그만이 남았다. 전쟁은 군대가 맡지만 혁명은 정치가가 한다는 원칙에 공감한 라르비 벤 미히디도 1957년 2월 프랑스군에 체포되어 고문 끝에 사라졌다.

『엘무자히드』가 보인 기관지다운 충실성은 신문은 권력으로부터 독립적이어야 하고, 아니면 최소한 중립은 지켜야 한다는 언론의 원칙에 어긋나 보인다. 이 신문의 상위기관인 FLN은 그 이상의 자유언론을 지향하긴 어려웠을 것이다. 하지만 그렇다 해도, 멜루자 학살이나 아반 람단 암살 같은 중대사건을 그렇게 허투루 처리한다는 것은 그냥 넘기게 되지 않는다. 아반의 죽음은 흔히 있게 마련인 정적 제거의 한 장면과는 많이 다르다. 제거도 방법이 문제이기 때문이다. 하지만 이 같은 회의감은 후대의 몫이었고 알제리전쟁을 치르는 동안 『엘무자히드』는 풀어야 할 숙제가 너무 많았다.

6. 『엘무자히드』에서 그린 혁명의 청사진

이 신문은 전쟁 후 어떤 사회를 이룰 것인지 그려보았다. 그 청사진이 그리 구체적이지는 않았고 독립국가의 정책으로 이어지지도 않았지만 전달하려는 의도는 분명했다.[114] '엘무자히드El Mujâhid'란 제호가 아랍어 '이슬람을 위하여 싸우는 병사'라는 뜻이니 당연히 이 신문은 종교적이었으리라 본다면 오판이다.[115] 아랍어는 이슬람의 언어이고 이슬람 자체가 "쫓기고 내몰린" 알제리인에게 마지막 구원처였다.[116] 그렇기 때문에 이슬람이 다른 신앙을 배척하거나 인종주의적인 의미가 아니라는 이슬람 본연의 가르침을 일깨우는 것이 매우 중요했다.[117] 근대 국가를 지향하는 알제리의 근대성은 이슬람에 충실하지 않는다는 의미나 이슬람에 귀속된다는 의미가 아니었다. 이슬람-아랍을 지키겠다는 것은 케케묵은 아랍이 아니라 새로운 아랍의 구축에 기여하겠다는 뜻이었다. FLN 공보책임자 야지드는 1972년 팔레스타인의 한 회견에서 그 점을 다음과 같이 반추했다. "우리는 아랍의 언론보도가 새로운 아랍의 이미지를 창출해야 한다고 생각했다. 투쟁하는 아랍, 존엄해진 아랍, 단호한 아랍이다."[118]

그러므로 '엘무자히드'라는 제호는 종교를 숭배하겠다는 것이 아니

---

114. Z. Ihaddaden, "La propagande du FLN pendant la Guerre de libération nationale," *La guerre d'Algérie et les Algérians 1954-1962*, 183-199쪽.

115. 오히려 아랍어판은 마키와 국경지대를 취재하여, 국제 문제로서의 이슬람 해설에 주력하는 프랑스어판보다 군사 문제의 비중을 높였다. G. Meynier, *Histoire intérieure du FLN, 1954-1962*, 486쪽.

116. "éditorial," *El Moudjahid*, no.1, juin 1956.

117. *Résistances Algériennes*, II, 1 novembre 1956.

118. 므하메드 야지드(1923-2003)는 블리다 고등학교를 나온 후 일찍 민중당원이 되었으며 정치활동으로 옥고를 치른 후 다시 MTLD 당에 가담했다. 1954년 10월 카이로에 갔을 때 FLN에 가담하게 되었다.

라 아랍-이슬람적인 자신의 신원을 만천하에 천명하겠다는 의미였다.[119] 다시 말해 '펠라가'나 '마키자르'처럼 흔히 식민지배 세력이 내보이는 경멸조의 정치언어에 맞선 대응이었다.[120] 근래의 포스트식민주의 분석에서 근대 식민주의가 낳은 지속적인 결함으로 인간에 대한 인간의 경멸을 들지만 사실 식민지에서는 언어부터 경멸적이었다.[121] 그 경멸의 언어를 자기도 모르게 수긍하는 복종심을 깨뜨리는 새말, 그것이 엘무자히드였다. 무자히드가 제2차 세계대전의 레지스탕스와 동일선상에 있다는 인식도 그 낱말 속에서 엿볼 수 있다. 무자히드는 민족의 군대만을 뜻하지 않았다.[122] 민족군 병사, 정치투사, 연락원, 어린 목동들, 사건을 논평하는 카스바의 가정부, 파업하는 알제의 어린 학생들, 사보타주 가담자들, 마키에 합류하는 대학생들, 전단을 뿌리는 사람들, 고통 속에서도 희망을 품고 있는 농민들 모두가 무자히드의 품 안에 있었다. 그리고 1956년 8월 숨맘 대회의 강령은 포괄적이고도 선이 굵은 그와 같은 '전사'의 개념을 구체화한 일종의 사회철학이었다.

그와 같이 이슬람-아랍을 지향했다면 알제리 문제의 암적인 존재였던 유럽인과의 관계 설정은 어떻게 구상되었을까? FLN은 1954년 11월 1일 전쟁선포 때부터 알제리-유럽인(피에누아르)에 대한 강박관념을 지녔던 것 같다. 유럽인 콜롱과 민주주의자를 구분하고, 프랑스 지식인들과 프랑스 사회주의자들에게 편지를 보냈다.[123] 숨맘 대회에

---

119. Yves Courriere, *La guerre d'Algérie: Le temps des léopards*, Paris: Éditions livres de poche, 402쪽.

120. 이러한 식민지의 언어 문제를 다룬 기본 연구서로는 L.-J. Calvet, *Linguistique et colonialisme: petit traité de glottophagie*, Paris: Payot, 2001/1974. 여기서 특히 식민지배와 식민지 해방에 관련해서는 161-208쪽.

121. L. Theis et P. Ratte, *La guerre d'Algérie ou le temps des mépris*, Tours: Maison Mame, 1974, 10쪽.

122. M. Gadant, *Islam et nationalisme en Algérie*, 21쪽.

123. 알제리-프랑스인은 억압자의 지위에 있지 중립적이거나 결백할 수 없다. 그들은

서도 이 유럽인 문제가 논의되었지만 추상적인 원칙론 수준을 넘지 못했다.[124] 알제리-유럽인 가운데 애당초 극우파와 일반인을 구분하면서 일반 유럽인이 FLN을 이해하고 가능하면 협조하기를 원했고 군부가 그 보호막이 되어주기를 희망했다. 반면 유엔총회 기간 동안 프랑스는 지난 130년간 프랑스와 알제리 양측이 잘 살아왔다는 선전물 영상을 보여주며 캠페인을 벌였다.[125] 운송과 교통의 발달로 인해 알제리와 프랑스가 어느 때보다 친밀해졌다는 인상을 심어주려 했다. 그러다 전쟁 후반기에 접어든 뒤에는 동화론을 전파하기보다 교회의 첨탑과 모스크의 미나레를 나란히 보여주는 전략을 취했다. 무슬림과 유럽인이 어울려 있는 학교, 병원, 공원을 보여줌으로써 "950만 프랑스 시민들이 여기에 공존하고 있다!"는 선전용 화보책자는 영어, 에스파냐어, 독일어로 7만부나 배포되었고, 그 속에서 인종분리 같은 것은 깔끔히 삭제되었다.[126] 하지만 전쟁 마지막 때까지도 특히 이 피에 누아르 문제는 전망이 불투명했다.

똑같은 유럽인이라 하더라도 유대인은 독특하게 대우받았다.[127] 유

억압하고 경멸하고 지배한다. "Les intellectuels et les démocrates français devant la révolution algérienne," El Moudjahid, no.14, 10 décembre 1957.

124. 페르하트 압바스는 이 유럽인 문제를 1959년에 독일의 시사주간지 『슈피겔』에 발표했고, 이듬해인 1960년 2월 17일에도 다시 호소했다.

125. 이 영상물의 제목은 'Autour du drame algérien, Profile of Algeria.'

126. M. Connelly, "Rethinking the Cold War and Decolonization: The Grand Strategy of the Algerian War for Independence," The International Journal of Middle East Studies, vol.33, no.2, 2001, 221-245쪽.

127. 유대인 정착은 프랑스, 독일, 모로코, 폴란드보다도 북아프리카 일대가 앞선다. 1516년 알제에 오스만튀르크 섭정이 수립되기 전에 마그레브에는 이미 로마와 비잔틴, 아랍의 주민과 제도, 종교가 뒤섞여 있었다. "알제리에서도 유대인 간 차이가 컸다. 부자와 빈민, 고급 주택가와 서민 주택가에 사는 사람이 있고, 도시 주민과 오지 주민, 아랍인 및 무슬림 베르베르인과 아주 가까운 남부와 라구아트 유대인도 있었다. 제2차 세계대전시 많은 무슬림이 유대인을 도왔고 유대인은 그것을 잊지 않았다. 그러나 아무리 차이가 있다 해도 유대인은 유대인이었다." 알리스 셰르키, 『프란츠 파

대인은 1870년 크레미외법으로 시민권을 부여받아 무슬림의 질시와 혐오를 사기도 했지만 엘리트층 유대인은 알제리전쟁을 방관하지 않았다.[128] 앞에서도 말한 바 있는 피에르 숄레 내외의 활약이 그러한 경우이다.[129] 숄레 부부는 FLN 전단지 발행을 위해 처음으로 로네오 등사기를 반입했다. 그리고 이 등사기로 찍은 전단지들을 낡은 시트로엥 2C 자동차에 싣고 도시를 건너 다녔으며, 무기 가방, 의약품, 투사들을 옮겨 날랐다. 카빌리 사령관 벨카셈과 우암란이 수없이 알제와 피에스트로 사이를 오가고 군대 차단벽을 통과할 수 있었던 것도 모두 이들 덕분이었다. 결국 피에르는 1957년 2월 수뇌부가 알제를 떠날 때 아반 람단을 제4윌라야로 이동시키는 임무를 맡았다가 그 전날, 군에 체포되었다. 그 임무는 클로딘이 대신했고 피에르는 감옥에서 "소포가 무사히 도착했다"는 아내의 전갈을 들었다.[130] 숄레는 디아르엘마흐술의 작은 아파트에서 학생들이 산으로 들어가면 곧장 제 몫을 다하도록 주사 놓는 법을 가르치기도 했다.[131] 이들 부부의 일화는 어쩌면 예외적인 것일지 모른다. 그러나 이들이 유대인과 유럽인, FLN의 연계를 보여주는 사례인 것은 분명하다.

*

알제리의 프랑스인들이 전부 식민주의자는 아니었다. 대기업인 보

농』, 144-157쪽. 셰르키는 유대계 집안으로 이 문제를 잘 알았다.

128. R. Ayoun, "La communauté juive d'Algérie et la période 1954-1962," *Des hommes et des femmes en guerre d'Algérie*, 154-156, 159-166, 172-175쪽.

129. E. Fouilloux, "Chrétiens et juifs: Comme les autres?," *La guerre d'Algérie et les Français*, 109-115쪽.

130. 알리스 셰르키, 『프란츠 파농』, 233쪽.

131. Cdt Azzedine, *Les Fellagas*, 22-26쪽.

르고나 『레코 달제』의 세리니가 곧장 프랑스 식민주의를 대변하는 것
도 아니었다. 그러나 프랑스의 식민지배는 알제리인들에게는 살갗으
로 느껴지는 구체적인 현실이었다. 알제리인에 친화적인 몇 가지 예
외가 민족주권을 탈취한 외국인 집단과 그 주권을 박탈당한 민족 간
의 관계를 바꾸지는 못할 것이었다. 시스템에 빨려든 식민지에서 식
민지배의 힘은 병사와 경찰, 기술자의 모습을 하고 나타났다. 식민지
배자 쪽에 속한다면 이를 모른다는 이유로 도피할 수 없고 결코 결백
할 수 없다는 것을 뜻한다. 튀니지로 나가는 사하라 에젤 석유 송유관
건설 계획이 수립되자, 『엘무자히드』는 전쟁 이후에는 프랑스와 협력
할 수 있겠지만 지금은 마그레브 연대가 먼저라고 환기했다. 마그레
브 전체의 항구적인 이해관계를 위하여, 궁극적으로 당장의 먹고사는
문제를 초월한 사고가 요구된다고 강조했다.[132] 이 신문은 독립에 이
르기 전에 중간 기착지가 필요하지 않느냐는 위험한 제의나 알제리
분할 방안에도 단호하게 입장을 세워야 했다. 사하라는 새로운 '카탕
가'가 되지 않을 것이다. 콩고의 경험은 해체되지 않는 식민주의가 어
떤 조작을 부리는지 알제리 대중에게 여실히 가르쳐주었다. 따라서
알제리에 또하나의 '촘베'는 절대로 허락할 수 없었다.[133]

　하지만 신문 발간 초창기에 게재된 파농의 「우리는 왜 싸우는가」
라는 논설은 식민지 상황을 좀더 크게 해석하고 알제리의 전망을 좀
더 넓게 세웠다.[134] "민족독립은 그 자체로 목적이 아니며, 새로운 시
대의 역사를 여는 근본적인 수단으로, 모든 영역에서 커다란 변혁과

---

132. Editorial, "Au delà du pain ordinaire," El Moudjahid, no.27, 22 juillet 1958.
133. 카탕가Katanga는 신생독립국 콩고의 주권을 역설한 젊은 정치가 파트리스 루뭄
바가 체포되고 결국 비밀리에 살해당하는 정치적 수난의 현장을 의미한다. 콩고 정치
인 모이즈 촘베Moïse Tshombe(1919-1969)는 강대국과의 관계에서 독자적이고자
했던 루뭄바가 정치적으로 제거되고 살해되는 과정에 깊이 연루된 것으로 알려졌다.
134. "Pourquoi nous combattons?" El Moudjahid, no.2, juillet 1956.

커다란 진보를 가져와야만 정당화될 수 있는 것이다." 이와 같은 독립을 실현하기 위해서, 국가는 인민의 주권과 민중의 의지 그리고 민족의 이해에 부합하는 공적 권력을 베푸는 총체여야 했다. 여기까지는 서양의 근대 인민주권론을 수용한 표현이라 해도 무방할 것이다. 그러나 『엘무자히드』의 투쟁의 변은 여기에 끝나지 않았다. 혁명을 개시한 이 언론인들은 이유 없이 벌어지는 인간의 고통에 민감했다. 알제리 민족/민중은 자신의 나라에서 원치 않는 이들이 되었고, 이는 매우 모순된 상황이었다. 왜냐하면 알제리는 천연의 부를 지녔건만, 그 부를 누리기는커녕 풍요의 땅 한복판에서 가난하고 비참한 민중이 되었기 때문이다.

이 논설은 당국의 잔인한 수색과 검거, 체포에 대해 "해로운 짐승처럼 쫓기는 사람들"이란 비유적인 표현을 썼다. 민족의 역사적 사회학적 결실은 전수되고 확산되는 것이 아니라 오히려 "오랜 박해의 목표"가 되었을 뿐이라는 경고였다. 그러나 식민주의를 질타하는 이 논설에서도 짙은 미움의 그림자를 찾기는 어려웠다. 증오를 품은 구절은 고개를 들지 못했다. 이 논설은 어떤 나라를 세울 것인가 하는 희망찬 꿈 아래 민주주의, 사회정의, 알제리공화국, 개인의 자유, 알제리 민주주의의 사회적 성격, 제국주의를 극복한 알제리 경제 같은 미래의 여러 가지 측면을 하나씩 차례로 그려나갔다.

제3장

|

알제리공화국임시정부

1. 임시정부 수립

임시정부Provisional Government는 다스릴 영토는 없는데 해당 민족 또는 인민이 정부로 수립한 통치기구를 가리킨다.[1] 알제리공화국임 시정부는 이 국제법 규정이 적용되는 형태의 정부였다.[2] 프랑스 제4 공화국은 침몰하고 드골 정권이 들어선 지 4개월 만인 1958년 9월에 수립된 체제였다. 알제는 제2차 세계대전 막바지인 1944년 6월 2월 에 프랑스공화국임시정부GPRF의 전신인 프랑스국민해방위원회CFLN 본부가 세워졌던 곳이고, 이 역사적 경험은 알제리 지도자들의 뇌리 에도 선명하게 남아 있었다.[3] 그러나 이 임시정부는 무엇보다 1956년

1. Redha Malek, *L'Algérie à Evian: Histoire des négociations secrètes 1956-1962*, Paris: Seuil, 1995, 73-75쪽.
2. 지중해의 콜로Collo 같은 고립지에 영토를 확보하려는 기도도 있었지만 실패했다. J. Charpentier, "La reconnaissance du GPRA," 803쪽.
3. 1942년 11월 8일 연합군의 모스타가넴 상륙 후 알제리에는 미군, 자유프랑스군, 알 제리 민족군, 비시 정부가 제각기 움직였다. 무슬림이 전면에 나선 적은 없지만 프랑

숨맘 대회의 연속이자 그 결과였다. 드골 정부의 요청에 대한 응답으로 임시정부가 갑자기 구상된 게 아니었다. 임시정부 정책의 근간은 이미 민중당 강령에 들어 있었고, 그로부터 4년이 지난 후의 임시정부 수립은 기본적으로 여기서 유래했다.[4]

임시정부의 형태는 국제적으로도 의지할 만한 근거가 있었다. 무엇보다도 이것은 1848년 유럽 혁명으로 친숙해진 역사적인 용어였다. 1830년 체제인 입헌왕정이 무너지고 파리에 임시정부가 섰으며, 1849년에는 헝가리에서도 임시정부가 생겨났다. 이보다 더 친숙하게는 1917년 2월 차르제정이 붕괴되고 러시아에서 수립된 정부가 임시정부였다. 1922년 아일랜드 자치주 임시정부는 영국 정부와 아일랜드 혁명가 사이에 합의된 형태였으며, 이로써 아일랜드 자치주 수립의 길이 열렸다.[5] 알제리공화국임시정부는 아일랜드 임시정부와 근접하다고 보지만 크게 다른 차이점이 있었다. 제1차 세계대전 이후의 아일랜드는 아직 영국 제국주의를 견제할 다른 강대국의 실질적 지원을 기대할 수 없는 상황이었다.

알제리 임시정부의 과제이자 목적은 국제적인 인정/승인Recognition이었다. 국가의 인정은 이미 국제적으로 인정받는 국가만의 고유 권한이었다. 따라서 알제리 임시정부에 대한 인정은 강대국 프랑스와 마찰을 일으키거나 적어도 프랑스에 자극을 주게 될 행동이었다.[6] 물

스국민해방위를 기억하는 알제리 민족운동가들이 있었다.

4. Rabah Aïssaoui, "Algerian nationalists in the French political arena and beyond: the Etoile nord-africaine and the Parti du peuple algérien in interwar France," *The Journal of North African Studies*, vol.15, no.1, 2010, 1-12쪽.

5. 아일랜드 자치주 운동과 협상에 관해서는 Joseph M. Curran, *The Birth of the Irish Free State, 1921-1923*, Tuscaloosa, AL: University of Alabama Press, 1980, 특히 제5장과 제6장 참조.

6. J. Charpentier, 앞의 글, 799-816쪽.

론 1950년대 후반 새로운 국제정세가 약소민족을 도왔다. 하지만 아시아와 아프리카 신생국들이 세력화하고 미소 패권 동향이 달라졌어도 그것으로 식민지 알제리의 독립이 보장되는 것은 아니었다. 상황은 미묘했다. 민족전선은 알제리 단독으로 혹은 일방적으로 전쟁을 선포했지만 임시정부는 그럴 수 없었다. 지배국인 프랑스의 요청으로 수립되는 형식을 띠었다. 이 가능성을 만들어낸 것이 전쟁이었고, 임시정부를 선포했다고 해서 전쟁이 끝나는 것은 아니었다. 무력전쟁과 외교협상은 함께 가야 했다. 그러나 민족군의 힘은 1959년 이래 부상하지 못하며 약세로 기울었고, 반면 프랑스의 전술과 사회경제 침투는 전혀 완화되지 않았다.

임시정부는 과거와 미래 간에 다리를 놓는 상상력이 있어야 했고 효율적인 교섭력과 행동력, 모든 지적 역량을 발휘해야 했으며, 무엇보다도 그것이 직접적인 성과로 이어져야만 했다. 성패가 확연하게 갈리는 길이었다. 그 때문에 이들의 외교활동은 일반 국가의 관료층과 달랐고 통상적인 범주를 크게 벗어났으며 사적 능력과 활동력, 공적 협상력이 모두 긴밀하게 요구되었다.[7] 국가의 건립과 헌정의 수립을 책임졌지만 물적 기반이 미약한 알제리공화국임시정부는 어떻게 그 길을 열어갔을까?

2. 카이로

알제리공화국임시정부의 공식적인 수립은 카이로에서 공포되었다.[8]

7. P. J. Vatikiotis, "Tradition and Political Leadership," 330-366쪽.
8. Philippe Rondot, "Égyptianité et Panarabisme," *Politique Etrangère*, vol.46, no.4, 1981, 813-822쪽.

초대 수반 페르하트 압바스가 임시정부 출범의 정황과 그 목표를 해외에 설명한 자리가 카이로였다. 1958년 9월 16일, 압바스는 스위스에 체류중이었는데 므하메드 야지드의 연락을 받고 튀니스로 직행하여 9월 18일에 임시정부 요원들과의 회동 형식을 갖추었다. 이 회의에는 민족군의 주요 사령관들과 곧 임명될 임정 각료들, 즉 우암란, 사데크, 모함메드-사이드, 로트피, 하지 라크다르, 오마르 우세디크, 아제딘, 부멘젤, 달라브, 벤야히야 등이 참석했다. 논란의 여지가 있지만 알제리 안팎의 사정에 밝았던 유럽인에 의하면 카이로 없는 FLN은 허수아비였다.[9] 1958년 8월 22일에서 28일 사이에 CNRA 회의가 열린 곳도 바로 이곳 카이로였다.

임시정부 수립 전부터 카이로가 FLN 대외본부 같았던 것은 이집트의 지위 격상과 맞물려 있었다.[10] 1952년 왕정을 물리친 장교들의 쿠데타 후 국제적 주목을 받게 된 이집트는 강대국에 맞서는 약소국의 의장 같아 1956년의 카이로는 한창 쇄신의 기운을 뿜어내고 있었다. 민족주의 대의에 밀려 정치적 자유는 옥죄인 듯했지만 카이로는 동서 이슬람의 오랜 교차로였다.[11] 시리아, 이라크 같은 지적으로 세련된 동부권의 인사들이 수시로 드나들었고 여기서 동서 아랍권 각지로 문물이 퍼졌다. 알제리도 20세기 초부터 카이로의 영향을 받았다. 알제리 총독부에서 발행하는 『아크바르』 외에 아랍어 신문이 없던 시절에 알렉산드리아와 카이로에서는 아랍어 신문을 보내왔다. 이스탄불과 봄베이(현 뭄바이)와 캘커타에서 아랍어 책과 신문을 받기

9. R. Ouaïssa, *Les carnets de Hartmut Elsenhans,* 377쪽.
10. 메살리 하즈와 마그레브 아랍 사무소는 카이로에서 무장봉기 개시의 준비 작업을 하고 있었다. K. Merzouk, *Messali Hadj et ses compagnons à Tlemcen,* 191-196쪽.
11. D. Malcolm Reid, "Cairo University and the Orientalists," *International Journal of Middle East Studies,* vol.19, no.1, 1987, 51-75쪽.

도 했지만 이집트는 아랍적인 것의 진원지였다.[12] 나폴레옹에게 침략을 당하고 다시 영국의 입성을 맞아 일찍 19세기 초에 군사적 모델부터 일신하여 중동지역 근대화의 선두에 선 것이 카이로였다. 프랑스 침공에 항전한 압델카데르는 일찍이 소년기에 알렉산드리아 항구에 도열한 선박과 군사적 진용에 감탄한 바 있었다. 20세기 카이로는 프랑스의 튀니지 점령과 모로코 분할점령, 이에 반발한 리프인의 항쟁에 개입했던 아랍 지도자, 시리아 지도자들이 모여드는 망명지였다. 또 울라마 장학금으로 유학온 학생들도 넘쳐났다.[13] 카이로 권력자는 나세르였지만 정치권력만이 그곳의 매력으로 간주되지 않았다. 전쟁기에 하르비가 만난 이집트 지식인들은 서구문화와 아랍문화 두 갈래의 장점을 한데 섭취한 것 같았고 초현실주의, 마르크스주의, '혁명 프랑스의 신화적 관념'의 흔적을 지니고 있었다.[14]

임시정부의 카이로 선택은 두말할 것 없이 프랑스를 겨냥했다. 알제리 사태는 북아프리카 문제이고 북아프리카는 전통적으로 프랑스 소관이니 외부에서 개입할 일이 아니라는 프랑스의 셈법에 대한 방패막이였다. 영국과 프랑스의 제국주의에 치명타를 입힌 수에즈 사건이 큰 힘이 되었다.[15] 1956년 10월 이 사건은 영국과 미국, 프랑스의

---

12. A. Hellal, *Le mouvement réformiste algérien*, 69쪽.

13. 카이로의 역사에 관해서는 N. AlSayyad, *Cairo: Histories of a City*, Cambridge: Belknap of Harvard University Press, 2011, 229-254쪽.

14. Mohammed Harbi, *Une vie debout*, Paris: La Découverta, 2001, 318쪽.

15. 나세르가 수에즈운하 국유화를 선언한 것은 1956년 7월 26일로, 수에즈회사의 대주주인 영국과 프랑스는 곧 반격을 준비했다. 1956년 10월 말 프랑스 세브르에서 열린 대책회의에는 이스라엘의 벤구리온이 참석했다. 프랑스 개입의 직접 동기는 알제리전쟁이 나세르의 지휘를 받는다고 파악한 데서 비롯됐다. 수에즈운하 국유화로 프랑스에 미치는 석유 공급 손실은 알제리에 걸린 위험에 비하면 미미했다. 은퇴해 콜롱베레되제글리즈에 머물던 드골은 이 작전을 묵인했지만 영국군 주도에는 이의를 제기했다. 영국도 여론이 분열되어, 야당 노동당과 일부 보수 진영이 앤서니 이든에 반대했다. 1956년 10월 29일 이스라엘 지상군이 시나이 반도로 전격 침공하여 48시

중동관계에 기폭제가 되었다.[16] 이집트에서도 알제리를 지원할 충분한 명분과 계산이 깔렸다. 반둥 회의로 신생국들의 주목을 받은 알제리의 젊은 민족운동가를 지원하는 것은 합당했다. 연금 상태인 메살리 하즈의 전언이 반둥에 전달되고 네루 인도 총리가 이를 대독했다.[17] 하즈는 반둥에 모인 국가 수반들에게 어떤 감정적 호소를 하지 않았다. 실업자, 생존을 위해 알제리를 떠나야 하는 다수의 알제리인과 소수 유럽인의 막대한 부, 교육 부재, 유럽인의 정치와 행정력의 독점을 수치로 들었을 뿐이다. 신생 아시아-아프리카 국가뿐 아니라 서구와 연결된 나토 회원국, 영연방 국가, 동남아조약국가OTASE, 바그다드조약 국가가 동석한 자리였다. 마그레브 국가들은 연합 형태의 대표단을 구성했는데, 살라 벤 유세프를 단장으로 아이트아흐메드와 야지드가 알제리를 대표했다. 이집트는 그중 알제리의 우방이었다.

간 만에 수에즈 근처에 도달했다. 영국군은 7시간 만에 포트사이드에서 항복을 받아냈고 프랑스군은 포트푸아드에 진을 쳤다. 이스라엘군은 시나이 남쪽에서 홍해 해변을 점령했다. 그러나 이든과 기 몰레는 미소의 반응을 고려하지 않은 우를 범했다. 소련의 흐루쇼프와 불가닌은 1956년 10월 헝가리 봉기 진압에 부심하는 와중에도 자국 미사일이 파리와 런던을 향하고 있음을 상기시켰다. 이 위협은 상징에 불과했지만 미국이 반응하고 유럽의 공동 대응을 주문하면서 이스라엘군 철수를 종용했다. 이든은 낭패에 처했다고 인정하고 11월 6일 영국군은 휴전에 들어갔다. 영국은 미국의 달러 제공과 휴전을 맞바꾸었다. 미국으로선 전통적인 지역 패권자인 영국과 프랑스를 물러서게 한다는 이득도 있었다. 이렇게 러시아가, 특히 미국이 나세르를 구했다고 평가된다. 이스라엘군에 패배가 목전이었는데 순식간에 역전된 것이다. 아랍 민중은 나세르에게 절대 지지를 보냈으며, 나세르와 제3세계 연대의식은 여기서부터 강화되었다. 수에즈 사태의 경제적 외교적 전말은 Diane B. Kunz, *The Economic Diplomacy of the Suez Crisis*, Chapel Hill, NC: University of North Carolina Press, 1991, 특히 제4장 참조. 프랑스 개입에 대한 설명은 77, 81-83쪽.

16. Cyril E. Black, Robert D. English, Jonathan E. Helmreich, A. James McAdams, Paul C. Helmreich, *Rebirth: A Political History of Europe since World War II*, Boulder, CO: Westview Press, 2000, 109-110쪽.

17. "Message de Messali Hadj, président du PPA à la conférence de Bandoung (du 08 au 16 avril 1955)……." *Messali Hadj et ses compagnons à Tlemcen*, 340-341쪽.

이집트는 전쟁 발발과 함께 카이로에 주재한 벤 벨라, 키데르, 아이트 아흐메드에게 통신수단 이용을 약속했다. 다른 북아프리카는 알제리에 아직 관심을 보이지 않는 때였다.

그로부터 4년이 지나 알제리 임시정부는 카이로 중심가 이스마일 거리 바로 옆 나일 강변의 가든시티 구역 타흐리르 거리 4번지 건물에 자리를 잡았다. 전쟁 전 민중당의 카이로 활동으로 낯설지 않은 도시였다. 1951년 여름 메살리 하즈는 중동의 아랍국들이 알제리 상황을 정확히 인지하도록 국가 지도자들과 가까워지기로 마음먹는다.[18] 프랑스 당국에 메카 순례를 요청해 허가가 나오자 1951년 9월에 순례를 떠났고 순례를 마친 다음 사우디아라비아의 압둘아지즈 이븐 사우드 국왕과의 면담이 성사되었다. 프랑스의 알제리 지배 상황을 설명하고 우리는 자유로워지려고 한다고 말하는 메살리에게 사우디아라비아 국왕은 그러면 언제 봉기를 일으킬 수 있느냐고 물었다. 국왕의 충고와 격려로 메살리는 시리아와 터키, 이라크, 이란, 예멘, 파키스탄을 순방했다.[19] 임시정부가 다마스에서는 샤브한데르 광장의 건물, 바그다드에서는 파이잘 국왕 거리의 넓은 장소에 들어간 데는 이런 내력이 있었다.[20]

전쟁 전에 카이로에 자리잡은 벤 벨라, 호신 아이트아흐메드, 모하메드 키데르는 메살리당에서 분리된 MTLD 소속이었다. 프랑스군 출신인 벤 벨라와 아직 젊었지만, 카빌리의 유력한 지도자였던 아이트아흐메드는 OS의 작전 실패로 도피하여 해외로 나갔다. 하지만 전쟁

18. K. Merzouk, *Messali Hadj et ses compagnons à Tlemcen*, 191-196쪽.
19. "Organisations étudiantes (témoignage écrit de M. Lemnouar Merouche)," M. Harbi et G. Meynier, *Le FLN*, 712-713쪽.
20. Nora Benallégue-Chaouia, *Algérie Mouvement ouvrier et question nationale 1919-1954*, 321쪽.

초기에 이집트인이 마련해준 카이로 시내의 작은 건물 압델카우에크 사를리아트 32번지 3층 사무실은 무선통신기도 갖추기 어려워 알제리와 연락이 끊겨 있었다. 혁명투쟁이 벌어질 오레스 산악의 전투를 신문으로만 접할 따름이었다. 10월 30일 선언문과 공격 목표 리스트를 갖고 카이로에 당도한 부디아프는 인력 차출이 얼마나 힘든지, 사람들이 얼마나 회의적인지 설명하고 자금과 무기가 절대적으로 필요하며 국외에서 이를 지원해야 한다고 역설했다. 벤 벨라, 키데르, 아이트아흐메드는 각자 행동하기로 다짐하고 역할을 나눴다. 이집트 당국자와 가까운 벤 벨라가 병참을 맡아 무기를 구하여 알제리로 운반하고 아이트아흐메드와 키데르가 대외교섭에 나섰다. 키데르는 아랍국, 아이트아흐메드는 아시아와 유럽 국가들과 미국을 상대하기로 했다. 아이트아흐메드와 키데르는 동서지간으로 두 사람의 아내는 경비 절약을 위해 대표 전원의 식사를 한꺼번에 마련하고 살람리크 거리의 작은 아파트에서 이집트 정부가 마그레브 원조금 형식으로 배당한 월 70리브르로 살았다. 다행히도 재력 있는 튀니지인, 모로코인의 지원이 있었고 물가 또한 비싸지 않았다.

이 세 사람 외의 주요 인사로, 11월 1일 봉기 직후 카이로에 도착한 중앙파의 두 지도자, 호신 라후엘과 므하메드 야지드가 있다. 북아프리카의별에서도 활동한 라후엘은 후일 하즈에 반대하는 입장을 취한 후 FLN에 가담해 무슬림 아시아 지역을 맡았다가 1956년에 모든 활동을 접는다. 블리다 출신의 야지드는 1942년 19세에 민중당에 가입해 파리 학생운동을 경험하고 프랑스 MTLD 책임자로 일한 후 임시정부에서 마지막까지 외교공보의 중추로 뉴욕과 유엔에서 활동한다. 야지드가 카이로 대표단에 들어갔을 때 카이로 당국자들의 알제리 혁명군에 대한 평가는 반도나 도당이었다. 튀니지와 모로코는 봉기를 일으키는데 1954년 11월 전까지 알제리인들은 무기력하다며 냉소를 보냈고, 나세르의 특수국 북아프리카 담당관 파티 알 디브는 11월 1일 알제리 봉기에 이렇다 할 물자를 공급해주지 않았다.[21] 키데르와 아이트아흐메드의 분노와 달리 벤 벨라는 이집트에 아무런 항의도 하지 않았다. 야지드는 이 세 사람 사이가 긴밀하지 않음을 깨달았다. 어떻든 나세르를 면담할 수 있는 것은 벤 벨라뿐이었다.[22]

이 문제는 전쟁기 내내 잠복했다가 독립국 알제리에 무거운 부담을 주지만 그것은 사후의 결과이며, 카이로는 대체할 수 없는 선택이었다. 임시정부 외교장관으로 에비앙 협상의 주역 중 하나인 벤 유세프 벤헤다에 따르면, 1957년 알제전투 후 FLN 지도부가 알제를 떠나고 프랑스군의 진압으로 FLN 참모진이 붕괴된 뒤 누구나 대외교섭을 진행할 창구를 아쉬워했다.[23] FLN은 1957년 중반 런던, 본, 로마에 사절단을 개설하고 스위스, 마드리드, 스톡홀름에도 같은 방식을 선보였지만,[24] 1957년 여름 집행위CCE가 알제를 떠났을 때 갈 곳은 결국 카이로와 튀니스였다.[25] 카이로 트하르와트 거리 32번지에 이집트 마그레브 사무국이 있었다. 1957년 7월 4일 내 땅을 등진 고배의 심경을 누르고 카이로에서 CCE 회의가 열렸다. 사아드 달라브가 프랑스어로 회의를 주재하고 야지드와 메리가 영어와 아랍어로 통역했다. 이 회의로 아랍국의 지지를 얻는 데 성공했다. 아랍국들은 전쟁 전과

21. G. Meynier, "Les Algériens vus par le pouvoir égyptien pendant la guerre d' Algérie d'après les mémoires de Fathi al Dib," *Cahiers de la Méditerranée*, vol.41, no.1, 1990, 89-107쪽; Fathi Al-Dib, *Abdel Nasser et la révolution algérienne*, Paris: L'Harmattan, 1985.

22. I. Debouche, *La nation arabe et la communauté internationale face à la révolution algérienne 1954-1962*, Alger: Houma, 2000.

23. P. Eveno et J. Planchais, *La guerre d'Algérie*, 176쪽.

24. M. Flory, "Algérie et Droit international," *Annuaire français de droit international*, vol.5, 1959, 817-844쪽.

25. Ferhat Abbas, *Autopsie d'une guerre*, 209쪽.

달리 알제리 사태는 모로코와 튀니지를 넘어선 아랍의 문제라고 보게 되었다.[26] 1958년 7월 14일 이라크혁명 전까지 요르단과 이라크에서도 이견이 있었지만 혁명 후 이라크는 알제리와 연대를 돈독하게 쌓아갔고 사우디아라비아에서 레바논까지 방식은 달라도 주요 산유국 모두가 동참해 알제리에 재정 지원을 했다.[27]

1956년 수에즈 위기 이래 아랍은 수차례 석유의 무기화를 환기시킨 바 있지만 알제리를 위해 사우디아라비아, 쿠웨이트, 이라크는 산유량의 일정 지분을 공제했다.[28] 프랑스 국민투표(1958년 9월 28일)를 앞두고 CCE는 정부로의 전환을 검토한 뒤 9월 9일 결정을 내렸다.[29] 모든 문서가 준비되고 CRUA, MTLD, UDMA, 울라마가 모두 참여하기로 했다. 임시정부 내각 구성은 그만큼 거국적이진 못했지만 카이로를 중심으로 한 아랍국 지원을 얻어 알제리 문제를 국제화하기에는 충분했다. 이런 임시정부의 활동은 그전 FLN의 대외교섭 활동을 이어받았기 때문에 가능했다.

---

26. 1958년 7월 14일 바그다드 반란에서 파이잘 왕과 총리가 살해되고 공화국이 선포됐다. 카셈 장군은 FLN을 지원함으로써 새로운 노선을 표방했다. 7월 16일 미군이 레바논 베이루트에 상륙했지만 FLN 대표부는 보존했다.

27. 1961년 말 발표된 프랑스 담당국 자료에 따르면 1957년부터 1960년까지 이라크는 정부 예산으로, 요르단은 하산 왕, 쿠웨이트는 기부금과 의류, 메카 시장의 기부금 등으로 지원했다. 아시아-아프리카 연대를 제창해 각종 국제행사가 범람하는 분위기에서 첫번째는 다마스쿠스에서, 두번째는 알레프에서 '알제리를 위한 주간'이 열림으로써, 알제리는 점점 더 제국주의에 대한 저항의 상징으로 떠올랐다. M. Harbi et G. Meynier, *Le FLN*, 785쪽.

28. 1955년부터 이집트 유일당인 민족동맹은 모스크와 교회에서 알제리를 위한 기도를 올리도록 했다. 그해 가을 카이로의 마그레브 아랍 위원회 지도부는 알제리의 독립 외에 협상은 없다고 결정하고, 기금 모집을 위한 민중축제, 프랑스산 상품 불매운동, 헌금재 모집 대표단 등을 전개했다. 이집트 공무원들은 하루치 봉급을 성금으로 갹출했다. 시리아, 요르단, 이집트는 알제리 적십자사를 위한 복권을 발행하고 쿠웨이트, 리비아에서도 봉급의 일부를 공제했다.

29. 당시 정세에 관해서는 D. Johnson, "The Political Principles of General de Gaulle," *International Affairs*, vol.41, no.4, Oct. 1965, 650-662쪽.

임시정부 설치 전 이미 알제리 대표단은 모든 아랍국에 사무실을 열었다. 하지만 알제리인이 카이로의 휘하에 전 중동권이 일치단결을 보일 거라 쉽게 기대할 만큼 국제정세에 어두운 건 아니었다. 이집트 와 사우디 아랍연맹은 아랍의 단합을 둘러싸고 이라크와 긴장상태였 다. 어떻든 간에 이집트는 알제리를 원조하고 있었고 프랑스가 이를 막을 방법이 없는 것도 사실이었다.[30] 그러나 카이로 정보부와 임정 요원의 관계는 원만하지 않았다.[31] 나세르 노선은 분명 알제리 독립 을 지지하는 쪽이었지만 동시에 알제리의 독자 활동을 경계하고 견 제했다. 벤 벨라 일행이 공중납치되기 전부터 카이로의 민중당 대외 요원들에게는 국내 우선권이 대원칙이었다. 아이트아흐메드, 키데르 는 비록 카이로에 있었지만 이에 이의를 제기한 적은 없었다.[32] 1955 년 말, 벤 미히디가 알제리로의 무기 반입을 도모하고자 카이로에 갔 을 때, 현지 상황은 낙담스러웠다.[33] 벤 벨라가 이중게임을 하고 있다 고 느껴졌다. 민중당의 거목 라민 드바긴의 눈에도 카이로 지도자들 과 벤 벨라는 이집트혁명을 추종하고 나세르 정부에 복속된 것으로 보였다. 1956년 초봄, 이집트는 알제리 혁명을 위한 〈아랍의 소리〉

---

30. 이집트 가수 움 칼툼이 'FLN을 위한 알제리 주간'을 성대히 개최했다. 8월에 카이 로에서 확대 회의가 열려 이집트의 성금 모금액은 주로 이집트 정부의 금고에 귀속되 고 양파, 콩 종류인 페브, 쌀 같은 식량이 임시정부에 돌아갔다.

31. 카이로 대표단과 이집트의 사이가 원만했으리라 짐작할 수는 없다. 알제리 담당관 파티 알 디브는 FLN에 영향력을 내보이고자 아이트아흐메드에게 '당신네는 정치놀 음을 하려 한다'고 큰 소리를 쳤다. 그러자 항상 절제되고 조용했던 지성인 아이트아 흐메드는 이렇게 말하며 그를 진정시켰다. "당신들은 우리에게 정치적 은신처를 동의 했을 뿐입니다. 그 이상은 아닙니다. 우리는 패스포트를 원했을 뿐이죠. 우리 뜻대로 행동하도록 두십시오." G. Meynier, "Les Algériens vus par le pouvoir égyptien pendant la guerre d'Algérie d'après les Mémoires de Fathi Al Dib," *NAQD*, no.4, Mouvement national: crises et enjeux, 1993/1, 10-27쪽.

32. H. Aït Ahmed, *Mémoire d'un combattant: l'esprit d'indépendance 1942-1952*, Paris: Messinger Sylvie, 1983.

33. A. Bélaïd, *L'Algérie en guerre*, 277-278쪽.

라디오 방송을 중단시켰다. 3월로 예정된 프랑스 외교장관 크리스티앙 피노와 나세르 대통령의 회동을 의식해, 프랑스 정부의 심기를 건드리지 않으려는 심산이었다. 아반과 벤 미히디는 벤 벨라가 여러 지도자 중 하나일 뿐임을 환기시키며 혁명은 알제에서 하는 것이지 카이로가 중심이 아니라는 신호를 보내기로 결심했다.[34] 실제로 카이로에서 주선해주는 무기 공급이 원활했는가 하면 그렇지도 않았다. 알제리는 여전히 불투명한 미래를 향해 전쟁을 해나가야만 했다. 외세라면 누구든 눈독을 들이겠지만 이 어려운 항쟁을 외세 좋으라고 하고 있지 않았다. 숨맘 선언은 카이로, 런던, 모스크바, 워싱턴, 그 누구의 지휘도 받지 않겠다는 주권선언이었다.

임시정부 수립은 외부 지원보다 민중항쟁이 동력이었다. 제11차 유엔총회에 맞춘 1957년 1월의 알제 총파업은 FLN을 살려낸 혼불 같았다. 1월 28일부터 2월 4일까지 탄압 속에서 수만 명이 일주일 동안 총파업을 벌여 FLN이 알제리인의 이름으로 행동하고 있음을 일깨웠다. 파업 자체가 성공한 것은 아니나 알제리 문제는 알제리인이 결정한다는 의지를 재확인시켰다. 1958년 9월 19일의 임시정부 선포는 그렇듯 국가 없는 민족의 국가 수립이었지만, 전략은 확실했다. 알제리 문제를 프랑스 문제가 아닌 알제리 문제로 바꿔놓고, 그다음 알제리 문제를 튀니지나 모로코 문제와 대등하게 국제화하고, 마지막 단계로 유엔이 알제리 문제를 정식화하도록 만들자는 것이었다. 1958년 9월부터 1960년 1월까지 제1차 임시정부는 평의회 의장 한 명, 부의장 두 명, 국무장관 네 명, 외교, 군비 및 무기 공급, 내무, 연락 및 통신, 북아프리카 문제, 경제재정 문제, 공보, 사회, 문화 등, 총 16명

---

34. M. Belhocine, *Le courrier Alger-Le Caire 1954-1956: Le congrès de la Soummam dans la Révolution*, Alger: Casbah, 2000, 90-219쪽.

의 각료로 내각을 구성하였다.

3. 페르하트 압바스의 초대 내각

임시정부가 공포됐다고 곧장 승인받는 것은 아니었다. 1958년 9월 이후 국내 전쟁도 임시정부도 어렵기만 매한가지였다. 드골의 등장으로 새롭게 알제리의 프랑스군을 지휘한 모리스 샬 장군은 국경 철조망 설치와 질서유지 작전 확대 같은 새 전법으로 군사적 승기를 굳혔다. 알제리민족군은 물자 보급도 인력 충원도, 유능한 지도체제도 없이 산중에서 버티는 형국이었다. 임시정부 역시 초기에는 법적으로 대접을 받지 못했다.[35] '알제리는 곧 프랑스l'Algérie, c'est la France'라는 인식이 공고했기 때문인지 한 법학자는 임시정부의 존재는 국제적으로 성립된 것이라는 외재적 요인을 더 부각시키고 법적 근거는 확실하지 않다는 견해를 보인다.[36] 물론 법적 기준으로 알제리 임시정부를 인정하는 쪽으로 가는 법학자도 있었다.[37]

그 짧은 기간에 FLN 대외부를 넘어 국가를 표상하게 된 임시정부에는 누가 있었을까? 우선 임시정부 구성은 1914년의 알제리 엘리트층과 사뭇 달라져 있었다.[38] 도시 출신이 다수였지만 부르주아 지식

---

35. "Le 'gouvernement provisoire de la République algérienne' dix mois après sa constitution," *Le Monde diplomatique*, juillet 1959.

36. J. Charpentier, "La reconnaissance du GPRA," 799-816쪽.

37. M. Flory, "Algérie algérienne et Droit international," *Annuaire français de droit international*, vol.6, 1960, 995-998쪽.

38. B. Saadallah, "The Rise of the Algerian Elite 1900-1914," *The Journal of Modern African Studies*, vol.5 no.1, 1967, 69-77쪽.

인 계층이 지휘를 독점하거나 하지 않았다.[39] 전쟁으로 떠오른 민중적 지식인층이 임시정부에 등장했다.[40] 초대 수반인 압바스 역시 지젤의 농촌에서 무학의 노동자 아버지 밑에서 태어나 알제 대학을 나왔다. 임시정부가 선포될 무렵 제네바에 있던 압바스는 임정 수반 제의에 망설이지 않았다. 그는 1956년 4월 아반 람단과 처음 상면한 후 세 차례 더 만나 "이 전쟁은 온 민족의 혁명이다"라는 대의에 공감했다. 아반은 임시정부 수립을 보지 못하고 갔지만 압바스에게 당부한 것이 있었다. 적들은 우리가 카이로에 있다고 믿는데, 우리가 라바트, 튀니스, 마드리드에, 베오그라드, 리야드, 뉴욕, 런던에 있게 되면 알제리 이해관계는 사방에서 반향을 일으킬 것이다.[41]

나중에 알려지지만 페르하트는 한 여성 의대생이 모는 차를 타고 카스바 언덕에 있는 카이드 하무드의 빌라로 인도되어 아반과 상면했었다. 아반은 여름 대회에 제출할 알제리 청사진을 펼쳐보이며 대외부의 책임이 대외교섭에만 있지 않다고 강조했다.[42] 첫째, 알제리 문제를 국제화해야 한다. 프랑스-알제리의 병합 신화를 파괴한다. 둘째, 민족군에 자금과 무기를 공급한다. 민족군의 사기가 저하돼선 안 된다. 보급품이 보장되면 사기는 떨어지지 않는다. 셋째, 대외부의 대표성과 효율성을 위해 각기 다른 출신인 투사들의 내부투쟁과 분열

39. G. Pervillé, "L'élite intellectuelle, l'avant-garde militante et le peuple Algérien," *Vingtième Siècle. Revue d'histoire*, no.12, 1986, 51-58쪽.

40. "Les milieux urbains," *Conscience maghribine*, no.3 참조. 1955년과 1956년에 앙드레 망두즈가 간행한 잡지인데, 연도와 쪽수 표기가 없는 등사물이다.

41. 지식인이 출신과 직업으로 분류되기보다 아반이 남긴 것 같은 도덕성을 특징으로 한다는 논의는 시대의 특징이었던 것 같다. 1898년 드레퓌스 사건에 이어 바로 이 시기에도 지식인의 그러한 성격이 정치학자들의 관심사였다. J. Touchard et L. Bodin, "Définitions, statistiques et problèmes," *Revue française de science politique*, no.4, 1959, 848-859쪽.

42. J. Charpentier, "La France et le GPRA," *Annuaire français de droit international*, vol.7, 1961, 855-870쪽.

을 막고 유대와 통합을 이끈다. 당파성을 물리치고 FLN의 공동의식을 창조한다. 넷째, 누구도 혁명을 자신과 동일시하거나 개인화하도록 허용하지 않는다.[43] 모두가 바른 말이었다. 프랑스 신화 파괴는 민중당에서 FLN까지 대프랑스 전략의 기저이자 항쟁의 목적이었다. 전쟁 개시 이래 무기 공급의 절대 열세는 재론할 것도 없었다. 또 내분과 이에 기인한 세력 약화는 실로 두려운 것이었다. 알제리혁명의 개인 우상화 금지는 민중당에서 나온 혁명파 모두가 수긍했다. 아반은 특히 내분을 심각하게 우려했다. 1955년과 1956년 이틀이 멀다 하고 카이로와 서신을 교환하면서 카이로 대표단이 개인적인 주도권을 쥐려 한다고 판단했고 이를 극도로 경계했다.[44]

이 과업을 수행할 적임자로 페르하트 압바스가 떠올랐던 데는 이유가 있었다. 대외활동 경험이 없는 비전문가에게 임정 수반을 맡길 순 없는 일이었다. 대외 경험을 통해 식민지인을 지배하는 본국의 제도를 익힌 사람이 필요했다. 1958년 59세였던 압바스는 프랑스와 알제리 양쪽에서의 정치 경험이 풍부했다. 달변에 국제적 인지도도 높았다. 1932년 세티프 시의원에서 시작해 콘스탄틴 도의원, 재정대표단, 알제리 도 UDMA 대표로 프랑스 국민의회에 진출(1946년 6월 2일에서 11월 27일까지)하고, 1948년 봄 알제리의회의 의원도 역임했다. 알제리인의 프랑스 정치 경험은 허술하지 않았다. 임정 초대 내각의 외교장관 라민 드바긴 박사는 1948년 MTLD 출신으로 프랑스 하원에 진출했을 때 알제리인 지위법에 매서운 비판을 가했다.[45] 식민화

---

43. Ferhat Abbas, *Autopsie d'une guerre*, 178-179쪽; 또한 숨맘 대회를 기록한 Belhocine, *Le Courrier Alger-Le Caire, 1954-1956* 참조.

44. M. Belhocine, 같은 책, 97-218쪽.

45. "Intervention du Dr. Mohammed Lamine Debaghine," *JORF(Journal Officiel de la République Française)*, Débats, 1947, 4463쪽.

는 "우리의 인격과 주권, 문화를 잃어버리는 것"이라면서 "프랑스의
칼 덕분에 알제리 민중은 누구보다 건전하고 교양 있고 융성해졌다"
고 했다. 이에 프랑스 내무장관은 "과장하지 말라"고 웅수했다. 위탱
데그레 의원도 "프랑스를 무조건 백안시하는데 우리는 정의와 자유
를 위해 흘린 피의 이름으로 이를 용납하지 않을 것"이라고 반박했다.
그러나 드바긴은 "나는 진실을 말하고자 이 자리에 있으니 계속 말하
겠다"고 하고는 의석을 향해 "알제리가 하나의 나라Nation임을 잊지
말라"고 했다. 드바긴은 프랑스혁명 시기, 1830년 프랑스 침공 직전
까지 알제리와 프랑스가 대등한 국가였음을 환기시켰다. 페르하트 압
바스 역시 알제리의회에서 알제리-프랑스인이 대가가 어떻든 현실
에 눈을 뜨기를 요구했다. "그렇지 않으면 우리는 하루하루 차츰 최종
적인 파국을 향해 걸어갈 것이었다."[46]

하지만 알제리에서는 압바스 같은 인물을 임시정부 수반으로 지명
한 것에 공감했다고 할 수는 없다. 임시정부 소식을 애타게 기다리던
산악의 무장대원들은 압바스 발탁에 실망감을 맛보았다. 알제리 내
군인들은 새로워야 할 임정 지도자에 구 정치인이 뽑힌 것이 탐탁하
지 않았다.[47] 이념도 기개도 없는 드골의 대화 창구로만 보였다.[48] 메
살리 하즈가 공격한 것처럼 이들에게 압바스는 파리 지도층과 친분
이 있는 서구적인 온건파일 뿐이었다.[49] 그러나 의회정치가 곧 순응

46. "L'intervention interdite de Ferhat Abbas à l'Assemblée algérienne le 26
novembre 1954," *La République Algérienne*, 3 décembre 1954.
47. M. Gadant, *Islam et nationalisme en Algérie*, 89쪽 전재.
48. Ali Kafi, *Du militant politique au dirigeant militaire: Mémoires 1946-1962*,
Alger: Casbah, 2004, 135쪽.
49. 아마르 나룬의 다음 책 참조. Amar Naroun, *Ferhat Abbas ou les chemins de la
souveraineté*, Paris: Denoël, 1961, 46쪽.

주의를 뜻하진 않았다.[50] 전쟁 전 압바스의 구상은 알제리는 프랑스의 지방이 아니라 프랑스와 대등한 연방이 되도록 하는 것이었고 그로부터 독립적 지위로 상승한다는 단계론이었다. 그렇지만 임시정부의 압바스 추대는 아반 이후 실권을 장악한 듯한 3B 사이의 복잡한 셈법의 결과이기도 했다.[51] 노련한 정치가 페르하트 압바스 역시 그런 내막을 감지했다. 하지만 그는 자신이 이 일을 맡아야 한다고 느꼈다. 제2차 세계대전 참전으로 아프리카군단에 관한 지식도 정확하고 1956년 수에즈 사건도 폭넓게 분석할 줄 알았다.[52] 프랑스는 수에즈 운하 주주들과 이스라엘을 지원하면서 알제리전쟁의 배후를 끊어 국경으로 공급되는 물자를 차단하려 했다.[53]

내각 구성과 별도로 알제리 임시정부에는 장점이 있었다. 식민지 알제리는 분단되지 않았다. 인위적 이념 분쟁 없이 독립쟁취에만 몰두할 수 있는 조건이었다. 이는 알제리의 특수한 민족운동에도 연유했다. 알제리 민족운동은 공산주의의 개입을 거부했다. 공산 이념은 알제리 민족주의에 맞지 않았다. 따라서 이념에서 자유로운 임시정부는 냉전기에도 대외활동의 폭을 한껏 넓힐 수 있었다. 사실 프랑스나

50. 미국의 로버트 머피와 접촉한 후 페르하트 압바스는 앙리 지로 장군의 봉건적인 몰이해에 역정이 났다. A. Naroun, 같은 책, 101-102쪽.

51. Ch.-R. Ageron, "Ferhât Abbâs et l'évolution politique de l'Algérie musulmane pendant la deuxième guerre mondiale," *Genèse de l'Algérie algérienne*, Paris: Bouchéne, 2005.

52. 아프리카군단Armée d'Afrique은 프랑스식으로 편성된 북아프리카인 군대다. 튀니지 전투, 이탈리아 전투, 프랑스 상륙작전에 참가했다. 전략지, 병사, 장비와 조달품, 투쟁 경비가 신용으로 조달되었다.

53. 샬, 마쉬, 비자르, 고다르, 장피에르, 메이외르, 샤토 조베르 등 후일 알제리전쟁에서 활약한 이들 전원이 수에즈 장교단이었다. 이들은 1940년 6월 독일군에 대한 패배, 1954년 5월 8일 디엔비엔푸의 패배, 수에즈 사건도 무기력하게 대응하다 알제리로 갔다. 수에즈 공격을 이끈 이든 영국 총리는 곧 정계를 은퇴하지만 기 몰레는 8개월을 더 버텼다.

서방이 카이로와 알제리의 관계에 예민했던 것도 공산주의에 대한 우려 때문이었다.[54] 공산주의는 1920년 공산주의인터내셔널 창설 때부터 알제리 민족운동과 미묘하게 결부되었고 그 영향 아래 북아프리카의별이 태동했다. 그러나 알제리 민족주의의 큰 특징이자 메살리 하즈의 공적은 프랑스공산당에서 민족운동을 떼어놓았다는 데 있다.[55] 그렇게 민중의 이슬람이 공산주의를 물리치고도, 민족전선이나 임시정부 어느 쪽도 이슬람을 티내지 않았던 것이 서방의 호감을 사는 데 도움이 됐다. 알제리의 당면과제는 새로운 냉전질서를 파악하고 더 많은 국가와 대화해 국제적으로 독립을 인정받는 것이었다.

4. 냉전시대의 장벽 없는 전방위 외교

국제연합UN은 1940년대에 선보인 참신한 국제기구였다. 약소국이 강대국과 대등한 자격으로 한자리에 앉는다는 것은 제2차 세계대전 전에는 상상도 못할 일이었다. 물론 유엔을 주도하는 것은 미국과 소련, 서유럽 강대국들이었고, 이들의 식민지 해방과 신생국의 독립에 대한 이해관계는 각기 달랐다.[56] 그러나 알제리는 프랑스 국내 문제라는 프랑스의 신화를 불식시키는 데 유엔은 효과적인 역할을 담당하였다. 아시아-아프리카의 제3세계 대표들은 반둥 회의의 여세를 몰아서 1955년 7월 29일에 알제리 문제의 유엔 본회의 상정을 사무

---

54. 이집트 민족운동은 공산주의를 수용하면서 이슬람을 주축으로 근대화를 펼쳤다. 대세는 공산주의 민족운동이었고 탄압도 심하게 받았다.
55. 알제리 민족주의의 원천에 대해서는 K. Bouguessa, *Aux sources du nationalisme algérien*, Alger: Casbah, 2006, 342-354쪽.
56. 1949년 5월 리비아는 이탈리아, 영국, 프랑스의 분할 신탁통치에 반대해 궐기했고 유엔에서 1표차로 승리해 신탁통치를 물리치고 '유엔의 자식'으로 불렸다.

총장에게 요구하였다.[57] 식민지 정복이 알제리 민족의 자결권을 막고 있으며, 현 상태에서는 프랑스 정부와 알제리 민족대표 사이의 협상이 필요하다고 주장하였다. 뉴욕 유엔총회에는 아이트아흐메드, 야지드, 압델카데르 샨데를리가 참가했다. 9월 22일 유엔 일반위원회 표결에서 8대 5(기권 2표)로 의제 상정이 부결되었다. 그러나 프랑스 외교장관 피노는 프랑스 대표단을 이끌고 회의장을 박차고 나갔다. 프랑스 쪽에서는 알제리 문제가 프랑스공화국의 영토 내에 관계된 순전한 국내 사안이므로 국제기구의 역량 밖 문제라고 주장하면서, 본회의에 불참하였다. 피노 장관의 책략은 처음에는 성공하는 듯했다. 하지만 9월 30일 본회의에서 28대 27(기권 5표)로 진정을 청취하기로 하면서 본회의 상정이 실현되었다. 알제리 문제는 그때부터 해마다 유엔총회의 의제로 상정된다.[58]

FLN이 유엔에서 절실히 배운 것은 아직 모든 것이 빈약한 나라의 외교는 민중의 힘을 업어야 한다는 사실이었다. 1957년 1월 2일 유엔의 야지드는 FLN 신임 대표로서, 유엔이 새로운 협상을 후원하길 촉구했다. 같은 날 알제의 벤 미히디는 알제의 무장투쟁을 지휘하는 유세프 사아드에게 총파업 준비를 지시했다. 알제리 전역과 프랑스 이민자들에게도 적용될 총파업의 초점은 수도 알제였다. 벤 미히디는 CCE에 보내는 전언에서 FLN 뒤에 민중이 포진하고 있다는 것을 세계가 확인하면 FLN과의 협상에 반대하는 프랑스 정부 내 세력이 잠잠해질 것이라 설명했다. 총파업이 시행되면 국제적인 반향이 클 것

---

57. 알제리혁명이 아프리카혁명으로 나아가리란 희망은 실현되지 않았다. R. A. Mortimer, "The Algerian Revolution in Search of the African Revolution," *The Journal of Modern African Studies*, vol.8, no.3, 1970, 363-387쪽.
58. 제3세계도 알제리를 끌어안지만 알제리도 이로써 제3세계에 합류한다. J. Byrne, *Mecca of Revolution: Algeria, Decolonization & the Third World Order*, Oxford: Oxford University Press, 2016, 68-78쪽.

이라는 데는 아반 람단이나 집행부 위원 모두가 동의했다. 그래서 총파업을 1월 28일 유엔총회 토의 일정에 맞추었다. FLN의 파업 예고와 살해행위, 피에누아르의 보복행위는 알제의 라코스트 총독이 감당하지 못할 사태로 번졌다. 마쉬 공수부대는 1월 8일 야간에 알제 카스바에 진입해 10만 명의 무슬림 중 950명을 검거했고 정보를 취득하고자 했다. 정보 취득 지시는 곧 무슨 수단이든 사용하라는 지시였다.[59] 같은 시간, 뉴욕의 모습도 전투에 방불했다. 프랑스 정부와 FLN 둘 중 누가 더 세계를 끌어들이느냐, 프랑스와 FLN 양측의 보도자료가 경쟁적으로 배포되고 공개토론이 열리고 각자의 선전영화가 자극적으로 제작됐다. 마쉬의 카스바 입성 다음날, 기 몰레는 라디오 연설에서 야지드의 유엔 각서를 반박했다. 야지드의 요구는 항복을 촉구하는 것이고 "알제리 문제는 유엔이 관심을 둘 사안이 아니니" 유엔에서 이를 설명할 의사가 없다고 했다. 기 몰레는 프랑스의 알제리 정책은 충분히 자유주의적이고 정의로운 의도를 가졌기에 유엔이 개입하지 않기를 요구하는 것은 백번 정당하다고 결론 내렸다. 기 몰레는 그 달 하순에 적어도 36명의 외국 대사들을 만나서 정책을 계속 설명해나갔다. 뉴욕에서 벌어지는 로비전은 뜨거웠다. 외교장관 피노는 각국 대표단의 고위층과 일일이 다 만났고, 대외정보방첩국SDECE[60]은 일부 대표들에게 직접적인 수단까지 사용했다. 프랑스는 의외의 외교전을 치러야 했다.[61]

FLN 대변인들의 지략과 선전활동도 만만치 않았다. 유엔 대책을 주관한 호신 아이트아흐메드가 1956년 10월 공중납치로 수감됐지만

---

59. 경찰과 군의 문제는 P. Vidal-Naquet, *La Torture dans la république*, 77~107쪽.
60. Service de Documentation extérieure et de Contre-Espionnage의 약자.
61. 프랑스의 한 법학자는 수립 3년이 채 안 된 당시 알제리 임시정부의 대외활동을 높이 평가했다. J. Charpentier, "La France et le GPRA," 855~857쪽.

FLN의 외교 역량은 위축되지 않았다.[62] 영어에 능통하고 깔끔한 야지드, 민족운동에 비교적 늦게 합류했지만 외국어에 유창한 샨데를리, 페르하트 압바스가 외교 사령탑이었다. 이 셋은 뉴욕 시 이스트 56번지에 사무실을 두고 여건이 될 때마다 미국 국내외를 순방하며 FLN의 대의를 선전했다. 반둥 회의에서 세계 정치인들의 눈에 든 야지드는 외교도 내적 혁명이라 믿었고 그 조건을 창출하는 것이 '자신의 일'이라 믿었다.[63] 프랑스의 전략이 더러 알제리에 득이 될 때도 있었다. 1957년 알제전투의 고문과 테러는 알제리 문제를 국제화하도록 촉진시켰다. 1960년과 1961년 독립국 튀니지의 비제르트 해군기지를 프랑스군이 침공한 사건도 알제리 의제를 다루는 데 도움이 되었다.[64] 알제리 외교단은 튀니지 대표단에 들거나 아프리카-아시아 대표단의 참관인 자격으로 참석했지만, 야지드, 샨데를리는 공개토론 석상만이 아니라 개별 면담 자리, 회의장 복도에서도 알제리 문제를 꺼내어 각국 대표를 설득했다. 이들은 유엔 외교로 배후의 지원망도 구했다. FLN 집행부는 알제리에 동조적인 각국 정당, 노조, 단체, 세계 지도자, 교황에게 계속 전문과 서신을 보냈다.

임시정부는 이와 같은 경험과 신뢰를 토대로 FLN 원칙이라 할 균형의 원리를 승계했다. 특정 국가와 특정 지역에 기울지 않는다는 균

---

62. H. K. Jacobson, "The United Nations and Colonialism: A Tentative Appraisal," *International Organization*, vol.16, no.1, 1962, 37-56쪽.

63. 이러한 그의 내면을 표현한 것은 알제리혁명 후 10년이 지나 그가 팔레스타인 대사로 아랍-이스라엘 문제에 대해 회견을 가진 자리에서다. 그러나 역으로 므하메드 야지드의 오랜 신념이 여기서 도출되었음은 그의 전쟁기 외교활동으로 미루어 충분히 추정할 수 있다. 다음의 대담 참조. M. Yazid and E. Ghareeb, "Mohammed Yazid on Algeria and the Arab-Israeli Conflict," *Journal of Palestine Studies*, vol.1, no.2, 1972, 3-18쪽.

64. Ch. Debbasch, "La base militaire de Bizerte: survivance d'un régime ancien ou avènement d'un ordre nouveau," *Annuaire français de droit international*, vol.7, no.1, 1961, 870-903쪽.

형론은 반둥부터 유엔까지 대책을 지휘한 아이트아흐메드의 신념이
었다. 국제적 지원이 절실하지만 어느 한편에 치우치면 오히려 실패
한다는 믿음은 이슬람의 균형감이었을까? 국토가 분단되지 않았기에
나올 수 있었던 과감한 발상일까? 하여튼 동서 세력 사이에서 항시
균형을 추구하는 것은 사회주의 국가의 지지를 수락한다는 것으로
통했다. 영국과 프랑스의 제국주의적 경쟁의식도 활용 가능한 소재였
다. 미국과 유럽의 상업적 경합도 이용할 것이었다. 외교장관 라민 드
바긴 박사도 활동 범위를 고르게, 아랍세계, 아프리카-아시아, 아메리
카-유럽, 사회주의 국가로 사등분했다. 임시정부는 이 원칙을 살려
1959년과 1960년에 전 세계에 대표부를 두었다. 캐나다 오타와에도
작은 사무국이 있었고 유럽에도 사무국이 완비됐으며 아시아 사무국
은 파키스탄에 두었다. 중동에서는 테헤란과 앙카라에 근거지를 마련
했다. 해외의 알제리 대표는 카이로, 튀니스, 라바트 같은 형제국 도
시, 베이징, 베오그라드, 아크라, 코나크리 같은 우방국 도시, 본, 로마,
앙카라, 카라치 같은 전략도시, 또 공식 대표부는 아니지만 긴밀한 지
역인 스위스 몽트뢰, 마드리드, 런던, 바그다드, 다마스, 사우디아라비
아 제2의 도시인 제다, 수단의 하르툼 각지에 대표를 임명했다. 또 개
인이 활동하는 곳들도 많았다.

　그러나 냉전시대에 중요한 것은 기본적으로 미국과 소련, 동서 진
영과의 관계였다. FLN은 미국과 소련을 개별 상대한 게 아니라 미국
과 프랑스, 소련과 프랑스의 복잡한 관계를 이용했다. 미국의 대프랑
스 입장은 1954년 이후 변화를 보였다.[65] 전쟁 전 미국은 북아프리카
에서 프랑스를 심리적으로 돕는 것이 비용이 안 드는 일이라 주장했

---

65. C. G. Cogan, "France, the United States and the Invisible Algerian Outcome,"
M. S. Alexander and J. F. V. Keiger (eds.), *France and the Algerian War 1954-
1962*, London: Frank Cass, 2002, 138-158쪽.

지만 아이젠하워 행정부는 곧 미국 자신의 반식민주의 노선과 서방 제국주의에 반대하는 소련의 선전에 자극을 받았다. 미국의 북아프리카 정책에는 석유 생산국인 아랍권의 민족주의를 충족시키려는 욕망, 프랑스와 동맹을 보존해야 할 욕망이 교차했다.[66] 20세기 초부터 미국 민주당은 특히 영국과 프랑스에 점령된 식민지 문제를 면밀히 검토하고 있었다. 오대양 육대주에 식민지를 거느린 것은 영국이나 프랑스나 같았고 식민지 영토나 주민 면에서 프랑스가 영국보다 규모가 조금 작았을 따름이다. 미국의 윌슨 대통령은 제국주의와 식민지배를 좋아하지 않았지만 1919년 윌슨의 약소민족 자치권 원칙은 민주당의 세심한 조사와 향후 세계정책에 기초해 표명되었다.

미국은 프랑스의 우방으로서 알제리의 결말에 대한 프랑스 총리의 잠재적 공포감을 이해했고 한편으론 나세르의 범아랍주의 전략과 중동 산유국의 입장을 모두 고려해야 했다. 아랍국들의 알제리 지지에 응하면 중동산 석유 구입을 보장받을 수는 있지만 유럽 정책의 지렛대인 프랑스와의 관계는 틀어질 수도 있었다. 반면 프랑스 정책을 인정하면 아랍국과의 우호관계를 해칠 뿐 아니라 모로코의 미국 기지가 보장받지 못할 위험이 있었다. 알제리 문제에 희망을 던져준 것은 민권과 사회진보를 열망하는, 1960년 미국 국민의 기대를 한몸에 안은 J. F. 케네디 대통령이었다. 딜레마도 컸지만 상원의원 시절부터 제국주의는 자유의 적이라 공언한 케네디는 프랑스의 식민지 보유는 잘못이라고 말했고 프랑스는 협상을 압박받았다.[67] 독립 후 알제리는

---

66. 미국의 실용노선과 위세에 집착하는 프랑스의 국가정신이 충돌했다. A. Brogi, *A Question of Self-Esteem: The United States and the Cold War Choices in France and Italy, 1944-1958*, Westport, CT: Praeger, 2002, 173쪽.
67. R. J. Nurse, "Critic of Colonialism: JFK and Algerian Independence," *Historian*, vol.39, no.2, 1977, 307-326쪽; J. A. Lefebvre, "Kennedy's Algerian Dilemma: Containment, Alliance Politics and the 'Rebel Dialogue'," *Middle*

케네디의 이름을 알제 시내의 작은 광장에 새겨넣었다. 하지만 FLN
이 미국 여론의 동정을 산 데는 기자들의 관심과 보도가 주효했고 이
는 임시정부 대표단의 활동을 반증했다. 뉴욕은 기자들과 해외통신사
특파원들로 튀니스, 카이로, 파리, 알제와 연결되었다.

소련은 알제리 임시정부의 승인을 서두르지 않았다. 알제리도 소
련에 가까이 다가가지 않았다. 모스크바에는 어떤 형식의 대표단도
두지 못했고 알제리노동자총동맹UGTA과 알제리무슬림학생총동맹
UGEMA을 경유하여 대표되었다. 여러 가지 요인이 작용했다. 니키타
흐루쇼프 소련 공산당 제1비서는 1954년 이집트와 무기거래를 성립
시킴으로써 서구 중심의 중동에 균열을 낼 기회를 만들고 나세르와
돈독한 관계를 이어갔다. 하지만 이슬람은 공산주의의 침투를 원치
않았다. 소련은 소련대로 알제리가 미국과 가깝다고 보았다. 소련의
아프리카 정보는 코민테른을 통한 것이었지만, 알제리에 관한 사안은
물론 프랑스공산당으로부터 제공받았다.[68] 알제리는 알제리대로 냉
전의 양축을 십분 활용하고자 했지 어느 한편에 기울어져 다른 한편
을 경원시하는 것은 우둔한 정책이라는 것을 간파하고 있었다.

1957년 알제리 정세를 다룬 종합보고서를 작성한 미셸 로카르는
여기에 한 가지 요인을 덧붙였다. 알제리는 전통과 종교, 생활방식이
소련의 것과 워낙 달랐고 프랑스의 자유로운 태도에 익숙한 터라 공
산주의를 수용할 마음이 없었다는 것이다.[69] 소련이 임시정부를 승인
한 것은 1960년 10월 7일로, 흐루쇼프가 드골의 초청을 받아 1960년

Eastern Studies, vol.35, no.2, 1999, 61-82쪽.

68. J. D. Hargreaves, "The Comintern and Anti-Colonialism: New Research
Opportunities," *African Affairs*, vol.92, 1993, 255-261쪽; Yahia H. Zoubir, "U.S.
and Soviet Policies towards France's Struggle with Anticolonial Nationalism in
North Africa," *Canadian Journal of History*, vol.30, 1995, 430-466쪽.

69. M. Rocard, *Rapports sur les camps en Algérie*, 78쪽.

3월 23일부터 일주일간 프랑스를 공식 방문한 후였다.[70] 데 팍토De facto(사실상)의 승인이었다. 소련은 북아프리카에 결정적인 이해관계를 갖고 있지 않았지만 프랑스 공산주의자들을 지원할 필요가 있었고 프랑스를 워싱턴으로부터 독립하게 하려는 의도도 없지 않았다. 게다가 아랍 민족주의자들을 더 고무하는 것은 좋은 일이었다. 그러면서도 소련은 알제리가 사회주의 국가권 내에서 지나치게 임의로 행동한다는 느낌도 가졌다. 그렇더라도 미국이나 소련이나 마그레브를 프랑스의 영유권으로 본 것은 크게 차이가 없었다. 그들과 다른 입장은 신생 아시아-아프리카 국가들이었다. 그렇다면 알제리공화국임시정부는 이들 국가에는 어떤 방식으로 접근했던 것일까?

5. 비동맹국가 중국과 유고

1958년 12월 3일에서 13일까지, 또 16일에서 20일까지 알제리 임시정부 각료 일행은 베이징을 방문했다. 모택동과 국제정치에 해박한 주은래가 직접 이들의 영접에 나섰다. 첫 방문은 군비장관 마흐무드 세리프를 단장으로 사회장관 벤유세프 벤헤다와 공보국장 사아드 달라브가 동행했고, 두번째 방문은 페르하트 압바스가 일행을 인솔했다. 알제리 각료들과 회담하고 공동선언문 작성을 협의한 중국 관계자와 실무진은 프랑스 유학파이기도 한 진의陳毅 외교장관 휘하의 외교부 차관과 대외통상부 장관대리 등이었다.[71] 중국 관계자와의 협의는 이후에도 계속되었다. 후일 독립 이후에 알제리인들이 알게 된 것

---

70. Ali Haroun, *Le 7ᵉ Wilaya*, 113쪽.

71. A. Kiouane, *Les débuts d'une diplomatie de guerre 1956-1962*, Alger: Dahlab, 2000, 114-116쪽.

그대로 이 전쟁기 동안 가장 많은 무기와 물자를 공급해준 나라가 바로 중국이었다. 탄환, 탄약에서 소총과 기관총, 각종 총기류와 디젤 발동기, 수신기, 청취기, 라디오 같은 기자재, 쌀, 밀, 설탕, 커피, 차, 마른 고추, 면옷, 의약품과 의료장비, 양모 담요, 세면도구 같은 군수용품이 중국에서 왔다.[72]

1958년 12월 알제리와의 공동선언문에서 중국은 지난 22년의 투쟁 경험에 비추어 프랑스와의 협상 전까지 알제리의 무장투쟁은 꼭 필요하고, 투쟁에 막대한 희생과 피해가 따르겠지만, 그에 보답하는 것이 무장투쟁이라고 충언했다.[73] 주은래는 1960년 2월 중국을 방문한 임시정부 사절단에 알제리-프랑스 협상을 평가하는 공식 문건을 전달하면서 프랑스 제국주의, 미국 제국주의라는 표현을 사용했다.[74] 중국 자국의 역사적 경험에 근거한 이념적인 표현이긴 했지만 이는 서구 강대국 중심에서 탈피하여 신생국끼리 서로 돕자는 새로운 외교관계의 본질을 시사하고 있었다.[75] 알제리 대표단의 중국 순방은 1960년 9월 30일에도 이루어졌고 더 나아가 일본까지 이어졌다. 일본은 민간 차원으로 알제리를 많이 지원했다.[76] 이들의 대외교섭은

72. 같은 책, 142-147쪽.
73. "Opinion du Président Chou En-Lai sur les négociations algéro-françaises," B. Ben Khedda, *Les accords d'Evian*, Alger: OPU, 2002, 64-67쪽.
74. "Entretien Sino-algérien à l'occasion du séjour de la délégation du GPRA en Chine populaire, 4 octobre 1959 (source: archives privées)," rassemblées et commentées par Mohammed Harbi, *Les archives de la révolution algérienne*, Paris: Éditions jeunes afrique, 1981, 521, 524-526쪽.
75. 조순구, 「식민지 체제의 붕괴와 제3세계의 생성발전에 관한 연구」, 『법학연구』(전북대학교), 제5호, 1978, 169, 172, 175쪽 참조.
76. 1958년 3월 30일 일본 좌파단체가 주관하고 일본사회당이 지지하는 '알제리의 날'이 열렸고 TV 특집 프로그램도 준비되었다. 프랑스의 영향을 많이 받는 일본이었음에도 반정부단체들이 우호적 태도를 보였고 1960년 6월부터 일본-알제리우애협회 조직도 논의되었다. A. Kiouane, 같은 책, 36-39, 102-109쪽.

인도와 서남아시아, 외몽골, 파키스탄, 베트남 등으로 확대되었지만 중국이 의미하는 바는 실로 컸다. 역사와 지리가 다른 아시아의 중국과 북아프리카의 알제리가 돈독한 유대를 맺게 된 데는 냉전시대 제3세계의 부상이 배경이 되었다. 1955년 4월 반둥에서 시작된 아시아-아프리카 신생국의 세력화는 1961년 비동맹운동NAM의 창설로 결실을 맺었고 알제리 문제는 이 시기를 관통하는 비동맹 국가들의 중대사가 된다.[77] 더구나 네루, 나세르, 수카르노, 티토, 은크루마, 이 5인의 지도자가 회동한 1961년 9월의 베오그라드 회의 무렵은 알제리 임시정부 활동이 절정에 달한 때였다.

반둥 회의에서 인도와 인도네시아 비중이 컸던 데 비해, 비동맹운동의 주도권은 유고와 이집트로 갔지만 모두 무장투쟁의 가치와 반제국주의를 고양시켰다. 이 방향은 방대한 지역에서 투쟁을 경험한 중국의 입지를 강화했다.[78] 중국은 중국대로 혁명열이 식은 1958년 문화혁명을 일으켜 새 사회정신을 부과하는 중이었다. 중국의 장기 전략도 있었겠지만 콩고 독립투쟁, 알제리 독립투쟁은 중국 지도자들에게 지난날 자신의 역사를 보는 듯 실감나게 다가와 원조를 아끼지 않게 했다. 한편 알제리는 동유럽의 유일한 비동맹 국가인 유고의 후원도 기대할 수 있었다.[79] 비동맹 국가의 선도적 지도자 티토 대통령

77. J. J. Byrne, "Beyond Continents, Colours, and the Cold War: Yugoslavia, Algeria, and the Struggle for Non-Alignment," *The International History Review*, vol.37, no.5, 2015, 913쪽.

78. 같은 글, 913-914쪽.

79. 공산권이었지만 자력으로 혁명을 추구한 유고는 소련의 反유고 선전에 맞서 서방의 경제 원조를 받았다. 1955년경 흐루쇼프의 방문으로 소련과 화해했다. 다른 동구권과 달리 대외적 폭이 넓었다. Sabia Hasan, "Yugoslavia's Foreign Policy Under Tito (1945-80)," *Pakistan Horizon*, vol.34, no.3 1981, 101, 109쪽; 비동맹정책을 포함한 유고의 국제정치 입지는 이우영·정종태, 「유고슬라비아의 초기외교정책」, 『사회과학』(경북대학교), 제6호, 1987, 108-110쪽.

은 1956년 이후 소련에 맞서 독자노선을 천명하고 동서냉전의 진영 논리를 지양했다.[80] 티토는 1961년 2월에서 4월 사이 아랍연합공화국UAR, 수단, 가나, 토고, 라이베리아, 기니를 순방하고 이들의 반식민주의에 대한 의지를 모아 베오그라드 회의를 실현시켰다. 알제리는 거리도 가깝지만 기댈 수 있는 유고에 전쟁 부상병 치료도 의뢰하고 난민도 보내고 노조원들과 학생들도 파견하였다. 물론 유고는 프랑스와 관계가 중요했기 때문에 알제리 임시정부를 법적 승인이 아닌 사실상의De facto 승인에 그치는 껄끄러움도 보였다. 하지만 임시정부는 유고의 문을 계속 두드렸다. 1959년 6월 페르하트 압바스의 유고 방문에 이어, 1960년 4월에 회담을 가졌고, 드디어 1961년 4월 압바스, 아흐메드 프란시스, 부수프와 벤토발이 총동원된 유고 방문으로 법적 승인을 압박하고 마침내 베오그라드 회의에서 승인을 받아냈다.[81]

아프리카 국가와 임시정부의 관계는 나라마다 차이가 났다. 나이지리아, 토고, 라이베리아, 벨기에콩고와 접촉은 있었으나 대표단이 설치된 곳은 알제리와 연대가 확고했던 서아프리카 기니, 영어권 프랑스어권이 혼성된 유서 깊은 왕국 가나였다. 페르하트 압바스가 수차례 방문한 라틴아메리카의 제3세계 국가도 중요했지만 알제리전쟁은 무엇보다 북아프리카에 닥친 역사의 회오리였다.

---

80. 유고와 알제리 임시정부의 관계는 "Document no.108 (inédit), 28 novembre 1960," Mohammed Harbi, *Archives algériennes*, 503-516쪽; L. M. Lees, *Keeping Tito Afloat: The United States, Yugoslavia, and the Cold War*, University Park, PA: The Pennsylvania State University Press, 1997, 195-226쪽.

81. G. Meynier, *Histoire intérieure du FLN, 1954-1962*, 610쪽.

6. 미완의 마그레브 통합

1954년의 전쟁선언은 알제리와 프랑스의 관계만을 다루지 않았다. 알제리 독립을 위한 모로코와 튀니지의 사태에 언급하고 '북아프리카 해방의 절차'라는 표현을 사용했다. "우리는 아주 오래전부터 통일 운동의 선구자였다. 그러나 불행히도 세 나라 사이에서 실현된 바는 아무것도 없었다." 북아프리카 공동의 정치적 대의와 합심하면 현재보다 좋은 결과가 있으리란 바람의 표현이었다. 아랍-무슬림 구도로 북아프리카 통일을 실현하는 것은 FLN이 천명한 세 가지의 대외적 목표 중 두번째 순위였다. 그 첫번째 목표는 알제리 문제의 국제화였고, 마지막 세번째 목표는 유엔헌장에 따라 알제리 해방운동을 지지하는 모든 나라에 공감sympathie을 표하는 것이었다. 임시정부의 의미와 활동을 살피면서 군이 북아프리카 문제를 따로 설정하는 것은 무엇보다 이 대목이 짚이기 때문인데, 결론부터 말하자면 전쟁이 끝나도록 실제로 이루어진 것은 없었다고 할 수 있다. 미완에 그쳤다기보다는 실패로 끝나고 만 미완이었다.[82]

하지만 연방이든 통일이든, 어떤 형태로든 북아프리카 전체를 통합하고자 한 알제리의 염원은 수사가 아니었다. 그것은 일찍이 북아프리카의별이 내건 목표였고 이 전쟁은 그것을 상기하지 않을 수 없었다. 그래야 각 나라가 외세의 군사적 경제적 침투를 막을 수 있고 그래야 안보와 번영을 기약할 수 있다는 깨달음이었다.[83] 중동과 북

---

82. D. E. Guechi, "L'intégration maghrébine: passé et présent," *Revue algérienne des sciences juridiques, économiques et politiques*, vol.36, no.4, 1998, 3-116쪽. 알제리 독립 이후의 상황을 많이 다루고 있다.

83. 알제리인이 진정 북아프리카연방을 믿었는지는 의심스럽다. "Le rêve brisé du Maghreb des peuples," R. Gallissot et J. Kergoat (dir.), *Mehdi Ben Barka: De l'indépendance marocaine à la Tricontinentale*, Paris: Karthala, 1997, 117쪽.

아프리카 전체를 보면 '알제리는 곧 프랑스'라는 등식은 있을 수 없었다.[84] 알제리의 7년 전쟁은 오랜 숙원에 전환을 가져올 다시없는 기회였을 것이다. 물론 세 나라는 가만히 손을 놓고 있지 않았다. 1958년 4월 30일 드골 집권 전, FLN 지도자들은 모로코 탕헤르에서 모로코-알제리-튀니지를 통합하는 대회를 열었다. 프랑스에 대응하려는 외교적 승부수로 마그레브 3국 연방을 결의한 것이다. 튀니지 네오데스투르당, 모로코 이스티클랄당, 알제리 FLN이 결정 주체였다.[85] 그전에 아크라의 아프리카 국가 회동과 카이로의 아프리카-아시아 연대회의가 정신적인 지원을 약속한 데 비해 이 탕헤르 결의안은 한결 구체적이었다. 군사적 재정적 원조를 약속했고 알제리 임시정부 수립을 권유했으며 더 나아가 세 나라 인민들의 단합을 도모하는 북아프리카 의회를 목적으로 삼았다.

네오데스투르당과 이스트클랄당은 튀니지와 모로코의 독립을 이루는 과정에서 새로운 국제질서에서 어떻게 프랑스와 교섭해야 하는지에 대해 이미 경험을 축적하고 있었다. 튀니지는 튀니지노동총연맹 UGTT에 힘입어 프랑스동맹에 남으라는 제안을 물리치고, 인도차이나 디엔비엔푸 전투에서 패한 프랑스의 망데스 프랑스 총리로부터 FLN 등장 전인 1954년 7월 31일 튀니지 자치권을 승인받았다.[86] 이듬해 1955년 9월 17일에 튀니지는 단독 정부를 세우고 1956년 3월 20일에 마침내 독립한 후 그해 11월 유엔에 회원국으로 가입한다. 이스티

---

84. M. H. el-Farra, "The Aspirations of the People of French North Africa," *Annals of the American Academy of Political and Social Science*, vol.306, Africa and the Western World, 1956, 11-12쪽.

85. 부르기바의 부통령 겸 국방장관 바히 레감은 네오데스투르당이 파견한 대표단을 인솔했다. 이스티클랄 대표단에는 아흐메드 발라프레지 외교장관이 들어왔다.

86. 튀니지 독립운동의 성사에는 부르기바가 지도한 정치운동이 힘을 발휘했고, 그와 동시에 파르하트 하세드가 주도한 노동운동도 매우 큰 몫을 했다.

클랄당 역시 프랑스의 탄압을 극복하고 모로코의 독립을 성취하였다. 1944년 각 계파 민족지도자 67인이 독립을 선언한 이래 프랑스의 폭력 진압에도 격렬한 시위로 맞서며 지도자들이 투옥되고 술탄이 바뀌는 곡절을 겪고 1956년 3월 2일 공식 독립했다.[87]

먼저 독립을 이룬 튀니지와 모로코는 알제리전쟁을 지원했다. 알제리와 면한 양국의 국경에서 무기 반입이 이뤄지고 부상병을 돌보고 구호물자가 오갔다. 1958년 2월 프랑스군의 사키에트 폭격을 보고 분격한 튀니지의 부르기바 대통령은 이 문제를 유엔으로 가져갔다. 사키에트 사건은 프랑스의 의도와 달리 알제리에 대한 지원이 되었다. 모로코도 알제리 국경에 근접한 우즈다의 민족해방군 군사기지를 묵인했다. 서지중해 연안 세우타는 상설적인 무기 반입 루트였다. 모로코는 전체 8만 명의 알제리 피난민을, 튀니지는 1958년 그보다 두 배의 피난민을 수용했다. 정부 차원뿐 아니라 모로코와 튀니지 민중이 알제리전쟁에 민감하게 반응했다. 1961년 11월 구금된 알제리 지도자들을 위한 단식파업 때 라바트에서는 대규모 군중 시위가 일어 프랑스 대사관이 위협을 받았다.[88] 튀니지 국경지대도 알제리에 유효했지만, 특히 모로코는 방송으로 FLN을 지원했다. 탕헤르에 두 곳, 라바트에 한 곳, 테투안에 한 곳, 모두 네 곳에 방송국이 있었다. 소소한 사항에선 불편도 있었지만 모로코는 FLN의 안식처였다.[89] 이

---

87. 피네 대통령과 벤 유세프는 1955년 11월 술탄 복귀를 예견하는 생클루협정을 체결하고 1912년 보호조약을 폐기함으로써 모로코 독립을 선언한다. 독립 절차는 몇 주 만에 끝났다. K. Mezran, *Negotiaiting National Identity: The Case of the Arab States of North Africa*, Baltimore, MD: Johns Hopkins University, 2001, 45-77쪽.
88. 튀니지 노동운동의 독자적 발언권에 대해서는 다음 문헌을 참조하라. A. Ben Hamida, "Discours fondateur du syndicalisme tunisien et mobilité sociale," *Cahiers de la Méditerranée*, vol.49, no.1, 1994, 20-21쪽.
89. 1959년 12월 튀니지 당국은 튀니스에 있는 알제리 군인들의 권한을 엄히 규정하는 동거 규정을 제정했다. 이 규정은 군의 후방 부대 및 무기 이동을 보고하고 군 기

두 나라는 지리상 왕래도 쉬웠고 오래전부터 알제리와 가까웠다. 튀니스 지투나 대학을 비롯해 문학지와 정치사회 매체들은 알제리인을 받았고 알제리인은 식민 당국이 허가하지 않는 학위증을 여기서 발급받았다.[90]

그렇지만 마그레브 국가들 간의 상호협조가 실질적인 협의체 조직으로 발전하지는 못했다. 누구도 알기 어려운 외적인 압력과 방해도 분명 있었을 테지만 마그레브 통합이 어려웠던 것은, 결국 식민주의 역사의 후유증과 결부된다. 독립운동은 세 나라의 연대를 촉진했지만, 프랑스에 대한 입장과 감정은 각기 서로 달랐다.[91] 프랑스의 식민화로 마그레브의 사회구조가 다같이 뒤집혔던 것은 사실이다. 튀니지는 85퍼센트, 모로코는 90퍼센트, 알제리는 95퍼센트가 농촌 인구였다. 도시의 장인과 상인은 판사 겸 중재기관인 우마나umana 조합에 속해 있어서 사회적으로는 유사성이 컸다.[92] 그러나 알제리와 양옆에 있는 모로코, 튀니지의 지위는 미묘하게 서로 차이가 나서 상대방을 바라보는 심경이 착잡했다.

알제리의 식민화 사업이 안정된 후인 1880년대 초, 프랑스군에 점령된 튀니지는 바르도협약(1881)과 라마르사협약(1883)으로 국가주권은 인정받되 외교와 행정은 프랑스가 관장하는 보호령이 되었다. 국토가 작으나 개방적이고 세련된 도시문화를 지닌 지중해의 보물이

지와 병력, 부대 이동을 선언할 것을 의무화했다.

90. A. Hellal, *Le mouvement réformiste algérien*, 77쪽. 1930년대 튀니스는 중동과 서방에 걸치는 오랜 문화 교류에 빠른 근대화 성취로 북아프리카 근대 민족주의자들이 모이고 토론하는 지적 선전의 온상이었다.

91. Edmund Burke III, "Towards a History of the Maghrib," *Middle Eastern Studies*, vol.11, no.3, 1975, 306-323쪽.

92. A. Nouschi, *Les armes retournées: Colonisation et décolonisation françaises*, Paris: Belin, 2005, 31-42쪽.

튀니지였다. 물레이 이스마일 왕(치세 1672-1727) 이래 통합왕국이었던 모로코는 1912년 페스조약으로 프랑스-에스파냐의 분할보호령이 되었다.[93] 모로코는 침공과 후원을 동시에 폈던 리요테 총독의 영향이 커서 프랑스 정계와 외교가는 물론 프랑스 국민 일반이 존중하는 나라였다.[94] 어떻든 튀니지와 모로코의 식민지 건설은 프랑스 단독으로 진행할 수 없었고 에스파냐, 독일, 이탈리아 같은 이해 당사국을 고려해야 했다. 반면 알제리는 그렇지 않았다. 20세기부터 알제리에는 자율적인 통화와 은행, 채권이 있었지만 프랑스의 해외영토라는 명분으로 프랑스의 독점적 처리를 따라야 했다.[95] 세 나라를 통치하는 부서도 달랐다. 알제리는 정복 당시 해군에서 육군으로 군부의 관할이 되었고 튀니지와 모로코는 처음부터 외교부 관할이었다. 물론 경제의 식민화를 주도한 유럽인 정착은 세 나라에서 비슷하게 전개되었다. 모로코와 튀니지도 1960년 인구의 10분의 1가량이 유럽인이었다. 하지만 동화정책에는 차이가 있었다. 튀니지와 모로코는 정부와 사회의 지배층이 유럽인만으로 성립되지 않았다. 아랍 부르주아의 성장이 가로막히고 소수 무슬림이 재정대표단, 시 행정에 유럽인의 보조로 참여한 알제리와는 사정이 달랐다.[96] 모로코와 튀니지 사이도 문제였다. 모로코는 무슬림이 추방당한 에스파냐 땅 이베리아 반도를 그리워했지, 먼 동쪽 튀니지를 친하게 여기진 않았다.

그 무렵 국제관계에서 결정적인 함수가 된 것은 알제리 영토 안에

---

93. 튀니지와 모로코 점령이 서양제국의 뜻대로 순조롭게 진행된 건 아니며 항쟁의 역사가 치열했다. J. Clancy-Smith, *Rebel and Saint*, 65-253쪽.

94. Wm. Hoisington, Jr., *Lyautey and the French Conquest of Morocco*, New York: St. Martin's Press, 2005, 42-162쪽.

95. A. Nouschi, *Les armes retournées*, 209-211쪽.

96. P. Partner, *A Short Political Guide to the Arab World*, New York: Praeger, 1960, 119쪽.

엄청난 매장량의 석유가 있다는 사실이 확인된 것이다. 1956년에 석유와 천연가스가 매장되어 있다는 것이 사실로 밝혀졌다.[97] 드골의 부상은 이 지하자원의 문제와 분리해서 생각할 수 없다. 1958년 드골이 전권을 획득하고 보름이 지난 6월 17일에서 20일 사이 모로코와 튀니지 간 협력 협정을 체결하는 튀니지 회의가 열렸다.[98] 이 회의는 FLN을 협정에서 제외했을 뿐만 아니라 공식 행사에서도 배제하였다. 그 최악은 프랑스의 다른 기지는 4개월 이내에 전부 폐지하지만 비제르트 기지만은 유보한다는 프랑스-튀니지 협정의 조인이었다. 튀니지와의 통합을 유지하려는 드골의 생각은 FLN에게는 말 그대로 전쟁을 의미했다.

하지만 마그레브 세 나라는 현실적인 제약에도 불구하고 자유주의, 헌정주의, 민족주의, 이슬람을 한데 포용하여 지금까지와 다른 정체성을 일구고자 했다. 마그레브 통합의 길은 아직 난제였으며, 정말 그 길을 가고자 했다면 권력 이양을 넘어선 국가와 사회 재창조가 선행되어야 했을 것이다.[99] 일단 마그레브의 숙원이 진척되기 위해서라도 알제리전쟁의 종식과 평화가 시급했다.

7. 법과 평화 — 그러나 군대 앞에서

1961년 5월 20일 토요일 아침 10시, 프랑스 동부 끝 에비앙에 스

---

97. 미국은 2년이 지나 1958년 리비아 유전을 새로 발견했으나 여러 나라가 들러붙을 것에 대비하여 이를 숨겼다.

98. 튀니지와 모로코에 대한 프랑스 정책은 P. Guillen, "La politique française en Tunisie et au Maroc," *La guerre d'Algérie et les Français*, 463-471쪽.

99. P. C. Naylor, *North Africa: A History from Antiquity to the Present*, Austin, TX: University of Texas Press. 2009, 168쪽.

위스군 헬리콥터 한 대가 회담장 앞 평지에 안착했다. 알제리 임시정부 외교장관이자 국무의장 크림 벨카셈, 재무장관 아흐메드 프란시스와 아흐메드 부멘젤 변호사가 내렸다. 이들은 안내를 받아 파르크 호텔 뒤편 회의장으로 들어갔고, 3분 뒤에 두번째 헬리콥터에서 모함메드 벤 야히야, 민족군 대표 슬리만 멘즐리가 도착했으며, 끝으로 타이에브 불하루프, 사아드 달라브가 내려 기자단을 향해 손을 흔들었다. 18세기인이 살아난 듯한 프랑스 대표단장 루이 죡스와 카빌리 야전군 벨카셈의 인상은 대조적이었다.[100] 드골의 심복인 베르나르 트리코도 대표단에 있었고 프랑스 군인도 합석해 양측 대표는 총 15명이었다. 프랑스 정부와 알제리 임시정부 간의 새 협상에 드골은 세 가지 조건을 걸었다. 무조건적 휴전, FLN에 잡힌 포로 6,000명 석방, 수감 중인 벤 벨라와 동료들의 트라캉 요새 이송이었다.[101] 프랑스가 독립을 인정하기 전까지 휴전은 없다는 숨맘 원칙을 고수해왔던 알제리 대표단은 이에 동의하지 않았다. 믈룅 이후 1년 만에 재개된 협상은 다시 중단되었다. 휴전은 독립과 동시적이어야 한다는 것이 임시정부의 협상 원칙이었다.

양측 간 합의는 이처럼 몇 차례 고비를 겪으며 1962년 3월 18일 에비앙협정으로 종결되었다. 1956년과 1957년 전투가 치열할 때는 왜 협상이 실현되지 못하고 드골 집권 이후 가능했을까? 1960년 믈룅 협상이 실패한 후 1962년 에비앙 휴전협정이 성사될 때까지 알제리 임시정부가 타결하려 한 조건들은 어떤 것이었을까? 이는 결국 임

---

100. J. Lacouture, *Algérie 1962, la guerre est finie*, Bruxelles: Complexe, 2002, 81쪽. 한편 북아프리카의 고대사에 밝은 루이 죡스는 1943년과 1944년에 알제에서 알제리인들을 만난 경험이 있었다.
101. 벤 벨라, 호신 아이트아흐메드, 모하메드 부디아프, 모하메드 키데르, 모스테파 라슈라프, 이 5인은 1956년 10월 비행기로 납치되어 프랑스 본국에 감금된 이후 프랑스의 감옥들을 전전했다.

시정부의 대의명분이 무엇인가로, 숨맘 강령으로 다시 돌아가야 함을 뜻한다. 독립 없는 식민지 상태는 끝없는 정치적, 사회적, 인격적 분쟁을 불러올 것이다. 따라서 독립 없이는 평화의 길도 없을 것이다. 1957년경에는 협상은 안중에도 없고 '무조건 싸우자!'였다면 그것은 당시 프랑스 정치 상황과 적잖게 결부되어 있었다. FLN의 지도자 아이트아흐메드는 전쟁 초기인 1955년에 이미 이 문제를 짚었다. 망데스 프랑스의 실각 경험이 가리킨 것이었다. "프랑스 정부는 계속해서 수구파에 좌우되고 불안정할 수밖에 없으며 다수 고정층의 지지를 확보하지 않는 한 협상으로 북아프리카 사태를 진정시킬 수도 없다."[102] 이 문제에서 열쇠를 쥔 것은 북아프리카의 프랑스 정착민들, 콜롱과 피에누아르였다. 프랑스 정부가 이들의 집요한 압력에 굴복하고 만다면 협상은 물거품이 될 것이다.

그러나 알제리 백인을 통제할 만한 드골 치하에서도 협상은 난항이었다. 경제적 이득을 모두 다 버리고 알제리에서 철수할 의사가 프랑스에는 없었다. 반면 알제리 임시정부는 전세가 불리해서 시간을 끌려고 협상에 나온 것이 아니었다. 물론 프랑스 역시 협상과 전쟁 병진의 대원칙을 내세웠다. 1959년 9월 16일 드골이 알제리 자치론 Autodétermination을 발표하기 이전, 프랑스군은 샬 장군 지휘로 대대적인 작전을 펼쳐 승세를 굳혔다. 역전의 노장 샬 장군은 1959년 2월부터 9월까지 번개 작전, 쌍둥이 작전, 루비 작전으로 계속해서 반란군을 제압하는 성과를 냈다. 군단 사령관 강비에즈 장군이 오랑에서 승리한 후, 모리스 샬은 중부와 서부로 밀고나가 민족군의 요새인 서부 오라니, 험준하고도 길게 펼쳐진 중서부의 우아르스니, 동부의 상

---

102. H. Ait Ahmad, "Algeria's Struggle for Independence," *Pakistan Horizon*, vol.8, no.1, 1955, 292쪽.

카빌리, 하카빌리, 염분 호수와 산악이 겹친 남부 호드나를 모두 파괴했으며, 이로 인해 민족군은 거의 소진된 상태였다.[103] '물을 걷어내면 물속의 물고기는 죽게 마련이다'라는 격언처럼, 반란군 색출을 위해 200만 명에 달하는 주민들을 강제로 솎아내는 진압작전으로 인해 민족군은 오갈 데가 없었다. 무기 조달도 없고 병참 보급도 끊긴데다가 민족군 내부의 탄압도 사기를 떨어뜨렸다. 이 고난의 시절을 버틴 것은 오직 오레스-콘스탄틴의 제1월라야뿐이었다. 그러고 보면 임시정부는 민족군을 통솔하지 못했을 뿐 아니라 민족군 내부로는 한 발짝도 들이지 못한 정치기구였다.[104]

1961년 2월 스위스 루체른 비밀회합으로 임정과 대면하기 전까지 프랑스 정부는 FLN 외의 협상자도 찾아보았다.[105] 민족군의 일부 사령관이 드골의 제안, 즉 휴전과 자치 결정을 수용하려 한다는 정보를 입수하고 알제리 문제 수석 보좌관 베르나르 트리코가 제4월라야 사령관 시 살라(모하메드 자물)와 상면하도록 비밀리에 추진했다. 민족군 지도자들은 OS 사건을 시작으로 1954년 피의 만성절 때에 카빌리 사령관을 지냈고 이후 줄곧 전쟁을 지휘한 시 살라를 알제리 대표로 위임했다.[106] 보급선이 끊기고 미래가 불투명한 상황에서 제4월라야의 군 지도자들이 이런 결정을 내린 것이다. 1960년 6월 10일 금요

---

103. M. Teguia, *L'Algérie en guerre*, 375-379쪽.

104. FLN 반입 무기들은 제2차 세계대전 때의 에스파냐, 프랑스군 무기와 프랑스 탈영병의 무기, 리비아를 거쳐온 동유럽 무기, 아랍국에서 발송한 무기, 수에즈 사건 때 이집트군이 회수한 영국군 무기였다. FLN은 무기, 식량, 피복 창고가 있었고 수류탄과 폭탄, 기관소총까지 제작하는 제조창이 있었다. M. Rocard, *Rapports*, 82쪽.

105. S. Sellam, "La situation de la Wilaya 4 au moment de l'affaire Si Salah 1958-1960," J.-Ch. Jauffret et M Vaïsse, *Militaires et guerilla dans la guerre d'Algérie*, 175-192쪽.

106. A. Cheurfi, *Dictionnaire de la Révolution algérienne 1954-1962*, Alger: Casbah, 2004, 362쪽.

일 저녁 6시, 시 살라 사령관은 부하들을 대동하고 파리 엘리제궁에서 드골을 만난 것으로 기록되어 있으며, 증인도 존재한다.[107] 그러나 드골 정부는 사실상 임시정부를 인정도 않은 상태였다. 민족군은 이 회담이 불발로 돌아간 후 시 살라 휘하의 지휘관들을 처형했다. 시 살라 자신은 튀니스에서 재판을 받으려고 이동하던 중 프랑스군과의 교전으로 1961년 7월 20일 호위군과 함께 전원 몰살당했다.

우여곡절을 거치며 임시정부가 관철하려 한 것은 크게 두 가지였다. 하나는 1960년 플룅 협상 때부터 중대한 쟁점이 된 사하라의 영유권 문제였다.[108] 유전은 이미 1947년부터 조사와 채굴이 시작됐지만 사하라 유전의 가치는 전쟁중에 확인되었다.[109] 프랑스 정부가 추산한 유전 매장량은 장래성이 매우 컸다. 그 때문에 『엘무자히드』가 1961년 4월 11일 사하라 문제에 길게 의견을 개진했던 것이다.[110] 사

---

107. L. S. Kergoat, *Commandant Si Lakhdhar Bouchema 1931-1960: Armée de Libération Nationale, Wilaya IV-Algérie*, Paris: L'Harmattan, 2010. 당시 드골 장군이 언급한 '용감한 평화la paix des braves'가 민족군 다수를 이루는 주누드들에게는 모욕으로 다가왔지만 '자치 결정'의 진의를 파악하고자 파리로 갔다고 증언한다.

108. 사하라는 역사적으로 지중해-아프리카의 주요 무역로였다. 알제리 북부를 점령한 프랑스는 1849년부터 오아시스 도시를 침공하여 1870년 사하라를 정복했다. 제1차 세계대전으로 아프리카의 중요성을 확인한 이들은 사하라횡단철도를 건설했고, 사하라 동부에 군용 비행장도 만들었다. 알제리전쟁 전 비스크라에는 일주일에 두 번 여객기가 오갔다. B. E. Thomas, *Trade Routes of Algeria and the Sahara*, Berkeley, CA: University of California Press, 1957.

109. F. Médard, "Le Sahara, enjeu scientifique et technologique, 1947-1967," *Militaires et guérilla dans la guerre d'Algérie*, 237, 251쪽. 사하라 유전 시추는 1935년에 시작됐고 제2차 세계대전 이후 프랑스는 국방과학계획, 즉 미사일 추진체, 우주비행 추진체, 핵폭탄, 생화학 실험에 사하라를 이용했다. 1962년 독립 후 에비앙 협정대로 사하라 문제를 실행했다. 석유 조사와 채굴 목적으로 1953년 설립된 알제리석유프랑스회사CFPA는 1971년 알제리 정부가 석유 국유화를 결정하기까지 알제리에 그대로 남아 있었다.

110. *El Moujahid*, no.79, 11 avril 1961.

하라는 무기력하게 정복된 적막한 사막이 아니었다.[111] 사하라 지형은 장기적 점령정책을 요구했고 1916년까지 사하라인들의 유격전은 대응하기 어려운 걸림돌이었다. 1956년 중반 유전이 발견되자 프랑스는 사하라의 경계와 지위를 정하고 1957년부터 군에 통제권을 부여했다. 은행과 기업을 보호하려는 이 발상을 보며 알제리 임시정부는 미국과 소련의 카르텔이 배후에 있는 건 아닌가 하는 의심까지 했다. 프랑스가 사하라 남북 분할안을 내놓자 FLN은 북부 알제리와 남부 사하라는 인간적, 경제적, 역사적으로 의심의 여지없이 이어져 있고, 라구아트, 가르다이아, 투구르트, 인살라, 우아르글라, 티미문, 엘우에드의 여러 부족이 예나 지금이나 늘 알제리 사람으로 간주돼왔다고 주장했다. 사실 유목민이든 정주민이든 사하라 거주민은 누구나 물자를 운반해 전쟁을 돕고 저녁이 되면 〈자유 알제리〉의 목소리에 귀를 기울였다. 분할안에 저항해『엘무자히드』에서 찾아낸 또다른 이론은 사하라는 섬이 아니라는 프레임이었다. 사하라는 튀니지, 모로코에 다함께 관계되어 있으며 모리타니, 말리, 니제르, 차드, 리비아가 모두 크든 작든 사하라에 속하고, 북부와 중부의 아프리카 국가는 모두 사하라와 닿아 있다. 따라서 사하라 분단은 마그레브, 말리, 바마코를 넘어 아크라, 코나크리를 끊어놓는 것이다. 그렇게 정치적 독립에 따른 영토 주권은 임시정부가 명심한 최우선의 원칙이었다. 프랑스인 소수파를 위한 특권 지위는 거부하도록 되어 있었다. 알제리 독립 후 프랑스와의 경제기술협력을 에비앙협정에 넣으면서도, 선언문 작성자 레다 말렉은 프랑스 대표단이 제시한 '연합association'을 결국

---

111. 1881년 2월 플라테르 선교단의 학살이 있었다. 인살라 주민이 플라망 과학파견단을 공격하자 1900년 1월 5일 호송단 사령관 펭 대위가 인살라를 장악했다. 1900년 봄 티디켈트와 구라라까지 가지만 구라라를 완전히 점령하기까지 1년이 더 걸렸다. Ch. Bouamrane et M. Djidjelli, *L'Algérie coloniale par les textes, 1830-1962*, Alger: ANEP, 2008, 69쪽.

'협력coopération'으로 교체하였다.[112]

임시정부는 외교로써 휴전 끝까지 알제리 지원을 명목으로 어떤 외국군대나 외인부대도 발을 못 붙이게 했다. 독립 전까지 어떤 지원국 군대도 들어오지 못했고, 프랑스 아프리카군(알제리 무슬림과 중서 아프리카 세네갈 부대로 이루어진 프랑스 식민지군)도 협정 발효와 함께 철수했다. 임시정부는 온전히 영토를 수호했다. 사실 영토 문제가 국제화되면 통제할 수 없을 거라 예측한 이는 아반 람단이었다. 유엔이 개입하면 개입 정도가 커지면서 끝내는 분할을 포함해 알제리 주권과 양립할 수 없는 결정이 부과될 수도 있었다.[113] 그러나 3월 7일에 시작된 협정이 열하루를 끌면서도 타협을 못 본 것은 피에누아르들의 국적 부여 문제였다. 하지만 임시정부는 에비앙협정 마무리로 활개를 펴게 되진 못했다.

임시정부 캠프는 이질적인 전 중앙위원, 군 수뇌부들이 각료를 맡았으며, 특히 핵심 권력자 3B 주위로 사람들이 모여들었다. 조인 당일인 1962년 3월 18일, 에비앙 회담장에 나온 대표들은 임시정부의 내각이 그대로 초대 정부로 옮겨가리라고 낙관했을까? 어두운 질문이다. 아무튼 이로부터 7월 5일 독립선포 이전에 임시정부는 소멸한다. 이는 다시 살펴볼 문제이겠지만 아무튼 프랑스에서 7월 3일에 알제리 자치를 묻는 국민투표가 시행된 이후 찬성 597만 5,581표, 반대 1만 6,534표로, 7월 5일에 마침내 알제리의 독립이 공포되었다. 알제리는 과거 1830년 7월 5일 프랑스군 보프르몽 대대가 상륙했던 날을 독립기념일로 지정하고, 바로 그 자리, 시디프레지에서 모든 윌라야의 사령관 전원이 참석한 가운데 예식을 거행했다.

---

112. P. Éveno, *Guerre d'Algérie*, 325쪽.
113. M. Connelly, *A Diplomatic Revolution*, 129쪽.

1958년 9월 19일 임시정부 출범부터 1962년 3월 18일 에비앙협정 조인 직후까지 임시정부의 성과를 결산한다면 몇 가지 정치적 의의를 거론할 수 있을 것이다. 첫째 임시정부는 정태적이기 쉬운 식민지 지식인의 함정을 벗어났다. 앞길은 모르는 채 낙관도 비관도 멀리하고 이들은 유엔으로, 아랍으로, 서독으로, 일본과 중국으로 끝없이 지지를 구하고 대의를 전파하며 역동성을 보여주었다.[114] 더구나 이들의 활동은 비교대상이 없는 특수상황에서 행해졌다. 모로코와 튀니지가 독립하는 과정에서 국지적이고 일시적인 무장투쟁은 있었지만 임시정부는 기획되지 않았다. 한편 인도차이나도 항쟁을 통해 식민지에서 벗어났다는 점은 알제리와 비슷하지만 임시정부 수립은 필요하지 않았다. 둘째, 유엔 승인이 아무리 강대국의 향배에 따른 것이었다 해도 '알제리는 곧 프랑스'라는 지배적 논리를 '알제리는 알제리'라는 인식으로 전환하는 데 결정적인 기여를 하였다. 종전 무렵 임시정부의 사아드 달라브는 『아프리크-악시옹』지와 가진 대담에서 "지난 7년에 대해서 할 말이 많지만 중요한 것은 '우리는 제로에서 출발해서 전 세계 10분의 9의 사람들에게 알제리가 프랑스의 일부로 묶여 있음을 지적했다'는 데 있다. 그리고 독립은 민중의 열망이었지만, 그 사상은 명료한 사상은 아니었다"고 했다.[115] 이들이 세계를 돌며 해낸 일은 당연한 듯하지만, 일반이 철석같이 믿는 것이 허상이고 허물어질 수 있음을 보여주는 것은 쉬운 일이 아니다.

세상에 만연한 인식을 깬 임시정부의 결실은 산악지대 전사들과 연결된 것이었다고도 할 수 있다. 드골의 참모 트리코는 알제를 방문했을 당시 무슬림들이 촉각을 세우고 임시정부의 해외활동과 유엔

114. J. Charpentier, "La France et le GPRA," 855-870쪽.
115. "Entretien avec M. Saad Dahlab Ministre des affaires étrangères du GPRA (Afrique-Action)," B. BenKhedda, Les accords d'Evian, 68-69쪽.

소식을 기다리는 것을 보았다. 사실 벤토발은 "유엔 결의에 너무 기대를 걸지 마라. 너무 실망할지 모른다!"고 촉구했지만 무슬림들에게는 그런 충고가 다가오지 않았다. 무슬림들은 미국이 알제리에 가하는 영향에 비추어 미국 대통령 선거 결과에도 기대를 걸고 있었다. 이 무렵 아틀라스 산맥의 민족해방군 병영을 찾은 한 종군기자는 어두운 얼굴의 무자히딘이 "J. F. 케네디가 닉슨을 이길 확률이 얼마냐?"라고 묻는 질문에 놀랐다고 한다. 그 무자히딘은 분명 알제리 독립을 언급한 케네디의 1957년 발언을 잊지 않고 있었던 것이다. 선거일 당일 밤, 이들은 캠프에서 화톳불을 피우고 둘러앉아 소형 단파 라디오에서 나오는 선거개표 방송을 청취하면서 케네디가 앞설 때는 환호하고 닉슨이 앞서면 저주를 퍼부었다.[116] 민족해방군을 도적떼로 폄하하는 것이 프랑스군의 주요 심리작전이었고, '펠라가'는 무법의 무정부주의적인 투쟁, 배회하는 무장배들의 전망 없는 투쟁과 동일시됐다.[117] 1959년부터 무장투쟁은 효력이 없고 협상에만 주력하면 된다는 분위기도 적지 않았다. 협상에 방해되는 것이 무장투쟁이라며 기니, 말리, 다른 아프리카 나라들을 예로 들기도 했다. 임시정부의 제2전선을 붕괴시켜 어떤 조건이든 수용하게 유도하려는 교란수법이었다. 하지만 정작 난관은 일선 전투원들이 아닌 군 세력이었다. 임시정부와 군 지도자들 간에는 험난한 고비가 닥쳐왔다.

―그러나 군대 앞에서

1956년 10월 22일부터 줄곧 프랑스 감옥에 갇혀 있던 벤 벨라 등 지도자 5인은 1962년 3월 19일 모로코에 도착했다. 이들은 라바트

116. M. Connelly, *A Diplomatic Revolution*, 230쪽.
117. *El Moudjahid*, no.53-54, 1 novembre 1959.

에서 모로코 국왕 하산 2세의 정중한 영접을 받았으며, 크림 벨카셈이 이들과 동행했다. 국경지대의 민족군 총사령부EMG는 3월 22일과 23일, 거의 48시간 계속하여 현 정세를 논하는 마라톤 회의를 열었다. 대다수는 벤 벨라에 반대하여 군사회의를 소집하지 말고 7월 말로 예정된 제헌의회를 기다리자는 입장이었다. 석방된 지도자 5인은 이후 EMG의 주선으로 우즈다에서 서부 국경지대의 군 사열식을 가졌다. 군기가 펄럭이고 민족찬가가 흘러나오는 사열식에서 (아마 부테플리카의 정돈으로) 벤 벨라 등에게 박수가 쏟아져 나왔을 때 아이트아흐메드와 부디아프는 모욕감을 느꼈을 것이다. 아마도 EMG는 벤 벨라의 지도하에 이들 5인의 정권 장악을 희망했겠지만 이들 간에 합의는 없었다. 임시정부에 대해 공개적으로 반대 발언을 한 것은 벤 벨라뿐이었다. 석방된 지도자 5인은 곧이어 이집트로 갔으며, 알제리 문제 담당관 파티 알 디브와 나세르의 영접을 받았다.[118] 아이트아흐메드는 단합을 고려하여 벤 벨라와 동행했으나 부디아프는 동반을 거절했다. 이들 알제리인들은 튀니지가 FLN을 일찍 버렸다고 보는 반면 이집트에 대해서는 변함없이 지원해준 것에 관해 사의를 표했다.

임시정부는 1962년 1월 나이지리아 라고스 아프리카회의에 갔고, 2월 말 리비아 트리폴리 CNRA로부터 프랑스 정부와 협상을 지속할 것을 위임받지만, 에비앙협정 조인이 마지막 임무였다. 3월 19일 협정 조인 다음날부터 알제리 정국과 치안은 혼란에 빠졌다. 유럽인과 알제리인 혼성 임시집행부가 알제리 치안을 맡지만 고삐 풀린 OAS

---

118. 나세르에 대한 벤 벨라의 존경과 추앙은 분명해 보였다. 알제리 독립 후 이집트는 1963년 5월 나세르가 공식 방문하고 알제리 국가건설에 여러모로 관계한다. 그러나 독립 후 알제리 지도자들은 아프리카와 중동 양면에 걸친 지정학적 지위를 이용해 이집트를 추종하지 않은 것으로 평가받는다.

폭력은 제어가 불가능했다. 특히 오랑이 심각했다.[119] 무엇보다 전쟁과 독립을 이끈 지도자들 간 결속력이 없었다. 5월 27일 트리폴리에서 CNRA 회의가 열려 후속대책을 논의하던 중 벤헤다가 자리를 떠나 튀니스로 갔고, 6월 26일 모하메드 키데르가 임시정부 무임소 국무장관직을 사임했다. 벤헤다는 임시정부가 알제리로 들어가 "민족대표자에게 권한을 넘겨줄 때까지 민족주권의 유일한 담지자로서 혁명 수뇌부의 책임을 다할 것"이라고 선언했고, 이에 임시정부는 민족군 사령관 부메디엔 대령과 구 참모들의 면직 예고로 응수했다. 이 결정으로 타격을 입었다고 느낀 벤 벨라의 우즈다 책임자들은 이 결정은 불법이며 결정권은 오직 CNRA에만 있다고 발표했다.

임시정부와 CNRA 간의 이러한 긴장과 불협화음은 독립을 앞두고 돌연 출현한 것은 아니었다. 군인들에 대한 민간의 의심과 불안은 이미 뿌리가 깊었다. 1959년 6월 29일 임시정부 카이로 회의에서 벨카셈이 집행위원회를 새로 구성할 것을 제안하자 집행위원 벤헤다, 메리, 라민 드바긴은 분개했다. 크림 벨카셈은 임시정부가 독자적 정치기구로 발전하는 걸 원치 않았다. 벨카셈은 제2차 세계대전 때 전투능력을 평가받아 하사관으로 제대한 직업군인이었다. 그리고 1948년 3월 티지우주에서 프랑스 국가의 안전을 침해한 혐의로 2년간 구금된 뒤로, 1955년 알제 상설 군사법원에서 궐석재판으로 살해 및 살해 기도 혐의로 사형을 언도받기까지 일곱 차례나 감옥을 들락거리며 카빌리를 장악한 군사전문가였다.[120] 1961년 8월 27일 임시정부 개편으로 초대 임정 수반이 압바스에서 벤헤다로 교체된 것도, 크림 벨카셈 같은 군사지도자들의 요청에 따른 것이었다. 군부의 이런 경계

119. M. Benaboura, *OAS. Oran dans la tourmente 1961/1962*, 44-108쪽.
120. "Biographie demandée à Krim Belkacem et rédigée par lui (10 avril 1958)," Ch.-H. Favrod, *La Révolution algérienne*, 341-352쪽.

심은 군사력이 우위에 서지 않으면 신생국가의 독립도 안전하지 않다는 우려에서 비롯되었을 것이다. 그러나 알제와 카이로 사이에 오간 서신들을 수록한 벨호신의 책은 민족독립 진영의 내부갈등이 이미 심각한 상태에 있었음을 보여준다.[121]

1956년 스위스 베른에서 부멘젤을 만난 자리에서 압바스는 프랑스 상테 감옥의 수감자들, 특히 벤 벨라가 라민 드바긴의 대외부 대표를 원치 않고 있다는 소식을 전해 들었다. 압바스는 곧 벤 벨라에게 편지를 보내어 현재 상황에서는 수감자들이 우리의 투쟁을 지도할 정도로 사건의 추이를 파악할 수는 없을 거라고 썼다. 벤 벨라는 구금된 이들이 압바스에게는 전적인 신뢰를 갖고 있지만, 라민 드바긴의 대외적 지도는 원하지 않는다는 회신을 띄워보냈다. 라민 드바긴은 그들의 이러한 거부가 숨맘 원칙에 대한 거부라고 풀이했다. 비중이 적은 자신이 문제가 아니라, 아반 람단의 원칙이 문제라는 것이었다. 알제에 있던 아반 람단은 이미 1955년 11월 4일에 다음과 같은 편지를 카이로로 띄웠다.

만약 벤 벨라가 이 편지의 진정한 작성자라면 그는 교수형을 받아 마땅할 것입니다. 우리가 곤경에 빠져 매일 목숨이 위태로운 상황을 견디는데, 음모를 꾸미고 가말 압델 나세르로 자처하니 말입니다. 우리가 이미 카이로에서 민족군ALN을 내세우며 'ALN의 카이로 대표 벤 벨라'로 서명된 전단을 입수한 것을 알고 계시나요? 우리는 가까이서든 멀리서든 이와 같은 개인숭배를 연상시키는 것에 반대합니다. 벤 벨라는 카이로의 ALN 대표가 아니며, 부디아프와 아이트아흐메드, 키데르, 라후엘 또한 모두 마찬가지입니다. 당신들은 오리엔트의 망명

---

121. M. Belhocine, *Le courrier Alger-le Caire, 1954-1956, Archives.*

애국자들입니다. FLN과 ALN이 당신들에게 대외 업무를 맡겼습니다. 그것이 전부입니다. 나라의 미래가 걸린 중대한 결정을 내려야 할 때, 당신들은 발언할 권리가 있습니다. 그러니 제발, 장관이나 대사나 사령관 노릇을 하지는 마십시오.[122]

하르비에 따르면, 그들은 이 같은 알력이 그들에게만 닥친 "새로운 문제이거나 특수한 것은 아니었기 때문에 고심을 하지 않아도 괜찮다"고 여겼다. 역사상 다른 어느 곳에서나 있었고 어디서나 논쟁을 야기했던 것이지만 모두 해결책이 찾아졌던 문제였다. 하르비는 함축적으로 설명한다. "1789년 프랑스혁명은 혁명과 군대를 뒤섞는 것을 알았다. 1917년 볼셰비키혁명 때 러시아는 트로츠키에 따라 차르 장교들을 충원하게 되었다. 중국혁명은 농촌적이고 강등된 계급이 지배하는 군대에서 일탈이 벌어지는 것을 겪은 후에야 이를 교정하게 되었다."[123] 그러나 1789년 프랑스혁명, 1917년 러시아혁명, 20세기 중국 공산혁명은 모두 국가라는 성대한 자산이 있었다. 긴 역사와 강한 전통을 지닌 군대와 정치제도가 정착된 국가가 있었다. 혁명군이 혁명을 이끌기도 하고 군사세력이 쿠데타를 일으키는 경우도 있었지만 그때도 군대는 국가 안의 군대였다. 즉 군부와 정치가 제각기 주도권을 갖고자 투쟁하는 혼전의 역사가 있었지만 그것은 예전에 정리되었다. 하지만 피식민 사회를 법적으로 끝내고 처음으로 독립국가가 된 신생국은 그런 요소가 결여돼 있었다. 시간은 인간과 사회에 의해 작동하지 저절로 달리지 못한다. 그래도 누레딘 압디는 이때로부터 정치가 군사에 종속되는 현대 알제리의 뿌리가 태동했다고 판단한다.[124]

---

122. 같은 책, 108-110쪽. 아반 람단의 서명이 든 편지.
123. M. Harbi, *Une vie debout*, 286쪽.
124. N. Abdi, "Origine et fondements de la subordination du politique au

FLN 지도자들은 에비앙협정 이후 최초의 전국대회를 소집했다. 1962년 5월 28일부터 6월 7일까지 트리폴리에서 열려 트리폴리 대회로 불린다.[125] 트리폴리 대회는 FLN을 봉건적이고, 민주주의 수련이 부족하다고 비판하고, 사회주의의 방향과 인민주의의 의지를 강령에 담았다. 하지만 앞에서도 언급한 바 있듯이, 69명이 위임 대표 자격으로 참석한 이 대회에서 벤헤다 의장은 대회 도중에 각료 일곱 명을 데리고 트리폴리를 떠나버렸다. 사데크 중령, 아제딘 사령관 같은 벨카셈의 동료들도 트리폴리를 출발했다. 직접적인 불화의 원인을 확정해서 말하긴 어렵지만, 벤 벨라와 EMG 군인들이 에비앙협정이 '배신'이라며 비난했다는 사실은 잘 알려져 있다.[126] 1962년 6월 7일에 서명자 39명이 문건을 정리했으나 알제리의 국가적, 사회적 목표와 실현 방안을 세밀히 작성한 트리폴리 강령은 이미 빛이 바랬다. 그때부터 EMG 사절들은 알제리를 돌며 각 윌라야에 자기 진영을 지지해줄 것을 독려했다. 5월에서 7월 독립선포 전까지, 군인들의 임시정부 배격은 그 날짜를 일일이 다 기록할 수 있을 만큼 명확했지만 온갖 희생을 치르며 7년을 끌어온 이 전쟁과 혁명이 어째서 이런 지경에 이르게 되었는지는 우리의 이해를 넘어선다.[127] 신예무기와 번쩍번쩍

militaire en Algérie," *AWAL*, vol.24, 2001, 3-19쪽.
125. M. Teguia, *L'Algérie en guerre*, 406-407쪽.
126. 같은 책, 406쪽.
127. 7월 3일 국경부대들이 내륙으로 진입해 수크아라스 남동부 20킬로미터 지점에 사령부를 차렸다. 수크아라스 근처에는 총사령부 국경부대와 제2윌라야 부대의 대치도 보였다. 여러 인사가 상대 진영에 일시적으로 체포되거나 제거되었다. 카이드는 제2윌라야에, 우마란은 제4윌라야에, 벤토발은 제2윌라야 반대파에 체포되었다. 부디아프는 제4윌라야에 의해 미실라의 자택에서 체포되었다. 벤 벨라는 AFP 회견으로 임시정부가 총사령부를 빈약하게 만들어 해방군을 제거하려 한다고 비난했다. 벤 벨라는 7월 9일 카이로를 떠나 모로코 라바트로 갔고 11일 서부 우즈다를 거쳐 틀렘센으로 향했다. 이른바 틀렘센 그룹이 형성되었다. 틀렘센은 알제리의 작은 임시수도 같았다. 8월 31일, 콘스탄티노이스에 진을 쳤던 총사령부의 알제 진군을 시작으로 세

하는 군장으로 입국한 국경부대에 비해 알제의 제4월라야나 동부 부대는 무기도 거의 없었고 군복도 허름했다. 게다가 OAS의 공격으로 주민들이 방황하는 때에 이들이 해야 할 일은 넘쳐났다. 벤 벨라와 키데르를 제외한 임시정부는 7월 3일 그저 지프차로 알제에 입성했다. 기업체는 문을 닫고 농장 일자리는 사라진 상황에서 사람들은 고물가에 생계가 힘든 여름이었다.

분명한 것은 임시정부의 정치세력은 독립 이후 정권 수립과 정치제도 구축에 참여할 여지가 없어졌다는 점이었다.[128] 일시적으로 체포돼 있던 부디아프는 벤 벨라의 알제 입성 3시간 전에 망명을 택했다. 9월 10일 제헌의회 소집 전인 8월 임시정부의 압데셀람, 벤헤다, 벤토발, 에비앙협상 참가자인 모함메드세딕 벤야히야, 군비장관 부수프, 내무장관 벤토발 휘하의 압데레자크 셴투프, 달라브, 하르비, 라슈라프, 레다 말렉도 망명했다. 제2월라야 사령관 살라 부브니데르, 페르하트 압바스는 1964년 일체의 정치활동이 중지된다. 저명인사가 아니어도 알제리를 피해야 하는 경우도 늘어났다. "우리 페다인, 무자히딘은 프랑스를 몰아내려고 싸웠는데 우리가 도망쳐 프랑스에 있게 되었다. 다행히 프랑스 좌파들이 도와주었다. 우리는 두 달 뒤 귀국했다. 그때 심경은 말로 형용할 수가 없었다."[129]

당시 전투원으로 현장에 있었던 역사가 테기아, 그리고 1990년대

개의 축이 알제를 향했다. 오랑에서 셸리프까지 서부군의 축, 부메디엔의 중앙-서부의 축, 젤파에서 아인우세라, 메데아와 블리다로 이어진 남부-중앙-동부의 축이다. 수십 대 자동차와 트럭이 징발되고 북동부 부대가 합류했다. 교전과 현지 협상이 반복되는 가운데 벤 벨라는 9월 4일 알제에 도착했고 부메디엔은 그에 한 발 앞섰다.

128. 정치국의 개선 행진은 "인민의 지지가 아니라" 최강 군대의 힘으로 달성되었다는 느낌도 주었다. 9월 20일 제헌의회선거 전인 8월 19일 지나치게 비판적으로 간주되거나 충성심이 충분치 않아 보이는 인물들의 리스트가 작성되고 체포에 들어갔다.

129. 이들의 복잡한 심경에 관해서는 D. Amrane-Minne, *Des femmes dans la guerre d'Algérie*, Paris: Karthala, 1994, 41쪽.

에 민간과 군부, 정치와 폭력의 재연을 분석한 압디 같은 이의 견해를 보면, 그 혼돈의 뿌리는 더 깊고 더 먼 데에 있었다고 여겨진다.[130] 아마도 알제리만이 아니라, 제국주의에서 벗어난 대부분의 식민지 국가에 흔히 부과되는 그러한 질곡이었을 것이다. 국민적인 정치 수련은 긴 시간이 요구되었다. 또한 도시와 농촌이 분리되지 않은 상태, 전반적인 국가안보가 허술한 상황도 문제가 되었다. 식민지에서 자력으로 성장할 수 없었던 여러 가지가 장애를 일으켰을 것이다. 그러나 큰 희생을 치르면서도 알제리는 독립했다.

130. N. Abdi, 앞의 글 참조.

제4장

|

식민지 정치범

알제리 정치범의 역사는 오래되었다. 뷔조 장군의 프랑스군이 알
제리 전역으로 공세를 확장하던 1840년대에 체포된 알제리 부족의
지도자들은 프랑스 서부 캉 맞은편의 생트마르그리트에 수감됐었다.
1871년 초의 카빌리 봉기, 셰이크엘하다드 수도원의 봉기 이후 게동
총독은 전쟁비 분담금으로 3,650만 프랑을 요구하고 봉기자들의 토
지 57만 4,000헥타르를 몰수했다.[1] 집단책임의 원칙에 따라 몰수된
토지는 알자스로렌 이주민 후보자들의 정착지로 제공되었고, 이에 항
의하는 지도자들은 반도나 무뢰한으로 몰려 처형당하거나 수감되었
다. 이들을 가둘 감옥의 설치 역시 알제리 정복과 거의 동시에 이루어
졌다. 알제리 항쟁자들은 1871년 코뮈나르의 유형지인 열대 누벨칼
레도니아 섬까지 보내졌다.[2]

근대적인 처벌 방식으로 사람을 장기간 가두고 체계적으로 관리하

---

1. H. Bouzaher, *La justice répressive dans l'Algérie coloniale*, 164-165쪽.
2. M. Ouennoughi, *Algériens et Maghrébins en Nouvelle-Calédonie de 1864 à
nos jours*, Alger: Casbah, 2008, 114-121, 372-385쪽.

는 서양의 수감제도는 정교하게 개발되어왔다. 그렇기 때문에 정치범 문제라면 아프리카-아시아뿐만 아니라, 영국이 통치하던 아일랜드가 하나의 모델이었다.[3] 투쟁자들의 수감기록이 남아 있는 것도 아일랜드였고, 이들 수감자와 감옥에 대해 관심을 표명한 것도 개혁적인 영국 재상 글래드스톤이었다.[4] 오랫동안 법이 발달한 영국에서는 차티스트 재판 이래 법정의 기록도 축적되어 있었다. 이는 아일랜드의 대영투쟁을 심판하는 데도 그대로 이어졌다.[5] 아반 람단은 프랑스 감옥에서 이러한 아일랜드의 역사를 읽었다.

1. 수형의 증인 메살리 하즈

사법은 군민을 불문하고 알제리 통치를 주도하고 관여한 전 지도층에서 관심을 기울인 분야였다. 1830년에서 1870년까지는 아랍 사무국을 중심으로 군 당국이 토착민의 법적 사안까지 다루었다.[6] 나폴레옹 3세 치세기인 1858년 알제리부를 설치했으나 총독부 체제로 환원하고 행정정치제도를 신설해 프랑스식으로 사법을 개편했

3. Denis O'Hearn, "Repression and Solidary Cultures of Resistance: Irish Political Prisoners on Protest," *American Journal of Sociology*, vol.115, no.2, 2009, 491-526쪽.

4. Seán McConville, *Irish Political Offenders, 1848-1922: Theatres of War*, New York: Routledge. 2002, 140-605쪽.

5. 영국은 대륙 유럽에 비해 정치범에 대한 인식이 늦었지만 19세기에 세 가지 동인 (차티즘, 신페인당, 여성 선거권 운동)으로 태도가 달라진다. L. Radzinowicz and R. Hood, "The Status of Political Prisoner in England: The Struggle for Recognition," *Virginia Law Revienl*, vol.65, 1979, 1421-1481쪽. 아일랜드 문제는 1436-1457쪽.

6. S. Thénault, "Armée et justice en guerre d'Algérie," *Vingtième Siècle. Revue d'histoire*, no.57, janvier-mars 1998, 104-114쪽.

다. 이슬람 법정을 폐지하고 프랑스 재판정을 창설한 뒤 1889년 법으로 인신 지위와 상속에 대한 카디의 사법권을 제한했다. 무슬림의 형사사건은 프랑스 법제의 항소원과 경범재판소 관할로 넘겨졌다.[7] 1859년부터 알제 항소원 판결문을 수록한 『사법 저널*Journal de Robe*』이 발간되고 1869년부터 『알제리 법정 저널*Journal des tribunaux algériens*』로 확대되면서 식민지 사법은 온전히 기록될 수 있었다. 그러나 1885년의 『알제리, 튀니지, 모로코 법리학 평론*Revue algérienne, tunisienne et marocaine de législation de jurisprudence*』 창간에서 보듯 이론적으로 명확히 해야 할 문제가 많았다. 무슬림 인신 지위를 차별하는 특별법 체제는 1947년까지 존속했다.[8]

메살리 하즈는 이런 법체제가 가한 정치적 탄압의 상징이었다. 메살리는 여느 지도자와 달랐다. 전쟁에 참여한 한 여성의 진술처럼 그는 민족적 우상이었다. 그의 위상은 '민중의 자식'이라는 민족 정서의 작용도 있지만, '감옥의 메살리' 상이 큰 역할을 했다.[9] 북아프리카의 별에 이어 민중당의 지도자로 우뚝 선 메살리는 1923년부터 출신지 틀렘센 지역 경찰이 예의주시하는 사찰대상이었다. 그러다 알제리 민족운동이 고조되는 1934년 11월 1일 벌금형과 함께 파리 상테 감옥에 6개월간 구금된 것을 시작으로 전쟁기인 1959년 1월까지 감옥과 유형지를 전전했다. 메살리는 1935년 5월 1일에 잠시 풀려났다가 1937년 8월 27일 알제에서 다시 체포되어 비밀결사 재건, 폭동 선동, 반프랑스 시위 죄목으로 2년형을 선고받고 알제 바르베루스 감옥, 엘

7. C. Collot, *Les institutions de l'Algérie*, 17-20쪽.
8. 같은 책, 39-44쪽. 통합 군사체제를 수립해 각 분할구역에 대령 한 명이 지휘하는 아랍 사무국을 두었고 이 구역을 다시 세분해 중령이나 대위가 지휘했다.
9. Khaled Merzouk, *Messali Hadj et ses compagnons à Tlemcen*, 308쪽.

하라슈 감옥에 투옥됐다.[10] 그 중간인 1936년 1월 메살리는 파리에서 제네바로 망명해 스위스에 체류하던 중동 이슬람의 대지도자 에미르 셰키브 아르슬란을 예방했고 닷새 후 제네바에 찾아온 스위스 경찰관을 따라서 정보국장을 만나기도 했다.[11]

1936년 5월에 수립된 프랑스 인민전선 정부는 식민지의 변화에 민감했고, 여름에 행해진 메살리의 알제리 순회강연을 위험하게 지켜보았다. 메살리는 무엇보다 공용어 사용이 금지된 아랍어를 써서 대중의 상한 마음을 달랬다. 이 강연에는 맥이 끊긴 문어 아랍어를 되살려 '알제리어'의 자긍을 노래한 시인 무프디 자카라, 아랍어-프랑스어를 구사해 피식민지인의 포용력을 보여준 호신 라후엘도 동참했다. 대중선동에 뛰어난 메살리가 1937년 8월부터 1939년 8월 29일까지 옥고를 치르고 풀려나자 비시 정부는 1941년 3월에 다시 중형을 선고했다.[12] 비시 정부는 협력을 거부한다는 이유로 전 재산을 몰수하고 중노동 16년, 체류금지 20년을 선고한 후 랑베즈 유형지로 보냈다. 역사적으로 1848년 혁명 시절 부르주아지에 반대한 프랑스 노동계급들의 유형지였던 이곳에는 19세기의 알제리 항쟁자들도 수감된 바 있었다. 콘스탄틴 남쪽 바트나 인근 고대도시의 이 군사감옥은 알제리전쟁기에도 가혹한 곳으로 알려졌다.

하즈는 1943년 4월 랑베즈에서 풀려나 보가리에 연금됐다가 12월

---

10. "Déclaration de Messali Hadj devant le tribunal d'Alger (2 février 1937)," K. Merzouk, 같은 책, 168-169쪽.

11. 이 정보국장은 정중하게, 그가 도착할 것을 알고 있었고 빅토리아 호텔 주위로 산책하는 그를 관찰했다는 것을 알려주고 언제 스위스를 떠날지 물었다. 그의 '정상적인' 질문에 메살리는 자신의 처지를 길게 설명하고 정치적 보호를 요청할 수 있었다. *Les mémoires de Messali Hadj, 1898-1938*, Alger: ANEP, 2005, 209-211쪽.

12. "Messali Hadj et ses compagnons devant les tribuneaux de la colonisation, 1937 et 1941," K. Merzouk, 같은 책, 163-167쪽.

알제리 남부 인살라 오아시스로 옮겨졌다. 대남부로 불리는 사하라 복판의 인살라는 하루에도 더웠다 추웠다를 반복하는 전형적인 사막이었다. 프랑스 정부의 구금조치와 주거제한은 여기서 끝이 아니었다. 메살리 하즈는 1944년 1월 티아렛 남쪽 크사르셸랄라에서 가택연금되었다가 제2차 세계대전 종전 무렵 일주일간 사막 어귀의 가르다이아 인근 엘골레아로 옮겨졌다. 세티프 사건 전인 1945년 4월 서아프리카 콩고 브라자빌의 유형지 바쿠마로 갔다가 1946년 8월에야 석방되었다.[13] 그는 파리로 가지만, 2개월 후인 10월 11일 파리 체류 금지로 인해 알제의 부제레아로 돌아왔다가 2년 뒤 프랑스로 돌아간다. 1951년 12월 낭시에서 민중당 대회를 연 직후 대서양 연안 벨일 쉬르메르에 다시 연금된다. 1952년 5월 알제리로 왔을 때 슐레프(전 오를레앙스빌)에 중대한 사건이 터져 프랑스 니오르로 유배형을 받았고, 1954년 11월부터 1955년 3월까지 서부 방데 사블도르돈에서 당국의 감시하에 있다가 내륙 앙굴렘에 연금되었다. 메살리가 이 모든 제한조치에서 풀려난 것은 드골 집권 후인 1959년 1월이었고, 파리 북부 샹티이 근처에 자리를 잡았다.

수감과 연금, 유형으로 점철된 메살리의 삶은 수많은 알제리 수감자들의 상황을 대변했다. 1945년 세티프 사건으로 민중당 투사와 노조운동가, 선언과자유의벗AML 인사들이 대거 체포되고 투옥됐으며, 그렇게 형을 산 독립운동가들의 전체 수감 실태는 아직 본격적인 연구도 되지 않은 듯하다. 제2차 임시정부 수반 크림 벨카셈도 민족운동가의 잦은 수형을 충분히 말해준다. 1943년 7월 프랑스군에 입대해 1945년 10월 제대한 그는 1948년 3월 4일 티지우주 경범재판소

---

13. 도형徒刑, bagne은 강제노동 수형제로 브레스트, 툴롱 같은 프랑스 내의 군항뿐 아니라 남아메리카 기안, 누벨칼레도니아, 마다가스카르 같은 해외 도가 유형지로 유명했다. 프랑스는 이 유형 제도를 1945년에 폐지한다.

에서 프랑스 주권 침해죄로 2년 금고형을 받고, 1951년 3월 3일 티지 우주 항소원에서 살해기도죄로 궐석재판을 받아 종신노역형에 처해 졌다.[14] 1951년 10월부터 1952년 6월까지 다시 금고 5년, 벌금 12만 프랑, 체류금지 5년, 궐석재판에서 사형선고가 내려지고, 오랑 재판소에서 다시 궐석재판으로 살해와 살해기도죄로 사형이 언도되었다. 벨카셈은 전쟁 발발 후인 1955년 9월 알제 상설 군사법정에서 살해와 살해기도죄로 다시 사형선고를 받지만, 이러한 재판과 중형은 그만이 아닌 민중당의 주요 인사들이 흔히 겪는 일이었다. 하지만 수형자들은 고난 속에서 역으로 자신의 가치와 의미를 스스로 찾고 외부로부터 인정받는 정치수련도 가졌다.

2. 식민지의 감옥과 수용소

식민지 감옥은 어디에나 퍼져 있었다. 1948년 알제리 형무시설은 형무소보다 하급인 치안소와 시 감옥을 제외하고 107개였다. 알제 형무지로 베루아기아 중앙형무소, 메종카레 집단형무소, 알제 바르베루스 민간 형무구치소, 대감옥 2개를 포함한 4개의 도 감옥, 30개 부속 감옥이 있었다.[15] 하지만 이들 감옥은 프랑스 감옥과 유사하지 않았다.[16] 제2차 세계대전까지 도 감옥에는 '구치소maison d'arrêt'와 '형무소maison de justice'와 '감화소maison de correction'가 있었다. 법무구역

---

14. Ch.-H. Favrod, *La révolution algérienne*, 348-349쪽.
15. 바르베루스 감옥은 1856년 축조된 튀르크 성벽으로 알제 카스바 고지에 있었다. 바르베루스는 합스부르크왕국 카를 5세에 대립한 오스만 해적이자 틀렘센의 왕이다.
16. C. Guinchard, *Les Services Pénitentiaires Algériens et leur fonctionnement 1945-1954: Mémoire de maîtrise d'histoire contemporaine (1945-1954)*, Université Paris 8, 2003-2004.

Cantons 중심지에 세워진 부속 감옥은 가장 많은 수의 시설로 2개월 이하의 금고형 피의자가 수감되었다. 오랑 구역은 오랑의 민간 감옥 1개와 도 감옥 6개, 24개의 부설 감옥으로 구성되어 있었고, 콘스탄틴에는 예전의 군 감옥인 중앙형무소와 민간 감옥 1개, 대감옥 2개, 도 감옥 7개, 33개의 부속 감옥이 설치되어 있었다.[17] 중앙형무소에는 1년 이상의 수감자, 징역형, 강제노역형 여성이 들어왔다. 도 구치소는 알제 도에 4군데(알제, 블리다, 오를레앙스빌, 티지우주), 오랑 도에는 6군데(마스카라, 모스타가넴, 시디벨압베스, 티아렛, 틀렘센 등), 콘스탄티노이스 도에 7군데(콘스탄틴, 본, 부지, 겔마, 필리프빌, 세티프 등)였다. 750명을 수용하는 대규모 감옥과 120명 정도를 수용하는 소규모 감옥이 섞여 이론상 9,000명의 수용이 가능했다.

하지만 이 많은 감옥과 연속된 체포와 구금, 수감은 민족운동을 우울하게 만들지 않았다. 1956년 말부터 수용소 행정이 달라져 지도자(주동자) 산개정책이 도입됐지만, MTLD의 투사들과 공산주의자들은 한데 수감되고는 했다. 바트나의 운동가들과 콘스탄틴의 운동가들이 감옥에서 처음으로 상면하고 수감자의 가족과 친구들이 작은 온정이라도 나누길 바랐다. 오랑에서는 면회시에 가져온 과일이 일부만 통과될 때도 있었지만 잘 구운 통닭으로 여섯 명이 성찬을 벌인 적도 있었다.[18] 감옥 수감자들은 인본주의를 다짐하면서 고난의 시절을 견디는 내성을 키웠다. 고독과 동지의 의미를 확인하고 노선이 다

---

17. 구치소, 형무소, 감화소 등의 군 감옥은 1950년 민간에 이양되었다.
18. 콘스탄티노이스 스키크다에서 8월 20일 사건 후 아들과 함께 체포된 한 펠라가 노인은 알제 감옥을 찾은 변호인에게 이렇게 말했다. "난 빨리 안 나가도 괜찮소. 형제들이 감옥 병동으로 보내줬으니. 밖에선 생각도 못하던 처지요. 깨끗한 침대에서 자고, 마카로니, 콩, 어떤 때는 고기, 생선도 먹어요. 내 자식 일만 잘 봐주시오. 집에 여자하고 어린애만 있으니. 아들은 빨리 돌아가 밭일을 봐야 해요." Amar Bentoumi, *La défense des patriotes*, Alger: Houma, 2007, 109쪽.

른 이들과 무언의 언어를 교환하면서 감옥 너머의 세상과 결속을 갈
구했다.

1955년에서 1956년에는 수감자에 항의권이 주어져 트로디는 다
른 이들과 함께 규율이 엄한 아르콜 수용소로 이감된 후 구조위원회
의 방문을 받았다.[19] 가족이 전부 수감된, 전직 교사이자 UDMA 소속
이던 부루이바 시 하산과 트로디가 함께 제기한 진정에 대해, 젤레르
위원장은 "당신들은 이보다 더 나은 대접을 받을 가치가 있다"고 했
다. 트로디는 수용소에서 아랍어와 영어를 익혔고 다른 학생들은 건
축과 법을 배웠다. "과장이 아니라―적어도 내가 지낸 곳에서는―수
용자의 80퍼센트가 학생이었다. 우리는 책을 빼앗길 때마다 새 책을
구했다. 알몸으로 매를 맞기도 했다." 트로디는 지루할 때면 영어 공
부를 하기 위해 『라이프』지를 사서 사전을 찾아가며 읽었다.[20] 아르콜
수용소를 제외하면 수감자들은 수용소 내에서는 자유롭게 다녔다. 사
진도 촬영할 수 있었지만 이내 금지되기도 했다.

수감자들은 이 감옥 저 감옥으로 자주 이송되었다. 특히 알제와 프
랑스의 감옥을 전전했다. 1960년 북프랑스 두에 형무소에는 20명의
피의자와 39명의 유죄 선고자가 들어왔고, 릴 감옥에는 피의자 57명,
형 확정자 45명이 있었다. 리옹 몽뤼크 요새 감옥에는 사형 선고자가
열 명이 있었고, 마르세유에도 사형선고자가 있었다. 서부 낭트, 북서
부 아미앵, 보베, 샹피에뉴에도 알제리인이 있었다. 수감자가 가장 많
은 곳은 파리 교외의 프렌 감옥이었다. 바스티유 근처 로케트 감옥에

---

19. 그후에는 민간이 아닌 군이 감옥의 수형자 관리를 담당했다. El Hachemi Trodi,
Sur les chemins de liberté, 74-75쪽.
20. 잡지 구매가 허용된 건 아니나 간수를 통하면 가능했다. "몰래 라디오를 들여온 적
도 있지만 무엇보다 『르몽드』 같은 신문잡지를 찾았다. 우리는 수감자도 구금자도 아
닌, 비용을 지불하는 징벌자들이었다." 같은 책, 78쪽.

도 여성이 있었지만 알제리인이 상테 감옥에 들어오면 여성들은 프렌 감옥으로 이송되었다. 프렌 감옥에는 1960년 하반기에 975명, 3개의 감옥소와 부속양호소, 병원에 수감자가 분산되어 있었다. 감옥의 형편은 일률적이지 않았다. 동부에서도 당시는 시설이 가장 좋았던 데 반해, 남부 브장송 수감자는 어떤 권리도 보장받지 못했으며, 동부 요새 벨포르는 사정이 더 나빴다.[21] 남부의 그라스, 툴롱, 디뉴, 드라기냥, 님은 그나마 사정이 양호했다. 1961년 10월 30일 법무부 예산국장의 의회보고서에 따르면, 많은 '구치소'에 상수도 시설이나 수세식 설비가 없었고, 간수직은 인원도 부족하고 수당도 낮았다. 1만 2,000명의 알제리인이 수감된 프랑스 사정은 알제리보다 나았지만 프렌 감옥, 뱅센 감옥, 베르사유 감옥은 인원 초과였다.[22] 그러나 1961년 베르나르 슈노 법무장관의 보고로는 프랑스 본국의 알제리인 수형자는 A군으로 분류되면 일반 형사범의 가족과 별도로 면회했고 식사는 무슬림 전통을 배려했다. 형무정책은 신문, 책, 개인 단파 라디오 소지가 가능하고 방문자나 수감자 중 자격 있는 자가 지도하는 학습, 공동 여가 스포츠, 하루 평균 1시간 반에서 3시간의 산책이 제시되었다.[23] 정치범 감옥은 사색의 공간이기도 했다. 아반 람단이 체 게바라와 베트남의 항전사를 탐독하고, 특히 아일랜드 독립운동사에 심취했던 것이 전쟁 발발 전의 감옥에서였다.[24]

21. Ali Haroun, *Le 7ᵉ Wilaya*, 153-159쪽.

22. 1961년 10월 의회보고서의 주요 내용은 "Les détenus algériens de France et d'Algérie (Note de synthèse du Rapport parlementaire, octobre 1961)," Ch.-H. Favrod, *La révolution algérienne*, 286쪽.

23. 같은 글, 288-289쪽.

24. 미국 아나키스트 평화주의자 엠마 골드만도 반전운동 또는 산아제한 연설 때문에 수시로 감옥을 들락거려야 했는데, 그녀 역시 뉴욕 감옥도서관에 비치된 풍부한 서적 덕분에 부지런히 책을 읽을 수 있었다.

수감자가 중죄인일 경우 한 감옥에 오래 머물지 못했다. 블리다에서 프랑스의 엑스로, 다시 마르세유로, 카빌리에 수감되었던 모하메드 사이드 마주지와 다른 구금자들은 알제의 바르베루스로 이감되었다. 아반 람단은 베자야에서 40일간 고문당한 후 알제로 이송되어 사형에 방불하는 공포에 직면했지만 재판정에서 MTLD의 지도자임을 자부한다고 당당히 진술했고 알제리 민중의 자기결정권을 주장했다. 그는 수감자들의 총지휘를 맡고 매주 금요일 기도시간 후 애국가를 부르고 초승달의 국기를 흔들도록 했다. 아반이 간수장과의 면담에서 이를 관철시키자, 정치범 수감자들은 일반범 취급을 받게 되었고 일반 수감자들은 이에 항의해 단식파업을 벌였으며, 이 일로 아반은 마침내 세티프로, 콘스탄틴으로 이감되었다. 아반은 눈을 감고 국기를 보면서 기립자세로 국가를 불렀고, 프랑스 알자스의 엔지스하임 감옥으로 옮겨졌다. OS 대원 구금자들이 처한 조건은 최악에 가까웠다. 불량 수프, 의료 거부, 책과 신문 반입 금지, 신체 수색, 모욕적 언사, 고문이 잇따랐고 독방 감금이 연장되자 아반은 37일간 단식을 감행하기도 했다.[25] 정치범의 단식투쟁이 성과를 거두는 경우도 있었다. 누구보다도 아반 람단이 장기간의 단식투쟁을 통해 옥중에서 책과 신문을 읽을 수 있고 편지를 쓸 수 있는 권리를 얻어냈다.[26]

알제리인 수감자들은 정치범 대우를 요구하며 노역에 나가지 않았고 한 사람이 사라지면 '부재자의 의식'을 거행했다. 감옥에서 무엇보다 쓰라린 것은 사형집행이었다. 유럽인이 가하는 압력 중 가장 무거운 것이 사형선고를 받은 알제리인을 처형하라는 요구였다. 라코스트 총독이 1956년 2월 부임하자 유럽인들은 신문, 전단, 선언문을 통해

---

25. 정치범의 단식은 P. O'Malley, *Biting at the grave*, Boston: Becon, 1990 참조.
26. K. Mameri, *Abane Ramdane*, 16쪽.

알제리인들의 사형집행을 촉구했다. 기요틴 처형은 알제리인에게는 겁을 주고 유럽인에게는 만족을 주는 수단이었다.[27] 프랑스 정부가 처형에 반대한다는 거부의사를 밝혔음에도 아흐메드 자바나와 압델 카데르 페라지는 1956년 6월 19일에 알제 감옥 바르베루스에서 처형되었는데, 이들은 1954년 봉기 이래 기요틴에 오른 첫번째 알제리인들이었다. 또 부알렘 라할과 압데 라흐만 탈레브의 처형은 드골 정부 수립 전인 1958년 4월 24일에 일어났다. 알제리 공산당원이며 FLN 대원인 페르낭 이브통은 사형선고 이후 형이 집행된 유일한 유럽인으로, 알제전투에서 FLN 폭탄을 회사에 숨겨둔 죄로 기소되어 1957년 2월 13일에 선고받은 그날 즉시 처형되었다. 알제리전쟁 때 기요틴으로 처형을 당한 FLN 대원의 수는 연구자에 따라 제각기 다르지만 대략 198명에서 222명 선으로 추산되고 있다.

처형이 예고되면 감옥의 수감자들은 모두 다함께 합창을 하는 전통이 있었다. 맨 처음 단두대형에 처해진 아흐메드 자바나는 최후의 순간에 창문 바깥으로 이렇게 소리쳤다. "내가 맨 처음으로 단두대에 오르다니, 기쁘다. 우리가 있건 없건 알제리는 영원하리라!" 그러자 다른 수감자들은 전통에 따라 창문으로 다함께 이렇게 화답했다. "우리도 당신을 뒤따라 단두대에 오르리라. 우리가 있건 없건 알제리는 영원하리라!"[28] 무겁고 높은 기요틴은 오랑으로, 알제로, 또 콘스탄틴으로 옮겨다녔다.[29] FLN에서도 1958년 4월 25일에 생포한 프랑스인 군인 세 명을 라칼레 지역 라멜수크 주민들을 고문하고 강간하고 살

27. P. Kessel et G. Pirelli, *Le peuple algérien et la guerre*, 46쪽.
28. 같은 책, 47쪽. 『콩시앙스 마그레빈*Consciences Maghrébines*(마그레브의 양심)』 제7호에 실린 자바나Ahmed Zabana의 처형에 관한 익명의 보고.
29. "La Dépêche quotidienne d'Alger," D. Amrane-Minne, *Les femmes algériennes dans la guerre*, Paris: Plon, 1991, 156쪽 각주1 재인용.

해한 혐의로 재판정에 세워 사형을 언도한 후 4월 30일에 단두대형을 집행했다.[30] 압데르하마네 탈레브와 FLN 요원들이 기요틴 처형을 당한 것에 대한 보복처형이었다. 그렇게 FLN에 의해 프랑스 군인들이 처형되자, 프랑스군은 또다시 알제리인 여섯 명을 보복처형을 함으로써 맞불을 놓았다.

정치범이 감옥에만 수감된 것은 아니었다. 재집결수용소는 1954년 11월 오레스에서 시작되었다.[31] 1957년부터 점차 증가하던 수용소가 1959년 샬 장군의 작전계획에 따라 알제리 전역으로 확대되었다. 이 전쟁이 군경작전으로만 이길 수 없고 산악무장대와 농촌민들을 갈라놓는 것이 급선무라는 의도에서 설치된 이 재집결수용소 제도는 군부까지도 그 폐해를 지적했다. 농촌 주민을 그들의 땅에서 몰아내고 마을 위계질서를 무너뜨리면서 노동에 대한 애착도 잃게 하여 구호품으로 연명하게 만드는 방식이다.[32] 1960년 총 200만 명을 재집결시킨 이 작전은, 평균으로 하면 전 인구의 24퍼센트, 지역에 따라서는 50에서 100퍼센트의 주민을 이동시켰다. 그중에서 상수도와 전기시설, 학교 등 인프라가 갖춰진 곳은 일부였다. 재집결수용소의 관리와 의료, 위생이나 학교는 SAS 장교가 맡았고 수용소 주민들은 무장세력에 반대하는 선전을 듣고 스스로 경비를 맡고 프랑스군의 작전을 지원하도록 했다.[33] 수용소마다 FLN 지하위원회가 조직되었다. FLN

---

30. FLN의 프랑스군 포로에 대해서는 Y. Sudry, *Guerre d'Algérie: Les prisonniers des Djounoud*, Paris: l'Harmattan, 2005.

31. 재집결수용소는 오랑 도의 아플루, 알제 도의 겔트에스스텔, 콘스탄틴 도의 미실라, 남부 가르디아의 아인 엘 아마라 등지에 있었다.

32. K. Sutton, "Army Administration Tensions over Algeria's Centres de Regroupement, 1954-1962," *British Journal of Middle Eastern Studies*, vol.26, no.2, Nov. 1999, 243-270쪽.

33. 같은 글. 1957년에 창설돼 1960년 2월 해산된 제5국(심리작전국)은 FLN은 승리할 가망 없고 알제리의 미래는 프랑스공화국에 달렸다고 선전했다. 이들의 임무에는

대원들은 수용소와 감옥에서 프랑스어와 아랍어 강의를 듣고 영어도 배웠다. 계산을 배웠고 때로는 외부시험 준비도 했다. 지하위원회는 음식과 위생에 특히 주의했고 무일푼인 수형자에겐 근소한 지원을 했다. 수감자가 사기를 잃지 않게 하려고 형무소 당국이 보내는 〈블레드의 소리〉 같은 라디오 선전방송에 대항했다. 수감자는 변호인에게 편지를 쓸 수 있었고 변호사는 다시 총독부 형무 당국에 진정받은 사항의 교정을 요구하는 편지를 보냈다. 벤투미 변호사에 따르면, FLN이 형무 당국자 중 악명 높은 자들을 노리고 있다는 사실이 알려지자 당국의 태도가 변했다고 한다.

어떻든 간에 감옥은 바깥세상과 연결되어 있었다. 감옥에 갇힌 아들과 남편을 둔 집에는 이웃집 사람들이 찾아와 정의情意를 나누고 기개를 다짐하며 사회관계를 두텁게 쌓아나갔다. 1945년 5월 세티프 진압, 그로부터 3년 후의 MTLD가 조직한 OS 사건 재판이 그 계기가 되었다. 세티프, 겔마, 지젤, 나바, 셰르셸, 사이다, 켄셸라, 케라타, 콘스탄틴 일대의 청년들이 계속해서 잡혀 들어가자, 수감된 아들과 남편들을 찾아서 여자들은 감옥들을 들락거려야만 했다. 이웃들은 감시망 속에서도 그 집의 식구들을 찾아가서 양식을 건네주었고, 수감자의 안부를 묻고, 어떻게 도와야 할지 서로 얼굴을 맞댔다. 너나없이 그 막막한 시절을 그렇게 달랬고, 민족주의 이념은 머리가 아니라 가슴으로 파고들었다.[34] OS사건의 재판을 겪으며 탄압받는 희생자에 대한 법적 구조를 위한 위원회(CSVR)도 설치되었다.

1958년 9월 28일 드골 등장 후의 개헌지지 공작까지 있었다.
34. J.-L. Planche, *Sétif 1945*, 238, 255쪽.

3. 노동조합운동가

알제 카스바 언덕 아래쪽 라비주리 광장, 알제 대주교구의 허름한 건물에는 페르하트 압바스의 사무실이 있었고, 그 사무실 안에 알제리노동자총동맹UGTA의 본부가 있었다. 1956년 2월 24일 창립대회를 마친 UGTA에는 할 일이 태산 같았다. UGTA 설립을 발의하고 주도한 초대 비서 아이사트 이디르는 면담을 요청하는 외국인 기자에게 할 일이 너무 많으니 일주일 후로 미루자고 답변했다.[35] 사무실에 서류가 수북이 쌓여 있는 가운데 그 대담 기사는 "설립된 지 5개월 만에 이미 10만 명의 회원을 둔 이 노동조직을 프랑스는 우려하고 있다"라는 말로 시작된다. 국제노동기구 신문기자가 이내 찾아왔듯이 알제리 노동조합의 창설은 단박에 해외의 관심을 끌었다. 북아프리카 전체와 연결망을 가진 것이 노조조직이었다. 아직 학생이던 피에르 숄레가 진행한 아이사트와의 대담 기사는 튀니스 네오데스투르당 기관지에도 실렸다. UGTA는 4월 6일 기관지 『우브리에 알제리앵(알제리 노동자)』를 3만부 발행할 만큼 처음부터 강력한 힘을 보여주었지만, 프랑스 당국은 노조의 이런 대담한 활동을 좌시하지 않았다. 5월 23일에서 24일 밤, 아이사트는 UGTA 본부 사무실에서 체포되고 다른 노조원들 250명도 잇따라 체포되었다. 아이사트는 베루아기아, 생뢰, 아플루, 오랑의 보쉬에 감옥과 수용소를 전전해야 했다.

UGTA는 FLN의 봉기 후에 구현됐지만, 알제리 노동자의 독자 조직을 만들자는 아이사트의 구상은 MTLD가 부상하는 1947년에 이미 확고했다. 아이사트는 1919년 티지우주의 시골 자마아 사하리지에서 농사를 짓고 장사를 하는 가정에서 태어나 엘리트로 성장했다. 알제

---

35. M. Howe, "Algerian Unions Worry French," *New Leader*, 30 July 1956.

부자레아 사범학교 졸업 후 1938년까지 튀니스에서 경제학과 법학을 공부하고 곧 노동운동에 투신했다. 1944년 알제 메종블랑슈의 항공산업제작창AIA에서 시작해 1956년 건축사회금고까지 사회경력을 쌓았다. 국영기업 항공산업사 전문기술직이라, 그가 노조운동을 이유로 해고될 신분은 아니었다. 우수한 근무실적으로 이 회사의 분쟁운영위원회에 들어갔고 CGT의 국영근로자집행위원에 선발되었다. 그러나 노동은 민중당과 연계되어 있었다. 1944년 민중당에 가입한 후 알제리인 근로자의 이익을 수호하려는 그의 노선은 CGT의 거부에 부딪쳤다.[36] 이때부터 아이사트는 독립적인 UGTA를 구상하고 결국 이를 실현했다. 한편 프랑스가 이런 방향의 노동운동에 예민하게 반응했던 데는 북아프리카 노동운동사가 깔려 있었다.

1920년대 아랍권에 퍼진 공산주의와 각국의 노조운동은 결속과 알력을 모두 겪었다. 하지만 튀니지와 모로코, 멀리 이집트, 팔레스타인에서 노동운동은 민족운동의 한 구심점이었다.[37] 튀니지와 모로코는 1930년대 초에 이미 독자적인, 즉 프랑스 노동조직에 포섭되지 않는 노동기구를 창설했다. 노조는 독립운동의 중추였고, 튀니지 노조 지도자 파르하트 하셰드의 독립에 대한 신념과 투쟁은 놀라웠다.[38] 이들의 노동운동은 프랑스가 아닌 강대국 미합중국에 기대고 있었다.[39] 중동 아랍지역에 침투한 공산세력을 막고자, 미국이 달러를 배

36. B. Lahouel, *Patriotes algériens: Parcours individuels et destin collectif 1954-1962*, Oran: Dar El Gharb, 2005, 32쪽.
37. "Mouvement ouvrier, communisme et nationalismes dans le monde arabe," *Cahier du Mouvement social*, no.3, Paris: Èditions ouvrières, 1978.
38. 파르하트 하셰드의 투쟁에 관해서는 "The Tunisian Struggle for Freedom Hached, Farhat," *New Leader*, 21 April 1952.
39. 1954년 6월 제5차 CGT대회는 국제노조에 연계된 알제리 노조 창설을 막는 데 골몰했다. 자유노조국제총연합CFTU 배후인 미국의 AFL-CIO가 껄끄러웠던 것이다.

경으로 북아프리카에 선을 대고 있다는 위기감은 알제리 지배층에도 팽배했다. 따라서 역으로 북아프리카인에게 미국은 프랑스와의 관계를 어떻게 타결할 것인지 알리고 지지를 얻는 주요한 무대였다.[40] 튀니지의 세계적인 노조지도자 파르하트 하셰드는 1952년 초, 3년 후에 공식 통합되는 AFL-CIO의 샌프란시스코회합에 참가한 유일한 아랍권 노조지도자였다. 튀니지 민족주의에 대한 미국 노조들의 지지는 분명해 보였다.[41] 1952년 12월 5일, 파르하트 하셰드는 튀니스 교외 라데스에서 '붉은손Main rouge'에 의해 암살당했으며, 그 암살 배경에는 프랑스의 기관이 개입했을 거라는 소문이 돌았다.

알제리 노조운동가들도 튀니지의 사례를 잘 알고 있었다. 레옹 주오 같은 프랑스노동총연맹CGT 책임자는 북아프리카 도시들을 순회했다.[42] 프랑스공산당이 CGT가 아닌 프랑스통합노동총연맹CGTU을 새로이 만들어 여러 도의 CGT가 약해지자 북아프리카 포섭에 공을 들였다. 카사블랑카에서 튀니스까지 하나의 연방으로 프랑스 노조에 가담하는 것이 CGT의 바람이었다. 동서 중간지점의 도시 알제는 이런 CGT 선전의 교차로였다. 그러나 아이사트의 사상으로는, 아무리

---

40. 파르하트 하셰드는 1951년 9월 부르기바와 함께, 미국 AFL 연례대회에 참석하여, 튀니지 노조를 지지해준 데 사의를 표하고 북아프리카 문제를 잘 인지하도록 힘써줄 것을 호소했다. 이들은 미국의 신문에 편지를 보내거나 기고를 하면서 북아프리카 문제를 공론화하려 했다. 1953년 후반 미국에 실망하지만 튀니지와 모로코의 노동조직은 워싱턴과 뉴욕에도 민족해방 사무소를 개설하고 있었다. K. J. Perkins, "North African Propaganda and the United States, 1946-1956," *African Studies Review*, vol.19, no.3, 1976, 65-77쪽.

41. Abdellatif Hamrouni, Najoua Makhlouf, Sami Aouadi and Kheireddine Bouslah, "Tunisian Labor Leaders Reflect Upon Revolt," *Middle East Report*, no.258, People Power, Spring 2011, 30-32쪽.

42. A. Ayache, "Contribution à l'étude du mouvement syndical au Maroc: La création de l'Union des Syndicats confédérés du Maroc C.G.T. (1929-1930)," *Le Mouvement social*, no.66, janvier-mars 1969, 57-58쪽.

노동자의 이익 보존을 목적으로 한다 해도 프랑스 노조는 프랑스의 이익을 위한 면이 있어 보였다. 알제리의 노조 연합체인 UGTA로서는 이론적이고 민족주의적인 이유에서 CGT에서 분리되어야 했다. CGT가 병합의 한 형태가 아닌가 하는 의구심이 있었기 때문이다. CGT는 식민주의자의 왜곡된 동화론과 달랐지만 분명 동일한 면에 있기도 했다. 투쟁의 민족적 성격은 이해하지 못한 채 계급투쟁과 경제사회적 요구에 치중하는 것은 잘못이었다.

현재와 같은 구조를 전면적으로 전복하지 않고서는 어떠한 사회 조건의 개선도 실효성이 없다는 것을 노동 현실이 가르쳤다. 민족의 이해에 근거해 자원이 개발되고 성장이 촉진되어야 하는데, 그런 날은 독립이 아니면 오지 않을 것이었다.[43] 아이사트 이디르는 1954년 11월 1일에 검거되었다가 이듬해 1955년 5월에 석방된 후 곧바로 아반 람단과 접촉하고 FLN에 가입했다. 두 사람은 벨쿠르에서 알제 시내로 나가는 버스에서 만나 서로의 의견을 교환했다. FLN 정책에 동조하는 아이사트의 활동은 전국적인 노조 지부의 결성을 도모한 것으로 이어졌고 이 방향은 UGTA 창립대회에서도 커다란 공명을 얻었다. 철도원, 우체부, 교사, 전기가스 종업원, 전차원, 부두노동자 같은 주요 노동부문이 총망라되고 노동운동가들이 총집결하여 알제리 전역의 노동조합 직제가 편성되었다.

식민지배 세력이 왜 노조운동과 민족운동의 결합을 두려워했을까?[44] 알제리 노조의 출발은 전차원, 철도원, 공무원 같은 공공부문

---

43. A. Mandouze, *La révolution algérienne par les textes: Documents du FLN*, Paris: Maspero, 1962, 126~127쪽.

44. AFL-CIO의 어빙 브라운을 단장으로 자유노조국제총연합에서 대표단을 알제리에 파견하겠다고 하자, 라코스트 총독은 이 단체의 브뤼셀 본부에 반대 전문을 보내면서 UGTA 창설 배후에 국제노조의 자금이 들어왔다고 비난했다. M. Howe, "Algerian Unions Worry French," *New Leader*, 30 July 1956.

중심이었고 산업 전반에 큰 영향을 준 건 아니지 않을까?[45] 하지만 식민지 노동지도자들은 식민지 경제의 수탈성 전체를 조감했다. 아이사트는 기본적으로 "알제리는 프랑스의 산업시장과 제조품 시장의 원료 공급처로 식민화되었다"고 인식했다. 프랑스 자본주의가 식민지 경제에 얼마만큼 의존했는가 하는 논쟁과는 별도로, 알제리는 가장 중요한 식민지 교역대상이었다. 1953년 해외 제국에서 거둔 프랑스 수입의 27퍼센트(총수입의 7퍼센트), 식민지 수출의 31퍼센트(총수출의 11퍼센트)가 알제리의 몫이었다. 근대적 경제부문은 무슬림 사회를 파편화시킨 반면, 뿌리 뽑힌 인구는 협상하기에는 너무나 미약한 힘을 지녔을 뿐이다. 전간기 민족주의의 배경에는 이러한 딜레마가 존재하고 있었고, 그것은 다시 인종적 종교적 차별로 가중되어 정치운동으로 발화해갔다. 프랑스 식민지 체제의 경제 성격은 전쟁 발발 수십 년 전에 이미 정치적 흐름에 영향을 미쳤다.[46]

알제리 노동조직은 1956년경 UGTA만 있었던 것은 아니다. 메살리 하즈 계열의 UGSA[47]도 있었다. 두 조직의 노조원은 10대 1 정도로 비교가 안 됐지만 당국의 탄압을 받긴 마찬가지였다. 대표적인 사례가 정치와 국제운동에 밝았던 카이디 라크다르인데, 그는 1956년부터 1962년까지 감옥을 전전했다.[48] CGT와 공산당에 연관되어 노조활동에 나선 라크다르는 자크 수스텔, 기 몰레와 대면했으며, 프랑

45. 1904년 알제리전국철도연맹이 세워졌다. 이 연맹이 27개 노조에 3,430명의 노조원을 두었다. 1956년까지도 성격은 크게 달라지지 않았다. O. Carlier, "Les traminots algérois des années 1930: un groupe social médiateur et novateur," *Le Mouvement social*, no.146, janvier-Mars 1989, 61-89쪽.

46. T. Smith, "The French Economic Stake in Colonial Algeria," *French Historical Studies*, vol.9, no.1, Spring 1975, 189쪽.

47. 알제리노조총동맹 l'Union générale des syndicats algériens.

48. N. Djabi, *Kaidi Lakhdar: Une histoire du syndicalisme algérien: Entretien*, Alger: Chihab, 2005.

스의 노조지도자 브누아 프라숑과 만났고, 소련의 모스크바를 방문해 스탈린을 상면한 적도 있었다. 아이사트와 라크다르 둘 다 식민주의 경제를 수탈적으로 파악했다. 제국주의 경제구조를 민족경제 구조로 전환하는 것만이, 수출용 포도농사 대신 알제리인의 식량을 확보하고 철과 인, 아연 같은 지하자원의 채굴 수익을 알제리의 기아와 실업 개선에 쓰이게 할 수 있었다. 만약 농업노동자들이 이 조합에 포용되고 그것이 FLN으로 연결되어 프랑스인 농장주가 있는 노동현장에서 사보타주가 일어난다면 프랑스는 걷잡을 수 없을 터였다.[49] 그렇다면 노동운동가는 너무나 위험한 존재였을 것이다.

체포된 노조지도자 아이사트는 1957년 2월 '심화 신문'을 받기 위해 오랑의 DST로 보내졌고, 1957년 5월 군용기로 알제 바르베루스 감옥으로 이송되어 자크 마쉬 공수부대와 DST에게 고문을 당했다. 그다음에는 형법상 기소 근거가 약해 아르콜 수용소, 보쉬에 수용소에 갇혔다. 이렇듯 아이사트의 수용소행은 형법상 근거가 약했음에도 불구하고 그는 1958년 9월 국가치안 위반 혐의로 바르베루스 감옥에 수감되었고 노조운동가들과 함께 재판을 받았다. 기소 이유는 FLN의 CNRA 명단에 그가 올랐다는 것이 유일했다. 자유노조국제총동맹의 속보를 접한 벨기에 변호사 앙리 롤랭은 즉각 변호에 나섰다.[50] FLN에게 중형을 선고하더라도 노조에게는 그럴 수 없었다. 그러나 아이사트는 실제로 석방되지 않았고 두 달 동안이나 가족도 변호사도 그

---

49. 프랑스 파업운동이 고조된 1948년경 알제리에서도 파업은 심각했다. 공산당과 CGT의 지원을 받은 노동자들은 탄압을 감수하면서 부두노동자, 선원, 농업노동자, 광산노동자, 공무원, 철도원이 파업에 참가했고, 오랑, 아인테무셴트, 콘스탄틴, 알제 등이 모두 파업에 휩싸였다. N. Benallègue-Chaouia, *Algérie: Mouvement ouvrier et question nationale 1919-1954*, 301-315쪽; 이 식민지 파업은 정치에 비해 경제가 우선권을 갖는다는 서구 노조주의 원칙에 해당되지 않았다.

50. "L'internement et la mort du syndicaliste Aïssat Idir par Me Henri Rollin (le 5 août 1958)," Ch.-H. Favrod, *La révolution algérienne*, 275-276쪽.

의 행방을 찾을 수 없었다. 프랑스 당국은 그가 자살을 기도하여 병원에 입원중이라고 해명했다. 마침내 변호사를 만나게 된 아이사트는 어떠한 발언도 거부했다. 공수부대원에게 고문당한 다리에 심한 화상을 입은 채였다. UGTA는 이 잔인한 처우에 경악했고 캠페인을 벌여 모든 국제기구에 그의 석방을 호소했다.[51] 1959년 7월 26일 프랑스 당국은 아이사트가 군인병원에서 사망한 것으로 보인다며 그의 '실종'을 발표했고, 그러고 나서는 일체의 사인 조사를 거부했다.

아이사트 사후인 1960년 1월 튀니스의 UGTA 대회에서 다음과 같은 선언이 나왔다. "노동근로 대중은 민족의 자유를 위해 투쟁하고 있고, 그것은 경제사회의 총체적인 혁명을 위한 한 단계일 뿐이다." 아이사트를 떠나보내고도 그들은 "농민에게는 토지를, 노동자에게는 최선의 노동, 삶의 조건을 보장하기 위해, 마침내 특권을 추방해 진정한 민주주의와 진보의 수립을 위해" 싸웠다.[52]

4. 여성 정치범들의 경험

세기 초 식민화에 대한 나흐다Nahda(개혁)는 실패했지만 여성문제는 정치 민주화와 과학기술 발전과 더불어 전 마그레브의 중대한 현

---

51. 이디르의 죽음에 대한 항의는 알제리와 해외에서 쇄도했다. 함마숄드 유엔 사무총장에게 보낸 FLN 대표 샨데를리의 비망록 참조. "The 'Accidental' Death of Mr. Aïssat Idir," F. Klose, *Human Rights in the Shadow of Colonial Violence: The Wars of Independence in Kenya and Algeria*, D. Geyer (tr.), Philadelphia: University of Pennsylvania Press, 2013, 302쪽 각주 재인용.[*Menschenrechte im Schatten kolonialer Gewalt. Die Dekolonisierungskriege in Kenia und Algerien 1945-1962*, München: Oldenbourg Verlag, 2009.]

52. "Intervention de l'U.G.T.A. à la deuxième conférence des peuples algériens à Tunis, janvier 1960," *La Révolution algérienne par les textes*, 122-123쪽.

안이었다.[53] 그러나 가정이 개혁보다는 식민화에 반대하는 요새가 되고, 종교법이 사생활을 규제하면서 여성들이 역사에서 배제되는 측면이 컸다.[54] 1870년에서 1945년까지 여성의 삶은 명예의 원칙—호르마horma나 니프nif—을 따라야 했다. 그러나 이미 1850년대에 카빌리 봉기에 참가했듯이, 여성은 식민화에 결코 순응적이지 않았다.[55] 더구나 20세기에 들어서는 정치운동과 여성문제를 따로 떼어놓기가 어렵다. 북아프리카의별이나 민중당 당원에서 여성 지도자들이 나타났던 것은 아니지만, 어머니나 아내의 지지가 없었다면, 그러한 정치세력들이 어떻게 살아남았을까. 이집트나 북동부 이슬람 여성의 변화에 발맞추어 알제리 여성은 1900년에 '국제 여성의 날'에 참가한다.

역설적이랄까 알제리 여성의 사회적 지위가 크게 달라진 것은 식민 지배자들이 개혁조치를 연이어 내놓은 알제리전쟁 때였다.[56] FLN도 여성을 민족 선발대로 끌어올렸지만 프랑스군 당국은 여성에게 우호적인 여러 정책을 제시하였다. '1957년 법'은 남녀 양성에게 21세 성인 자격을 부여했고 또한 아버지가 사망한 경우 어머니의 자녀 양육권을 공포했다.[57] 특히 1958년 10월 드골의 콘스탄틴 계획을 통해서 처음으로 여성에게 선거권이 제정되었고, 1959년에는 계약된 결혼은

53. Z. Daoud, *Féminisme et Politique au Maghreb 1930-1992*, Paris: Maisonneuve et Larose, 1993, 7-8쪽.
54. 같은 책, 133-140쪽.
55. 카빌리 여성의 삶을 한마디로 규정하긴 어렵다. 여성의 지위가 열악하기도 하고 가정 내 남성에 대한 발언권은 세기도 했다. M. Callens, "La Femme Kabyle," *En Terre d'Islam*, no.25, 1929, 12-21쪽.
56. 변기찬, 「알제리전쟁 기간 알제리 여성 지위의 변화 요인 - 외재성과 내재성」, 『지중해지역연구』, 제13권 제1호, 2011, 89-119쪽.
57. D. Sembron, *Femmes musulmanes Guerre d'Algérie 1954-1962*, Paris: Autrement, 2007, 43-106쪽.

모두 등기할 것이 명시되었다.[58] 어디까지나 이 법은 전쟁의 필요에서 나왔고, 실제로 시행된 것은 전쟁이 끝난 이후의 알제리에서였지만, 여성은 그로써 존재 의미를 얻게 되었다. 그렇더라도 여성의 변화가 외부 요인에서만 온 건 아니다.

여성이 저항운동을 하다가 체포되고 투옥되는 것은 공적 활동이 금지된 사회에서 처음 보는 광경이었다. 물론 공식 수치는 낮았다. 전투현장에서 군대를 돕거나 시가전에 참여한 여성의 수는 1만 590명으로 집계된다.[59] 그중 체포된 여성은 1956년에는 여덟 명, 1957년에는 16명이었다가, 1958년에는 100여 명으로 늘어나고 이후에는 낮아진다. 사형선고를 받은 여성들도 있었지만 집행되지는 않았다. 바야 호신, 조헤르 아크루르, 자밀라 부파차, 자밀라 부히레드, 자클린 게루지, 자히야 케르팔라 등이 모두 사면을 받았다.[60] 1957년 알제전투로 인한 여성 사형수들도 마찬가지였다.

수감된 여성들은 어땠을까? 1957년 알제전투에서 폭탄을 나른 루이제트 이길라흐리즈는 알제 감옥에 투옥되었다가 1960년 프랑스로 이송되어 마르세유, 파리 로케트 감옥을 거쳐 파리 교외 프렌으로, 다시 멀리 남쪽 툴루즈로, 감옥을 전전했다. 1960년 서부 해안가 포 감옥에 갔을 때 그곳에는 조라 드리프, 자밀라 부파차, 말리카 코리슈, 엘리에트 루가 모여 있었다. 루이제트는 '무자히다moudjahida' 수감자를 한데 만나 반가웠다.[61] 여성의 옥중생활은 출신과 배경이 다른 여

---

58. 같은 책, 45, 68쪽. 1959년 법령은 일부다처제 폐지가 아니라, 혼인 연령 15세를 합법화하여 민사 결혼을 의무화한 것이다. 이는 드골 장군과 살랑 장군의 공동의 뜻이었다. 1958년에서 1962년 사이에 여성들은 대거 투표소로 갔다. 프랑스 헌법 수정, 알제리 독립에서 적극적인 의사를 표시했다.

59. 이 숫자는 전쟁이 끝난 후 증빙 자료를 갖고 정부에 등록한 숫자일 뿐이다.

60. D. Sembron, 앞의 책, 118쪽.

61. Louisette Ighilarhriz, *Algérienne: Récit recuilli par Anne Nivat*, Paris:

성들이 섞이고 서로 인정하게 하는 계기가 되었다. 조라 드리프는 여대생이 드문 시절에 알제 대학에 다니던 법대생이었고 자밀라 부파차는 교육은 받았지만 평범한 집안의 재봉사였다.[62] 이십대가 대부분이고 열에 아홉은 미혼이었지만 파이타 부히레드 같은 기혼자도 있었다. 세 아이의 엄마, 무학의 산악지대 사람, 아랍어, 카빌리어, 프랑스어에 능통한 인텔리 여성이 감옥에서 조우했다. 이들은 "서로 재회했고 조직했고 일종의 열광을 맛보았다."[63] 여성 비전투원의 지리적 분포는 단순하지 않았다.[64] 지역도 부족도 상이한 이들이 드넓은 알제리 곳곳에서 나타난 것을 서로 목격했고 일반 형사범도 만났다. 도시에서 소리 없이 연락과 문서 작성을 전담한 여성도 있었다.[65] 혁명은 삶이었고 감옥은 그런 삶의 학교였다.

1956년 동맹휴학에 가담하고 1957년 9월에 체포될 당시에 카스바의 지하조직으로 알제전투에 참가했던 조라 드리프는 1962년 석방될 때까지 알제의 옥중에서 법 공부를 이어갔다. "어느 날 국립도서관 가까이에 있는 제2국으로 내려가게 되었다. 한 책상에 『엘무자히드』 신문이 있었다. 등사물로만 보았던 신문이었는데, 진짜 『엘무자히드』였다."[66] 조라는 승리와 자유의 느낌이 들었고, "우리가 보냈던 고문 보고서가 양면에 실린 것도 보았다. 다른 신문들은 감옥에도 반입되

Fayard/Calmann-Levy, 2001, 155쪽.
62. 1954년 20세 이하 알제리 여성 200만 명(전체 400만 명) 중 6만 명만 학교에 다녔다. D. Sembron, 같은 책, 70쪽.
63. D. Amrane-Minne, *Des Femmes dans la guerre d'Algérie*, 23쪽.
64. D. Amrane-Minne, "Répartition géographique des militantes de la guerre de libération (Algérie, 1954-1962)," *AWAL*, no.8, 1991, 1-19쪽.
65. 수감되기 전까지 저항대원으로 활동했던 여성 나시마 하블랄의 증언. N. Hablal, "J'étais la secrétaire de Abane Ramdane," *El Watan*, 16 juin 2005, 14쪽.
66. D. Amrane-Minne, *Des femmes algériennes dans la guerre*, 141쪽.

었다. 프랑스어를 읽을 줄 아는 네피사 랄리암이 프랑스어로 읽어주
었다. 그러면 그 옆에서 그 기사를 누군가는 아랍어로 옮기고 또 누군
가는 카빌리어로 옮겼다. 목요일과 금요일 저녁에는 합동기도를 올렸
다. 하시바는 아랍어 강좌, 후리스는 프랑스어 강좌를 열었고 우리는
무엇이든 배웠다. 여성의 무학은 무지가 아니었다.[67] 가족 방문은 두
주에 한 번 꼴로 이루어졌다. 해안가 텔레슝 수용소는 바닷가 가까이
에 맞닿아 있었다."[68]

　숙소는 깨끗하게 운영되었다. 100개의 침상을 둔 숙소가 두 개 있
었다.[69] 사실 조라처럼 뚜렷한 여성주의 정신을 갖춘 경우가 일반적
이라고 하긴 어렵다. 조라는 산중으로 들어가면 간호사, 비서 업무를
맡게 되리란 예감에 처음부터 도시 지하조직에 자원한 여성이었다.[70]
감옥과 수형의 얼굴은 다면경 같았다. 외부로도 알려진 1961년 프랑
스 수감자 단식투쟁 전에 여성도 단식을 벌여 우편물, 라디오, 사진기
를 받아냈고, 방문자 수를 늘여달라는 요구를 제시했다.[71] 여성은 감

67. 1920년대 말 작은 여성 민중극단이 성공을 보았고 1930년대 말에는 연극, 음악,
영화로 도시 여성의 존재가 일반화되었다. 알제 여성 대다수는 프랑스어도 아랍어도
몰랐지만 압델와하브의 화면에 전율했고 광고와 화보신문을 이해하고 짐작했다. 그
것을 읽어서가 아니라 거리와 상점에서 보고 유럽인 주인집에서, 자기 집에서 남자들
이 신문을 두고 갔거나 이웃집 여성이 잡지를 갖고 왔을 때 (생각만큼 희소하지 않았
던) 글을 아는 여성들은 그것을 읽고 또 바꿔보았다. Omar Carlier, "L'émergence de
la culture moderne de l'image dans l'Algérie contemporaine (Alger, 1880-
1960)," Société et représentation, no.24, 2007, 323-352, 특히 338쪽.

68. D. Amrane-Minne, 앞의 책, 141쪽.

69. 같은 책, 122쪽; "Femmes dans la guerre d'Algérie. Entretien avec Fatma
Baïchi." Clio. Histoire, femmes et sociétés, no.9, 1999, 223-247쪽.

70. 20년 징역의 중형을 선고받고 조라 드리프는 옥중에서 짧은 수기를 남겼다. 알제
리의 투쟁자들은 앙드레 말로 소설의 중국 혁명가들과도 다르고 알베르 카뮈의 '정의
의 사람들'과도 다르며 또한 우파 언론이 말하는 사나운 테러리스트도 아니라고 분석
했다. Z. Drif, La mort de mes frères, Paris: Maspero, 1961, 11쪽.

71. D. Amrane-Minne, 앞의 책, 39-40쪽.

옥뿐 아니라 55개의 여러 수용소에 구금되었다. "빌라 쉬지니, 빌라 미레유, 베니 메수 수용소를 전전했던" 파티마 베노스만은 감옥으로 이송되고 오히려 안심을 했다. 수용소에서는 "밤낮없이 우리를 찾아 왔기" 때문이다.[72] 고문센터인 쉬지니에서는 보름간 있었는데 유럽 여성도 서너 명 보였지만 나머지는 모두 알제리 여성이었다. 남편이 민중당 당원이고 세 아이의 엄마였던 파티마는 1957년 1월 총파업 직후에 체포되었다.

전쟁은 수감자 여성뿐만 아니라 농촌 여성의 얼굴도 보여주었다. "집이 불타고 파괴되는 것을 눈앞에 꼼짝 않고 지켜보며 감정을 삭여 야 했던 여성이 얼마나 많은가."[73] 농촌 여성은 철이 바뀌는 것도 몰 랐고 휴식도 없었다. 산중의 전사들을 위해 땔감을 모으고 밥을 짓고 잠잘 곳을 마련했다. 빨래를 하고 옷을 깁고 총을 들고 경비를 섰다. 식민지의 억압과 수모를 가장 무겁게 견딘 것이 농촌 여성들이었다. 식민지에 보복하고 혁명에 앞장서려 한 건 그 때문이었다. 게다가 세 티프 사태는 오랜 침묵을 깨트렸다. 샤비드의 한 소녀는 1945년 5월 세티프를 생생하게 기억하고 그려냈다.[74] 만약 이슬람 여성이 침묵하 고 순종했으리라고 짐작한다면 오해이며, 이슬람 여성의 사회적 성격 은 이 때문에 역사적인 동의를 얻을 수 있다.[75] 그것은 페미니즘이 아 니라 이웃과 민족, 사람의 일이었다.[76] 민중당의 여성 세포가 만들어

---

72. 같은 책, 23쪽.

73. Ali Kafi, *Du militant politique au dirigeant militaire*, 157쪽. 알리 카피의 이 회고는 그가 제2윌라야 군사지도자로서 보고 들은 것에 바탕을 둔 것이다.

74. R. A. Tabet, *8 Mai 45: le génocide*, 254-255쪽.

75. 이슬람이 여성을 억압하는 종교라는 손쉬운 인식에 반대한 B. Winter, "Fundamental Misunderstandings: Issues in Feminist Approaches to Islamism," *Journal of Women's History*, vol.13, no.1, 2001, 9-41쪽 참조.

76. Z. Daoud, *Féminisme et Politique au Maghreb 1930-1992*, 138쪽.

졌고 조산원과 대학생이 이에 가담했으며 알제리무슬림여성협회 AFMA가 창설되어 희생자들의 구조에 나섰다. 누가 누구를 왜 어떻게 달래고 빈말을 하지 않고 또 그저 헤어졌는지는 아무도 모른다.

사실 FLN의 모하메드 하르비는 자밀라 부히레드 같은 여성 영웅은 아니더라도 흔적 없는 여성들의 활동이 매우 인상적이었다고 말한다. 콘스탄틴의 파딜라 사단, 말리카 가이디처럼 전투현장에서 사망한 여성들도 있었다.[77] 이 여성들은 무엇을 생각했을까? 부상병 치료와 구급 간호, 식량을 어떻게든 꾸려가는 조르 제라리 같은 산중의 여성들은 이 전쟁의 깊이를 모르지 않았다.[78] 소수의 지식인 여성들은 산중에 들어와 그 여성들과 상면했고, 무학인 그녀들에게 글을 가르쳤다. 하지만 반대로 아무리 급해도 식량을 챙기고 음식을 차리는 그녀들로부터 지혜를 배우면서 두 부류의 여성은 서로 얼굴을 바라보았다.[79] 무거운 책임을 지면서 다른 사람들의 얼굴이 읽혔다. 도시에, 서민동네 카스바나 벨쿠르에서 나와 이른 아침마다 유럽인의 동네로 일하러 가는 여자들이 예사롭게 보이지 않았다.[80] 파괴와 혁명의 전쟁 경험은 여성을 키우고, 인간의 평등을 생각하게 했으며, 새로운 사회윤리를 배양했다. 1961년 FLN 프랑스 연맹 문헌인 『혁명 속의 알제리 여성』 도입부에는 다음과 같은 대목이 나온다.

---

77. "Entretien avec Mohamed Harbi," Ch. Dufrancatel, *l'Action*, 16 juillet 1966.

78. Cdt Azzedine, *Les Fellagas*, 186-205쪽.

79. 산악에서 활동한 여성들에 대한 평가는 엇갈리는 편이다. 이에 관해서는 G. Meynier, "Les femmes dans l'ALN/FLN," *Des hommes et des femmes en guerre d'Algérie*, 307-319쪽.

80. 다음 문헌을 참조하라. C. B. de la Perrière, "La femme algérienne dans la lutte de libération nationale," *Cahiers Maghrébins, Université* d'Oran, no.4, 1989, 10-17쪽.

서방, 특히 프랑스는 피식민 민중에 대해, 무엇보다 여성에 대해 의식적으로 특정한 관념을 퍼뜨리고 견지했다. 우리들 북아프리카 여성들은 언제나 마치 원시적이고 무지하고 남자들에 의해 종속되고 체념해온, 심지어 그러한 상태에 만족하는 피조물들로 제시되어왔다. 우리 여성의 조건을 투쟁으로 개선하는 것은 아예 생각도 못하고 더 나아가 우리의 노동권을 정의, 자유, 존엄성 속에서 쟁취하고 다지는 끈질긴 투쟁에는 천성이 모자란다는 것이다.[81]

보편적인 알제리 여성들의 상황은 격차가 매우 컸으나 그렇게 스스로 믿을 수 있었던 한 증거가 감옥에서도 키워졌다. 1989년 오랑 대학교 부설 연구기관 '알제리 아프리카 및 서지중해 역사실험실'에서 주최한 '민족해방투쟁 속 알제리 여성'에는 다음과 같은 수감자 여성의 기록이 있었다.[82]

감옥에서 우리는 비인간화되고 싶지 않았다. 우리는 또다른 형태의 투쟁을 만들고 배웠다. 우리들은 대부분 어렸다. 바야와 조헤르는 각각 열여섯, 열일곱 살이었다. 둘 다 사형선고를 받았다. 피다이아트, 간호사, 여성 마키자르, 연락원이 있었고, 가끔은 온 가족이 다 들어와 있기도 했다. 특별히 이길라흐리즈 가족이 생각난다.[83] 어머니, 할머니,

---

81. "Introduction," Fédération France du FLN, *La femme algérienne dans la révolution*, Alger: ENA[연도 불명]. 이민자들은 거의 독신이었으므로 파리 교외와 공업지대의 알제리 여성은 2만 정도로 추정된다. 하지만 전쟁 때 소규모 망으로 연락하며 독립운동을 지원한 증거들이 있다. Neil MacMaster, "Des révolutionnaires invisibles: les femmes algériennes et l'organisation de la section des femmes du FLN en France métropolitaine," *Revue d'histoire moderne et contemporaine*, t.59, no.4, 2012, 164-190쪽.

82. C. B. de la Perrière, 앞의 글, 39-42쪽. 제라리Zhor Zerari의 증언.

83. 알제전투에서 폭탄을 투척한 여성대원 루이제트 이길라흐리즈는 가족이 모두 불

아버지, 자매들, 삼촌들까지 감옥에 있었다. 여성 구치소에서 몇 미터 밖에 안 떨어진 감옥에 사형선고를 받은 아들을 둔 어머니도 있었는데, '푸른 눈' 알리의 어머니 예마 타사디트가 그런 경우였다. 그리고 호리아 라멜처럼 임신중인 여성들도 있었다.

우리는 단단히 뭉쳤고 의논하지 않고는 아무 일도 하지 않았다. 몇 해씩 수감되어 감옥을 전전하는 동안 우리는 공부를 하고 책을 읽고 아랍어와 프랑스어를 배웠다. 글을 읽거나 쓰지 못하던 이들이 글을 깨우쳤다. 우리한테 그 수단이 언제나 구비됐던 건 아니다.

처음에는 읽을 만한 책이 단 한 권도 없었다. 하지만 머리를 짜냈다. 안니 스테네르가 희곡을 두세 편 써서 무대에 올렸다. 궁하면 통했다. 우리는 11월 1일을 기념하고 1945년 5월 8일을 기려 금식을 했다. 자매들의 생일에는 화장하고 춤추고 노래를 불렀다. 이러한 우리의 모습들은 하산 부압달라가 촬영한 다큐멘터리 〈바르베루스 감옥—나의 자매들〉(1985)에 고스란히 담겼다.[84]

우리는 수가 많아질수록 힘이 붙었다.

한번은 사형수 감방 쪽에서 노랫소리가 들렸다. 11월 1일 기념식을 하려는 걸 알아챘다. 우리는 시위를 했다. 감옥이 무너져라 크게 울리게 했다. 특히 남자들에게 탄압이 가해졌다. 바르베루스 지도자가 여성 구역으로 내려와 제안했다. "남자는 높은 소리로, 여자는 나직한 소리로, 서로 노래를 맞추면 어떻겠느냐?" 재치 있는 한 수감자가 답했다. "감옥이 즐거울 겁니다."

이듬해도 마찬가지로 똑같진 않았어도, 1956년 11월 1일을 힘차게 기념하였다. 포 감옥에서였다. 가장 어린 바히야가 깃발을 들었고, 프

잡혔다. 형제와 자매가 잡혀왔으며, 그녀의 어머니는 3주 동안 끔찍한 물고문을 견뎌냈다. F. Beaugé, *Le Monde*, 19 juin 2000.

84. 〈Barberousse, mes soeurs〉. 이 기록영화 필름은 퐁피두센터에서 이용할 수 있다.

랑스 감옥이었으므로, 우리들은 아랍어는 물론이고 프랑스어로도 구
호를 외치고 〈나시드nachides〉를 합창했으며, 마지막에는 〈파르티잔의
노래Chant des partisans〉 후렴구를 덧붙여 이렇게 노래를 불렀다.

벗이여, 우리의 언덕 위 까마귀의 어두운 날갯짓이 들리지 않는가.
벗이여, 사슬에 묶인 이 나라의 말없는 비명이 들리지 않는가.[85]

우리는 펠라가가 아닌 저항대원이고 혁명가라는 의미를 이해하라
는 메시지였다. 전쟁에 대한 여성들의 기여는 탐구되어야 할 많은 부
분을 남겨두고 있을 것이다.[86] 드러나기 어려운 현실과 감정, 대화와 기원, 분노와 관용은 으레 침
묵 속에 가라앉고 기록으로 잘 남겨지지 않았다.[87] 그러나 여성들의
참여는 다분히 민족운동의 역사에 뿌리를 둔 의식적 행위였다.[88] 그
때문에도 고문 받은 젊은 여성들은 신체 핍박에 대한 인내를, 수감된
여성들은 각자의 자긍심과 여성의 동지애를,[89] 연락처와 서신을 은밀

85. 프랑스 군가이자 국민가요라 해도 좋을 〈파르티잔의 노래〉 마지막 부분.
86. Z. Sadou, "Résistance des femmes algériennes: Mythe ou réalité?,"
Recherches internationales, no.56-57, 1999, 83-89쪽; D. Amrane-Minne,
"Mémoire de guerre: le refoulement ou l'aménagement de l'horreur," M.-D.
Demelas (éd.), *Militantisme et histoire*, Toulouse: Presses universitaires du
Mirail, 2000, 133-143쪽; N. Benallègue, "Algerian Women in the Struggle for
Independence and Reconstruction," *International Social Science Journal*,
vol.35, no.4, 1983, 703 -715쪽.
87. 프랑스 식민기의 알제리 여성에 관해서는 Y. Messaouda, "Perspective, femme
algérienne. 1830-1962," *El Massadir* (Revue semestrielle éditée par le Centre
National d'Etudes et de Recherches sur le Mouvement national et la Révolution
du 1 Novembre 54), no.6, 1988, 16-41쪽.
88. Fatima-Zohra Sai, *Mouvement national et question féminine: des origines à
la veille de la guerre de libération nationale*, Alger: Dar El Gharb, 2002/1984.
89. D, O'Hearn, "Repression and Solidary Cultures of Resistance: Irish Political

히 전한 이름 없는 지하조직원들은 책임감을, 평정화 작전으로 집단 수용소에 갇힌 여성들은 버텨내고 쓰러지지 않겠다는 기상을 키웠다. 사실 재판과정과 옥중생활을 기록으로 남긴 여성은 지극히 적었다. 하지만 그것은 침묵했을 뿐인 수많은 여성들을 대변하였다.[90]

독립 후 알제리의 일반적 여성 교육과 점진적 지위 변화는 국가와 사회로만 추동되지 않았다.[91] 1961년 FLN 프랑스 연맹의 문건과 여성 정치범의 문건은 이 전쟁으로 여성이 거둬들인 바가 무엇인지 깨닫게 했다. 여성이 겪는 자식과 남편, 아버지의 상실은 각자의 특수한 개인사였지만 다른 한편으론 우리 모두의 보편적인 사회사였다. 전쟁 참여로 입은 고난은 순종을 강요하는 체제의 부산물이었다. 뚜렷한 희생이 아니라도 여성이 짊어진 일상의 무거운 짐은 이 전쟁과 혁명의 보이지 않는 동력이었다.[92] 공동체의 삶에 던져진 희생의 의미는 정치적이었다.[93] 1944년 『에갈리테』 2호에서는 제2차 세계대전을 극복하고 있는 카빌리 여성들이 민주주의와 어떻게 연관되는가를 이렇게 설명했다.

카빌리 여성은 물적으로나 심적으로 큰 고통을 받았고 민주주의의

Prisoners on Protest," 491-526쪽.

90. M. Lazreg, *The Eloquence of silence, Algerian women in question*, New York: Routledge, 1994, 36-95, 98-110쪽.

91. 1994-95년에 초등학교의 46퍼센트, 중등학교의 50퍼센트가 여학생이었으며 대학 졸업자의 절반이 여성이었다. 의사의 50퍼센트, 간호사는 48퍼센트, 판사의 33퍼센트, 변호사의 30퍼센트가 여성이었다.

92. Z. Daoud, 앞의 책, 141쪽.

93. J. R. Goldhammer, *Reclaiming the Ancient Crime: Sacrificial Violence and Political Foundation in French Thought, 1789-1939*, Berkeley, CA: University of California, 2001. 박사학위 논문. 여기서 폭력은 알제리전쟁기의 폭력과는 정치적 성격이 다르다. 그러나 공동체는 희생에 의해 결속된다는 해석은 참조할 수 있다.

승리에 무거운 조공을 바쳤다. 학생, 노동자, 농민인 카빌리의 아들들은 프랑스의 해방을 위해 죽었다. 이 해방이 모든 인간의 해방에 유효하리라는 것을 민중은 모두 알고 있다. 왜냐하면 이 민중이 자유의 대의를 위해 재산과 피를 내놓았다.[94]

그렇다면 독립전쟁을 위한 여성들의 수고는 더 높이 평가받았어야 마땅할 것이다. 혁명을 온 나라가 다같이 치르고 있다는 믿음에, 자신들이 시대의 전위라는 젊은 자긍심이 겹쳐졌는지 전쟁기의 여성들, 즉 감옥에 갇혔던 바야 호신, 자밀라 암란민네, 조라 드리프 같은 이들은 스스로를 피해자로 여기지 않았다. 그 당시도 그 이후에도, 식민주의에 분노하고 내일의 알제리에 대해 의연하기만 했다. 물론 알제리혁명은 승리한 혁명으로 귀결되었으며, 외견상 승리자들의 대열 속에 이 여성들이 포함되어 있었던 것도 사실이다. 그러나 식민지배에 대한 항쟁은 자밀라 부파차의 어머니처럼, 또 어린 딸 자밀라마저 감옥에 들어온 자클린 게루지처럼, 자식의 고통에 아연해하면서도 한탄하지 않았던 굳센 엄마들을 배출했다.[95] 아들과 남편과 부모를 전장과 감옥, 심문과 약식처형으로 보내고 인내와 의기로 버틴 여성들의 일반의지는 집단으로 기록되지 않았다. 하지만 기록의 부재가 사실의 부정으로 이어질 수는 없을 것이다.[96]

---

94. Leïla Benammar Benmansour, *Ferhat Abbas. L'injustice*, 244-245쪽.
95. 자클린 게루지의 딸이자 훗날 학자가 된 자밀라 암란민네(1939-2017)는 1957년 당시 17세의 나이로 알제전투에 참여했으며, 그해 12월 폭탄테러 혐의로 바르베루스 감옥에 수감되었다가 얼마 후 프랑스로 압송되었다. 1962년 4월, 프랑스의 서부 렌으로 옮겨졌으나 에비앙협정과 더불어 사면되어 풀려났다. C. B. de la Perrière, "*La femme algerienne dans la lutte de liberation nationale*," 41쪽.
96. 글도 사진도 남긴 것이 없는 식민지 여성들에 대한 관심은 포스트식민주의 연구 분야로 부상했으며, 무엇보다도 새로운 세대 작가들의 문학이 연구에 큰 자극을 주었다고 판단된다.

5. 살해되는 변호사들

수감자들은 늘 변호인을 기다린다. 하지만 법을 다루는 이 변호사가 법적 절차를 박탈당한 채 죽음을 맞는 경우가 있었다. 1957년에서 1962년 휴전 직전까지 국가정보기관이나 식민지 극단주의자들에게 모두 일곱 명의 변호사가 살해된 것으로 알려져 있다. 변호사 암살을 자행한 기구로 지목된 것은 '붉은손'과 OAS 산하조직이다. 붉은손이 세상에 알려진 것은 알제리전쟁 전 세계적인 노조지도자였던 튀니지의 파르하트 하셰드가 살해당하면서였다.[97] 그러다가 1958년 드골의 등장 이후 예상치 않았던 정세 변환은 극우의 긴장감과 보복 심리를 자극했다. OAS는 드골이 추진한 알제리의 자결과 독립 정책을 "드골의 배신"으로 간주하고 그 대책을 강구하였다. OAS에 체계적인 지도부가 실재했던 것 같지는 않다. 이 세력이 폭력집단이 된 데는 그 문제가 있었을 것이다.[98] 어떻든 OAS 같은 세력이 법과 펜을 혐오했던 것은 분명하며, 변호사는 논리와 이성으로 억울한 자를 대변하고 지키는 인본주의의 표상이었다.[99] 거듭된 변호사의 죽음은 법과 펜이냐,

---

97. 붉은손은 1956년 6월 모로코 자유주의자 자크 르메그르 뒤브뢰유도 숙청했다. 오늘날의 방첩 전문가들은 붉은손이 독자 기관으로 존재한 적은 없으며 프랑스 SDECE의 활동을 은폐하려는 조작이었다고 말한다. B. Ben Khedda, *Alger, Capitale de la Résistance 1956-1957*, Alger: Houma, 2005, 33쪽.

98. 합동사령관은 폴 가르디 장군, 부사령관은 고다르 대령이었다. 오랑 OAS는 처음은 주오 장군이 주도했고 뒤푸르 대령이 뒤를 이었다. 오르티즈는 한때 프랑코 정부에 체포됐다가 풀려나 1961년 11월 말 살랑 장군에 합류하겠다고 공언했다. A. M. Duranton-Crabol, *L'OAS: La peur et la violence*, 50-51쪽.

99. 파리코뮌 가담자에게는 냉정했던 베르사유 재판관도 1871년 알제리인 항쟁자가 프랑스에서 재판을 받아야 한다고 했고, 콘스탄틴의 대식민경영자 뤼세 변호사는 1871년 이들의 저항권을 옹호했다. "왜 사람들이 저항하는가? 저항은 자유의 행위이며, 항쟁이나 봉기의 명분이 무엇이든 그들 눈에 더러워 보이는 것으로부터의 회복이다. 그것이 무엇이 됐든 간에 멍에를 물리치는 데는 항상 고상함이 들어 있다." J.-L. Planche, *Sétif 1945*, 238쪽.

무법과 칼이냐의 양자 대결과도 같았다.

1958년 1월 28일 모로코의 수도 라바트에서 살해된 변호사 알퐁스 튀베니 사건이 그러한 첫 사건으로 알려져 있다. 튀베니는 1951년 2월 12일과 13일 오랑 재판부에 회부된 OS 대원 47명의 변호를 맡았던 이다.[100] 1947년 2월 MTLD 창립대회에서 결성된 준군사조직 OS는 우연한 일로 와해되었다. 1950년 3월 18일, MTLD 당원 압델카데르 키아리가 배신 혐의로 알제 책임자에게 소명하러 가던 도중 동부 테베사 경찰서로 들어가 사건을 털어놓았다. 경찰은 여러 조직망을 찾아냈고 1950년 3월 19일에서 5월 27일까지 1,500명의 OS 대원 중 363명이 체포되고 다수가 고문을 받았다.[101] 알제리 전역에 분산 배치된 무기, 탄환, 작전지도, 총사령부, 군사양성기록, 작전설계가 모두 발각되었으며, 조직도 와해되었다. OS들은 산중으로 도망쳤고 이로부터 전쟁의 전초전이 시작되었다.

OS에 대한 재판은 한마디로 스펙터클했다. 1951년 초 베자야의 27인 재판, 오랑의 47인 재판, 안나바의 121인 재판, 블리다의 56인 재판, 1952년 4월 알제의 재판, 이 재판들에서 195명이 유죄판결을 받았다.[102] 아반 람단이 사형선고를 받고, 벤 벨라와 아이트아흐메드, 키데르, 부디아프가 투옥된 이 OS 사건은 비극만을 남기지 않았다. 재판은 비공개가 고려됐으나 변호인단의 이의 제기로 기자단이 입회할 수 있었다. 더구나 피고인이 법정에 도착하거나 재판을 받고 떠날 때, 사람들은 잔뜩 모여 큰 소리로 노래를 불러 지지를 표명했고, 대

---

100. A. Ougouag, *Les grands procès*, Alger: Dahlab, 1993; S. Elbaz, "L'avocat et sa cause en milieu colonial. La défense politique dans le procès de l'Organisation spéciale du Mouvement pour le triomphe des libertés en Algérie (1950-1952)," *Politix*, vol.16, no.62, 2003, 65-91쪽.

101. G. Meynier, *Histoire intérieure du FLN 1954-1962*, 86-87쪽.

102. A. Bentoumi, *La défense des patriotes*, 52-59쪽.

규모의 검거와 대형 재판은 알제리 전역으로 퍼져나갔다. 오랑, 알제 같은 대도시뿐 아니라 서부에서만도 아인테무센트, 마스카라, 티아 렛, 렐리잔, 틀렘센에서 순회하듯이 진행되었고, 그에 따라 사람들의 감각과 공분도 높아졌을 것이다. OS 사건의 재판을 치르면서 독립운 동가들은 한편으론 무장행동, 다른 한편으론 법과 여론을 대비해야 제대로 독립할 수 있음을 인식했다. OS 사건으로 여러 재판에 변호 사가 분산 배치되고, 프랑스 변호사, 알제리 변호사 도합 50여 명이 참가한 것은 예상치 못한 소득이었다. 튀베니 변호사가 지휘한 오랑 의 변호인단에는 오랑 법정의 코엘 라리스, 벨베그라, 틀렘센의 엘 하 사르, 마스카라의 세르기 변호사가 있었다. 피에르 스티브, 이브 데슈 젤, 앙리 두종, 피에르 브라운은 프랑스측에서 온 변호사였다. 사실 메살리 하즈와 북아프리카의별 당원 재판 때부터 시작된 프랑스인들 의 식민지 변호는 오랜 연혁을 갖고 있었다. 1937년, 센 법원 재판에 서는 저명한 프랑스 사회주의자 장 롱게가 메살리 하즈와 북아프리 카의별을 변호한 바 있다. 알제리측에서는 아마르 벤투미, 블리다의 하미드 카술, 티지우주의 탈비, 콘스탄틴의 부히레드와 하즈 사이드, 세티프의 압델라 변호사가 참가했다. OS 사건 재판은 6년 전의 세티 프 사건 재판에 비해 상당히 진전된 법률적 대응이었다.

1945년 세티프 재판에서 반란 및 살해, 약탈로 기소된 이들은 형사 범 취급을 받았고 사전설명도 없이, 항소의 여지도 없이 재판을 받았 다. 샤테노 정부는 그런 방식이 불법임을 인지하면서도 사면령만 남 겨두었다. 1945년 5월 26일의 추산에 따르면, 2,050명이 넘는 피의자 를 민간감옥에 다 수용할 없어 병영과 군 감방에 보냈다. 세티프에서 만 300명이 넘는 이가 감방에 들어오자 역병이 창궐했으며, 5월 20일 감방을 신축했지만 1,600명으로 불어난 감방은 죄수도 가을비도 견 디지 못했다. 두 달 남짓 티푸스로 50명이 숨졌다. 8월 19일 검사관

조사서에 따르면 이들 중에는 노인, 여자, 불구자도 있었다. 6월 14일 세티프 군사법정은 약탈과 고의적 방화를 죄목으로 유죄선고를 내렸다. 13명이 사형선고를 받았고 여성도 한 명 있었다. 어떤 여성은 종신노동에, 또 어떤 여성은 5년 노역형에 처해졌다. 콘스탄틴에서는 유죄판결을 받은 열 명이 사형집행을 기다리고 있었다. 7월 17일 민중당 오랑 연맹에서 569명이 체포되었다. 오랑과 틀렘센, 시디벨압베스, 마스카라, 사이다, 티아렛, 모스타가넴 등 서부 일대를 이 잡듯이 뒤졌다. 6월 중순, 카빌리와 그때까지 버티던 알제 일원이 수색을 받았다. 7월 초부터 경찰과 헌병은 세네갈 부대와 외인부대를 활용하여 대대적으로 민중당원의 검거에 나서고 있었다.[103]

이 억압적 사법체계는 큰 문젯거리가 되었다. 세티프 재판의 실태와 1947년 부정선거 직전 민족주의자의 체포와 투옥, 1951년 OS 재판을 거치며, 식민지 민족진영과 변호사들은 서로를 점점 더 필요로 하게 되었다. 민족진영은 희생자에 대한 법적 지원이 미약하다는 데서 분발했고, 소수지만 젊은 변호사들은 수감자 보호와 가족 위로를 우선시함으로써 양편이 만날 수 있었다. 변호사들은 식민지 법률가가 식민제도에 영합하는 존재가 아니라 자기 민족에 책임감을 지녔다는 자의식을 보였다.

알제리 사법체제는 이론상 프랑스 법제의 일부였다. 무슬림의 법조계 진출은 1866년에 시작되었지만 법관 보조직에 한정되었었다. 1950년경 30퍼센트가 돌아갔지만 1944년까지 무슬림 법관 임명 자체가 불가능했다. 1951년에 일곱 명의 무슬림 법관이 있었다. 알제리

---

103. La guerre d'Algérie par les documents, tome 1, L'avertissement (1943-1946), Service historique de l'Armée de terre (compte rendu), Ch.-R. Ageron, Vingtième Siècle. Revue d'histoire, vol.29, no.1, 1991, 113-114쪽. 이 사료는 참조하지 못했으나 서평으로 자료의 존재를 알리고자 한다.

법관 구성은 현지 유럽인이 57퍼센트, 다른 절반은 본국 파견이었다. 치안판사는 본국 파견이 많아도 알제 항소원과 17개 지방법원 수장과 고위직은 현지 유럽인 독차지였다. 법대를 나와 정식 자격증을 가진 무슬림 변호사가 1930년대 이전에도 있긴 했다. 하지만 1950년대 초에 청년 법률가가 말없이 등장하면서 무슬림에 대한 변호가 가능해진다. 이 소수의 변호사들은 알제리 법정 분위기를 못마땅해 했다.[104] 1900년대에 성장한 연령 높은 유럽인 법관은 라틴-아프리카의 욕망을 고수하며 알제리 법정이 본국 재판제도나 운영방식과 달라도 개의치 않았다.[105] 특히 알제 검찰총장 폴 쉬지니는 대콜롱이 모이는 유럽인 보수파 공동체의 수장격인 앙리 보르고와 처남관계였다.[106] 명망 있는 고위법관이었고 대를 이어 법복을 입은 조르주 아파프 같은 이에게도 알제리 독립은 상상불가의 일이었다. 알제리 독립이 이루어질 거라고 본 하급법관도 있어도 유럽인 법관들은 FLN의 공개 표적이 되는 상황에서도 재판을 군부 쪽으로 끌고 갔다.[107]

이러한 현실의 프랑스 사법체계와 절연할 것을 주장한 사람이 아반 람단이었다. 1954년 12월부터 MTLD의 인사들이 대규모로 체포되자 FLN은 알제 항소원에 설 정치범의 법적 보호를 서둘렀다. 변호사도 체계적으로 구성할 수 있는 형편이었다. MTLD는 탄압희생자지원위원회를 설치하고 의장에 알제 법대 출신의 변호사 압델카데르

104. 콘스탄틴 변호사들은 체포된 이들을 변호하려 하지 않았다. Redouane Ainad Tabet, *8 Mai 45: le génocide*, 192쪽.

105. G. Apap, J. Blasi, P. Borra et R. Miquel, "Être magistrat en Algérie," Le genre humain, *Juger en Algérie 1944-1962*, Paris: Seuil, 1997, 121-134쪽.

106. 프랑스의 인재 프레보파라돌L-A. Prévost-Paradol은 1868년 북아프리카 지배로 완성될 대제국 프랑스의 이상을 그렸다. Ch.-H. Favrod, *La révolution algérienne*, 18쪽.

107. S. Thénault, *Une drôle de justice*, 16-22쪽.

우구아그를 선임하고, 총비서는 사아드 달라브, 부총비서는 아마르 벤투미를 선임했다. 무엇보다 콘스탄틴, 바트나, 세티프, 베자야, 티아렛, 마스카라, 모스타가넴, 오랑 등 주요 도시마다 변호사가 배치되도록 주의했다. 아반 람단은 이 인력들이 법률적 역량을 수렴할 수 있다는 데 기대를 걸었다. 그는 프랑스가 이 땅을 지배한다는 관념을 법이라는 뿌리에서부터 부정하려 했고, FLN의 조정집행위원회에서 그런 전략을 작성해 1956년 12월 회원 변호사들에게 건넸다.

1955년 초 출범한 제1차 FLN 공동변호인단은 미약했다. 아마르 벤투미 외에 샤우티 벤멜하, 네파 랍바니, 하지 하무 변호사가 참가하고 알제 법정의 프랑스 변호사 루이 그랑주, 아레즈키 부지디, 알베르 스마자, 엘구엘 벤말라가 가담했다. FLN이 선임한 무슬림 변호사는 적었다. 벤투미에 따르면 알제 법조인단에 등록된 변호사 635명 중 열 명 남짓이 가담했다. 프랑스 법원에 등록된 변호사는 파리의 압드 사마드 벤 압델라, 리옹의 부비나, 마르세유의 벤디므레드였다. 카빌리의 무라드 우세디크는 아버지가 변호사였고, 외가는 오스만 통치기에 부유했던 가문으로, 힘 있고 부드러운 변론으로 호평을 샀다.

1955년 알리 부멘젤은 다른 동료들과 FLN 변호인단에서 활동했다. 그러나 1957년 2월 8일 알제 외곽 벨루이자드(구 벨쿠르) 집무실에서 공수부대원에 체포된 후 살아 돌아오지 못했다. 부멘젤 사망 사건은 오댕 사건, 알렉 사건과 함께 알제리전쟁기의 고문과 신문을 상징한 중대사건이었다.[108] 부친이 카빌리 교사였던 부멘젤은 서부 렐리잔에서 태어나 블리다 학교에서 교육을 받았다.[109] 유럽인 초등학교를 마치고 아버지 근무지 라르바 인근 블리다 학교에 기숙생으로

---

108. G. Périès, "Conditions d'emploi des termes interrogatoire et torture dans le discours militaire pendant la guerre d'Algérie," *Mots*, vol.51, no.1, 1997, 42쪽.
109. 기숙사 사감이었던 라민 드바긴이 그의 학비를 충당해주었다.

등록한 그는, 어려서처럼 여전히 말수가 적고 학업에 몰두하는 학생이었다. 블리다 학교는 학생은 소수였지만 정치의식의 요람이었다. 벤유세프 벤헤다, 사이드 달라브, 아반 람단이 알리 부멘젤과 모두 같은 반에서 수업을 했다.[110] 블리다의 열린 교육과 토론, 마르셀 도메르 같은 의식 있는 교사가 학생들을 혁명적이고 자유로운 젊은이로 키웠다. 부멘젤은 초등학교 시절에 아랍어 교사 모하메드 하즈 사도크로부터 아랍어를 배웠다. 아랍 문화의 보존과 이슬람 존중을 명심한 학생이었지만 프랑스 정신도 배척하지 않았다.[111] 프랑스의 정신과 문예에 끌린다고 해서 이슬람의 가치와 문헌을 그보다 낮추어 보는 것은 부멘젤의 기질이 아니었다.

알제 법대를 나와 알제 법정에 등록한 알리 부멘젤은 무슬림 담당 변호사들의 분야인 상업이나 토지 문제를 수임했다. 그러나 친형 아흐메드 부멘젤의 영향을 받아 페르하트 압바스가 이끄는 선언과자유의 벗AML에 일찍부터 가담했고 1946년 UDMA 당원으로『에갈리테』와『레퓌블리크 알제리엔』같은 언론에도 많은 기사를 발표했다. 그의 『에갈리테』지 기사에는 도메르 선생과 함께 읽었던 로마 시인 루크레티우스, 프랑스의 라신, 디드로, 몽테뉴, 몽테스키외, 볼테르, 또한 19세기 소설가 네르발, 초현실주의 시인 아라공의 시문이 배어 있었다.[112]

---

110. 이 네 기숙생에게 통학생 모하메드 라카데르는 외부 소식을 전해주었고 의도적으로 흰색 초록색 바탕에 빨강색 반달이 그려진 넥타이를 매고 다녔다. 그는 북아프리카의별 블리다 회원이었다. Malika Rahal, *Ali Boumendjel 1919-1957: Une affaire française. Une histoire algérienne*, Paris: Les Belles Lettres, 2010, 76쪽.

111. 유서 깊은 동부 기독교 고장에서 자란 장 암루슈는 무슬림이 아닌 가톨릭이었다. 프랑스 작가와 문학에 심취했으나 프랑스화되어 있다는 자의식으로 번민이 깊었다. 반면 블리다 학교 출신 민족지도자들은 모두 이슬람이었다. 암루슈에 대해서는 노서경,「장 엘-무후브 암루슈: 지중해와 사하라, 파리의 변경인」,『역사와 문화』, 제17호, 2009, 231-252쪽.

112. M. Rahal, 같은 책, 76쪽

프랑스 식민정책 비판 논지는 일관됐지만 글이 온화하고 절제되어 신문의 지적 함량을 높였다. 1952년 12월 튀니지의 노조지도자 파르하트 하셰드에 대한 살해는 이 신문 편집국을 경악케 했다. 부멘젤은 이 문제를 아랍 무슬림의 틀에서 볼 것을 제의했고 나아가 "토착민indigènes은 곧 피식민지인colonisés"이라는 명제를 명확히 했다.[113] 알제리인은 베트남인, 이란인, 마우마우인과 동일한 피식민지인으로 동일한 이해관계를 가졌으니 고립되지 않았다. 우리가 만일 부멘젤의 입장을 개혁주의라 할 수 있다면 그 개혁주의는 민족주의와 연관이 깊었고 서로 모순되지 않았다.[114]

부멘젤은 FLN의 아반 람단과도 친했다. 1951년 OS 사건으로 아반이 재판받을 당시 변호를 맡았었다. 알리 부멘젤 연구자인 말리카 라할은 아반이 1955년 봄 도모한 FLN의 활동도 배후에서 알리가 자문과 연락을 도왔을 거라고 추정한다. 1957년 초 자크 마쉬의 알제 검거 작전은 부멘젤에게도 위협적이었다. 그는 알제를 빠져나갈 방법을 찾았으나 소용이 없었다. 2월 8일 체포되었고 43일 동안의 구금 끝에 3월 25일 알제 도심의 언덕 엘비아르 모처에서 추락사한 주검으로 발견되었다. 오사레스 사령관의 회고록을 보면, 그는 죽기 직전까지 고문당하다 6층에서 내던져진 것으로 알려졌다.[115] 부멘젤 연구자 말리카 라할은 알제의 마요 병원 지하실에서 그를 마지막으로 본 증인의 말을 토대로 그가 정신적 공황상태에 있었다고 판단한다. 구금자 지원 경험이 있어 그의 친지 부인이 감방으로 부멘젤을 만나러 갔다. 부멘젤은 눈이 상해서 사람을 알아보지 못했고 감방이 어두워 상처

---

113. 같은 책, 134쪽.

114. M. Rahal, "La place des réformistes dans le mouvement national Algérien," *Vingtième Siècle. Revue d'histoire*, vol.83, no.3, 2004, 161-171쪽.

115. Général Aussaresses, *Services spéciaux*, 175-178쪽.

조차 판별할 수 없었으며 옆방에서 한 여성의 비명소리가 들리면 자신의 아내가 고문당한다고 믿는 것 같았다.[116]

변호사 알리 부멘젤은 왜 그런 방식으로 죽어야 했고 프랑스군은 왜 그런 방식을 사용해야 했을까. 심문관 오사레스 사령관에 따르면 그는 알제 지구 조직에 많이 관여했지만 직접 혐의를 씌울 사항은 없었다. 그렇다면 왜일까? '똑똑한brillant' 변호사로 보여서?[117] 아반 람 단과의 관계를 미루어 정보를 캐내려고? 그 모두가 이유가 됐을 것이다. 그러나 그 이상이었을 것이다. 부멘젤은 이미 1947년 제1차 파리 세계평화대회에서 1955년까지, 빈, 부다페스트, 스톡홀름, 헬싱키에서 열린 대회에 모두 참여한 평화운동의 활동가였다.[118] 그런데 이런 그의 의지는 식민지배자측에 두 가지 난처함을 제공했다. 세계적인 평화운동은 알제리 문제를 프랑스 외부에 호소할 통로를 열어 알제리인의 마음에 평화를 바라게 하고 식민주의는 평화가 아니라는 신념을 주었다. 부멘젤은 민족문화가 먼저 있어서 그것을 되살려야 하는 게 아니라 민중을 형성하면 거기서 민족문화가 싹튼다고 전망했다. 그렇기 때문에 지금과 같은 경제적 문화적 속박상태에서 FLN의 정치적 힘만으로 변화를 가져올 수 없다고 보았다. 잔잔하지만 깊어, 그래서 아주 멀리 파장이 퍼지는 이런 사상은 지배자들 눈에는 분명 무엇보다 두려웠을 것이다.

알리 부멘젤의 죽음이 자살로 발표된 직후 전직 각료이자 파리 대학 교수인 르네 카피탕은 교육장관에게 편지를 보냈다. "알리 부멘젤

---

116. Malika Rahal, 앞의 책, 201-202쪽.
117. Général Aussaresses, 앞의 책, 173쪽.
118. 2차 대전 후 레지스탕스 출신들을 중심으로 공산주의자와 가톨릭교도가 함께 만든 단체였던 평화운동은 1949년 파리에서 대회를 열었다. 이 운동의 모태는 평화, 비무장, 기본권 신장, 반제국주의를 목적으로 창설된 세계평화평의회였으며, 한국전쟁, 제1차 베트남전, 알제리전쟁에서 반전 캠페인을 벌였다.

은 내가 북아프리카의 저항운동 단체 '콩바'를 이끌 때 내 알제 법학 대학 제자였습니다. 그의 사망소식은 나를 혼절케 했습니다. 며칠 전에 피에르앙리 시몽의 『고문에 반대한다』에서 읽었던 것을 비극적으로 확인시켜주더군요. 그런 일―즉 세계전쟁이 한창중일 때에도 우리가 독일 포로에게 절대로 하지 않았던 행동―이 실제로 내 나라의 정부에 의해 알제리인에게 지시되거나 묵인되고 있다면, 저는 프랑스 법대에서 가르치는 일이 가능하리라고 생각지 않습니다."[119] 알리 부멘젤의 죽음은 알제 대학교 법과대학을 비롯한 모든 대학사회에 커다란 동요를 일으켰다.[120]

부멘젤이 잡혔듯 1957년 초 알제전투가 터지자 공동변호인단 변호사들이 수용소에 감금되었다. 프랑스인 변호사 세 명도 갇혔다. 고문 증인과 탄압 증언을 회피하려는 속셈이었다. 프랑스 법무장관 에드몽 미슐레는 윤리감각은 확실했지만 고문을 끊거나 완화시키지 못했다. 1957년 1월 7일 마쉬 장군의 알제 부임 후 알제리 법정도 강화되어 민간법정과 군부, 군사법정이 서로 협력 원칙을 가졌다. 그러나 드골 집권 후에는 군사법정은 분산되고 재판도 시간을 끌지 않았다.[121] 1959년 1월 국민투표로 공화국 대통령에 오른 드골은 알제리인 사형수 이삼백 명에게 집단사면을 내렸다. 이 조치는 『엘무자히드』뿐만 아니라 메살리 하즈의 환영을 받았는데 드골의 이 결정은 '개인의 권리와 자유 구조위원회'의 신임의장 모리스 파탱의 보고서

---

119. Ferhat Abbas, *Autopsie d'une guerre*, 198-199쪽.

120. S. Thénault et R. Branche, "Le secret sur la torture pendant la guerre d'Algérie," *Matériaux pour l'histoire de notre temps*, vol.58, no.1, 2000, 61쪽.

121. 드골은 모리스 파탱을 알제리에 보냈고, 파탱은 '개인의 권리와 자유 구조위원회 Commission de sauvegarde des droits et libertés individuelles'의 의장으로서 그 실태를 보고하였다. 드골 집권 후 미셸 드브레 법무장관, 샤방 델마스 국방장관이 알제리 법을 운용한다.

에 따른 것이었다. 보고서는 악행, 약탈, 약식처형 문제에 군부가 관여했다는 견해를 밝혔다. 1958년 6월부터 1959년 12월까지 기소, 구금은 줄었다.[122] FLN의 임시정부 수립은 긴장을 완화하는 계기가 되었다. 프렌 감옥에서는 정치범이 하루 두 시간이 아니라, 아침 8시부터 오후 5시까지 만나서 이야기를 할 수 있도록 허용해주었다.

하지만 경위가 어떻든 알제리 변호사의 수난이 끝난 것은 아니었다. 콘스탄틴 소속의 아메지안 아이트 아흐센 변호사는 1958년 11월 5일 서독의 본에서 프랑스 특수요원에게 암살되었다.[123] 1955년 초에 FLN에 가담해 6인의 지도자 중 하나인 벤 불라이드를 변호하면서 임시정부 요원이 된 변호사였다. 또 1961년 12월 14일에 법학박사인 므하메드 아베드 변호사가 OAS에 의해 죽었다. 오랑 법원 앞에서였다. 그는 그전부터 이미 OAS의 살해 위협에 시달리고 있었다. 사무실에는 네 차례 사제폭탄이 설치되었고 자택에서도 폭탄이 나왔다. 울드 아우디아 변호사는 파리의 사무실에서 1959년 5월 24일 사망했다. 몸 여러 곳에 자창刺創이 선명했다.[124] 아우디아는 1958년 자크 베르제스와 공동으로 앙드레 말로 문화부 장관에게 프랑스에서 일어난 두 건의 고문사건을 편지로 알리면서 진상조사를 치열하게 요구한 법률가였다. 그가 죽기 나흘 전인 5월 21일, 저녁 8시에 파리 6구 센 강변 인근 게네고 골목 우세디크의 사무실에서 알제리 대학생들의

122. S. Thénault, *Une drôle de justice*, 187쪽.
123. "Sept avocats du FLN assassinés durant la guerre de Libération nationale," Algérie Presse Service Publié dans Algérie Presse Service le 07-03-2011. http://www.djazairess.com/fr/apsfr/107893; 본의 붉은손이 전개한 활동에 대해서는 M. Von Bülow, "Myth or Reality? The Red Hand and French Covert Action in Federal Germany during the Algerian War, 1956-61," *Intelligence and National Security*, vol.22, 2007, 특히 797-808쪽.
124. B. Lahouel, *Patriotes algériens*, 199-202쪽.

치안위반 재판을 위한 FLN 공동변호인단의 회의가 열리기로 되어 있었다. 그 여덟 명의 변호사들은 일주일 전부터 "너는 죽는다"는 대문자로 휘갈겨진 협박장을 받았다. 협박장에는 손으로 찍은 인장이 붙어 있었다. FLN 정보원 하나가 우세디크에게 전하길, 생마르크 거리 10번지 아우디아의 집 앞에 배회하는 사람이 있다고 했다. 사건 당일, 우세디크는 다른 한 사람과 함께 서류를 가지러 센 강에서 생쉴피스 거리로 우회하면서 기자르드 거리 10번지로 갔다. 사르트르의 집에 숨겨둔 사람이 있었다. 새벽이 되자 아우디아 부인의 전화가 왔다. "남편이 어제 안 들어왔어요." 우세디크가 올드 아우디아의 사무실로 밀고 들어가자 경찰들이 있었다. "당신 동료는 내출혈로 희생되었소." 아우디아는 정통으로 가슴에 총을 맞았고 경찰은 전문암살범의 소행으로 보았다. 일곱 명의 변호사는 "너도 역시"라는 협박장을 받았다. 협박장에는 번호가 붙어 있었는데, 자크 베르제스가 '2'였다.

공동변호인단은 아우디아의 죽음이 국가기관 SDECE의 소행이라는 것을 몰랐다. 오모 작전의 일환으로 나중에야 알려졌다.[125] 아우디아는 그 이튿날 알제리무슬림대학생총연맹 학생들의 재판에 나갈 예정이었고, 이 피고들 중 일부는 미뉘에서 나온 『악성 종양』에 자료를 제공한 것으로 알려져 있다. 아우디아의 최후변론은 『엘무자히드』에 미리 실렸다. 그러나 그의 죽음은 캉, 루앙, 르아브르의 현지 변호사의 참여를 불러일으켰다. 구금되지 않은 변호사들 중에서 하셴, 부르비아, 시디 무사, 세티프의 아레즈키, 오랑의 아베드가 변호인단에 합류했다. 공동변호인단 숫자가 늘어났고 이들은 계속해서 파리와 알제

---

125. 오모(Homo, Omo) 작전은 FLN 책임자, 대원, 지식인을 물리적으로 제거하려한 프랑스의 작전을 말했다. 연관 기사는 "135 personnes éliminées par le SDECE en 1960," *L'Humanité*, 20 janvier 1996.

그리고 다른 알제리 도시들을 왕복하는 일을 하였다.[126]

FLN에 가담한 변호사들은 알제리의 정파와 이념에 좌우되지 않았다. FLN도 수감자를 도와줄 인물을 찾았을 뿐이고, 변호사들도 법의 가치를 믿었다. 법은 사회의지의 대변이고 식민지에서도 그 법의 성격은 여전할 것이며, 그렇다면 법은 어디서나 준수되어야 했다.[127] 식민지인을 지키려는 이들 변호사가 일부 알제리-유럽인에겐 눈엣가시였을 것이다.[128] 식민지인이 법에 법으로 항의할 줄 안다는 건 유쾌하지 않았다. 법은 문명사회의 전유물이고 실정법의 발달은 특정세계의 것이라 인식해왔기 때문이다.[129] 그러나 "법에는 법으로!" 정당한 방식으로 이의를 제기하고 법 절차대로 대결하겠다는 식민지 민족운동의 입장은 그런 왜곡된 지배의식에 굴복하지 않겠다는 증거였고, 법은 법 이상이라는 법 원칙에 대한 신뢰의 표상이었다. 하지만 식민지는 그와 다른 형태의 혁명가를 창출하기도 했다.

---

126. 릴과 메츠, 낭시뿐 아니라 베튄, 발랑시엔, 아벤, 메지에르, 샤를빌, 스당, 샬롱쉬르마른에서 모두 십여 명의 변호사가 협동 작업을 하기로 되었다.

127. 법의 다중적 의미에 관해서는 다음 문헌을 참조하라. G. Binder and R. Weisberg, "Review Cultural Criticism of Law," *Stanford Law Review*, vol.49, no.5, 1997, 1149-1221, 특히 1149-1167쪽.

128. 2011년에 알제에서 열린 '압델하미드벤진친우회AAAB' 주최 국제학술대회에서 역사가 말리카 엘 코르소는 변호사의 역할이 결정적이었다고 평한다. 이들 변호사들이 FLN과 임시정부의 연락선이었기 때문에 프랑스 정보기관 DST, 붉은손, OAS의 표적이 됐다고 지적한다. 압델하미드 벤진(1926-2003)은 세티프 출신으로 민중당 MTLD, 알제리공산당을 거쳐 1955년 민족군 마키에 가입, 1956년 체포되어 틀렘센, 오랑, 랑베즈, 보가리 수용소를 전전했다. 알제리가 독립한 후『알제 레퓌블리캥』편집국장으로 복귀했으며,『수용소』『행군 일지』『산과 평화』등의 저서를 남겼다.

129. 페르하트 압바스, 카두르 사토르, 알리 부멘젤 등은 학식 높은 교양인이었다. 프랑스 역사, 문화에 문외한이면서도 대콜롱들은 이 '부눌bougnoules'('아랍인'에 대한 멸칭)이 루소, 볼테르, 로베스피에르, 생쥐스트를 입에 올리는 것에 화를 냈다. Lamria Chetouani, "Entretien avec Henri Alleg," *Mots*, vol.57, no.1, 1998, 116쪽.

6. 정치범 라르비 벤 미히디

라르비 벤 미히디Larbi Ben M'hidi는 남길 수 있는 것이 없었다. 글을 쓰지 말아야 했고 공개적으로나 공식적으로 소견을 밝힐 수 없었다. 오직 행동으로서만 발언할 수 있었을 뿐인 전쟁지도자였다. "혁명을 거리로 놓아라. 그러면 혁명은 1,000만 명에 의해 실려갈 것이다." 이 유명한 말이 지금껏 널리 회자되고 있다. 하지만 그런 사상을 담은 기고문도 없고, 주고받은 편지도 남아 있지 않은 상황에서 우리는 그 혁명가를 무슨 말로 표현할 수 있을까? 재판이 박탈됐으므로, 그는 그의 심경을 듣고 표정을 읽고 그가 어떤 사람인지 짐작해줄 만한 변호사 한번 못 만났다. 인상적으로 남아 있는 것은 1957년 2월 23일 알제의 은신처에서 체포되어 공수부대 수사대로 들어가기 전, 군부대의 문 앞에서 카메라에 찍힌 모습이 전부일 것이다.[130] 그의 검거가 공수부대의 쾌거였기에 사진기록을 남겨두었던 것인데, 알제리 역사가 오마르 카를리에는 벤 미히디의 모습이 혁명의 정결함을 표상한다고 논평한 바 있다.[131]

그는 비스크라(로마제국기의 '비세라') 사람이었다.[132] '사막의 창공'으로 불리는 이 도시는 오레스 산악지에서 남방 220킬로미터에 있다. 북쪽 141킬로미터에 바트나가 있고 거기서 100킬로미터를 가면 콘

---

130. 안나바, 콘스탄틴의 경찰이 1955년 3월과 4월 비스크라의 벤 미히디 집을 수색한 일이 있다. 장시간 부친을 조사했지만 아들의 사진을 한 장도 갖고 있지 않았다. 경찰은 그가 축구단에 가입했다는 정보를 듣고서야 사진을 확보한다. El-Hachemi Trodi, *Larbi Ben M'Hidi: L'homme des grands rendez-vous*, Alger: ENAG, 2007, 91쪽.
131. 카를리에에 따르면, 디두슈는 젊음, 벤불라이드는 지혜, 크림은 마키를 상징했다. O. Carlier, "Préface," El-Hachemi Trodi, 같은 책, 5쪽.
132. 농촌에서 어느 정도 여유를 누리던 벤 미히디 집안은 재산을 잃고 비스크라로 와서 야채와 다트를 파는 가게를 하게 되었다.

스탄틴이 나오는 사막과 지중해의 중개지점이었다. 해안지대 본까지
는 열차로 직접 연결되고 동쪽의 튀니지와도 교통로가 좋아 희소한
아랍의 신문과 튀니지의 잡지가 멀리까지 입수될 수 있었다. 벤 미히
디와 비스크라의 친구들은 프랑스혁명, 빅토르 위고, 볼테르는 물론,
아일랜드의 역사, 인도차이나의 항쟁을 찾아 읽었다. 벤 미히디 집안
이 옮겨와 살게 된 비스크라는, 벤 미히디가 학교를 다닐 무렵에는 종
려나무가 지금보다 풍성했고 가까이에는 은둔 수도자들과 유서 깊은
수도원이 있었다.[133] 사실 그는 신앙심이 매우 두터운 사람이었던 것
같다. 아버지가 이슬람 성소 모졸레(묘지)의 관리인이었고 그런 아버
지의 가르침을 따라 라르비는 『쿠란』을 모두 암송했다고 전한다.[134]
콘스탄틴 학창 시절, 벤 바디스와 무바라크 엘 밀리의 위대한 사상을
접한 그는 신을 믿는 애국자였다.[135]

그 종교적 신앙심은 정치적 헌신을 불러왔다. 1939년 제2차 세계
대전 발발 때는 16세, 1945년 세티프 때는 22세였던 그의 정치경력
도 다른 많은 혁명가처럼 전쟁, 세티프 탄압의 저항, 민중당 활동으로
이어진다. 1943년 선언과자유의벗AML은 비스크라에도 알려졌으며,
벤 미히디는 AML을 거쳐 민중당에 들어가고 PPA-MTLD의 분란 이
후 MTLD에서 결성한 OS의 책임을 맡는다. 비스크라는 정치적으로
삭막하지 않았다.[136] 일찍이 프랑스의 정복을 피해 알제리 중산층이

133. T. Alzieu, *De Batna à Biskra: l'Est du Constantinois*, Tours: Éditions
Sutton, 2006, Coll. Mémoire en Images.
134. "일요일마다 우리는 영화관을 찾았다." El-Hachemi Trodi, *Sur les chemins de
la liberté*, 56-57쪽.
135. 무바라크 엘 밀리(1889-1945)는 동부 지젤 주 엘밀리아 태생의 이슬람주의자
로, 튀니스 지투나 대학교에서 수학한 후 알제리 울라마협회에 가담했고 이슬람 운동
과 더불어 아랍어로 이슬람의 역사를 저술한 지도적 인물이다.
136. 비스크라에서는 저녁이면 토론과 시낭송회가 열렸다. 유럽계와 아랍계가 각각
스포츠클럽을 갖고 있었다. 광장의 교회 옆 학교는 유럽인 전용으로 여기서 학업이수

흩어질 때 찾아드는 사막 어귀의 도시였고, 유럽인이 정착한 지도 오래였다. 알제리 공산당의 모리스 라방은 알제리 민족운동에 기여한 비스크라 유럽인이다.[137] 1945년 비스크라는 여느 곳과 같이 스카우트 활동이 한창이었다. 〈민 지불리나〉나 〈피다우엘 자자이르〉를 합창하며 대로를 행진하면 미적거리던 사람들도 모두 따라 움직였다.[138]

1947년 2월 PPA-MTLD 대회에서 무장혁명의 핵을 창출하자는 결정이 내려지고 OS 조직이 결성됐을 때 추천을 받은 벤 미히디는 비스크라 지부 OS 책임자로 지명된다. 관할지가 남쪽으로 우아르글라, 북쪽으로는 바트나를 지나 오레스, 또 중앙지대와 남쪽 엘우에드에 닿고, 사막 내부의 투아레그도 포함되어 있었다. 지역 조직원들도 이 광활하고 고립된 지형의 주민들을 낱낱이 전부 다 안다는 것은 불가능했으며, 그래서 더욱 당내 활동에 매진해야만 했다. 벤 미히디는 조직을 통제하고 회의를 열었다. 그런 뒤에는 전단을 작성하고 배포하고, 담벼락을 슬로건과 구호들로 뒤덮으면서, 익명의 평범한 투사들이 그렇듯이, 곤경에 처한 투사들을 도우면서 자신의 세포조직을 차곡차곡 쌓아나갔다.[139]

당원들이 열심히 궁리하고 의논한 것은 무기의 구입과 반입이었다. 차箱 상자에 30자루의 총을 넣어두었다가 경찰 검거 직전에 그 수화물을 가져온 적도 있다. 제2차 세계대전 이후에 버려진 무기를 반

증을 받는다. 아랍인은 이 학교에 다니지 못했다. 라비주리 학교 마당 한구석에 두 개의 상급반이 있었다. 벤 미히디는 유럽인과 알제리인 학생이 같이 공부하는 이 수업반에 다녔다. El-Hachemi Trodi, 같은 책, 2009, 56-57쪽.,

137. 알제 대학 출신인 라방은 1936년 에스파냐 국제여단에 참가하고 이후 알제리공산당에도 가입했지만, 민주주의의 질식이 당의 폐해라고 했다. J.-L. Einaudi, Un Algérien Maurice Laban, Paris: Cherche midi éditeur, 1999, 129쪽.

138. El-Hachemi Trodi, Larbi Ben M'Hidi, 43-44쪽.

139. 벤 미히디는 1945년 체포 명단에 들어 있었지만 가까스로 도피에 성공하였고, 궐석재판에서 10년형, 10년 체류금지, 10년 공민권 금지형을 선고받았다.

입할 수 있었다. 무기비축은 OS의 지시가 아니라 지역유지의 조언을 따른 것이었다. 무기는 1949년까지 일부는 오레스, 일부는 콘스탄틴으로 운반되었다. 1948년 봄, 벤 미히디는 콘스탄틴으로 근거지를 옮기지만 한 민중당 당원이 경찰에 밀고한 테베사 사건으로 북부 콘스탄틴 OS가 거의 와해된다. 그 역시 부디아프, 벤 불라이드 같은 책임자들과 마찬가지로 지하로 잠행한다. 다행히 오레스와 스멘두에 은닉한 무기는 1954년 11월까지 유지되었다. OS는 무장만 준비한 게 아니다. 정신수련, 규율, 정치지식 등 교육활동을 필수로 여겼다. OS의 전국 책임자 호신 아이트아흐메드(시 아델마지드)가 정신교육, 정치교육, 혁명철학을 관장하였다. 비스크라의 OS 지침서는 프랑스어로 쓰였고, 작전지도는 전부 프랑스어로 표기되었다. 교습서 제목은 '우리의 어머니, 조국, 프랑스'였다. 만일의 경우 경찰에 잡힐 때 가지고 있을 책자였다. 이런 위장으로 대원들은 알제리 역사의 부침과 영웅적인 항전을 배우고, 인도차이나항전, 유격전술, 파르티잔 활동을 익혔다. 〈사바타〉 같은 멕시코혁명 영화도 보았다. 벤 미히디는 사바타를 노래하고 다녔다. 세티프 사건 때 비스크라에서 경찰서에 구금되었을 적에도 낭랑하기만 했다. "라르비가 들어간 감방은 불결한 지하였고 공기가 안 통해 악취와 폐자재 냄새가 가득 배어 있었다." 경찰은 일반 범죄인을 한데 몰아넣었다. 식수와 음식이 금지되어 수감자 가족들이 먹을 것을 주선하여 들여보냈다. 똥오줌이 범벅이 된 바닥에서 벤 미히디는 동지들의 모험을 듣고 웃고 대화를 나누었다.[140]

1948년부터 벤 미히디는 잠적한다.[141] 비스크라의 동지들이 테베

---

140. El-Hachemi Trodi, *Larbi Ben M'Hidi*, 50-51쪽.
141. 1948년 4월 알제리의회 선거에 참가한 것을 마지막으로 한동안 종적을 감추었다. 당원을 다 잃어버린 MTLD 편에서 벤 미히디에게 선거에 출마하도록 종용했다. 그는 남부 대의원으로 임명되었는데, 남부 경찰은 그를 알지 못했다.

사 사건 이후 그를 본 것은 1950년 알제의 벨쿠르 경기장에서였다. 벤 미히디는 여전히 축구를 즐기는 축구광이었다. "우리는 카스바 은신처인 바르베루스 거리 6번지 아이사 케시다의 집으로 왔다. 벤 미히디는 거의 바깥 출입을 하지 않았고 오로지 책만 읽었다. 혁명 관련 서적을 많이 읽었고 베트남전의 투쟁에 대해서도 더 자세히 알고자 했고 호찌민을 존경했다. 자료를 갈구했지만 구할 수는 없었다. 공산당은 민족주의자에게 관련 자료를 넘겨주기를 기피했다."[142] 1953년에야 그는 모습을 드러냈다. 부디아프가 지휘하는 콘스탄틴을 떠나 오랑 책임자로 지명되어 동부에서 서부로 옮긴 것이다. OS에 대한 탄압이 좀 가라앉자 당은 다시 조직을 정비해나갔다.

1954년 11월 1일 선전포고문이 나오기 한 달 전쯤인 10월 2일, 벤 압델말렉 람단, 보르지이 아마르(두 사람 모두 전사)같이 최초의 저항 행동을 지휘할 책임자들이 회동했다. 회동 장소는 동굴이었다. 시디 알리에서 16킬로미터 지점인 우틸리스에 있는 이곳—현재의 '벤 압델말렉 람단'—은 베다니 유세프와 그 아내가 밤새 파놓은 것이다. 벤 미히디는 동지들에게 거사 날짜를 알리지 않은 채 만반의 준비를 명했다. 11월 1일 이후에는 부관 벤 압델말렉과 유세프와 함께 오랑의 제5월라야를 지휘했다. 경찰 추산 월라야의 총 인원은 300명이었다. 1955년 2월 벤 미히디는 부디아프와 함께 무기 구입과 모로코 지원을 위해 나도르와 테투안 기지에서 모로코 해방군과 접촉을 시도했고 무기 구입차 카이로, 마드리드까지 돌았다. 대령으로 진급한 1956년 8월, 숨맘에서 CNRA와 CCE에 동시에 들어갔다.

1956년 알제에 도착한 벤 미히디는 삼엄한 경계 속에서도 저녁때는 산책 삼아 바깥으로 돌아다녔다. 유럽인 구역을 거닐고 레스토랑

---

142. El-Hachemi Trodi, 같은 책, 95~96쪽.

에서 식사하고 아이스크림을 먹었다. 여름의 알제는 걷기가 좋다. 풍광과 건축이 어느 유럽의 도시 못지않다. "우리는 이국을 거니는 것 같은 기분에 휩싸였다. 이 사치와 안락, 반듯한 주택과 거리들. 라르비 벤 미히디는 알제리인들의 비참한 삶을 연상했고, 나는 6세기 시인 이므루 알 카이스의 유명한 격언을 인용하여 그가 하는 말에 끼어들었다. 우리는 흔히 영화를 관람하는 것으로 저녁 산책을 끝맺고는 했다. 벤 미히디는 음식이 풍부한 알제에서 넉넉히 먹지 않았다. 당에서 지급한 적은 비용조차 아껴 어린 동생이 학업을 하는 동안 노동판에 나가지 않도록 조금이라도 보탰다."[143]

1956년 숨맘 대회 이후 FLN 지도자들은 알제로 모여들어 후속 대책에 대해 숙의했다. 숨맘의 원칙과 새로운 전망에 아반 람단과 벤 미히디의 사상이 접합되었다. 알제리혁명은 내전도 성전도 아니며, 정치가 군사보다 우위에 있고, 대내가 대외보다 앞서며, 개인의 권력이 아닌 집단지도의 원칙을 따른다는 것이 모두 그들로부터 나왔다.[144] 1956년 하반기, FLN은 1954년 6만 명이던 프랑스군 병력이 40만 명으로 증강된 것을 보면서 세 가지 목표를 충족시킬 방안을 찾았다.[145] 첫째, 유엔총회의 알제리 문제 상정에 맞추어 아랍-아시아 국가에 대한 신뢰를 준다. 둘째, FLN이 진정한 해방전쟁을 수행하고 있다는 데 이의가 없도록 국제 여론을 조성한다. 끝으로, 알제리는 프랑스공화국의 완전한 부분이라는 주장이 명백히 오류임을 보여줄 수 있게 협

143. 같은 책, 97-98쪽. 이므루 알 카이스는 『무알라카트』를 지은 6인의 시인 중 하나다.
144. K. Mameri, *Les héros de la guerre d'Algérie: Larbi Ben M'hidi*, Alger: Karim Mameri, 1996, 72-73, 80-85쪽.
145. Ch. Cradock and M. L. R. Smith, "'No Fixed Values': A Reinterpretation of the Influence of the Theory of Guerre Révolutionnaire and the Battle of Algiers, 1956-1957," *Journal of Cold War Studies*, vol.9, no.4, 2007, 68-105쪽.

상시 FLN만의 대표자 자격을 확실히 한다.[146]

그렇게 하여 총파업이 논의되었다. 알제 주민 70만 명 가운데 절반
이 포섭됐다는 믿음도 있었고, 벤 미히디는 사무직이든 노동직이든
일용직이든 누구나 프랑스인 밑에 고용된 상태로 늘 이렇게 묶여 살
지 않아도 된다는 전망을 그렸다. 총파업 구상이 한 사람만의 생각은
아니었지만 벤유세프 벤헤다는 "그의 발상이 우리를 사로잡았다"고
했다. 알제리 문제는 프랑스 국내 문제이고 알제리인은 프랑스인이니
모국 프랑스에 충실해야 한다는 선전에 맞서 알제리인의 의지를 표
명하는 길은 파업이었다. 침묵은 식민주의 위에 세워진 감옥 같았다.
그것을 부수어야 했다. 그런 면에서 총파업은 정치적인 전투였다. 총
파업은 전략을 넘어 벤 미히디의 고유한 해방사상으로 간주될 수 있
다. 그가 호찌민에게서 무엇을 봤는지, 19세기 알제리 민족지도자의
결함이 무엇이라 여겼는지 추정할 근거는 미비하다. 그러나 총파업은
권력을 위한 것이 아닌, 민중을 신뢰한 데서 나왔고, 각자가 역사를
만들어가는 주인공이라는 칼파 마메리의 표현 그대로, '민주주의'에
서 나왔다.[147] 사실 총파업 사상은 식민지에서 먼저 나오지 않았다. 자
유주의가 한창 만개하고 노동자가 굽히지 않으려 한 1890년대에서
1900년대 서유럽 노동운동 최후의 대안이 총파업이었다. 일찍이 영
국 노동운동이 창안한 것이었지만 특히 국가에 대한 대항을 자신했
던 프랑스 생디칼리슴이 국가와 고용주 계층의 노동통제에 반발한
운동이었다. 프루동 이래의 노동자주의, 노동운동의 혁명지향, 조르
주 소렐의 급진 노동사상이 이 총파업의 신화를 창조했고 1905년 러
시아의 사례로 그 가능성을 열어보였다. 그와 같은 총파업을 정치 경

---

146. B. Ben Khedda, *Abane-Ben M'hidi, Leur apport à la Révolution algérienne*,
Alger: Dahlab, 2000, 65~69쪽.

147. K. Mameri, 같은 책, 166~168쪽.

험이 일천한 식민지인들이 어떻게 실현할 수 있을까?

사실 알제 총파업은 제10공수사단과 FLN 사이의 전략적 대결이었다. 다른 도시가 아니라 알제가 문제였다. 유엔, 외신 기자, 프랑스 언론 모두가 오직 알제만 쳐다보고 있었다. 프랑스 군부도 필사적이었다. 유엔도 유엔이지만 세상의 이목이 두려웠다. 알제리인들 자신이 이렇게 대담한 시도로 자신감을 가질 것이라는 사실이 위협으로 다가왔다. 제10공수사단은 심리전 전문가들을 동원하여 알제리인이 FLN의 총파업 지시에 응하지 말 것을 선전했다. 1월 14일 〈라디오 알제〉 방송에서 마쉬 장군은 총파업을 허용하지 않을 것이고 파업이 일어날 경우 즉각 진압될 거라고 선언하였다.[148] 헬리콥터로 공중에서 FLN 요구에 응하지 말라는 전단이 살포되었다. 1월 28일 월요일, 파업 첫날, 제10공수사단의 부대원들은 이른 새벽에 '아랍인 지구'를 포위하고, 가정집 문을 박차고 들어가서 살림살이와 가구, 집기를 뒤집어 엎었으며, 장성한 남자들을 추리고 노인들과 아이들을 떼어놓았다. 성인 남자들은 GMC 트럭에 실려 항구의 선창, 오물처리장, 철도창, 트램웨이, 트롤리버스 병영으로 강제로 끌려갔다. FLN 간부, 일선 대원 모두가 검거되는 소용돌이 속에서 FLN은 주민들에게 이튿날 아침 일찍 집을 떠나, 공수부대 작전에 걸려들지 않기를 요청하며 길을 갔다.[149] 총파업은 프랑스군의 승리였다. 이 시기에 알제 시가전을 치른 한 요원은 그러나 이로써 FLN이 궤멸된 것은 아니라고 주장하지만, 그해 1월과 2월을 지나 9월과 10월까지 이어진 마쉬 작전으로 알제에서만 2만 4,000명이 체포되었고 그 가운데 4,000명이 실종되었

---

148. 알제 시가전을 총지휘한 마쉬 장군의 전술과 작전 전개에 대한 것은 J. Massu, *La vraie bataille d'Alger*, 87-105, 127-149쪽; 총파업에 관한 구체적 진압 상황에 관해서는 Pierre Pellissier, *La bataille d'Alger*, Paris: Perrin, 2002/1995, 95-168쪽.
149. B. Ben Khedda, *Alger, Capitale de la Résistance 1956-1957*, 62-64쪽.

다. 엘리트 군인들로 구성된 알제 공수부대는 전투, 정보, 파괴, 또 심리전에서 모두를 압도했다. 총파업은 시기상조라는 비판과 그 책임이 전부 벤 미히디에게 있다는 여론까지 일었다.

결국 2월 23일 드뷔시 거리의 한 스튜디오에서 그가 체포된다.[150] 그를 체포한 제3RPC 대장 마르셀 비자르 중령은 제2차 세계대전 참전자로 그전 10년 동안 인도차이나전쟁을 치르고 1954년 10월 알제리에 부임한 게릴라전 수법과 기술에 정통한 군인이었다. 벤 미히디는 가혹한 고문 내내 자신과 동지들의 활동에 대해 일절 말하지 않았고 그의 결연함은 프랑스군 조사자들의 감탄을 자아냈다고 알려진다. 1957년 3월 6일, 정부 대변인 미셸 고를랭은 기자회견에서 벤 미히디가 감방에서 자살을 했으며 셔츠로 목을 맸다고 발표한다.[151] 정확한 사인이 불투명한 가운데 그가 고문 끝에 사망했거나 최후의 순간에 은밀히 처형되었을 거라고 그를 직접 신문했던 폴 오사레스 장군은 2000년에 밝힌다.[152] 법적 도덕론은 전쟁기라는 이유로, 또 식민지인이라는 이유로 현실성을 담보하지 못했다.[153]

그러나 벤 미히디에게는, 알제리 민중이 무기를 든 이유가 정신적

150. 같은 책, 113-121쪽.

151. 가족들은 자살설을 일축하고 계획된 살해로 보았다. 1957년 3월 4일에서 5일 밤, 누가 처형 명령을 내렸고, 어떻게 살해했는지, 고문한 자는 무슨 복장이었는지는 1984년 12월 7일자 『알제리 악튀알리테』(제994호)의 「비자르 장군의 대담 기사」를 보면 알 수 있다는 주장을 폈다. 비자르는 벤 미히디가 구금 내내 손과 다리가 묶인 채로 지냈기 때문에, 그 자세로 수감자가 목을 맨다는 것은 불가능하며 공식 발표를 무시하고 "내 생각에 그는 자살하지 않았다"고 했다. 벤 미히디를 공수부대 특수부로 이관하라는 것은 명령이었다. 비자르의 발언으로 심증을 굳힌 벤 미히디의 유족은 자크 시라크 대통령에게 진실을 밝히라는 요구서를 띄웠다. Sylvie Thénault, "Armée et justice en guerre d'Algérie," 104-114쪽.

152. 벤 미히디를 직접 신문했던 오사레스 장군의 술회는 Général Aussaresses, Services Spéciaux Algérie 1955-1957, 161-171쪽.

153. 이론적 설명은 L. Carrier, "Making Moral Theory Work for Law," Columbia Law Review, vol.99, no.4, 1999, 1032-1058쪽.

이고도 물질적인 면에서 품위 있는 삶을 갈망하기 때문이라는 확고
한 믿음이 있었다. 자금도 시간도 모자랐지만 총파업은 민중이 그 자
신의 품위를 지켜낼 유일한 방법이었다. 알제리가 제3세계의 메카였
다면 실패한 그날의 총파업 없이는 그러한 명성을 얻지 못했을 것이
다. 흑아프리카의 파트리스 루뭄바처럼 벤 미히디도 물질적인 데서
멈추지 않는 민중의 맥박을 읽었다. 역사학자 모하메드 테기아는 더
구체적으로, 파시즘에 반대하고 세계의 민주주의자, 진보주의자, 프
랑스 민중과 함께하려 한 벤 미히디 자체가 그가 희생되어야 했던 이
유를 보여준다고 해석한다.[154] 알려지지 않은 세계적인 정치범들 속에
라르비 벤 미히디의 자리가 있다.[155]

154. M. Teguia, *L'Algérie en guerre*, 160쪽.
155. J. Marter, "The Ascendancy of Abstraction for Public Art: The Monument to
the Unknown Political Prisoner Competition," *Art Journal*, vol.53, no.4, 1994,
28-36쪽.

제5장

|

식민지 대학생

7년 반의 알제리전쟁과 혁명을 이끈 FLN의 지도자 대부분은 대학
을 나오지 않았다. 물론 임시정부 초대 수반 페르하트 압바스가 알제
대학교 출신이고, 민중당에서 임시정부까지 일관된 노선을 걸었던 혁
명가 라민 드바긴이 알제 대학교 의학박사 학위 소지자였으며, 벤유
세프 벤헤다는 알제 대학교 약학대 약학 전공자였다. 또 호신 아이트
아흐메드가 소르본 대학교에서 법학을 공부한 것으로 알려져 있고,
아흐메드 부멘젤이 파리에서 법과대학을 다녔으며, 알리 부멘젤은 알
제 대학교 법대를 나왔다. 하지만 이들은 예외적인 경우였다.[1] 아반
람단, 사아드 달라브가 다녔던 블리다 학교는 저명한 학교이긴 했지
만 대학교University가 아니었다.[2] 민족군의 장교진은 물론 FLN의 대

---

1. 알제 대학교는 1865년 알제고등사범학교로 시작했으며 먼저 의과대학 예과가 설
치되었고, 1879년 4개의 고등교육기관 설치를 결정한 후 1909년 12월이 되어서야 알
제 대학교 창설법이 제정되었다.
2. 블리다 학교는 식민지 시대에는 '리세 뒤베리에'로 불렸고, 지금은 12세기 이슬람
대학자 이븐 루시드Ibn Ruchd(아베로에스)를 학교 이름으로 쓰고 있다.

다수 기간 요원들은 고등교육 혜택을 받을 형편에 있지 않았다. 그러나 역설적으로 전쟁기에 사회 환경은 변화하였다. 1950년대 초중반 알제리는 이십대 이하의 연령이 50퍼센트가 넘었고, 식민지 당국의 개혁 조치가 나오자 위기의 식민사회 전체가 은연중에 미래를 전망했다. 이 시기에 초등학교부터 대학교까지 취학인구가 증가하며 프랑스의 대학들로 떠나는 알제리 학생도 1.5배가 증가한다.[3] FLN 역시, 사람들이 아무리 빈곤해도 다음 세대의 교육에 마음 쓰고 있다는 것을 의식하였다.[4] 여건만 허락된다면 자녀를 학교에 보내려는 부모의 교육열은 현재의 파괴를 넘어서려는 공동체의 의지를 말해주었고 무엇보다 소수 대학생들이 그런 의지의 결정체였다.

사실 학생들은 FLN이 오랫동안 크나큰 관심을 기울인 대상이었다. 물론 FLN이 아니더라도 학생들 스스로 자기 세대의 짐을 의식했다. 동시대 흑인민권운동의 불을 지핀 미국 대학생들이 "우리가 지금 하지 않고 기성세대에 맡겨두면, 이 일은 영영 이뤄지지 못할 것"이라고 했던 그 마음과 다르지 않았다.[5] 그러나 식민지에서 대학생들의 운동은 국가정책에 저항하면서도 안정된 틀 안에 있었던 서구의 사회혁명 운동과 애초부터 입지조건이 달랐다. 상황이 어떻든 국가부터 세워야 하는 비상한 처지에 있었다.

---

3. 1950년대 알제리 총인구의 874만 명, 즉 53퍼센트가 20세 이하였다. 그리고 문과대에 재학중이던 알제리인 학생은 542명이었다. 이 수치는 1957년에 알제리 총독부가 발행한 『알제리 1957년』(189-215쪽)에서 발췌한 것이다.

4. "Extrait du discours de M'hammed Yazid au Séminaire de la Jeunesse algérienne tenu à Tunis en avril 1860," *El Moudjahid*, no.63, André Mandouze, *La révolution algérienne par les textes*, 115-118쪽.

5. 반인종주의 운동의 진원지였던 애틀랜타 시의 18세 대학 신입생이 했던 발언이다. D. Matthews and J. Prothro, "Negro Students and the Protest Movement," J. McEvoy and A. Miller (eds.), *Black Power and Student Rebellion*, Belmont, CA: Wadsworth Publishing Company, 1969, 384쪽.

1. 알제 대학교

식민체제하 알제리 고등교육은 1879년에 시작되었다. 최초의 대학인 알제 대학교 설립은 1909년으로 기존의 단과대를 확장한 것이었고 무슬림을 위한 교육기관은 아니었다. 알제 대학교는 어디까지나 프랑스와 유럽인 정착민 자녀들을 위한 학교였으며 엘리트층을 형성해 식민지 지배를 공고히 하려는 목적을 지녔을 것이다. 그러나 식민 당국이 무슬림의 입학을 금지하거나 거부한 것은 아니었다. 1865년에 99명, 1866년에 81명의 무슬림들이 알제 고등사범학교에 입학했다. 무슬림 학생들은 1900년대가 되어서도 소수였다. 제1차 세계대전 종전 전까지 무슬림 의사와 변호사, 교수, 장교는 25명뿐이었다.[6]

1920년대에 무슬림 대학생의 존재는 의미심장했다. 인원이 확보됐거나 사회적 인정 때문이 아니라 역사의 무게가 이 소수의 의식에 압박을 가했기 때문이다. 프랑스의 침공이 시작된 1830년 알제리의 문자 해득률은 전 인구의 40퍼센트 정도였다.[7] 정복이 끝난 1880년대와 90년대 무슬림의 고등교육은 크게 퇴조했고 1900년에서 1914년 사이 점점 복구되면서 프랑스 교육을 받은 지식층이 점차 늘었다. 전통 이슬람 교육체제는 새로운 근대 교육기관으로 변신하지 못했다. 정복전쟁 와중에도 전통 교육체제는 완전히 소멸하지는 않았으나 메데르사 정책은 식민 당국에 넘어갔다. 1850년 알제 인근 메데아, 동부 콘스탄틴, 서부 틀렘센에 허가된 메데르사는 모스크, 무슬림 법정,

---

6. 제2제정기 전에 무슬림 학생은 생시르 군사학교나 소뮈르 군사학교에서 교육받을 수 있었고, 파리 남쪽 외곽의 메종달페르 수의학교, 몽펠리에 법대, 파리 법대에도 무슬림의 입학이 허가되었다.

7. 알제의 석간신문 『르 수아르 달제리(알제리의 저녁)』 다음 기사 참조. http://www.lesoirdalgerie.com/articles/2013/05/26/article.php?sid=149315&cid=41

아랍 학교에 공급할 인력을 양성하기 위한 조치였다. 마찬가지의 목적으로 1865년 알제 교외 부자레아 언덕에 토착민 교사 양성을 위한 사범학교가 세워졌고, 다음 단계로 프랑스인 학생들이 다니는 리세에 토착민 지도자나 관리의 아들들의 입학이 허가되었다.[8]

그러나 프랑스 군부의 아랍 사무국에서 민간정부로 식민통치권이 이관되면서 메데르사는 전보다 더 치밀하게 프랑스의 규제와 감독을 받았다. 제한 없던 입학연령도 17세에서 25세로 규제되고, 3년 과정을 이수하면 수여하는 졸업증도 '무슬림 학업증'으로 고정되었다. 식민정부는 메데르사마다 한 명씩 프랑스인 교수를 배치하였다. 정복의 황폐화에서도 살아남은 무슬림들은 오히려 다음 세대를 위한 전략으로 프랑스 학교를 택했으며, 이 지식인층은 프랑스적인 것을 수용하면서 무슬림적인 것을 수호해야 하는 가치관 문제에 직면했다. 프랑스 학교에 의한 알제리 엘리트 재생산은 단순하지 않았다.[9]

동방 이슬람 세계의 중추인 이집트 카이로 대학교는 이집트 학생에게 그런 딜레마를 준 것 같지 않다. 카이로 대학교와 알제 대학교의 운영방침은 사뭇 달랐다.[10] 1908년에 창설된 카이로 대학교는 처음부터 영국의 영향을 받지 않고 이집트인들이 직접 대학의 재정을 후원했다.[11] 대학을 발판으로 서방의 정치와 종교를 이집트 전체에 퍼뜨

---

8. UDMA 당원이었던 부타렌의 회고. K. Boutarène, *Kaddour II. un adolescent algérien à la veille du centenaire de l'occupation coloniale*, Alger: ENAL, 1986, 75, 211-214쪽; Ch. Bouamrane et M. Djidjelli, *L'Algérie coloniale par les textes 1830-1960*, 267-268쪽 재인용.

9. M. Smati, *Les élites algériennes sous la colonisation*, t.1, Alger: Dahlab, 1998, 261-262쪽.

10. D. Reid, "Cairo University and the Orientalists," 51-75쪽.

11. 같은 글, 51-52쪽. 대지주, 관리, 왕가, 갓 태동한 언론인과 법률가, 학교 교사, 저명한 개혁가가 모여 대학의 연구계획을 수립했고, 장차 이집트 국왕이 될 아흐메드 푸아드가 이를 주도했다.

려 근대화의 방략으로 삼기 위해 1910년 서구식 단과대 편제를 도입하고 유럽으로 유학생도 보냈다. 카이로 대학은 영국, 프랑스, 이탈리아, 학문의 모델인 독일, 후에는 러시아 등 다양한 국적의 학자가 모여드는 동서 교류의 장으로 이름을 떨치며 지위를 굳혀나갔다.[12] 알제리에서는 카이로의 학생들이 으레 종교학을 배울 것이라고 짐작했지만 카이로 대학에서 학생들은 주로 문과 계열이나 자연과학 계통을 선택하였다.[13] 온갖 학생들과 지식인들로 카이로 대학 주변은 활기를 띠었다. 1926년에 패배한 리프전쟁의 지도자 압델 크림이 마지막으로 정착한 곳이 바로 카이로였기 때문에, 리프전쟁의 전사들과 알제리 학생들은 이곳에서 연락을 주고받을 수도 있었다.

1830년에서 1880년대까지 유럽인이 고등교육에서 전권을 갖게 되자 무슬림을 지키려는 알제리인들은 자식을 해외로 보냈다. 이들은 멀리는 카이로의 알아즈하르 대학교, 더 가깝게는 페스의 카이루안 대학교나 튀니스의 지투니 대학교 같은 곳을 찾았다. 1775년에 세워진 케타니아 메데르사가 있는 콘스탄틴이 여전히 이슬람 교육의 보루였고 이슬람 개혁으로 1936년에 새로운 메데르사가 세워졌으나 메데르사는 학위 수여 기관으로 인가받지 못했다.[14] 대체로 도시민, 흔히는 상인이었던 1920년대 개혁주의 지도자들은 전통적인 경제와

---

12. 1945년에서 1950년대 초까지 카이로 대학은 활기찬 분위기였다. 1954년 나세르와 엘리트 장교들의 쿠데타로 수립된 정권은 국가적 필요와 민중적 요구에 부응해 대학의 무상교육과 인재양성의 길을 열었던 것이 사실이다. 하지만 이들은 정부에 반대한 교수진을 대거 퇴직시키고 대학자율권을 인정하지 않는다는 비판을 받았다.
13. M. Harbi et G. Meynier, *Le FLN*, 776-777쪽.
14. 800년 전통의 '메데르사'는 아랍어로 그냥 '학교'라는 뜻이지만, 프랑스 식민통치 하에서 무슬림 학교만을 뜻하게 되었다. 메데르사의 학문은 두 갈래로 나뉘는데, 하나는 쿠란, 하디스, 사법, 교리, 신비주의, 꿈 해설, 언어학 등을 공부하는 것이고, 다른 하나는 논리학, 수학, 기하학, 천문학, 신체학, 형이상학을 연마하는 것이다.

문화의 자본으로 프랑스식 교육을 거부한 마지막 세대였다.[15] 그 많던 알제리 도시 상인들은 몰락하여 19세기 말에 5퍼센트 정도였고 이 비율은 30년이 지난 후에도 7퍼센트에 미치지 못한다. 이제 메데르사를 선택하는 층은 농촌민과 도시의 서민이었다. 이는 메데르사가 민중의 교육기관으로 인식된 데 힘입은 바였다. 우선 메데르사에서는 학비가 거의 들지 않았다. 농촌 출신 학생들은 기숙사 비용을 보조받았다. 그렇게 이들은 메데르사 안에서 수년을 친밀히 지내면서 연대와 소통의 방법을 터득해갔다. 1930년대 민중교육에 대한 벤 바디스의 열망은 결실을 맺으면서 자라났다.[16]

서구식 교육을 받는 소수의 대학생과 메데르사 학생이 쉬 친해질 리 없었다. 그러나 무슬림 학생의 자의식은 날카로웠다. 무슬림끼리만 있지 않고 프랑스나 유럽계와 한 캠퍼스에서 공부하고 토론하고 부딪치는 것이 역작용을 일으켜 학생조직은 정치의식 신장의 중심에 서게 된다.[17] 무슬림 학생은 프랑스 고등교육을 이수하고도 프랑스에 귀화하지 않았고 무슬림과 베르베르의 지위를 버리지 않았다. 또 프랑스 국적을 취득한 알제리 학생은 제명시키는 방향으로 갔다. 에미르 칼레드 주도의 청년알제리와 파리 북아프리카의별이 창립될 무렵인 1927년 말에는 학생조직도 본격화해 북아프리카무슬림학생협회 AEMAN가 창설된다. 알제 대학교가 유럽인 학생조직인 AGEA 이외의 독자적인 학생조직을 허용했기 때문이 아니다. 처음에는 친목단체

---

15. F. Colonna, "Le système d'enseignement de l'Algérie coloniale," *European Journal of Sociology*, vol.13, Nov. 1972, 218-219쪽.

16. A. Ben Badis, *Textes choisis*, 65-74쪽.

17. 프랑스계나 유럽계 학생과 토착민 학생 간의 관계는 R. Gallissot, *La République française et les indigènes, Algérie colonisée, Algérie algérienne 1870-1962:* Paris: l'Atelier, 2007, 82-85쪽.

'아미칼Amicale'이 섰고 이것이 AEMAN으로 바뀐 것이다.[18]

알제리와 북아프리카 학생운동의 또다른 본산은 파리였다. 파리에서는 알제보다 훨씬 더 자유로운 정치조직이 가능했다. AEMAN보다 한층 더 정치적이고 민족의식이 뚜렷한 또다른 북아프리카무슬림학생협회AEMNA가 파리에서 탄생했다. 이 협회는 1927년 말 이슬람과 아랍의 대학자에 대한 학술대회를 열고 주간 아랍어 토론회도 벌였다. 사실은 같은 의미이고 표기상으로만 다른 두 북아프리카 학생단체의 차이는, 얼마만큼 프랑스에 동화적인가, 그리고 누가 더 북아프리카의 자주성을 말하는가에 있었다.[19] 하지만 프랑스 동화론을 믿더라도 이슬람 전통을 함께 가져가려 한 것이 알제의 학생단체였다. AEMAN 의장 페르하트 압바스 역시 AEMNA에 대립적이지 않았다. "수려한 아랍어로 소통하는 열혈 청년들이 조국의 지적 장인匠人이 될 것"이라고 믿었다. 분명한 것은 "코르도바, 페스, 틀렘센, 튀니스, 카이로, 다마스, 메데아의 여러 대학에서 학생 행진이 잇따라 일어나고 있는" 새로운 현상이었다.[20]

AEMNA는 그보다 먼저 파리에서 창설된 프랑스북아프리카무슬림

---

18. 1919년 창설된 북아프리카무슬림학생친우회Amicale는 처음부터 종교적이었다. 알제 시 퐁드리 거리 2번지에 자리잡은 본부에는 국적을 불문하고 모든 대학의 무슬림 학생들이 모여들었다. 물론 일반 학생협회를 적대하지 않는다는 조항도 들어 있었다. Clement H. Moore, Arlie R. Hochschild, "Student Unions in North African Politics," *Daedalus*, vol.97, no.1, 1968, 21-50쪽; A. Hellal, *Le mouvement réformiste algérien*, 335-337쪽.

19. AEMAN와 AEMNA 모두 '무슬림학생협회'를 뜻하나 AEM 뒤의 '북아프리카'를 Afrique du Nord로 쓰거나, Nord Africaine으로 쓴 서로 다른 단체다. 아주롱은 이들의 역사적 중요성이 간과돼왔다고 지적한다. Ch.-R. Ageron, "L'Association des Étudiants Musulmans Nord-Africains en France durant l'entre-deux-guerres. Contribution à l'étude des nationalismes maghrébins," *Revue française d'histoire d'outre-mer*, vol.70, no.258, 1983, 특히 25-26, 45-48쪽.

20. F. Abbas, *De la colonie vers la Providence: Le jeune Algérien 1930*, 85쪽..

학생협회AEMNAF와도 협력했다. 두 단체 공동주관의 튀니스 대회에 서는 북아프리카의 아랍어 교육, 튀니스 그랑 모스크Grand Mosque의 교육개혁, 전문직과 농업교육, 무슬림의 여성교육을 안건으로 제시한 바 있었다.[21] 매우 실천적인 의제들이었다. 학생들은 1930년대 서구에서 회오리를 일으키는 계급 문제에 부딪쳤지만 휩쓸리진 않았다. 모로코 민족주의 학생들은 "프롤레타리아, 부르주아, 자본주의는 우리에게 의미 없는 수입용어다. 우리에게는 계급은 없고 인종race이 있을 뿐이다. 특혜를 가지고 모든 이점을 누리는 인종, 종속되어 모든 부담을 감내하는 인종"이라고 했다. 이는 감정적 언사가 아니었다.[22] 프랑스 좌파와 북아프리카 학생운동의 관계는 매끄럽지 않았고 해법도 서로 달랐다. 튀니지 대표인 살라 벤유세프는 1933년 12월 "우리는 공산주의자가 아니다"라고 전제했다. 그러나 그는 "억압자에 최대한 투쟁하기 위해서는 우리의 노력을 도와줄 기구의 원조도 추구해야 할 것"이라고 했다. 이 문제는 계속해서 쟁점이 되었지만 어떻든 AEMNA 대회가 튀니스, 알제, 파리에서 연쇄적으로 열린 것─모로코에서는 성사되지 않았다─에서 보듯, 알제리 학생운동은 북아프리카 학생운동 안에 있었다. 모로코 역사가 압달라흐 라루이는 1930년 이후 세 나라는 각자의 길을 가지만 그전까지 북아프리카 단위의 민족운동은 지지를 받았음을 천착해야 한다고 주장한다. 북아프리카 민족주의는 각 나라를 초월해 하나가 되어 이지적인 민족주의, 이지적인 정치의 길을 걷겠다는 전략이었다.[23] 그와 같은 문제점이 도사리

21. Ch.-R. Ageron, *Genèse de l'Algérie algérienne*, Paris: Bouchene, 2005, 209쪽.
22. 같은 곳.
23. A. Laroui, *The History of the Maghreb: An Interpretive Essay*, trans. Ralph Manheim, Princeton, NJ: Princeton University, 1977, 367-368, 373-375쪽. [*L'Histoire du Maghreb: un essai de synthèse*, Paris: Maspero, 1970.]

고 있긴 했지만 1930년대 알제리 학생운동은 북아프리카 안에서도, 영혼의 알제리는 프랑스의 직할통치를 받는 목전의 알제리보다 넓다는 감정적인 여유를 가졌으며 이웃 두 나라 학생들과의 연대를 통해 안도감을 얻었다. 필요할 때면 언제든 다른 나라 학생의 지원을 받을 수 있다는 공감대는 1945년 이후 더욱 두터워졌다.

사실 알제가 정치에 민감해진 것은 1943년 전쟁 때였다.[24] 1942년 미군의 알제 상륙, 연합군의 튀니지 점령 후 튀니스에 있던 작가 앙드레 지드가 알제에 오고 생텍쥐페리도 들르고, 카뮈가 프랑스에 진출하자 도시 분위기는 활기를 띠었다.[25] 책방, 신문사, 인쇄소가 빼곡한 알제 대학교 거리는 급진화의 바람을 탔다.[26] 정치인뿐만 아니라 학생들도 페르하트 압바스 주도의 AML에 가담했다. AML의 성명서 작성에 학생들의 손길이 갔다. AEMAN 의장 엘 하즈 제마메가 주도적이었다. 1944년이 지나자 AML의 알제 대학생 지부가 설립되었다. 파리 해방의 열띤 분위기는 무슬림 학생들의 정치화로 이어졌다. 또한 학생들은 인문주의적인 페르하트 압바스 쪽에만 쏠려 있지 않았고 민중당 안에서도 이미 주요 직책을 맡아서 활동하고 있었다. 1946년부터 1947년 사이, AEMAN의 의장은 민중당의 샤우키 모스테파이였다. 그후 민중당 분리파인 MTLD의 센투프가 다시 의장을 맡았다. 학생운동은 1949년에 OS 사건과 연관되었다. OS의 선전활동과 문건

---

24. O. Carlier, "L'émergence de la culture moderne de l'image dans l'Algérie musulmane contemporaine (Alger, 1880-1980)," 321-352쪽.

25. 에드몽 샤를로Edmond Charlot의 출판사는 카뮈의 『안과 밖』, 장 그르니에의 책도 출판했지만, 지드가 알제리에 오고, 앙드레 모루아, 생텍쥐페리가 들어오자 문인들과 왕래하여 『라르슈L'Arche』와 『네프Nef』 같은 새로운 잡지들을 발간했다.

26. 프랑스 문화와 식민지 알제리의 풍토가 섞인 알제는 문화학 연구의 소재로, 1987년 1월 몽펠리에 대학에서 압델카데르 제글룰Abdelkader Djeghloul 같은 알제리 사회학자, 작가 물루드 마메리, 카텝 야신 등이 모여 이 문제를 논의했다. P. Siblot (éd.), *Vie culturelle à Alger 1900-1950*, Oran: Dar elgharb, 2004.

작성은 모두 이러한 학생들의 몫이었다.

AEMNAF 의장으로 알제에서 체포된 므하메드 야지드는 선거로는 민족해방에 도달할 수 없다고 선언한다.[27] 해방은 대학생 자신에게도 필요했지만 성인 문맹률이 90퍼센트에 가깝고, 유럽인 학령아동이라면 누구나 학교를 다니는데, 무슬림은 14.6퍼센트만 학생인 현실, 캠퍼스에서 조우하는 유럽인은 227명당 한 명꼴로 대학생인데, 무슬림은 1만 5,341명당 한 명이 대학생인 현실(1953년 통계)에 대한 타개가 동족 알제리인들에게 필요했다. 반면 알제리전쟁 초기 알제 대학교의 분위기는 다분히 극우적이었다. 제2차 세계대전 후 무슬림의 고양된 민족의식, 세티프 사건에 대한 반응이 작용해 유럽인 학생들의 극우 성향이 두드러졌겠지만 20세기 초 이름을 날렸던 진지한 학구열은 퇴조한 듯했다. 전쟁기에 피에르 부르디외가 이 학교에 강사로 재직하면서 그렇게 감지했던 것도 이유가 있었다. 1830년 이전 알제리는 고등교육 비율이 높았다고 발언한 역사학 교수의 초상화를 짓밟을 만큼 유럽인의 극우 성향은 거셌다.[28]

그러나 모순을 짚고 사회를 주시하는 것도 대학이었다. 1954년 봄 알제 대학교 부설 연구기관 알제리사회사무국은 '기아에 대한 알제리인의 투쟁'을 주제로 학술대회를 열었다.[29] 가톨릭 후원을 받는 기구였지만 알제리인이 식량부족으로 이민 가는 문제를 경제사회적 데

---

27. 야지드는 이 시기에 선거를 통한 전략은 충분하지 않으며 강경한 감시정책을 펴야 한다고 주장하였다. "Les colonialistes français et la liberté de la presse," *L'Étoile algérienne*, 22 février 1948. 민중당 신문.

28. 이런 분위기에서 앙드레 망두즈가 대학에서 추방되었다. 1951년 에미르 압델카데르의 전기를 출간한 역사가 마르셀 에메리트Marcel Émerit도 같은 핍박을 받았다. 알제리 역사에 의미를 부여한 그의 초상은 알제리-프랑스인 학생들에게 짓밟혔다. 필리프 마르세, 장 부스케 등 파시즘에 경도된 사회학 교수들이 캠퍼스를 지배했다.

29. *La lutte des Algériens contre la faim. Journées d'études des secrétariats sociaux d'Algérie, Alger 1954 (27-28-29-30 mai).*

이터에 근거하여 논의했다. 이 대회에서는 공장노동자의 단체급식에 따뜻한 음식이 제공되며 고기가 들었고 10년 전과 같은 간이식 수준이 아니라는 보고도 있었다. 만연한 빈곤 속에서 1946년 이후 중학교를 다닌 무슬림 학생들은 인도차이나전쟁, 인도의 독립, 모택동의 중국을 배우며 자랐다. 1947년 알제리인 지위법은 아랍어를 식민지 연합체인 프랑스동맹Union Française의 언어들 중 하나로 명시했다. 교육 지평은 전보다 넓어졌고 물살은 밑으로 스며들었다. 더구나 무슬림 대학생은 알제리를 넘어 지중해 양안에 걸쳐 있었다.

2. 알제리무슬림학생총동맹

FLN의 전쟁선포 후 5개월 뒤, 즉 프랑스 알제리 주둔군이 10만 명으로 증가된 1955년 4월과 5월, 파리와 리옹, 몽펠리에의 알제리 학생들은 분주했다. 파리 생미셸 대로 115번지는 학생들이 회의를 하고 손님의 방문이 잇따르고 전단을 준비하느라 연신 북적이고 시끄러웠다. 뤽상부르 공원을 마주하고 있는 소르본 대학과 앙리4세 리세, 더 올라가면 고등사범학교, 내려가면 책방들과 라탱 지구의 술집들이 나오는 생미셸 대로는 유서 깊은 유학생과 망명자의 거리였기 때문에 북아프리카 학생에게도 내 집과 같았다.[30] 1930년대에 AEMNA 본부가 이곳에 있었다.[31] 같은 식민지인이었지만 이들 학생들은 이민노동

---

30. 종교개혁 시대 이래 유럽 대학은 이베리아 유대계인 마란파, 가톨릭, 칼뱅파의 피신처였으며, 19세기부터는 러시아나 독일 학생들이 들어왔다. P. Ferté et C. Barrera (dir.), *Étudiants de l'exil: Migrations internationales et universités refuges XVI-XX*, Toulouse: Presses Universitires du Mirail, 2009. 민족주의 지도자가 되는 북아프리카 학생들에 관해서는 133-144, 251-265쪽.
31. 튀니지, 모로코, 알제리 삼국 학생들이 자유롭게 드나들고 지하에는 식당이 있었

자처럼 변두리로 따로 몰리지 않고 프랑스 학생, 다른 나라 학생과 스스럼없이 같은 공간에서 어울렸다.

1950년대 초 프랑스 경제의 회복세로 대학생 수가 늘고 인문사회과학 출판문화가 번성하자 식민지 유학생도 증가해 서로 자극이 되었다.[32] 전쟁 동안 프랑스에 거주한 알제리 출신 학생은, 정확히 말하긴 어렵지만, 2,080명에서 1,811명으로 감소했다가 1957년 무렵 다시 2,190명으로 상승한다.[33] 1955년 알제 대학에 있는 무슬림 재학생은 589명이었고 전체 프랑스 대학의 알제리인 재학생은 600명이었다. 식민 본국에 대학생이 더 많았던 데는 식민지 대학교의 분위기에 비해 프랑스에 있는 대학이 인종과 문화, 비판에서 자유로웠기 때문이다. 파리에는 동서 유럽, 중국, 베트남 학생도 많았다. 1946년 이후로는 프랑스동맹에 가입한 중서아프리카에서 유학을 왔고, 이들 가나, 니제르, 카메룬, 세네갈 유학생들은 아프리카 고유의 문화적, 정치적 모임과 학구적 협회를 꾸준히 만들었다.[34]

1955년 봄 알제리 학생들이 파리에서 준비하고 있던 것이 알제리 무슬림학생총동맹UGEMA이었다. 긴박한 전황에 맞춰 여름 창립을 목표로 조직의 구성과 목적, 이념, 활동을 논의하고 다듬었다. 이들이 대회를 준비하는 곳도 대회를 열 곳도 파리였지만 전쟁선포 후 이런 기구의 필요를 절실히 느낀 곳은 오히려 알제였다. 알제의 북아프리

다. 이곳은 학생들의 국제기숙사 단지 시테인터내셔널까지 전철로 오가기가 쉬웠다.

32. 당시의 교육열은 식민지로도 널리 퍼져나갔다. 영국은 가나, 케냐, 나이지리아, 우간다, 수단, 탄자니아에 고등교육기관을 열었고, 프랑스에서도 세네갈의 수도 다카르에 의과대학을 설치했다.

33. G. Perville, *Les étudiants algériens de l'université française 1880-1962*, Paris: Editions du CNRS, 1984, 172쪽.(이하 *Les étudiants algériens*)

34. 중서아프리카의 주요 학생단체는 다카르 중심의 서아프리카학생총연맹, 흑아프리카학생총연맹, 에티오피아, 제프랑스흑아프리카학생연합FEANF 등이었다. 튀니지 학생조직도 튀니지무슬림학생의소리VEMT, 튀니지학생총동맹UGET으로 갈라졌다.

카무슬림대학생협회AEMAN 집행국은 2월 27일 총회를 열고 순수한 알제리 학생으로 구성된 기구 창설에 만장일치로 합의를 보았다. 구체적 자료는 대하기 힘들지만, 이후 몇 달간 알제와 파리 간에 서신과 인편이 계속 오가며 UGEMA의 창설 구상이 무르익었을 것이다.[35] 이 조직이 어떤 상황과 배경에서 총동맹을 조직해갔는지는 거의 자명하다. 모로코와 튀니지의 약진이 선망을 일으켰다. 1930년대부터 하나로 뭉친 듯했던 북아프리카 학생조직 중 튀니지는 빠르게 독자적 학생기구를 세워 독립운동에 참여했다. 1953년 파리에서 창설된 튀니지학생총동맹UGET은 이듬해 1954년 7월 남부 니스에서 제2차 대회를 열고 네오데스투르당과 연계를 이루었다.[36] 모로코 역시 모로코 학생운동이 독립에 활기를 불어넣고 있었다. 그뿐 아니다. 후일 계속 논란을 일으키지만 1954년 11월 이후로 프랑스 대학생전국조직연합 UNEF이 알제리의 학생운동에 비상하게 관심을 두었다.[37]

알제리무슬림학생총동맹 준비회의에는 알제리 학생들이 재학중인 모든 프랑스 소재 대학의 대표들이 모였다. 이미 대학 단위로 독자적인 알제리 학생동맹을 만들어놓았던 툴루즈, 몽펠리에에서 학생총동맹 제안이 나왔다. 만장일치로 동맹 창설을 결의한 학생들은 종교를 기준으로 파탄을 일으키지 말자는 약속을 하였다. 유럽의 학생 공산주의자들이나 유대계들의 개입을 막으려는 방편이었다.

1955년 UGEMA 발기인들은 이십대 중후반으로, 안락한 환경에서

---

35. Clement Henry Moore, *L'UGEMA: Union générale des étudiants musulmans algériens (1955-1962). Témoignages*, Alger: Casbah, 2010. 웹사이트에 공개된 제목은 약간 다르다. *Combat et solidarite estudiantins l'UGEMA 1955-1962*, 87쪽. (이하 웹사이트판 쪽수 인용, *l'UGEMA*로 약칭.)

36. James Natsis, *Tunisia's student movements during the independence era*, Ohio: Ohio University, 1998, 99-172쪽.

37. UNEF, *Le syndicalisme étudiant et le problème algérien* 참조.

자란 몇몇을 빼고는 거의가 중간계급이었다. 페르하트 압바스는 아버지가 카이드Caid(지역의 지도자, 지휘관, 판관)였지만, 1871년 카빌리 봉기 후 토지가 몰수되어 농촌노동자로 일하다가 발탁된 경우였다. 프티부르주아 계층, 택시기사의 자녀, 1955년 가을 법대에 등록한 압델라우이처럼 행정 당국으로부터 장학금을 받고 프랑스에 온 학생도 있었다. 1954년과 1955년 북아프리카무슬림학생협회의 조사에 따르면, 학생들은 장인 및 상인 집안이 37퍼센트였고 나머지는 하급공무원, 농촌 관리인, 사무원, 자유직업인, 노동자, 소지주 집안이 골고루 분포되어 있었다.[38] 이는 파리나 지방대 학비가 고액이 아닌 점도 있었지만, 식민지 사회의 신분상승 욕구를 반영하고 지적 자유를 갈망하는 청년층의 갈증도 읽게 한다.

그러나 UGEMA 창단은 정치적이었다. 민중당 계열이 많았고 또 일찍부터 정치활동에 뛰어든 사람들이 다수였다. 이 단체의 주도권은 튀니지의 네오데스투르당, 모로코의 이스티클랄당과 손잡은 알제리 민중당PPA에 있었다. 특히 1955년에 24세였던 압데르하만 켄은 동부 해안 콜로 출신으로, 세티프 사건 다음해였던 15세 때부터 민중당원이었고, 스키크다 출신으로 프랑스에 와서 트로츠키주의자들과 가까이 지낸 모함메드 하르비의 경우도 십대에 민중당에 가입한 인물이었다. 1933년 모스타가넴에서 태어난 알리 압델라우이는 17세부터 민중당 대학 지부에 가입하고 콘스탄틴에서 학생회 의장을 맡았다. 물론 민중당과 연관성이 없는 학생들도 편히 합류할 수 있었다. 바트나에서 온 23세의 레다 말렉은 알제 대학을 나와 파리에서 학업을 이어가다 UGEMA 창단 직전에 파리의 학생조직동맹에서 총비서로 일했다. 의학이 전공인 27세의 물루드 벨라우안 역시 압데르하만 켄과

---

38. G. Pervillé, *Les étudiants algériens*, 36쪽

동향인 콜로 출신으로, 민족운동에 가담했지만 민중당원으로 기록되어 있지는 않다.[39] 이들은 모두 UNEF의 프랑스 학생들과 친했으며 북아프리카 학생들과도 하루가 멀다고 만나면서 식민지 문제의 추이를 예리하게 주시했다.

그러나 알제리전쟁기에 알제리 학생운동이 도약한 데는 제1차 세계대전 이후 내려온 민족운동의 분열 상황과도 연관성이 있다. 창단자 중 하나인 몽펠리에 대학의 모함메드 페라디와 압드셀람은 이 점을 분명히 한다.[40] 사실 UGEMA 같은 지적, 사회적 기구 즉 통합적 학생조직을 절실히 필요로 한 데는 알제 대학의 무슬림 학생들이 민중당이나 공산주의 학생, 노동조합, 페르하트 압바스의 UDMA로 갈라졌기 때문이었다. 프랑스 노조의 모든 지부들이 학생사회로 들어와 있었고 선거철만 되면 학생들은 당 고위직으로 올라가려는 투쟁을 벌였다. 압드셀람은 이 때문에 알제리 학생들을 안팎으로 하나로 결집해야겠다는 발상을 하게 되었다고 설명한다. 그러나 이 말은, 다시 말하면 어느 정치세력에 귀속되지도 않고, 어느 정당 이념을 대변하지도 않는 자유로운 통합체를 의미했다. UGEMA의 창단자들은 4월 4일에서 7일까지 파리에서 준비대회를 할 때에도, 그리고 창립 초기에도 이를 의심하지 않았다.

그도 그럴 것이 가난한 식민지의 이십대였지만 그들도 시대의 흐름을 타고 있었기 때문이다. 1925년에서 1930년 사이에 출생한 이들이 이십대 초반이 된 이때는 이념과 종교보다 스카우트 운동, 스포츠 클럽 같은 친목단체가 번성하고 학생 간 교제도 전보다 활발했다.[41]

---

39. A. Cheurfi, *Dictionnaire de la révolution algérienne*, 55-56쪽.
40. Clement H. Moore, *l'UGEMA*, 62, 98쪽.
41. 이에 관해서는 오마르 카를리에의 다음 글 참조. O. Carlier, "Mouvements de jeunesse, passage des générations et créativité sociale: la radicalité inventive

인구 변화로 청년층의 사회적 비중은 커지는데 식민화의 모순은 뿌리 깊은 것이 오히려 과격한 변화의 동력이 되었다. 정당도 그 물결 속에 있었다. 민중당과 공산당의 간부들도 젊어지고 아랍화되었다. 오마르 카를리에에 따르면, 창조적이면서 동시에 파괴적인 흐름이 이어졌다. 이 조류로부터 이탈해 있는 집단이 있다면 그것은 울라마 운동뿐이었다. 정치적으로나 문화적으로 변혁을 추동한 이들 청년층은 집단적이지 않았고 누구의 특정 지시에 따라 움직이지도 않았다. 전국위원들도 작은 지도자들도 정치적인 멋을 냈다.

하지만 새로운 세대라도 학생들은 파리에서 여러 압력을 받았다. 프랑스 동화론에 눌린 것이 아니라 사회주의자, 공산주의자, 트로츠키주의자, 자유기독교인, 노동사목을 만나는 공간이 파리였기 때문이다. 공장에서 일하는 노동자는 그들에 동정적인 프랑스인을 사귀고 그 연줄로 카페나 사사로운 자리에서 장시간 이야기를 나누었다. 그들은 "토착민에게 보내는 콜롱들의 따가운 시선을 느끼지 않았다."[42] 알제에 비하면 파리는 자유의 도시였다. 아무데나 돌아다닐 수 있고 검문 받는 일이 없었다. 그러나 그들이 매혹된 것은 이곳의 건축, 역사, 문화가 아니었다. 그들에게 "파리는 그저 살기 편한 곳"일 뿐이었다. 파리에 온 알제리 투사들의 심정이 그랬다면 라탱 지구 학생들은 더 자유로웠을 것이다. 하지만 1950년대 파리의 알제리인 유학생들은 '파리의 자유'에 마냥 취해 있지 않았다. 모든 것을 새로이 건립해야 할 건국의 시점이었기 때문에, 학생들은 각 부문의 주권이 제대로 서기를 강력히 열망했다. 알제리전쟁 발발 이후에 수립된 상인총동맹

---

algérienne des années 1940-1950," N. Bancel, D. Denis et Y. Fates (dir.), *De l'Indochine à l'Algérie: La jeunesse en mouvements des deux côtés du miroir colonial 1940-1962*, Paris: La Decouverte, 2003, 163-176쪽.

42. O. Boudaoud, *Du PPA au FLN*, 80쪽.

UGCA이나 근로자총동맹UGTA과 다른, 대학조직 고유의 성격이 그것이었다. 그렇다면 UGEMA는 이런 뜻을 얼마나 오래 가질 수 있었고, 또 얼마나 구현할 수 있었을까?

UGEMA 창립대회는 1955년 7월 8일에서 14일까지 생미셸 대로 옆 학교길 상조회관에서 일주일 동안 이어졌다.[43] 강당은 사람들로 꽉 찼고 모두 감격에 겨워했다. 이 창립대회에는 프랑스, 유럽, 알제의 대학공동체 대표, 튀니지의 지투나, 페스의 카라우인 대표들이 참석했다. 이로부터 1962년 9월까지 집행위원회에는 창립대회 대의원들이 줄곧 참가했다.[44] 우선 대회를 열어 조직을 출범시키는 형식이 무척 인문주의적이었으며 온전한 의미에서 정치의 장이었다. 식민지 학생들은 치장이 아니라 실제 권위주의를 멀리했다. 그리고 목적과 수단의 균형을 살려 대회 기간 내내 대의원들이 식견과 의지와 미래를 공유하는 민주정치의 틀을 실험했다. 그 전범은 이미 19세기 후반 유럽에서 나타난 바 있었다.

프랑스에서도 기존 정치판에 도전하는 각종 사회주의 정당이 이런 대회를 통해 근대적이고 민주적인 정치수련을 쌓아갔다. UGEMA의 대회도 마찬가지였다. 각 지역 대의원들이 마음껏 여러 의제에 정견을 개진하였으며 투표로 의안을 결정하는 자유로운 분위기였다. 참석

---

43. 이 주제를 전공한 클레멘트 무어, 프랑스의 알제리 학생에 관한 연구로 박사학위를 취득한 기 페르비에 모두 UGEMA 창립대회 의사록을 전혀 언급하지 않고 있다.
44. 창립 발기인 명단으로 다음의 이름을 들 수 있다. Layachi Yaker, Abderahmane Chériet, Bélaïd Abdeslam, Mouloud Balahouane, Abdelmalek Benhabylès, Med Seddik Benyahia, Lamine Khène, Rédha Malek, Messaoud Aït Chaâlal,Ali Abdella, Aoufi Mahfoud, Belarbi Abdelkader, Mokhtar Bouabdellah, Tahar Boutamjit, Lakhdar Brahimi, Nordine Brahimi, Tahar Hamdi, Djamel Houhou, Med Kellou Messaoud, Med Khémisti, Lakhdar Ali, Mansour Benali, Med Mokrane, Bachir Ould Rouis, Med Raffas, Med Rezoug, Taleb Chouieb, Sid Ali Tiar, Zeghouche Derradji.

자들은 전쟁으로 긴장할 수밖에 없었음에도 대회 내내 아무도 FLN의 이름을 꺼내지 않았다. 외부 권위를 빌리지 않겠다는 의지였거나 1955년 7월 FLN의 권위가 아직 수립되기 전이라 그랬을 수도 있다. 아무튼 의안은 학생들끼리 토의한 후에 결정했으며 그로써 세계 전역에서 참가한 알제리 학생의 대표적 기구가 탄생했다.

UGEMA 창설과정에서 이채로웠던 것은 알제리 학생기구 명칭에 M을 집어넣었다는 점이었다. M은 '무슬림Muslim'의 약자였다. 이 글자의 공식화는 의미심장했고, 물론 이에 동의하지 않는 반대의견도 있었다. 알제 학생들은 그전에 결성된 기구에서 공산주의자와 유대계도 모두 포용하려 했다. 굳이 무슬림을 명시해 다른 집단과의 경계를 긋는 것이 과연 학생다운 자세이고 자유로운 태도인지 의구심도 가졌다. 하지만 레다 말렉을 비롯해 다수의 학생들은 M 한 글자로 지금까지의 식민지와 결별한다는 뜻이 분명해진다고 생각했다. 이들은 M자의 각인으로 단순히 이슬람에 대한 종교적인 애착을 표명하려고 했던 것은 아니었다. 그러나 식민지인을 '돌보는' 공산주의의 영향을 받지 않겠다는 뜻이 없었다고 할 수는 없다.[45] 온유한 레다 말렉은 이를 "공산주의 역시 본국métropolitaine 프랑스의 것이라고 구분하려는 것은 아니었다"고 풀이하지만, 전쟁과 함께 알제리의 젊은 세대가 특정한 이념과 당파에 치우치지 않고 독자적인 사상과 운동을 지향하려 한 것은 분명했다. 하지만 이것은 이후의 난제로 남았다. 민족이 무엇인지, 공산주의와의 관계는 어떠해야 하는지는 1955년 4월의 토론으로도 종결되지 않았다.

그 때문에도 초대 의장은 비정치적인 아흐메드 탈레브 엘 이브라히미에게 돌아갔다. 이는 프랑스에서 여전히 강한 메살리 하즈의

---

45. Clement H. Moore, *l'UGEMA*, 35쪽.

MNA와 거리를 두면서, FLN에 동조하는 학생들이 이룬 중재에 가까웠다. 학생운동과 누가 더 친밀해지느냐의 문제는 상호 충돌하는 알제리 민족운동 진영의 뜨거운 관심사였다.[46] 그러나 엘 이브라히미의 면모는 UGEMA의 깊은 심성도 보여주는 것 같았다. 세티프에서 태어나 틀렘센에서 성장해 파리 의과대학에서 수학한 그는 19세기의 탄압정책으로 파괴된 이슬람 지성을 지키려 한 상류층 집안이었다. 엘 이브라히미 부계는 아랍-이슬람 학식을 지녔고, 아버지는 시리아 다마스에서 교수로 재직하다 메디나에서 튀니스 출신의 튀르크계 여성을 만나 결혼했다. 1940년 사망한 부친은 벤바디스의 후계자로까지 인정받던 울라마 지도자였지만 비시 정부 때 연금, 수감됐다가 앙리 지로 장군이 들어옴과 동시에 풀려났다.[47] 엘 이브라히미는 이집트 잡지 『아르-리살라Ar-Rissala(전언)』를 틀렘센 책방을 통해 구독했으며 이집트 영화를 관람하고 아랍 국가수반 회의를 보도하는 BBC 방송도 들었다. 해외에서 틀렘센 집으로 오는 책 상자에는 메카, 바그다드, 다마스, 카이로에서 나온 신학, 법학, 하디스, 쿠란 해석서가 가득 담겨 있었다. 울라마 지도자들은 중동 인사들과 서신교환을 지속했을 뿐만 아니라 유럽은 물론, 멀리 라틴아메리카, 아시아의 근황도 신경을 썼다. 상파울로의 시인, 샤피크 마알루프, 부다페스트의 동양학자 압둘카림 게르마누스, 제다의 메세나 모하메드 나시프, 카이로의 작가 타하 후세인을 듣고 읽으며 자라난 그는 이슬람을 종교가 아니라 자신의 문화정체성으로 여겼다.[48] 다른 학생을 경시하거나 자기

---

46. L. Khan, "Les étudiants algériens face à la colonisation," *El-Massadir*, no.8, mai 2003, 9-26쪽.
47. 자유프랑스군의 지휘권을 둘러싸고 드골과 경쟁하던 지로 장군은 1942년 몇 달간 북아프리카 통수권을 가졌다.
48. A. Taleb-Ibrahimi, *Mémoires d'un Algérien1*, 58쪽.

집단이 아닌 듯 여긴다는 평도 있었지만 하르비의 말대로, 그의 공손한 자세는 출신을 덮고도 남았다. 학생총동맹은 식민지배하에서도 다채로웠던 알제리의 얼굴을 보여주었다.

UGEMA가 창단 직후 발표한 '총동맹 원리'는 민족과 인민, 교육, 문화의 가치에 대한 인식의 깊이를 보여준다. 이들은 프랑스 식민화가 결국 알제리 고유문화를 억압하고 질식시켜 인민의 비인격화를 초래했다고 분석하였다. 인격이 박탈되고 미비한 상태는 인민의 이름에 값하지 않는 것이었다. 따라서 총동맹은 민족문화의 복원을 근본 과제로 삼았다. "아랍-이슬람 문화의 애착을 확언한 것은 이 때문이다." 그럼, 이때의 문화란 무슨 뜻이었을까? 이들은 문화가 없어지면 "알제리 지식인은 뿌리 뽑히고 자기 민중으로부터 끊어질 것임을 깨달았다"고 고백했다. 그래서 열심히 학생운동을 하면서도 내심 번민했다. 민중과의 결합 전망 없이는, 민중 없이는, 지식인이란 허상에 불과하다는 것을 되뇌었던 것인지 모른다.

그럼에도 이들은 문화의 명분으로 자문화의 담장 안에 갇히길 거부했다. "결국 내일의 알제리는 여러 인종과 문화로 구성될 것이며, 이런 공존이 절대적으로 필요하다"고 했다. 따라서 아랍-이슬람 문명의 애착은 다른 문화에 대한 불관용이나 거부를 의미하지 않았다. 다만 공존을 위해 각 존재의 의지가 요건이므로, 이 의지를 증명하는 것이라 해석했다. 그에 덧붙여, 총동맹은 그러한 최우선의 목적에 도달하기 위해 단지 교육의 민주화와 문맹퇴치 투쟁만이 전부라고 하지 않았다. 민족문화의 만개와 복원은 그와 같은 방법만으로는 안 되는 일일 것이다. 창립 후 1년쯤 지난 1956년에 UGEMA의 회원은 모두 5,000명이었고, 그중 프랑스에 체류하는 학생이 900명가량이었다.[49]

---

49. E. Orkibi, *Les étudiants de France et la guerre d'Algérie: Identité et*

이 비율은 넉넉한 숫자였을까, 미흡한 숫자였을까? 어떻든 소르본 앞 생미셸 대로 115번지의 학생운동 사무국에는 모로코와 튀니지의 국기와 더불어 초록색 바탕에 하얀 별과 붉은 반달이 그려진 알제리의 깃발이 게양되어 있었다.

3. 학생총동맹의 주권·자유·행동

1956년 5월 학생총동맹은 '프랑스 학생들에게 보내는 선언'을 발표하고 알제리 문제에 대한 프랑스 학생조직 UNEF의 입장에 대해 공개비판을 가했다.[50] 이 성명서가 거명한 UNEF는 1907년에 창설되어 50년의 역사를 가진 프랑스의 전국 학생조직이었으며, 1954년 아직은 국제 문제에 발을 들여놓지 않으려 했지만, 소수파 학생들은 프랑스 경찰의 핍박을 받는 해외 식민지 학생들을 도와야 한다고 믿었다.[51] 1955년과 1956년 청년들의 징병이 확대되자 UNEF는 점차 알제리 문제를 중요하게 인식하고 내부적으로 이 전쟁에 관한 입장을

expression collective de l'UNEF 1954-1962, Paris: Syllepse, 2012, 111쪽. 이 정치 운동이 다수를 포용하면서 확대되진 않았다. 『리앵 데 제튀디앙*Liens des étudiants* (학생 연대)』에 따르면, 1년에 한 번만 들릴 뿐 협회에 오지 않는 학생이 많았다.
50. "Déclarations de l'UGEMA aux étudiants Français confirmant la rupture des liens avec l'UNEF en mai 1956 (Fonds Jean-Louis Jay, Cité des mémoires étudiantes)," *Les Cahiers de Germe*, no.30, 2012/2013.
51. 알제리전쟁기(1954-1962)에 프랑스 대학생은 14만 명에서 25만 4,200명으로 늘었다. 그에 따라 UNEF 가입자도 늘고 각 대학에 지부가 생기고 간부진 위상도 크게 올라갔다. UNEF는 좌파가 아닌 스펙트럼이 큰 정치 성향이었다. 하지만 1959년 말 프랑스 우파가 알제리에 강경 대처하자 학생조직은 알제리전쟁 지지로 기울었다. A. Montchablon, "Syndicalisme étudiant et génération algérienne," *La guerre d'Algérie et les intellectuels français*, 175-189쪽. UNEF의 정치적 요새와 같았던 동부 그르노블 대학에는 FLN을 지지하는 알제리인과 북아프리카 학생이 많이 있었는데 이들은 대개 학생운동의 책임자들이었다.

논의했다.[52] 그러다가 1956년 5월 운영위원회의 다수파가 알제리학 생총동맹과의 관계는 파탄에 이르렀다고 발표했다. 그러자 그 전해 총동맹을 결성했던 알제리 학생들은 이러한 결정은 알제리 민중의 합당한 열망을 적대시하는 입장이라면서 알제리학생총동맹이 민중의 투쟁과 연대하는 것은 어떠한 경우에도 반反프랑스적인 것이 아니라는 반론을 전개했다.

이 갈등은 프랑스를 둘러싼 이론적 차이에서 나온 것만은 아니다. 프랑스의 탄압에 대항하여 고안된 알제리 학생들의 동맹휴학이 보다 직접적인 갈등 요인이 됐을 테지만 그 연원은 더 뿌리가 깊었다. 양자 간 이론적이고 정치적인 골이 파인 지 이미 오래였다.[53] 동맹휴학 전 학생총동맹 준비회의에서 알제리인과 프랑스 공산주의자 사이에 격론이 일었다. 프랑스공산당의 주요 언론 『공산주의 수첩』의 편집인 레옹 펙스는 다시금 모리스 토레스의 '알제리 민족형성론'을 내세웠다.[54] 알제리 민족은 아직 형성중이기에 독자적인 정치세력의 구축이나 독립은 시기상조라는 이 개념에 무슬림 학생들은 승복하지 않았다. 이 무렵 파리에서 카뮈를 찾은 레다 말렉과 동료들은 그로부터 들은 "난 아랍-프랑스인이다"란 말이 현실적이고 솔직하게 보였다.[55] 온

52. J.-Y. Sabot, *Le syndicalisme étudiant et la guerre d'Algérie*, Paris: L'Harmattan, 1998, 61-104쪽.

53. 이들의 갈등에 관해서는 N. Bancel, "Le conflit entre l'UNEF et l'UGEMA et la radicalisation des mouvements étudiants coloniaux (1938-1960)," *De l'Indochine à l'Algérie: la jeunesse en mouvements des deux côtes du miroir colonial 1940-1962*, 250-261쪽.

54. L. Corinne, *Les étudiants communistes et la guerre d'Algérie, 1954-1962*, Paris: Institut d'études politiques, 1978. 모리스 토레스는 1936년 알제 강연에서 이런 입장을 분명히 했다.

55. "우리의 민족 감정은 충격을 받았다. 알제리 민족은 유럽의 공동체와 언어, 종교, 역사가 달랐다. 둘의 융합은 매우 작위적이었다. 우리는 『렉스프레스』로 카뮈를 만나러 갔다. 탈레브 엘 이브라히미도." Clement H. Moore, *l'UGEMA*, 164쪽.

건한 탈레브 엘 이브라히미는 학생조합은 우선 주거, 장학금, 학업, 취업 같은 실무지원에 충실해야 한다고 믿었지만, UNEF 대표 로베르 샤뛰이의 요청에는 동의하지 않았다. 해외 문제를 맡은 UNEF의 샤뛰이는 UGEMA 창립대회 때, 단상에 올라 그러한 요청과 더불어 두 단체 간의 협력을 위한 상설적인 대화 수립을 제의했다. 엘 이브라히미는 그보다 근본적으로 유럽인 학생들이 알제리인 인격의 보존과 수호를 위한 프랑스의 변화를 촉구하기를 바랐다. 아랍어 공용화, 교육체제, 무슬림 예배, 토착민의 국가제도 참여가 없이는 프랑스 학생들과의 대화는 무의미했다.[56] UNEF 부의장 샤뛰이는 "프랑스 문명은 타민족 문명을 대신 밝혀주지 않으며 프랑스 문명의 역사적 사명은 타문명과의 공동 이해관계로서, 다른 문명들이 프랑스에 합치하게 하는 것"이라고 여겼다.[57] 하지만 무슬림 학생들은 "우리가 유럽에 빚지고 있고 유럽 문화가 근대 문화로 가는 넓은 길을 열어준 것을 확인하지만, 우리는 우리 자신으로 남아 있으며, 우리의 인격을 지켜낼 의무와 권리가 있다"고 생각했다.

프랑스의 학생조직들은 식민지 문제에 대해 그들 내부의 의견을 조율하여 통합을 이끌어내기가 어려웠다. 다수파는 비정치적이고 보수적이면서 애국적인 반면, 소수파는 반식민주의를 외치면서 정치적인 참여를 요구하는 입장이었다.[58] 프랑스의 UNEF는 1956년 4월 5일에서 15일까지 스트라스부르에서 제45차 전국대회를 열고 통합안

56. UNEF, *Le syndicalisme étudiant et le problème algérien*, 3쪽.
57. 같은 책, 2쪽.
58. 식민지 투쟁이 유럽 방어로 귀결되는 면이 있었다. 민족주의 청년들은 식민지 상실에서 유럽 문명의 수호를 위한 보수혁명 방안을 찾는다. A.-M. Duranton-Crabol, "Du combat pour l'Algérie française au combat pour la culture européenne. Les origines du Groupement de Recherche et d'Études pour la Civilisation Européenne (GRECE)," *La guerre d'Algérie et les intellectuels français*, 64–65쪽.

을 제안했으나 의견 조율에는 성공하지 못했다. 그러나 프랑스와 알제리의 두 학생단체들은 1958년과 1959년에 알제리 독립운동 투쟁의 대의에는 상반되지 않았다.

UNEF는 알제리 문제를 면밀히 파고들었다. 청소년은 증가하는데 교육은 바닥인 점, 전쟁이 학교교육에 가져온 결과, 학교를 파괴하는 FLN의 행위, 무슬림의 교육기초에 대해 쓰고, 알제 대학의 프랑스 학생과 무슬림 학생 간 노골적인 투쟁을 알렸다. 알제리에서 체포된 학생들은 이름, 인적사항, 사건일지를 기재하고, 프랑스에서 체포된 알제리 학생들도 무슬림이란 것만으로도 심적 고통을 겪는다며 수색과 체포, 고문, 실종 그리고 수용소 현황을 조사했다.[59] 1960년 10월 스위스 로잔에서 공동선언문에 서명한 UNEF는 전쟁 반대의 공개시위를 촉구하고 알제리 독립에 전적으로 가담한다는 뜻을 밝혔다. 이 학생운동을 시작으로 교사단체와 노동단체로 그 뜻이 확산되었다.[60]

알제리 학생들은 프랑스 학생조직에 포섭되지 않으면서 프랑스 학생들뿐 아니라 사회여론의 지지를 얻어야 하는 미묘한 위치에 놓였다. 학생총동맹은 1956년 1월 "수많은 알제리 무슬림 학생들이 감옥에 있고 문과대생 젯두르가 경찰에게 살해된 상황에서" 이 사실을 여론에 알리고 수감자 및 알제리 민중들과의 연대를 표명하기 위해 단식투쟁과 수업 거부를 결정했다.[61] 학생총동맹은 알제리인의 FLN 합류를 추구한 아반 람단과도 연결되어 있었다. 탄압이 가중되고 전쟁이 심화하자 이들의 관계는 분명해졌다. 3월 24일에서 30일까지 파

---

59. UNEF, *Le syndicalisme étudiant et le problème algérien*, 41-53쪽
60. D. Wallon, *UNEF-UGEMA, combats étudiants pour l'indépendance de l'Algérie*, Conférence faite à Glycine, Alger, 8 juin 2015.
61. L'U.G.E.M.A. s'adresse à l'opinion Francaise, *Tract de l'UGEMA appelant à la grève de la faim des cours le 20 janvier 1956* (Fonds Jean-Louis Jay, Cité des mémoires étudiantes), *Les Cahiers de Germe*, no.30, 2012/2013.

리에서 열린 제2차 대회에서 총동맹은 FLN을 알제리 민족의 유일하고 단 하나뿐인 대표 기구로 공식 인정하고 이를 근거로 정식으로 프랑스 정부에 협상을 요구하였다. 프랑스 정부에 대한 요구사항에는 알제리의 독립 인정, 수감된 애국자 전원 석방이 들어 있었다.

그러나 학생총동맹은 FLN에 협력하면서도 총지휘를 받는 산하 기구는 아니라고 자임했다. 학생운동이 FLN 프랑스 연맹의 자금으로 운용되지 않느냐며 반론을 제시했음에도, 학생들은 FLN 산하 CCE에는 들지 않았다.[62] 개인적으로는 라민 켄처럼 FLN에 가담하면서도 학생총동맹은 학생총동맹 이름으로 그렇게 할 의사가 없었다. 학생총동맹은 FLN 결성에 따라 그에 필요한 기구로 편제된 것이 아니라, 이미 FLN 태동 전부터 구상되고 창립된 학생들 고유의 작품이었다.[63] 하지만 전쟁을 맞아 FLN 프랑스 연맹은 파리와 각 지방에 있는 알제리인의 동태를 일일이 파악하고 있었다. 노동자, 소상인, 스포츠인, 자유직업인, 프랑스군의 알제리인 간부가 모두 사찰대상이었고 유학생도 곧 그렇게 되었다. FLN에 합류할지 말지 외에는 다른 의견을 내놓기가 어려운 비상시국이었다. 하지만 그때도 학생들에게 중요했던 것은 단일 민족주의를 떠받치는 것이 아니었다.[64] 1955년 8월 20일, FLN이 저지른 유럽인 살해사건 직후 학생총동맹은 무고하게 희생된 유럽인과 무슬림 양쪽 모두에게 애도를 표하였다. 마을이 불타 없어지고 수

---

62. O. Boudaoud, *Du PPA au FLN*, 127-130쪽.
63. 학생총동맹 창단 멤버인 페라디, 라민 켄, 탈레브 엘 이브라히미 모두 이를 지적한다. 그러나 탈레브는 총동맹의 기원에는 어느 한편보다 학생과 FLN 양쪽이 다 있었다고 본다. Clement H. Moore, *l'UGEMA*, 62, 69, 82, 177, 179쪽.
64. 2004년 라민 켄과의 대담, "FLN은 UGEMA를 만들지 않았다."; Entretien avec Lamine Khène, officier de l'ALN, "Le FLN n'a pas créé l'UGEMA," Boukhalfa Amazit, publié dans *El Watan* le 01-11-2004 (http://www.djazairess.com/fr/elwatan/7106)

백 명의 여성과 아이가 무방비로 죽어간 사건을 일으킨 FLN에 대한 일종의 비난이었다.[65]

프랑스 학생으로서의 주권을 양보할 수 없듯이 FLN으로부터의 자유도 버릴 수 없었다. 1955년 봄 반둥 회의 이후 이미 대학생 체포가 늘어났고 알제 지부는 탄압의 표적이 되었으며, 파리에서도 학생들은 경찰의 불심검문을 받았다.[66] 그러나 그렇기 때문에 그 시련 속에서도 그들은 자유와 주권을 놓지 않으려 했다. 민족의 해방과 혁명에 대한 지지도 이에 근거했다. 학생들은 자신이 특권을 누리는 혜택 받은 계층임을 의식했다. 그러나 정당한 대의에 헌신하는 바로 그것이, 외세 강점의 멍에로부터 나라를 구하고, 오랫동안 인민이 받은 모멸을 씻는 데 이바지하는 길이라 믿었다.[67] 하지만 전투원도 상인도 아니고, 펠라도 아닌 학생이기에, 이 전쟁과 혁명을 위해 무엇을 할 수 있는지 고민했다. FLN 대외활동은 아직 궤도에 오르지 않은 초창기였고 임시정부 수립은 일정도 잡히지 않은 때였다. 1956년 5월 16일 시작된 학생총동맹의 동맹휴학 선언은 '우리가 무언가 해야 한다'는 그런 심정적 배경도 작용했다. 그러나 학생으로서 학업을 계속하느냐 마느냐 하는 것은 누구에게든 무엇보다 중대한 사항이었다.

강의와 시험을 거부하는 무기한 동맹휴학의 진원지가 어디였는가

---

65. G. Pervillé, *Les étudiants algériens*, 122쪽.
66. 1956년 5월 제2차 총동맹총회 다음날 하르비는 생미셸 거리의 카페에서 살리 교수를 만나고 발두아즈의 부페몽 요양소로 돌아갈 참이었다. 앙리4세 리세의 아랍어 교수도 있었다. 살리 교수는 잘 빼입은 부인과 이야기하는 척하며 얼른 검문을 모면했다. 마구잡이로 1,000명 가까운 이들이 파리 교외 보종 센터로 끌려가 종일 서 있었다. 자정쯤 하르비 앞에서 신분 조회가 끝나 그는 다시 경찰수송차로 뇌유 근처에 내려졌다. Mohammed Harbi, *Une vie debout*, 171-172쪽.
67. L. Khène, "Contribution des étudiants à la lutte armée et à la Révolution." http://www.sidielhadjaissa.com/2016/05/contribution-des-etudiants-a-la-lutte-armee-et-a-la-revolution-p3-par-l-khene.html (2016. 5. 17.)

는 명백히 가리기가 어렵다. 학생들의 자발적인 발상이었는지, FLN의 주도적인 행동이었는지, 증언에 따라 뉘앙스가 다르다. 하지만 파리가 아니라 알제에서 시작되었고 파리는 통고를 받은 것은 분명하다.[68] 알제 대학교는 1955년 가을 이후 전쟁을 반도들의 소행으로 보는 유럽인들의 시위로 시끄러웠다.[69] 학생총동맹 알제 지부는 5월 18일 강의와 시험을 거부하는 무기한 동맹휴학을 결의했다. 그들이 준비한 전단이 대학촌 벤아크눈과 알제 시내에 뿌려졌다. 그 전날 급히 작성된 것으로 알려진 전단은 격앙된 어조로 그동안 학생과 콘스탄틴 교수가 받은 탄압에서 동맹휴학 선언의 정당성을 찾았다. 젯두르 카셈을 비롯한 희생자의 이름과 경위를 열거했다.[70] 그러면서 이렇게 표현했다. "학위증을 더 없는다고 우리가 더 나은 시체가 되진 않을 것이다!" 그들은 학업을 중단하는 이유로 민중이 투쟁하고 있고 어머니, 아내, 누이가 '부당한 일violer'을 당하고 있으며, 아이와 노인이 "기관총과 폭탄과 네이팜탄 아래 쓰러지는데" 학위증은 아무 쓸모가 없다는 동기를 들었다. 이 전단 후반부에 지목된 사변적 이유는 '수동성'과 '공모' 그리고 '양심'이다. "콘스탄틴, 테베사, 필리프빌, 틀렘센, 그리고 그밖의 장소들이 폐허가 되고 시체조각들이 널려 있는 눈앞

68. Z. Abdelkrim, *Les sacrifices consentis pour la libération de l'Algérie. Mai 1956 à Juillet 1962*, Ministère des Moudjahidines, Alger: Éditions spéciale, 2008, 13-15쪽.

69. 1955년 10월 알제대의 여학생 베캇두르는 이 동맹휴학에서 알제 과학대의 오댕을 봤고 망두즈가 파업을 지지하는 것을 봤다고 한다. 프랑스-알제리인의 기수였던 부스케 교수는 학생들 전원 강의실을 나가 유럽인 거리시위에 동참하라고 했다. 피에누아르 군중이 총독부 광장으로 운집해 돌과 토마토를 던졌다. 무슬림 대학생은 일과후 집안 일을 돌봐야 했기에 참여가 적었다. 학교도서관 입구부터 소란하여 공부를 할 수 없었다. Clement H. Moore, *l'UGEMA*, 199쪽.

70. 젯두르 카셈은 1954년 11월 초 알제리에서 경찰에 체포된 후 궐석재판을 받았지만 행방은 알려지지 않았다. 『렉스프레스』는 1955년 10월, 카셈이 DST에 살해됐고 사건은 은폐됐다고 폭로했다.

의 전쟁에 대해 우리가 가만히 있기만 한다면, 민족군을 겨냥한 적의 비열한 비난에 공모를 하는 것이다. 이는 우리의 양심을 결코 만족시키지 못할 것이었다."이 파업 호소문이 마지막으로 제시한 개념은 '의무'였다. 적에 맞서 싸우다 죽어가는 이들의 고통을 날마다 돌아보는 것이 그들의 의무라는 것이었다.[71]

사실 학생들의 행위라서 '동맹휴학'으로 옮기지만 프랑스어 grève générale는 그냥 '총파업'이다. 19세기 서유럽 노동운동에서 나온 이 개념의 폭은 크다. 영국에서 총파업을 발의했을 때나 프랑스에서 이를 더 확장하여 그 실현가능성을 신봉했을 때, 그 의미는 단순히 임금과 노동조건 개선이라는 경제영역에 그치지 않았다. 모든 사회와 체제로부터 노동을 끊어, 임금수취 구조에 대한 전적인 반성을 일으킬 힘을 내보이려 한 것이 총파업이었다. 아반 람단이 1956년 구상한 것도 이와 별반 다르지 않았다. 학생들의 총파업인 동맹휴학은 식민지인이 온존하는 식민 당국과 끊어질 수도 있다는 상징이었다. 알제로부터 급전을 받은 파리 학생총동맹 지도위원회는 이 사안을 표결에 붙였다. 다수의 파업 찬성을 이끌어냈지만 십여 명 정도의 반대표와 그보다는 적지만 기권표도 있었다. 그러나 지도위원회는 "파업 결정을 아반이나 벤헤다에게 곧장 보고하지 않았다."[72] 일주일을 지체하

---

71. Le texte intégral de l'appel de l'Ugema. "프랑스 경찰에 의해 우리 선배인 벤제르제브가 살해되었고 부지 콜레주의 젊은 형제 브라히미가 부활절 기간에 프랑스군에 의해 메슈타에서 산채로 불타 죽는 비극적인 최후를 맞았고 우리의 저명한 작가이며 콘스탄틴 벤바디스 학교의 레다 후후가 인질로 잡혀 약식처형을 당했고 콘스탄틴의 핫담 박사, 틀렘센의 바바 아흐메드와 토발이 비열한 고문을 받았고, 우리의 동료들인 아마라, 루니스, 사베르, 타우티가 프랑스 감옥에 잡혀갔고 우리의 동료 페루키와 마히디가 체포되고, 우리의 동료 미히가 유형을 갔고, 총동맹 분쇄 캠페인이 벌어지고 경찰은 새벽 이른 시각에 벤아크눈 고등학교 기숙사 사감 페르하트 하잣즈를 고문하고 열흘 넘게 유폐시켰다. 이후 (사법과 고위행정부의 공모로) 지젤리 경찰이 현지 민병대의 도움을 받아 교살했다는 소식까지 들렸다……"
72. 2004년 라민 켄과의 대담, 앞의 글 참조.(이 책 539쪽 각주64.)

다가 5월 25일에야 프랑스와 모로코, 튀니지의 알제리 학생들에게 알제 지부의 운동에 따를 것을 파리의 일치된 결정으로 촉구했다.

파리 학생총동맹에서 작성된 동맹휴학 문안은 알제 전단에 비해 한결 온건하고 정중한 느낌을 주었다. 학생들은 학장이나 교수, 학생 사무처에 편지나 구두로 동맹휴학에 가담하는 이유를 밝히도록 권유받았다. 파업 지시는 프랑스 학교에 재학중인 알제리 학생들을 놀라게 했다. 강의는 끝나고 시험이 임박해 있었다. 이 혁명전쟁은 반도들의 소행이고 다수의 지지를 받고 있는 게 아니라는 프랑스 본국의 입장에 반대하자는 행동임은 이해하지만, 하르비는 동맹휴학이 모험적이라 판단하고 학생이 마키자르가 되어야 한다는 것에 찬성하지 않았다. 학업을 중단하면 독립 후 알제리에 절대적으로 필요할 인력 양성이 저해되고, 이는 곧 알제리를 위태롭게 할 것이었다. 사실 프랑스에서는 프랑스-알제리를 두둔하는 학생들도 적지 않았다. 더구나 UNEF는 즉각 이 호소를 거부했다. 학생들은 혹시 프랑스 정보부 계통의 심리전이 아닌지 의구심마저 품었다. 만약 수강 파업이 1957년과 1958년까지 지속된다면 학생들은 프랑스 대학에서 학적을 잃고 제명될지 몰랐다. 그렇게 되면 학업은 두말할 것도 없고 사회적 보장을 받는 학생신분도 끝난다. 파리는 알제에 이 상황을 그대로 알렸다.[73] 알제에서도 사절이 오긴 했지만 더 정확한 정보를 알기 위해 벨라이드 압드셀람이 알제로 갔다. 그는 대학생과 FLN 책임자들을 만났는데 아반 람단도 그중 하나였다.[74] FLN은 학생 요원들을 재집결하는 대학부Section universitaire를 새로 만들고, 총동맹 책임자들은 스위스, 튀니스, 트리폴리를 오가며 FLN이 위임한 사항들을 처리하였다.

---

73. G. Pervillé, Les étudiants algériens, 178쪽.

74. 페라디, 켄, 압드셀람 같은 총동맹 학생들도 1955년 초 아반이 출감한 후 FLN 지도력이 수립되었다고 보았다. Clement H. Moore, l'UGEMA. 여러 군데.

학생총동맹과 FLN 간의 사이가 한층 긴밀해지는 이때부터 알제전투의 탄압이 끝나고 새 학기인 1957년 9월 22일까지 동맹휴학에 얼마나 많은 학생들이 가담했는지는 명확하지 않다. 그러나 학교에 나오는 학생들의 인원수가 계속 떨어졌다는 것은 알려져 있다. 어림잡아도 알제 대학교에서만 수백 명에 이르렀다. 알제리의 학생 문제를 전공한 연구자 기 페르비에는 학생들이 FLN의 지시여서 복종하지 않는다면 프랑스의 대학에 재학중이더라도 압박을 느꼈을 것이라고 본다.[75] 학생들의 동맹휴학으로 여름을 보내고, 숨맘에서 대회를 연 FLN은 대학뿐만이 아니라 알제리의 고등학교들, 때론 초등학교들까지 동맹휴학을 확대하는 결정을 내린다. 사실 학생의 휴학은 처음부터 동부 테베사 쿠이프 광산촌 학생들에게까지 퍼져 있었다.[76]

알제리해방을 위한 동맹휴학과 총동맹의 선전활동으로 학생들은 체포되고 감옥으로 갔다. 지하활동으로 투옥됐던 초대 의장 탈레브와 다른 학생들은 1957년 2월 26일 DST에 체포되었고 이틀 후 프렌 감옥에 송치되었다. 학생총동맹은 1957년 12월 23일에서 26일까지 비공개로 파리에서 제3차 대회를 열지만 힘을 잃었고 1958년 1월 29일 프랑스 정부에 의해 해산되었다. 파리의 제3차 대회에 참석한 미국 사절은 프랑스에서 추방되었다. "자유는 불가분이다. 미국 학생들은 프랑스 식민주의의 수치스런 결과를 이해했다. 아칸소 주 리틀록에서 인종주의자들이 굴복했듯이, 식민주의자들은 알제리 독립을 인정하

---

75. G. Pervillé, 앞의 책, 129쪽.
76. 어린 학생들과 상급학교 학생들이 곧바로 가담했고, 5월 19일 쿠이프 아랍어 학교와 CFG 학생들이 어린 학생들과 상급학교 학생들이 곧바로 가담했고, 5월 19일에 쿠이프 아랍어 학교와 CFG 학생들이 동참해 파업(동맹휴학)을 시작하여, 파업 이틀째인 20일 프랑스 군인과 경찰이 개입했다. Z. Abdelkrim, *Les sacrifices consentis pour la libération de l'Algérie*, 12-14쪽. 이 어린 학생들의 가담과 희생이 컸다는 것은 분명하지만 아마라-라시드 학교에서 취조하려 했어도 이름들을 쓸 수 없었듯이 이들이 누구인지, 얼마인지는 밝혀지지 않았다.

게 될 것이다."[77] 해산조치 이후에도 학생총동맹은 스위스의 로잔으로 이전하여 독일 남부 쾰른에서 서유럽 학생들과의 회합을 개최하였다. 그러나 매년 대회를 열려던 초창기 구상은 어긋났고 1958년과 1959년을 지하에서 보내야만 했다. 학생총동맹의 마지막 대회가 열린 것은 알제리공화국임시정부 체계가 확고해지는 1960년의 하반기 즈음이었는데, 이 문제에 관해서는 이후에 다시 살필 것이다.

그러면 1956년 여름 파업 이후 학생들의 향방은 어떻게 되었을까? 두드러지게는 두 갈래 길로 갈라졌다. 한 부류는 프랑스를 떠나서 해외로 나갔다. 학생총동맹과 FLN은 동맹휴학 초기부터 해외수학을 결정하고 장학금을 지급하여 프랑스 바깥으로 학생들을 보내는 방안을 실행해나갔다. 먼저 20명의 학생에게 장학금을 지급하여 스위스 로잔 지부의 학생총동맹에 보냈고, 독일 남부 자르브루크의 화학 학교에도 세 명을 보냈다. 그리고 다른 재원으로, 동유럽에 있는 몇몇 학교에서도 학생들을 받아들이게 했다.[78] 장학생 선발은 압드셀람을 비롯한 학생총동맹의 여러 책임자들이 참석한 가운데 기준을 정해서 진행해나갔다.[79] 임시정부 수립 후에는 모함메드 하르비, 아이트 샤알랄 같은 학생들이 대외 임무를 맡았고, 때로는 학생총동맹에서 직접적으로 임시정부에 보고를 하는 경우도 있었다.[80]

유학생은 문과, 법과, 경제학, 자연과학, 약학, 기술공학, 그리고 특히 원자력과 석유 부문 연구에 주의를 기울여 배당했다.[81] 아무튼 이

---

77. *El Moudjahid*, no.18, 1958.
78. G. Pervillé, *Les Étudiants algériens*, 136쪽
79. Clement H. Moore, *l'UGEMA*, 40, 135쪽.
80. M. Harbi et G. Meynier, *Le FLN*, 716-717, 806-807쪽.
81. FLN 프랑스 연맹 오마르 부다우드는 우수한 학생들이 많았다고 회상한다. 알리 하룬도 이들이 알제리독립 외교사절이었다고 평가한다.

들 모두를 합쳐 통계를 내면 1961년 기준으로 모로코, 튀니지, 이라크, 리비아, 이집트, 시리아 순으로 유학생이 많았다.[82] 카이로나 중동으로 떠난 학생들은 제국주의에 반대하는 바트Ba'ath 운동(아랍통합주의 운동)을 보았다.[83] 유럽에서는 스위스가 많았고, 벨기에, 서독, 그다음으로 이탈리아, 기술공학 계열을 주로 보낸 미국이 44명에 이르렀다. 동유럽에서는 동독과 체코슬로바키아, 유고슬라비아, 소비에트연방 순으로 유학생이 많았다.[84]

이 학생들은 임시정부가 외교를 한 것과 마찬가지로, 동서 유럽, 중동, 아시아를 방문하고 대의를 설명하고 지원을 얻어냈다. 학생총동맹은 반둥 대회의 대학생 강연회에 참석했고 그해 9월에는 콜롬보 제6차 국제학생대회에서 알제리 국가에 대한 승인을 받아냈다. 이렇게 동서 양 진영과 비동맹국 회의에 참석한 목록은 실로 길다. 1957년 8월 아이트 샤알랄, 모하메드 케미스티, 탈레브 사이브는 카메라를 멘 모하메드 쿠아시와 함께 모스크바에서 열린 세계청년축제에 참석하러 파리발 모스크바행 열차에 올랐다. 이들은 독일과 동유럽을 지나는 매 역마다 환영받았다. 알제리 임시정부 수립 이전이었지만 모스크바에서는 녹색 흰색의 알제리 깃발을 행진 대열에 세울 수 있었다. 학생총동맹은 동서 진영으로 구분된 세계의 학생기구들과 골고루 교

---

82. 알제리의 프랑스 유학생은 600명에서 1959-60학년도에 1867명까지 늘었다가 이듬해에는 한 명도 늘지 않았다. 1960-61학년도부터 본국(메트로폴리탄)이 아닌 타국을 찾은 유학생이 늘어난다. G. Pervillé, *Les étudiants algériens*, 30쪽. 클레멘트 무어는 자신의 *l'UGEMA*에 이 자료를 재인용한다.
83. 1956년 초에 이미 마그레브 학생회가 있었기에 팔레스타인 학생도 같이 밥을 먹고 당구나 탁구를 하며 지냈다.
84. 튀니지에 1960년 535명에서 이듬해 1,089명으로 늘어나며, 반면 모로코에는 갑자기 (이유는 알 수 없지만) 알제리 유학생이 빠져나가고 없었다. 이집트와 이라크에 130명, 시리아에도 91명이 나가 있다. 쿠웨이트가 51명, 리비아와 요르단은 20명과 14명이었다. 미국과 소련은 비슷한 편이며 전쟁을 도운 유고와 동유럽 체코의 대학도 찾아갔다. Guy Pervillé, *Les étudiants algériens*, 136쪽

섭하면서 한쪽을 적대시하지 않아도 되었다.[85]

그러나 탄압과 체포를 피해 맨 몸으로 프랑스를 탈출한 학생들은 난민이 모이는 튀니지와 모로코로 들어갔다. FLN 대원들은 산중으로 철수한 이후 탄약과 무기의 부족으로 고통을 받고 있고, 동부와 서부의 주민들은 고향에서 쫓겨나 재집결수용소의 낯선 삶에 적응해야 하는 때였다. 더구나 얼굴을 맞대고 같이 공부하고 논쟁하고 동맹휴학을 다짐했던 벗들은 이젠 더이상 함께할 수 없었다.

4. 민족군을 찾아서 산으로

많은 수는 아니지만 그들이 찾아간 곳은 실제 전쟁이 벌어지는 알제리 산악지대였다. 학위증이 하나 더 있으면 무슨 소용이겠는가라는 알제의 동맹휴학 촉구에 호응해서였든 개인적 선택에서였든, 학생들은 이미 1956년 5월 19일부터 산중으로 들어오고 있었다.[86] 제2윌라야 사령관 지구드 유세프와 대표들이 부자아루르에서 숨맘 대회를 준비하다가 학생들이 제2나히아(지방)의 거점 지휘소로 오고 있다는 소식을 들었다.[87] 이때 올라온 학생들에는 알제 의과대 라민 켄, 법대의 알라우아 벤바아투슈, 수학과 타예브 페르하트, 의대생이자 라르비 벤 미히디의 동생 타하르 벤 미히디, 그리고 바바 아흐메드 압델크

---

85. 두 학생 기구란 서방국제학생회의Western International Student Conference와 국제공산주의학생총동맹Communist International Union of Students을 가리킨다.

86. Ali Kafi, *Du militant politique au dirigeant militaire*, 159-160쪽.

87. '나히아'는 각 윌라야의 하부 지역 단위를 가리키는 말이다. 즉 윌라야는 차례로 민타카Mintaka(zones), 나히아Nachia(regions), 카스마스Kasmas(sectors)로 조직되어 있었다.

림이 있다.[88] 지구우드는 이 청년들을 윌라야 평의회에 편입시켰다. 벤바아투슈에게 문건과 원문의 법제화와 행정업무를 맡겼고 얼마 후 정치위원으로 발탁했다. MTLD 당원으로서 1955년 학생총동맹 창설에 참여한 라민 켄은, 제2윌라야 보건대 중위 겸 정치위원이 되었다가 후일 1957년 튀니지민족혁명의회CNRA 일원이 되었고, 1958년에서 1960년까지는 제1차 임시정부의 청년부 국무비서였다.

민족군측에서도 이들을 필요로 했지만, 라민 켄, 페라디 같은 의학도나 의사들은 자발적으로 민족군 의료부대를 찾아와서 보건과 의료를 담당하였다. 1954년부터 1956년까지 의료진과 의료시설은 엉성했다. 보건부대 간호사를 튀니지에 있던 알제리 이민자들 가운데서 황급히 충원했다. 그러나 1958년 5월 제2윌라야는 네 개의 응급실, 두 곳의 요양소를 포함한 25군데의 진료소에, 390개의 병상을 두고 있었고, 89명의 남녀 간호사가 활동하는 정비된 보건체제 아래서 하루 평균 200명에서 250명을 구조하고 치료하고 있었다.[89] 산중으로 들어간 대학생들은 "단위부대를 세우고 초급학교를 만들었다. 초년생 지휘관들의 심성을 바꾸려는 생각에서였다."[90] 어떻든 그들의 마키행은 즉흥적이지 않았다.

1958년 1월에 학생총동맹의 해체가 결정되자 FLN 프랑스 연맹의 권유로 FLN 해외조직망 학생들은 1958년 봄, 이탈리아와 시칠리아를 거쳐 튀니스로 왔고 이들 중 상당수는 ALN에 자원하였다.[91] 8월

88. 라민 켄으로 알려진 '압데라흐만 켄'은 1931년 콜로 출생으로, 알제리가 독립한 이후 알제리의 주요한 정치인이 된다.

89. Ali Kafi, *Du militant politique au dirigeant militaire*, 162-166쪽.

90. Clement H. Moore, *l'UGEMA*, 76-77쪽.

91. 1956년 5월 민족군이 선전문 살포에 채용한 이들은 열에 아홉은 고등학생이었다. 1957년 하반기에 학기중이던 티지우주의 고등학교 학급은 텅 비어 있었고, 교문에는 전사한 학생들의 명단이 붙어 있었다고 회상하는 어느 종군 학생도 있다.

하순 FLN이 프랑스로 전선을 넓히자 많은 수의 학생이 체포되어 고문을 받았고 그 이후 마키행을 굳힌 것이다. 카이로 유학생들도 산으로 들어갔다. 우암란 대령이 조정집행위CCE 본부를 카이로에서 튀니스로 옮기고 학생들의 지원을 독려하면서, 학생들은 셋으로 나뉘어 흩어졌다. 하나는 시리아 홈스의 아카데미로 갔고, 다른 하나인 카이로 아랍어 방송 〈아랍의 소리〉를 진행하던 이들은 튀니지 북쪽 국경으로 향했으며, 나머지 십여 명은 가트 근처 알제리-리비아 국경으로 보내졌다.[92] 튀니스를 떠나 중동으로 간 경우도 있었다. 그러나 FLN의 권유일지라도 학생들 전부가 다 학업을 접고 산으로 가야 한다는 데 승복한 것은 아니었다. 1957년 8월 23일 카이로에서 회동한 CNRA나, 아니면 CNRA가 지명한 CCE에 진정서를 보내서 잔류를 택한 학생도 있었다. 이들은 공부를 하는 것이 국익에 부합한다며 허가를 요청했다. 튀니스로 간 학생들 가운데 마키에 합류하겠다고 아반 람단에게 편지를 보냈다가 거부된 경우도 있었다.

그렇다면 학생들의 마키행이 모두 자발적으로 이뤄진 것이라 말할 수는 없다. 각 윌라야의 민족군 부대는 전투를 위한 정보를 획득하고 분석하는 작업—즉 작전 수립, 민중 동향, 정세 파악—에 대해 치밀한 보고서를 상급부대에 보내야 했으므로 문건을 작성할 수 있는 식자층이 필수적이었다. 게다가 심리전에 밝은 적군의 문건을 독해하거나 외부 소식을 청취할 수 있는 창구가 될 라디오 작동이나 통신설비에도 해박한 사람이 필요했고 우편물 송달 같은 업무에 투입될 못 배운 마키자르를 교육할 사람도 필요했다. 윌라야는 산중에 간부학교를 두고 있었다.[93] 1958년 3월 8일 민족군의 명장 아미루슈 대령이 학생

92. M. Harbi et G. Meynier, *Le FLN*, 778-779쪽.
93. Z. Abdelkrim, *Les sacrifices consentis pour la libération de l'Algérie*, 61, 66, 82-83, 96-100쪽.

총동맹의 '형제들'에게 '여러분의 의무'를 부각시킨 것도 이런 필요성 때문이었다.

도시에서, 대학교에서, 고등학교에서 여러분이 무엇을 보고 듣든 간에 혁명을 감지하고 여러분의 의무를 생각할 것이다. 여러분과 같은 형제, 학생이 마키에서 싸우고 있다. 알제리는 민중을 식민주의로부터 해방시킬 정치혁명의 완성을 위해 모든 아들을 필요로 한다. 부당하고 비열한 탄압에 허리를 굽힌 민중을 위해 산에서 쓰러진 이들을 기리며, 알제리 학생 여러분은 어느 때보다 더 여러분의 행동이 혁명과 분리되지 않음을 세상에 보여주어야 할 것이다.[94]

그러나 아미루슈 부대는 1956년 알제리 학생들이 동맹휴학 이후 산으로 들어오면 정말로 신임할 수 있는지 알아보고자 실전처럼 시험을 했다.[95] 1959년 샬 작전으로 양 국경이 봉쇄되고 농촌민이 대거 소개되어 ALN과의 연결이 끊기자 ALN 병력은 계속 줄었고 보충도 어려웠다. 아제딘 사령관이 이끌던 알리코자 특공대는 2년도 못 가 1,200명의 부대원 중에서 10명가량만 남았다. 1만 2,000명으로 시작한 카빌리 병력은 1958년 여름 3,000명밖에 없었고 사기도 저조했다.[96] 1959년부터 군기 회복에 진력하던 사령관 후아리 부메디엔은 1960년 12월 서독 뒤셀도르프의 한 호텔에서 학생들을 직접 만나 병

---

94. "Message du colonel Amirouche aux étudiants de l'UGEMA. Transmis le 08 mars 1958," Pour le Comité de la wilaya, Le colonel Amirouche. "장중한 어조로 쓰인 이 전문은 학생들을 민족군과 떼어놓으려는 프랑스군의 고다르레제를 의식한 답변서였다." Saïd Sadi, *Amirouche: Une vie Deux morts: Un testament*, Paris: L'Harmattan, 2010, 319쪽.
95. Hamou Amirouche, *Akfadou: Un an avec le colonel Amirouche*, 123-137쪽.
96. Cdt Azzedine, *Les Fellagas*, 182쪽; Ali Haroun, *7ᵉ Willaya*, 98쪽.

력 충원을 촉구했고, 다음달 120여 명의 학생을 알제리 국경에 합류시켰다. 1년만 있으면 학비, 숙박비, 식비를 전부 제공받았고 학위를 받을 학생들도 산으로 들어왔다고 알려진다.[97] 전투원의 사기를 진작해야 할 시기였다. 1961년 『엘무자히드』는 "우리 전투원들은 전쟁을 위해 전쟁을 하는 징용병, 동원병 신분과는 다르다"고 했지만, 학생들의 실제적 정황을 이해하지는 못했을 것이다.[98]

산으로 올라간 학생들 중에는 대학생보다 십대 고교생이 많았다. 열에 아홉은 고등학생이었을 것이다. 1957년 CCE를 관장하던 압델하피드 부수프는 모로코 소재 리세 최종반의 알제리 학생들을 동원했다. 제5월라야 사령관 부수프는 해체 위기의 월라야 재건에 책임이 있었다. 임시정부가 서자 학생을 배치할 수 있다는 결정하에 국경부대 의용군으로 차출하지만, 1957년 이미 카빌리 티지우주 콜레주는 졸업반 교실 여기저기가 빈자리였다. 학교 입구엔 57명의 이름만 새겨졌을 뿐이다. 이 고등학생들이 누구였는지, 산중의 군대와 전투로 어떤 경험을 했는지 남은 기록은 없다. 그러나 아미루슈 대령과 1년을 보내며 그의 최후를 목격한 하무 아미루슈, 제4월라야의 모하메드 테기아 같은 이들의 증언이 있다. 이를 토대로 하면 학생들의 경험은 '지금 여기'가 아니면 깨닫지 못할 심층적인 것이었다.

때로는 이유도 모른 채, 브라힘 가파처럼 부서 배치도 받지 못하고 기다리거나, 아예 정식 업무를 맡지 못하기도 했다.[99] 그러나 고등학생들은 산에 잘 적응했다. 특히 알제 제4월라야에서는 이들이 주력 전투원이었다. 정예 특수부대에 투입되면 어느 부대에 있든 그 임무

---

97. H. Amirouche, 같은 책, 137쪽.
98. El Moudjahid, no.85, 1 octobre 1961.
99. Brahim Ghafa, L'intellectuel et la révolution algérienne, Alger: Houma, 2001, 20-21쪽.

를 완수할 능력이 있음을 증명해 보였다. 1957년 8월『엘무자히드』는 학생 마키자르들에 관해 이렇게 평했다.

오늘 우리는 라구아트의 젊은 학생을 받았다. 압델카데르 부나지아는 우선 지구 정치위원에 배당되었다. 열아홉 살. 그는 쉬는 법이 없다. 잠시 망중한의 여유가 생기면 책을 읽는다. 회의에서 언사는 공정하고 제3자의 분석은 명석하다. 마을에 갈 때면 가장 어려운 집에 들른다. 그들을 알고자 하고, 위로하며, 우리의 땅이고 우리의 경제인데, 모든 것이 적의 수중에 들어 있다고 설명한다.

1958년 드골 정부 수립 후 전세는 악화일로에 있었다. 인도차이나 전쟁에서는 헬리콥터를 다량 보유하지 못했던 프랑스군은 알제리전쟁에서는 1958년부터 헬리콥터를 생산하고 수입해 활용했다. 헐렁한 옷 주머니에 수통과 갈레트 빵, 마른 피그 몇 알, 양파가 전부인 카티바(단위부대) 전투원들은 계속되는 적의 헬리콥터 공격을 며칠씩이고 견디며 바위나 나무로 엄호되는 분화구를 찾아 걸었다. 사람과 사람 사이를 5미터에서 10미터씩 떨어뜨려 행군했고 항공기의 공중사격과 보병부대의 총격을 피하면서 접전이 가능한 마지막 순간까지 몸을 숨겼다. 카티바 대원들의 정체가 발각되면 비행기는 연기나 무선라디오로 탐지물 발견 위치를 통지했고 곧이어 폭격기와 추격부대가 지옥처럼 빙빙 돌면서 폭탄과 로켓, 네이팜탄, 기관총으로 일대를 뒤덮었다.[100] 민족군은 하루 14시간씩 사막과 암벽 사이를 행군하고 우기에는 바위의 구멍 틈으로 물을 모았다. 낮에는 뜨겁고 밤에는 무섭게 추웠지만 쉬지 않고 행군한 끝에 알파나무 아래 쉬거나 암벽에 기

---

100. M. Teguia, *L'Armée de Libération Nationale en Wilaya IV*, 50-51쪽.

대어 눈을 붙였다. 사정이 순조로우면 이튿날 15시에 행군을 재개하고 행군은 새벽 5시에야 끝이 났다. 국가가 있는 정규군이라면 걱정하지 않아도 될 식량과 숙박처 없이 무기만 들고 도처에 깔린 함정을 피해 행군을 마치는 것은 더할 나위없는 인내가 필요했다.[101] 학생들은 산중에서 민중을 만났을 것이다.[102] 잠시 스친 것이 아니라 보고 또 보면서 수많은 생각을 했을 것이다.[103] 일선에서 전투를 벌인 농촌 주누드(아랍계 농민군)는 오레스, 북콘스탄틴, 카빌리, 알제 지구, 오랑 곳곳에서 프랑스군에 맞서 싸웠다. 공중폭격, 네이팜탄에, 탱크, 장갑차가 동원되고 정예 군사훈련을 받은 장군과 대령, 사령관의 전술에 대항하여 이 주누드는 스스로 대위, 대령, 사령관이 되어 불균형한 전쟁을 견디며 매일 전략을 짜고 비교가 안 되는 전력戰力으로 프랑스군에 치명타를 입혔다. 민족군 내부의 알력이 심할 때도 일선 주누드는 지휘관 교체에 아랑곳하지 않고 총을 잡았다.[104] 도시노동자와 프티부르주아지에서 혁명 지지자가 나온다는 고전 혁명이론과 다른 실상이었다. 전쟁사가인 모스테파 라슈라프 역시, 알제리의 농촌은 프랑스에 정복된 이후로 항상 군사에 대비하며 살아왔고, 알제리전쟁기에 이것이 현실적인 자원이 되었다고 말한다.[105] 초기에

---

101. 같은 책, 63쪽.
102. 국가가 없던 알제리 전투원들은 전쟁기에 편지를 쓸 여유도 방법도 없었다. 지휘관 간 연락은 교신이 됐지만 일선 마키자르들이 남긴 것은 사진 몇 장만 전부이고 편지는 찾기 힘들다. 프랑스군 청년들의 상황과는 매우 대조적이다.
103. 왜냐하면 산중의 학생들은 선전부에서 일을 많이 했고 국제적인 호응 소식을 들으면서 자신들의 투쟁이 한 나라 민족주의를 넘어선다는 인식을 가졌기 때문이다. Cdt Azzedine, *Les Fellagas*, 159-166쪽.
104. Ferhat Abbas, *Autopsie d'une guerre*, 156-157쪽.
105. M. Lacheraf, *L'Algérie: nation et société*, 12-13, 22-24쪽; H. Remaoun, "Mostefa Lacheraf, Frantz Fanon, la paysannerie et la Révolution," Actes du colloque scientifique, *L'Algérie 50 ans après Nation/Société/Culture*, organisé en hommage à Mostefa Lacheraf par l'Association AADRESS et la Revue

저항자는 주로 도시에서 나왔다. 하지만 전쟁이 진행되면 될수록 프랑스군의 재집결수용소 정책으로 평원에서 살아가던 중소 농민이 지리조건을 살린 자구책으로 민족군이 되는 일이 많아졌다. 이들은 전투원뿐만 아니라 정보원, 매복자, 정치 간부, 식량 조달자 역할을 했다.[106] 전쟁은 농민을 단련시키는 도제 수련장 같았다.

그곳에서 명석하고 담대한 인물, 나라에 헌신하는 지휘관을 보는 것은 오래도록 남을 자극이 되었다. 예컨대 아미루슈 같은 인물은 혁명적 농민의 상징, 군인의 상징이었다. 민족군 중에서 약탈자가 된 주누드들을 제재하고 농민으로부터 빼앗은 양떼를 배상해주는 청렴한 사령관이 그였다. 한번은 보르지 부아레리지에서 민가의 초대를 받게 됐을 때 부대원이 먼저 음식을 들게 했다. 주인이 새로 상을 내오려 하자, 그는 만류하고 부대원이 남긴 음식을 먹었다. 그러면서 "가족을 떠나 조국을 지키려 희생하는 사람보다 먼저 먹어야 할 사람은 없다"고 말했다. 아미루슈는 강직했고 하루 8시간에서 10시간의 행군을 명령하는 엄한 통솔력을 보였을 뿐 아니라 매우 유능했다. 아미루슈 부대의 포로로 15개월을 지냈던 한 프랑스 병사는 그가 자신도 모르는 프랑스 부대원의 인원 수까지 훤히 꿰고 있었고 자신에게는 어떤 정보도 캐지 않았다고 회고한다.[107] 그는 자연지리로 보호가 어렵다고 판단되면 정치적 보안으로 발상을 전환했다. 그렇게 선정된 숨맘 대회 장소는 산봉우리마다 24시간 정찰로 프랑스군의 동향을 감시하고 대회장 인근 하카빌리 반경 전체에 500명의 중무장 군인을 배치하여

NAQD, 18-19-20 décembre 2004, Bibliothèque nationale d'Algérie, Alger: Casbah, 2006, 63-64쪽.

106. 농촌 주민들의 민족군 가담에 관해서는 D. Djerbal, "*Mounadiline* et *moussebiline*, les forces auxiliaires de l'ALN du Nord-Constantinois," *Des hommes et des femmes en guerre d'Algérie*, 282-296쪽.

107. M. Teguia, *L'Armée de Libération Nationale en Wilaya IV*, 51쪽.

대회를 성사시켰다.[108] 지략이 출중하고 오직 나라밖에 모르는 그가
아니었다면, 1956년과 1957년의 전성기, 1960년의 열세기에 전쟁은
파탄이 나고 말았을 것이고, 협상의 길도 열지 못했을 것이다. 그런
지휘관은 한둘이 아니었다. 관대하고 인권을 존중할 줄 알았던 로트
피 대령의 경우는 26세의 젊은 나이에 자신에게 남은 삶이 충분치 않
음을 직감하고 자신이 이루고자 한 것을 못다 이루고 후세에 넘겨주
어야 한다는 것까지 받아들였다.[109]

학생들도 새롭게 세상을 보았다. 나귀와 염소 곁에서, 쇠똥 위에서
자고 용변을 보고 뱀들이 다니는 수풀에서 기도하고 오물더미 옆 고
인 물을 마시며 문명인이 무언지 생각했다. 농민군은 마을에 쿠란 학
교가 있으면 다녔고 소를 끌고 밭을 갈았다. 나이든 사람들은 염소를
돌보았다. 염소는 변덕이 심하고 다루기 어려웠기 때문이다. 먹는 것
은 검박했다. 낮에는 우유 조금, 호밀 갈레트 빵을 먹고 저녁식사는
쿠스쿠스에 잠두콩fevettes을 곁들였다. 겨울이면 우유 대신에 올리브
유가 나오고 쿠스쿠스에 야채가 들어가기도 했다. 주누드들은 산중
깊이 들어가도 모르는 구석이 없었다. 바위, 냇가, 관목 어디나 훤했
고, 리프전쟁의 모로코 전사들이 그랬듯, 걷는 데 이골이 나 있었다.

---

108. S. Sadi, *Amirouche*, 84-86쪽.
109. 시 브라힘Si Brahim으로도 불린 로트피Lotfi(1934-1960)는 틀렘센 출신으로
1955년 10월, 제5윌라야에서 특공대fidaï를 조직했다. 1956년 석유를 발견한 프랑스
군의 작전에 대응했고 1958년 모리스 작전과 샬 작전을 감소시키는 작전을 벌였다.
트리폴리 CNRA 회의 끝에 제5윌라야로 복귀한 그는 1960년 3월 27일 제벨베샤르에
서 공중폭격을 동원한 프랑스군과의 접전중 26세의 나이로 전사했다. 3월 16일자로
아내에게 보낸 편지에서 로트피는 자신은 "오직 혁명과 함께할 뿐이며, 일이 잘 풀리
기만을 바라지만, 만약 그렇지 않으면 '생이 시간을 충분히 허락하지 않은 것이므로
아버지가 못다 한 일을 하도록' 큰 민족주의자, 혁명가로 아들을 잘 교육하고, 마지막
으로 다시 당부하지만 당신은 더 큰 용기를 갖고 정진해 깊은 지식으로 늘 알제리 젊
은 여성의 선두에 서기를 바란다"고 당부한다. "La lettre émouvante du colonel
Lotfi à son épouse—Mort dans une bataille à Djebel Béchar le 27 mars 1960,"
Bab edd'Art Magazine, 28 mars 2012.

결혼하면 사격을 배웠기 때문에 명사수는 마을에 있었다. 산중에서 학생들은 민중의 마음을 상하게 할지 모르기에, 몸에 밴 습관을 버려야 한다고 의식했다.[110] 부대에서도 학생은 밤이면 유럽의 유행음악을 듣고 농민군은 다른 방송으로 아랍의 전통음악을 들었으므로, 지휘관은 이 둘을 다 허용했다.[111] 그 모든 경험을 맛본 그들에겐, 알제 카페테라스에 느슨하게 앉아 있는 것보다 산봉우리를 오르고 마을에서 마을로 행군하는 게 차라리 마음이 편했다.

하지만 마음 놓고 쉴 기회가 없이 종일 부대의 감시 속에서 살아가는 것은 견디기 힘든 일이었다. 마음을 굳게 먹고 의무감에 차서 산에 온 이들에게 이 비정상적 생활은 정당해 보이지 않았다. 많은 친구들이 안전하게 외부에 남아 있는데 자신은 왜 이처럼 야생적인 환경에 있어야 하는지 의문스러웠지만 '살아 돌아간다면 우리 손자들에게 할 이야기가 있겠지'라는 마음으로 버텼다.[112] 그러면서 민족군은 어떤 이유로든 숙청에 시달렸다. 아미루슈 장군 휘하의 하무드 아미루슈처럼 우대받은 경우는 지극히 드물었다. 오레스-네멘차 지휘관들이 우암란에 의해 숙청되는 일도 벌어졌다. 민족군 내부의 연쇄 숙청은 프랑스군의 샬 작전을 용이하게 했다. 1959년 제3윌라야의 아미루슈 장군 진영에서 프랑스군의 사주를 받은 것으로 보이는 모반사건이 벌어졌다. 사건 경위는 쉽게 말할 수 없지만 지식인을 배척하는 민족군의 심정도 작용한 때문인 듯하다.[113] 부메디엔에 재장악될 때까지 아미루슈는 1,000명에서 2,000명, 그 이상의 무장군 동료들을

---

110. S. Thénault, "Mouloud Feraoun. Un écrivain dans la guerre d'Algérie," *Vingtième Siècle. Revue d'histoire*, no.63, juillet-septembre 1999, 65-74쪽.

111. Cdt Azzedine, *Les Fellagas*, 218쪽.

112. G. Pervillé, *Les étudiants algériens*, 148쪽.

113. Mohammed El Salah El Seddik, *Le colonel Amirouche*, 32-34쪽.

숙청한 것으로 알려진다.[114] 혐의를 받으면 관련자의 증언과 변호 같은 절차도 없이 제거됐는데 주로 학생, 의사, 자유직업의 지식인층이 대상이었다.[115] 민족군은 적을 향한 심리전의 원천이자 상대가 겨냥하는 심리전의 목표였다.[116] 그런데 막강한 적을 앞에 두고 왜 그런 자중지란에 빠진 것일까? 서로 너그럽게 봐주고 살해와 죽임을 피할 수는 없었을까? 만에 하나 일어날지도 모르는 배신을 우려해 단위부대 전체의 안전을 위해 개인이나 소수의 진실은 무시할 수밖에 없었던 것일까?[117] 산을 선택한 학생들에게 민족군 수뇌부의 권력 쟁탈전은 기대했던 바가 아니었다.[118]

학생 전사자들의 수가 얼마나 되는지는 정확하게 파악할 수 없다. 다른 누구보다도 학생들의 죽음이 더 중요했다는 것은 아니다. 그러나 학생총동맹 회원 전사자들도 적지 않았다. 학생총동맹 창단인으로 마키에 입대한 압델랄리 벤바투슈는 산에 들어간 지 17개월 만에 모리스 철조망을 넘다가 감전사했다.[119] 다른 창단인으로 아반 람단과 가까웠던 라시드 아마라는 알제 대학에 입학해 공부하려던 계획을 취소하고 입대하여 수도 알제 사령부와 카빌리 제3월라야의 통신을

---

114. G. Meynier, *Histoire intérieure du FLN, 1954-1962*, 553쪽.

115. 제3, 4, 5, 6월라야의 상황을 모두 조사했다. Ch.-R. Ageron, "Complots et purges dans l'armée de libération algérienne, 1958-1961," *Vingtième siècle. Revue d'histoire*, juillet-septembre 1998, 17-28쪽

116. Ch.-R. Ageron, "La guerre psychologique de l'armée de libération nationale," *La guerre d'Algérie et les Algériens*, 201-229쪽.

117. 1957년 알제전투를 계기로 'FLN 혐의자 바이러스'가 퍼진다. 프랑스 공수부대는 FLN 요원과 정보원을 세밀히 파악했고, 야세프 사디를 체포한 후에는 그를 이용하는 작전을 세웠다. 1958년 3월, 이런 하르키 집단은 약 300명에 이르렀다.

118. 민족군의 내부갈등은 1959년에 정점에 이르렀다. 1959년 12월 16일부터 1960년 1월 18일에 군사지도자들이 모여 머리를 맞댄 것은 이 때문이었고 일단 제도의 전환이 해결책으로 제시되었다.

119. Clement H. Moore, *l'UGEMA*, 204, 409쪽.

담당하던 중 전사했다. 1956년 7월 14일 손에 무기를 든 채 세 명의 여성 간호사와 부대원들을 엄호하던 중이었다.

5. 식민지 대학생의 드넓은 지평

동료들이 사라지고 흩어지는 와중에도 알제리무슬림학생총동맹은 2년의 공백을 깨고 1960년 7월 하순, 제4차 대회를 튀니스에서 열었다.[120] 그리고 임시정부 본부가 있는 튀니스로 학생 지도부도 일부 이전했다. 7월 26일부터 8월 1일까지 열린 이 대회는 세계 각국으로 나갔던 알제리 학생들이 모이고 또 중동과 각국의 학생 대표들이 초대되어 국제학술대회 같은 분위기를 연출했다. 그 때문에 대회는 마그레브 단합의 필요성을 다시 제기하고 '위대한 마그레브Grand Maghreb'의 창설을 위한 공론화도 기약했다.

아랍적인 것에 크게 비중을 두는 바트주의를 지지하는 시리아 대표가 UGEMA에 들어 있는 'M'자의 삭제를 요청하자 알제리 학생들은 M이 알제리 민중의 정체성과 근본을 상징한다고 설명하며, 그 문화적 의미를 재확인하였다.[121] 대회 의장은 1957년부터 의장을 지낸 아이트 샤알랄이 계속하고 있었고 집행위원은 17명에서 21명으로 늘어났다. 그러나 그로부터 1년 후인 1961년 8월, 프랑스와 알제리

---

120. 1960년 7월 26일에서 8월 1일까지 튀니지 비르엘베이 알제리무슬림학생총동맹 제4차 대표회의 기록 참조. 현재 국제현대사료도서관BDIC 문헌보관소에 있는 이 자료는 그 당시 학생전국동맹사무국COSEC의 협력으로 UGEMA에서 출간한 문건이다. *Union générale des étudiants musulmans algériens: IVe congrès de l'UGEMA, 26 juillet-1 août 1960, Bir El Bey, Tunisie*, Archives de BDIC(la Bibliothèque de documentation internationale contemporaine), sol.62.

121. UGEMA는 1963년 7월 UNEA(l'Union Nationale des Étudiants Algériens, 알제리학생전국동맹)로 그 명칭을 바꾼다.

임시정부 간의 휴전협상이 전개되던 때에 나온 하나의 문건은 전쟁기의 이 마지막 학생대회가 무엇이었는지를 곰곰 생각하게 한다. 문제의 문건은 튀니스 총동맹 지도위원회 회의에서 나온 것이었다.

1961년 8월 24일부터 29일까지 튀니스의 비르엘베이 거리에서 회의를 가진 후 총동맹 지도위는 "총동맹은 지금 알제리 민중이 수행하는 투쟁의 틀 안에서 목적을 이루는 데 필요한 전권을 갖지 못했다"고 운을 떼고 그 원인으로 다음 세 가지를 들었다.[122] 첫째, 혁명과정에서 총동맹의 역할과 위치가 확정되지 않았고, 둘째, 총동맹의 구조가 혁명단위에 적합하지 않았으며, 셋째, 그로 인해 학생들의 정치적 훈련과 양성이 미비하여 유용성을 갖지 못했다. 내부단합이 깨지고 있다는 것은 이 회의 이전에 메리가 총동맹 지도위에 보냈던 편지에도 나오지만 구체적 인적관계에 대한 설명은 없었다.[123] 아마 더 구체적으로 무엇을 드러내고 싶지 않았던 것 같다. 이보다는 원만하게 운용되어야 한다고 총동맹이 정확히 했던 사안도 있다. 알제리와 프랑스 간 연락과 조율이 그것으로, 이는 다른 나라에 있는 학생에게도 해당되는 사안이었다. 총동맹 지도위가 아마 학생이고 이십대이기에 가능했던, 현재의 권위로는 당면과제가 해결되지 않으리란 그 통찰이 사실이었을 것이다. 학생들은 이 어려움은 권위가 바뀌면 해결되는 것이 아니라 혁명을 운용하는 메커니즘이 달라져야 풀리리라 보았다. 이것이 지도위가 "지도위의 해체와 조사위원회의 구성 및 재편"을 결정한 이유였다. 지도위는 길지 않게 잘라 표현했지만 그 안에는 혁명

122. "Union Générale des Etudiants Musulmans Algériens, 37, Rue Jean Le Vacher, Tunis, 'Résolution finale du comité Directeur de l'UGEMA,'" Clement H. Moore, *l'UGEMA*, 624-625쪽.
123. "Lettre d'Abdelhamid Mehri au Comité exécutif de l'UGEMA, datée du 12 mai 1961," 같은 책, 619-620쪽.

의 이상과 실제 사이의 간격, 외부적 내부적 요소들 간의 긴장이 들어 있었다. 지도위는 총동맹의 정관을 동결시키고 모든 학생이 FLN 안에 편성되도록 하자는 실천적 제안을 명시하였다.[124]

1955년 7월 파리에서 정식 대회를 갖고 결성되었던 알제리무슬림 학생총동맹은 여기서 끝이 났다. 그러나 1955년으로부터 6년이 지난 후 총동맹 지도위의 이름으로 발표된 그 같은 애석한 결과가 알제리 학생운동의 결산이었다고 액면 그대로 수긍할 수는 없다. 그것은 학생운동과 학생 아니면 생각지 못했을 모든 이상적인 것에 대한 지나친 부정이다. 운동은 비범했고 시간은 압축적이었다. 제4차 대회에 참석한 임시정부 의장 페르하트 압바스의 눈에는 그 점이 역력히 들어왔다. 일찍이 알제 대학생 시절 학생운동을 하다 결국 정치에 투신한 압바스는 6년여의 알제리 혁명은 130년간의 식민지 지배체제가 이룩한 것보다 더 많은 전문가를 산출하기에 이르렀다고 말했다.[125] 운동을 주도하고 운동에 참여한 학생들에 대한 치하이기도 했지만, 자신의 학생 시절 경험이 저절로 떠올라 어느 특정 시기에 시간의 힘은 무엇에 비할 수 없이 위대해진다는 것을 재인식했을 것이다. 사실 성장한 것은 학생 개개인의 기량만이 아니다. 아직 엷은 층인 시민사회의 성장 동력을 학생운동은 기약하게 해주었다. 알리 엘 켄즈는 일종의 패배감 속에서도 그것을 직시했다. 비록 학생총동맹의 수명은 짧았지만 알제리 시민사회의 미래의 자율성이 이로써 터를 닦을 수 있었다.[126] 여타 권위와 지시에 의존하지도 승복하지도 않는 독자성은 결코 자동적으로 발생하지 않았다. 자기결정과 자기헌신이 몸에

124. "Suggestions pratiques," 같은 책.
125. *Union générale des étudiants musulmans algériens: IVe congrès de l'UGEMA, 26 juillet-1 août 1960, Bir El Bey, Tunisie.*
126. "Préface," Clement H. Moore, *l'UGEMA*.

밴 학생 개개인, 정치적 영향력이 무엇인지 터득하고 있던 젊은이들로 조직이 구성됐기 때문이었다. 총동맹의 핵심에는 놀라운 필치로 창단 정관을 작성했던 법대생 벤야히야가 있었고, 다른 동료에게 3시간짜리 일을 지시하면 자기는 10시간 일을 하던 압드셀람이 있었고, M자를 꼭 넣어 알제리의, 알제리 민중의 인격을 복원하고 쇄신하려 했던 사아드 달라브가 있었다. 후일에도 많은 동료들이 벤야히야의 그 경이로운 문장, 압드셀람의 성실함, 달라브의 고집을 잊지 못하는 것은 그것이 개개인의 현상만이 아니었기 때문이다. 어느 한때의 정결한 시간은 다 분출하지 못한 힘을 내장하여 다른 시간과 다른 존재에게 아직도 불꽃이 남았다고, 어서 꺼내가라고 이르기 때문이다.

탈레브가 영감을 주고, 글은 벤야히야가 썼습니다. 벤야히야는 법학을 공부하고 학사과정 막바지였어요. 혁명을 온몸으로 껴안은 압드셀람하고 닮았지요. 무슨 분야를 해도 학위를 땄을 겁니다. 엄청 똑똑했으니까요. 혁명에 완전히 헌신하지 않았다면 분명 박사가 됐을 거예요. 논문이 세티프 고등학교에 공고되어 있어요. 필력이 놀랍고 분석력이 비상했답니다. 기억력은 아주 특출했고요. 그 친구 얘기를 많이 들 하죠. 화를 잘 내고 우리를 몰아세웠다고. 하지만 그 친구Monsieur는 한 점의 흠도 없는 정직한 사람이었습니다. 저한테 그는 생쥐스트였죠. 아니, 그 이상이랄까. 제가 벤야히야를 흠모하는 건, 또 그가 섬세했기 때문이에요.[127]

물론 파리와 몽펠리에, 리옹 대학의 유학생과 알제 대학교 학생들이 젊은 알제리 지식인을 전부 표상하지는 않는다. 우선 민족해방의

127. 같은 책, 324쪽.

대의로 모든 학생이 결집되지는 않았다.[128] 프랑스행을 마다하고 알제리나 해외에서 이슬람식 교육에 정진하던 학생들이 꾸준히 있었다. 울라마도 문화협회와 사회기구를 알제리 도처에 두고 있었다.[129] 하지만 전장에서, 서구 도시에서 프랑스와 직접 대면하게 된 경험은 '적'에 대한 성찰을 키웠다. "적 앞에서 싸우고 죽어가는 이들 옆에서 매일 고통을 겪지" 않았던 이들은 적을 달리 생각해야 할 의무도 있었던 듯하다. 1960년 6월 알제리 학생들은 1956년 12월부터 헤어졌던 UNEF와 다시 제휴관계를 맺었다. 각자의 정치적 이유가 있었겠지만 알제리 자치를 양자 간의 공통된 이념으로 정했다. 임시정부와 프랑스 정부 간의 본격 협상이 시작되기 몇 개월 전의 일이다.

집단적인 모임이나 기구에서만 그런 모습이 나타나지 않았다. 정치운동으로 재판을 받게 된 대학생 파딜라 메슬리는 법정에서 다음과 같이 진술한다. "나는 진실을 위하여 여기서 추가발언을 하겠다. 나는 내 조국을 위해 행동한 것이지, 프랑스에 반대해서 행동하지 않았다. 프랑스의 이해가 알제리의 자유와 배치된다고 말하는 것은 당신네들 앞이기 때문이다." 이 진술은 전쟁기 알제리 지식인 사이에 반反프랑스적 감정만 넘쳐흐르지 않았다며, 역사가 기 페르비에가 들고 있는 예문이다. 프랑스 역사가의 입장에 나온 말이라 반문할 수도 있다. 하지만 그의 입장은 일방적이지 않았다. 프랑스적인 이념인 자유의 가치를 존중했고 알제리는 그 가치를 실현하면서 근대화되어야 한다는 페르하트 압바스의 신념은 1945년 세티프 사건으로 투옥된 이후로도 바뀌지 않았다. 알제리전쟁기의 대학생 라르비 마디 모함메드는 "프랑스 민주파와 우리는 공동의 정의로운 평화를 소원하며 그

---

128. G. Perville, *Les étudiants algériens*, 171-172쪽.
129. A. Hellal, *Le mouvement réformiste algérien*, 141-148, 165쪽.

실현은 대체로 모든 프랑스 민주주의자들의 노력 여부에 달려 있다"
고 믿었다. 물론 학생들의 입장은 많이 갈렸다. 어떤 이에게는 그러한
태도가 감상적으로 여겨졌다. 알제전투에 참여한 조라 드리프에게 프
랑스인은 식민지 프랑스인일 뿐이었다. "그 아이들, 우리의 형제자매
들, 고통과 증오를 알았던 모든 세대들은 그만큼 무섭고 강인할 것이
니 우리를 심판하고 우리를 그처럼 치욕적인 방식으로 대하길 서슴
지 않던 프랑스인에 대한 우리의 물렁한 감상주의를 질책해야 할 것
이다."[130] 하지만 다른 대학생에게는 식민지 식민경영자들과 프랑스
의 정책과 프랑스의 가치를 한꺼번에 몰아넣고 한통속으로 모는 것
은 식민지인이 빠질 수 있는 함정과 같았다. 봉기를 정당화하고 화해
의 길을 가리킨 것도 프랑스가 준 하나의 교훈이었기 때문이다. "우리
알제리의 민족투사들은 1789년과는 다른 또하나의 교훈이 값지게
간직되고 권위를 갖기를 바랐다."

폭격과 살해, 고문과 수용소를 자행하는 그 나라를 상대하고 있으
니 인간다운 고결함을 한없이 추구하는 젊음의 입장에서 착잡하고
어느 편에 경중을 두느냐가 고민이었을 것이다. 그런 나라의 역사적
가치를 값지게 인식하는 태도, 그것이 이성으로나 감성으로나 식민지
인으로서 가져야 할 태도인지, 버려야 할 나약함인지 왜 번민이 일지
않았겠는가. 그러나 학생들은 배웠기 때문에 학생이었다. 카빌리의
꿋꿋한 어머니들한테서 배우고 메데르사의 이슬람 식자들한테 배우
고 유럽인 교사들 밑에서 배웠다. 본국에서 파견되었든 아니든 간에
유럽인 교사들은 아마 무의식적으로 식민지 근대화의 구도에 잠식되
어 있었을 것이다. 그러나 스승은 스승이었다. 교육 기율은 엄하다 해
도 수업은 독단적이지 않았다. 질문을 받았고 의견을 말할 수 있었다.

---

130. P. Kessell et G. Pirelli, *Le peuple algérien et la guerre*, 175-176쪽.

그러면서도 자유, 평등, 우애의 프랑스혁명 원리를 주입하는 것이 프랑스 동화론의 근간이었지만 교사들은 아마도 어느 날인가는 식민질서가 부서지기도 하리라는 가망성을 보면서 그 혁명의 언어를 구사했을 것이다.[131] 게다가 강자 앞이면 굽히라고 가르치는 것이 교육과 문화는 아니었다. 이슬람 가정에서 성장한 탈레브 엘 이브라히미의 경우, 식민지 역사를 배우고 프랑스에 유학하여 프랑스어로 글을 쓰면서도 프랑스 문화에 흡수되면 어쩌나 하는 두려움 따위는 전혀 없었다. 이슬람 문헌을 익숙하게 대하고 시야를 넓히며 종교지도자 아래 훈육을 받은 것이 서구문물에 대한 방어벽이 되어주었다. 알제리 학생운동에서의 그런 방어력은 외래사조에 빨려 들어가지 않은 데서 분명하게 보인다. 알제리 학생운동의 경우 민족주의와 이른바 좌파사상 혹은 공산주의와는 거리가 멀었던 것이 그런 점으로 일면 설명이 될 것이다. 어떻든 반공산주의는 분명했으나 실제로는 학생들 사이에서 무슨 생각이건 토론되고 이견들이 융합될 수 있었다. 학생 총동맹에 참석했던 미국 대표는 그런 분위기의 매력을 감지했던 듯하다. "자유는 불가분이다. 미국 학생들은 프랑스 식민주의의 수치스러운 결과를 잘 안다. '리틀록의 9인'에게 인종주의자들이 굴복했던 것처럼 식민주의자들은 알제리 독립을 인정하게 될 것이다."[132]

알제리전쟁은 식민지 항쟁이었다. 관심과 지원을 표명한 나라들은 많이 있었지만 국제적으로 연대를 결성하고 자국군을 파견한다는 것은 상상도 할 수 없었다. 20년 전 에스파냐 내전 때 미국과 영국, 그밖

---

131. 2010년에 작고한 알제리 사회학의 대가 압델카데르 제글룰은 저항은 거부의 방식과 대화의 방식을 모두 수용한다고 보았다. 알제리의 주요 일간지『리베르테』는 장문의 추도기사에서 이 점을 평가한다. "Abdelkader Djeghloul, un intellectuel jusqu'au bout," *Liberté*, 11 mai 2010.

132. *El Moudjahid*, no.18, 1958. '리틀록의 9인Little Rock Nine'은 1957년 미국 아칸소 주 리틀록 고등학교에 처음 입학했던 아홉 명의 아프리카계 미국인을 가리킨다.

의 여러 나라에서 아나키스트, 사회주의자, 공화파, 노동자가 쇄도하여 직접 공화군으로 참전하는 모습은 가능하지 않았다. 알제리는 아직 그런 나라들과 대등하지도 않았다. 그 점에서 알제리전쟁은 세계적인 주목을 받았음에도 외로운 전쟁이었다. 사실 그것이 북아프리카 학생동맹체를 본격적으로 구상하게 된 동기였다.[133] 다른 한편으로 알제리 학생운동은 곧 일어날 서구의 68혁명 운동과도 근본적으로 달랐다. 우선 버클리에서 파리로 번지는 베트남 반전의 깃발과 별 상관이 없었다. 반전이 아니라 어떤 방식으로든 승전이 먼저였기 때문이다. 또 저항해야 할 기존 질서도 없었다. 68혁명 기간의 파리나 워싱턴에서와 같은 대규모 집회나 시위, 토론은 식민지 운동가들에게는 다른 나라의, 다른 차원의 이야기였다.

이 제약 조건 속에서 프랑스의 주권을 거부하는 것은 분명하지만 프랑스적 가치를 수용하고 존중할 의사가 충분했다는 것은 바로 그 사실 자체로 인해 의미를 가질 수 있었다. 신생 독립국가가 되려는 나라의 학생들은 세워야 할 것이 너무 많았고 시간은 너무 뒤처졌기에 부정 자체에 모든 해답이 있지 않다는 사실을 알고 있었다.[134] 그래서 자민족 외에는 의심과 경계로 다른 사회, 다른 나라, 다른 문명을 바라보면 안 된다는 것, 그런 좁은 태도에 갇혀 있으면 안 된다는 것을 감각적으로 깨닫고 있었다. 그러나 다른 한편으로 그것이 여기든 저기든 손잡을 수 있다는 공염불 같은 공존을 의미하지 않았다.

특히 학생 운동가들에게 아랍-이슬람 문명을 아끼고 가꾸겠다는 것은 타문화의 불관용과 거부를 의미하지 않았다. 아랍-이슬람은 모

---

133. Clement H. Moore and Arlie R. Hochschild, "Student Unions in North African Politics," 21-50쪽.
134. 이 각성은 제2차 대전 직후에 비해 양과 질에서 놀랄 만큼 긍정적 변화를 일으켰다. D. Johnson, "Algeria: Some Problems of Modern History," 221-242쪽.

든 인간이 기독교-라틴 문명 안으로 들어와야 한다고 믿는 세계에 대응하는 정체성의 핵심이었다. 학생들은 자신의 나라를 좀먹고 시달리게 했던 것과 공존하려는 의지를 가졌다. 그들은 그것이 자신들의 존재 의지임을 확인하였다. 그리고 교육 민주화와 문맹퇴치만으로 이에 도달할 수 있다고 보지도 않았다. 식민체계에 대항하고 민족문화를 되살리고 꽃피우려 더 깊은 것을 요구하였다. 벤야히야가 명문의 정관을 작성한 것은 이러한 신념에 기초하고 있었다.

군사에 대한 정치의 우선권을 희원한 것은 군사와 정치 중에서 어느 한쪽이 더 강한 권력이 되어서 다른 한쪽을 지배해야 할 것인가의 문제를 의미하지 않았다.[135] 세상만사가 그렇다 할지라도 정치는 교육과 통한다. 사실 교육은 독립 후 알제리의 현저한 성과였다. 독립 이후 알제 대학은 오랑 대학, 콘스탄틴 대학과 서로 동반해가며 알제리 고등교육의 요람이 되었다. 하지만 학생의 발언과 희망과 자치자율의 방식은 전쟁기처럼 열띨 수 없었다. 알제리무슬림학생총동맹 UGEMA은 1963년 전국알제리학생동맹UNEA으로 그 이름을 바꾼다.[136] 그러나 '우리는 무슬림이며 알제리인'이라는 전쟁기 학생들의 믿음은 오직 국제적 지위와 개인적 해방만 의미하지 않았다. '우리는 무슬림이며 알제리인'이라는 그들의 자부심 안에는 이제 전쟁을 끝내고 새

---

135. D. Howard, *The Primacy of the Political: A History of Political Thought from the Greeks to the French and American Revolutions*, New York: Columbia University Press, 2010.

136. 1962년 독립 후 알제리 학생들은 알제 대학교와 오랑 대학교, 콘스탄틴 대학교로 다시 모여들었다. 알제리의 프랑스 학생들은 거의 떠난 뒤였다. 이듬해인 1963년에는 1955년 때의 약속대로 UNEA로 개칭했다. 독립 성취는 사회문화적 풍경을 바꾸었고 알제리의 여러 국립대 학생과 교직자가 급격히 증가했다. 반면, 1962년 이슬람을 국교로, 아랍어를 유일한 국어로 선택한 것은 시기상조였다. 교육과 문화에서 프랑스어는 여전히 지배적이었고, 이는 적어도 사회 계층 간 교육 격차의 문제를 일으켰다.

로이 건설되는 국가는 역사의 무게를 인정하는 개혁주의로 신중하게
사회 평등을 도모하리라는 믿음이 들어 있었다. 어떠한 반론에 부딪
쳐도 인민이 항쟁으로, 전쟁으로 일군 그 나라는 고문 없는 인본주의
를 지킬 것이며, 지배이념과 통치세력만 정당하다고 하지 않고, 사상
과 지성의 문을 한껏 열어 국가가 인민을 괴롭히지 않으리라는 믿음
이 내장되어 있었다.[137]

---

137. 알제 법대에서 발간하는 『사법, 경제, 정치 평론』지는 독립 이후인 1968년 그간
의 알제리 역사와 사회, 정치, 경제에 대한 국내외의 신간을 수집하여 목록을 만들고
분야별로 논평했으며, 독립과 함께 정치적 반대파가 된 호신 아이트아흐메드의 저술
도 소개했다. 1963년 부메디엔 쿠데타 후 사회주의 체제 아래서의 산업화 및 계획경
제에 따른 이론과 실천의 문제점도 지적했으며, 마그레브 문명의 관점을 지켜나가면
서도 파리에서 나온 알제리학생노조 관련 학위논문도 잊지 않았다.(Zahir Fares, *Le
syndicalisme étudiant algérien*, Paris: Mémoire de D.E.S. des Sciences
politiques, 1966, 172쪽.) 알제리전쟁기와 전쟁 전후의 여성 상황도 증언과 논저를
제시했다. 한편 제1차 인터내셔널 창립 100주년을 맞아 1964년 9월 25일에서 29일
에 "세계사회주의혁명과 민족해방운동 1864-1964"을 주제로 열린 베를린 학술대회에
주목하여 오랜 역사를 갖는 '사회주의와 평화'의 의미를 일깨우기도 했다. 알제리 학자
바시르 하즈 알리Bachir Hadj Ali가 발언했던 이 대회의 기록은 이듬해인 1965년에
프라하에서 간행된 바 있다. Jean-Claude Vatin, "Eléments pour une bibliographie
d'ensemble sur l'Algérie d'aujourd'hui," *Revue algérienne des sciences
juridiques économique et politiques*, vol.5, no.1, mars 1968, 167-278쪽.

맺음말

식민지 시대는 지났어도 알제의 파란 바다와 항구에 면한 일련의 하얀 건물들, 카스바 언덕은 여전히 그대로이다. 하지만 식민지 시대와 독립 이후는 누가 보아도 다르다. 알제 시내의 작은 광장에 있던 프랑스 침공군 사령관 뷔조 동상은 치워지고, 그 자리에는 뷔조에 항거했던 민족지도자 압델카데르의 동상이 세워졌다. 그리 크지 않은 이 동상 맞은편에 있는 책방 '티에르몽드tiers-monde(제3세계)'는 반둥회의 때부터 알제리를 지원한 아시아-아프리카-라틴아메리카를 기리겠다는 듯이 열려 있다. 그리고 그 소광장에서 서쪽으로 유명한 이슬람 건축양식의 중앙우체국을 지나 알제 대학교까지 가면, 아담한 시내가 마치 독립운동 지도자들의 회동장소처럼 펼쳐진다. 식민지 시대 이슬리 거리는 이제 라르비 벤 미히디 거리가 되었고, 그와 나란한 거리는 벤 불라이드 거리가 되었다. 알제 대학교 앞에는 프랑스군의 고문으로 사망한 알제리-프랑스인 오댕을 기려 오댕 정거장이 있고, 거기서 이어지는 언덕길은 27세로 전쟁 초기에 전사한 무라드 디두슈 거리이고, 또 저 멀리 '순교자의 대로大路'도 있다. 아반 람단 길은 시 서쪽에 있고, 프란츠 파농 길은 시원한 언덕의 대로이며, 이 길의 국립도서관은 파농도서관으로도 불린다. 거기서 멀리 떨어진 반대편 언덕에는 순교자기념탑과 군사박물관을 포함한 혁명박물관 단지가 웅장하게 자리하고, 해안으로 내려오면 민족군의 대로가 뻗어 있다. 시 외곽에는 의사 출신의 민중당 지도자 라민 드바긴 병원, 민족군의 로트피 대령 거리, 암살된 노동운동가 아이사트 이디르 거리가 보인다. 이 공간들은 7년 반 동안의 항전과 희생, 주검과 헌신을 후대가 어떻게 잊겠느냐는 듯 시간을 담고 있다.

이 풍경들을 지금 우리가 살아가는 이곳에 대입하면 서울의 광화문과 종로와 시청 일대의 거리나 강남대로가 안중근 의사, 청산리 전투의 김좌진 장군, 상해공원의 윤봉길 의사, 단재 신채호, 우당 이회영, 약산 김원봉, 임시정부의 지도자 조만식, 여운형, 조선어학회 사건의 이극로, 이희승, 최현배, 정인승…… 거리일 것이다. 우선 청산리, 상해공원, 조선어학회가 거리명이 되고도 남는다. 지나간 시간 속의 그들이 지금 우리와 더 친해진다면 그렇게 한다 해서 나쁠 게 무엇일까. 혹 그렇게 그들을 알고 아끼는 마음이 금기시된다면, 왜 그래야 할까. 물론 어떤 역사라도 일방적으로 위에서 아래로 공경하라는 것은 선대를 기리는 마땅한 방법은 아닐 것이다. 그 점을 의식하면서도 알제와 서울, 두 도시의 거리를 떠올리면, 물질의 풍요가 역사의식의 풍성함을 부르는 것은 아니라는 마음을 지울 수 없다.

하지만 이 책이 알제리전쟁을 주목한 것은 섣부른 식민지 민족운동에 대한 비교 감각에서 나온 것이 아니다. 지난 30여 년간 여러 나라 연구자들이 끊임없이 반추해온 것과 다름없이, 알제리의 현실정치가 불러일으킨 현재와 과거의 연속성과 불연속성에 대한 갖가지 의문이 문제의식의 시초였다. 알제리 독립운동 세력은 독립 이후 장기 집권을 하게 된다. 그래서인지 알제리 독립운동사는 독립 이후 곡절을 겪었다. 혁명전쟁은 독립국가 알제리의 초석이었지만, 알제리가 파란만장한 그 전쟁사를 관대하게 대면하기까지는 시간이 한참 걸렸다. 1920년대부터 식민지 항쟁을 주도했음에도 젊은 동지들의 전쟁 결단을 인정하지 않았던 메살리 하즈는 오랫동안 잊혔으나, 1974년 서거 후 틀렘센 공항에 그의 이름이 붙여지면서 민족에 대한 공적을 인정받게 된다. 근래에는 FLN에 맞서 메살리가 세운 MNA가 비애국적이지 않았다는 논의도 나오지만, 메살리 민족주의의 의미와 변증법적 영향력은 좀더 실증적으로 해명되어야 할 일 같다. 페르하트 압바스는 알제리임시정부의 큰 지도자였지만 독립 후에는 초기 의회에만 등장했을 뿐 그후로는 정치에서 격리되어 수난을 겪었고, 1985년 작고한 후 비로소 독립운동의 중추로 인정받았다. 사실 지도자만이 아니라 사이드 달라브, 아흐메드 부멘젤이 이끈 인문주의적 정당 UDMA, 강렬한 민초들의 당이었던 알제리민중당은 일반적인 서구의 정당에서는 찾기 힘든 생명력과 실천력을 가졌던 것으로 보인다. 그런 면에서 UDMA와 민중당 연구는 아직 개척의 여지가 많아 보인다.[1]

물론 연구와 성찰이 곧바로 현실을 만드는 것은 아니다. 진정한 인본주의와 법치주의를 통해서, 그에 더해서 평화와 우애를 잃지 않고 신생국가를 세우는 것은 현실에서는 일어나지 않았다.[2] 우선 혁명 동지들의 운명이 참담하였다. 벤 벨라와 함께했던 카이로의 호신 아이트아흐메드는 독립 이후에도 해외에서 반정부 정치운동으로 일관하다가 2015년에 스위스에서 사망하였다. 처음부터 그들 자신이 각오

---

1. 민중당 연구로 다음 논문의 분석은 매우 치밀하지만 저자의 이른 죽음으로 문제의식이 더 진척되지는 못한 듯하다. C. Collot, "Le Parti du peuple algérien."
2. 근대 국가의 인본주의를 국가 기조로 정립한 입장은 F. Châtelet et E. Pisier-Kuchner, *Les conceptions politiques du XXᵉ siècle*, 98-244쪽.

했던 바였겠지만, 1954년 11월 1일의 '역사의 6인' 가운데 무라드 디두슈, 모스테파 벤 불라이드는 전사했으며, 벤 미히디는 프랑스군에 잡혀 모진 고문 끝에 사망하고 실종으로 발표되었다. 또한 카빌리의 사령관이자 임시정부의 주역이었던 크림 벨카셈은 독립 후에 후아리 부메디엔 정권하에서 부메디엔 암살 혐의로 기소되어 궐석재판에서 사형을 언도받았고 1970년에 프랑크푸르트에서 피살된 채 발견되었다. 그리고 1984년에야 알제의 순교자 광장에 안치되었다. 카이로의 3인 가운데 하나인 모하메드 키데르도 1967년 1월 마드리드에서 부메디엔 정권에 의해 피살되었다. 이런 비극은 주요 지도자에서 그치지 않았으며, 독립 후 수년 동안 알제리의 정치사는 우애와 인본보다는 권력과 탄압으로 혼돈이 소용돌이쳤다.

하지만 독립운동 세대와 그 후대는 이 모든 가시밭길의 역사를 추적하는 데 게으르지 않았다. 아미루슈 장군의 행적은 그를 존경했던 민족군의 회고로 서술되었고, 알제 중심의 제4윌라야의 역사는 민족군 연구로 역사학 박사학위를 받은 모하메드 테기아에 의해 구체화되었다. 비운의 종말로 끝난 아반 람단의 정치적 생애는 칼파 마메리와 벨라이드 아반이 되살려냈고, 임시정부에 관한 문헌에 대해서는 간략하지만 벤유세프 벤헤다가 기록해두었다. 학문적으로 알제리의 해명에 매달린 것은 자연히 전후세대였다. 연구주제는 전쟁을 넘어 중세와 고대를 비롯한 역사학, 사회경제학, 인류학, 지리학, 문학으로 번져갔으며, 연구의 장場도 알제리의 대학들을 넘어 파리, 엑상프로방스, 스트라스부르 같은 프랑스의 대학들로 확장되었다.[3] 피에르 부르

---

3. 이에 관해서는 파리10대학(낭테르) 문헌보관소 논문색인을 참조하여 파리3대학(누벨소르본)의 알리 메라드와 라디아 진이 작성한, 1979년부터 99년까지 프랑스 대학들의 마그레브 관련 논문(역사 및 사회과학 분야)에 대한 지역별 학과별 분류목록 참조. A. Merad et R. Zine, *Le Maghreb dans la recherche universitaire française (1979-1994)*, Paris: Université de la Sorbonne Nouvelle Paris III, 1995.

디외의 동료로 파리로 건너가 이민의 사상사를 개척한 사회학자 압델말렉 사야드, 파리에서 민족운동의 정치사회학에 집중한 오마르 카를리에, 알제리의 사회비판 학술지 NAQD의 주간으로 활동한 역사가 다호 제르발은 특히 중요한 연구 업적을 남겼다.[4]

알제리가 그들의 알제리전쟁을 다시금 깊이 생각하게 된 것은 1990년대 수년간의 어두운 정치상황 속에서였다. 1988년 10월, 알제에서의 시위로 시작한 민주화는 실현되는 듯했다가 1992년 1월 장갑차들과 군 병력들과 마주쳐야 했고 이날부터 알제리의 실권은 군부에 귀속되었다.[5] 알제리 독립 후 30년간의 단일정당제를 버리고 복수정당제를 수립할 것을 요구한 알제리의 진보적 지식인, 대학생, 민중은 패배했으며 탄압을 받았다. 반정부세력 이슬람구원전선FIS은 최대 정당으로 올라섰지만 1992년 3월 해산령을 받았고, FIS의 지도자 압바시 마다니는 감방에 갇혔으며 당원 대다수가 사하라 이남 사막수용소에 구금되었다. 이에 반발해 1993년부터 정체를 알 수 없는 폭력들이 무고한 시민을 엄습하게 되었고, 그와 동시에 일련의 사건들이 공식적으로 이슬람주의자들의 소행으로 규정되면서 자유화의 길은 막혔다.[6] 역사의 6인 가운데 모로코로 망명한 모하메드 부디아프가

---

4. A. Sayad, *Histoire et recherche identitaire suivi d'un Entretien avec Hassan Arfaoui*, Alger: Bouchene, 2002; O. Carlier, *Socialisation politique et acculturation à la modernité: Le Cas du nationalisme algérien, 1926-1954*, Paris: Institut d'Etudes Politiques, 1994; D. Djerbal의 글은 특히 *NAQD*의 평론과 논문을 보라. http://www.revue-naqd.org/doc/index.html

5. 1989년 9월 알제리 정부의 자유화 조치로 60여 개의 정당이 합법화되자, FIS는 1990년 6월 지방선거에서 1,539개의 코뮌 중 953곳에서 승리하였다. 도시에서 지지도가 높아 광역선거구인 48개의 윌라야 중 32개를 석권하였다. FLN의 권력은 이대로 선거가 진행되는 경우 전복되리라 예상되었다.

6. Wm B. Quandt, *Between Ballots and Bullets: Algeria's Transition from Authoritarianism*, Washington, D.C.: Brookings Institution Press, 1998, 9-10쪽.

혼란을 수습할 지도자로 국가평의회의장에 추대되었지만 그도 귀국한 지 석 달 만에 지방 순방 도중 암살당했다.[7]

어느 쪽의 폭력이든, 폭력이 달가워하지 않는 것이 인문주의와 사회비판이다. 작가, 교수, 교사, 가수 그리고 여성은 온갖 공격에 시달렸다. 또한 유례를 찾기 힘든 기자들의 수난이 이어져 1993년부터 1997년까지 60명 이상의 기자들이 목숨을 잃었다.[8] 사상의 자유와 정치적인 발언은 테러집단에 의해 서구적 경향으로 지탄받기 일쑤였다. 그러한 혼란의 와중에 작가 겸 기자 타하르 자우트, 정신의학자 마후드 부세비시, 『사적 자본과 알제리의 기업주』를 저술한 경제학자 질랄리 리아베스 같은 지식인이 테러리스트의 손에 목숨을 잃었다. 반대로 이슬람주의자로 알려진 청년들도 1만 명이 넘게 수용소에 갇혔으며, 1993년 10월 28일 국제사면협회는 최소한 700명 이상의 이슬람주의자가 공권력에 의해 사망했다고 발표했다. 서부 틀렘센, 동부 콘스탄틴, 카빌리 티지우주의 곳곳에서 고문과 약식처형이 벌어졌고, 학교, 가옥, 마을들이 무참하게 파괴되었다. 공식적으로 10만 명 이상으로 추산되는 희생자들은 민주화를 요구한 지식인뿐 아니라 알제리전쟁의 전투원, 노조원, 평범한 민간인이었다.[9]

그러나 알제리전쟁 때의 젊은 여성전사를 기리며 "하시바 벤 부알리, 당신이 살아 있다면……"이라는 플래카드를 들고 여성의 '이슬람화'에 반대해, 민주화 시위대가 저항한 것에서 보듯이, 알제리인은 이

---

7. 이병희, 「알제리 사태」, 93-101쪽; 홍미정, 「알제리정부와 이슬람주의자들」, 『한국이슬람학회논총』, 제15-1집, 2005, 151-174쪽; H. Roberts, *The battlefield: Algeria, 1988-2002: studies in a broken polity*, London: Verso, 2003.

8. L. Labter, *Journalistes algériens 1988-1998*, Alger: Chihab, 2005.

9. 1992년에서 1994년 말까지 군은 3만 명을 잃었다. 1994년에는 한 달에 60명꼴로 희생되었다. A. Kapil, "Algeria's Crisis Intensifies: The Search for a Crisis Pact," *Middle East Report*, no.192, 1995, 2쪽.

폭력사태 앞에 무력하게 굴복하지만은 않았다.[10] 기자 자우트는 그 암울하기만 한 시기에 새로운 주간지 『뤼프튀르Rupture(단절)』를 창간 하였다. 이 제호는 과거의 안일함, 무력함, 부패와 '단절'한다는 의미 였다. 자우트는 지금은 신문의 계절이 아니라는 주위의 만류에도 불구하고 1993년 1월 '지금'이 결정적인 투쟁의 시기라고 믿었고 창간 호 '편집자의 말'에서 다음과 같이 밝혔다.

하나의 침묵, 하나의 무관심, 하나의 포기, 단 한 번의 퇴각이 앞으로 치명적이 될 수 있다…… 우리의 노선은 중립적일 것이며, 우리에게 명령하는 것은 우리의 양심, 열광, 실망일 뿐이다…… 30년간의 그릇된 버릇, 취약한 건설, 커다란 오류를 겪은 후 알제리 사회는 전부를 새로 일구어야 한다는 것을 깨닫고 있다.[11]

알제리전쟁은 지금껏 프랑스에서조차 지워지지 않는 현재의 역사이다. 너무 착잡하고 무겁고 사회 각층이 관계된 문제인 듯 논란이 가시지 않는다. 사실 프랑스는 역사라면 무척 기리고 심지어 사랑한다고 해도 과언이 아닐 것이다. 온 도시와 거리가 그대로 역사학습장이며, 파리 개선문 사방으로 오슈, 클레베르 같은 프랑스혁명기의 장군, 19세기 장군이 도열해 있고, 샹젤리제 대로에는 급진공화파 정치인

---

10. 알제 대학에 다니던 하시바 벤 부알리는 16세에 UGEMA에 가담하고 알제전투에 참여했다가 1957년 10월 프랑스 공수부대의 마지막 작전 때 카스바에서 사망한다. 알제리 민주화와 여성의 문제는 다음을 참조. 노서경, 「알제리 페미니즘의 지적 성격: 1990년대의 시련을 중심으로」, 『여성과 역사』, 제15집, 2011, 215-253쪽.

11. T. Djaout, "Lettre de l'éditeur," *Ruptures et fidélités*, articles de Tahar Djaout publiés dans 《Ruptures》 et témoignages, Comité International de Soutien aux Intellectuels Algériens(CISIA), *Cahiers*, no.1, Paris: septembre 1993. 타하르 자우트에 관한 더 자세한 내용은 인터넷 자료 참조. 노서경, 「언론의 자유와 독립에 헌신한 알제리의 기자, 타하르 자우트」(http://navercast.naver.com)

클레망소, 『레미제라블』의 작가 빅토르 위고가 있다. 드골 공항, 개선
문의 드골 광장은 레지스탕스의 의미를 되살린다. 드골과 함께 자유
프랑스군을 지휘한 르클레르 장군도 몽파르나스를 가로지르는 대로
명으로 기려진다. 비시 정부 때 고문으로 죽은 레지스탕스 지도자 장
물랭, 고등사범학교 출신의 레지스탕스로 나치에게 고문을 받다가 자
살한 피에르 브로솔레트가 거리명이 된 나라이다.[12]

그렇지만 알제리전쟁의 역사화는 난제였다.[13] 식민지 해방전쟁이
법적으로 인정된 것은 전쟁 후 37년이 지난 1999년이었다. 그해 프랑
스 의회는 그간의 '치안유지 작전'이란 법적 규정을 폐기하고 '알제리
전쟁'이란 이름을 붙인다. 프랑스는 16세기부터 식민지 쟁탈전에 나
섰던 나라이며, 19세기 후반 인도차이나 정복으로 영국에 버금가는
세계적인 식민지 보유국이 되지만 그중에서도 식민지 알제리는 각별
했다. 무엇보다 알제리 철수 때 피에누아르들이 빈손으로 급히 대거
송환되고 본국에서 따가운 눈총을 받고 지내야 했던 일은 두고두고
후유증을 낳았다. 이는 시간이 지나 프랑스 우익을 강세로 만드는 요
인이 되었다. 전쟁 후 알제리에서 재판도 없이 살해되고 핍박받은 하
르키들은 그 수도 많았지만 상황도 너무 처참했다. 프랑스에 정착해
교육받고 사회적 발언권을 가진 하르키의 후손들이 점점 목소리를 높
여 프랑스에 응분의 대우를 요구하게 되면서 이 사안은 더 복잡해진
다. 무슬림 참전 군인들에 대한 보상이나 인정은 공식화됐지만, 프랑
스 정부는 당장의 이민노동자도 고려해야 하고 강세인 우파의 심경도

---

12. 피에르 브로솔레트의 항독 저항에 대해서는 G. Piketty, *Pierre Brossolette: un
héros de la Résistance*, Paris: Odile Jacob, 1998.
13. 김용우, 「식민의 기억과 역사학: 피에르 노라와 『위험한 기억들』」, 『서양사연구』,
제55호, 2016, 329-325쪽; 이재원, 「알제리전쟁의 기억과 기억의 전쟁」, *Homo
Migrans*, vol.7, 2013, 59-65쪽; 이용재, 「'알제리전쟁'을 어떻게 가르칠 것인가―프
랑스의 식민지 청산과 역사교육」, 『한국프랑스학논집』, 제53호, 2006, 425-444쪽.

살펴야 했으며, 무엇보다 국가적 입장에 신중해야 했다. 고심 끝에 프랑스 정부는 '2005년 2월 23일 법'에 해외, 특히 북아프리카에서 프랑스의 존재가 그곳 역사에 큰 업적이 있음을 교과서에 넣도록 규정했다가 역사학자들의 거센 반대에 물러선 일도 있다.[14] 물론 식민지 문제에 비판적인 역사가들이 알제리전쟁에 대해 인정도 하고 비판도 하는 입체적인 사회여론을 전부 대변하는 건 아닐 것이다.

어떻든 이러한 프랑스의 공식 입장과 달리, 프랑스의 알제리전쟁사 연구는 무척 인상적이다. 식민주의 연구가 분야마다 세계적으로 열띠게 진행된 현상의 하나이기도 하지만, 세티프 학살만 해도 면밀한 조사에 근거한 저술이 연이어 간행되었다.[15] 그런 치밀한 연구에 비해, 이 책은 실마리만 내놓고 제대로 손대지 못한 부분이 많다는 것을 의식한다. 사건의 나열만 있지 전체 흐름이 무엇이냐는 비판의 여지도 있을 것이다. 그렇지만 어떤 틀을 세우기에는 문제들이 너무 아득했다. 알제리나 프랑스나 지식인을 관통하는 것이 그람시의 유기적 지식인, 실천철학에 가깝다 말하고 싶었지만 밀고 나가기가 주저되었다.[16] 벤투리가 그려낸 19세기 러시아의 지식인, 대학생, 민중과 알제리전쟁기의 그들 간에 공통점이 없을까 하는 것도 못내 걸렸다.[17] 하지만 지금은 이렇게 두는 편이 무리가 없을 듯하다. 한편 알제리 지식인이, 더 나아가 마그레브 지식인의 전통과 쇄신에 어떻게 연관되는

14. 김용우, 「식민주의의 부메랑과 역사학: 프랑스 2005년 '2월 23일 법'을 둘러싼 논쟁」, 『서양사론』, 제115호, 2012, 41-62쪽. 자크 시라크 대통령은 법 공포 후 일 년이 채 지나지 않은 2006년 1월 31일에 이 법을 공식 철회했다.

15. F. Cooper, *Colonialism in Question: Theory, Knowledge, History*, Berkeley, CA: University of California Press, 2005.

16. 신혜경, 「그람시의 옥중수고에 나타난 대중의 문화정치적 함의에 대한 연구」(서울대 대학원), 박사학위 논문, 2004, 22-34, 112-134쪽.

17. F. Venturi, *Les intellectuels, le peuple et la révolution: Histoire du populisme russe au XIX siècle*, trad., Paris: Gallimard, 1972, 294-444쪽.

지도 계속 마음이 쓰였으나 이슬람에 대한 감각 없이 글을 쓸 수는 없었다. 특히 미진하게 남긴 것은 식민지 변호사와 정치범 간 사법적 상상력의 영역이었고 알제리 대학생이 제기한 민족주의와 자유주의 간의 간격이다. 그렇긴 해도 이 책은 식민지배국의 식민주의 비판이 인간적 선의라든가 인간애에 기초했다고 말하지 않았다. 서론을 되풀이하자면 이로써 지배와 피지배의 역사관계가 무마되었다고 말하려 했다고 본다면 이는 몰이해일 뿐이다.

몇몇 문헌과 자료에 근거하여 분명 '그랬으리라' 믿게 된 것은 지식인과 비지식인은 타고나지 않았으며, 교육과 학력, 직종으로 이들을 나누는 것은 통념에는 부합할지 몰라도 실상과는 매우 다르다는 점이었다. 만약 지식인과 민중이 각각 낮은 인식밖에 지니지 못했더라면 이 식민지 항쟁은 무너졌을지도 모른다. 왜냐하면 식민지에서 벌인 이 항쟁은 민족이나 국가의 이름으로 제국과 식민주의에 맞선 저항이었어도 그것이 말할 수 있는 전부는 아니기 때문이다. 식민지배를 물리치려는 것은, 세상의 대의는 오직 약자의 짐인 듯하며 물질과 부패는 언제나 위세를 부려도 되는 듯한 세상에 대한 거부를 의미했고, 그렇지 않은 다른 세상을 희원하는 길고 집요한 노력을 의미했다. 이 책에서 살펴본 어느 분야, 어느 장소에서나 그 점은 짚어진다. 그 크나큰 변화에 종사하고자 했던 그들 모두는 생각이 깊었다.

부록

구르비Gourbi 북아프리카 특히 알제리에서 사용되는 말. 간단한 주거형태.

데이Dey 오스만의 지사, 총독.

두아르Douar 무슬림 마을, 또는 여러 마을이 모인 부족 단위. 자체 예산과 명사
회의로 운영됨.

마라부트Marabout 북아프리카에서는 무슬림 성자 또는 은자.

메데르사Medersa 이슬람 학교.

메슈타Mechta 산간의 농장. 혹은 마을.

모스크Moske 이슬람 사원.

무자히드Moudjahid 군복을 입은 민족군의 정규군.

무프티Muphti 공식 설교사의 지위. 작은 모스크에서는 이맘.

벤Ben (누구의) 아들.

부Bou (누구의) 아버지. 문어 아랍어로는 아부Abou.

블레드Bled 농촌.

셰이크Cheikh 지혜, 교양 때로는 나이로 존경 받는 원로, 종교단체의 장.

수크Souq /Souk 시장市場.

시, 시디Si, Sidi 존칭. 원래는 귀족이나 성자의 이름 앞에 부침.

아가Agha (오스만에서 유래한 말) 사령관.

아마지그Amazigh 베르베르인(남성). 베르베르의 독자성 수호 민족운동. 타마지
그Tamazigh(여성).

바샤가Bachaga 프랑스가 일부 카디에게 준 행정직. 바샤가〉아가〉카이드 순. 식
민지 최고의 명예직.

울드Ould (누구의) 아들.

울라마Ulama /Oulema 무슬림 법학 박사.

움마Umma 공동체를 가리키는 아랍어.

윌라야Wilaya 민족해방군의 군사지역.

이맘Imam 이슬람 지도자의 지위. 흔히는 모스크의 예배 지도자를 말함.

이마지겐Imazighen '자유인'이란 뜻으로, 베르베르인이 스스로를 일컫는 말.

제마아Djemââ 무슬림 명사들의 회의. 무슬림 남성 직접선거를 통해 식민지의회
제2선거인단에 선출됨.

제벨Djebel 산, 가파른 경사지대.

주누드Djounoud (아랍어 '군인'이란 뜻에서) 아랍계 농민 민족해방군.

카디Cadi 무슬림 재판관.

카스바Casbah 원래는 '요새'를 뜻함. 무슬림 세계의 일부 도시에서는 주거지역.

카이드Caïd 부족이나 두아르(마을)의 지도자. 식민지 행정에 직속되어 있음.

카티바Katiba 100명에서 120명 단위의 부대. 30여 명의 소부대로 다시 나뉨.

펠라Fellah 소규모의 경작자, 농민.

펠라가Fellaga, Fellagha 무장전투집단.

피다이Fidaï (FLN의 용어에 따르면) 전투복을 입지 않은 특수임무 병사.

하르키Harki 프랑스 경찰에 고용된 무슬림 보조경찰. 여러 계급과 직무의 프랑스
군 무슬림 병력.

:: 약어(단체 및 기구)

국토감시국 DST(Direction de Surveillance Territoire)

공안위원회 CSP(Comitédu Salut Public)

민족해방군 ALN(Armée de Libération Nationale)

민족해방전선 FLN(Front de Libération Nationale)

민주자유승리운동 MTLD(Mouvement pour le Triomphe des Libertés Démocratiques)

북아프리카무슬림학생협회 AEMAN(Association des Etudiants Musulmans d'Afrique du Nord)

북아프리카의별 ENA(Etoile Nord-Africaine)

비밀군사조직 OAS(Organisation Armée Secrète) 프랑스군의 극우 지하조직

선언과자유의벗 AML(Amis du Manifeste et de la Liberté)

압델하미드벤진친우회 AAAB(Association Les Amis de Abdelhamid Benzine)

알제리공산당 PCA(Parti Communiste Algérien)

알제리공화국임시정부 GPRA(Gouvernement Provisoire de la République Algérienne)

알제리노동자총동맹 UGTA(Union Générale des Travailleurs Algériens)

알제리무슬림학생총동맹 UGEMA(Union Générale des Etudiants Musulmans Algériens)

알제리민족운동 MNA(Mouvement National Algérien)

알제리민중당 PPA(Parti du Peuple Algérien)

알제리선언민주동맹 UDMA(Union Démocratique pour le Manifeste Algérien)

알제리학생총협회 AGEA(Association Générale des Étudiants d'Alger(ie)

알제리혁명전국평의회 CNRA(Conseil National de la Révolution Algérienne)

알제자치단 ZAA(Zone Autonome d'Alger)

육군역사관 SHAT(Service historique de l'armée de Terre)

이슬람구원전선 FIS(Front Islamique du Salut)

재정대표부 DF(Délégation Financière)

조정집행위원회 CCE(Comité de Coordination et d'Exécution)

총사령부 EMG(Etat-Major Général)

탄압희생자구조위원회 CSVR(Comité de Secours aux Victimes de la Répression)

통합행동혁명위원회 CRUA(Comité Révolutionnaire pour l'Unité et de l'Action)

특수조직 OS(Organisation Spéciale) 알제리민중당의 지하조직

특수행정국 SAS(Section Administrative Spéciale)

프랑스공산당 PCF(Parti Communiste Français)

프랑스노동총연맹 CGT(Confédération Générale du Travail)

프랑스북아프리카무슬림학생협회 AEMNAF(Association des Etudiants Musulmans Nord-Africains en France)

프랑스소명단 Mission de France

프랑스통합노동총연맹 CGTU(Comféderation Générale du Travail Unitaire)

: : 주요 신문잡지 및 출판사

『뉴욕타임스*New York Times*』

『라크루아*La Croix*』

『레지스탕스 알제리엔*Résistance algérienne*』

『레코 달제*L'Echo d'Alger*』

『레코 도랑*L'Echo d'Oran*』

『레코 드 틀렘센*L'Echo de Tlemcen*』

『레탕모데른*Les Temps modernes*』

『레퓌블리크 알제리엔*République Algérienne*』

『렉스프레스*L'Express*』

『롭세르바퇴르*L'Observateur*』(현재『롭스*L'Obs*』로 약칭)

『뤼마니테*L'Humanité*』

『르 데바*Le Débat*』

『르몽드*Le Monde*』

『르 뮈쥘망*Le Musulman*』

『르피가로*Le Figaro*』

『먼슬리 리뷰*Monthly Review*』

『베리테 푸르*Vérité Pour*』

『아프리크 콩탕포렌*Afrique Contemporaine*』

『아프리크 크리티크*Afrique Critique*』

『악튀알리테 알제리엔*Actualité algérienne*』

『알제 레퓌블리캥*Alger Républicain*』

『알제리 리브르*Algérie Libre*』

『알제리 사법학, 경제학, 정치학 평론*Revue algérienne des sciences juridiques économiques et politiques*』(약칭『사법, 경제, 정치 평론』)

『에스프리*Esprit*』

『엘무자히드*El Moudjahid*』

『엘 미스바*El Misbah*』

『엘 힐랄*El Hilal*』

『이슬람*Islam*』

『이크담Ikdam』
『일 조르노Il Giorno』
『부아 데 리브르Voix des Libres』
『주르날 오피시엘Journal Officiel』
『콩바Combat』
『테무아나주 크레티앵Témoignage Chrétien』
『파리아Paria』
『프랑스수아르France Soir』
『프레장스 아프리켄Présence Africaine』

출판사

갈리마르Gallimard
노동자출판사Éditions Ouvrières
뉴레프트북스New Left Books
라르마탕L'Harmattan
로망드 출판사Romande (스위스)
로베르 라퐁Robert Laffont
마스페로François Maspero
미뉘Éditions Minuit
베르나르 그라세Bernard Grasset
부아뱅Boivin
브랭Vrin
사회출판사Éditions sociales
쇠유Éditions Seuil
시테La Cité Éditeur
아나그라마Anagrama (바르셀로나)
아르망 콜랭Armand Colin
아셰트Hachette
ANEP(l'Entreprise Nationale de Communication, d'Edition et de Publicité)
　(알제)
시하브Chihab (알제)

에이나우디Einaudi (토리노)

오비에Aubier

제네리크Éditions Génériques

쥘리아르Éditions Juillard

카스바Casbah éditions

콩플렉스Éditions Complexe (브뤼셀)

클라우스 바겐바흐Klaus Wagenbach

탈랑디에Tallandier

파야르Fayard

펠트리넬리Feltrinelli (밀라노)

프랑스대학출판사PUF

플롱Plon

호세 코르티Jose Corti

: : 알제리전쟁 관련 영화 목록

알제리전쟁을 소재로 제작되거나 상영된 영화를 간략히 소개하고자 한다. 전쟁이 한창이던 1958년에서부터 육십 년이 지난 2017년 영화까지의 목록을 살펴면 알제리전쟁을 비판하고 해석해온 일정한 역사의 흐름이 보이는 듯하다. 영화와 식민주의의 관계를 파헤치고자 하는 포스트식민주의 연구에서도 알제리전쟁 영상물은 분명 큰 몫을 차지한다. 아래의 각 작품들 필모그래피는 제목, 감독, 제작 및 제작/상영 연도순으로 표기했으며, 국내 미개봉인 영화들의 제목은 원제의 직역임을 밝혀둔다.

<하나의 나라 알제리Une Nation Algérie>(르네 보티에, 프랑스, 1958)
알제리전쟁 발발 이후 줄곧 식민지 상황에 관심을 쏟고 있었던 전위 영화인 보티에는 오래전 1830년대에 일어났던 프랑스의 알제리 정복을 그렸다.

<불타는 알제리Algérie en flammes>(르네 보티에, 프랑스, 1958)
1956년 말에서 1957년까지 알제리 동부 산악지대 알제리민족해방군을 처음으로 촬영한 기록영화이다.

<알제리 여성 자밀라Djamila Algérienne>(유세프 샤힌Youssef Chahine, 이집트, 1958)
1957년 알제전투에서 활약한 FLN 여성요원 자밀라 부히레드의 독립운동을 그렸다. 이집트의 명감독 샤힌이 만들고 유명 여배우가 출연하여 중동과 북아프리카에 널리 알려졌던 영화이다.

<작은 병정Le Petit Soldat>(장뤽 고다르, 프랑스, 1960 제작/1963 상영)
스위스에서 정보원이 된 어느 남자와 알제리 민족운동에 참여한 여성의 스토리이지만 프랑스군과 알제리 민족해방전선 양측의 고문을 다같이 다루고 있다.

<파리의 시월Octobre à Paris>(자크 파니젤Jacques Panijel, 프랑스, 1961)
대다수 프랑스 언론이 묵과하던 1961년 10월 파리 북아프리카인 시위를 다큐멘터리 형식으로 영상화했다.

<나는 여덟 살J'ai huit ans>(얀 르 마송Yann Le Masson, 프랑스, 1961)
알제리 어린이의 스케치 그림으로 전쟁을 살핀 단편영화. 엷은 색의 단순한 그림들에 대사도 어린이가 맡은 작은 작품이 전쟁의 깊은 모순을 전한다.

<섬 안의 전투Le Combat dans l'île>(알랭 카발리에Alain Cavalier, 프랑스, 1961)
카발리에 감독의 첫 누벨바그 장편. 알제리전쟁 극영화를 만들기 어려운 시대에 어느 정보조직에 관계된 남녀의 갈등을 헤치는 스토리로 전쟁의 심연을 말한다.

<정의의 올리브나무들Olive Trees of Justice>(제임스 블루James Blue, 영국, 1962)
알제리 유럽인 장 펠레그리의 소설을 토대로 알제리전쟁중 촬영되어 당시 농촌과 시가지 풍경이 살아 있다. 화면은 미티자 평원의 큰 농장 집에서 자란 어느 프랑스인 젊은이의 회상을 따라간다.

<알제리 전투La Bataille d'Alger>(질로 폰테코르보Gillo Pontecorvo, 이탈리아/알제리, 1966)
1957년 알제시가전의 재현으로 카스바가 무대. 여성들의 활약상, 프랑스 공수부대 진압을 그린다. 독립 후 알제리 정부가 의뢰한 작품이지만 주제의식은 단순하지 않다. 한국어판 영상을 구할 수 있다.

<오레스의 바람Le Vent des Aurès>(모함메드 하미나Mohammed Hamina, 알제리, 1966)
알제리 독립 후 공식 제작된 아랍어 영화이다. 프랑스군의 포격으로 불타는 오레스 산악의 한 농촌. 주누드를 도왔던 어느 집의 아들이 잡혀가자 어머니는 아들을 찾아 군대와 수용소를 헤매고 마침내 오레스의 세찬 바람 속 수용소 철조망을 붙잡고 쓰러진다.

<오레스에서 스무살이었네Avoir vingt ans à Aurès>(르네 보티에, 프랑스, 1972)
장대한 오레스 산악에 배치된 브르통 분대 프랑스 군인들이 알제리 민족군을 추격하는 전투 장면들로 구성되었다. 부대원들 사이의 심리, 적과의 인간애를 담담히 그린 보티에의 걸작.

<라 케스치옹La Question>(로랑 에느만Laurent Heynemann, 프랑스, 1972)
앙리 알렉의 『라 케스치옹』을 번안한 영화. 영화는 이 책에 나오는 고문 장면을
모두 영상으로 그리지는 않았으나 프랑스 국내에서 상영은 18년간 금지되었다.

<R.A.S.>(이브 부아세Yves Boisset, 프랑스/이탈리아/튀니지, 1973)
R.A.S.는 군사행정용어로 '특기할 징조 없음'의 약자. 알제리전쟁기 프랑스군과 탈
영자들의 관계를 그린다.

<불타는 시절의 연대기Chronique des années de braise>(모함메드 하미나, 알
제리, 1975)
1975년 칸영화제 황금종려상 수상, 아랍어 영화. 제2차 세계대전 초인 1939년부
터 1954년 11월 1일까지를 여섯 가지의 주제(잿더미, 불, 화염, 호송차, 화약고,
1954년 11월 1일)로 나누어 추적한 대작.

<이름없는 전쟁La guerre sans nom>(베르트랑 타베르니에Bertrand
Taverinier, 프랑스, 1992)
종전 후 30년간 입을 닫고 있던 프랑스 참전 군인들이 살해, 작전, 정치, 전쟁에
관한 갖가지 이야기를 육성으로 풀어놓는다. 파트릭 로트만의 원작을 다큐멘터리
영상으로 살렸다.

<천국에 살다Vivre au paradis>(부를렘 게르주Bourlem Guerdjou, 알제리-프
랑스, 1997)
전쟁 후 프랑스로 건너온 이민자들이 겪었던 낭테르 빈민촌 삶을 재현한다. 공공
임대아파트 입주 허가를 받으려는 주인공의 의지와 수법이 교차한다.

<프란츠 파농: 요양소의 기억Frantz Fanon: Mémoires d'asile>(압데누르 자자
Abdenour Zahzah, 알제리, 2002)
블리다 출신 알제리 영화인이 블리다 정신병원 환자들의 기억과 증언을 토대로
그곳에서 정신의학과 혁명론을 연마했던 파농의 모습을 따라간다. 출판인 마스페
로의 인터뷰도 나온다.

<컴컴한 밤, 1961년 10월 17일Nuit noire 17 octobre 1961>(알랭 타스마Alain
Tasma, 프랑스, 2004)

1961년 10월에 파리에서 일어난 북아프리카인들의 시위를 새로이 조명한 영화이다. 시위자들을 센 강에 몰아넣었던 파리 경찰들의 진압 작전이 그려진다.

<배반La Trahison>(필리프 포콩Philippe Faucon, 프랑스/벨기에, 2007)
알제리 동부 마을에 배치된 어느 프랑스군 소령이 탄압과 고문을 받고 있는 주민들과 마을을 감시하면서도 주민들의 사기를 돋우는 갈등 속에서 겪는 북아프리카의 병사와 부조리를 그렸다.

<친밀한 적L'Ennemi intime>(플로랑 에밀리오 시리Florent Emilio Siri, 프랑스, 2007)
1959년 전쟁통에 카빌리에 도착한 젊은 장교는 이상을 가졌다가 폭력적이고 잔인한 작전에 휘말린다. 평범한 젊은이가 전쟁에서 상처받는 영혼의 문제가 다루어진다.

<말할 수 없던 역사 알제리Algérie histoires à ne pas dire>(장 피에르 리도Jean Pierre Lledo, 프랑스/알제리, 2007)
1962년 독립 후 소수 유대계 유럽인들도 알제리를 떠나는데, 4명의 무슬림 출신 주인공이 미움과 우애가 얽힌 유대계와 기독교인들 사이의 문제를 되짚는다.

<무법자Hors la loi>(라시드 부샤레브Rachid Bouchareb, 알제리/프랑스, 2010)
아랍어 펠라가의 프랑스어판 번역이다. 1945년 5월 8일 파리의 승전 장면에 이어 같은 날 세티프 시위 학살이 등장하고 화면은 곧 인도차이나, 낭테르 빈민촌으로 선회한다. 민족해방투쟁중 엇갈리는 삼형제의 운명을 줄거리로 전쟁 전체를 그리는 데 전쟁 귀환자들이 이의를 제기한 2010년 칸영화제 문제작이다.

<여기에 알제리인을 빠뜨렸네Ici on noie les Algériens>(야스미나 아디 Yasmina Adi, 프랑스, 2011)
전쟁에 나갔던 프랑스 병사들의 증언을 토대로 파리 시가지를 비추면서 1961년 10월 파리의 북아프리카 시위대 탄압을 짧지만 강렬하게 다시금 영상화했다.

<짐가방이냐, 관棺이냐La Valise ou le cercueil>(찰리 카산Charly Cassan, 마리 아브네Marie Havenel, 프랑스, 2011)

알제리를 급히 떠났던 피에누아르의 실상을 알고 있는 감독이 알제리 정복부터 전반적인 상황을 되돌아보면서 드골의 알제리 정책과 유럽인 문제, 1962년 3월 에비앙협정 후 일어난 오랑의 유럽인 살해, 하르키 문제를 차분히 다룬다.

<신의 이름으로Loin des hommes>(다비드 오엘호펜David Oelfoffen, 프랑스, 2014)

1954년 전쟁 때 서로 다른 두 남자가 만나 겪는 긴박한 갈등이 주제다. 카뮈의 단편 「손님」을 대본으로 했으며 『알제리 연대기』의 내용도 들어 있다 2014년 베니스 영화제에 공식 선정작.

<라르비 벤 미히디Larbi Ben M'hidi>(바시르 데라이스Bachir Derrais, 알제리, 2017)

1957년 2월 프랑스군 수사대에 잡힌 후 '실종'으로 발표된 독립투사 라르비 벤 미히디의 군사적 정치적 생애를 추적한 영화. 2017년 봄에 완성되어 알제리 독립기념일 7월 5일에 일반에 공개되었다.

게랭, 다니엘 Daniel Guérin(1904-1988) 프랑스 작가. 계급과 민족의 해방을 논한 아나키스트, 반식민주의자. 저서『파시즘과 대자본』『신도 주인도 아니다』『여기에 식민주의가』 등.

나세르, 가말 압데르 Gamal Abdel Nasser/Jamāl ʿAbd al-Nāṣī(1918-1970) 이집트 정치가. 1952년 왕정전복 쿠데타. 국유화 정책. 이집트 대통령. 범아랍주의자. 1967년 6일전쟁 패배.

다니엘, 장 Jean Daniel(1920-2020) 알제리 블리다 태생 유대계 프랑스 언론인, 작가. 1942년 알제 해방에 참가. 알제리전쟁 종군기자.『르 누벨 옵세르바퇴르』창간 주역.

다브지, 로베르 Robert Davezies(1923-2007) 프랑스 디오세즈 교구의 사제, 파리고등사범학교 수학 연구원. 노동사목. 프랑스 소명단에 가담. 장송망 사건에 가담.『전선戰線』『정의의 시간』.

달라브, 사아드 Saâd Dahlab(1918-2000) 알제리 독립운동가, 정치인. FLN 요원.『엘무자히드』창간 주도, 알제리공화국임시정부 외교장관. 에비앙 협상 주역. 독립 후 정치인.

도므나크, 장마리 Jean-Marie Domenach(1922-1997) 프랑스 좌파 가톨릭교도. 제2차 세계대전기 레지스탕스 활동.『에스프리』주간. 1954-1988년에 알제 대주교.『비극의 귀환』(1963)의 저자.

드골, 샤를 Charles de Gaulle(1890-1970) 군인, 정치인. 자유프랑스군 지도자. 1958년 알제리전쟁으로 정치계 복귀. 1969년까지 제5공화국 대통령.

드레슈, 장 Jean Dresch(1905-1994) 프랑스 지리학자. 역사지리학 교수자격자. 모로코 교사 시절부터 북아프리카 독립 지지파.『제국들의 몰락 무렵의 어느 지리학자』의 저자.

드레퓌스, 니콜 Nicole Dreyfus(1924-2010) 프랑스 변호사. 공산주의자로서 조라 드리프를 비롯한 알제리 민족운동가들 법정변호. 2000년『르몽드』고문반대 진정서에 서명.

드리프, 조라 Zohra Drif(1937-) 티아렛 출신의 알제리 여성 독립운동가. 알제 대학교 법과대학생으로 FLN에 참가. 알제전투 때 폭탄테러. 1957년 9월에 체포됨. 『내 형제들의 죽음』의 저자.

드바긴, 모하메드 라민Mohamed Lamine Debaghine(1917-2003) 알제리독립운동가. 지식인. 의과대학생으로 알제리민중당 입당. FLN 주요 지도자. 임시정부 외교장관.

드브레, 미셸Michel Debré(1912-1996) 파리 대학교 법학박사. 2차 대전 때 저항대원. 1958년부터 드골 정부의 법무장관. 총리. 1962년 4월 알제리 문제에 대한 이견으로 총리직 사임.

디두슈, 무라드Mourad Didouche(1927-1955) 알제리 독립운동가. 무장투쟁 독려한 역사의 6인 중 한 명. 알제 철도원. 특수조직OS 대원. 1955년 1월 18일 콘스탄틴 지역 전투에서 전사.

디옵, 알리운Alioune Diop(1910-1980) 세네갈 지식인, 정치인. 가톨릭교도. 프랑스 제4공화국 상원의원. 『프레장스 아프리캥』 창간인. 파리에서 흑인작가예술가 국제대회 개최.

라게야르드, 피에르Pierre Lagaillarde(1931-2014) 아버지는 알제리 블리다 변호사. 프랑스-알제리 수호 주장. 오르티즈 및 라울 살랑 장군과 1961년 마드리드에서 OAS 창설.

라르테기, 장Jean Lartéguy(1920-2011) 프랑스 군인, 작가, 기자. 자유프랑스군에 가담. 팔레스타인전쟁, 한국전쟁, 인도차이나전쟁, 알제리전쟁 보도. 역사소설 『백인대』 있음.

라보, 조르주Georges Lavau(1918-1990) 마다가스카르 출생의 법학자. 프랑스 공산당 이론가. 그르노블 대학 교수(1948-1962). 『프랑스공산당은 어디에 소용이 있는가』(1981) 저자.

라슈라프, 모스테파Mostefa Lacheraf(1917-2007) 알제리 역사학자. 민족운동가. 1956년 10월 공중납치 사건으로 프랑스에 구금됨. 독립 후 교육장관. 『알제리 민족과 사회』 『이름과 장소들』 등의 저자.

라코스트, 로베르Robert Lacoste(1898-1989) 공산주의자와 드골주의자에 반대한 프랑스 사회주의자. 정치인. 아버지는 독일군에 1944년 3월 총살당함. 알제리 주재 장관.

라쿠튀르, 장Jean Lacouture(1921-2015) 프랑스 기자, 역사가, 작가. 『콩바』 『르몽드』 『르 누벨 옵세르바퇴르』 기자. 『호찌민』 『제르멘 틸리옹』 등 다수의 전기를 집필한 것으로 유명함.

라 푸앵트 알리 Ali La Pointe(Ali Ammar)(1930-1957) 알제리전쟁의 행동주의
자. 1957년 알제전투의 마지막 날 동지들과 함께 알제 카스바에서 프랑스군에
사살됨.

람단, 아반 Abane Ramdane(1920-1957) 티지우주 출신의 알제리 독립운동가.
알제리민중당과 OS를 거쳐 1956년에서 1957년까지 조정집행위원 활동. FLN
총국민 혁명이론가.

레리스, 미셸 Michel Leiris(1901-1990) 프랑스 인류학자, 시인, 예술비평가.『레
탕 모데른』 공동창간.『프레장스 아프리캥』 창간 지원.『아프리카 유령』『인간
의 시대』 등과 일기 쓰기로 유명함.

로카르, 미셸 Michel Rocard(1930-2016) 프랑스 정치인. 사회당 각료, 대통령 후
보, 상원의원, 알제리전쟁 말기 농촌과 수용소를 방문하고 그 실정을 기록한
『재집결 수용소』 간행.

루세, 다비드 David Rousset(1912-1997) 저항대원. 나치 강제수용소 생환 프랑
스 작가, 정치인. 알제리전쟁 중 수감자들 보호.『강제수용소 세계』『우리의 죽
음의 날들』 등의 저자.

르펜, 장마리 Jean-Marie Le Pen(1928-) 인도차이나전쟁 종군. 센 하원의원. 알
제리전쟁 공수부대 정보장교로 알제리 파견. 극우 민족전선의 지도자.

마루, 앙리이레네 Henri-Irénée Marrou(1904-1977) 프랑스 역사가, 초기 기독교
전문가. 알제리전쟁에서 프랑스의 고문수사를 비난.『성 아우구스티누스와 아
우구스티누스주의』의 저자.

마메트, 피에르 Pierre Mamet(?-?) 가톨릭 신부. 알제리 민족운동을 지지한 혐의
로 1956년 4월 수크아라스에서 추방당한 프랑스 소명단 사제.

마쉬, 자크 Jacques Massu(1908-2002) 프랑스 군인. 제2차 세계대전, 인도차이
나전쟁, 알제리전쟁 등에 종군한 베테랑. 수에즈 침공 종군. 레종도뇌르 대십자
훈장 받음. 회고록『진정한 알제 전투』가 있음.

마스코토, 디오니스 Dionis Mascoto(1916-1997) 프랑스 에세이스트, 반식민주의
자. 한때 프랑스 여성작가 마르그리트 뒤라스와 결혼. '알제리전쟁 불복종 권리
선언'(121인) 기안자.

마스페로, 프랑수아 François Maspero(1932-2015) 프랑스 출판인, 작가, 번역가.
마스페로 출판사 설립. 동유럽 사회주의 비판서, 제3세계 문제작 출간.『생타르
노의 명예』의 저자.

마시뇽, 루이 Louis Massignon(1883-1962) 가톨릭교도. 이슬람학 대가. 중동지

역 선교활동에서 이슬람을 깊이 이해할 것을 가톨릭에 촉구. 해외영토 정치범 사면위원회 의장.

마이요, 앙리 Henri Maillot(1928-1956) 알제리공산당원. 알제리독립전쟁을 지지한 유럽인. 프랑스 법정에서 궐석재판으로 사형선고를 받았으며, 알제리 전투지에서 사망.

말렉, 레다Rédha Malek(1931-2017) 알제리 독립운동가. 『엘무자히드』 편집인. 알제리무슬림학생총동맹 창단. 에비앙협상 대표단. 주요 저서로 『에비앙의 알제리: 비밀협상사 1956-1962』가 있음.

망데스 프랑스, 피에르 Pierre Mendès France(1907-1982) 프랑스 정치인. 급진당. 인도차이나 문제 타결. 모로코, 튀니지 독립 성사. 알제리 문제로 실각함. 저서 『전집』(1922-1982).

망두즈, 앙드레 André Mandouze(1916-2006) 라틴학 전공의 대학인, 가톨릭 언론인. 알제리전쟁 고문을 고발한 『문헌에 의한 알제리전쟁』을 펴냄. 저서 『성 아우구스티누스—이성과 은총의 모험』.

메흐리, 압델하미드 Abdelhamid Mehri(1926-2012) 알제리민중당 당원, FLN 요원. 임시정부 북아프리카 정무각료, 사회문제 각료 역임.

멤미, 알베르 Albert Memmi(1920-) 튀니지의 저명한 유대계 철학자, 작가. 아랍어와 프랑스어로 사유했으며, 고전으로 평가받는 『식민자의 초상, 피식민자의 초상』 외에 『소금기둥』 『사막』 등을 씀.

모리스, 앙드레 André Morice(1900-1990) 프랑스 정치인, 급진당. 알제리전쟁기 국방장관. 동부 국경을 차단하여 민족군의 무기반입을 막는 이른바 모리스 철조망 구상. 저서 『펠라가의 도시』 외.

모리악, 프랑수아 François Mauriac(1885-1970) 프랑스 작가. 기독교 좌파. 레지스탕스 참여. 노벨문학상 수상. 알제리전쟁기 고문 비난. 『르피가로』 『렉스프레스』에 기고.

모크타르, 바지 Mokhtar Badji(1919-1954) 알제리 동부 수크아라스에서 수학, 알제리 민족항쟁에 가담. 1954년 11월 19일 전투지에서 전사.

모함메드 5세 Mohammed V(1909-1961) 1927-53년 모로코 국왕으로 재임하다가, 1953-55년에 프랑스에 쫓겨 망명을 갔다가 모로코 독립이 이루어진 1957년 왕위에 복귀함. 후계자는 하산 2세.

몰레, 기 Guy Mollet(1905-1975) 노르망디 출신의 좌파 정치인, 1949년부터 1969년까지 프랑스사회당SFIO 총비서. 1956년 2월에서 1957년 5월까지 내각 총리로 알제리 문제 관장.

무로, 세르주Serge Moureaux(1934-2019) 벨기에 변호사, 정치인. 벨기에 자유주의 각료의 아들로 알제리전쟁기에 벨기에 FLN 공동변호인단 창설. 상원의원. 저서로는 『국경 없는 변호사들』.

미슐레, 에드몽Edmond Michelet(1899-1970) 프랑스 정치인. 리무쟁 지역 저항대원. 1959년 드골 정부 하에서 법무장관. 모리스 파퐁(파리 경찰청장)의 북아프리카인 탄압에 반대함.

바라, 로베르Robert Barrat(1919-1976) 프랑스 언론인, 『테무아나주 크레티앵』기자. 프랑스지식인가톨릭센터 사무총장. 저서 『알제리전쟁 한복판에 선 어느기자』 『알제리 1956』 등.

베르제스, 자크Jacques Vergès(1925-2013) 인도양 레위니옹에서 성장한 프랑스-알제리 변호사. FLN 요원 변호. 알제리 여성 독립운동가 부히레드와 결혼. 저서 『자밀라 부히레드를 위하여』.

벤 미히디, 라르비Larbi Ben M'hidi(1923-1957) 알제리 민족운동 지도자. 알제리민중당 당원. 1954년 전쟁 선포. 혁명적 총파업론. 1957년 2월 프랑스군에체포되어 고문으로 사망.

벤 벨라, 아흐메드Ahmed Ben Bella(1916-2012) 제2차 세계대전 종군, 대외문제 민족지도자. 프랑스군의 공중납치로 구금됨. 초대 알제리 대통령으로 취임했으나 1965년 부메디엔의 쿠데타로 실각함.

벤 부알리, 하시바Hassiba Ben Bouali(1938-1957) 알제리 여성 독립운동가. 서부 출신으로 16세에 알제리무슬림학생총동맹에 가입. 1957년 알제전투에 가담해 19세에 전사.

벤 불라이드, 모스테파Mostefa Ben Boulaïd(1917-1956) FLN 창설자. 제2차 세계대전 참전. 알제리민중당 활동. 제1 윌라야 사령관. 1955년 튀니지에서 체포된 후 도주. 오레스 산지에서 전사함.

벤토발, 라크다르Lakhdar Bentobal(1923-2010) 알제리민중당 당원, OS 대원, 군사지도자. 알제리 임시정부 각료, 에비앙 협상에서 사하라 분단을 막음. 알제리 독립 후 정치계 떠남.

벤투미, 아마르Amar Bentoumi(1923-2013) 알제리 변호사. 젊어서는 철도원으로 노조활동. 알제리 독립운동에 가담. 프랑스에 체포된 독립운동 정치범 변호. 알제리 독립 후 각료 역임.

벤헤다 벤유세프Benyoucef Benkhedda(1923-2003) 알제리전쟁 지도자. 알제대학교 약학 전공. 알제리민중당 당원으로 FLN에 가담, 주요 정책에 참여. 아랍과 중국 등 순방. 임시정부 의장.

벨루니스, 모함메드Mohammed Bellounis(1912-1958) 알제리 민족주의 정치인. 알제리민중당 당원으로 세티프 사건 참가자. 메살리 정파로 FLN의 공격을 받음. 프랑스군에 의해 전사.

보노, 로베르Robert Bonnaud(1925-2013) 부모가 아우슈비츠에서 희생됨. 일시적으로 공산당에 가입. 알제리 군복무중 목격한 것을 「네멘차의 평화」로 기록. 알제리 독립운동 지원.

보에글랭, 장마리Jean-Marie Boëglin(1928-2020) 프랑스 연극인. 알제리 독립운동을 지원한 장송망에 가담하여 활동함. 1961년 4월 리옹에서 궐석재판을 받음. 독립된 알제리에서 오래 거주했음.

보티에, 르네René Vautier(1928-2015) 프랑스 영화인, 반인종주의자. 알제리 산악무장대, 마키를 다룬 다큐멘터리 〈오레스에서 스무살이었네〉로 칸영화제 특별심사위원상 수상(1975).

볼라르디에르, 자크 파리 드Jacques Pâris de Bollardière(1907-1986) 자유프랑스군 출신 고위 장성. 알제리전쟁 중 고문 사용을 반대해 스스로 군복을 벗음. 저서『알제전투, 인간의 전투』.

부다우드, 오마르Omar Boudaoud(1924-) 알제리민중당 당원, 카빌리 OS 대원, 프랑스에서 FLN 파리 연맹 책임자 활동. 저서『민중당에서 FLN으로─ 어느 전투원의 회고』.

부두레스크, 베르나르Bernard Boudouresques(1923-2013) 프랑스 사제. 제2차 세계대전 저항대원. 알제리 독립운동을 도운 프랑스 소명단에 가담. 고문폐지 기독교행동ACAT 활동.

부디아프, 모하메드Mohamed Boudiaf(1919-1992) FLN 지도자. 독립 후 단일 정당제에 반대하고 망명. 1992년 정세 혼란 와중에 정치에 복귀했으나 6개월 후 알제리에서 암살됨.

부르기바, 하비브Habib Bourguiba(1903-2000) 튀니지 민족지도자, 변호사. 파리 대학교 수학, 민족정당 데스투르, 네오데스투르당 활동, 튀니지 대통령(재임 1956-1987).

부르디외, 피에르Pierre Bourdieu(1930-2002) 프랑스 사회학자. 알제리전쟁 때 알제리에 군복무. 알제 대학교에서 인류학 탐구(1956-59). 저서로는『알제리 사회학』『뿌리 뽑힘』(공저) 등 다수.

부메디엔, 후아리Houari Boumédiène, 본명 Mohammed Ben Brahim Boukharouba(1927-1978) 알제리전쟁 지휘관. 벤벨라 정부에 쿠데타 후 집

권(1965-76).

부멘젤, 아흐메드Ahmed Boumendjel(1908-1982) 알제리 변호사, 정치인. UDMA 당원, FLN 가담. 임시정부 각료, 티토 원수와 회동하고 유고의 지원 받음. 플룅 협상, 에비앙 협상 참가.

부멘젤, 알리Ali Boumendjel(1919-1957) 알제리 변호사. UDMA 당원으로 민족운동에 참여한 정치인. 프랑스군에 체포되어 알제에서 고문으로 사망함. 자살로 위장 발표됨.

부수프, 압델하피드Abdelhafid Boussouf(1926-1979) 알제리민중당, OS 대원. 서부 제5윌라야 사령관. 아반 람단 제거를 주도. 임시정부의 연락각료. 독립 후 알제리 정보부 창설.

부아차, 자밀라Djamila Bouazza(1938-2015) 알제리 여성 전투원. 1957년 1월 알제 도심에 폭탄 투척. 사형선고 받았다가 이후 무기 강제노동으로 감형됨. 알제리 독립 후 정치활동 하지 않음.

부파차, 자밀라Djamila Boupacha(1938-) FLN 지지자. 알제 시내에 폭탄을 투척한 혐의로 체포됨. 여성으로 겪은 고문이 프랑스 여론에 회자됨. 할리미와 보부아르가『자밀라 부파차』펴냄.

부히레드, 자밀라Djamila Bouhired(1935-) FLN 여성 요원. 알제전투 참여. 사형선고 받고 감면됨. 프랑스 변호사 자크 베르제스와 결혼. 이집트 영화〈자밀라〉(1958)의 주인공.

뷔조Bugeaud, Thomas Robert(1784-1849) 프랑스 군인, 나폴레옹전쟁 참전, 알제리원정군 사령관, 알제리 항쟁의 지도자 압델카데르와 타프나협약 맺음. 알제리 총독 역임.

비달나케, 피에르Pierre Vidal-Naquet(1930-2006) 고대 그리스 역사 전문가. 제 2차 세계대전 저항대원. 알제리전쟁시 군에 의해 고문으로 사망한 모리스 오댕 사건을 사회적 문제가 되게 함. 저서『공화국에서의 고문』.

비도, 조르주Georges Bidault(1899-1983) 프랑스 정치인, 제2차 세계대전 전국 저항평의회CNR 의장, 가톨릭교도. 전후 기독교민중운동MRP 창설자 중 하나. 프랑스-알제리 수호파.

비자르, 마르셀Marcel Bigeard(1916-2010) 프랑스 군인, 정치가. 1945년 해방 전투. 인도차이나전쟁과 알제리전쟁에서 종군. 프랑스-알제리 수호파. 저서 『나의 프랑스여, 안녕』.

비타트, 라바Rabah Bitat(1925-2000) 알제리 콘스탄틴 출신의 알제리 민족운동 가, 정치인. 역사의 6인 지도자 중 한 명. 알제리 독립 후 여러 각료직을 역임했으며 파리에서 사망.

사르트르, 장폴Jean-Paul Sartre(1905-1980) 프랑스 철학자, 대문호. '존재가 본
질에 선행한다'는 실존주의 제창. 식민주의를 비판한 「검은 오르페」 「식민주의
는 체계다」의 저자.

사디, 야세프Yacef Saâdi(1928-2021) 알제리전쟁기 알제 자치구 책임자. 1957년
알제전투 지휘. 저서 『알제 전투의 기억』.

사야드, 압델말렉Abdelmalek Sayad(1933-1998) 알제리 출신 사회학자. 전쟁중
알제대학교 피에르 부르디외와 공동연구해 『뿌리 뽑힘』을 발표. 그 외 다수의
뛰어난 저작이 있음.

살랑, 라울Raoul Salan(1899-1984) 프랑스군 장성. 프랑스해방군 지휘. 양차대
전에 참전, 인도차이나전쟁과 알제리전쟁 종군. 드골의 알제리 자치안 노선에
반대한 군 거사. 『옥중편지』

샤르비, 자크Jacques Charby(1929-2006) 프랑스 희극배우, 작가. 아버지는 알
제리 틀렘센의 유대계. 장송 조직망 활약. 영화 〈이렇게도 어린 평화〉(1975),
저서 『감옥 속 알제리』.

살, 모리스Maurice Challe(1905-1979) 프랑스 공군 장군. 제2차 세계대전, 알제
리전쟁 참전. 드골의 알제리 노선에 반대한 군사정변의 주역. 군사재판을 받고
나중에 사면됨. 저서 『우리의 항거』.

샬레, 펠리시앙Félicien Challaye(1875-1967) 프랑스 철학자, 반식민주의 기자.
드레퓌스 사건의 재심파. 중동과 인도차이나 식민지 여행. 저서 『하나의 식민주
의 흑서』(1935).

세리니, 알랭 르무안 드Alain Le Moyne de Sérigny(1912-1986) 알제리의회 부
의장. 알제리전쟁 전 알제의 유력 일간지 『레코 달제』의 유능한 편집국장. 프랑
스-알제리 수호파.

숄레, 피에르Pierre Chaulet(1930-2012) 프랑스 출신 알제리 의사. 기독교인. 아
내 드니즈와 함께 FLN을 지원하는 활동. 알제리 독립 후 알제 무스타파 파샤
병원 근무.

수스텔, 자크Jacques Soustelle(1912-1990) 프랑스 인류학자, 정치인. 드골 자유
프랑스군. 알제 총독을 지낸 프랑스-알제리 수호파. 저서로는 『사랑받고 고통
받는 알제리』 『배반당한 희망』 등.

슈바르츠, 로랑Laurent Schwartz(1915-2002) 프랑스 수학자. 프랑스 정부의 에
스파냐 내전 불개입, 소련 숙청 불개입에 반대한 지식인. 오댕위원회 창설자 중

한 사람.

스티브, 피에르 Pierre Stibbe(1912-1967) 프랑스 변호사. 제2차 세계대전 때 레지스탕스로 활약. 필리프 페탱 재판의 판사. 메살리 하즈 변호, FLN 공동변호인단. 저서『마다가스카르인을 위한 정의』펴냄.

시 살라 Si Salah, 본명 Ben Rabeh Mohamed Zamoum(1928-1961) 알제리 민족군 사령관. 드골 정부와 협상 시도하여 파리를 방문, FLN과 알력. 프랑스군의 작전으로 사망한 것으로 알려짐.

시몽, 피에르앙리 Pierre-Henri Simon(1903-1972) 프랑스 작가. 다양한 문학 활동. 제2차 세계대전 때 독일 강제수용소에 수감됨. 저서『고문 반대』『사람들은 죽기를 원치 않는다』등 다수.

아롱, 레몽 Raymond Aron(1905-1983) 프랑스 사회학자, 정치평론가. 사르트르와 고등사범학교 동기. 우파 언론인. 저서『지식인의 아편』『알제리 비극』『국가들 사이의 전쟁과 평화』등.

아르노, 조르주 Georges Arnaud(1917-1987) 프랑스 작가, 언론인. 자크 베르제스 변호사와 함께 알제리 전투원 부히레드의 변호(문건 작성). 저서『자밀라 부히레드를 위하여』펴냄.

아이트아흐메드, 호신 Hocine Aït Ahmed(1926-2015) 알제리민중당, OS를 거쳐 FLN에서 활동. 벤 벨라 정권 후 알제리 외부에서 '사회주의의 힘 전선'을 지도하였음(1963-2015). 스위스에서 사망.

아이트 하무다, 아미루슈 Amirouche Aït Hamouda(1926-1959) '아크파두의 사자'로 불린 민족군 군인, 제3윌라야 사령관. 1956년 숨맘 대회 보안책임자. 민족군 숙청 벌임. 전사.

안데르손, 닐스 Nils Andersson(1933-) 스위스 출판인. 알제리전쟁 고문을 고발한 미뉘 출판사의 책 알렉의『라 케스치옹』이 압수되자 스위스에서 재출간. 알제리인 지원.『평정화』펴냄.

알렉, 앙리 Henri Alleg(1921-2013) 프랑스 언론인. 한때 공산당원.『알제 레퓌블리캥』편집장. 1957년 알제 공수부대에 의해 체포된 후 받았던 끔찍한 고문을 기록한『라 케스치옹』의 저자.

암란민네, 자밀라 Djamila Amrane-Minne(1939-) FLN 여성 요원으로 알제 시내에 폭탄 투척. 알제리전쟁 시기의 여성사로 툴루즈대학에서 박사학위 받음. 저서『전쟁 속 알제리 여성』.

암루슈, 장 Jean Amrouche(1906-1962) 동부 알제리 출신 기독교인, 시인, 평론가, 문예기자, 프랑스-알제리 라디오 방송인. 저서 『카빌리의 베르베르 노래』 『영원한 주구르타』 등.

압델카데르, 하즈 알리Hadj Ali Abdelkader(1883-1957) 알제리 출신으로 프랑스에 귀화한 사람. 프랑스공산당의 간메식민지부에 가입한 후 알제리 민족운동 선구자로 활동함.

압드살람, 벨라이드Bélaïd Abdessalam(1928-) 카빌리의 부호 집안 출신 알제리 독립운동가, 정치인. 알제리무슬림학생총동맹 지도자. 저서 『마그레브 경제 동맹은 가능한가?』.

압바스, 페르하트Ferhat Abbas(1899-1985) 알제리 민족지도자. 프랑스 하원의 원. 선언과자유의벗 결성, 알제리선언민주동맹 창당, 알제리 임시정부 초대 의장. 저서 『어느 전쟁의 해부』.

엘젠한스, 하르트무트Hartmut Elsenhans(1941-) 유럽의 세계 정복에 관한 역사와 경제에 관심을 두는 저명한 독일 정치학자.

야신, 카텝Kateb Yacine(1929-1989) 알제리 대문호. 1945년 세티프 봉기 참여자. 알제 부두노동자. 프랑스어, 알제리, 아랍어로 소설, 희곡, 평론 등을 저술. 대표작 『네즈마』.

야지드, 므하메드M'hamed Yazid(1923-2003) 알제리민중당 당원. 파리에서 대학 다님. FLN 가담. 알제리전쟁기에 뉴욕 대표부에서 활동하며 유엔에서 민족운동의 대외관계 주도. 임시정부 공보장관.

에미르 압델카데르Emir Abd El Kader(1808-1883) 알제리에서 출생해 시리아에서 사망. 프랑스 침공에 맞서 알제리 항쟁을 이끈 군사지도자, 정신적 지도자. 프랑스에 감금된 후 시리아로 망명.

엘 모크라니Cheikh El Mokrani Mohamed(1815-1871) 프랑스 침공에 맞선 알제리 항쟁의 지도자. 기근과 아사, 유럽인의 식민화 주도에 대한 카빌리 무장봉기에서 전사함.

엘 이브라히미, 아흐메드 탈레브Ahmed Taleb el Ibrahimi(1932-) 알제리 정치인, 의사, 이슬람 지도자 모하메드 바시르 엘 이브라히미의 아들. 학생운동. 저서 『감옥 편지1957-1961』가 있음.

엘 하즈El Hadj Ahmed Bey ben Mohamed Chérif(1784-1850) 알제리 콘스탄틴의 마지막 오스만 베이(1826-1848). 콘스탄틴을 공략하는 프랑스 점령군에 항쟁했음.

엘 함마미, 알리Ali El Hammam(1902-1949) 알제리 민족주의 지식인, 정치평론가. 에스파냐-프랑스 연합군에 항거한 모로코 리프전쟁 참전. 저서 『이븐 할둔』

『엘 모크라니』 등.

오그로, 루이Louis Augros(1898-1982) 프랑스 소명단 세미나 수석사제. 알제리 전쟁기 알제리독립운동가들 지원. 저서 『어제의 교회에서 내일의 교회로—프 랑스 소명단의 모험』.

오댕, 모리스Maurice Audin(1932-1957) 튀니지 출생. 프랑스인 수학도. 알제리 공산당 당원. 알제리 독립운동을 지원한 혐의로, 프랑스 공수부대에 체포되어 알제에서 고문으로 사망.

오르티즈, 조제프Joseph Ortiz(1917-1995) 에스파냐인 부모 아래 알제리에서 출생한 프랑스인. 프랑스민족전선 창설. 극우 무장조직 OAS 책임자. 궐석재판 을 받고 후일 사면됨.

오사레스, 폴Paul Aussaresses(1918-2013) 프랑스군 장성. 인도차이나전쟁, 알 제리전쟁 참전. 프랑스 첩보부SDECE 가담. 알제리전쟁기 고문수사 지휘관. 저 서 『특수복무 알제리 1955-1957』.

우세디크, 무라드Mourad Oussedik(1926-2005) 알제리 변호사. 베자야의 변호 사였던 아버지, 알제리 대가문의 딸인 어머니 사이에서 태어나 FLN에 합류, FLN 공동변호인단 결성.

우세디크, 오마르Omar Oussedik(1920/22-1992) 카빌리 출신 알제리 독립운동 가. 알제리민중당, OS를 거쳐 FLN에서 활동. '시 타예브Si Tayeb'로 불림. 임시 정부 요원. 독립 후 소련 대사.

우암란, 아마르Amar Ouamrane(1919-1992) 프랑스군 출신의 알제리전쟁 군인. 알제리민중당, 제4윌라야 민족군 사령관, 숨맘 대회 참석. FLN의 리비아, 투르 크 대표 역임.

울드 아우디아, 아모크란Amokrane Ould Aoudia(1925-1959) 알제리 변호사. FLN 공동변호인단 활동. 파리 사무실에서 프랑스 정보기관 소행으로 보이는 테러로 인해 사망함.

위르보아, 장Jean Urvoas(1922-1988) 노동사목. 교황에 의해 파문된 후 프랑스 소명단에 가까워짐. 1955년 벽돌공으로 알제 체류. 알제리 독립운동을 지원한 혐의를 받음.

이길라흐리즈, 루이제트Louisette Ighilahriz(1936-) FLN를 지원한 알제리 여성 독립운동가. 2000년 『르몽드』와 회견에서 자신이 겪은 고문을 술회함. 저서 『알제리 여성』이 있음.

이디르 아이사트Aissat Idir(1919-1959) 알제리 민족주의 노동운동가. 알제 항공 회사 근무. 알제리전쟁기에 창설된 알제리노동자총동맹 지도자. 프랑스군에 체포된 후 사망함.

이마슈, 아마르Amar Imache(1895-1960) 알제리 민족운동의 기원이 된 '북아프리카의별' 창설자. 파리에서 메살리 하즈와 이견. 저서 『제국주의의 진정한 얼굴』 『민족들의 권리』 등.

이브통, 페르낭Fernand Iveton(1926-1957) 알제리 가스회사 근무. 알제리 민족운동을 지원한 피에누아르. 프랑스군에 체포되어 기요틴 처형을 당함.

자바나, 아흐메드Ahmed Zabana(1926-1956) 기요틴 처형을 당한 알제리 민족운동가. 영화 〈자바나〉(2012)의 주인공.

장송, 프랑시스Francis Jeanson(1922-2009) 프랑스 철학자, 출판인, 『레탕모데른』과 『에스프리』 편집. 장송망의 주도자. 저서 『무법의 알제리』 『우리의 전쟁』 외 다수.

젤레르, 앙드레André Zeller(1898-1979) 프랑스군 장군. 1961년 프랑스령 알제리 수호를 외친 군 장성 반란으로 15년형 선고받고 1968년 석방. 저서 『알제 거사 네 장군 중 1인의 증언』.

족스, 루이Louis Joxe(1901-1991) 프랑스 정치인, 하원의원. 제2차 세계대전 드골파 저항대원으로 활동. 알제리전쟁 에비앙 협상 프랑스 대표단. 저서 『기억되는 밤의 승리 1940-1946』.

주오, 에드몽Edmond Jouhaud(1905-1995) 프랑스 공군 장성. 알제리 오랑 인근 출생. 1961년 4월 프랑스-알제리군 장성 반란의 주역. OAS 가담. 1982년 복권. 귀환자민족전선 의장.

쥐앵, 알퐁스Alphonse Juin(1888-1967) 쿠바 아바나 출생. 제2차 세계대전 때 프랑스자유해방군의 사령관으로 대원수 칭호를 받음. 1961년 프랑스-알제리군 장성 반란의 주역. 저서 『나는 병사다』.

지구드, 유세프Youcef Zighoud(1921-1956) FLN 요원. 1955년 8월 20일 필리프빌의 유럽인 살해 주도. 1956년 8월 숨맘 대회 참가. 민족군 대령. 프랑스군의 암살 작전으로 살해됨.

카뮈, 알베르Albert Camus(1913-1960) 알제리 태생의 프랑스 작가. 『알제 레퓌블리캥』 기자. 제2차 세계대전 『콩바』에서 레지스탕스 활동. 노벨문학상 수상. 『알제리 연대기』 『페스트』 등.

카셈, 젯두르Zeddour Mohammed Brahim Kacem(1923-1954) 오랑의 대이슬람 아들. 이집트에서 대학을 다님. 알제리 민족주의 지식인. 프랑스 국토감시국

DST에 체포된 후 사망.

카피, 알리Ali Kafi(1928-2013) 알제 콘스탄틴의 쿠란 학교, 튀니지의 '지투나 모스크'에서 종교교육 받음. FLN 전투 지휘. 독립 후 외교관 활동. 저서『정치투사로부터 군사지휘관으로』가 있음.

케를란, 조제프Joseph (Jobic) Kerlan(1918-1992) 프랑스 가톨릭 사제. 알제리 수크아라스의 프랑스 소명단 활동, 알제리전쟁기에 알제 부두 보시사제. 독립 후 알제리 노동부 근무.

켄, 라민Lamine Khene(1931-2020) 알제리 정치인. PPA-MTLD 요원으로 알제 대학교 다님. 알제리무슬림학생총동맹 공동 창립. 1956년 학생총동맹휴학 주도. 민족군에 합류.

퀴리엘, 앙리Henri Curiel(1914-1978) 정치인. 공산주의자. 프랑스-이집트-이탈리아 국제적 반식민주의 활동. 장송 조직망을 지원했으며 파리에서 살해되었음.『솔리다리테(연대)』창간.

퀴에나, 엘렌Hélène Cuénat(1931-) FLN을 지원한 장송망의 프랑스 여성 조직원. 문학교수. 1960년 10년형을 선고받고 감옥에 수감중 도주. 전기『엘렌 퀴에나의 푸른 문』이 있음.

크림, 벨카셈Belkacem Krim(1922-1970) 카빌리 출생. 1954년 11월 1일의 전쟁 선언문에 서명한 역사의 6인 중 한 사람. 전쟁을 지휘하고 에비앙협정에 서명. 서독 프랑크푸르트에서 알제리 군사보안부에 암살됨.

키데르, 모하메드 벤 유세프Mohamed Ben Youcef Khider(1912-1967) 비스크라 출생, 일찍부터 알제리민중당 활동. 카이로의 마그레브 사무국에서 활동. 알제리 독립 후 에스파냐에서 살해됨.

테기아, 모하메드Mohamed Teguia(1927-1988) 알제리민족해방군, 역사가. 이민노동자로 파리 우편국원. 노조원. 제4윌라야 지휘관. 저서『전쟁하는 알제리』『제4윌라야 민족해방군』등.

트리코, 베르나르Bernard Tricot(1920-2000) 프랑스 고위 공직자. 망데스 프랑스의 튀니지 문제 해결에 참가. 제5공화국 헌법 초안 작성. 에비앙 협상 대표. 저서『평화의 좁은 길』이 있음.

틸리옹, 제르멘Germaine Tillion(1907-2008) 인류학자. 프랑스 여성 레지스탕스, 나치 강제수용소 생존자. 알제리 오레스 인류학 현지조사. 알제리전쟁기에 알제리 현지에서 사회 활동.『1957년 알제리』.

파농, 프란츠Frantz Fanon(1925-1961) 서인도제도 마르티니크 출신의 프랑스 정신과 의사. 알제리 블리다 병원 근무.『엘무자히드』논설위원. FLN 아프리카 대사.『검은 피부, 하얀 가면』『대지의 저주받은 사람들』등.

파브로드, 샤를앙리Charles-Henri Favrod(1927-2017) 스위스 기자, 작가. 알제리 해방 지원한 언론인. 프랑스 레종도뇌르 기사훈장 받음. 저서『알제리혁명』『FLN과 알제리』가 있음.

파브를리에르, 노엘Noël Favrelière(1934-) 프랑스군 공수부대의 하급장교. 알제리전쟁기의 탈영병. 탈영의 변을 말한『새벽의 사막』의 저자.

파퐁, 모리스Maurice Papon(1910-2007) 프랑스 고위 공직자, 보르도 시장. 1961년 10월 17일 파리의 북아프리카인 시위 무력진압 지시. 나치 반인륜범죄 공범으로 재판 받음.

페라운, 물루드Mouloud Feraoun(1913-1962) 카빌리 출신의 작가, 교사. 1962년 3월 15일 OAS에 알제 학교에서 동료들과 함께 살해됨. 저서『일기 1955-1962』『빈자의 자식』외 다수.

포피, 피에르Pierre Popie(?-1961) 알제 법정의 자유주의 변호사. 알제리 혁명가들을 변호함. 1958년 체포되었다가 풀려난 후 1961년 1월 13일 파리에서 OAS에 의해 암살됨.

프란시스, 아흐메드Ahmed Francis(1912-1968) 알제리 독립운동가. 정치인. 학생운동에서 출발하여 UDMA 지도자가 됨. 전쟁기에 임시정부의 대외관계 및 재무를 담당. 에비앙 협상 대표단.

하룬, 알리Ali Haroun(1927-) FLN 요원, 정치인, 변호사.

하르비, 모함메드Mohammed Harbi(1933-) 알제리 스키크다 출신의 알제리민중당 당원. FLN 프랑스 연맹 지도위원. 알제리 독립 후 프랑스에서 역사가로 활동. 저서『알제리 사료』가 있음.

하즈, 메살리Messali, Hadj(1898-1974) 틀렘센 출신의 알제리 민족지도자. '북아프리카의별' 창설, 알제리민중당 당수. FLN의 알제리전쟁 선포 후 자파의 알제리민중운동 창당.

할리미, 지젤Gisèle Halimi(1927-) 튀니지 태생의 프랑스-튀니지 변호사. 특히 여성 전투원을 비롯한 알제리인 정치범들을 변호함. 시몬 드 보부아르와 공동 집필한『자밀라 부파차』펴냄.

호신, 바야Baya Hocine(1940-2000) 알제리 여성 독립운동가. 1957년 알제 시내에 폭탄테러. 사형 언도 받은 후 감형됨. 알제리 독립 후 국회의원 역임.

202-46 B.C.   누미디아 왕국(로마인 후손, 페니키아인, 베르베르인).

<로마화 1-429>
0-100   1세기 카르타고, 로마제국 최대 도시.

                금, 상아, 노예 교역로(수단-사하라-누미디아 왕국-로마 경로).

                로마화된 도시(북아프리카의 카르타고, 히포, 팀바트, 모리타니, 탄지에).

354-430   성 아우구스티누스, 히포네 사제로 죽음.

429-430   반달족의 침입. 로마, 이어 비잔틴제국이 반달왕국 인정.

533-535   비잔틴의 북아프리카 정복. 탈로마화. 페니키아어, 라틴어 소멸.

                부족문화, 평등주의 지향 베르베르 문화 퍼짐.

<이슬람화 622-800>
622   헤지라. 무함마드, 메카에서 메디나로 이동.

632   무함마드, 메디나에서 영면.

634-644   이슬람 칼리파, 아랍반도와 시리아, 이집트, 비잔틴 정복. 지중해 아랍 함대.

661-750   우마야드 왕조. 베르베르 용병 기용. 사하라 이남, 상아와 노예무역 성행.

                마그레브의 이슬람화, 아랍화, 오리엔트화.

<베르베르 왕조 시대 800-1500>
900-1000   베르베르 왕국들, 파티마의 정복

1062-1146   알모라비제국

1130-1269   알모하제국

                북아프리카 일대, 메리니테, 압델와디드, 하프시데 왕조 분할.

1332-1406   이븐 할둔, 여러 제국의 성쇠 설명.

1492   그라나다 함락, 기독교도 안달루시아 탈환reconquista.

                에스파냐, 사라센과 유대인 추방. 북아프리카 해안 공격.

이단심문, 유대인 추방, 마그레브에 영향 미침.

1500-1700 메르스엘케비르, 오랑, 틀렘센, 모스타가넴 등 알제 서쪽 통제.

영국, 포르투갈, 네덜란드, 이탈리아, 프랑스 함선, 지중해 석권.

<오스만의 지배 1530-1800>

1480	오스만, 이탈리아 오트란토에 상륙.
1516-1517	오스만, 시리아, 이집트 정복.
1529	오스만, 최초로 합스부르크제국 빈 포위공격.
1541	오스만, 헝가리 병합.
1551	오스만, 트란실바니아 장악.
	오스만, 북아프리카 느슨히 관장. 모로코는 들어가지 않음.
	알제의 데이, 오스만튀르크에 기대지배권suzeraine 유지.
1552	오스만, 알제리의 중심이 알제(1552-1830).
	바르바로사의 알제 장악. 하프시데 왕조, 지아니데 왕조, 에스파 냐를 알제, 베자야 등지에서 축출.
	3년 임기의 파샤 총독. 알제 섭정의 주된 물적 자원은 해적.
1700	에스파냐, 덴마크, 프랑스, 영국의 함선에게 공격 받음.
1772	덴마크 함선, 알제항 봉쇄.
1815	미국 선박, 데이의 함선 일부 파괴.
1816	영국-네덜란드 연합함대, 알제 포격.
1824	영국인들, 다시 포격. 교역 적자.

<프랑스 식민지 시대 1830-1950>

1830. 6. 14.	프랑스, 알제리 침공군 파견. 7월 5일 알제 데이, 항복협정서에 서명.
1832. 7. 5.	압델카데르, 침공자 프랑스에 맞서 지하드 호소.
1832-1847	에미르 압델카데르 지도하에 무장항쟁.
1830-1848	프랑스군이 카빌리를 제외한 해안부터 아틀라스 남부 경사지까 지 장악.
1831. 4. 6.	프랑스군, 우피아족 학살.
1837. 5. 30.	압델카데르와 뷔조 장군 간에 타프나조약 체결.
1837. 10. 13.	콘스탄틴 함락.
1840. 11. 1.	프랑스에 항쟁한 아랍인 재산몰수 결정.

1841. 2. 22.	뷔조, 알제리 총독. 전면전 시작.
1843. 5.	압델카데르, 모로코로 피신. 프랑스군, 아랍국 설치.
1847. 12. 23.	압델카데르, 프랑스에 항복, 앙부아즈 성에 구금됨.
1848	프랑스 제2공화국 수립 후 알제, 오랑, 콘스탄틴을 프랑스의 행정구역 3개 도道로 편입.
1858. 6. 24.	나폴레옹 3세, 알제리 및 식민지부 창설.
1852-1857	랑동 장군의 지휘 아래 카빌리 복속.
1863	나폴레옹 3세의 지시로 아랍왕국안 작성.
	부족의 집단소유 문제를 다루는 세나투스-콘술테법.
1865	나폴레옹 3세, 알제리 장기 여행.
1870. 10. 24.	보불전쟁 중 3만 5,000명의 알제리 유대인에게 프랑스 시민권 부여를 확대하는 법 제정.
1871-1914	유럽인 이주민 24만 5,000명에서 75만 명으로 증가.
1873-1912	알제리의 식민체제 심화됨. 알제리의 이웃 국가 튀니지와 모로코, 프랑스 보호령이 됨.
1881	알제리, 프랑스에 병합됨. 토착민법 공포.
1887-1926	알제리 토착민들의 토지수탈이 가속화됨.
1896	유럽인 정착민들, 재정대표단을 수립함.
	반유대주의 지도자인 우익 드뤼몽, 알제 의원으로 선출됨.
1907. 8.	프랑스의 드뤼드 장군, 6,000명의 병력으로 카사블랑카 상륙.
1911	알제리인, 프랑스 군복무에 반대해, 튀르크, 시리아, 팔레스타인 등지로 이주.
1912. 3. 10.	페스조약으로 프랑스, 모로코 보호령화.
1912 6. 18.	압델카데르의 손자 칼레드의 지도로 알제리청년운동 선언.
1914-1918	제1차 세계대전 발발. 알제리인 17만 명 징집.(이 가운데 약 2만 5,000명 전사함.)
1926. 3.	민족지도자 메살리 하즈를 중심으로 파리에서 알제리 최초의 민족운동 조직 '북아프리카의별' 창설됨.
1926	울라마 총회 개최.
1931	프랑스, 문명 전파를 축하하는 호화판 '식민지박람회' 개최.
1931. 5. 5.	벤 바디스, 알제리무슬림울라마협회AOMA 창설.
1934. 8. 5.	동부 콘스탄틴에서 유대인과 무슬림 간 유혈충돌 발생.
1936-1938	블룸-비올레트법안 실패로 돌아감.

1937. 3. 11.	메살리 하즈, 북아프리카의별을 기반으로 하여 근대적 정당인 알제리민중당PPA 창당.
1939. 9. 26.	민족운동의 주요 지도자들 체포됨.
1939-1945	15만 명의 알제리인이 프랑스 해방전쟁에 참전함.
1940	알제에 비시 정부 수립.
1942. 11.	서부 해안 메르스엘케비아르에 미군 상륙.
1943. 5. 26.	페르하트 압바스, '알제리 인민의 선언' 선포.
1943. 12. 12.	드골, 알제리 콘스탄틴 연설로 식민지 개혁을 예고함.
1944. 3. 14.	페르하트 압바스, 셰이크 이브라히미, 메살리 하즈, 선언과자유의벗 창설.
1945. 5. 8.	세티프, 겔마에서 시위. 프랑스군에 의해 알제리인 시위대 학살됨. 알제리 민족운동 진영 파열.
1945. 5. 13.	시의회 선거. 최초의 무슬림 여성 투표가 시행됨.
1946. 4.	페르하트 압바스의 알제리민주동맹UDMA 수립.
1946. 10. 20.	메살리 하즈, 민주자유승리운동MTLD 창설.
1947. 2. 15.	준군사조직 OS 창설.
1947. 9. 20.	재정자결권, 독립된 조직, 도道연합의 새로운 알제리 지위 규정.
1947. 12.	PPA-MTLD 중앙위원회, 제딘에서 회합을 가진 이후 무장투쟁 준비 촉진 결정.
1948. 4. 14.	알제리 사이비 선거.
1949. 3.	알제리 민족운동 내의 베르베르 위기.

1950-1954	알제리 OS 요원과 청년 민족운동가들 무장투쟁으로 전환.
1950. 3.	식민지 당국, 민중당 준군사조직 OS 해체.
1953. 4.	MTLD 제2차 회의. 개혁노선 승리.
1953. 12. 27.	메살리 하즈, 프랑스 이민자들 앞에서 MTLD 내의 이견 제출.
1954. 3. 28.	당 중앙위원회, 메살리에게 대회 소집 권한 양도.
1954. 3.	민족해방전선의 기원인 알제리혁명통일행동위원회 결성.
1954. 8.	혁명통일행동위원회 22인 회의.
1954. 7. 14-20.	메살리파, 벨기에 호르뉘에서 대회.
1954. 7. 29.	혁명통일행동위 중도파와 행동파 분열.
1954. 10. 10.	혁명통일행동위 6인, 무장봉기의 날짜와 시간 확정.
1954. 11. 1.	0시에 알제리 전역의 공공기관과 주요 건물에 동시다발적 기습.
1954. 11. 5.	망데스 프랑스 정부, MTLD 해산시킴.
1954. 11. 12.	프랑스군, 오레스에 최초의 공중폭격.
1954. 12. 22.	MTLD 지도자들 체포됨. 이에 맞서 메살리 하즈, MNA 창당.
1955. 1. 19.	프랑스군, 오레스 군사작전. 병력 5,000명, 장갑차, 비행기 동원.
1955. 1. 20.	알제리 의회 의원 46명, '프랑스 민주주의에 따른 동등한 권리와 의무' 요구.
1955. 1. 24.	프랑스 내무장관, 무장진압 설교.
1955. 1. 26.	좌파 정치인, 제2차 세계대전 때의 레지스탕스 자크 수스텔이 알제리 총독 부임함.
1955. 2. 23.	자크 수스텔, 알제리의회에서 통합주의 선언("프랑스는 알제리에 남는다"). 알제리-프랑스군 8만으로 증강(1954년 11월에는 4만 9,700명이었음).
1955. 2.	알제에서 라바 비타트 체포 후 수감됨. 종전 후 석방.
1955. 3. 28.	아랍연맹 정치위원회, 회원국에 사우디의 알제리 관련 유엔 항의 지지 권유.
1955. 3. 31.	알제리 비상사태, 프랑스 의회에서 379대 219표로 가결.
1955. 4. 1.	알제리 비상사태 선포.(6개월 기한.)

1955. 4. 18-24.	반둥 회의. 알제리 대표들, 제3세계 비동맹 지도자들에게 알제리 독립의 필요성 설득.
1955. 5.	알제리 주둔 프랑스군 병력 10만 명으로 증원.
1955. 6. 1.	튀니지 민족지도자 하비브 부르기바, 튀니지 귀환.
1955	『에스프리』특집호 '식민지 전쟁에 반대하는 인본주의' 출간.(제 195호)
1955	장송, FLN 노선에 동조하는 『무법의 알제리』 출간.
1955. 7.	UGEMA 결성. 프랑스에서 체포된 알제리인 이민노동자들, 알제리로 강제 송환됨.
1955. 9.	로베르 바라, 『프랑스 옵세르바퇴르』에 알제리 마키 기사 게재.
1955. 9.	제10차 유엔총회에 알제리 문제 상정. 알제 상인들 파업.
1955. 7.	MTLD의 중앙위원들, FLN에 합류.
1955. 7. 30.	비상사태 연장.
1955. 8. 20.	콘스탄틴 지역에서 FLN, 100명 이상의 유럽인 살해.
1955. 9. 13.	알제리공산당 해산.
1955. 9. 26.	알제리 병합정책에 반대하는 무슬림 의원 61명, 알제리 의회 불참 결정.
1955. 10.	프랑스의 여러 기차역에서 징집병들이 시위를 벌임.
1955. 12. 2.	알제리 의회 해산.
1955. 12. 23.	페르하트 압바스의 UDMA 의원들 사임. '민주사회알제리공화국' 창설 요구.
1956. 1. 5.	기 몰레, "알제리 상황을 더이상 악화시킬 수 없다."
1956. 1. 17.	울라마, 알제리 민족이 자유로운 존재임을 공식으로 인정할 것을 요구.
1956. 1. 27.	파리에서 북아프리카전쟁지속 반대 대회 개최됨.
1956. 1. 29.	카트루 장군, 알제리 현지 장관에 임명됨.
1956. 1.	페르하트 압바스의 UDMA, FLN에 가담. 울라마, 알제리 주권의회 요구.
1956. 2. 1.	기 몰레, 총리에 취임.
1956. 2. 6.	기 몰레, 알제 시찰 여행. 알제리-프랑스인의 항의와 비난.
1956. 2. 9.	알제리 주재 장관 카트루 장군 사직. 사회주의자 로베르 라코스트 임명.
1956. 2. 24.	아이사트 이디르, 프랑스노동자총연맹CGT에서 알제리노동자

총동맹UGTA 결성.

1956. 2.　　FLN, 『르몽드』에 휴전의 조건 선언. 울라마, FLN에 합류. FLN, MNA 거부.

1956. 3. 12.　프랑스 의회, 455 대 70표로 특수권한법 가결.

1956. 4. 11.　알제리 의회 해산.

1956. 4. 12.　카이로에서 프랑스와 FLN 간 첫 접촉이 성사됨.

1956. 4.　　FLN 비망록에 대한 응답으로 티토, 나세르, 네루, 프랑스의 대알제리 정책 비난.

1956. 4. 22.　페르하트 압바스, 카이로 도착. 공식으로 FLN 합류 선언.

1956. 4. 29.　이집트 모로코, 튀니지와 외교관계 수립.

1956. 4.　　수크아라스 사제들 추방. 프랑스군 병력 25만 명에 달함.

1956. 5. 19.　UGEMA 무제한 동맹휴학. FLN, 대학생과 지식인에게 민족군 합류 권고.

1956. 5. 22.　인도의 네루, 알제리에 대한 폭력과 유혈 종식을 호소.

1956. 6. 19.　프랑스군, 무슬림 두 명 기요틴 처형함, 이에 응수하여 FLN, 프랑스 병사 두 명 보복처형.

1956. 6. 26.　알제리 하시메사우드 유전 발견. 생산은 1960년부터.

1956. 7.　　프랑스의 알제리 병력, 40만 명.

1956. 7. 26.　나세르, 수에즈운하 국유화.

1956. 8. 20.　숨맘 대회, FLN의 강령 채택. 전쟁, 휴전, 협상의 조건 확정.

1956. 9.　　알제리상인총동맹UGCA 창설.

1956. 10.　　알제 시내에서 FLN이 유럽인 상대로 폭탄테러 시작함.

1956. 10.　　수에즈운하 위기.

1956. 10. 22.　프랑스군, 알제리 지도자들이 탄 모로코행 모로코 왕립항공기를 공중납치.

1956. 11. 1.　독립전쟁 2주년 기념일, 알제리인 대규모 파업. 영국, 수에즈 운하 공격.

1956. 11. 13.　제2차 세계대전 참전 지휘관 살랑, 알제리 최고사령관 임명.

1957. 1. 7.　제10공수 마쉬 장군, 알제 경찰의 전권을 받음. 치안유지.

1957. 1.　　자유전투 〈알제리의 소리〉 라디오 방송을 통해 일주간 알제리 총파업 촉구.

1957. 1. 16.　알제에서 살랑 장군을 향한 바주카포 공격 시도.

1957. 1. 28.　FLN, 유엔총회 상정에 맞춰 일주일 간 알제 총파업 지시.

1957. 2. 25.	라르비 벤 미히디 체포됨. 3월 4일 감방에서 주검으로 발견됨.
1957. 2.	FLN 파리 연맹 지도자들, 대거 체포됨.
1957. 3. 24.	알리 부멘젤 변호사, 체포된 후 사망함.
1957. 4. 12.	교황 비오 12세, 고문에 반대함.
1957. 5. 21.	기 몰레 정부 실각.
1957. 5. 24.	아랍 11개국, 알제리조사국제위원회 창설을 미국에 요구.
1957. 6. 28.	미국, 아랍 11개국 대표들의 요구 묵살함.
1957. 5. 29.	멜루자에서 FLN에 의한 반대파 MNA 300명 학살
1957. 6.	부르제스-모노리 정부.
1957. 7. 2.	미국의 민주당 존 F. 케네디 상원의원, 알제리 독립을 위한 미국 의 개입 제안.
1957. 7. 25.	튀니지 입헌의회, 왕정을 폐지하고 공화국 선포.
1957. 8. 20.	FLN 지도자들, 카이로에서 유엔 북아프리카전선 창설 결정.
1957. 8.	카이로 전국혁명평의회 회합(의장 페르하트 압바스)을 가짐. 숨 맘 강령 변질됨.
1957. 9. 24.	알제 자치구의 FLN 책임자 야세프 사디 체포됨.
1957. 10. 31.	FLN, 알제리 독립에 대한 사전승인 없는 모든 협상 반대 재확인.
1957. 11. 2.	동부 국경에 전기철조망(모리스 선) 설치.
1957. 11. 14-15.	미국과 영국이 튀니지에 무기 인도. 프랑스 대표단, 파리 나토 회의 이탈.
1957. 12. 10.	유엔총회 만장일치로 알제리 문제 중재 의결.
1957. 12. 12.	국제적십자단, 회원국들에게 모로코와 튀니지의 알제리인 피난 민 구호 호소.
1957. 12. 26.	카이로에서 비공식적인 아프로-아시아 연대회의 개막.
1957. 12.	아반 람단 살해됨.
1958. 1. 28.	알제리무슬림학생총동맹UGEMA 해산.
1958. 2. 8.	튀니지 국경지대 사키에트에 프랑스 공습. 민간인 희생에 국제 여론 비등.
	파리에서 앙리 알렉의 『라 케스치옹』 출간.
1958. 4.	프랑스 클럽의 알제리 축구선수들, 튀니스에서 FLN 축구단 결 성에 합류.
	최초로 국경지대 알제리군 통합 시도, 군사조직위 창설.
1958. 5. 13.	마쉬 장군, 알제리 독립운동 반대, 공안위원회 창설.

1958. 5. 15-16. 드골, 공화국 권한 위임 선언. 비상사태 선포. 1946년 은퇴한 드골 복귀.

1958. 6. 1. 드골, 르네 코티 대통령에 의해 국가평의회의장에 임명됨.

1958. 6. 4. 드골의 알제 연설, '나는 당신들을 이해합니다.'

1958. 6. 20. 아랍마그레브자문의회 창설. 이스티클랄당, 네오데스투르당, FLN 회합.

1958. 7. 2. 드골, 알제리 재방문.

1958. 7. 14. 드골, 가택연금된 2,600명의 무슬림 석방.

1958. 7. 20. FLN, 프랑스와 에젤레 송유관 건설을 합의한 부르기바 대통령에 항의.

1958. 8. 25. FLN, 전쟁을 프랑스 영토로 확대함. 원유 저장고 폭발.

1958. 9. 18. 카이로에서 알제리공화국임시정부 수립. 초대 정부 수반은 페르하트 압바스.

1958. 9. 22. 중국, 수단, 인도네시아 등, 알제리공화국임시정부를 승인함.

1958. 9. 30. 프랑스, 알제리 문제 국민투표.

1958. 10. 3. 드골, 콘스탄틴에서 알제리 5개년 계획 발표.

1958. 10. 10. 알제리공화국임시정부, 조건 없이 프랑스군 포로 석방 결정.

1958. 10. 21. FLN, 네 명의 프랑스 병사 석방.

1958. 12. 가나의 수도 아크라 제1차 범아프리카 회의. 알제리 문제의 아프리카 문제화.

1958 카뮈, 『알제리 연대기』 출간.

1959. 1. 1. 유럽 공동시장 효력.

1959. 3. 28. 제3윌라야 사령관 아미루슈 대령 전사.

1959. 5. 22. 알제리인 수감자들을 변호한 울드 아우디아 변호사, 파리에서 괴한에게 피살.

1959. 6. 15. 샬 장군, 대작전 계획 수립.

1959. 7. 21. 프랑스군의 쥐멜(쌍둥이) 작전. 2만 명 이상의 병력 투입.

1959. 9. 16. 드골, 알제리 자결권 인정 연설.

1959. 12. 16. 리비아 트리폴리에서 전국혁명평의회 회합.

1960. 1. 24. 알제 바리케이드.

1960. 2. 13. 프랑스, 사하라 레간에서 원자폭탄 실험.

1960. 2. 24. 장송망 사건, 프랑스 당국에 장송망 조직이 발각됨.

1960. 6. 14. 드골, 알제리 지도자들에 협상 제안.

1960. 6. 24-29. 플링 협상.

1960. 6. 26. 마다가스카르 독립.

1960. 6. 자밀라 부파차 사건, 책으로 출간됨.

1960. 9. 5. 장송 사건, 재판 시작.

1960. 9. 6. 프랑스 지식인 121인의 불복종 선언.

1960. 9. 22. OAS 결성 시작.

1960. 11. 22. 루이 족스, 알제리 문제로 국무장관에 임명.

1960. 12. 9-13. 드골의 알제리 방문. 알제리의 유럽인들 격렬한 반대.

1961. 1. 4-7. 아프리카 국가 수반, 카사블랑카 회의에서 아프리카 단합 시작.

1961. 1. 8. 드골의 알제리 자결권 인정에 대한 프랑스 국민투표.

1961. 1. 25. 포피 변호사, 알제에서 OAS에 피살됨.

1961. 3, 23. 알제의 유럽인 거주지 밥엘우에드 봉쇄령.

1961. 3. 26. 알제에서 유럽인에게 경찰 발포, 사망자와 부상자 발생.

1961. 2. 프랑스인 장교와 알제리 유럽인, OAS 조직.

1961. 2. 13. 콩고의 파트리사 루뭄바 피살. 카탕가 당국이 확인.

1961. 2. 28. 유고의 티토 원수, 아프리카 순방.

1961. 3. 17. 알제리공화국임시정부, 프랑스 정부와 협상 선언.

1961. 4. 22-25. 협상정책에 반대하는 알제리 주둔 프랑스 장성들의 쿠데타.

1961. 5. 20. 에비앙 협상 개시.

1961. 6. 2. 빈에서 케네디-흐루쇼프 만남 이전에 드골-케네디 회담.

1961. 6. 13. 에비앙 협상 중단.

1961. 6. 21. UNEF와 UGEMA, 협상 재개 촉구. FLN, 사하라 보존 천명.

1961. 10. 6. 파리에서 무슬림의 야간 통행금지령.

1961. 10. 17. 알제리인의 파리 시위, 유혈사태.

1961. 12. 6. 파리에서 OAS 반대의 날.

1962. 1-3. 알제리 OAS, 알제리와 프랑스에서 테러 감행.

1962. 2. 8. 파리의 반OAS 시위. 여덟 명 사망.

1962. 2. 스위스 루스에서 예비 회담.

1962. 3. 7-18. 제2차 에비앙 협상 재개.

1962. 3. 15. 관용을 주장한 온건파 교육자 겸 작가 페라운, OAS에 살해됨.

1962. 3. 18. 에비앙협정 서명.

1962. 3. 19. 휴전.

1962. 3. FLN 내분. 임시정부, 정치국, 국경군, 윌라야 민족해방군 분열.

1962. 4-5.	OAS, 알제대 도서관, 엘비아르 시청 불태움, OAS에 정치가 합세.
1962. 6.	FLN-OAS 협상 주선 시도. 알제리 임시정부 해체.
1962. 7. 1.	민족자결권에 대한 알제리 인민투표.(찬성 95퍼센트.)
1962. 7. 4.	알제리 독립 축제.
1962. 7. 5.	알제리 독립 선언.
1962. 7. 5.	피에누아르와 하르키를 겨냥하여 보복살해 시작됨. 오랑의 유럽인들 살해됨.
1962. 9. 25.	알제리민주주의인민공화국 선언. 벤 벨라, 초대 정부 수반.
1963. 9. 15.	벤 벨라, 알제리공화국 초대 대통령에 선출됨.
1966. 5. 7.	알제리 정부, 광산 국유화.
1967. 5.	프랑스군, 레간과 베샤르의 군사기지에서 철수.
1976. 12. 10.	부메디엔, 알제리공화국 대통령으로 선출.
1988. 10. 5.	알제리 여러 도시에서 강력한 민주화 시위 발생. 정부 탄압.
1992. 6. 29.	정부 수반으로 초치된 전쟁기 지도자 모하메드 부디아프 암살.

: : 참고문헌

1. 사료

알제리민족해방전선과 이 전쟁의 과정을 보여주는 주요 문헌자료는 하르비와
메니에의 문건집(Mohammed Harbi, Gilbert Meynier, *Le FLN Documents
et histoire 1954-1962*, Paris: Fayard, 2004)과 하르비의 사료집(Mohammed
Harbi, *Les archives de la révolution algérienne*, Paris: Editions jeune
afrique, 1981)에 수록되어 있다.

*Articles de presse française ou étrangère concernant l'Algérie,
Gouvernement Général de l'Algérie, Service d'Information et de
Documentation, 1954-1957*, Centre d'Étude Diocésain-Les Glycines,
Alger.

Les Fonds GPRA(Gouvernement Provisoire de la République Algérienne),
Archives nationales d'Algérie, Alger.

*Journal Officiel de la République Française Débats Parlementaires de la
4ème République et Constituantes Assemblée Nationale 1954-1958*.

*Préfecture de Constantine. Services extérieurs. Commissariat de police de
Tébessa (1948/1962)*.

*Textes fondamentaux de la révolution algérienne (extraits de differentes
chartes)*, F.L.N., Alger: ENAP, 1965.

*Wilaya de Constantine, Recueil des actes administratifs, Constantine
(Wilaya)*, 1941-1942.

2. 신문잡지

Alger Républicain, 1954-1957.
Alger université organe des étudiants, 1957-1958.
Algérie illustrée, 1934, 1942, 1952.

Algérie libre Messalite, 1950, 1951, 1953, 1954.

Algérienne (Maroc, Algérie, Tunisie), 1962.

Annale de la colonisation algérienne, 1952, 1953, 1954.

Annales juridique politique économique et sociale, 1955-1957.

Annales universitaires de l'Algérie bulletin de la société des amis de la société d'Alger, 1935-1937, no.1-2, 3-4, 5-6.

Art Vivant, Alger, 1923-1929.

Consciences Maghrébines, Alger, 1954. 3.-1956. 7.

Égalité (Égalité des hommes. Égalité des races. Égalité des peuples), Alger, 1947.

El Massadir (Revue semestrielle éditée par le Centre National d'Etudes et de Recherche sur le Mouvement National et la Révolution du 1 Novembre 54), no.8, 14, 15, 17, 18, 2003-2008.

El Moudjahid: la révolution par le peuple et pour le peuple, 1957-1962, Editeur El Moudjahid.

En Terre d'Islam, revue d'études et d'informations sur le monde musulman, Alger/Lyon, 1929-1932.

Esprit, Paris, 1931-1962.

France Observateur, Paris, 1954-1962.

L'Algérie Libre, Par le Peuple et Pour le Peuple, Alger, 1950-1954.

L'Écho d'Alger, journal républicain du matin, Quotidien, Alger, 1954-1961.

L'Écho d'Oran, Quotidien, Oran, 1953-1956.

L'Écho de Bougie: journal politique, littéraire, commercial & agricole, Bougie, 1930-1937.

L'Echo de Tlemcen, Journal républicain de gauche, Oran, 1930-1932.

L'Humanité, Quotidien, Paris, 1955-1962.

L'Ouvrier Algérien, organe central de l'U.G.T.A., mensuel, Alger, 1956, 1962, 1963.

Le Monde, Quotidien, Paris, 1954-1962.

Missions d'Afrique des Pères Blancs, Paris,1905. 격월간지.

République Algérienne, Alger, février 1948-avril 1956. 주간지.

Revue africaine: journal des travaux de la Société historique algérienne, 1930-1949. 창간은 1856년.

Revue algérienne des sciences juridiques, économiques et politiques, 1964-1974, publiée trimestriellement par la Faculté de Droit et des Sciences Economiques d'Alger.

Revue algérienne, tunisienne et marocaine de législation et de jurisprudence, fondée par l'Ecole de Droit, continuée par la Faculté du Droit d'Alger, Paris, 1913, 1927, 1930/Alger, 1958.

Témoignage Chrétien, Paris, 1957-1961. 창간지는 리옹.

Vérités Pour, no.0-18, 1958-1960, par Centrale d'information sur le Fascisme et l'Algérie, Alger: ANEP, 2007.

3. 알제리전쟁기: 증언과 문헌

Abane, Ramdane, "Rapport du CCE au CNRA (1956)," *NAQD*, no.12, 1999, 191-211쪽.

Abbas, Ferhat, *De la Colonie vers la Province: Le jeune Algérien (1930) suivi de Rapport au Maréchal Pétain (avril 1941)*, Paris: Garnier Frères, 1995.

Aït-Ahmed, Hocine, *Mémoires d'un combattant: L'esprit de l'indépendance, 1942-1952*, Paris: Sylvie Messinger, 1983.

Alleg, Henri, *La Question*, Paris: Minuit, 1958.

Ambler, John S., *The French Army in Politics, 1945-1962*, Columbus, OH: Ohio State University Press, 1966.

Andrew, Williams G., *French Politics and Algeria: The Process of Policy Formation 1954-1962*, New York: Appleton-Century-Crofts, 1962.

Anonyme, *OAS parle*, Paris: Julliard, 1964.

Arnaud, Georges et Vergès, Jacques, *Pour Djamila Bouhired*, Paris: Minuit, 1961.

Aron, Raymond, *La Tragédie algérienne*, Paris: Plon, 1957.

_____, *L'Algérie et la République*, Paris: Plon, 1958.

Barrat, Denise et Barrat, Robert, *Algérie 1956, Livre Blanc sur la répression, Textes et documents réunis*, Paris: L'Aube, 1986.

Barrat, Robert, *Un journaliste au cœur de la guerre d'Algérie*, Paris: L'Aube, 2001.

Bedjaoui, Mohamed, *La Révolution algérienne et le droit*, Brussels: International Association of Democratic Lawyers, 1961.

Berque, Jacques, *Le Maghreb entre deux guerres*, Paris: Seuil, 1962.

Bourdieu, Pierre, *Sociologie de l'Algérie*, Paris: PUF, 1958.

Bourdieu, Pierre et Sayad, Abdelmalek, *Le Déracinement: Crise de l'agriculture traditionnelle*, Paris: Minuit, 1964.

Boveri, Margret, *Treason in the Twentieth Century*, trans. Jonathan Steinberg, London: Macdonald & Co., 1961.

Brownlie, Ian, *International Law and the Use of Force by States*, Oxford: Clarendon Press, 1963.

Camus, Albert, *Chronique algérienne*, Paris: Gallimard, 2002.

_____, *Noces suivi de l'été*, Paris: Gallimard, 1959.

Challe, Maurice (Général), *Notre révolte*, Paris: Presses de la cité, 1968.

Chenntouf, Tayeb, *L'Algérie en 1954, Documents d'archive*, Alger: OPU, 2006.

Comité d'action des intellectuels contre la poursuite de la guerre en Afrique du nord, *Guerre d'Algérie et le colonialisme: Textes des interventions et messages prononcés au cours du meeting du 27 janvier 1956. Salle Wagram à Paris, 1956.*

De Beauvoir, Simone et Halim, Gisèle, *Djamila Boupacha*, Paris: Gallimard, 1962.

De Gaulle, Charles, *Discours et Messages, Avec le Renouveau, Mai 1958–Juillet 1962*, Paris: Plon, 1970.

Delavignette, Robert C., *Christianity and Colonialism*, trans. J. R. Foster, New York: Hawthorn Books, 1964.

Drif, Zohra, *La mort de mes frères*, Paris: Maspero, 1961.

Droz, Bernard et Lever, Éveline, *Histoire de la guerre d'Algérie, 1954-1962*, Paris: Seuil, 1962.

Duval, Léon E., *Message de paix, 1955-1962*, Alger: Desciée de Brozier, 1962.

Egretaud, Marcel, *Réalité de la nation algérienne*, Paris: Éditions Sociales, 1957.

Esprit, Écrire contre la guerre d'Algérie, 1947-1962, Roman, Joël (dir.),

Paris: Hachette Littérature, 2002.

Fanon, Frantz, *Pour la révolution africaine*, Paris: Maspero, 1964/La Découverte, 2006.

Favrod, Charles-Henri, *La Révolution algérienne*, Alger: Dahlab, 2007.

Feraoun, Mouloud, *Journal, 1955-1962*, Paris: Seuil, 1962.

Ferrandi, Jean, *Six cents jours avec Salan et l'O.A.S*, Paris: Fayard, 1969.

Girardet, Raoul, *La crise militaire française, 1945-1962*, Paris: Armand Colin, 1964.

Gordon, David C., *The Passing of French Algeria*, London: Oxford University Press, 1966.

Grindat, Henriette, *Algérie photographiée*, préface et textes de Jean Amrouche, Guild du livres, Lausanne: Éditions clairfontaine, 1956.

Grosser, Alfred, *La IVᵉ République et sa politique extérieure*, Paris: Armand Colin, 1961.

Hafid, Keramane, *La Pacification: Livre Noir de six années de guerre en Algérie*, Lausanne: la cité éditeur, 1960.

Harbi, Mohammed, *Les archives de la révolution algérienne*, Paris: Éditions jeune afrique, 1981.

_____, *Une vie debout: Mémoires politiques, t.1. 1945-1962*, Paris, La Découverte, 2001.

Harbi, Mohammed et Meynier, Gilbert, *Le FLN: Documents et histoire 1954-1962*, Paris: Fayard, 2004.

Houart, Pierre, *L'attitude de l'Église dans la guerre d'Algérie, 1954-1960*, Bruxelles: Le Livre Africain, 1960.

Jeanson, Francis, *Algérie hors la loi*, Alger: ANEP, 2004/1955.

_____, *Notre guerre*, texte présenté et annoté par Robert Belot, Paris: Berg International, 2002.

Journées d'études des secrétariats sociaux d'Algérie. La lutte des Algériens contre la faim, Alger 1954 27-28-29-30 mai 1954, Compte rendu, Alger: Éditions du secrétariat social d'Alger, 1955.

Kaddache, Mahfoud et Guenaneche, Muhamed, *Le Parti du Peuple Algérien (PPA), 1937-1939: documents et témoignages pour servir à l'étude du nationalisme algérien*, Alger: OPU, 1985.

La Gangrène, Belhadj, A., Boumaza, B., Francis, M., Khabaïli, M. et Souarni, B., Paris: Minuit, 1959.

Lafon, Monique, *Le Parti communiste français dans la lutte contre le colonialisme*, Paris: Éditions sociales, 1962.

Lancelot, Marie-Thérèse, *L'Organisation Armée Secrète*, Paris: FNSP, 1963.

La question algérienne, Dresch, J., Julien, Ch.-A., Marrou, H., Sauvy A. et Stibbe, P., Paris: Minuit, 1958.

Lartéguy, Jean, *Les dieux meurent en Algérie*, Photos de Marc Flament, Paris: Pensée moderne, 1960.

Le syndicalisme étudiant et le problème algérien, Paris: L'UNEF, 1959-1960.

Luethy, Herbert, *France Against Herself*, trans. E. Mosbacher. New York: Meriden Books, 1957.

M'Rabet, Fadela, *La femme algérienne*, Paris: Maspero, 1964.

Mandouze, André, *La révolution par les textes*, Paris: Maspero, 1962.

Massu, Jacques, *La vraie bataille d'Alger*, Paris: Plon, 1971.

McRae, Duncan, *Parliament, Parties, and Society in France, 1946-1958*, New York: St Martin's Press, 1967.

Memmi, Albert, *Portrait du colonisé, Portrait du colonisateur*, préface de J.-P. Sartre, Paris: Gallimard, 1985/1957.

Mendès France, Pierre, *La république moderne*, Paris: Gallimard, 1962.

Merad, Ali, *Le réformisme musulman en Algérie de 1925 à 1940*, Paris: Mouton/Alger: Hikma, 1967.

Ougouag, Abdelkader, *Les grands procès: organisation secrète (Oran, 6 Mars 1951): politique (Alger, 29 Octobre 1953): le comité de soutien des victimes de la répression*, Alger: Dalhab, 1993.

Paret, Peter, *French Revolutionary Warfare from Indochina to Algeria: The Analysis of a Political and Military Doctrine*, New York: Praeger, 1964.

Rocard, Michel, *Rapports sur les camps en Algérie*, Paris: Mille et Une Nuits, 1959/2003.

Roy, Jules, *La guerre d'Algérie, Autour du drame, J'accuse le général Massu*, Paris: Julliard, 1960.

Simon, Pierre-Henri, *Contre la torture*, Paris: Seuil, 1957.

Soustelle, Jacques, *Le drame algérien et la décadence française: réponse à Raymond Aron*, Paris: Plon, 1957.

Taleb-Ibrahimi, Ahmed, *Lettres de prison: 1957-1961*, Alger: Éditions nationales algériennes, 1966.

_____, *Mémoires d'un Algérien, t.1. Rêves et épreuves (1932-1965)*, Alger: Casbah, 2006.

Textes fondamentaux de la révolution algérienne (extraits de différentes chartes)/ F.L.N., Alger: ENAP, 1965.

Tillion, Germaine, *France and Algeria: Complementary Enemies*, trans. R. Howard, New York: A. Knopf, 1961. [*Les ennemis complémentaires*, Paris: Minuit, 1960.]

Trinquier, Roger, *Modern Warfare: A French View of Counterinsurgency*, trans. D. Lee. London: Praeger, 1964.

U.N.E.F., *Le syndicalisme et le problème algérien 1959-1960*, Lille: Coopérative l'A.G.E.L., 1959-1960.

Werth, Alexander, *The de Gaulle Revolution*, London: Robert Hale, 1960.

4. 간추린 전쟁기 이전의 문헌

Buret, Eugène, *Question d'Afrique de la double conquête de l'Algérie par la guerre et la colonisation: suivi d'un examen critique du gouvernement, de l'administration et de la situation coloniale*, Paris: Ledoyen librairie, 1842.

Fournel, Henri, *Richesse minérale de l'Algérie: accompagnée d'éclaircissements historiques et géographiques sur cette partie de l'Afrique septentrionale, 2 vols*, Paris: Imprimerie nationale, 1849-1854.

Harmand, Jules, *Domination et colonisation*, Paris: Ernest Flammarion, 1910.

Louis, Paul, *Le colonialisme*, Paris: G. Bellais, 1905.

Scelle, George, *Théorie juridique de la révision*, Paris: Recueil Sirey, 1936.

Wheeler-Bennett, J. et Latimer, H., *Information on the Reparation Settlement*, London: George Allen & Unwin Ltd, 1930.

5. 연구서

5-1. 마그레브

Arabs and Berbers: From Tribe to Nation in North Africa, Gellner, E. and Micaud, C. (ed.), London: Gerald Duckworth & Co Ltd, 1973.

Clancy-Smith, Julia A., *North Africa, Islam and the Mediterranean World: From the Almoravids to the Algerian War*, Portland, Or: Frank Cass, 2001.

Désert et montagne au Maghreb: Hommage à Jean Dresch, Aix-en-Province: Édisud, 1987.

Frémeaux, Jacques, *La France et l'Islam depuis 1789*, Paris: PUF, 1991.

Hadhri, Mohieddine, *L'URSS et le Maghreb: De la révolution d'octobre à l'indépendance de l'Algérie 1917-1962*, Paris: L'Harmattan, 1985.

Julien, Charles-André, *Études maghrébines*, Paris: PUF, 1964.

Laroui, Abdallah, *The History of the Maghrib: An Interpretive Essay*, Princeton: Princeton University Press, 1977.

Louis, Wm. Roger, *The British Empire in the Middle East, 1945–1951: Arab Nationalism, the United States, and Postwar Imperialism*, Oxford: Clarendon Press, 1984.

5-2. 알제리전쟁 관련

Abbas, Ferhat, *Autopsie d'une guerre*, Paris: Garnier Frères, 1980.

Achour, Cheurfi, *Dictionnaire de la révolution algérienne (1954-1962)*, Alger: Casbah, 2004.

Adams, Geoffrey, *The Call of Conscience. French Protestant Responses to the Algerian War, 1954-1962*, Canada: Wilfrid Laurier University Press, 1998.

Ageron, Charles-Robert (s.d.), *La guerre d'Algérie et les Algériens 1954-1962*, Paris: Armand Colin, 1997.

Ainet Tebet, Redouana, *Le Mouvement du 8 Mai 1945 en Algérie*, Alger: ENAP-OPU, 1987.

Al Dib, Mohamad Fathi, *Abdel Nasser et la Révolution Algérienne*, Paris, L'Harmattan, 1985.

Alexander, Martin S., *The Algerian war and the French army: experiences, images, testimonies*, London: Palgrave, 2002.

Alleg, Henri, *Retour sur la question: Quarante ans après la guerre d'Algérie avec Gilles Manceron*, Paris: Le Temps des cerises, 2001.

Amiri, Linda, *La bataille de France: La guerre d'Algérie en France*, Alger: Chihab, 2005.

Attoumi, Djoudi, *Avoir 20 ans dans les maquis: témoignage authentique d'un combattant de L'ALN en Wilaya 3, Kabylie 1956 -1962*, El Flaye, Sidi Aich: Ryma, 2009.

Aurès/Algérie 1954: Les fruits verts d'une révolution, Colonna, Fanny (dir.), Paris: Autrement, 1994.

Aussaresses, Paul (Général), *Services spéciaux-Algérie 1955-1957: Mon témoignage sur la torture*, Paris: Perrin, 2001.

_____, *The Battle of the Casbah: Terrorism and Counter-Terrorism in Algeria 1955-1957*, trans. Robert L. Miller, New York: Enigma, 2002.

Bélaïd, Abane, *l'Algérie en guerre: Abane Ramdane et les fusils de la rébellion*, Paris: L'Harmattan, 2008.

Belhocine, Mabrouk, *Le Courrier Alger-Le Caire 1954-1956*, Alger: Casbah, 2000.

Belkherroubi, Abdelmadjid, *La Naissance et la reconnaissance de la république algérienne*, Bruxelles: Bruylant, 1972/Alger: ENAG, 2008.

BenKhedda, BenYoucef, *Abane, Ben M'hidi, leur rapport à la révolution algérienne*, Alger: Dahlab, 2000.

Benzine, Abdelhamid, *Le camp*, Alger: ANEP, 1986.

Bollardière, Général de, *Bataille d'Alger Bataille de l'homme*, Paris: Descle De Brouwer, 1972(3 éditions).

Boudaoud, Omar, *Du PPA au FLN: mémoire d'un combattant*, Alger: Casbah, 2007.

Bourdel, Philippe, *Le livre noir de la guerre d'Algérie: Français et Algériens 1945-1962*, Paris: Plon, 2003.

Branche, Raphaëlle, *La torture et l'armée pendant la guerre d'Algérie, 1954-1962*, Paris: Gallimard, 2001.

Byrne, Jeffrey J., *Mecca of Revolution, Algeria: Decolonization & the Third*

World Order, Oxford: Oxford University Press, 2016.

Cdt Azzedine (Rabah Zerari), *Les Fellaghas*, Alger: ENAG, 1997.

Chapeu, Sybille, *Délier les liens du joug: Trois prêtres et un pasteur dans la guerre d'Algérie: Christien Corre, Robert Davezies, Jobic Kerlan, Etienne Mathiot*, préface de Jean-François Soulet, Toulouse: Groupe de Recherche en Histoire Immédiate-Université Toulouse 2. 1996.

Charby, Jacques, *Les porteurs d'espoir*, Paris: La Découverte, 2004.

Clayton, Anthony, *The Wars of French Decolonisation*, London: Longman, 1994.

Colin-Jeanvoine, Emmanuelle et Stéphanie, Dérozier, *Le financement du FLN pendant la guerre d'Algérie, 1954-1962*, Paris: Bouchène, 2008.

Connelly, Mathew, *A Diplomatic Revolution: Algeria's Fight for Independence and the Origins of the Post-Cold War Era*, New York: Oxford University Press, 2002.

Courrière, Yves, *Les Fils de la Toussaint: Le temps des léopards, L'heure des colonels, Les feux du désespoir*, Paris: Fayard, 1968-1971.

Dard, Olivier, *Voyage au coeur de l'O.A.S.*, Paris: Perrin, 2005.

Debeche, Ismail, *La nation arabe et la communauté internationale face à la révolution algérienne (1954-1962)*, Alger: Houma, 2000.

Derrida Alger: Un regard sur le monde, Chérif, Mustapha (dir)., Arles: Actes Sud/Alger: Barzakh, 2008.

Des hommes et des femmes en guerre d'Algérie, Jauffret, J.-Ch. (dir.), Paris: Autrement, 2003.

Djamila, Amrane-Minne, *Des femmes dans la guerre d'Algérie*, Paris: Karthala, 1994.

_____, *Les femmes algériennes dans la guerre*, Paris: Plon, 1991.

Djerbal, Daho, *L'Organisation Spéciale de la Fédération de France du Fln. la Lutte Armée en France (1956-1962)*, Alger: Chihab, 2012.

_____, *L'Armée de libération du Maghreb 1948-1955 (Essai)*, Alger: Éditions Fondation Mohamed Boudiaf, 2004.

Djiar, Hachemi, *Le congrès de la Soummam: Grandeur et servitude d'un acte fondateur*, Alger: ANEP, 2006.

Durand, Pierre, *Cette mystérieuse section coloniale: le PCF et les colonies,*

1920-1962, Paris: Messidor, 1986.

Duranton-Crabol, Anne-Marie, *L'OAS: la peur et la violence*, Bruxelles: André Versaille, 2012.

Einaudi, Jean-Luc, *La bataille de Paris: 17 octobre 1961*, Paris: Seuil, 1991.

_____, *Un Algérien, Maurice Laban*, Paris: Le Cherche midi, 1999.

Ellul, Jacques, *FLN propaganda in France during the Algerian War*, trans. Randal Marlin, Ottawa: By Books, 1982.

El Seddik, Mohammed El Salan, *Le colonel Amirouche*, Alger, Houma, 2008.

Elsenhans, Hartmut, *La Guerre d'Algérie, 1954-1962: la transition d'une France à une autre: le passage de la IV à la V République*, trad. de l' allemand par Vincent Goupy, Paris: Publisud, 1999. [*Französische Algerienkrieg, 1954-1962*, Münich: C. Hauser, 1974.]

Evans, Martin, *The Memory of Resistance: French Opposition to the Algerian War, 1954-1962*, Oxford: Berg, 1997.

Eveno, Patrick et Planchais, Jean, *La guerre d'Algérie*, Paris: La Découverte/Le Monde, 1989.

Faivre, Maurice, *Les combatants musulmans de la guerre d'Algérie: Des soldats sacrifiés*, Paris: L'Harmattan, 1995.

Gadant, Monique, *Islam et nationalisme en Algérie: d'après 'El Moudjahid,' organe central du FLN de 1956 à 1962*, Paris: L'Harmattan, 1988.

Gérard, Jean-Louis, *Dictionnaire historique et biographique de la guerre d'Algérie*, Paris: Jean Curutchet, 2001.

Guérin, Daniel, *Quand l'Algérie s'insurgeait, 1954-1962*, Grenoble: la Pensée sauvage, 1979.

Hamid, Abdelkader, *Abane Ramdane: Plaidoirie pour la vérité*, Alger: Chihab, 2003.

Harbi, Mohamed, *Le FLN: Mirages et réalités*, Paris: Jeune Afrique, 1980.

Haroun, Ali, *7e Wilaya, la guerre du FLN en France, 1954-1962*, Paris: Seuil, 1992.

Harrison, Alexander, *Le défi à de Gaulle: l'OAS et la contre-révolution en Algérie, 1954-1962*, Paris: L'Harmattan, 2007. [*Challenging de Gaulle: The OAS and Counterrevolution in Algeria 1954-1962*, Westport, CT: Praeger International, 1989.]

Hélie, Jérôme, *Les accords d'Evian: Histoire de la paix ratée en Algérie*, Paris: Olivier Orban, 1992.

Horne, Alistair, *A Savage War of Peace: Algeria 1954-1962*, London: Macmillan Press, 1977.

House, James R., *Antiracism and Antiracist: Discourse in France from 1900 to the Present Day*, Ph.D. dissertation, Leeds: University of Leeds, 1997.

Ighilahriz, Louisette, *Algérienne, récit recueilli par Anne Nivat*, Paris: Fayard/Calmann-Lévy, 2001.

Jauffret, Jean-Charles, *Militaires et guérilla dans la guerre d'Algérie*, Bruxelles: Complexe, 2001.

Jurquet, Jacques, *Années de feu: Algérie 1954-1956*, Paris: L'Harmattan, 1997.

Kaddache, Mahfoud, *Le 8 mai 1945*, Alger: ANEP, 2006.

Kadri, Aïssa et Ghouati, Ahmed, *Instituteurs et enseignants en Algérie: Les luttes enseignantes dans la décolonisation 1945-1965*, Sudel: UNSA, 2008.

Kauffer, Rémi, *OAS, histoire d'une organisation secrète*, Paris: Fayard, 1986.

Kellad, Aissa, *20 août 1955: le début de la guerre totale*, Alger: Marssa, 2005.

Kessel, Patrick, Giovanni Pirelli (éd.), *Le peuple algérien et la guerre: lettres et témoignages, 1954-1962*, Paris: L'Harmattan, 2003,

Kessel, Patrick, *Guerre d'Algérie Écrits censurés, saisis, refusés 1956-1960-1961*, Paris: L'Harmattan, 2002.

Kiouane, Abderrahmane, *Aux sources immédiates du 1er novembre 1954: Trois textes fondamentaux du PPA-MTLD*, Alger: Dahlab, 1996.

_____, *Les débuts d'une diplomatie de guerre (1956-1962)*, Alger: Dahlab, 2000.

La guerre d'Algérie et les chrétiens, Bédaria, F. et Fouilloux, E. (dir.), *Les Cahiers de l'IHTP*, no.9, Paris, 1988.

Laboratoire d'histoire de l'Algérie de l'Afrique et de la Méditerranée occidentale, "La femme algérienne dans la lutte de libération nationale," *Cahiers maghrébins d'histoire*, no.4, juin 1989, Oran: Université d'Oran.

Lahouel, Badra, *Patriotes algériens: Parcours individuels et destin collectif, 1954-1962*, Oran: Dar El Ghrab, 2005.

Lebjaoui, Mohamed, *Vérités sur la révolution algérienne*, Paris: Gallimard, 1970.

Louis, Wm. Roger and Owen, Roger (eds.), *Suez 1956: The Crisis and its Consequences*, Oxford: Clarendon Press, 1989.

Madaci, Mahomed Larbi, *Les tamisiens de sable: Aurès-Nemenchas, 1954-1959*, Alger: ANEP, 2001.

Malek, Redha, *L'Algérie à Evian: Histoire des négotiations secrètes, 1956-1962*, Paris: Seuil, 1995.

Mameri, Khalfa, *Abane Ramdane. Héros de la Guerre*, Paris: L'Harmattan, 1988.

_____, *Abane Ramdane. le Faux Procès*, Tizi-Ouzou: Mehdi, 2007.

_____, *Larbi Ben M'hidi, le héros de la guerre d'Algérie*, Alger: Thala, 1996.

Martin, Jean, *Algérie 1956: Pacifier, tuer, Lettres d'un soldat à sa famille*, Paris: Syllepse, 2001.

Martini, Michel, *Chroniques des années algériennes 1946-1962*, Saint-Denis: Bouchène, 2002.

Mauss-Copeaux, Claire, *Appelés en Algérie, la parole confisquée*, Paris: Hachette Littératures, 1999.

Meallier, Pierre, *OAS: La guerre d''Algérie vue de Bône à les tracts OAS*, Nice: France Europe éditions livres, 2004.

Meynier, Gilbert, *Histoire intérieure du FLN 1954-1962*, Paris: Fayard, 2002.

Moore, Clement H, *Combat et solidarité estudiantins, L'UGEMA (1955-1962): Témoignages*, Alger: Casbah, 2010.

Moureaux, Serge, *Avocats sans frontières*, Le collectif belge et la guerre d' Algérie, Alger: Casbah, 2000.

Muelle, Raymond, *7 ans de guerre en France: Quand le FLN frappait en métropole*, Paris: Jacques Grancher, 2001.

Nickels, Benjamin P., *Unsettling French Algeria: Settlement, terror, and violence in the French-Algerian War 1954-1962*, Ph.D. Dissertation, Chicago: University of Chicago, 2007.

Nozière, André, *L'Algérie, les chrétiens dans la guerre*, Paris: Cana, 1979.

Orkibi, Eihan, *Les étudiants de France et la guerre d'Algérie. Identité et expression collective de l'UNEF 1954-1962*, Paris: Syllepse, 2012.

Pecar, Zdravko, *Algérie: Témoignage d'un reporter yougoslave sur la guerre d'Algérie*, Alger: ENAG, 2009.

Rebérioux, Madeleine, "Ma guerre d'Algérie dans les livres," *L'Humanité*, 26 mars 2002.

Rey-Goldzeiguer, Annie, *Aux Origines de la guerre d'Algérie, 1940-1945: De Mers-el-kébir aux massacres du Nord-Constantinois*, Paris: La Découverte 2002.

Sabot, Jean-Yves, *Le syndicalisme étudiant et la guerre d'Algérie: l'entrée d'une génération en politique et la formation d'une élite*, Paris: L' Harmattan, 1995.

Sambron, Diane, *Femmes musulmanes: guerre d'Algérie, 1954-1962*, Paris, Autrement, 2007.

Sérigny, Alain de, *Échos d'Alger: 1946-1962, t.2, L'abandon*, Paris: Presses de la Cité, 1974.

Sessions, Jennifer E., *Making colonial France: Culture, national identity and the colonization of Algeria, 1830-1851*, Ph.D. Dissertation, Pennsylvania: University of Pennsylvania, 2005.

Shepard, Todd. *The Invention of Decolonization: The Algerian War and the Remaking of France*, Ithaca: Cornell University Press, 2006.

Stora, Benjamin, *Dictionnaire biographique de militants nationalistes algériens ENA, PPA, MTLD, 1926-1954*, Paris: L'Harmattan, 1985.

Stora, Benjamin et Harbi, Mohamed (éds.), *La guerre d'Algérie: 1954-2004, la fin de l'amnésie*, Paris: R. Laffont, 2004.

Teguia, Mohamed, *L'Algérie en guerre*, Alger: OPU, 2007.

_____, *L'Armée de Libération Nationale en Wilaya IV*, Alger: Casbah, 2002.

Thénault, Sylvie, *Une drôle de justice: Les magistrats dans la guerre d'Algérie*, Paris: La Découverte, 2001.

Zeggagh, Mohand, *Prisonniers politiques FLN en France pendant la Guerre d'Algérie 1954-1962: la prison, un champ de bataille*, Paris: Publisud, 2012.

5-3. 알제리 민족운동

Abou-Khamseen, Manssour Ahmad, *The First French-Algerian War, 1830-1848: A Reappraisal of the French Colonial Venture and the Algerian Resistance*, Ph.D. Dissertation, Berkeley: University of California, 1983.

Ahmida, Ali Abdullatif (ed.), *Beyond Colonialism and Nationalism in the Maghrib: History, Culture, and Politics*, London: Palgrave Macmillan, 2000.

Ageron, Ch.-R., *Histoire de l'Algérie contemporaine, 1830-1968*, Paris: PUF, 1990.

_____, *Les Algériens musulmans et la France, 1871-1919*, Paris: PUF, 1968.

Alghailani, Said Ali, *Islam and the French Decolonization in Algeria: The Role of the Algerian Ulama 1919-1940*, Ph.D. Dissertation, Indiana: Indiana University, 2002.

Beghoul, Youcef, *Le manifeste du peuple algérien: Les Amis du Manifeste et de la Liberté*, Alger: Dahlab, 2007.

Bennallègue-Chaouia, Nora, *Algérie mouvement ouvrier et question nationale, 1919-1954*, Alger: OPU, 2005.

Boudiaf, Said Naur, *Élites algériennes, histoire et conscience de caste*, Alger: APIG, 2005.

Bouguessa, Kamel, *Aux sources du nationalisme algérien: les pionniers du populisme révolutionnaire en marche*, Alger: Casbah, 2000.

Bouzaher, Hocine, *La justice répressive dans l'Algérie coloniale 1830-1962*, Alger: Houma, 2004.

Carlier, Omar, *Le Cri du Révolté: Imache Amar, un itinéraire militant*, Alger: ENAL, 1986.

_____, *Socialisation politique et acculturation à la modernité: Le cas du nationalisme algérien (de l'Etoile Nord-Africaine au front de libération, 1926-1954)*, 5 vols, Thèse, Paris: Institut d'Études Politiques de Paris, 1994.

Carlier, Omar, Colonna, Fanny, Djeghloul, Abdelkader, el-Korso, Mohamed, *Lettres, intellectuels, et militants en Algérie 1880-1950*, Alger: OPU, 1988.

Cheurfi, Achour, *La classe politique algérienne de 1900 à nos jours:* *Dictionnaire biographique*, Alger: Casbah, 2001.

Collot, Claude, *Les institutions de l'Algérie durant la période coloniale,* *1830-1962*, Paris: CNRS/Alger: OPU, 1987.

Collot, Claude et Jean-Robert, Henry, *Le Mouvement national algérien,* *textes, 1912-1954*, Paris: L'Harmattan, 1978.

Colonna, Fanny, *Instituteurs algériens, 1883-1939*, Alger: Presses de la Fondation nationale des sciences politiques et Office des publications universitaires d'Alger, 1975.

Derdour, Djamel Eddine, *De l'Étoile Nord-Africaine à l'indépendance,* Paris: L'Harmattan, 2002.

Djabi, Nasser, *Kaidi Lakhdar: Une histoire du syndicalisme algérien,* Alger: Chihab, 2005.

Faouzia, Fekiri, *Diplomatie algérienne avant 1962*, Mémoire DEA: Etudes politiques/ Paris 2, 1986.

Fares, Abderramahmane, *La cruelle vérité. mémoires politiques 1945-1965,* Alger: Casbah, 2006.

Gallissot, René (dir.), *Algérie, engagements sociaux et questions coloniales.* *De la colonisation à l'indépendance de 1830 à 1962*, Alger: Barzakh, 2007.

Guinchard, Clémence, *Les Services Pénitentiaires Algériens et leur* *fonctionnement (1945-1954)*, Mémoire de maîtrise d''histoire contemporaine sous la direction de Daniel Lefeuvre, Université Paris 8, Vincennes Saint-Denis UFR, Département d'Histoire, 2003-2004.

Hamdani, Amar, *Krim Belkacem: Le lion des djebels*, Paris: Balland, 1973.

Hill, Tom M., *Imperial nomads: Settling paupers, proletariats, and* *pastoralists in colonial France and Algeria, 1830-1863*, Ph.D. Dissertation, Chicago: University of Chicago, 2006.

Ihaddadene, Zahir, *Histoire de la presse indigène en Algérie: Des origines* *jusqu'en 1930*, Alger: Ihaddadene, 2003/1983.

Kaddache, Mahfoud et Guenaneche, Mohamed, *L'Étoile Nord-Africaine* *1926-1937*, Alger: OPU, 2002.

_____, *Histoire du nationalisme algérien 1919-1951*, t.1. 1919-

1939/t.2. 1939-1951, Paris: Paris-Méditerranée, 2003.

Karima, Direche-Slimani, *Chétiens de Kabylie, 1873-1954: Une action missionnaire dans l'Algérie coloniale*, Paris: Bouchène, 2004.

Koulakssis, Ahmed, *Parti socialiste et l'Afrique du nord: De Jaurès à Blum*, Paris: Armand Colin, 1991.

Malek, Redha, *Tradition et révolution: le véritable enjeu*, Alger: Bouchène, 1991.

McDougall, James, *History and the Culture of Nationalism in Algeria*, Cambridge: Cambridge University Press, 2006.

Medjaoui, Abdel'alim, *Le Géant aux yeux bleus. Novembre, où en est victoire?*, Alger: Casbah, 2007.

Merzouk, Khaled, *Messali Hadj et ses compagnons à Tlemcen: récits et anecdotes de son époque 1898-1974*, Alger: El Dar El Othmania, 2008.

Mezran, Karim K., *Negotiating national identity: The case of the Arab states of North Africa (Algeria, Libya, Morocco, Tunisia)*, Ph.D. Dissertation, Baltimore: Johns Hopkins University, 2002.

Nouschi, André, *L'Algérie amère 1914-1994*, Paris: Éditions de la Maison des sciences de l'homme, 1995.

Rezig, Abdelouahab, *L'Accumulation coloniale en Algérie durant l'entre deux guerres, Surexploitation et substitution à l'exportation*, Alger: OPU, 2007.

Righi, Abdellah et Abdelkader, Hadj Ali, *Pionnier du mouvement révolutionnaire algérien*, Alger: Casbah, 2006.

Saadallah, Aboul Kassem, *La montée du nationalisme en Algérie*, trad. Fawzy-Hemiry, Alger: Entreprise nationale du livre, 1983.

Saï, Fatima Zobra, "Mouvement national et question féminine: des origines à la veille de la guerre de libération nationale. Etudes et recherches sur les femmes algériennes," *Centre de recherche et d'information documentaire en sciences sociales et humaines*, no.11, Oran: Université d'Oran, 1984.

Sivan, Emmanuel, *Communisme et Nationalisme en Algérie 1920-1962*, Paris: la Fondation nationale des sciences politiques, 1976.

Smati, Mahfoud, *Les élites algériennes sous la colonisation*, Alger: Dahlab/

Paris: Maisonneuve et Larose, 1999.

Stora, Benjamin et Daoud, Zakya, *Ferhat Abbas, une utopie algérienne*, Paris: Denoël, 1995.

Trodi, El-Hachemi, *Larbi BEN M'HIDI*, Alger: ENAG, 2007/1991.

Turin, Yvonne, *Affrontements culturels dans l'Algérie coloniale: écoles, médecins, religion 1830-1880*, Alger: ENAL, 1983.

Yahiaoui, Messaouda, "Perspective, femme algérienne 1830-1962," *El Massidor*, no.6, Alger: ENAP, 1988.

5-4. 식민주의와 반식민주의

A-Fassi, Allal, *The Independence Movements in Arab North Africa*, trans. Hazem Zaki Nuseibeh, Washington D.C.: American Council of Learned Societies, 1954/New York: Octagon Books, 1970.

Barbançon, Louis-José, *Entre les chaînes et terre: L'Évolution de l'idée de déportation en France au XIXe siècle aux origines de la colonisation en Nouvelle Calédonie*, Thèse de doctorat d'histoire, Université de Versailles Saint-Quentin-en-Yvelines, septembre 2000.

Biondi, Jean-Pierre, *Les anticolonialistes (1881-1962)*, Paris, R. Laffont, 1992.

Boulouque, Sylvain, *Les anarchistes français face aux guerres coloniales 1945-1962*, Lyon: Atelier de création libertaire, 2003.

Candar, Gilles, *Jean-Marie Domenach et l'anticolonialisme, Beaucoup de gueule et peu d'or. Journal d'un réfractaire (1944-1977)*, Paris, Seuil, 2001.

Conklin, Alice, *A "Mission to Civilize": The Republican Idea of Empire in France and West Africa, 1895-1930*, Stanford: Stanford University Press, 1997.

Cooper, Frederick and Stoler, Ann Laura (eds.), *Tensions of Empire: Colonial Cultures in a Bourgeois World*, Berkeley; CA., University of California Press, 1997.

De l'Indochine à l'Algérie la jeunesse en mouvement des deux côtés du miroir colonial 1940-1962, Bancel, N., Denis, D. et Fates, Y. (dir.), Paris: La Découverte, 2003.

Delpard, Raphaël, *L'Histoire des Pieds-noirs d'Algérie 1830-1962*, Neuilly-sur-Seine: Michel Lafon, 2002.

Ferro, Marc, *Le Livre noir du colonialisme*, Paris: R. Laffont, 2004.

Goinard, Pierre, *Algérie l'oeuvre française*, Paris: R. Laffont, 1984.

Gonzalez, Denis, *Cardinal Léon Etienne Duval, La voix d'un juste 1903-1996*, Alger: ENAG, 2008.

Gueddi, Slimane, *La problématique de la violence chez Frantz Fanon dans 'Les Damnés de la Terre' et 'Peau Noire, Masques Blancs': Humanisme, colonialisme, postcolonialisme*, Ph.D. Dissertation, San Diego: University of California, 1991.

Guérin, Daniel, *Ci-gît le colonialisme*, La Haye/Paris: Mouton, 1973.

Guitard, Odette, *Bandung et le réveil des colonisés*, Paris: PUF, 1969.

Hamon, Hervé et Rotmann, Patrick, *Les porteurs de valise, La résistance française à la guerre d'Algérie*, Paris: Albin Michel, 1979.

Hargreaves, Alec G. and McKinley, Mark, *Post-Colonial Cultures in France*, New York: Routledge, 1997.

Hargreaves, Alec G. and Heffernan, Michael J., *French and Algerian Identities from Colonial Times to the Present: A Century of Interaction*, Lewiston, NY: Edwin Mellien Press, 1993.

Joly, Danièle, *The French Communist Party and the Algerian War*, London: Macmillan, 1991.

Lacouture, Jean, *Germaine Tillion: Le Témoignage est un combat*, Paris: Seuil, 2000.

Lajonchère, Jean, *Robert Davezies*, Paris: L'Harmattan, 2008.

Liauzu, Claude, *Aux origines des tiers-mondismes, colonisés et anticolonialistes 1919-1939*, Paris: L'Harmattan, 1982.

Lorcin, Patricia, *Imperial Identities: Stereotyping, Prejudice and Race in Colonial Algeria*, London: St. Martin's Press, 1999.

Manceron, Gilles, *Marianne et les colonies. Une introduction à l'histoire coloniale de la France*, Paris: La Découverte, 2003.

Manela, Erez, *The Wilsonian Moment: Self-determination and the International Origins of Anti-Colonial Nationalism*, Oxford: Oxford University Press, 2007.

Marnia Lazreg, *Torture and the twilight of empire: from Algiers to Baghdad*, Princeton: Princeton University Press, 2008.

Présence africaine, *Le 1ᵉʳ Congrès International des Écrivains et Artistes Noirs, Paris-Sorbonne-10-22, Septembre 1956*, Compte rendu complet.

Rioux, J.-P. et Sirinelli, J.-F. (dir.), *La guerre d'Algérie et les intellectuels*, Bruxelles: Complxe, 1991.

Sammut, Carmel, *L'impérialisme capitaliste français et le nationalisme tunisien 1881-1914*, Paris: Publisud, 1983.

Sayad, Abdelmalek, *Mémoires algériennes*, Paris: Syllepse, 2004.

Vergès, Jacques, *l'Anticolonialiste: Entretiens avec Philippe Karim*, Alger: Chihab, 2005.

5-5. 프랑스 정치와 사회

Elgie, R. (ed.), *The Changing French Political System*, London: Frank Cass, 2000.

Flynn, G. (ed.), *Remaking the Hexagon: the New France in the New Europe*, Boulder, Colo: Westview Press, 1995.

François, Isabelle, *Les relations militaires franco-africaines: Persistance d'un régime de sécurité*, Ph.D. Dissertation, Canada: Université de Montreal, 1991.

Gildea, R., *France since 1945*, Oxford: Oxford University Press, 1996.

Guichard, Bruno, Hage, Julien, Léger, Alain, *François Maspero et les paysages humains*, Paris: La Fosse aux ours, 2009.

Hage, Julien, *Feltrinelli, Maspero, Wagenbach: une nouvelle génération d'éditeurs politiques d'extrême gauche, histoire comparée, histoire croisée 1955-1982*, Thèse, Saint Quentin: UVSQ, 2010.

Hamouda, Ouahiba, *Albert Camus à l'épreuve d'Alger Républicain*, Alger: OPU, 2002.

Hervo, Monique, *Chroniques du bidonville. Nanterre en guerre d'Algérie 1959-1962*, Paris: Seuil. 2001.

Historical Reflections/Réflexions historiques, *France and Algeria From Colonial Conflicts to Postcolonial Memories*, vol.28, no.2, Summer 2002.

Hitchcock, William I., "Chap. 11 Crisis and Modernization in the Fourth

Republic," Mouré, K. and Alexande, M. S. (ed.), *Crisis and Renewal in France 1918-1962*, New York: Berghahn Books, 2002.

Hitchcock, William I. (ed.), *France Restored: Cold War Diplomacy and the Quest for Leadership in Europe 1944-1954*, Chapel Hill: University of North Carolina Press, 1998.

Horne, Alistair, *The French Army and Politics, 1870-1970*, London: Macmillan Press, 1984.

Jennings, Eric T., *Vichy in the Tropics: Pétain's National Revolution in Madagascar, Guadeloupe and Indochina 1940-1944*, Stanford: Stanford University Press, 2001.

Kerchouche, Dalila, *Mon père, ce harki*, Paris: Seuil, 2004.

Leclercq, Edwige L., *Tiers-mondisme: Bridge building and the creation of the New Left in French politics*, Ph.D., Dissertation, MIT, 1993.

Les Éditions Maspero: le livre comme arme politique, Paris: Association des amis des éditions Maspero, 1974.

Lesueur, James D, *French Intellectuals and the Algerian War: Decolonization, Violence, and the Politics of Identity*, Ph.D. Dissertation, Chicago: University of Chicago, 1996.

Lhaïk, Corinne, *Les étudiants communistes et la guerre d'Algérie 1954-1962*, Mémoire de DEA, Paris: Institut d'études politiques, 1978.

Pervillé, Guy, *Les Étudiants algériens de l'université française 1850-1962*, Paris: CNRS, 1984.

Peyrefitte, Alain, *C'était de Gaulle, La France redevient la France*, Paris: Fayard, 1994.

Planchais, Jean, *Une histoire politique de l'armée, t.2. 1940-1967: de De Gaulle à De Gaulle*, Paris: Seuil, 1967.

Porch, Douglas, *The French Secret Services: From the Dreyfus Affair to the Gulf War*, New York: Farrar, Straus and Giroux, 1995.

Prochaska, David, *Making Algeria French: Colonialism in Bone, 1870-1920*, Cambridge: Cambridge University Press, 2002/1990.

Salan, Raoul, *Mémoires. t.3, fin d'un empire: 'algérie française,' 1 novembre 1954-6 juin 1958*, Paris: Presses de la Cité, 1971.

Simonin, Anne, *Les Éditions de Minuit 1942-1955: le devoir d'insoumission*, Paris: IMEC, 1994.

_____, *Le droit de désobéissance: les Éditions de Minuit en guerre d'Algérie*, Paris: Minuit, 2012.

Sutton, Michael, *France and the Construction of Europe 1944-2007: A Geographical Imperative*, Oxford: Berghahn, 2007.

Tristan, Anne, *Le Silence du fleuve*, Bezons: Au nom de la mémoire/Syros, 1991.

Ulloa, Marie-Pierre, *Francis Jeanson. un intellectuel en dissidence, de la Résistance à la guerre d'Algérie*, Paris: Berg International, 2001.

Vaïsse, Maurice (éd.), *De Gaulle et l'Algérie 1943-1969*, Paris: Armand Colin, 2012.

Vidal-Naquet, Pierre, *L'Affaire Audin 1957-1978*, Paris: Minuit, 1989.

_____, *La torture dans la république 1954-1962*, Paris: Minuit, 1998/1972.

Vittori, Jean-Pierre, *Le Choix des larmes*, Paris: Félin, 2002.

Vallotton, François (dir.), *Livre et militantisme: La Cité-Éditeur 1958-1967*, Lausanne: d'En Bas, 2007.

Yacono, Xavier, *De Gaulle et le FLN 1958-1962: L'échec d'une politique et ses prolongements*, Versailles: l'Atlanthrope, 1989.

5-6. 방법론 및 이론

Agamben, Giogio, *Homo Sacer: Sovereign Power and Bare Life*, trans. Daniel Heller-Rozen, Stanford: Stanford University Press, 1998.

Anghie, Antony, *Imperialism, Sovereignty, and the Making of International Law*, Cambridge: Cambridge University Press, 2005.

Cooper, Frederick, *Colonialism in Question: Theory, Knowledge, History*, Berkeley, CA: University of California Press. 2005.

Gellner, Ernest, *Nations and Nationalism*, Ithaka: Cornell University Press, 2008. [어네스트 겔너, 『민족과 민족주의』, 이재석 옮김, 서울, 예하, 1988.]

Gervereau, Laurent, Bancel, Nicolas, Blanchard, Pascal, *Images et colonies 1880-1962*, Paris: La Découverte/BDIC, 1993.

Girardet, Raoul, *L'Idée coloniale en France, 1871-1962*, Paris: La Table ronde, 1972.

Heymann, A., *Les libertés publiques et la guerre d'Algérie*, Paris: Bibliothèque du Droit public, 1972.

Kahn, Paul, *The Cultural Study of Law*, Chicago: University of Chicago Press, 1998.

Kaid, Ahmed, *Tiers-Monde et Révolution, Les exigences essentielles de la Révolution*, Alger: ENAP, 1972.

Lazreg, Marnia, *Torture and the Twilight of Empire*, Princeton: Princeton University Press, 2008.

Leimdorfer, François, *Discours académique et colonisation. Thème de recherches sur l'Algérie pendant la période coloniale (Le corpus des thèses de droit et lettres, 1880-1962)*, Paris: Publisud, 1992.

Maran, Rita, *Torture: The Role of Ideology in the French–Algerian War*, New York, Praeger, 1989.

Pervillé, Guy, *Atlas de la guerre d'Algérie: de la conquête à l'indépendance; cartogr. de Cécile Marin*, Paris: Autrement, 2003.

Schmitt, Carl, *The Concept of the Political*, trans. George Schwab, Chicago: University of Chicago Press, 2007.

Wilson, Heather A., *International Law and the Use of Force by National Liberation Movements*, Oxford: Clarendon Press, 1988.

6. 연구논문

Adie, W. A. C., "China, Russia, and the Third World," *The China Quarterly*, vol.11, Sep. 1962, 200-213쪽.

Ageron, Ch.-R. "Complots et purges dans l'armée de libération algérienne (1958-1961)," *Vingtième Siècle. Revue d'histoire*, no.59, juillet-septembre 1998, 15-27쪽.

Aissaoui, Rabah, "Exile and the Politics of Return and Liberation: Algerian Colonial Workers and Anti-Colonialism in France During the Interwar Period," *French History*, vol.25, no.2, 2011, 214-231쪽.

Akhund, Hameeda, "The Maghreb in Search of a Union (Continued)," *Pakistan Horizon*, vol.11, no.3, Sep. 1958, 165-172쪽.

Alexander, Martin, Keiger, J. F. V., "France and the Algerian War: strategy, operations and diplomacy," *Journal of Strategic Studies*, vol.25, no.2, 2002, 1-32쪽.

Amiri, Linda, "Du point de vue du FLN: les comités de détention dans l'organisation politico-administrative de sa fédération de France (1958-1962)," *Matériaux pour l'histoire de notre temps*, no.92, 2008, 33-36쪽.

"An Interview with Edward W. Said," Hentzi, Gary, McClintock, Anne, *Critical Texts*, Winter 1986, 3/2, 6-13쪽.

Balch, Thomas W., "French Colonization in North Africa," *The American Political Science Review*, vol.3, no.4, Nov. 1909, 539-551쪽.

Banet-Berger, Françoise et Noulet, Christèle, "Les sources de la guerre d'Algérie aux Archives nationales," *Revue française d'histoire d'outre-mer*, vol.87, no.328, 2000, 327-351쪽.

Bantigny, Ludivine, "Jeunes et soldats. Le contingent français en guerre d'Algérie," *Vingtième Siècle. Revue d'histoire*, no.83, juillet-septembre 2004, 97-107쪽.

Barbour, Neville, "The Significance of the Conflict in Algeria," *African Affairs*, vol.56, no.222, Jan. 1957, 20-31쪽.

Baring, Edward, "Liberalism and the Algerian War: The Case of Jacques Derrida," *Critical Inquiry*, vol.36, no.2, Winter 2010, 239-261쪽.

Bartet, Sylvain, "Aspect de la pacification en Grande-Kabylie (1955-1962). Les relations entre les sections administratives spécialisées (SAS) et les populations," *Revue française d'histoire d'outre-mer*, vol.85, no.319, 1998, 3-32쪽.

Behr, Edward, "The Algerian Dilemma," *International Affairs*, vol.34, no.3, Jul. 1958, 280-290쪽.

Belkacem Saadallah, "The Rise of the Algerian Elite (1900-1914)," *The Journal of Modern African Studies*, vol.5, no.1, May 1967, 69-77쪽.

Bennoune, Mahfoud, "Origins of Algerian Proletariat," *MERIP Reports*, vol.11, no.94, Origins of the Working Class in the Middle East, Feb. 1981.

Berchadsky, Alexis, "Aux origines d'un parcours d'avocat anticolonialiste: Henri Douzon à Madagascar, juillet-octobre 1947," Arzalier, F., Suret-Canale, J. (dir.), *Madagascar 1947: la tragédie oubliée, Colloque AFASPA des 9-10-11 octobre 1997*, Université Paris 8 (Saint-Denis), Paris: Le Temps des Cerises, 1999, 169-176쪽.

Berque, Augustin, "Les Intellectuels algériens," *Revue Algérienne Tunisienne et Marocaine de Législation et de Jurisprudence*, vol.91, 1947, 123-154쪽.

Blackmore, Joseph T. C., "France: A Disintegrator of Islam," *The Muslim World*, vol.14, issue 2, Spring 1924, 136-139쪽.

Blanchard, Emmanuel, "Police judiciaire et pratiques d'exception pendant la guerre d'Algérie," *Vingtième Siècle. Revue d'histoire*, no.90, *Judiciary Police and Special Practices during the Algerian War*, Apr.-Jun. 2006, 61-72쪽,

Blévis, Laure, "De la cause du droit à la cause anticoloniale. Les interventions de la Ligue des droits de l'Homme en faveur des "indigènes" algériens pendant l'entre-deux-guerres," *Politix*, vol.62, 2003, 39-64쪽.

_____, "Droit colonial algérien de citoyenneté: l'illusoire conciliation entre des principes républicains et une logique d'occupation coloniale (1865-1947)," *La Guerre d'Algérie au miroir des décolonisations françaises*, en l'honneur de Charles-Robert Ageron, actes du colloque international, Paris, Sorbonne, 23-25 novembre 2000, Paris: IHTP/Société Française d'Histoire d'Outre-Mer, 2000, 87-103쪽.

Bourdet, Claude, "Y a-t-il une Gestapo algérienne?" *L'Observateur*, 6 décembre, 1951.

Bourdieu, Pierre, "Les Conditions sociales de la production sociologique: Sociologie coloniale et décolonisation de la sociologie," *Le Mal de voir: ethnologie et orientalisme: politique et épistémologie, critique et autocritique*, Paris: Union Générale d'Éditions, 1976, 416-427쪽.

_____, "The Algerian Subproletariat," Zartman, William (ed.), *Man, State, and Society in the Contemporary Maghrib*, New York: Praeger, 1973, 83-92쪽.

Bousquet, G. H., "Islamic Law and Customary Law in French North Africa," *Journal of Comparative Legislation and International Law*, Third Series, vol.32, no.3-4, 1950, 57-65쪽.

Branche, Raphaëlle, "Des viols pendant la guerre d'Algérie," *Vingtième Siècle. Revue d'histoire*, no.75, juillet-septembre 2002, 123-132쪽.

Brett, Michael, "Anglo-Saxon Attitudes: The Algerian War of Independence in Retrospect," *The Journal of African History*, vol.35, 1994, 217-235쪽.

Brodiez, Axelle, "Le Secours populaire français dans la guerre d'Algérie Mobilisation communiste et tournant identitaire d'une organisation de masse," *Vingtième Siècle. Revue d'histoire*, no.90, Apr.-Jun. 2006, 47-59 쪽.

Brown, Bernard E., "The Army and Politics in France," *The Journal of Politics*, vol.23, Issue 02, Mai 1961, 262-278쪽.

Calhoun, Craig, "Pierre Bourdieu and social transformation: lessons from Algeria," *Development and Change*, vol.37, no.6, 2006, 1403-1415쪽.

Carlier, Omar, "L'émergence de la culture moderne de l'image dans l'Algérie musulmane contemporaine (Alger, 1880-1980)," *Sociétés & Représentations*, no.24, 2007/2, 321-352쪽.

Chapeu, Sybille, "L'équipe de la Mission de France à Souk-Ahras: des prêtres au coeur du drame algérien," *Cahier d'histoire immédiate*, no.26, 2004, 113-130쪽.

Charpentier, Jean, "La France et le GPRA," *Annuaire français de droit international*, vol.7, 1961, 855-870쪽.

Clément, Jean-Louis, "Catholicisme, modernité et histoire de l'Église 1919-1945," *Revue d'histoire de l'Église de France*, t.86. no.217, 2000, 363-374 쪽.

Cohen, William B., "The Algerian War and the Revision of France's Overseas Mission," *French Colonial History*, vol.4, 2003, 227-239쪽.

Collot, Claude, "Le Congrès musulman (1937-1938)," *Revue algérienne des sciences juridiques, économiques et politiques*, vol.11, 1974, 71-161쪽.

_____, "Le Parti du peuple algérien," *Revue algérienne des sciences juridiques, économiques et politiques*, vol.8, no.1, mars 1971, 133-204쪽.

Connelly, Matthew, "Taking Off the Cold War Lens: Visions of North-South Conflict during the Algerian War for Independence," *The American Historical Review*, vol.105, no.3, Jun. 2000, 739-769쪽.

Djamila, Amrane-Minne, "Les femmes face à la violence dans la guerre de libération," *Confluences Méditerranée*, no.17, Printemps 1996, 87–97쪽.

Djerbal, Daho, "L'Algérie à l'épreuve des pièges de son histoire," Fabre, Thierry (dir.), *Colonialisme et postcolonialisme en Méditerranée/ Rencontres d'Averroès #10*, Marseille: Éditions parenthèses, 2003, 109–120쪽.

Djeghloul, Abdelkader, "La formation des intellectuels algériens modernes (1880–1930)," Delanoue, Gilbert (dir.), *Les intellectuels et le pouvoir: Syrie, Égypte, Tunisie, Algérie*, Caire: CDEJ, 1986, 43–66쪽.

El-Farra, Muhammad H., "The Aspirations of the People of French North Africa," *Annals of the American Academy of Political and Social Science*, vol.306, Africa and the Western World, Jul. 1956, 10–16쪽.

El Gharbaoui, A., "Les travailleurs maghrébins immigrés dans la banlieue nord-est de Paris," *Revue de Géographie du Maroc*, no.19, 1971, 3 – 56쪽.

El Korso, Malika, "La lutte de libération nationale algérienne à travers deux hebdomadaires catholiques métropolitains: 'Témoignage chrétien' et 'La France catholique'," *R.H.M.*, no.83-84, juillet 1996, 545–560쪽.

Elbaz, Sharon, "L'avocat et sa cause en milieu colonial. La défense politique dans le procès de l'Organisation spéciale du Mouvement pour le triomphe des libertés en Algérie (1950-1952)," *Politix*, vol.16, no.62. Deuxième trimestre 2003, 65–91쪽.

Elbaz, Sharon et Israël, Liora, "L'Invention du droit comme arme politique dans le communisme français. L'association juridique internationale (1929-1939)," *Vingtième Siècle. Revue d'histoire*, no.85, 2005, 31–43쪽.

Elsenhans, Hartmut, "Du malentendu à l'échec? Guerre d'Algérie et tiers-mondisme français entre ajustement capitaliste et engagement libéro-socialdémocrate," *Maghreb Review*, vol.20, no.1-4, 1995, 38–62쪽.

Emerson, Rupert, "Colonialism," *Journal of Contemporary History*, vol.4, no.1, Jan. 1969, 3–16쪽.

Flory, Maurice, "Algérie et Droit international," *Annuaire français de droit international*, vol.5, 1959, 817–844쪽.

Fontaine, Darcie, "Treason or Charity? Christian Missions on Trial and the Decoloniazation of Algeria," *Middle East Studies*, vol.44, no.4, 2012, 733 – 753쪽.

Godin, Emmanuel and Flood, Christopher, "French Catholic Intellectuals and the Nation in Post-War France," *South Central Review*, vol.17, no.4, Winter 2000, 45-60쪽.

Hahn, Lorna H., "French North Africa: An American Problem," *The Western Political Quarterly*, vol.8, no.2, Jun. 1955, 186-198쪽.

Halvorsen, Kjell, "Colonial Transformation of Agrarian Society in Algeria," *Journal of Peace Research*, vol.15, no.4, 1978, 323-343쪽.

Hargreaves, Alec C., "Albert Camus and the colonial question in Algeria," *The Muslim World*, vol.77, 1987, 164-174쪽.

Harrison, Martin, "Government and Press in France during the Algerian War," *The American Political Science Review*, vol.58, no.2, Jun. 1964, 273-295쪽.

Heggoy, Alf A., "Books on the Algerian Revolution in English: Translations and Anglo-American Contributions," *African Historical Studies*, vol.3, no.1, 1970, 163-168쪽.

_____, "On the Evolution of Algerian Women," *African Studies Review*, vol.17, no.2, Sep. 1974, 449-456쪽.

Hildebert, Isnard, "Aux origines du nationalisme algérien," *Annales. Économies, Sociétés, Civilisations*, 4ᵉ année, no.4, 1949, 463-474쪽.

Impagliazzo, Marco, "L'Eglise en Algérie et la guerre d'indépendance, 1954-1962," *Maghreb Review*, vol.29, no.1-4, 2004, 197-207쪽.

Jackson, Julian, "General de Gaulle and His Enemies: Anti-Gaullism in France Since 1940," *Transactions of the Royal Historical Society*, Sixth Series, vol.9, 1999, 43-65쪽.

Judt, Tony, "We Have Discovered History: Defeat, Resistance, and the Intellectuals in France," *The Journal of Modern History*, vol.64, Supplement: Resistance Against the Third Reich, Dec. 1992, 147-172쪽.

Kalman, Samuel, "Combat par Tous les Moyens: Colonial Violenee and the Extreme Right in 1930s Oran," *French Historical Studies*, vol.34, no.1, Winter 2011, 125-153쪽.

Khan, Lamine, "Les étudiants algériens face à la colonisation," *El-Massadir*, no.8, mai 2003, 9-26쪽.

Knight, M. M., "Economic Space for Europeans in French North Africa,"

Economic Development and Cultural Change, vol.1, no.5, Feb. 1953, 360-375쪽.

Lahouel, Badra, "The Students' Contribution to the Internationalization of the Algerian National Question," *Revue d'Histoire Maghrébine*, no.45-46, 1987, 91-101쪽.

Langley, J. Ayo, "Pan-Africanism in Paris, 1924-36," *The Journal of Modern African Studies*, vol.7, no.1, Apr. 1969, 69-94쪽.

Laroussi, Farid, "When Francophone Means National: The Case of the Maghreb," *Yale French Studies*, no.103, French and Francophone: The Challenge of Expanding Horizons, 2003, 81-90쪽.

Leca, Jean, "L'organisation provisoire des pouvoirs publics de la République Algérienne (Septembre 1962-Septembre 1963)," *Revue Algérienne des Sciences Juridiques Politiques et Economiques*, no.1, janvier 1964, 7-26쪽.

Lefebvre, Jeffrey, "Kennedy's Algerian Dilemma: Containment, Alliance Politics and the 'Rebel Dialogue'," *Middle Eastern Affairs*, 35, Apr. 1999, 61-82쪽.

Letemendia, V. C., "Poverty in the Writings of Albert Camus," *Polity*, vol.29, no.3, Spring 1997, 441-460쪽.

Liauzu, Claude, "Les intellectuels français au miroir de la guerre d'Algérie," *Cahier de la Méditerranée (Groupe de Recherche sur le Maghreb et le Monde Musulman)*, no.3, 1984, 1-179쪽.

Lukacs, J., O'Brien, C. and Said, E., "The Intellectual in the Post-Colonial World: Response and Discussion," *Salmagundi*, no.70-71, Spring-Summer 1986, 65-81쪽.

MacMaster, Niel, "Des révolutionnaires invisibles: les femmes algériennes et l'organisation de la section des femmes du FLN en France métropolitaine," *Revue d'histoire moderne et contemporaine*, vol.59, no.4, 2013, 164-190쪽.

Marseille, Jacques, "La gauche, la droite et le fait colonial en France. Des années 1880 aux années 1960," *Vingtième Siècle. Revue d'histoire*, no.24, octobre-décembre 1989, 17-28쪽.

Mbembe, Achille, "Qu'est-ce que la pensée postcoloniale?" *Esprit*, vol.12,

2006, 117-133쪽.

McCormack, Jo, "Memory and Exile: Contemporary France and the Algerian War (1954-1962)," *Critical Studies*, vol.30, 2008, 117-138쪽.

McDougall, James, "Savage Wars? Codes of Violence in Algeria, 1830s-1990s," *Third World Quarterly*, vol.26, no.1, The Politics of Naming: Rebels, Terrorists, Criminals, Bandits and Subversives, 2005, 117-131쪽.

Messaouda, Yahiaoui, "Perspective, femme algérienne, 1830-1962," *El-Massadir*, no.6, 1988, 16-41쪽.

Meynier, Gilbert, "Les Algériens vus par le pouvoir égyptien pendant la guerre d'Algérie d'après les mémoires de Fathi al Dib," *Cahiers de la Méditerranée*, no.41, États et pouvoirs en Méditerranée (XVI-XX siècles). Mélanges offerts à André Nouschi, t.1, 1990, 89-127쪽.

Morrow, John H., "Unrest in North Africa," *Phylon*, vol.16, no.4, 1955, 410-426쪽,

Moore, Clement H. and Hochschild, Arlie R., "Student Unions in North African Politics," *Daedalus*, vol.97, no.1, Students and Politics, Winter 1968, 21-50쪽.

Moscat, Henri and Péju, Marcel, "Du Colonialisme au Racisme: Les Nord-Africains dans la Métropole," *Les Temps modernes*, vol.8, no.83, 1952, 468-507쪽.

Munro, William Bennett, "Some Merits and Defects of the French Colonial System," *American Political Science*, vol.4, 1907, 48-56쪽.

Nowinski, Sheila, "French Catholic Activism in Algeria between Colonization and Development 1930-1965," *French History*, vol.27, no.3, 2013, 371-393쪽.

Pas, Nicolas, "La guerre d'Algérie vue des Pays-Bas (1954-1962)," *Vingtième Siècle. Revue d'histoire*, no.86, avril-juin 2005, 43-58쪽.

Perinbam, Marie, "Fanon and the Revolutionary Peasantry-The Algerian Case," *The Journal of Modern African Studies*, vol.11, no.3, Sep. 1973, 427-445쪽.

Pervillé, Guy, "L'élite intellectuelle, l'avant-garde militante et le peuple Algérien," *Vingtième Siècle. Revue d'histoire*, vol.12, no.1, 1986, 51-58쪽.

Pitti, Laure, "Renault, la 'forteresse ouvrière" à l'épreuve de la guerre d'Algérie," *Vingtième Siècle. Revue d'histoire,* no.83, juillet-septembre 2004, 131-143쪽.

Pitts, Jennifer, "Liberalism and Empire in a Nineteenth-Century Algerian Mirror," *Modern Intellectual History,* vol.6, no.2, Aug. 2009, 287-313쪽.

Portevin, Catherine, "Germaine Tillion," *La pensée de midi,* no.1, 2000, 181-182쪽.

Radzinowicz, Leon and Hood, Roger, "The Status of Political Prisoner in England: The Struggle for Recognition," *Virginia Law Review,* vol.65, no.8, Dec. 1979, 1421-1481쪽.

Rahal, Malika, "La place des réformistes dans le mouvement national Algérien," *Vingtième Siècle. Revue d'histoire,* no.83, juillet-septembre 2004, 161-171쪽.

Reid, Don, "Etienne Balibar: Algeria, Althusser, and Altereuropéenisation," *South Central Review,* vol.25, no.3, Intellectuals, Nationalisms, and European Identity, Fall 2008, 68-85쪽.

Reynolds, David, "From World War to Cold War: The Wartime Alliance and Post-War Transitions, 1941-1947," *The Historical Journal,* vol.45, no.1, Mar. 2002, 211-227쪽.

Rivelin, Benjamin, "A Selective Survey of the Literature in the Social Sciences and Related Fields on Modern North Africa," *The American Political Science Review,* vol.48, no.3, Sep. 1954, 826-848쪽.

Romero, Juan, "Arab Nationalism and the Arab Union of 1958," *British Journal of Middle Eastern Studies,* vol.42, no.2, 2015, 179-199쪽.

Scales, Rebecca P., "Subversive Sound: Transnational Radio, Arabic Recordings, and the Dangers of Listening in French Colonial Algeria, 1934-1939," *Comparative Studies in Society and History,* vol.52, no.2, Apr. 2010, 384-417쪽

Senouci, Faiza, "The Algerian Educated Elite's Nationalism (1925-1962)," *El-Massadir,* no.14, 2 semestre 2006, 19-27쪽.

Simonin, Anne, "La littérature saisie par l'histoire (Nouveau Roman et guerre d'Algérie aux Éditions de Minuit)," *Actes de la recherche en sciences sociales,* vol.111, no.1, 1996, 59-75쪽.

Sivers, Peter von, "Insurrection and Accomodation: Indigenous Leadership in Eastern Algeria, 1840-1900," *International Journal of Middle East Studies*, vol.6, no.3, Jul. 1975, 259 -275쪽.

Smith, Tony, "The French Colonial Consensus and People's War, 1946-1958," *Journal of Contemporary History*, vol.9, no.4, Dec. 1974, 217-247 쪽.

Solarz, Marcin W., "'Third World': the 60th anniversary of a concept that changed history," *Third World Quarterly*, vol.33, no.9, 2012, 1561-1573 쪽.

Sutton, Keith, "Army Administration Tensions over Algeria's Centres de Regroupement, 1954-1962," *British Journal of Middle Eastern Studies*, vol.26, no.2, Nov. 1999, 243-270쪽.

Thénault, Sylvie, "Armée et justice en guerre d'Algérie," *Vingtième Siècle. Revue d'histoire*, no.57, janvier 1998, 104-114쪽.

_____, "L'OAS à Alger en 1962 Histoire d'une violence terroriste et de ses agents," *Annales. Histoire, Sciences Sociales*, 2008, 977-1001쪽.

_____, "L'Organisation judiciaire du FLN," Ageron, Ch.-R. (dir.), *La guerre d'Algérie et les Algérians 1954-1962*, Paris: Armand Colin, 1997, 137-149쪽.

Thomas, Benjamin E., "The Railways of French North Africa," *Economic Geography*, vol.29, no.2, 1953, 95-106쪽.

Thomas, Martin, "At the Heart of Things? French Imperial Defense Planning in the Late 1930s," *French Historical Studies*, vol.21, no.2, Spring 1998, 325-361쪽.

_____, "France Accused: French North Africa before the United Nations, 1952-1962," *Contemporary European History*, vol.10, no.1, 2001, 91-121쪽.

_____, "Policing Algeria's Borders, 1956-1960: Arms Supplies, Frontier Defenses and the Sakiet Affair," *War & Society*, vol.13, no.1, 1995, 81-99쪽.

Tillion, Germaine, "Les femmes et le voile dans la civilisation méditerranéenne," *Etudes Maghrébines: Mélanges Charles-André Julien*, Paris: PUF, 1964, 25-38쪽.

_____, "Dans l'Aurès. Le drame des civilisations archaïques," *Annales Économies, Sociétés, Civilisations*, vol.12, no.3, 1957, 393-402쪽.

Tillion, Germaine, Alison Rice, "'Déchiffrer le silence': A Conversation with Germaine Tillion," *Research in African Literatures*, vol.35, no.1, Spring 2004, 162-179쪽.

Triska, Jan F. and Koch Jr., Howard E., "Asian-African Coalition and International Organization: Third Force or Collective Impotence?" *The Review of Politics*, vol.21, no.2, Apr. 1959, 417-455쪽.

Vatikiotis, P. J., "Tradition and Political Leadership: The Example of Algeria," *Middle Eastern Studies*, vol.2, no.4, Jul. 1966, 330-366쪽.

Vignaux, Barbara, "L'agence France-Presse en guerre d'Algérie," *Vingtième Siècle. Revue d'histoire*, no.83, juillet-septembre 2004, 121-130쪽.

Wall, Irwin, "The United States, Algeria, and the Fall of the Fourth French Republic," *Diplomatic History*, vol.18, Winter 1994, 489-511쪽.

Wehrs, Donald R., "Sartre's Legacy in Postcolonial Theory; or, Who's Afraid of Non-Western Historiography and Cultural Studies?" *New Literary History*, vol.34, no.4, Autumn 2003, 761-789쪽.

Westad, Odd Arne, "Rethinking Revolutions: The Cold War in the Third World," *Journal of Peace Research*, vol.29, no.4, 1992, 455-464쪽.

Zessin, Philipp, "Presse et journalistes 'indigènes' Algérie coloniale (1890-1950)," *Le Mouvement social*, no.236, 2011, 35-46쪽.

Zingg, Paul J., "The United States and North Africa: An Historiographical Wasteland," *African Studies Review*, vol.16, no.1, Apr. 1973, 107-117쪽

Zoubir, Yahia H., "U.S. and Soviet Policies towards France's Struggle with Anticolonial Nationalism in North Africa," *Canadian Journal of History*, vol.30, 1995, 439-466쪽.

7. 한국어 (번역) 저술 및 논문

라코스트-뒤자르댕, 카미유, 『카빌리 베르베르 사전』, 김정숙 옮김, 서울: 한울, 2017.

라코스트, 이브 외, 『마그레브, 민족과 문명』, 김정숙 외 옮김, 파주: 한울, 2011.

랑시에르, 자크, 「타자의 대의」, 『정치적인 것의 가장자리에서』, 양창렬 옮김, 서울: 길, 개정판 2013, 190-203쪽.

발리바르, 에티엔, 「알제리, 프랑스─한 국민인가 아니면 두 국민인가」, 『정치체에 대한 권리』, 진태원 옮김, 서울: 후마니타스, 2011, 92-110쪽.

블랑쇼, 모리스, 「알제리전쟁에서의 불복종의 권리선언」, 『정치평론 1953-1993』 (블랑쇼 선집 9), 고재정 옮김, 서울: 그린비, 2009, 41쪽.

권윤경, 「탈식민화 시대에서 전지구화 시대로─에메 세제르의 『식민주의에 대한 담론』과 포스트식민주의적 조건들」, 『서양사론』, 제127호, 2015, 199-226쪽.
_____, 「기억의 경쟁에서 기억의 연대로?」, 『역사비평』, 제113호, 2015년 겨울호, 370-397쪽.

김용우, 「파리 식민지박물관과 제국주의의 민족화」, 『중앙사론』(중앙대학교), 제36호, 2012, 331-361쪽.
_____, 「식민화와 역사학─피에르 노라와 『위험한 기억』」, 『서양사연구』(서울대학교), 제55집, 2016, 159-178쪽

金燦奎, 「正戰概念의 變遷에 關한 고찰: 國際法史的見地에서」, 『學術誌』(건국대학교), 제4권 제1호, 1962, 210-224쪽.

노서경, 「리프 전쟁과 리프 공화국: 1920년대 북아프리카 민족주의와 연관하여」, 『서양사론』, 제107호, 2010, 89-116쪽.
_____, 「알제리 민족운동과 정치문화의 전이─페르하트 압베스, 1927-1954」, 『불어문화권연구』(서울대학교), 제18집, 2008, 42-78쪽.
_____, 「알제리전쟁에 대한 프랑스인들의 '과거' 성찰─폭력의 문제를 중심으로」, 『프랑스사연구』, 제12호, 2005, 61-92쪽.
_____, 「알제리 페미니즘의 지적 성격─1990년대의 시련을 중심으로」, 『여성과 역사』, 제15집, 2011, 215-253쪽.
_____, 「역사의 다리를 놓고 있던 알제리전쟁기 파리 출판사」, 『인문학연구』(인천대학교), 제25권, 2016, 163-189쪽.
_____, 「장 엘-무후브 암루슈─지중해와 사하라, 파리의 변경인 」, 『역사와 문화』, 제17호, 2009, 231-252쪽.
_____, 「프랑스 식민주의 비판 사학의 동향─질 망스롱과 클로드 리오쥐를 중심으로」, 『프랑스사연구』, 제19호, 2008, 249-278쪽.
_____, 「(프랑스의) 알제리전쟁 비판의 지적 계보」, 『대구사학』, 제84권, 2006, 155-188쪽.

_____, 「하르키(Harkis) 문제―사라진 증언들」, *Homo Migrans*, 제2권, 2010, 23-50쪽.

누레딘느 세피아니(이철성 옮김), 「아랍세계 및 서구세계와의 관련하에서 살펴본 마그레브의 과거와 미래」, 『불어문화권연구』, 제2집, 1992, 160-178쪽.

박지현, 「2차 대전 시기 유럽사에서 나타난 식민개념―합병, 점령, 식민화 관계를 중심으로」, 『한국사학사학보』, 제22호, 2010, 289-312쪽.

변광배, 「파농과 사르트르―『대지의 저주받은 자들』의 「서문」을 중심으로」, 『철학과 문화』(한국외국어대학교), 제24호, 2012, 1-26쪽.

변기찬, 「알제리전쟁 기간 알제리 여성 지위의 변화 요인―외재성과 내재성」, 『지중해지역연구』(부산외국어대), 제13권 제1호, 2011, 9-119쪽.

오은하, 「최초의 인간―카뮈의 알제리 찾기」, 『불어문화권연구』, 제100호, 2014, 253-287쪽.

이병희, 「알제리 사태」, 『지역개발연구논총』(공주대학교), 제3권 제1호, 1995, 93-101쪽.

이석구, 「네그리튀드 운동과 마르크스주의의 관계 지도 그리기」, 『비교문학』, 제66집, 2015, 147-168쪽.

이석우, 「식민지 및 보호령 제도에 관한 프랑스 국제법 학자들의 견해―19세기 후반부터 20세기 초반을 중심으로」, 『白山學報』, 제83호, 2009, 601-643쪽.

이영목, 「정체성, 기억, 역사―하르키와 그 자녀들의 경우」, 『불어불문학연구』, 제66호, 2006, 303-324쪽.

_____, 「소설, 공간, 정치―모하메드 딥의 "알제리 3부작"의 공간 묘사」, 『人文論叢』(서울대학교), 제69호, 2013, 289-316쪽.

이용재, 「드골과 알제리 독립」, 『프랑스사연구』, 제27호, 2012, 251-269쪽.

_____, 「식민주의와 탈식민화: 제국의 해체―영국과 프랑스의 "탈식민화" 비교」, 『서양사론』, 제106호, 2010, 33-59쪽.

_____, 「식민제국의 해체와 제3세계의 대두」, 송충기 외, 『세계화 시대의 서양현대사』, 서울: 아카넷, 2009.

_____, 「에비앙협정 50주년을 넘어―프랑스-알제리 '화해'의 줄다리기」, 『역사비평』, 제111호, 2015, 51-52쪽.

이재원, 「반(反)식민 투쟁의 전선에서―샤를-앙드레 줄리앙」, 『역사비평』, 제85호, 2008, 292-311쪽.

_____, 「인도차이나 전쟁(1946-1954)을 통해서 바라본 프랑스인들의 식민지 관(觀)」, 『프랑스사연구』, 제9호, 2003, 123-145쪽.

_____, 「제1차 세계대전과 프랑스의 식민지인 병사―'세네갈 보병'을 중심으로」, 『프랑스사연구』, 제31호, 2014, 109-133쪽.

_____, 「프랑스 공산당과 베트남의 "식민지해방전쟁", 1945-1954」, 『서양사론』, 제83호, 2004, 153-174쪽.

_____, 「프랑스 기독교 지식인과 탈식민화 문제―프랑스령 인도차이나를 중심으로」, 『프랑스사연구』, 제27호, 2012, 221-250쪽.

_____, 「프랑스 제국의 선전과 문화―1931년 만국 식민지 박람회를 중심으로」, 『프랑스사연구』, 제15호, 2006, 115-138쪽.

이종택, 「알제리아 베르베르 문제―까빌리족을 중심으로」, 『중동연구』(한국외국어대학교), 제20권, 2001, 13-32쪽.

이희수, 「북아프리카 이슬람원리주의 세력의 형성과정과 정치세력화」, 『지중해지역연구』, 제18권 제4호, 2016, 131-160쪽.

장근상, 「사르트르의 정치사상 (1)―알제리전쟁과 고문」, 『프랑스학연구』, 제16권, 1998, 241-257쪽.

최은순, 「북아프리카 프랑스어의 출현의 특징과 사회언어학적 조건: 식민지 알제리를 중심으로」, 『프랑스문화연구』, 제31집, 2015, 223-253쪽.

황의갑, 「마그렙 지역의 베르베르족 문화와 이슬람」, 『한국이슬람학회논총』, 제8권 제1호, 1998, 183-207쪽.

인터넷 웹사이트 자료

http://www.memoria.dz
http://guy.perville.free.fr
http://www.revue-naqd.org
http://www.socialgerie.net/spip.php?article520
http://countrystudies.us/algeria
http://guy.perville.free.fr/spip/rubrique.php3?id_rubrique=13

:: 찾아보기

인물

☞는 부록의 '인물' 항목(595-608쪽)을 참조하라.

456, 458-459, 493, 571

벤 부알리, 하시바 (☞) 574-575

벤 불라이드, 모스테파 (☞) 348, 355, 502, 508, 572

벤 사도크Mohamed Ben Sadok 140

벤 야히야, 모함메드Mohammed BenYahia 446

벤젤룰, 아흐메드Ahmed Bendjeloul 333

벤진, 압델하미드Abdelhamid Benzine 340, 504

벤토발, 라크다르 (☞) 402-403, 439, 453, 458-459

벤투미, 아마르 (☞) 65, 68, 275, 473, 494, 497

벤헤다 벤유세프 (☞) 103, 348-350, 376, 378-379, 420, 455, 458-459, 498, 511, 515, 542, 572

벨루니스, 모하메드 (☞) 397, 497

벨하즈, 압델카데르Abdelkader Belhadj 179

보르고, 앙리Henri Borgeaud 57, 496

보비야르, 미셸Michel Beauvillard 274, 285

보티에, 르네 (☞) 198-200, 318, 383

볼라르디에르, 자크 파리 드 (☞) 95, 177, 244

뵈글랭, 장마리Jean-Marie Boeglin 230, 337, 545

부다우드, 오마르 (☞) 337, 545

부두레스크, 베르나르 (☞) 88, 221

부디아프, 모하메드 (☞) 17, 346, 348, 355, 419, 446, 454, 456, 458-459, 493, 508-509, 573

부르기바, 하비브 (☞) 378, 441-442, 476

부르디외, 피에르 (☞) 32, 143-159, 165, 524, 573

부메디엔, 후아리 (☞) 455, 459, 550, 556, 567, 572

부멘젤, 아흐메드 (☞) 217, 335, 337, 349, 415, 446, 498, 515, 571

부멘젤, 알리 (☞) 367, 497-501, 504, 515

부브니데르, 살라Salah Boubnider 459

부세비시, 마후드Mahfoud Boucebci 574

부수프, 압델하피드 (☞) 402-403, 439, 459, 551

부파차, 자밀라 (☞) 31, 289-290, 482-483, 491

부하린, 니콜라이 이바노비치Nikolay Ivanovich Bukharin 206

부히레드, 자밀라 (☞) 140, 167, 180, 186, 214, 254, 482, 483, 486, 494

지명

기타

STUDIUM
스투디움 총서 08

알제리전쟁 1954-1962-생각하는 사람들의 식민지 항쟁

1판 1쇄 2017년 9월 29일
1판 2쇄 2022년 5월 27일

지은이 노서경
기획 및 책임편집 고원효 | 편집 허정은 송지선 김영옥
디자인 김현우 최미영
마케팅 정민호 이숙재 박치우 한민아 김혜연 이가을 박지영 안남영 김수현 정경주
브랜딩 함유지 함근아 김희숙 정승민
제작 강신은 김동욱 임현식 | 제작처 영신사

펴낸곳 (주)문학동네 | 펴낸이 김소영
출판등록 1993년 10월 22일 제2003-000045호
주소 10881 경기도 파주시 회동길 210
전자우편 editor@munhak.com | 대표전화 031) 955-8888 | 팩스 031) 955-8855
문의전화 031) 955-3578(마케팅) 031) 955-2660(편집)
문학동네카페 http://cafe.naver.com/mhdn | 트위터 @munhakdongne
북클럽문학동네 http://bookclubmunhak.com

ISBN 978-89-546-4641-3 93920

* 이 저서는 2011년 정부재원(교육부)으로 한국연구재단의 지원을 받아 연구되었습니다
  (NRF-2011-812-A00035).
* 이 책의 판권은 지은이와 문학동네에 있습니다. 이 책 내용의 전부 또는 일부를
  재사용하려면 반드시 양측의 서면 동의를 받아야 합니다.

* 잘못된 책은 구입하신 서점에서 교환해드립니다.
  기타 교환 문의 031) 955-2661, 3580

www.munhak.com